教育部哲学社会科学系列发展报告

国际教育政策与发展趋势年度报告

Annual Report on Policies and Trends in International Education

2022

高益民
主编

广西教育出版社 ·南宁·

图书在版编目（CIP）数据

国际教育政策与发展趋势年度报告 . 2022 / 高益民主编 . -- 南宁：广西教育出版社，2024. 10. -- ISBN 978-7-5435-9343-5

Ⅰ . G51

中国国家版本馆 CIP 数据核字第 2024MA2874 号

国际教育政策与发展趋势年度报告 · 2022

GUOJI JIAOYU ZHENGCE YU FAZHAN QUSHI NIANDU BAOGAO 2022

责任编辑：奚耀宇

责任校对：龙一新　唐　雯

装帧设计：李浩丽

责任技编：蒋　媛

出 版 人：石立民

出版发行：广西教育出版社

地　　址：广西南宁市鲤湾路 8 号　邮政编码：530022

电　　话：0771-5865797

本社网址：http://www.gxeph.com

电子信箱：gxeph@vip.163.com

印　　刷：广西民族印刷包装集团有限公司

开　　本：787mm × 1092mm　1/16

印　　张：34

字　　数：647 千字

版　　次：2024 年 10 月第 1 版

印　　次：2024 年 10 月第 1 次印刷

书　　号：ISBN 978-7-5435-9343-5

定　　价：168.00 元

前　言

2022年，党的二十大报告明确了2035年建成教育强国的目标，在“实施科教兴国战略，强化现代化建设人才支撑”部分指出：“教育、科技、人才是全面建设社会主义现代化国家的基础性、战略性支撑。必须坚持科技是第一生产力、人才是第一资源、创新是第一动力，深入实施科教兴国战略、人才强国战略、创新驱动发展战略，开辟发展新领域新赛道，不断塑造发展新动能新优势。”不仅如此，二十大报告还强调要“推进高水平对外开放”。在这一背景下，深入研究世界教育改革与发展为我所用的任务就更加迫切。

北京师范大学国际与比较教育研究院始终及时追踪各国教育政策的动向，20世纪90年代以后又开始加强对国际组织教育政策的研究，出版了一大批高水平的论文著作和政策咨询报告，不但有力地推进了比较教育学科的发展，而且为政府教育决策和教育改革提供了高质量的咨询服务。2009年起，研究院开始承担北京师范大学设立的社会科学数据平台与政策咨询项目“国际教育政策与发展趋势报告”。2011年，研究院申报的《国际教育政策与发展趋势年度报告》获教育部社会科学司“教育部哲学社会科学发展报告”培育项目立项，从2013年开始每年出版一部年度报告。系列报告以北京师范大学国际与比较教育研究院的研究队伍为基础，同时得到兄弟院校专家同仁的大力支持，初步探索出及时、准确、简明地概览国际教育政策发展的呈现形式。

《国际教育政策与发展趋势年度报告·2022》，主要介绍和分析了2021年世界主要国家和地区及国际组织在教育领域颁布的重要法律法规、研究报告、教育规划及国际会议的宣言、决议、行动计划等。报告的总论是国际教育政策与发展趋势综述，全景式分析国际教育面临的挑战、存在的问题、政策走向和特点。报告分别对美国、英国、法国、德国、加拿大、俄罗斯、日本、韩国、印度、东南亚、拉丁美洲、大洋洲、非洲等世界主要国家和地区及国际组织最新的教育政策进行介绍和分析。

《国际教育政策与发展趋势年度报告·2022》由高益民教授主编，是团队合作的结晶。具体分工如下：

总论：荆晓丽（北京师范大学）、刘宝存（北京师范大学）

美国：赵婉秋（苏州实验中学）、杨晨曦（北京师范大学）、姚嘉怡（北京师范大学）、谷贤林（北京师范大学）

英国：王璐（北京师范大学）、尤陆颖（北京师范大学）、林虹池（北京师范大学）

法国：刘敏（北京师范大学）、周政（北京师范大学）、潘雨鑫（北京师范大学）

德国：龚杰（北京师范大学）、邢倩倩（北京师范大学）、曾怡婧（北京师范大学）、孙进（北京师范大学）

加拿大：林杰（北京师范大学）、杨艳红（北京师范大学）

俄罗斯：肖甦（北京师范大学）、王贺（北京师范大学）、沈欣（北京师范大学）、杨春雪（北京师范大学）、王彩胤（北京师范大学）、李心宇（北京师范大学）

日本：李宗宸（北京师范大学）、高益民（北京师范大学）

韩国：姜英敏（北京师范大学）、王文静（北京师范大学）

印度：杨明全（北京师范大学）

东南亚：黄宇（北京师范大学）、史安丁（北京师范大学）、

陶琳琳（北京师范大学）、张诗琪（北京师范大学）、雷睿涵（北京师范大学）

拉丁美洲：胡映昀（北京师范大学）、李子彤（北京师范大学）、吕宁（清华大学）、秦毛毛（北京第二外国语学院）

大洋洲：马健生（北京师范大学）、张芳铫（北京师范大学）、滕一（北京师范大学）

非洲：张秀真（北京师范大学）、丁瑞常（北京师范大学）、尚文君（华中农业大学）、陈小招（中南大学）

国际组织：滕珺（北京师范大学）、戚文欣（北京师范大学）、沈蕾娜（首都师范大学）、康迪（北京师范大学）、卢逸腾（北京师范大学）、宋洁羽（北京师范大学）、刘姝彤（北京师范大学）、刘铧璐（北京师范大学）、丁瑞常（北京师范大学）、乔鹤（首都师范大学）

由于编者水平有限，错误和不当之处在所难免，恳请读者批评指正。

《国际教育政策与发展趋势年度报告》项目组

目　录

总论篇

第一章

国际教育政策与发展趋势综述

当今时代，随着世界多极化、经济全球化、社会信息化和文化多样化的深入发展，教育在推动政治稳定、经济繁荣、文化进步、科技创新等方面承担起更多的职责，同时也面临着来自教育系统内外的更多挑战。2020 年初以来，席卷全球的新冠疫情让教育领域遭受到前所未有的冲击。面对复杂多样的挑战与冲击，世界各国与主要国际组织在 2021 年对各级各类教育进行改革，以提升教育治理水平，激发教育发展活力。总体来看，世界各国与主要国际组织的教育改革重点包括推动学校复学复课、促进教育公平、支持青年就业、加快数字化转型、加强教师队伍建设以及推进国际化进程等方面。

第一节　世界各国教育面临的挑战与冲击

当前，世界教育发展面临新的时代背景。一方面，全球自然环境与国际政治环境不断恶化，以新冠疫情为代表的突发公共卫生事件扰乱了正常的教育教学秩序；另一方面，教育大众化、国际化、信息化、多样化发展日益深入，相伴而生的是表现形式更加多样、表现程度有所加深的教育公平问题和教师队伍建设问题，以及职业技术教育发展有待加强、教育数字化亟待推进等重要问题。明确世界各国教育发展面临的冲击与挑战，对于理解各国教育系统改革政策的内在逻辑具有重要作用。

一、新冠疫情扰乱教育教学秩序

2020 年新冠疫情在全球暴发，因其传染性强、传染范围广、持续时间长、病毒变异快，被认为可能是二战后人类社会所遭遇的最为严重的传染性疾病。[①] 一方面，新冠疫情威胁全世界人民的生命健康，使全球经济发展受到阻碍；另一方面，新冠疫情对各国教育系统造成破坏，不仅导致许多教育教学活动中断，而且严重影响学生的学业成绩和心理健康。

首先，新冠疫情导致部分教育教学活动中断。联合国公布的数据显示，在疫情高峰期，全球有 190 多个国家的教育系统遭到破坏，影响了近 16 亿名学生。[②] 联合国儿童基金会（United Nations International Children's Emergency Fund，UNICEF）进一步指出，在 2020 年 4 月初世界各地封控的高峰期，超过 1.8 亿儿童的学前教育因新冠疫情而中断。[③] 因疫情中断的教育教学活动在 2021 年并未伴随疫情防控的常态化推进而得到全面恢复。联合国教育、科学及文化组织（United Nations Educational，Scientific and Cultural Organization，UNESCO，以下简称联合国教科文组织）在 2021 年 3 月 29 日召开的各国教育部长会议中指出，全球此时有接近一半的学生处于学校全面或部分停课状态。由此可见，新冠疫情导致的教学中断影响到全球大多数的学生，严重扰乱了正常的教育教学秩序。

其次，新冠疫情导致学生学业成绩下降。在疫情造成学校停课期间，绝大多数国家和地区以在线教育代替线下授课，但是由于电子设备缺乏、教学时间减少等原因，学校教育质量有所降低。与 2019 年同期相比，美国学生 2020 年秋季学业成绩明显下降，多个地区报告英语学习者（母语非英语的学生）的不及格情况有所增加。例如，加利福尼亚州的一个地区报告称，英语学习者的低分和不及格率上升了 34%。更重要的是，疫情严重降低了残疾学生的学业成绩。2020 年秋季，数个学区报告称残疾学生的学业成绩不及格人数急剧增加。例如，弗吉尼亚州的一个地区在两门以上科目中成绩等级为 F 的残疾学生人数增加了 111%。[④] 类似地，智利教育质量保障机构在 2021 年 4 月收集的全国约 200 万名学生的学业成绩表明，学生的语文和数学成绩在疫情期间普遍较低，尤其是小学六年级学生，其语文成绩及格率仅

---

① 杨慧宇 . 新冠疫情后高等教育国际化发展趋势展望［J］. 江苏高教，2021（1）：69-73.

② United Nations. Policy Brief：Education during COVID-19 and Beyond［EB/OL］.［2022-03-21］. https：//unsdg.un.org/resources/policy-brief-education-during-covid-19-and-beyond.

③ NUGROHO D，JEON Y K，KAMEI A，et al. It's Not Too Late to Act on Early Learning：Understanding and Recovering from the Impact of Pre-primary Education Closures during COVID-19［EB/OL］.［2022-03-21］. https：//www.unicef-irc.org/publications/1213-its-not-too-late-to-act-on-early-learning.html.

④ Office for Civil Rights. Education in a Pandemic：the Disparate Impacts of COVID-19 on America's Students［R/OL］.（2021-06-08）［2022-10-15］. https：//www2.ed.gov/about/offices/list/ocr/docs/20210608-impacts-of-covid19.pdf.

为 59%，数学成绩及格率仅为 47%。[①]

此外，疫情对学生的福祉和心理健康产生负面影响。疫情对学生心理健康产生负面影响的原因可以归纳为两个方面：一是疫情的暴发使得学生产生恐惧、焦虑、抑郁等消极情绪，二是停课和社会孤立削弱了许多学生的心理健康。欧盟委员会在 2021 年 9 月发布的《欧盟学校心理健康和福祉的系统性全校方法》（A Systemic, Whole-school Approach to Mental Health and Well-being in Schools in the EU）中指出，新冠疫情暴发以来，超过一年的失去、悲痛、分离、不确定的经历对学生的心理产生了巨大影响，增加了学生在课堂上面临的挑战。[②] 智利教育行动基金会（Fundación de Acción Educar）在 2021 年公布的一项调查结果也表明，长时间的远程教学导致学生心理问题凸显，且学生年龄越大，负面情绪越严重。其中，中学三年级和四年级学生的心理健康状况最令人担忧，受访学生中 73% 的中学三年级和四年级学生有抑郁症状。[③] 疫情对学生心理健康的影响范围之广、冲击力度之大，由此可见一斑。

二、教育公平依然存在问题

教育公平是现代教育的基石，也是全球教育系统不断追求的目标。近些年来，世界各国和主要国际组织不断推出新政策，致力于实现教育公平。例如，世界教育论坛在 2015 年 5 月通过了旨在实现包容和公平的全民优质教育的《仁川宣言》（Incheon Declaration），联合国教科文组织在 2017 年 7 月出台了《确保教育包容性和公平性指南》（A Guide for Ensuring Inclusion and Equity in Education），世界银行在 2018 年 6 月发布了《残疾人全纳和问责框架》（Disability Inclusion and Accountability Framework）。尽管如此，从全球范围看，受教育机会不均等、教育资源不均衡、学习效果不一致等问题依然存在，实现教育公平任重道远。

第一，性别不平等是一个关键问题。教育性别不平等备受国际社会关注。为了切实有效地解决这一问题，联合国在 2015 年 9 月通过的《变革我们的世界：

---

① Agencia de Calidad de la Educación. Resultados Diagnóstico Integral de Aprendizaje 2021［EB/OL］.［2021-12-20］. https://media.elmostrador.cl/2021/05/210526-Presentacio%CC%81n-DIA2021.pdf.

② CEFAI C, SIMÕES C, CARAVITA S C S. A Systemic, Whole-school Approach to Mental Health and Well-being in Schools in the EU［EB/OL］.［2022-03-02］. https://nesetweb.eu/wp-content/uploads/2021/09/NESET-AR2-2021_full_report.pdf.

③ Ministerio de Educación. Chile se Recupera y Aprende：Cómo Abordaremos el Impacto de la Pandemia en el Sistema Escolar?［EB/OL］.［2021-12-10］. https://www.mineduc.cl/wpcontent/uploads/sites/19/2021/03/Chile_se_recupera_y_aprende.pdf.

2030 年可持续发展议程》（Transforming Our World：the 2030 Agenda for Sustainable Development，以下简称《2030 年可持续发展议程》）中，将 17 个可持续发展目标（Sustainable Development Goals，SDGs）中的第 4 个目标设定为“确保包容和公平的优质教育，促进全民享有终身学习机会”①。经过数年的发展，全球整体教育规模逐渐扩大，基础教育入学率逐步提高，但是由性别差异引起的教育不平等现象仍然存在。经济合作与发展组织（Organization for Economic Co-operation and Development，OECD，以下简称经合组织）的统计数据显示，高中职业教育课程中男性毕业生获得工程、制造和建筑领域资格的比例远高于女性，并且在信息与通信技术及工程、建筑和制造业等领域男性仍然占据主导地位，而在教育、卫生和福利等领域则以女性为主导。② 世界银行等国际组织指出，在学校关闭的情况下，女孩需要面对更加复杂的学习障碍。社会规范、数字技能以及电子设备的缺乏限制了她们继续学习的能力，并且学校关闭使女孩辍学的风险增加。由于新冠疫情，在未来 10 年将有 1000 万名女孩面临早婚风险。③ 因此，在世界范围内彻底解决教育领域中的性别不平等问题依然任重道远。

第二，种族歧视长期存在。种族不平等是许多国家，特别是西方国家面临的一个重要问题，在教育领域主要体现在三个方面。一是教育资源不平等。与白人学生相比，有色人种学生更有可能就读于那些教育资源较少的学校，这些学校的校园环境通常不太安全。二是教育机会不平等。有色人种学生普遍面临教师教学经验不足、课程安排不够严格、学业成就期望较低等问题。教师水平和学习内容的差异给有色人种学生带来不良后果，导致他们的学业成绩下降、大学入学率降低、接受高等教育的机会减少以及获得工作所需专业技能的可能性降低。三是学业成就不平等。毫无疑问，长期存在的教育资源差距对有色人种学生的影响最大，并且会波及他们的学业成就。根据美国 2021 年全国教育进步评估（National Assessment of Educational Progress，NAEP），全美黑人和拉丁裔学生在八年级数学评估中持续落后于他们的

---

① United Nations. Transforming Our World：the 2030 Agenda for Sustainable Development [EB/OL]. [2022-02-26]. https://sdgs.un.org/sites/default/files/publications/21252030%20Agenda%20for%20Sustainable%20Development%20web.pdf.

② Organisation for Economic Co-operation and Development. Education at a Glance 2021 [EB/OL]. [2022-10-15]. https://www.oecd-ilibrary.org/docserver/b35a14e5-en.pdf?expires=1701826364&id=id&accname=guest&checksum=5503B7D5FB65669799AB4135A8C11D81.

③ UNESCO, UNICEF, The World Bank. The State of the Global Education Crisis：a Path to Recovery [EB/OL].（2021-11-24）[2022-02-26]. https://documents1.worldbank.org/curated/en/416991638768297704/pdf/The-State-of-the-Global-Education-Crisis-A-Path-to-Recovery.pdf.

白人同学：在满分 500 分的情况下，黑人学生一般落后白人学生 32 分，拉丁裔学生则一般落后白人学生 24 分。四年级的阅读成绩也存在类似的情况：黑人学生落后白人学生 26 分，拉丁裔学生则落后白人学生 21 分。① 由此可见，教育领域的种族问题有待解决。

第三，弱势群体教育受限。残疾儿童是最有可能被排除在教育之外的群体，正如《全球教育监测报告》主任马诺斯·安东尼尼斯（Manos Antoninis）所讲，新冠疫情导致教育的包容性倒退。如果政府不紧急考虑优先重建一个重视学习者多样性的、更具包容性的教育体系，那么这种进步的势头将会消失。② 联合国教科文组织发布的 2021—2022 年《全球教育监测报告》的一份区域报告表明，尽管在过去 20 年，中欧、东欧、高加索和中亚地区的 30 个国家和地区在确保儿童受教育权方面取得进步，但是这些地区仍然有许多儿童，特别是残疾儿童和少数族裔儿童，无法接受教育。

第四，新冠疫情加剧教育不平等问题。新冠疫情为全球 190 多个国家的近 16 亿名学生带来挑战，但是受影响最大的学生群体主要是低收入家庭、少数民族、原住民、难民以及战争冲突地区的学生。联合国教科文组织指出，新冠疫情的暴发破坏了世界各国已经取得的教育进步，并且增加了对处境不利学生的排斥。在一些国家和地区，教育系统尽管已经更具包容性，但是对不同民族、不同族裔、残疾儿童等群体实施隔离教育的影响仍然存在。在美国，新冠疫情不仅对许多有色人种学生的学业成就产生了显著的负面影响，扩大了先前存在的差异，而且使亚裔学生受到骚扰的威胁越来越大。③ 更为严重的是，新冠疫情在一些地区造成的破坏进一步扩大了该地区在获得包容性优质教育方面与其他地区存在的差距。根据联合国儿童基金会 2020 年 12 月发布的一份报告，世界各地区的互联网连接存在明显的不平等，西部非洲和中部非洲地区只有 5% 的 25 岁及以下的儿童和年轻人可以在家上网，在南亚、东部非洲和南部非洲地区，这一比例为 13%，而在东欧和中亚地区，这一比

① Office for Civil Rights. Education in a Pandemic：the Disparate Impacts of COVID-19 on America’s Students［R/OL］.（2021-06-08）［2022-10-15］. https：//www2.ed.gov/about/offices/list/ocr/docs/20210608-impacts-of-covid19.pdf.

② UNESCO. Global Education Monitoring Report 2020：Inclusion and Education：All Means All［EB/OL］.［2022-10-15］. https：//unesdoc.unesco.org/ark:/48223/pf0000373718.

③ 同①.

例为 59%。[①] 疫情正在继续加剧这些数字鸿沟。

三、教师队伍建设质量仍需提高

研究表明，教师数量和教师质量与学生学业成就之间具有极其密切的关系，是决定教育质量的主要因素。进入 21 世纪之后，教师队伍建设逐渐成为世界各国提高教育质量的关键所在。建设高标准、高质量、多样化的教师队伍已经成为教师教育领域的发展目标，也是世界各国教育改革的难点所在。[②]

教师数量是教育发展的重要保障，教师数量不足严重影响教育质量[③]。目前，教师资源缺乏的问题存在于世界所有地区，但是在撒哈拉以南非洲尤为严峻。世界上将近三分之一缺乏师资的国家都位于这一地区，而该地区入学适龄儿童的迅速增长则对教师数量产生更加迫切的需求。2016 年，联合国教科文组织统计研究所明确强调了撒哈拉以南非洲教师资源严重短缺的问题。[④] 据估计，非洲各国到 2030 年实现中小学教育普及所需要的教师数量约为 1700 万名。为了满足日益增长的教育需求，许多非洲国家只能依靠不合格或者未经培训的教师来完成教学任务，然而 2021 年只有少数非洲国家为教师提供了在线教学培训。此外，新冠疫情导致许多未来教师的实习计划中断，为该地区的教师供应带来新的挑战。

教师质量对学生的学业成就具有重要影响，教师质量低下直接降低学生的培养质量。但是，许多国家都有教师培养和师资队伍建设方面的问题。印度课程研究部（Department of Curriculum Studies）的一项研究表明，印度大部分教师对教学方法的认识缺乏整合；教学计划与计划执行之间存在差距；教师实际教授的内容与他们认为应该教授的内容有很大的差距；虽然教师认识到了讲授模式的弊端，但是实践时他们仍然处于同样的模式之中，而且在实施活动教学时，教师误解了活动的概念，

---

① UNICEF. How Many Children and Young People Have Internet Access at Home? Estimating Digital Connectivity during the COVID-19 Pandemic［EB/OL］.［2022-10-15］. https://data.unicef.org/resources/children-and-young-people-internet-access-at-home-during-covid19/.

② 李安琪，洪明．教师队伍建设的国际趋势：基于 2018 年 OECD《有效的教师政策》报告的分析［J］. 外国教育研究，2019，46（10）：15-30.

③ 吕亚军．革新开放以来越南高等教育的国际化［J］. 外国教育研究，2011，38（7）：29-35.

④ UNESCO. Transforming Education from within : Current Trends in the Status and Development of Teachers［EB/OL］.［2022-10-15］. https://unesdoc.unesco.org/ark:/48223/pf0000383002.

大多数教师将活动等同于示范。[①] 柬埔寨的中等教育系统在师资队伍建设方面则存在教师职前教育及培训不充分、在职教育培训服务不成熟、没有建立起长期的培训系统等问题。[②]

除了教师数量和教师质量的问题，世界各国在教师管理和制度改革方面也面临一些困境。在全球化和信息化不断深入发展的背景下，社会产生的巨大变化和教师在职研修环境的变化对未来教师的学习产生了根本性影响。伴随教师新型学习模式的出现，日本教师资格证更新制度需要进行调整。[③] 韩国社会的变革对现行中小学教师培养体制也提出了新的要求：从小学教师培养体制来看，学龄人口减少使得小学教师需求减少，岗位竞争更加激烈；小班额课程增多，课程多样性不足，以及小学安心学年制与基础学力保障制度进一步完善，对小学教师的综合能力提出了更高的要求。中学教师培养体制同样存在一系列问题，例如，教师过度培养导致岗位竞争更加激烈，部分教育研究生院课程质量堪忧，专业知识与教育实习亟待充实等。[④] 由此可见，加强教师队伍建设是全球教育系统未来几年需要关注的重点。

四、职业技术教育亟待加强

职业技术教育是国家增加技术人才数量、提高技术人才质量的有效手段。在世界各国的教育体系中，职业技术教育占据举足轻重的地位。发达国家的经济和社会发展很大程度上得益于其先进的职业教育体系。[⑤] 然而，许多国家的职业技术教育与培训面临资金不足、覆盖率低、与经济产业结构不相适应等问题，而且信息与通信技术的不断发展要求职业技术教育做出相应的调整。

首先，资金不足、覆盖率低制约职业技术教育发展。充足的资金投入能够切实

① National Council of Educational Research and Training. NCERT Annual Report 2019-2020 [EB/OL] . [2022-10-15] . https: //www.education.gov.in/sites/upload_files/mhrd/files/document-reports/Annual-Report-2019-20.pdf.

② Ministry of Education，Youth and Sport. Cambodia Secondary Education Blueprint 2030 [EB/OL] . [2022-10-15] . https: //planipolis.iiep.unesco.org/sites/default/files/ressources/cambodia-secondary-education-blueprint-2030-english.pdf.

③ 杨捷，闫羽 . 试析日本教师资格证更新课程设置及其特征 [J] . 课程・教材・教法，2022，42 (1): 154-159.

④ 교육부 . 현장을 이해하고 변화를 준비하는 미래 교원: 초・중등 교원양성체제 발전방안 [EB/OL] . (2021-12-10) [2022-02-01] . https: //www.moe.go.kr/boardCnts/fileDown.do?m=020402&s=moe&fileSeq=e7a20780e8419e144d543afdc959d650.

⑤ 徐国庆，陆素菊，贺艳芳，等 . 职业技术教育学科的国际发展状况分析 [J] . 职教论坛，2018 (1): 44-51.

保障职业技术教育的发展，然而现实情况是，在许多国家，职业技术教育获得的财政拨款有限。例如，俄罗斯政府为普通中小学班主任每月额外发放班主任津贴和奖金，但是中等职业教育的班主任没有得到这种支持。① 覆盖率低是职业技术教育发展需要解决的另一个难题。2019 年，非洲约有 1000 万名青少年接受职业技术中等教育，即每 10 万名居民中有 762 名学员，而全球平均数据为每 10 万名居民中有 801 名学员。非洲 15 岁至 24 岁的年轻人，接受职业技术教育的仅占 3%。在整个非洲大陆，各国的情况各不相同，但是平均而言，各个地区的情况相当类似。

其次，与经济产业结构不相适应阻碍职业技术教育创新。巴西开展职业教育的时间较早，可以追溯到 20 世纪 70 年代。目前，该国的职业课程已经成为普通中等教育的必修课程。然而进入数字时代之后，曾经为工业产业发展培养了无数人才的巴西职业教育却遭遇瓶颈，一方面是高达 14.9% 的失业率，另一方面却是企业单位的“用工荒”。根据巴西最大的校外职业教育机构——国家工业培训服务组织统计，到 2023 年，巴西产业发展中高级技术工人的缺口将达到 1050 万人，主要集中于金属力学、工程、物流以及交通领域。② 在产业结构与职场环境瞬息万变的背景下，各国需要进一步完善继续教育和职业技能培训，从而满足个人调职、转职以及职业技能开发的需求。

最后，信息化、数字化发展对职业技术教育提出新要求。伴随着全球信息与通信技术的不断发展，职业技术教育的学科安排需要顺势做出调整，以此提升学生的综合数字化能力。但是，学生群体的异质化以及接受职业培训的主要内容、要求、专业化程度的不同导致不同职业技术教育领域中的数字化教学模式和学习形式存在较大差异。③ 因此，职业学校在设计课程时，应该把学生的个人发展、需要推进的专业和社会适应能力与职业学校的教育使命进行联结。此外，欧盟在 2020 年 11 月发布的《奥斯纳布吕克宣言：关于职业教育和培训作为复苏和公正过渡到数字和绿色经济的推动力》（Osnabrück Declaration on Vocational Education and Training as an

---

① The Russian Government. Class Teacher Allowance and Bonus［EB/OL］.［2022-10-15］. http：//government.ru/en/search/?q=Class%20teacher%20allowance%20and%20bonus&dt.till=16.10.2022&dt.since=7.05.2012&sort=rel&type=.

② CNI.O Que é Educação Profissional?［EB/OL］.［2021-10-03］. https：//www.portaldaindustria.com.br/industria-de-a-z/educacao-profissional/.

③ Kultusministerkonferenz（KMK）. Empfehlung der Kultusministerkonferenz zum Einsatz Digitalisierter Lehr-und Lernformate zur Beibehaltung des Fachklassenprinzips in der Berufsschule［EB/OL］.（2021-09-09）［2022-05-20］. https：//www.kmk.org/fileadmin/Dateien/veroeffentlichungen_beschluesse/2021/2021-09-09-Digitale-Lehr-und-Lernformate.pdf.

Enabler of Recovery and Just Transitions to Digital and Green Economies）中指出，新冠疫情以及数字化和气候变化对经济、就业和社会产生重大影响。如何应对疫情危机、人口变化、数字创新、STEM（科学、技术、工程、数学）技能日益增长的要求和劳动者在整个职业生涯中技能不断提高的需求，是职业技术教育与培训面临的挑战。[①]

五、教育数字化转型带来挑战

21 世纪以来，随着人工智能、大数据、物联网等新兴技术的迅猛发展，传统教育生态不断受到冲击。为了把握和应对数字化发展带来的机遇与挑战，数字化转型成为全球教育发展的重要趋势。特别是在新冠疫情的影响下，数字化教育成为世界各国应对疫情的重要手段。然而，数字化转型在改变全球教育方式的同时也带来许多问题和挑战。

第一，教育数字化转型导致数字鸿沟扩大。性别差异、年龄差异、阶层差异、种族差异、行业差异、城乡之间及不同教育背景的差异导致学生的数字化差距日益明显。2020 年，在因新冠疫情暂停全国公立中小学线下授课期间，日本仅有 15% 的公立学校实施双向实时在线授课，这表明新冠疫情到来前日本公立中小学实施远程在线教育的能力和水平不足。[②] 经合组织 2018 年国际学生评估项目 [③] 的调查结果也印证了这一点——日本是参加调查的国家中，教师在授课时使用数字化设备频率和学生在家中使用电脑学习频率最低的国家，并且日本在线教育存在不均衡现象，因家庭年收入、监护人学历、居住地等因素的不同而呈现较大差异。

第二，教师缺乏专业培训，数字化教学能力不足。由于缺乏数字化教学培训，许多国家的教师无法有效应对数字教育环境的变化。例如，韩国虽然在疫情初期迅速完善了线上教学设施，但是由于并未对教师进行线上教学培训，教师的数字化能力参差不齐，导致其网络教学难以达到预期目标。柬埔寨 2021 年 5 月发布的《柬埔寨中等教育蓝图 2030》指出，后疫情时代需要更加注重通过互联网获取学习材料，

---

① Osnabrück Declaration on Vocational Education and Training as an Enabler of Recovery and Just Transitions to Digital and Green Economies [EB/OL] . [2022-03-02] . https: //www.cedefop.europa.eu/files/osnabrueck_declaration_eu2020.pdf.

② 教育再生実行会議 . ポストコロナ期における新たな学びの在り方について（第十二次提言）[EB/OL] . [2022-02-01] . https: //www.mext.go.jp/content/20210615-mxt_koutou01-000016013_7.pdf.

③ OECD. PISA 2018 Released Field Trial and Main Survey New Reading Items [EB/OL] . [2022-10-15] . https: //www.oecd.org/pisa/test/PISA2018_Released_REA_Items_12112019.pdf.

在此过程中教师将发挥重要作用。然而在柬埔寨当下的中学教育系统中，大部分教师没有做好从事数字化教育的准备，难以应对新冠疫情下的远程教育。[①] 在非洲，教师数字化能力不足的问题更加突出。在疫情开始之前，整个非洲就已经面临合格教师长期短缺的问题。2021 年，只有少数非洲国家为教师提供了在线教学培训。[②]

第三，人工智能的应用具有两面性，对教师素养提出更高要求。近些年来，世界各国陆续将人工智能投入教育领域，希望为教育发展带来新的活力。诚然，人工智能的广泛应用使教育领域获得长足发展，教育机会更加多样，教育内容更加丰富，学习方式更加灵活，并且在一定程度上提高了教育教学质量，消除了教育实践中的歧视与偏见。但是，人工智能在改变传统教育教学模式的同时，也可能会弱化教育，削弱教师的教学能力和学生的学习能力。[③④] 因此，要想充分发挥人工智能的优势，促进教育质量提升，必须重塑教师角色。另外需要注意的是，在数字化和信息化背景下，个人信息和网络安全问题、对人工智能产品的过度依赖等负面问题亟待解决。[⑤⑥]

第二节 世界各国与主要国际组织教育改革与发展的政策措施

面对复杂多样的教育挑战与亟待解决的各类教育问题，世界各国与主要国际组织在 2021 年针对各级各类教育进行改革，不断调整政策措施以推动教育系统优化。本节将从教育综合改革、早期教育改革、基础教育改革、高等教育改革、职业教育改革、教师教育改革以及特殊教育改革七个方面对 2021 年世界各国与主要国际组织的教育改革与政策措施进行分类概述。

---

① Ministry of Education, Youth and Sport. Cambodia Secondary Education Blueprint 2030 [EB/OL] . [2022-10-15] . https://planipolis.iiep.unesco.org/sites/default/files/ressources/cambodia-secondary-education-blueprint-2030-english.pdf.

② Union Africaine. Stratégie Continentale de l'Education 2016-2025 [EB/OL] . [2022-10-15] . https://www.adeanet.org/fr/system/files/resources/cesa_16-25_french_v8_.pdf.

③ 刘进，钟小琴，李学坪 . 教育人工智能：前沿进展与机遇挑战 [J] . 高等工程教育研究，2020 (2): 113-123.

④ 李泽林，陈虹琴 . 人工智能对教学的解放与奴役：兼论教学发展的现代性危机 [J] . 电化教育研究，2020，41 (1)：115-121.

⑤ 孟翀，王以宁 . 教育领域中的人工智能：概念辨析、应用隐忧与解决途径 [J] . 现代远距离教育，2021 (2)：62-69.

⑥ 张新刚，田燕 . 数字化校园信息安全立体防御体系的探索与实践 [J] . 实验技术与管理，2012，29 (10)：114-119.

一、教育综合改革的政策举措

教育综合改革是一项涉及各级各类教育的全面性系统工程，具有宏观的引导和指示作用。世界各国和主要国际组织十分重视教育综合改革，并出台了一系列改革政策。在2021年颁布教育综合改革方案的国家包括大洋洲的澳大利亚和新西兰、亚洲的日本和韩国以及非洲的刚果共和国。

2021年10月，澳大利亚教育、技能与就业部发布题为《国家在教育、技能与就业方面的领导作用》（National Leadership on Education，Skills and Employment）的年度教育报告。该报告指出，教育、技能与就业部在2020—2021学年的目标是通过教育、技能和就业等方面的举措，为人民创造更多的机会，为澳大利亚的经济繁荣和社会福祉做出贡献。在该目标的指引下，澳大利亚教育、技能与就业部主要采取以下五个方面的措施。在幼儿和儿童保育方面，提供儿童保育服务，应对新冠疫情；改善原住民及托雷斯海峡岛民的保育服务；实施新政策，助力儿童关键期成长。在学校和青年方面，重启国家识字和计算能力评估计划；为政府学校和非政府学校提供资金支持；持续推进国家改革，审查教师职前培训。在高等教育、科研和国际教育方面，提供大学科研资助，促进研究成果商业化；实施促进应届毕业生就业的一揽子计划；提供国际教育支持，制定国际教育战略；为弱势群体和偏远地区学生提供更多机会；引入高等教育学生信息收集系统。在技能和培训方面，提供资金和培训，减轻疫情影响；推进职业教育和培训（Vocational Education and Training，VET）体系改革；提高基础能力以促进就业。在就业和劳动力方面，优化就业服务，应对就业需求；探索在线就业服务模式；提供地方和农业就业援助；提供自主创业支持；探索未来的就业服务。①

2021年10月，新西兰教育部发布《2021年教育部年度报告》（The Ministry of Education：Annual Report 2021）。该报告指出，新西兰教育在2020—2021年受到新冠疫情的严重影响，教育部通过加强资金投入和建立健全保障机制来应对危机，帮助社会各界度过这一时期。与此同时，教育部也密切关注如毛利人和帕斯菲卡族等少数族裔学生的教育问题，致力于提高其教育水平。教育部在2020—2021年以新西兰政府2018—2023年五年计划中的主要框架和重点工作为依据，集中在儿童早期教育、中小学教育、高等教育与职业教育等几大领域，围绕以下五大目标开展

---

① Australian Government. Department of Education，Skills and Employment. 2020-21 Annual Report：National Leadership on Education，Skills and Employment［EB/OL］.（2021-10-19）［2022-11-05］. https://www.education.gov.au/download/12705/2020-21-annual-report/24049/2020-21-annual-report-department-education-skills-and-employment/pdf.

工作：（1）以学生为中心；（2）无障碍准入；（3）实施高质量的教学和教育领导力；（4）未来学习和工作展望；（5）世界一流的全纳公共教育。教育部在 2021 年的工作重点包括：（1）平等和福祉。通过与教育专业人员合作，为所有学生提供平等的学习机会和支持。（2）早期学习和学校课程。将知识、专长和资源整合在一起，形成具有包容性和全面性的课程，使每一个学生及其家庭在学习中参与、进步和取得成就。（3）将教育和就业联系起来。支持雇主和行业与学校建立系统联系，共同设计工作整合路径，提供更加密集的行业相关学习体验，帮助学生获得学习或就业机会。①

2021 年 6 月，日本教育再生实行会议第十二次提言《关于后疫情时代的新型学习》对今后日本教育系统的改革方向进行了总体规划，提出建设新常态下的新型教育总目标。新常态下的新型教育主要有两个特点：第一个是以实现个人和社会的共同福祉为目标，实现向学习者主体型教育转型；第二个是以推动教育数字化和信息化为目标，实现向数据驱动型教育转型。根据对新型教育的构想，日本教育再生实行会议提出了基础教育阶段、高等教育阶段和教育相关配套措施三方面的改革内容。基础教育阶段的重点改革措施包括创建一人一台移动设备的教育信息化教学环境，促进教育数据的收集和分析，保障学习机会，实现学习活动多样化，完善小班化教学条件，以及提高教师质量和利用多元化的人力资源等。高等教育阶段的重点改革措施包括推进远程在线教育，推动高校落实出口质量保障，推广多样化和灵活化的学制，加快高校行政的数字化改革，扩充对学生的支援制度，完善高校校园设施设备，建设国际化的教育环境，吸引优秀外国留学生，以及促进高校与企业的深入对接等。教育改革的相关配套措施主要强调推动高校、政府、企业之间合作，实现大学入学和就业灵活化；提倡学校、家庭和社会合作，为儿童提供开展创造性活动的空间；基于证据制定政策，提高教育行政的效果和效率等。②

2021 年 1 月，韩国教育部发布 2021 年教育部工作计划，在回顾 2020 年工作内容的基础上提出了新的教育改革设想。该计划以《共同成长的包容社会，开创明天的未来教育》为题，秉持持续性、包容性、自主性、安全和健康、先发制人应对变化五大原则，围绕三大领域开展教育工作：应对新冠疫情，恢复学校日常工作

① New Zealand Government. Ministry of Education. The Ministry of Education : Annual Report 2021 [EB/OL] . [2022-06-30] . https: //www.education.govt.nz/our-work/publications/annual-report/annual-report-2021/.

② 教育再生実行会議 . ポストコロナ期における新たな学びの在り方について (第十二次提言) [EB/OL] . [2022-02-01] . https: //www.mext.go.jp/content/20210615-mxt_koutou01-000016013_7.pdf.

并提升线上教育质量；以“未来型教育模式”支持学生个性化成长；构建人性化且充满希望的社会。具体改革措施包括：（1）在新冠疫情下提供持续性的学习支援；（2）加强教育部对各级各类教育的质量保障；（3）提高教育的公平性与透明度，恢复民众对公共教育的信任；（4）建设创新型学校，支持学生个性化成长；（5）增强高等教育竞争力，培养未来创新人才；（6）制定并推进打造包容型社会的国家政策。①

2020 年 12 月，刚果共和国中央政府发布《2021—2030 年教育战略计划》，将未来十年的教育发展目标设定为面向全体国民提供高质量的基础教育，确保所有男孩和女孩在 2030 年前接受完整的、免费的、优质的初等和中等教育，并为所有青年提供经济发展所需的职业技能培训。这一战略目标的实现预示着所有刚果共和国小学生将完成小学教育，顺利升入中学。在小学、普通中学和技术中学教育中，刚果共和国将实现零辍学、至多 10% 的学生留级的目标。到 2032 年，这一代人中的 20% 将进入技术学院学习。2035 年，50% 的青少年将升入中学二年级，25% 的中学三年级学生将升入技术高中。② 初中等教育和扫盲部向培训学校毕业的社区教师保证，政府将为教师提供专业化培训，并且制定了支持《2021—2030 年教育战略计划》实施的方案，该方案将在联合国教科文组织的协调下落实。

二、早期教育改革的政策举措

早期教育对于国家和个体均具有重要意义。对于国家来说，儿童早期教育关系国家繁荣和社会进步；对于个体来说，儿童早期教育是人生的启蒙教育，对人生具有奠基意义。正如经合组织在 2021 年 6 月发布的《强势开端Ⅵ：支持儿童早期教育和保育中的有意义互动》（Starting Strong Ⅵ：Supporting Meaningful Interactions in Early Childhood Education and Care）中指出，高质量的儿童早期教育和保育（Early Childhood Education and Care，ECEC）对于儿童、家庭和社会发展具有巨大价值，

① 교육부 . 함께 성장하는 포용사회 내일을 열어가는 미래교육［EB/OL］.［2022-02-01］. https：//www.moe.go.kr/boardCnts/viewRenew.do?boardID=72713&lev=0&statusYN=W&s=moe&m=031102&opType=N&boardSeq=83340.

② Education：Le Congo Doté d'un Plan Sectoriel Éducatif 2021-2030［EB/OL］.（2020-12-21）［2022-10-16］. https：//www.adiac-congo.com/content/education-lc-congo-dote-dun-plan-sectoriel-educatif-2021-2030-122814.

能够为子孙后代的成功奠定基础。[①] 因此，许多国家和国际组织针对早期教育开展了改革实践。

德国一直以来都非常重视儿童早期教育和发展。为了消除幼儿领域的结构性歧视并促进全纳教育，莱茵兰－普法尔茨州教育部（Ministerium für Bildung Rheinland-Pfalz）在 2021 年 7 月出台的新版《州立儿童日托机构与日间护理教育法》（Das Landesgesetz über die Erziehung，Bildung und Betreuung von Kindern in Tageseinrichtungen und in Kindertagespflege）中要求进一步加强日托管理与监督体系，促进人事领域的财政支持和专业培养，并强调教师和管理者应该加强与父母的合作与协商。[②] 此外，该法案还提出支持"特色补充人才"（Profilergänzende Kräfte），吸引艺术家、音乐家、木匠等专业人才为幼教领域专业化发展提供额外支持，因为这些专业人才能够为教师培训或幼教服务提供专业指导，有助于组建多样化的专业队伍。针对管理者方面，该法案首次确定了日托所领导的工作量以及应具备的领导能力，并就此制定了框架协定，为教师基础考核提供外部保障，加强管理者的资格考核工作。[③]

2021 年 6 月，法国修订并发布"幼儿园计划"（Programme de l'École Maternelle），重申早期学习的特殊性，即早期学习是一种感知学习、创作学习。该计划明确了早期学习的教学目标、教学内容和预期结果，提出要重点支持幼儿学习语言和数学，帮助幼儿园学生从 3 岁起实现发展，取得早期学习的成功，同时要尊重每个学生的发展步伐。幼儿园时期的语言习得对小学学习阅读和写作至关重要，因此，法国国民教育和青年部将学习更广泛的词汇和认识语言的结构列为幼儿园的首要任务，开放外语学习，从而让学生发现与他们已知语言不同的语言，并意识到可以通过法语以外的语言进行交流。此外，该计划还建议幼儿园通过结构化教学，利用游戏、动手操作、语言和解决问题等教学手段来发展学生的早期数学技能，从而激发学生的

① OECD. Starting Strong VI：Supporting Meaningful Interactions in Early Childhood Education and Care［EB/OL］.（2021-06-28）［2022-10-17］. https：//www.oecd.org/switzerland/starting-strong-vi-f47a06ae-en.htm.

② Ministerium für Bildung Rheinland-Pfalz. Warum ein neues Gesetz?［EB/OL］.［2022-05-01］. https：//kita.rlp.de/de/themen/kita-gesetz/warum-ein-neues-gesetz/.

③ Ministerium für Bildung Rheinland-Pfalz. Land und Trägerorganisationen Unterzeichnen Neue Fachkräftevereinbarung［EB/OL］.［2022-05-01］. https：//bildungsklick.de/fruehe-bildung/detail/land-und-traegerorganisationen-unterzeichnen-neue-fachkraeftevereinbarung.

好奇心和对研究的兴趣。①

自新冠疫情暴发以来，澳大利亚教育、技能与就业部采取了多项保障儿童保育服务的措施。除了 2020 年开始实施的幼儿教育和保育救助计划，澳大利亚教育、技能与就业部还为儿童保育服务机构提供了共计 7.08 亿澳元的转移支付方案，用来帮助各地儿童保育服务机构恢复正常运转。针对维多利亚州在 2020 年 9 月至 2021 年 1 月提出的经济复苏计划，澳大利亚教育、技能与就业部提供了 3.05 亿澳元的援助。另外，该部门还为受疫情影响的家庭保留托儿所名额，帮助家长重新就业、学习或参与培训，并且简化了暂时经济困难家庭申请额外儿童保育补贴的流程，让这些家庭更容易获得育儿资助。在 2021—2022 年度预算中，澳大利亚政府宣布了一项新的多子女补贴政策（Multiple Child Subsidy），取消了基于收入的儿童保育补贴的补贴上限，减少多子女家庭 5 岁以下孩子的保育费用。此外，教育、技能与就业部还同各州、各地区制定了一项新的学前教育改革协议，为全日制学校学生入学前一年的早期学习提供支持，为儿童入学做出更加充分的准备。

三、基础教育改革的政策举措

基础教育在国家教育体系中具有基础性、先导性和全局性的重要地位，基础教育的好坏直接影响到教育目的能否实现。2021 年，世界各国和国际组织积极调整基础教育的结构布局和政策导向，以实现国家基础教育的高质量发展。同年颁布基础教育改革方案的国家和国际组织包括日本、柬埔寨、欧盟、联合国教科文组织、联合国儿童基金会和世界银行，以下将按顺序逐一概述。

2021 年 6 月，日本教育再生实行会议第十二次提言《关于后疫情时代的新型学习》发布。该报告指出，为了培养儿童适应今后社会的发展，学校教育应当将实现个人和社会幸福作为根本方向，将学习者本位作为开展教育活动的基本视角。为此，教师需要不断提高教育活动质量，通过扩充最适合个体的和合作性的学习活动，实现儿童主体性、对话性的深度学习。为了推进新型学习方式，学校将着重培养儿童自主将信息与通信技术作为“文具”加以运用的能力。为保障新型教育活动的质量，学校将对学生的学习情况、生活健康情况与教师的辅导情况加以收集和分析，促进教师对每一个学生的个性化指导，鼓励教育行政部门基于数据制定政策。此外，新

① Ministère de l'Éducation Nationale et de la Jeunesse. Les Savoirs Fondamentaux，Qu'est-ce Que c'est［EB/OL］.［2021-08-01］. https://www.education.gouv.fr/les-savoirs-fondamentaux-qu-est-ce-que-c-est-324683.

常态下的中小学教育还将完善小班化教学的组织模式和设备条件，进一步提高教师质量，充分运用校外人才。

2021 年 5 月，柬埔寨制定了《柬埔寨中等教育蓝图 2030》，对该国未来十年中等教育的发展做出整体规划。该计划的目标包括：（1）所有柬埔寨学生至少完成 9 年的免费、包容、公平和优质基础教育；（2）所有柬埔寨学生都有机会接受高质量的高中教育，可以选择接受高质量的职业技术教育或预备高等教育；（3）加强教师的职前和在职教育，实现高质量的教学标准；（4）柬埔寨所有中学都有促进高质量教学和学习的各级杰出领导和具体管理标准；（5）越来越多的年轻人有机会接触高质量的职业技术课程，以满足当地的经济和工业需求。为了实现上述目标，《柬埔寨中等教育蓝图 2030》根据政府预算、伙伴机构（发展局、民间组织、工业界等）的支持程度以及教育改革的程度提出八大优先发展事项：第一，提高普通中等教育的普及程度和教学质量；第二，提高中学管理者的领导力和管理水平；第三，改善课程内容、教学策略和评估方式，努力实现 21 世纪的优质教育，尤其是在 STEM 领域；第四，将数字教育融入中学教育；第五，完善中学教师队伍建设制度；第六，完善中学教师专业发展制度；第七，促进中等技术教育的多样化发展，满足当地经济和劳动力市场的需求；第八，加强中学教育与学生后续发展的衔接。[①]

欧盟委员会在 2021 年 9 月发布《欧盟学校心理健康和福祉的系统性全校方法》，提出有效实施系统的、全校的方法来提高学生心理健康和福祉，并提出了在欧盟各地防止校园欺凌行为的建议。具体内容包括：（1）将促进心理健康确定为 21 世纪教育的必修重点学习目标；（2）将心理健康和福祉纳入正式课程和主流教学方法；（3）调整学校成功的指标，优先考虑心理健康和福祉；（4）采用一种系统的、全校的方法；（5）利用亲缘关系和联系促进心理健康；（6）采用一种自下而上的、参与式的方法，突出有代表性的学生的声音；（7）为欧洲各地的学生制定心理健康和福祉课程；（8）为有心理健康问题的学生提供基于学校的部门间支持；（9）重点关注弱势和边缘化学生的心理健康需求；（10）动员整个学校参与干预措施的制定，防止校园欺凌行为；（11）优先考虑针对教师的心理健康和福祉教育；（12）解决与儿童一起工作的成年人的心理健康和福祉问题；（13）加强证据和循证实践。

为帮助世界各地在学校长期停课后恢复教育，联合国教科文组织、联合国儿童

---

① Ministry of Education，Youth and Sport. Cambodia Secondary Education Blueprint 2030［EB/OL］.［2022-10-15］. https://planipolis.iiep.unesco.org/sites/default/files/ressources/cambodia-secondary-education-blueprint-2030-english.pdf.

基金会和世界银行在 2021 年 12 月联合发布了《全球教育危机状况：复苏之路》（The State of the Global Education Crisis：a Path to Recovery）。该报告表示，学校关闭有很大的弊端，可能会妨碍一代儿童和青年成长，也会扩大与疫情暴发前教育水平的差距。因此，重开学校应该是世界各国的首要任务。面对这一状况，三个国际组织呼吁各国：（1）评估学生的学习水平，以解决学习数据危机；（2）推行学习恢复计划，推动儿童回到学校，防止学习损失不断加大；（3）解决儿童的学习障碍和社会意识障碍；（4）衡量政策反应的效果，并运用经验不断改进政策；（5）反思疫情期间的经验教训，加快学习进程，使学校更有效率、更加公平、更有弹性。① 此外，联合国儿童基金会在 2021 年 9 月还发布了《每个孩子的数字化学习：为包容和繁荣的未来缩小差距》（Digital Learning for Every Child：Closing the Gaps for an Inclusive and Prosperous Future），为提升学生的数字技能提出以下针对性建议：（1）扩大公平的数字学习规模，呼吁政府、国际组织、民间组织、学术界和企业行动起来；（2）消除用电和数字的鸿沟，为所有儿童提供物美价廉的网络资源；（3）确保大规模的数字学习解决方案的有效性；（4）保障儿童的福祉和安全；（5）投资数据收集和进一步研究。②

四、高等教育改革的政策举措

在知识经济时代，高等教育在教育系统中的地位愈发重要，发挥的功能也愈发多样。在各国激烈竞争的国际背景下，高等教育的规模、质量以及与之相伴的知识和技术创新成就已经成为衡量一个国家高等教育发达程度与科技、经济、文化发展潜力的重要标志。③ 因此，世界各国政府和主要国际组织高度重视高等教育的改革与发展。

为有效指导世界各国的高等教育发展，世界银行在 2021 年 9 月发布《引导高等教育：迈向为所有人提供服务的弹性系统》（Steering Tertiary Education：toward Resilient Systems that Deliver for All）。该报告提出一个应对高等教育当前和未来发展

---

① UNESCO, UNICEF, The World Bank. The State of the Global Education Crisis：a Path to Recovery［EB/OL］.［2022-02-26］. https://documents1.worldbank.org/curated/en/416991638768297704/pdf/The-State-of-the-Global-Education-Crisis-A-Path-to-Recovery.pdf.

② BROSSARP M，CARNELL M，CHAVDRON S，et al. Digital Learning for Every Child：Closing the Gaps for an Inclusive and Prosperous Future［EB/OL］.［2022-03-21］. https://www.unicef.org/reports/digital-learning-every-child.

③ 彭拥军，巩雪. 高等教育高质量发展的逻辑［J］. 江苏高教，2022（10）：9-16.

需求的框架，强调每个国家必须审查新冠疫情对这一关键教育板块的影响，确定能够促进高等教育系统恢复弹性的政策，对多元化的、明确的和包容性的高等教育系统进行战略性投资。报告指出，未来的高等教育研究方向应该包括：（1）研究对多元化、可持续的高等教育系统进行战略性投资的必要性；（2）为决策者和其他高等教育利益相关者提供一个研究框架，以确定在未来几十年里，能够对支持增长和发展的高级技能和终身学习需求做出回应的关键特征，以及对高等教育系统进行干预的主要措施；（3）研究新冠疫情对全球高等教育系统的影响，并分享疫情期间恢复弹性的经验；（4）提供关于世界银行在高等教育领域中的业务和分析工作中的内容、背景和规模的信息。①

澳大利亚政府希望通过优质的高等教育、国际教育和高质量科研，实现经济增长，保障社会福祉。为实现这一目标，澳大利亚教育、技能与就业部在2021年实施了联邦拨款计划（Commonwealth Grant Scheme）、高等教育退休金计划②（Higher Education Superannuation Program）、高等教育支持项目（Higher Education Support）、高等教育贷款项目（Higher Education Loan Program）、高等教育研究投资项目（Investment in Higher Education Research）、研究能力项目（Research Capacity）和国际教育支持项目（International Education Support）七个项目。此外，该部门还将2020—2021学年的工作重点确定为保障高等教育和国际教育在疫情期间及后续开展教学和研究，具体措施包括：提供大学科研资助，促进研究成果商业化；实施促进应届毕业生就业的一揽子计划；支持国际教育发展，制定国际教育战略；引入高等教育学生信息收集系统。③

为适应后疫情时代的需要，日本政府在2021年6月教育再生实行会议发布的第十二次提言《关于后疫情时代的新型学习》中主张推动新常态下的高等教育改革，主要任务包括以下几个方面：首先，高等教育需要面向数字化时代，向数据驱动型教育转型；其次，高等教育需要从入口质量保障向出口质量保障过渡，改变高校严进宽出的毕业要求，提高高等教育质量；再次，高校还应承担社会服务功能，通过

① ARNHOLD N，BASSETT R M. Steering Tertiary Education：toward Resilient Systems that Deliver for All［EB/OL］.（2021-09-27）［2022-02-26］. https：//openknowledge.worldbank.org/handle/10986/36328.

② 澳大利亚政府通过高等教育退休金计划为符合条件的高等教育机构提供额外经费，用以支付当前和已退休大学雇员的退休相关费用。

③ Australian Government. Department of Education，Skills and Employment. 2020-21 Annual Report：National Leadership on Education，Skills and Employment［EB/OL］.（2021-10-19）［2022-10-15］. https：//www.education.gov.au/download/12705/2020-21-annual-report/24049/2020-21-annual-report-department-education-skills-and-employment/pdf.

信息与通信技术向外界提供无论何时、无论何地、无论是谁、无论次数的高等教育受教育机会，推动学习的多样化；最后，高等教育应该改善高校教学的软硬件设施设备，完善学生支援体系，提高高校管理的合理性和效率。同时提出以下具体改革措施：推进在线高等教育，改进教学保证教育质量，实现高等教育的多轨制和多样化，推动高等教育机构的数字化，增加对学生的支援项目，改善高校设备和设施条件等。

2021 年 5 月，俄罗斯联邦政府批准了“优先 2030”战略性学术领导力计划，用以支持大学在 2021 年至 2030 年的发展。该计划将集中资源提高大学和科研组织的教育和研究潜力，确保高等教育机构参与俄罗斯联邦各主体的社会经济发展，为实现俄罗斯 2030 年前的国家发展目标做出贡献。该计划将在三个层面展开。在国家层面，联邦政府将致力于增加俄罗斯科技在全球研发市场的份额；吸引顶尖科学家和有前途的青年研究人员到俄罗斯工作；保障科学、技术、工程、经济部门和社会领域的人力资源；利用大学的科学、教育和创新潜力，缩短俄罗斯国家和各联邦主体经济的创新周期。在大学层面，联邦政府将致力于提高俄罗斯大学的科技潜力，以创造新技术、新产业和有竞争力的产品；扩展机构间的联系，将大学的科学工作与各类科研组织和实体经济部门相结合；发展国际合作。在社会层面，联邦政府将提供条件，发展学生的数字素养和运用数字技术的能力，并提高俄罗斯大学的教育、科学、技术和社会服务的质量。此外，为落实国家数字化转型目标，达到教育领域数字化成熟度指标，俄罗斯联邦教育部通过分析教育发达国家在高等教育领域的数字化转型战略，针对本国高等教育领域存在的现实需求，在 2021 年 7 月发布《科学与高等教育领域数字化转型战略》（Стратегия цифровой трансформации отрасли науки и высшего образования）。该战略明确了一系列项目方案，并决定围绕以下几个方面开展工作：第一，建立科学与高等教育领域数据管理系统；第二，完善数字化转型架构；第三，推广“数字大学”模式；第四，建立统一科学服务平台；第五，打造软件和硬件市场；第六，推进数字化教育；第七，开发“服务枢纽”信息系统。[1]

五、职业教育改革的政策举措

职业教育与经济发展相辅相成，在经济结构和城市功能调整方面发挥着重要作

---

① Миhоьphayки России. Стратегия Цифровой Трансформации Отрасли Науки и Высшего Образования [EB/OL]．(2021-07-14) [2021-10-18]．https: //minobrnauki.gov.ru/upload/iblock/e16/dv6edzmr0og5dm57dtm0wyllr6uwtujw.pdf.

用，同时也是教育体系和人才培养的重要组成部分，肩负着培养多样化人才、促进人才就业的重要任务。世界各国出台的职业教育改革政策和措施有助于培养高质量专业性人才，有助于增强职业教育对经济社会发展的适应性。

德国是一个工业高度发达的国家，其职业教育为德国经济发展注入了强大动力。2021 年 9 月，德国文教部长联席会议（Kultusministerkonferenz，KMK）提出《文教部长联席会议关于通过使用数字化教学模式来保持职业学校的专业班级原则的建议》（Empfehlung der Kultusministerkonferenz zum Einsatz Digitalisierter Lehr-und Lernformate zur Beibehaltung des Fachklassenprinzips in der Berufsschule），制定了职业学校使用数字化教学模式和学习形式的标准，包括“教学 – 课程标准”“组织 – 行政标准”“法律标准”，同时补充说明了数字化教学下职业学校跨州办学的三项规定：（1）在更新“设立跨州专业班的公认培训职业清单，以及主办州（主办职业学校所在地）和服务地区的详细情况”时，主办州若要求修改申请或提交新申请，应告知职业教育委员会，咨询是否可以在主办职业学校对相应的培训职业采用远程学习的方式教学。同时，在清单中设立跨州专业班的主办职业学校应该用脚注注明“可应用远程学习”。（2）如果各州之间达成双边协议，应根据《关于为受训人数较少的公认培训职业的学生组建跨州专业班的框架协议》（Rahmenvereinbarung über die Bildung Länderübergreifender Fachklassen für Schülerinnen und Schüler in Anerkannten Ausbildungsberufen mit Geringer Zahl Auszubildender）第五条的规定，向其他各州发出通知。（3）培训证书由跨州专业班主办州的职业学校颁发。[①] 为配合文教部长联席会议提出的新政策，职业教育委员会发布的《文教部长联席会议关于在人口变化的背景下保持职业学校专业班原则的声明》（Erklärung der Kultusministerkonferenz zur Beibehaltung des Fachklassenprinzips in der Berufsschule vor dem Hintergrund des Demografischen Wandels）也同时生效，该声明要求各州研究在多大程度上使用数字化的教学和学习形式时，可以确保实施最适合当地的职业学校教育。[②] 此外，为提高职业学校教授课程的跨州可比性，确保数字化职业教育的教学质量，联邦各州

① KMK. Empfehlung der Kultusministerkonferenz zum Einsatz Digitalisierter Lehr-und Lernformate zur Beibehaltung des Fachklassenprinzips in der Berufsschule［EB/OL］.（2021-09-09）［2022-10-10］. https://www.kmk.org/fileadmin/Dateien/veroeffentlichungen_beschluesse/2021/2021_09_09-Digitale-Lehr-und-Lernformate.pdf.

② KMK. Erklärung der Kultusministerkonferenz zur Beibehaltung des Fachklassenprinzips in der Berufsschule vor dem Hintergrund des Demografischen Wandels［EB/OL］.［2022-05-20］. https://www.kmk.org/fileadmin/veroeffentlichungen_beschluesse/2016/2016_06_16-Erkl-Fachklassenprinzip.pdf.

在 2021 年 10 月批准建立了一个职业教育的门户网站，为职业学校教师提供了一个交流合作、开发教材和分享教学理念的平台。①

为了促进经济发展、保障社会福祉，澳大利亚政府在职业教育领域实施了培养技能和能力（Building Skills and Capability）与职业教育和培训学生贷款（VET Student Loans）两个项目。澳大利亚教育、技能与就业部在 2021 年 10 月发布的题为《国家在教育、技能与就业方面的领导作用》的年度教育报告中指出，职业教育和培训体系主要通过以下三种方式在澳大利亚经济增长中继续发挥重要作用：（1）提供资金和培训，以降低疫情影响。首先，拨款 12 亿澳元用于资助超过 62000 名雇主及团体培训机构，招收超过 168000 名新学徒及培训生。其次，支持学徒和培训生。为超过 68000 名雇主提供逾 14 亿澳元的旨在保护学徒和培训生的工资补贴，减轻疫情为其带来的经济影响，并协助 136000 名学徒及培训生继续工作。（2）推进职业教育和培训体系改革，以提升职业培训水平。第一，成立旨在提供准确、公正和权威的就业信息和支持的国家职业研究所（National Careers Institute）。第二，实施澳大利亚技能和质量管理局（Australian Skills and Quality Authority）于 2020 年 3 月提出的监管实践和流程快速审查的建议。第三，通过职业教育与培训数据流线化项目对职业教育与培训数据进行收集和转换，建设一个灵活、高效和稳定的云信息与通信技术系统。（3）提高基础能力以促进就业，并通过以下项目来实现这一目的。第一，通过教育和就业能力项目，为求职者提供就业能力培训。第二，通过未来基础能力项目与用人单位合作，为求职者提供 58 个培训项目，以提高他们的基础能力。第三，通过远程社区试点项目提供适合地方求职者的、灵活的评估和培训，以满足地方需求。

为向“未来教育模式”转型，支持学生个性化成长，韩国在 2021 年 1 月发布的 2021 年教育部工作计划中提出，韩国将构建终身职业教育体制。政府一方面将加强大学、终身教育与职业培训间的联系，建立跨政府部门的在线终身学习系统，促进个人能力的可持续开发；另一方面将基于产业界和地区需求，支持不同层次的职业能力开发。采取的具体政策措施包括建立跨政府部门的线上终身学习系统；强化高职院校在专业技术人才培养中的作用；创新中等职业教育，促进职业高中毕业生就业。此外，韩国教育部及教育课程政策部门于 2021 年 11 月出台了《更好的未

---

① KMK. Portal für Lehrkräfte Beruflicher Schulen in Deutschland Soll Kommen [EB/OL] . [2022-05-20] . https: //www.kmk.org/aktuelles/artikelansicht/kmk-portal-fuer-lehrkraefte-beruflicher-schulen-in-deutschland-soll-kommen.html.

来，为了所有人的教育——2022 年课程改革大纲要点》，该文件提出将改革职业高中课程，满足新产业领域的人才与发展需求作为课程改革的重点之一。[①]

六、教师教育改革的政策举措

教育大计，教师为本。高质量教师是高质量教育发展的中坚力量，教师教育则是教师队伍高质量建设的重要内容。[②] 对于许多学生来说，教师是与他们互动最多的成年人，成功的教师很可能是年轻人在家庭之外遇到的第一个榜样。因此，教师的教育和培养对于世界教育系统的发展与完善至关重要。

2021 年 3 月，日本文部科学大臣向中央教育审议会提出题为《关于今后肩负“令和的日本型学校教育”教师的培养、选拔、研修等情况》的咨询文件，要求以教育信息化和小班化教学为前提，探索教师政策的改革方向。该咨询文件要求对新时期教师所需素质和能力、教师资格证制度、师范教育等内容进行重点研讨，尤其强调改革教师资格证更新制度，以实现教师质量和教师人数的平衡。该咨询文件建议采取的重点措施包括：保障公立学校教师的在职研修活动，增加国立、公立、私立学校教师提高素质能力的机会，开发面向持有教师资格证但并未就职群体的学习内容，以及调整国家方针以扩充教师在职研修活动。[③]

韩国构建新时期的教师培养体制，将打造未来型教师确定为教师培养的重点。2020 年 4 月，韩国教育部颁布《教师培养课程改革实施建议》，并组建包括家长、教师、大学生、教师培训机构代表等在内的实务协商小组，围绕教师培养体制改革研究方案进行讨论。2021 年 5 月至 10 月，国家教育会议多次就教师培养体制改革研究方案的制定召开国民讨论会和专家咨询会，积极收集各方意见。2021 年 12 月，教育部最终出台中小学教师培养体制发展方案。该方案指明韩国未来教师培养体制建设的四大方向，分别是加深教师对教育实践的了解，提升教师的多学科能力和可

---

① 교육부 .‘2022 개정 교육과정’ 총론 주요사항 발표［EB/OL］.［2022-02-01］. https://www.moe.go.kr/boardCnts/viewRenew.do?boardID=294&lev=0&statusYN=W&s=moe&m=020402&opType=N&boardSeq=89671.

② 游旭群，靳玉乐，李森，等 . 新时代教师教育高质量发展大有作为［J］. 高校教育管理，2022，16（5）：1-21.

③ 中央教育審議会 .「令和の日本型学校教育」を担う新たな教師の学びの姿の実現に向けて（審議まとめ）［EB/OL］.［2022-02-01］. https://www.mext.go.jp/a_menu/shotou/koushin/013/1420173_00001.htm.

持续发展能力，合理设计教师的培养规模，以及提高预备教师的认可度。[①]

俄罗斯总统普京在2021年4月发布的国情咨文中提出了优化师范教育发展的两项举措：（1）增加教师薪酬，提升教师的社会地位。普京在国情咨文中承诺，从2021年开始，国家将向中等技术学校和高等专科学校的班主任每人每月附加提供5000卢布的津贴。（2）提升高等师范教育质量。普京呼吁，联邦政府要高度重视师范院校的招生问题，高等师范院校要为中小学提供优质师资。他们不仅应该是优秀的学科教师、专家，还应该是教育者和爱国者，能够为祖国的年轻一代提供支持、带来勇气，使未来的教师们能够延续先辈们在革命和建设中表现出来的大无畏精神。在物质建设方面，普京指出，在未来两年内，政府将拨款100亿卢布，用于高等师范院校的重大整修和技术设备完善。[②]

七、特殊教育改革的政策举措

特殊教育作为教育体系的重要组成部分，不仅是保障特殊儿童受教育权的基本途径，也是体现一个国家社会文明的重要窗口。特殊教育与教育整体发展、教育系统其他要素发展之间存在既相互依赖、相互联系又相互制约的关系。建设高质量特殊教育是世界各国和国际组织推动教育高质量发展的重要内容，也是推进教育公平的重要手段。

2021年5月，联合国儿童基金会发布《关于混合或远程学习的残疾儿童实用指南》（Practical Guide to Blended/Remote Learning and Children with Disabilities）。该指南的目的在于确保弱势群体的儿童，特别是残疾儿童，在学校实际关闭的情况下能够继续接受教育和相关服务。为应对新冠疫情导致的学校关闭带来的挑战，该指南针对学校、教师和学校重新开放提出了建议：（1）学校应该建立线上教学平台，提供有关远程教育或服务的培训，确保系统的适应性，合理应对紧急情况；（2）教师应该以学生为中心，按照公平和可获得的原则设计教学，评估学生学习；（3）学校重新开放后，继续提供教育服务，并促进全纳教育的发展。[③]同日，联合国儿

---

① 교육부. 현장을 이해하고 변화를 준비하는 미래 교원: 초·중등 교원양성체제 발전방안［EB/OL］.（2021-12-10）［2022-02-01］. https://www.moe.go.kr/boardCnts/fileDown.do?m=020402&s=moe&fileSeq=e7a20780e8419e144d543afdc959d650.

② Послание Президента Российской Федерации［EB/OL］.（2021-04-21）［2022-10-15］. http://kremlin.ru/acts/bank/46794.

③ UNICEF. Practical Guide to Blended/Remote Learning and Children with Disabilities［EB/OL］.［2022-03-21］. https://www.unicef.org/reports/practical-guide.

童基金会还发布了《资源目录：为照料残疾儿童的专业人员和家长提供教学资源》（Resources Catalogue：Teaching and Learning Resources for Professionals and Parents Working with Children with Disabilities）。该报告提出了一份教育和学习资源目录，在新冠疫情期间为教育专业人员和残疾儿童的家庭及其父母提供支持。这份资源目录分为三个部分：教师和学校校长的资源、家长的资源以及包含前面两部分内容的资源。①

2021 年 11 月，韩国教育部发布《更好的未来，为了所有人的教育——2022 年课程改革大纲要点》，其中包含特殊教育课程改革的相关内容。特殊教育课程改革主要聚焦三个方面：（1）制定基础教育课程改革方案，根据各年级特殊教育学生的残疾特点和需求，为学生量身定制与日常生活相联系的个性化教育课程；（2）强化融合教育，针对特殊教育学生，提供学校课程编排、实施与评价方面的个性化教育支持事项；（3）制定特殊学校高中学分制应用方案，为残疾学生单独规定各科的完成标准与学分认定标准。学校可以在考虑特殊教育学生职业发展需求和扩大课程选择权的基础上，重构课程群或新设课程。

2021 年 3 月，新加坡教育部发布“终身学习——为不断变化的世界做好准备”系列政策，明确了今后优化课程结构、加强可持续发展教育、支持弱势学生的新方向。在支持弱势学生方面，新加坡教育部主张采取以下措施。首先，2026 年前在所有小学引入融合过渡支持计划，在所有小学实现全纳教育。其次，与长老会社区服务组织（Presbyterian Community Services）合作，为轻度智力障碍学生扩充西部特殊学校的学额。再次，扩大 UPLIFT（Uplifting Pupils in Life and Inspiring Families Taskforce，激励学生生活和鼓舞家庭工作组）计划规模，以支持更多的弱势学生。2021 年，UPLIFT 计划推出两大重点工作：第一个是 UPLIFT 社区试点项目（UPLIFT Community Pilot）；第二个是积极招募和培训志愿者，让他们成为 UPLIFT 计划家庭的支持者，帮助弱势学生及其家庭。② 最后，进一步加强对弱势学生的课后照顾和支持。在 2021 年 5 月发布的“引导和增强学生的归属感和韧性以释放他们的潜力”（Guiding and Empowering Students for Affiliation and Resilience to Unlock Their Potential，GEAR-UP）政策的支持下，新加坡中学设立了课后计划，重点是鼓励同

---

① UNICEF. Resources Catalogue：Teaching and Learning Resources for Professionals and Parents Working with Children with Disabilities［EB/OL］.［2022-03-21］. https：//www.unicef.org/reports/resources-catalogue.

② Singapore. Ministry of Education. Expansion of UPLIFT Initiatives［EB/OL］.（2021-11-10）［2022-10-15］. https：//www.moe.gov.sg/news/press-releases/20211110-expansion-of-uplift-initiatives.

伴支持，设计兴趣活动，由值得信赖的成年人指导学生，从而提升弱势学生的活动参与度。①

第三节 世界各国与主要国际组织教育政策的趋势与特点

由于世界各国面对的国际国内形势不同，它们的教育发展面临的困境也不尽相同。为此，各国采取了各具特色的改革举措。虽然各国采取的政策措施各有侧重，但是它们开展的教育改革又有许多共通之处。通过梳理世界各国与主要国际组织在2021年制定的教育政策和提出的教育主张，发现世界教育政策呈现出以下趋势和特点。

一、推动学校复学复课是全球教育体系继续发展的基础

新冠疫情给全球教育发展带来严重冲击，导致许多教育教学活动中断。在疫情高发期，绝大多数国家全面停课，这不仅扰乱了正常的教育教学秩序，而且影响到学生的学业成绩和心理健康。因此，在疫情期间推动学校复学复课成为世界各国和主要国际组织教育政策的重点内容。它们采取的措施主要包括恢复教育教学、落实校园疫情防控以及呼吁增加教育投资。

（一）恢复教育教学

2021年3月，联合国儿童基金会发布《及时对早期学习采取行动：新冠疫情期间学前教育关闭的影响及其恢复》（It's Not Too Late to Act on Early Learning : Understanding and Recovering from the Impact of Pre-primary Education Closures during COVID-19）。该报告指出，2020年学前教育的关闭可能会使当前学龄前儿童群体在未来的收入损失1.6万亿美元。中等收入国家的儿童将受到更严重的影响，然而大多数低收入和中等收入国家却将学前教育排除在应对新冠疫情的措施之外。因此，联合国儿童基金会提出以下建议：（1）优先考虑在所有国家重新开放学前教育机构；（2）除了重开学校，还需要采取恢复教育教学的措施；（3）制定过渡方案，

① Singapore. Ministry of Education. Expanding After-school Care and Programmes for Secondary Schools [EB/OL].（2021-05-11）[2022-10-31]. https://www.moe.gov.sg/news/parliamentary-replies/20210511-expanding-after-school-care-and-programmes-for-secondary-schools.

向在 2020 年未接受学前教育的儿童提供支持，使其为入学做好准备。①

2021 年 11 月，世界银行发布《新冠疫情期间的远程学习：今天的经验教训，明天的原则》（Remote Learning during COVID-19：Lessons from Today，Principles for Tomorrow）。报告强调以下三个要素对远程学习的有效性至关重要：（1）有能力的教师。具有高深学科知识、熟练使用技术以及恰当使用教学工具的教师可能在远程教学中发挥更加有效的作用。（2）合适的技术。技术的可用性是有效远程学习的必要条件，但不是充分条件。（3）学生的参与。为了让学生参与其中，家庭环境、家庭支持和学习动机等背景因素必须保持一致。此外，该报告还提出了国家在设计和执行远程学习战略时应遵循的五大原则：第一，选择适合的远程学习模式；第二，利用技术提高教师的效率；第三，确保师生进行有意义的交流；第四，在教学和学习过程中，让家长作为合作伙伴参与进来，并为他们提供支持；第五，团结所有参与者，围绕学习进行合作。②

为了减轻新冠疫情对教育系统的破坏，智利教育部在 2021 年联合各级教育机构发布了智利教育恢复的一揽子政策和措施，对中小学教育恢复工作做出总体部署。政策和措施围绕恢复教学秩序、开展心理健康教育和引导辍学学生重返课堂三个方面展开。其中，针对恢复教学秩序，采取以下措施：（1）综合评估学习效果，准确了解 2020 年疫情对学生造成的不利影响；（2）实施课程优先计划，为学校提供线上线下课程教学所需的支持；（3）在小学一至四年级继续推广“我阅读，我计算”项目，提高学生的语文素养和数理逻辑思维；（4）继续推广“学校至上”项目，全面提高学校的教学与管理水平；（5）继续推广“智利教师”计划，缓解疫情期间教师短缺的现象。

（二）落实校园疫情防控

为使校园和教学机构保持开放，进行线下教育，法国国民教育和青年部在 2021 年 9 月发布题为《在应对健康危机成果的基础上再接再厉》的文件，总结疫情期间为校园环境安全提供保障的一系列政策措施，具体如下。（1）在卫生方面，要求学校加强卫生措施以防止污染，并通过严格执行与卫生部门共同制定的卫生准则，保

---

① NUGROHO D，JEON Y K，KAMEI A，et al. It's Not Too Late to Act on Early Learning：Understanding and Recovering from the Impact of Pre-primary Education Closures during COVID-19[EB/OL].[2022-03-21]. https：//www.unicef-irc.org/publications/1213-its-not-too-late-to-act-on-early-learning.html.

② MUÑOZ-NAJAR A，GILBERTO A，HASAN A，et al. Remote Learning during COVID-19：Lessons from Today，Principles for Tomorrow［EB/OL］.（2021-11-30）［2022-02-26］. https：//openknowledge.worldbank.org/handle/10986/36665.

证面对面教学能够进行;(2)在打破传染链方面，要求学校继续实施从2020年9月开始施行的接触者追踪协议，对确诊病例和密切接触者进行及时隔离;(3)在病毒检测方面，要求学校继续实施从2020年11月开始进行的鼻咽拭子抗原检测，并从2021年2月起在全法国学校和教学机构组织大规模的对唾液样本的筛查测试;(4)在职工保护方面，要求卫生部为相关工作人员提供防范病毒所需的设备，确保相关工作人员可以参加学校和机构组织的所有活动与享有核酸检测优先权。①

(三)呼吁增加教育投资

2021年2月，联合国教科文组织会同世界粮食计划署(World Food Programme，WFP)、联合国儿童基金会和世界卫生组织(Word Health Organization，WHO)基于白皮书《拯救我们的未来：为世界儿童避免教育灾难》(Save Our Future：Averting an Education Catastrophe for the World's Children)和联合立场文件《投资儿童福祉以避免学习危机的重要性》(The Importance of Investing in the Wellbeing of Children to Avert the Learning Crisis)，再次呼吁全球领导人立即采取行动，对儿童的健康和营养服务进行不遗余力的投资，以应对当前的学习危机。白皮书强调，为了避免学习危机，世界各国需要重新构想为儿童提供高质量和包容性教育的方式，并且建议国家元首和政府首脑、高层领导人、政策制定者、发展伙伴和全球教育行动者恪守在教育领域做出的承诺，将儿童的健康和营养服务视为国家应对恢复计划以及全球恢复议程的重要组成部分，以确保所有儿童和年轻人都拥有学习和成长的必要条件。②

2021年11月，联合国教科文组织通过了《巴黎宣言：关于投资于教育的未来的全球呼吁》(Paris Declaration：a Global Call for Investing in the Futures of Education)，敦促会员遵守承诺，增加教育投入；在国家恢复计划中重视教育，尤其要注重向边缘群体提供支持；提高国际教育援助的额度、可预测性和实效性。③联合国教科文组织呼吁各国政府制定增加并有效利用教育资源的战略，确保包容和公平的优质教育，让全民享有终身学习的机会。面对疫情，联合国教科文组织还突出强调了对儿童福祉的投资，包括对医疗和营养服务的投资。

---

① Ministère de l'Éducation Nationale et de la Jeunesse. S'Appuyer sur les Acquis de la Crise Sanitaire[EB/OL].[2022-02-23]. https://www.education.gouv.fr/s-appuyer-sur-les-acquis-de-la-crise-sanitaire-324686.

② Save Our Future: Averting an Education Catastrophe for the World's Children[EB/OL].[2022-01-14]. https://saveourfuture.world/wp-content/uploads/2020/10/SOF_White-Paper_Executive-Summary.pdf.

③ Paris Declaration: a Global Call for Investing in the Futures of Education[EB/OL].(2021-11-21)[2022-01-14]. https://unesdoc.unesco.org/ark:/48223/pf0000380116.

二、促进教育公平是全球教育体系不断追求的目标

教育公平是实现教育可持续发展的重要前提。多年来，教育公平备受国际社会关注，世界各国和主要国际组织追求教育公平的步伐从未放缓。为弱势群体提供更好的教育服务是全球教育系统推进教育公平的重要内容，也是各国教育发展的共同目标。世界各国和主要国际组织对教育公平的追求主要体现在推行全纳教育、建立弱势学生教育支持体系以及缩小教育性别差异等方面。

（一）推行全纳教育

2021 年 5 月，经合组织发布《消除公平性差距的课程内容调整：使课程内容具有包容性》（Adapting Curriculum to Bridge Equity Gaps：towards an Inclusive Curriculum），建议在课程设计与实施中融入更多有关平等、公正和包容的机会，以确保所有学习者，尤其是弱势群体，跟上学习进度。该报告基于科学研究和国际数据，定义了课程设计背景下的平等、公正和包容，并提出了有关数字课程、个性化课程、跨学科能力本位课程和灵活课程四种课程创新模式的普适性设计思考。该报告指出，21 世纪的课程应该让每一位学生都能够真正受益，并且在课程设计和实施过程中应倾听学生的声音，保证学生的学习和身心健康。因此，政策制定者、课程设计者和教师应该思考使课程适合所有类型学习者（包括弱势学生）的可行方案。①

（二）建立弱势学生教育支持体系

韩国在 2021 年 11 月制定的《更好的未来，为了所有人的教育——2022 年课程改革大纲要点》包含了特殊教育课程改革方案，要求根据各年级特殊教育学生的残疾特点和需求，为学生量身定制与日常生活相联系的个性化教育课程。韩国的特殊教育课程改革方案主要围绕以下几个方面展开：（1）在课程编排方面，将基本教育课程重新编排为学科课程、创意体验活动和日常生活活动；（2）在内容体系建设方面，基于社会环境变化与国家和社会发展需求等，围绕培养学生的生存技能重组课程内容；（3）在成绩标准设定方面，根据地区和学校情况与学生的残疾程度等因素合理设定各科成绩标准；（4）在线上教育方面，利用辅助工程设备为肢体残疾的学生提供线上教学，并根据学生的残疾特点和需求，提供针对性的教育支援，包括多种形式的线上教学、学习包与各学校的专用资料等。

---

① OECD. Adapting Curriculum to Bridge Equity Gaps：towards an Inclusive Curriculum［EB/OL］.（2021-05-11）［2022-10-15］. https：//www.oecd.org/education/adapting-curriculum-to-bridge-equity-gaps-6b49e118-en.htm.

新加坡教育部在2021年3月发布的“终身学习——为不断变化的世界做好准备”系列政策指出，该国将在2026年前在所有小学引入融合过渡支持计划，帮助有社交和行为困难的小学一年级学生学习基本的自我管理技能，发展独立学习和生活的能力，从而顺利过渡到小学。这些学生在一年级期间将得到专业教育工作者和班级教师的特别支持。融合过渡课程的重点在于加强自我管理能力，学生们将学习良好的课堂习惯和管理自己的情绪，并发展社交技能。学生将通过角色扮演、独立练习等有组织的方式进行学习，并由训练有素的专业人员进行指导。新加坡教育部计划到2021年底在40所学校试行融合过渡支持计划，每所学校每年将有5～10名一年级学生受益。已经开展该计划的学校表示，大多数学生能够提高他们的社交技能，在课堂环境中自主调节个人行为并独立学习。在该计划的推广过程中，教育部还为有关的教育工作者提供专业发展机会，从而使教师能够制订科学有效的干预计划和课堂策略，并密切监测学生进步情况。①

2020—2021年度，澳大利亚逐步落实《国家地方、农村和偏远地区高等教育战略》（National Regional，Rural and Remote Tertiary Education Strategy）中提出的旨在支持弱势学生的措施。2021年，澳大利亚还引入第三方支付，为学生搬离原地区求学提供补助。此外，澳大利亚服务局（Services Australia）改进了车费补贴管理制度，进一步加强了地方大学中心项目，为建立中央资助网络提供资金，并且于2021年下半年任命地方教育专员（Regional Education Commissioner），由其协调和监督《国家地方、农村和偏远地区高等教育战略》的实施情况，为地方、农村和偏远（Regional，Rural and Remote）地区的教育发展提供指导，以期到2030年将地方、农村和偏远地区的学生和城市学生的学业差距缩小一半②。

（三）缩小教育性别差异

性别平等作为教育公平的内在要求之一，受到联合国儿童基金会的重点关注。2021年12月，联合国儿童基金会发布了《性别变革性教育：重新构想教育，建设一个更加公正和包容的世界》（Gender Transformative Education：Reimagining

---

① Ministry of Education of Singapore. Learn for Life-Equipping Ourselves for a Changing World：Education as an Uplifting Force to Strengthen Opportunities for All［EB/OL］.（2021-03-03）［2022-10-16］. https：//www.moe.gov.sg/news/press-releases/20210303-learn-for-life-equipping-ourselves-for-a-changing-world-education-as-an-uplifting-force-to-strengthen-opportunities-for-all.

② Australian Government. Department of Education，Skills and Employment. 2020-21 Annual Report：National Leadership on Education，Skills and Employment［EB/OL］.（2021-10-19）［2022-11-05］. https：//www.education.gov.au/download/12705/2020-21-annual-report/24049/2020-21-annual-report-department-education-skills-and employment/pdf.

Education for a More Just and Inclusive World）。该报告指出，性别变革性教育将利用教育系统的政策、方法和社区参与，通过挑战权力关系，重新思考性别规范和两性平等问题，以及提高对不平等和压迫制度的根源的批判意识，从而转变陈旧定型的观念、态度、规范和做法。性别转型教育制定的战略和方案如下：（1）转变政策和政治吸引力或权力结构；（2）转变教师教学方法；（3）改变学校环境；（4）转变儿童和青年的参与方式，让他们参与地方政府和社区的决策工作；（5）转变社区领导，转变有害和带有歧视的性别规范和陈旧定型的观念；（6）加强政府、民间社会、基层青年和妇女运动与私营部门之间以及政府内部和各部门之间的机构伙伴关系。①

三、支持青年就业是全球教育体系关注的重点

青年是推动社会进步的重要力量。积极促进青年就业，帮助青年群体充分发挥自己的潜能，不仅有助于青年实现全面发展，而且有利于促进教育体系的可持续发展。世界各国和主要国际组织教育政策中解决青年就业问题的举措主要包括：加大对青年就业的支持力度、为青年提供技能教育培训、加强创新创业教育和关注重点群体就业。

（一）加大对青年就业的支持力度

法国政府于 2020 年 7 月推出“一人一策”（1 Jeune，1 Solution）一对一协助就业平台，提供了超过 40 万个工作机会和 2 万个实习机会，为超过 260 万名年轻人解决了就业难题。法国政府为这个庞大的计划投入了 90 亿欧元的资金，为众多工作岗位提供了近 10 万次的职业培训。2021 年 9 月，法国劳工与社会事务部部长，高等教育、研究和创新部部长，以及就业和商业参与事务高级专员共同宣布，他们将在一对一协助就业平台上发布 15000 余个学生工作机会，涉及儿童保育、家政、娱乐、酒店和餐饮、销售等各个领域。为了保证这些工作不会对学生的学业产生过多影响，且保证每周的工作时间不会超过 15 小时，该平台将根据学生提供的课程时间表和期望薪资来为他们找到最适合的工作岗位。该平台还可以为学生提供学生导师一对一服务，帮助学生最大概率地找到适合自己的工作岗位。此外，法国政府也将继续支持、鼓励年轻人就业，例如，将职业技术培训的资助计划延长至 2022 年 6 月底。

---

① Plan Internationl，Transform Education，UNGEI，et al. Gender Transformative Education：Reimagining Education for a More Just and Inclusive World［EB/OL］.［2022-03-21］. https://www.unicef.org/reports/gender-transformative-education.

2021 年 1 月，澳大利亚实施促进应届毕业生就业的一揽子计划[①]。根据该计划，澳大利亚政府将逐步加强学生保护和雇用诚信措施。鉴于语言、读写、数学等能力有助于增加学生获得教育、培训或就业的机会，澳大利亚政府将通过教育和就业能力（Skills for Education and Employment）项目、未来基础能力（Foundation Skills for Your Future Program）项目、远程社区试点（Remote Community Pilots）项目等来提升学生的就业技能。此外，澳大利亚政府正在开发旨在为所有澳大利亚求职者提供学徒计划的学徒数据管理系统（Apprenticeships Data Management System）。该系统预计将于 2023 年取代培训及青年互联网管理系统（Training and Youth Internet Management System）。

在职业教育 4.0 理念的引领下，巴西教育部在 2021 年 11 月设立了旨在推进学生数字化培养工作的新道路项目（Programa Novos Caminhos）。该项目汇集了一系列扶持职业教育发展的优惠政策，着重关注职业教育学校培养方案的制定，力求符合市场要求，紧跟科技创新的新趋势。新道路项目主要从规划与治理、协调与强化以及创新与创业三个方面对职业教育发展做出战略性布局。在创新与创业方面，巴西教育部和巴西产业创新与技术研究协会（Empresa Brasileira de Pesquisa e Inovação Industrial）合作，依托各联邦教育、科学和技术研究院（Institutos Federais de Educação，Ciência e Tecnologia）的科研优势设立了一系列创新中心，搭建起职业教育机构与市场企业间沟通的桥梁。除了校企合作这一模式，新道路项目还支持联邦职业院校中的教师与学生参与自主创新创业项目，预计在 2022 年底之前累计资助 135 个项目，资助金额总计 3000 万雷亚尔。[②]

（二）为青年提供技能教育培训

2021 年 7 月，联合国儿童基金会和世界可持续发展工商理事会（World Business Council for Sustainable Development，WBCSD）联合发布了《为未来的员工提供支持：企业在解决青年技能不匹配方面的作用》（Empowering the Workforce of Tomorrow：the Role of Business in Tackling the Skills Mismatch among Youth）。该报告清楚地阐明了技能不匹配对年轻人的生活以及企业的经营、创新和成长能力产生的影响，同时确定了企业解决年轻人技能不匹配问题的主要机遇。具体而言，该报告做出如下贡献：（1）帮助年轻人理解什么是技能不匹配，从年轻人和企业两方面描述技能不匹

---

① AGDE. Job-ready Graduates Package［EB/OL］.［2022-10-10］. https://www.education.gov.au/job-ready.

② MEC. Novos Caminhos［EB/OL］.（2021-02-01）［2021-08-07］. https://www.gov.br/mec/pt-br/acesso-a-informacao/institucional/secretarias/secretaria-de-educacao-profissional/novos-caminhos.

配的关键原因和影响；（2）探索对年轻人从受教育时期过渡到就业时期较为有用的技能；（3）明确企业在解决年轻人技能不匹配方面应发挥的作用。同时，该报告建议：（1）年轻人对自己的职业发展承担责任，利用现有的支持系统来确定职业道路，并充分发挥自身的潜力；（2）教育系统考虑新涌现和快速发展的技能和知识要求，解决技能不匹配的问题；（3）政府保证每个人都有平等、开放和个性化的教育、发展和就业机会。①

（三）加强创新创业教育

为加强高校的创新创业教育，培养全面发展且具有企业家精神的毕业生，马来西亚在2021年9月发布《高等教育机构创业行动计划2021—2025》[Entrepreneurship Action Plan Higher Education Institutions（EAP-HEIs）2021–2025]②。具体来看，该行动计划部署了"协同创业生态系统""开展有效合作""重视创业中的创新和技术"三项重点任务。其中，"协同创业生态系统"旨在构建由学术界、产业界、政府和社区四大创业利益相关方之间相互联系和协作的创业支持环境；"开展有效合作"的目标是赋权创业行动的各利益相关方，包括本地和国际层面的高等教育机构、政府机构、产业界以及个人，整合其资源从而实现预期目标；"重视创业中的创新和技术"则强调创新和技术在创业中的重要性，致力于培养善于发现商业价值的机会型企业家，而不是培养为了生存才做生意的需求型企业家。

（四）关注重点群体就业

从2016年起，美国国防部、劳工部和司法部联合行动，启动就业挑战计划，主要内容包括为参与国民青年警卫队挑战计划的毕业生提供就业教育与培训，为毕业生直接进入劳动力市场做准备。除了完成高中学业这一重点任务，就业挑战计划提高了毕业生就业的候选资质，或为其进一步接受中学后教育做好准备。就业挑战计划重视参与者的全面发展，尤其强调获得职业证书，同时它还为往届毕业生提供机会，允许他们在一定年龄内回来参加工作技能培训，以改善他们的就业前景或为追求中学后教育做准备。就业挑战计划的基地通常与当地社区学院或行业协会结成

---

① UNICEF，WBCSD. Empowering the Workforce of Tomorrow：the Role of Business in Tackling the Skills Mismatch among Youth［EB/OL］.［2022-03-21］. https：//www.unicef.org/reports/empowering-workforce-tomorrow.

② Ministry of Higher Education Malaysia. Entrepreneurship Action Plan Higher Education Institutions（EAP-HEIs）2021-2025［M］. Malaysia：Ministry of Higher Education，2020.

伙伴关系来提供培训，双方共同为参与者选择课程，提供职业发展路径。①

四、加快数字化转型是全球教育体系改革的焦点

数字化技术的快速发展对教育领域产生重大影响，使得教育目的、教育内容、教育对象、教学形态发生改变。借助数字技术推动学习方式和评价方式创新，全面提升教育数字化水平是世界各国和主要国际组织广泛关注的重要问题。越来越多的国家通过推动教育数字化转型提升教育水平，具体表现为开展教育教学技术创新、集成教育信息资源、建立全民学习的开放平台和发展人工智能。

（一）开展教育教学技术创新

2021 年 6 月，世界银行发布《信息与通信技术在教育中的应用：在资源不足的教育系统中有效整合技术》，强调技术创新对教育的重要意义。该报告的主要观点在于强调技术是应对资源贫乏环境中的教育挑战的有力工具。具体来看，技术的作用主要可以分为三个部分：（1）评估学习，了解教育系统的当前状态并改革教育议程的设定方向；（2）解决学习障碍；（3）团结所有参与者，使整个教育系统为学习运转。世界银行指出，信息与通信技术及适当开发的多媒体材料可以通过提供良好的培训材料，促进模拟、捕获和分析教学实践，将世界经验带入培训机构，培训潜在的教师在使用技术的过程中不断完善自身，从而加强教师的初步准备。②

韩国教育部在 2021 年 11 月发布的《更好的未来，为了所有人的教育——2022 年课程改革大纲要点》中提出，要开展基于数字化的教学创新。报告指出，在应对新冠疫情的过程中，教育现场的创新变化体现了未来教育发展的范式转型，教育一线逐渐摆脱整齐划一的课堂教学，转向开发推广线上线下相结合的自主教学和评价模型。该报告建议教学创新利用远程课程增加课堂教学的开放性，利用先进的数字基础设施使多种教学方式合理有效落实。例如，在课程编排与实施方面，课程改革总体方案与学科教育课程可以制定相关规则，使学校利用线上线下教学优势编排与实施课程；在教学与评价方面，学校可以利用个性化线上教学，使教师在数字化学习环境中坚持培养学生的自我主导能力；在拓宽教学渠道方面，教育部将建立学习管理系统并持续开发与推广各种学习内容，使学校可以利用线上工具开展多样的教

---

① WENGER J W，CONSTANT L，COTTRELL L，et al. National Guard Youth ChalleNGe Program Progress in 2019-2020［R］. Santa Monica：RAND Corporation，2021：39.

② VIVEK K，BHATTACHARJEE P. Use of Information and Communication Technologies in Education：Effectively Integrating Technology in Under-resourced Education Systems［EB/OL］.［2022-02-26］. https://openknowledge.worldbank.org/handle/10986/35423.

育活动。教师培养机构下属的未来教育支持中心与人工智能融合研究生院可以开设数字化转型相关的培训课程，以改进学科教育的教学与评价。

2021 年 12 月 30 日，越南副总理武德担正式批准通过《2021—2030 年职业教育发展战略和 2045 年展望》，该文件强调，在工业 4.0 时代，进行教育数字化转型，将信息技术应用于教育管理和培训活动至关重要。越南强调要加快教育数字化转型，实现教学设施设备现代化，创新培训方案和方法，将信息技术应用到职业教育领域的方方面面，以此提高人才培养质量。①

（二）集成教育信息资源

俄罗斯十分注重推进教育信息化进程。2020 年 7 月，俄罗斯总统普京签署了《关于 2030 年前俄罗斯联邦国家发展目标》的总统令（Указ о Национальных Целях Развития Российской Федерации на Период до 2030 Года），将“数字化转型”囊括在五个国家发展目标中。② 其中第 474 号法令规定，在经济和社会领域的关键部门——医疗、教育和国家行政领域实现“数字化成熟度”是国家发展目标“数字化转型”的衡量指标之一。为此，俄罗斯在 2021 年 7 月还分别出台了《普通教育数字化转型战略》（Модель Цифровой Трансформации Общеобразовательных）和《科学与高等教育领域数字化转型战略》，规划了普通教育领域和高等教育领域数字化转型的方案与系列实施项目。在普通教育领域，俄罗斯规划了 4 个倡议项目，即“数字教育内容图书馆”项目、中小学“学生数字助手”项目、“家长数字助手”项目和“教师数字助手”项目，全方位服务于满足全俄儿童学习需要的目标。在高等教育领域，俄罗斯则制定了建立数据管理系统、完善数字化转型架构、推广“数字大学”模式等一系列项目方案。③

（三）建立全民学习的开放平台

2021 年 7 月，印度教育部发布《印度数字化教育报告：印度各地的远程学习计划》（India Report Digital Education：Remote Learning Initiatives across India），分析了印度数字化教育发展状况及其进程，探讨了不同邦为推动数字化教育发展所采取

---

① Vietnam plus. Chiến lược phát triển giáo dục nghề nghiệp giai đoạn 2021-2030 [EB/OL] .（2022-01-03）[2022-01-15] . https：//www.vietnamplus.vn/chien-luoc-phat-trien-giao-duc-nghe-nghiep-giai-doan-20212030/766379.vnp.

② Указ Президента Российской Федерации от 21.07.2020 г. № 474 [EB/OL] . [2021-10-18] . http：//kremlin.ru/acts/bank/45726.

③ Мiнoьpнayкu России. Стратегия Цифровой Трансформации Отрасли Науки и Высшего Образования [EB/OL] .（2021-07-14）[2021-10-18] . https：//minobrnauki.gov.ru/upload/iblock/e16/dv6edzmr0og5dm57dtm0wyllr6uwtujw.pdf.

的具体举措和行动。例如，安得拉邦开设了远程电视函授，提供了“立交桥课程资料”和电子化教材内容，开展了在线测试；阿萨姆邦建立了“全邦数字化平台”，整合了电子内容储存库、电子内容创建平台、培训平台和教科书创作平台，为学生和教师提供支持；比哈尔邦让学生在家中有机会使用数字化设备，在需要时为他们提供创新干预措施，并且启动了一个网上视频频道，为教师和学生分享数字化学习内容；昌迪加尔市的教师鼓励学生在家中开展学习活动及其他相关活动，并通过网上课堂与教师分享他们如何进行这些活动；恰蒂斯加尔邦教育部倡议发起了一项在线学习项目，让教师和学生在舒适的家中获得优质教育内容。①

（四）发展人工智能

联合国教科文组织持续关注人工智能，致力于推动这一新兴领域的发展。2021年11月，联合国教科文组织通过了史上首个关于人工智能伦理的全球协议。该协议确定了人工智能领域的共同价值观和原则，用以指导必要的法律制度建设，以确保人工智能的健康发展。②联合国教科文组织指导人工智能发展的另一个里程碑式文本是《开放科学协议》（Recommendation on Open Science）。该协议呼吁在新冠疫情期间加强全球科学合作，促进科学家之间的平等，使民众和决策者享受科学进步带来的好处。③2021年12月，联合国教科文组织在线上举办了主题为“确保人工智能服务共同利益 促进教育变革”（Ensuring Artificial Intelligence as a Common Good to Transform Education）的国际人工智能与教育会议。该会议围绕“人工智能与教育的全球治理和国家政策”“引导人工智能创新，支持教育的包容性、公平性及性别平等”“促进人工智能在非洲的应用：奠定教育基础”等议题展开，深入探讨如何加强人工智能治理以及与之相关的网络创新，从而确保人工智能在教育和人文领域造福大众。④

2021年11月，法国高等教育、研究和创新部部长弗雷德里克·维达尔（Frédérique Vidal）与数字转型国务秘书塞德里克·欧（Cédric O）共同宣布了“人

---

① Government of India. Ministry of Education. Department of School Education and Literacy. India Report Digital Education : Remote Learning Initiatives across India [EB/OL] . [2022-10-16] . https: //www.education.gov.in/sites/upload_files/mhrd/files/irde_21.pdf.

② UNESCO. Draft Text of the Recommendation on the Ethics of Artificial Intelligence [EB/OL] . [2022-01-14] . https: //unesdoc.unesco.org/ark:/48223/pf0000377897.

③ UNESCO. Recommendation on Open Science [EB/OL] . [2022-01-13] . https: //en.unesco.org/science-sustainable-future/open-science/recommendation.

④ UNESCO. International Forum on Artificial Intelligence and Education 2021 [EB/OL] . [2020-10-17] . https: //events.unesco.org/event?id=3064703562&lang=1033.

工智能国家战略”新计划，提出将在未来 5 年内投入 22 亿欧元用于加快人工智能发展，重点资助这一前沿领域的培训和研究。新计划的主要目标在于加快人工智能领域的能力建设，使法国成为高可信嵌入式人工智能领域的领导者，以及加快人工智能在经济中的使用。此外，法国政府还希望在培训、研究和监管之间加强互动，通过资助研究留住人才。①

2021 年 2 月，德国联邦教育和研究部发布《联邦政府与各州关于在高等教育中推广人工智能的声明与指南》，明确了对高等教育人工智能资助的目标和举措。在该文件中，联邦政府承诺向各州高校的人工智能建设提供资金资助，该资助将持续至 2025 年底，以有效地建立和发展人工智能支持下的高等教育系统，并支持大学在教学中更好地利用人工智能。德国对高等教育中的人工智能进行资助的目标在于：将人工智能视为科研内容的一部分，并借此提高未来学术力量的专业能力；通过人工智能投入来改善高等教育质量、效率和效力。对应资助目标，联邦政府对大学人工智能建设的资助也包括两方面的举措：在学习和资格鉴定中加强人工智能素养，在高等教育领域中应用人工智能。②

五、加强教师队伍建设是全球教育体系提升的关键

教师在学生成功中扮演着重要角色，是实现学习目标的关键。建设高素质、专业化、创新型的教师队伍，是世界各国发展、提升和实现教育现代化的核心内容。完善教师队伍培养、提高教师教学能力、加强教师培训和推进教师制度改革是世界各国和主要国际组织加强教师队伍建设的主要途径。

（一）完善教师队伍培养

2021 年 10 月，世界银行发布《成功的教师，成功的学生：招募和支持社会最重要的职业》（Successful Teachers，Successful Students：Recruiting and Supporting Society’s Most Crucial Profession）。在该报告中，世界银行强调在中等收入和低收入国家培养有效的教师队伍必须遵守以下原则：（1）改善教师的地位、薪酬政策和职业发展结构，使教师成为一个有吸引力的职业；（2）保证教师职前教育包含丰富的

① 法国高等教育、研究和创新部．法国宣布人工智能第二阶段发展战略［EB/OL］．［2022-02-24］．http：//www.amb-chine.fr/ljfg/202111/t20211115_10448604.htm.

② Bundesministerium für Bildung und Forschung. Bekanntmachung：Richtlinie zur Bund-Länder-Initiative zur Förderung der Künstlichen Intelligenz in der Hochschulbildung，Bundesanzeiger vom 24.02.2021［EB/OL］．［2022-06-22］．https：//www.bmbf.de/bmbf/shareddocs/bekanntmachungen/de/2021/02/3409_bekanntmachung.html.

实习内容，以确保实习教师具备良好的向正式教师过渡的能力，并在课堂上有效表现出来；（3）推动教师聘任任人唯贤，教师聘用后实行试用期制度，以提高教师队伍的素质；（4）提供持续的支持和激励，以高质量的在职专业发展和强大的学校领导能力让教师不断进步；（5）鼓励教师使用技术增强教学能力，并找到学生的优势和发展领域。①

（二）提高教师教学能力

2021 年 11 月，联合国儿童基金会发布《数据必须说话：老挝的积极偏差研究——政策简介 1：投资教师能力——有效学习的关键》。这份报告旨在为老挝人民民主共和国和其他国家提供有关教师能力的政策对话与决策方面的信息。该报告表明：（1）教师的内容性知识和教学技巧是提高学生学业成绩的关键；（2）不少小学教师的内容性知识水平偏低，但是大部分校长和教师都高估了教师和学生的表现；（3）尽管高效能学校的教师的需求略低，但几乎所有学校的教师都表达了对更多专业发展的深切需求；（4）促进教师合作是加强教师能力的重要途径；（5）对初等教育教师的质量进行可持续的投资有助于提高学生的成绩。②

（三）加强教师培训

第四次工业革命背景下，培养未来型人才，打造未来型教师成为各国教师培养的重点。在这样的背景下，韩国也开始探索构建新时期的教师培养体制。2021 年 5 月至 10 月，韩国国家教育会议多次召开教师培养体制发展方案国民讨论会及专家咨询会，积极收集各方意见。2021 年 12 月，韩国教育部最终出台了中小学教师培养体制发展方案。该方案指明了未来教师培养体制建设的四大方向，分别是：增强教师对教育实践的了解，培养具有多学科能力的可持续发展型教师，教师培养规模合理化，预备教师和大学的认可度。

（四）推进教师制度改革

2021 年 6 月，日本教育再生实行会议发布的政策提言《关于后疫情时代的新型学习》指出，完善新型学习需要提高教师综合素质，推进教师制度改革。在教师培

---

① BÉTEILLE T，EVANS D K. Successful Teachers，Successful Students：Recruiting and Supporting Society's Most Crucial Profession［EB/OL］.（2021-10-05）［2022-02-27］. http：//documents.worldbank.org/curated/en/874821633446669472/Successful-Teachers-Successful-Students-Recruiting-and-Supporting-Society-s-Most-Crucial-Profession-Update.

② Lao PDR Ministry of Education and Sports，UNICEF Lao PDR，UNICEF Office of Research-Innocenti. Data Must Speak：Positive Deviance Research in Lao PDR-Policy Brief 1：Investing in Teacher Capacity-the Key to Effective Learning［EB/OL］.［2022-03-21］. https：//www.unicef-irc.org/publications/1222-investing-in-teacher-capacity-the-key-to-effective-learning.html.

养和选拔方面，日本将对师范教育内容进行根本性改革，增加有关教师信息素养和多学科能力等方面的课程设置，改革教师资格证制度；在教师选聘过程中将对教师运用信息与通信技术开展教学和指导的能力加以评价。在教师研修方面，日本将推广教师在线研修项目和对教师研修效果的调研等，并从同时实现提高教师质量和确保教师人数的角度改革教师资格证更新制度和教师研修制度。在利用多元化的人力资源方面，日本将改革“特殊资格证”制度以方便各种专业人才参与到学校教育中，完善教师资格证的多种获取方式，设置新措施以降低获取小学和初中的教师资格证的难度；为学校根据实际情况设置特殊岗位提供支持，继续实施学校工作方式改革以提高学校工作效率和减轻教师工作负担等。

六、推进国际化进程是全球教育体系发展的支撑

新冠疫情给世界各国的教育国际化发展带来严重冲击，加快了教育国际化的变革。积极推动教育国际化发展进程是世界各国教育政策的重要内容，其中，提高教育国际化水平和吸引优秀外国留学生是各国教育部门关注的主要方面。

（一）提高教育国际化水平

日本教育再生实行会议在 2021 年 6 月发布的《关于后疫情时代的新型学习》对新常态下的高等教育国际战略做出规划，其中一条是要求提高高等教育的国际化水平。面临人才获取和知识创新等多方面的国际竞争压力，《关于后疫情时代的新型学习》将日本高校改革的重点方向确立为推动高校教育内容和教学环境的国际化，以及培养在国际舞台发挥作用的领导型人才。报告指出，为实现这一目标，日本政府应当采取以下措施：第一，对积极推进国际化的高校予以重点支援，对开发和实施国际交流项目的高校，积极尝试远程在线开展国际交流的高校，以及与海外大学合作进行学分认定、成绩管理和学位授予的高校予以支援；第二，通过简化手续、减少最低学分等方式，在保障教育质量的前提下推广国际合作教育课程制度；第三，对高中生和高校生的海外留学予以援助，保障留学活动顺利进行；第四，推动高等专门学校的海外办学和高等职业教育质量认证评价与国际标准接轨，推进高等专门学校的国际化发展。此外，日本还将进一步研究通过在线教育的形式扩大国际交流、参与人才竞争的措施，并在今后制定相关战略目标。

韩国在 2021 年 1 月出台的 2021 年教育部工作计划中，主张通过推进大学国际化向“未来教育模式”转型，支持学生个性化成长。韩国推进大学国际化的工作主要从两方面展开：一是通过支持国内外大学开展线上学士、硕士联合培养课程与国内大学教育课程海外传播，增进教育交流；二是支持大学制定留学生招收的多元化

战略。此外，在疫情常态化的环境下，韩国教育部将改革教育国际化水平认证机制，挖掘并推广与大学财政支持项目相关的大学国际化优秀模式。

澳大利亚教育、技能与就业部在 2021 年 10 月发布的题为《国家在教育、技能与就业方面的领导作用》的年度教育报告指出，澳大利亚已经开始制定新的《2021—2030 年澳大利亚国际教育战略》（Australian Strategy for International Education 2021–2030）。该战略将阐述澳大利亚在未来十年的国际教育方针，旨在引导恢复澳大利亚的国际教育，使其能够把握新机会，并适应学生需求的变化，维系澳大利亚国际教育的声誉。

（二）吸引优秀外国留学生

日本教育再生实行会议在 2021 年 6 月发布的《关于后疫情时代的新型学习》要求强化日本在吸引国际留学生方面的竞争力。该文件指出，今后日本留学生政策将从重视入口向重视出口转变，保障留学生教育质量，吸引优秀留学生在日本长期工作，借助留学生群体改善日本与外国的关系等。具体而言，日本将着重采取以下战略措施：第一，积极推动日本高校的海外办学，尝试导入国际文凭大学预科项目（International Baccalaureate Diploma Program，IBDP），以及英国剑桥大学组织实施的国际性资格考试，作为高校招生评价依据；第二，扩充日本高校面向海外的在线课程，为修读此类课程并有意愿到日本实地留学的优秀学生提供支援，完善面向留学生的日语教育，促进留学生与当地居民交流等；第三，为吸引优秀留学生毕业后在日本工作和定居，日本高校和企业应合作开展日语教育、生涯教育、企业实习等一系列支援活动，创造便于外国人工作的劳动环境；第四，支持归国留学生会等组织，在留学生归国后继续维持和强化双方的沟通交流活动，培养对日本有感情的人才。

综上所述，在数字化、国际化和全球新冠疫情持续的错综复杂的时代背景下，世界各国的经济发展、政治文化和社会生活都面临巨大冲击，教育需要应对的问题愈发多样。变革是教育领域主动适应生产力发展要求和时代形势发展的战略选择，也是克服冲击与挑战的重要途径。从世界各国与主要国际组织教育政策的内容可以看出，教育政策一方面旨在解决目前教育发展所面临的问题，努力实现教育公平，提高教育质量；另一方面也体现出世界教育的未来发展方向，不断深化教育改革、促进教育创新。

国别区域篇

第二章
美国教育政策与发展趋势

本章报告涉及三个特殊的主题。第一份报告介绍了突发而来的新冠疫情对美国学校教育的影响；第二份报告呈现了枪支暴力、毒品泛滥等各种不安全的因素在教育中的表现、成因和对美国学校教育的挑战；第三份报告对国民警卫队青年挑战计划进行了介绍，这是一种准军事化的教育计划，旨在为有学业困难、问题行为，已经或将面临辍学风险，甚至触犯过法律的 16 至 18 岁年轻人提供服务，使他们具备成为具有生产能力公民所需的价值观、生活技能、教育和自律。新冠疫情是人类面临的共同挑战，不同的应对方式反映了不同的文化与政府决策方式，在比较中有助于强化我们的制度自信。如何确保学校安全、转变问题学生是教育中最具体的问题，也是对学校、学生个体具有重大影响的问题，其中，有些符合教育自身规律的经验和做法具有普适性。

第一节 《疫情中的教育：新冠疫情对美国学生的不同影响》

为了响应美国总统拜登 2021 年 1 月关于支持各级各类学校重新开放和继续运营的行政命令，美国教育部民权办公室于 2021 年 6 月发布《疫情中的教育：新冠疫情对美国学生的不同影响》（Education in a Pandemic：the Disparate Impacts of COVID-19 on America’s Students）[①]，旨在调查疫情下教育不公平加剧的情况，并为学校提供民权责任指导。民权办公室认为，由于新冠疫情颠覆了传统的校园模式，

① Office for Civil Rights. Education in a Pandemic：the Disparate Impacts of COVID-19 on America’s Students［R/OL］.（2021-06-08）［2022-10-15］. https：//www2.ed.gov/about/offices/list/ocr/docs/20210608-impacts-of-covid19.pdf.

它进一步加深了美国的教育机会不平等问题。

一、新冠疫情对 K-12 学生和学校的影响

（一）疫情对教学方式、时间和内容的影响

2020 年，受到新冠疫情影响，许多学生不得不在家中、在屏幕前学习。即使学校领导和教职员工迅速制订了在线课程和远程教学计划以满足学生基本需求，但疫情对教学造成的挑战仍是巨大的。

疫情初期，要在虚拟环境中保持教师和学生之间的一对一联系和定期签到，是农村和高度贫困学区面临的严峻挑战。总的来看，美国学校的学习时间比疫情前的标准有所下降。根据 2020 年 5 月的一项全国性调查，只有 15% 的学区的小学生每人每天接受超过 4 小时的远程教学，而 85% 的学区的预计教学时间低于每天 4 小时，比疫情前全美平均 5 小时的教学时间少了 1 个多小时。更有甚者，同一份调查指出，17% 的学区的学生在 2020 年春季没有学习新的知识和技能，而是一直在复习已经教授过的内容。

上述情况在 2020—2021 学年有所改善。到 2021 年 1 月，根据美国教育统计中心的一项全国性调查，31% 的学区为其四年级学生提供了超过 5 小时的远程教学，34% 的学区的八年级学生也能得到超过 5 小时的教学时间。与此同时，2021 年春季能获得面授的学生人数也在稳步上升。1 月，能获得面授的四年级和八年级学生的比例分别为 38% 和 28%；到了 3 月，这两个数字已经分别上涨到了 44% 和 33%。同时，全美 88% 的学校已经开始提供面授（包括全日制和混合制），而 54% 的学校已经可以提供全日制的面授。尽管情况已经好转，但黑人、拉丁裔和亚裔等有色人种学生获得全日制面授的情况仍大大低于平均数。

（二）疫情对学生福祉和心理健康的影响

超过一年的“失去、悲痛、分离、不确定”的经历对学生的心理造成了巨大影响，加剧了学生在课堂上面临的挑战。在 2020 年 5 月的盖洛普民意调查（Gallup Poll）中，近 30% 的父母表示，他们的孩子正在经历情绪或心理健康方面的伤害，其中 45% 的被调查者表示将老师和学生分开是一种重大挑战。由于停课和社会孤立影响了许多学生的心理健康，学生和年轻人的自杀意念也在上升。即使在那些没有严重问题的被调查者中，绝大多数也指出自己在疫情期间经历了更多的坏情绪，不论学生还是家长都是如此。在 2020—2021 学年，美国的教育者、家长和管理者仍把学生心理健康问题视作学生需面临的主要挑战，对接受远程教育的学生而言更是如此。

与此同时，许多学区也面临着后勤人员和预算的不确定性，并提出人员短缺是

无法很好地帮助学生解决心理问题的主要原因。根据全国小学校长协会（National Association of Elementary School Principals）的数据，在 2021 年初进行的一项调查中，近 70% 的校长表示以他们现有的员工数量，无法满足学生的心理健康需求。此外，对学生居家期间将面临更高的家庭虐待风险的担心也与日俱增。

（三）疫情对学业成绩的影响

据评估，2020 年秋季，学生的学业进步与去年同期相比明显小很多，在西北评价协会（Northwest Evaluation Association，NWEA）的 MAP 增长评估（MAP Growth）中，学生的数学成绩下降了 5 到 10 个百分点。一些调查报告表明，学业成绩受影响的程度可能因学科而异，比如，学生的数学成绩普遍比阅读成绩下滑严重。另一项来自麦肯锡公司的研究则给出了更加令人不安的结论：在 2020 年秋季学期，学生只学了往常 67% 的数学知识和 87% 的阅读知识。根据麦肯锡公司的分析，这两个数字可以转化为三个月的数学学习损失和一个半月的阅读学习损失。

复兴星级评估（Renaissance Star Assessment）2020 年冬季数据表明，学生的数学和阅读学习已经得到一些恢复。尽管如此，该评估仍然认为，到 2021 年冬季，学生的平均阅读和数学表现仍然会低于疫情前的预期，且数学成绩仍然会比阅读成绩受到更大的影响。各年级学生受到的学业成绩影响也是不均衡的。截至 2020 年冬季，小学高年级学生和初中生在数学学习进度上仍然比年中的预期落后 8—11 周，而中学生在阅读学习进度上比预期落后 6—10 周。与此同时，评估认为有色人种学生的学业成绩似乎因疫情受到了更大比例的影响。

二、疫情加深了教育的不平等程度

（一）疫情前的不平等状况

许多有色人种学生在疫情前一直经历的教育资源、机会和学业成就方面的不平等是疫情导致的差异的基础。

1. 资源的不平等

十多年来，美国公共教育预算一直很紧张。与白人学生相比，有色人种学生更有可能就读于那些教育资源较少的学校。这部分学校有些环境不太安全，有些包含临时活动校舍，有些设施维护不善。比如，根据 2018 年的数据，有色人种学生通常就读的学区和白人学生通常就读的学区相比，能够从国家和州层面获得的人均教学资金少了近 13%。

这些有色人种学生很多家中的教育资源也较少。他们的父母或监护人大多收入较低，工作时长较长，家庭贫困率高于平均水平，这种差距影响学生对互联网等基本学习工具的接触。尽管我们现在生活在一个互联世界，许多学生在家里却不能实现这种联系，也不能从中获得丰富的知识和创造力。

2. 机会的不平等

早在疫情之前，白人学生和有色人种学生的学业成功机会就是不平等的：有色人种学生所在学校普遍存在教师经验不足、课程安排不够严格，以及学业成就期望较低等现象。例如，尽管 2020 年黑人学生占所有公立高中毕业生的 14.2%，但他们仅占全国参加大学预修课程考试学生的 8.3%，这一数字仅仅比 2006 年增加了 1.3%。教师水平和学习内容的差异会产生严重的后果，包括学业成绩下降、大学入学率降低，以及获得高等教育或工作所需专业技能的可能性降低等。

民权办公室的民权数据库（Civil Rights Data Collection）收纳了美国公立学校从学前班到十二年级所有和教育机会相关的民权数据。数据显示，美国学生在高中课程中的学术机会存在明显差异，在那些为 STEM 相关职业奠定基础的课程中也是如此。例如，2015—2016 学年，虽然 50% 的高中提供微积分课程，60% 的高中提供物理课程，但在为大量黑人学生和拉丁裔学生服务的学校中，这两个数字分别下降到 38% 和 51%。黑人学生的差异尤为明显，他们占同一时期高中总入学人数的 16%，却只占全国微积分课程参加人数的 8%。低年级数学课程的差异也很明显，虽然黑人学生人数占八年级总入学人数的 17%，但他们学习“代数 I”的总人数仅占八年级学生的 11%，而成功上完该课程的人数仅占八年级学生的 9%。在一些资优班或天才班的项目中，也能发现黑人学生和拉丁裔学生的占比存在和上文相似的差距。

即使那些有机会接触进阶课程的有色人种学生，通常也难以拥有经验丰富的老师。民权办公室之前曾报道过，黑人学生和拉丁裔学生最多的学校雇用新教师的可能性是这些学生最少的学校的 1.5 倍。向经验丰富、成就突出的教职人员学习的机会显然对学生的成绩很重要，然而，对于许多有色人种学生来说，这些机会一直很难获得。

除了这些机会差距，有色人种学生因纪律原因被排除在课堂之外的频率与白人学生间也存在惊人的差异。根据 2017—2018 年的民权数据，不同种族间不平等的纪律排斥持续存在，并对学生的学业机会产生负面影响，黑人学生被停学的可能性是白人学生的 4 倍，被移交执法部门或被捕的概率是白人学生的 2 倍多。

3. 学业成就的不平等

毫无疑问，长期存在的资源差距对有色人种学生的影响最大，并波及他们的学业成就和成果。从最新的全国教育进步评估（NAEP）来看，全美黑人学生和拉丁裔学生在八年级数学评估中持续落后于他们的白人同学：在满分 500 分的情况下，黑人学生一般落后白人学生 32 分，拉丁裔学生则一般落后白人学生 24 分。四年级的阅读成绩也存在类似的情况：黑人学生落后白人学生 26 分，拉丁裔学生则落后白人学生 21 分。

这些差异会导致个人和美国经济的巨大损失。一项研究估计，在 2009 年，有色人种学生和白人学生之间的成绩差距每年使美国经济生产力损失 3100 亿美元至 5250 亿美元——占 GDP 的 2%—4%。不幸的是，在过去十年中，美国在缩小这些差距方面进展甚微。黑人学生或西班牙裔学生的平均学业水平比白人学生大约落后两年，而贫困学生也很难跻身最优秀的学生行列。

（二）疫情对不平等状况的加深

1. 从疾病和经济危机角度分析疫情影响

对于许多有色人种家庭来说，疫情在离家很近的地方频繁出现。因疫情而失去父母的儿童数量惊人——根据最近的一项估计，截至 2021 年 2 月，已有 37300—43000 名儿童有这样的遭遇。而这种遭遇似乎格外严重地降临在有色人种身上：尽管黑人儿童仅占美国所有儿童的 14%，但截至 2021 年初，失去父母的黑人儿童占总数的 20%。这些损失定会加深他们产生创伤性悲痛、抑郁和不良教育成果的风险。

在整个疫情期间，黑人成年人和拉丁裔成年人感染新冠的风险、住院和死亡的可能性也更高，这主要是因为他们更有可能作为基层工作人员被召唤到疫情前线。除疫情前线外，黑人工人和拉丁裔工人也比其他人更有可能受雇于在疫情中暂时或永久关闭的行业，从而被迫削减了收入。伴随这种经济危机而来的是饥饿问题和食品安全问题的激增。显然饥饿问题再次不成比例地落在有色人种学生家庭头上，特别是对于那些学校在停课期间不提供伙食的学生而言。此外，有色人种学生家庭面临无家可归境地的比例也更高，这是另一个可能因疫情而恶化的差距。

2. 从学生心理健康服务角度分析疫情影响

如上所述，心理健康服务是许多学生的持续性需求。对于过度依赖学校来提供这些服务的有色人种学生来说，疫情只会加剧这种需求。疫情发生仅几个月后，各学校校长就已经发现了这种差异。对于其学生群体主要或完全是有色人种的校长来说，他们需要更多高质量的心理辅导类资源，以支持学生的社会与情感学习。

3. 从全日制面授教学的参与角度分析疫情影响

面授使师生之间、同侪之间的联系更紧密，并且方便学生直接获得学校提供的全方位的学术服务和综合服务。然而，在疫情期间，有色人种学生参加全日制面授的比例较低。2021 年 3 月，包含四年级学生的学校中，有 58% 的白人学生参加了全日制面授教学，而只有 36% 的黑人学生、35% 的拉丁裔学生和 18% 的亚裔学生

参加了全日制面授课程。

4. 从远程授课角度分析疫情影响

技术是一种壁垒。疫情对学生的不平等影响从最基础的层面就开始了，那就是对线上教室的登录。根据一项调查，截至 2020 年夏季，以黑人学生为主的学校中，近三分之一的教师报告说他们的学生缺乏参与线上教学所需的技术条件。而在黑人学生不到 10% 的学校中，只有 20% 的教师反映了上述情况。据报道，拉丁裔学生也面临类似的挑战。在一项面向 60000 多名中学生和 22000 名小学高年级学生的在线调查中，30% 的拉丁裔受访者认为无法稳定地接入互联网是他们远程学习的障碍，而在其他接受调查的学生中，这一比例为 23%。

尽管有缩小的趋势，但这种技术上的差距一直持续到 2020 年秋季。截至 2020 年 10 月，几乎每 10 户黑人家庭和拉丁裔家庭中就有 1 户仍然无法保证计算机的稳定使用，而在白人家庭中这一比例仅为 6.7%。在互联网的使用上，4.7% 的白人家庭无法稳定接入互联网，而黑人家庭无法使用互联网的比例是这一数据的 2 倍多，拉丁裔家庭则是这一数据的 1.5 倍。2020 年，在联邦相关法案资金的推动下，各州和各地区的努力缩小了这些技术差距。不过，到 2021 年初，也就是在美国救援计划通过之前，这些差距仍然是存在的，并且在低收入家庭中更为普遍。

即使可以使用电脑和网络，许多学生也无法登录线上课程的门户网站，尤其是在疫情的最初几周，有色人种学生的登录参与率低得多。在芝加哥，2020 年春季，黑人学生的线上课堂参与率最低，近 30% 的学生在远程学习期间没有登录，而同期白人学生的这一比例为 14%。在西雅图，高中（九至十二年级）黑人男生的线上课堂参与率是同年级中最低的——近 25% 的人在 3 月至 6 月期间没有登录，而对于整体高中生样本来说，这一比例仅为 12%。

此外，据报道，在疫情期间，尤其是在早期，更多有色人种家庭与他们孩子的学校失去了联系。在 2020 年春季进行的一项具有全国代表性的调查中，在为大量有色人种学生和来自低收入家庭的学生提供服务的学校中，近 30% 的校长表示，他们很难联系到他们的一些学生及其家庭。相比之下，在以来自高收入家庭学生为主的、以白人为主的学校中，只有 14% 的校长反映了同样的情况。在整个 2020—2021 学年，全国许多学区都对这些“失踪”的学生表示了类似的担忧。

5. 从学业进步角度分析疫情影响

新冠疫情对许多有色人种学生的学业进步产生了显著的负面影响，扩大了先前存在的差异。2020 年秋季的学业报告好坏参半，一些人认为学生的学业水平有所进步，而另一些人则判断学生的学业水平存在倒退，其中最大的倒退集中在有色人种学生身上。最新的证据表明，黑人学生和拉丁裔学生与白人学生的差距在2021年冬季将继续扩大。

在国家层面，两项广泛使用的核心学术技能形成性评估——NWEA的MAP增长评估和复兴数学和读写能力星级评估（Renaissance Star Assessments of Math and Literacy）的报告表明，在疫情的最初几个月，有色人种学生和白人学生之间的现有差距略有扩大。复兴星级评估的研究分析比较了相同学生2020年秋季的分数和2019年秋季的分数，并发现疫情对学业进步有所影响，这些影响在数学方面比在阅读和早期识字方面更为显著。该研究指出，这些影响并非在所有类型的学生和学校中都相同，同时，西班牙裔学生和黑人学生比白人学生经历了更多的负面影响。不过研究也说明，总体而言，这些影响很小，还不足以用可检测的方式增加现有的成就差距。MAP增长评估的发现也同样不够明确，因为他们的样本缺少大量的有色人种学生。

2020年秋季，麦肯锡公司根据课程联盟（Curriculum Associates）的i-Ready诊断评估的结果进行分析，认为在2020年秋季样本学生只学习了同年级同龄人通常会学习的67%的数学知识和87%的阅读知识。这可以转化为三个月的数学学习损失和一个半月的阅读学习损失。然而，在主要为有色人种学生服务的学校中，这些损失尤其严重。根据数据推断，麦肯锡公司估计有色人种的学生到2020年秋季可能已经失去了三到五个月的数学学习时间，而白人学生只损失了一到三个月的时间。

较小规模的研究同样表明，到2020年秋季，疫情已经开始扩大学业成果的差距。例如，俄亥俄州立大学的研究人员报告称，从2019年秋季到2020年秋季，俄亥俄州三年级英语评估的平均成绩下降了大约0.23个标准差——大约是一年学习量的33%。此外，黑人学生的考试成绩下降幅度比白人学生高出近50%——总共大约下降了半年的学习量。

更新的评估数据表明，这些学业进步差距在继续扩大。根据复兴星级评估的冬季最新数据，2020—2021学年上半年，尽管许多年级的疫情影响已经开始缩小，但小学高年级学生和初中学生在数学方面仍然比年中预期落后8—11周，而中学生在阅读方面比预期落后6—10周。这项研究报告了更多有关有色人种学生的数据。不同于白人和亚裔学生，黑人、拉丁裔和美洲印第安人（或阿拉斯加原住民）学生的数学和阅读的学业进步在秋季到冬季之间并没有得到恢复。到2020—2021学年中期，与学年开始时相比，有色人种学生距离疫情前的进步预期更远了。因此，复兴星级评估警告说，这些年内进步率低于典型水平的学生——包括有色人种学生、英语学习者、残疾学生，以及就读城市学校或 Title I 学校（接受联邦政府资助的学校）的学生——都有更多的落后风险。

6. 对于亚裔美国学生来说，被骚扰的威胁越来越大

基于身份的骚扰和暴力，长期以来一直对被针对的学生及其社区产生有害影响。报告显示，在疫情之后，这些威胁和危害对亚裔美国人来说不成比例地增加了。在 2020 年 6 月皮尤研究中心（Pew Research Center）进行的一项调查中，39% 接受调查的亚裔美国人表示，其他人在他们周围会表现出不适；31% 的被调查者指出自己曾受到种族诽谤；26% 的被调查者报告说他们担心会受到威胁或人身攻击。另一项 2021 年 1 月对 2251 人进行的全国性调查发现，亚裔美国被调查者与其他群体相比，经历了严重在线骚扰的比例上升幅度最大，从 2020 年的 11% 达到 2021 年的 17%。一个追踪针对亚裔美国人和太平洋岛民的仇恨事件（例如言语骚扰、回避和人身攻击）的全国报告论坛也报道称，从 2020 年 3 月中旬到 2021 年 2 月期间发生过近 3800 起此类事件。虽然这种不断增加的虐待和骚扰的全面影响还没有被彻底挖掘，但已经有迹象表明，有些亚裔美国学生可能因为害怕课堂上的骚扰甚至暴力而选择不回到线下学习中。

三、疫情对英语学习者的影响

即使在疫情之前，许多英语学习者（母语非英语的学生）也在为了和英语为母语的同龄人获得平等参与课堂的权利而面对许多挑战，而疫情只会让这种情况变得更糟。

（一）疫情前的状况

英语学习者面临着学习英语和与其他同学学习相同课程内容的双重挑战。为了在通识课程中取得成功，英语学习者通常需要一系列支持和服务，包括以下几项：通识教育课堂内外的有针对性的英语语言发展课程；来自有资质的教师的教学支持，如使用保护性双语策略帮助英语学习者了解阅读、数学、科学和社会研究等核心课程；能够同时整合语言和内容教学的改良性课程材料。对于许多多语言学习者来说，这些支持和服务是有效的。如果经过支持，这些英语学习者能被重新归类为英语熟练者，尤其如果这一变化发生在小学阶段，那么英语学习者的受教育成果通常不会和以英语为母语的同龄人有明显区别，甚至可能优于他们。

然而，对于许多英语学习者来说，他们很难确保可以获得足够的支持。尤其是他们如果从早年开始学习英语并在中学及以后保持英语学习者的身份，就将面临学业上的艰巨挑战，主要表现为以下情况。

（1）由于英语学习者的学业往往落后于英语流利的同龄人，进步较慢，他们可能会遇到的问题包括在普通课程中的成就期望降低、学习材料过于简单和贫乏、学习标准课程内容的时间较少等。

（2）许多英语学习者在他们的学校社区会经历社交污名化和意志的消沉。因此，英语学习者可能难以在课程内容和学术任务上跟上他们以英语为母语的同学。

（3）母语的流利程度和读写能力与积极的学术成果有关，但许多针对英语学习者的教学计划几乎完全不关注他们的母语发展。虽然父母和看护人可以帮助英语学习者保证一定的母语使用，但由于其他障碍（如高于平均的贫困率），很多家庭可能难以支持他们的孩子在母语中掌握更进一步的读写能力。

鉴于以上种种阻碍成功的因素，许多英语学习者在课堂上不得不苦苦挣扎，导致他们的辍学率高于英语流利的学生。当然他们选择辍学有时也是为了满足其他紧迫的需求，如不得不工作养家。

（二）疫情扩大了语言障碍

越来越多的证据表明，英语学习者一直是因面授取消而受影响较为严重的学生群体。在许多情况下，线上学习大大剥夺了英语学习者与成人和同龄人进行英语对话，频繁接受强化语言指导，以及在一系列社会和学术环境中接触会话和正式语言的机会。新的语言障碍和家庭资源的紧张使英语学习者的家庭难以在疫情期间帮助他们的孩子在学业上取得进步。

远程学习的挑战在于，来自不同背景的父母成了他们孩子事实上的教育者或教育敦促者。这种挑战对语言多样化的英语学习者家庭来说尤其沉重，因为他们中的许多人需要依靠学校才能够进行网络学习。

更进一步说，在疫情期间，许多英语学习者的家庭和学生自己承担了巨大的财务和看护责任，这阻碍了他们充分参与远程学习。例如，2020 年夏季发起的一项针对 589 个家庭和 575 名教师的调查发现，在接受调查的说西班牙语的家庭中，只有 39% 的人认为自己已经为支持孩子在家学习做好了准备，而在接受调查的所有说英语的家庭中，这一比例为 50%。

一些学区和学校通过虚拟教学为英语学习者提供服务的想法也因合适的教职工配备不足而受到阻碍，这一点加剧了疫情之前就存在的问题。例如，许多学校可能只有一名或几名拥有英语语言发展（English Language Development，ELD）或英语作为第二语言（English as a Second Language，ESL）执照或认证的教师，他们通常采用与教授学科内容的教师合作的方式进行指导，不过也提供小组或大班性的针对英语学习者的 ELD 或 ESL 教学。这些工作人员可能每周都需要同时出现在数十个虚拟教室中，使他们本已有限的时间和资源变得更加紧张。据报道，在许多农村地区和资源较少的地区，提供这些专业指导更加困难。

初步数据还表明，疫情的影响扩大了英语学习者与其他学生学习成绩的差距。截至 2020 年秋季，美国多个地区报告英语学习者的不及格情况有所增加。加利福尼亚州的一个地区报告说，英语学习者的低分和不及格率上升了 34%——几乎占英语学习者的一半，其他地区的英语学习者的不及格率也出现了类似急剧上升的情况。

四、疫情对残疾学生的影响

在过去的半个世纪里，残疾儿童已经从最初“要么完全被学校排除在外，要么在普通教室里闲坐等待他们长大到可以‘辍学’”的状态脱离出来，得到了受美国联邦法律保护的平等教育机会。这些法律包括 1973 年的《康复法案》（Rehabilitation Act）第 504 条及其实施条例、《美国残疾人法案》（Americans with Disabilities Act）第Ⅱ章和第Ⅲ章，以及 1975 年首次颁布的《残疾人教育法案》（Individuals with Disabilities Education Act，IDEA）的 B 部分。

如今，美国的公立学校为数百万残疾学生提供服务。2018—2019 学年，超过 720 万名残疾学生接受了《残疾人教育法案》的服务，这一数字自 1975 年以来增长了 400% 以上。另外还有 150 万名 K-12 学生仅接受《康复法案》第 504 条规定的服务。

（一）疫情前的不平等状况

《康复法案》第 504 条和《残疾人教育法案》均保证为每名残疾学生提供免费适当的公共教育（Free Appropriate Public Education，FAPE），要求学校通过专门的指导和（或）适当定制的服务来满足学生独特的教育需求。

然而，对于许多学生及其家人来说，这一承诺与现实之间存在差距。仅在 2019 财年，美国民权办公室就解决了近 4300 起投诉，指控了 7000 多起违反联邦残疾歧视相关法律规定的行为。其中，超过 1120 项指控最终通过做出改变得到解决。2019 年，有关 K-12 学生的 3300 多起与残疾相关的指控中，最常见的一种就是称学校拒绝了学生的免费适当的公共教育。这些投诉包括：（1）学校没有实施学生的个性化教育计划（Individualized Education Programs，IEPs）或《康复法案》第 504 条所要求的所有服务。（2）残疾学生被安置在不恰当的有限制性的教育环境中。（3）由于与残疾有关的行为，学生受到不恰当的约束、隔离或错误的纪律处分。

民权办公室多年收集的数据表明，上述这些经历并不是孤立的。与非残疾的同龄人相比，残疾学生更有可能受到限制、隔离、学校纪律约束和其他课堂排斥。例如，2017—2018 学年的数据分析表明，残疾学生受到身体约束和隔离的可能性是非残疾同龄人的 4 倍。在所有遭受校外停课的学生中，残疾学生的比例为 25%，尽管他们只占入学学生的 13%。毫不意外，这些排斥与他们在课堂上的较低成绩有关。与非残疾同龄人相比，残疾学生在学校受到欺凌的可能性要大得多，这可能最终导致其身体、情感和心理上受到损害。

残疾学生与其他学生的学业成绩差异也早在疫情之前就已经存在。在过去十年中，残疾学生在 NAEP 等评估中的分数明显落后于他们的非残疾同学。尽管残疾学生毕业率多年来有所提高，但与同龄人相比，他们在四年内完成高中学业获得普通文凭的可能性仍然较低。

（二）疫情期间学习的中断

2020 年春季，关闭学校的公共卫生限令严重扰乱了许多为残疾学生提供的个性化服务，这一点困扰了很多学区和教师。正如政府问责办公室（Government Accountability Office）在 2020 年秋季所详述的那样，他们调查的学区报告称，各种后勤和教学因素使得在远程学习期间提供特殊教育服务变得更加困难。对于需要接受触碰或面对面互动（如职业治疗或物理治疗）的学生，疫情在某些情况下会使针对他们的服务陷入停滞。

残疾学生的家长也报告了他们孩子的服务中断现象。在 2020 年 5 月美国主要媒体广泛引用的一项调查中，一个名为“共同家长”（Parents Together）的倡导组织通过社交软件联系了 1594 名家长。其中，只有 20% 的受访者表示他们的孩子正在接受个性化教育计划要求的服务，39% 的受访者表示没有接收到任何服务。不过由于调查采用了非随机样本，无法给出确定的一般性结论。需要注意的是，在同一项调查中，需要个性化服务的孩子父母认为自己的孩子几乎没有进行远程学习的比例（35%）是不需要该服务家庭（17%）的 2 倍多，他们也比不需要个性化服务的家庭更多地表示远程学习的进展不顺利。2020 年夏季，另一项针对 80000 多名中小学生的更大规模在线调查表明，残疾学生可能比同龄人面临更多的心理健康挑战，而且更普遍地对学校功课有着不积极的体验。据报道，这些问题一直持续到 2020—2021 学年。

还有一些早期迹象表明，疫情加剧了残疾学生的学业成绩差距。在 2020 年秋季，几个学区报告说，他们的残疾学生的课程不及格人数急剧增加。例如，来自马里兰州一个学区的数据显示，英语不及格的六年级残疾学生人数比前一年翻了一番。与此同时，在 2020—2021 学年第一季度，弗吉尼亚州的一个地区在两门以上科目中成绩获得 F 等级的残疾学生人数增加了 111%。加利福尼亚州的一个学区同样报告称，2020 年秋季，其初中和高中成绩拿到 D 和 F 等级的残疾学生人数大幅增加。

五、疫情对高等教育学生的影响

自 2020 年 3 月以来，中学后（Postsecondary）教育阶段的学生和他们就读的机构面临着前所未有的学术和生活挑战。在短期内，许多学院和大学在春季和夏季学期转向远程学习，大部分寄宿生被要求回家。2020—2021 学年，一些学生重返校园进行面授教学，但另一些学生的教学仍然进行远程或混合教学。

关闭宿舍和举行在线毕业典礼只是疫情对高等教育影响的一部分。研究表明，不同学生和不同教学机构之间的差异非常明显。在过去的 13 个月中，全美国的本科生入学率都在下降，尤其是资源最少的社区学院。此外，经历财务不安全和心理健康挑战的学生人数显著增加。2020—2021 学年开始时，许多美国学生离开或无法进入高等教育，还有很多学生失去工作和上课机会或需要兼顾照顾责任，并对自身财务状况感到担忧。

从 2020 年 3 月中旬开始，大多数学院和大学迅速转向在线学习。到 2020 年秋季，在接受调查的近 3000 所学院中，44% 的学院完全或主要提供在线学习，只有 27% 的学院完全或主要提供面授学习。2021 年春季的情况相似：截至 2021 年 1 月 31 日，43% 的机构表示他们计划完全或主要保持在线学习，而只有 18% 的机构计划完全或主要进行面授。这些情况对高等教育入学情况造成了如下影响。

（一）影响了 2020 届高中毕业生的计划，降低了大学入学率

美国学生信息交换所（The National Student Clearinghouse）的报告称，与 2019 年毕业生相比，美国大学入学率下降了近 7%。美国劳工统计局（Bureau of Labor Statistics）对约 6 万户家庭进行的另一项全国性研究发现，到 2020 年 10 月，2020 年高中毕业生中有 62.7% 进入高等院校，低于 2019 年的 66.2%。超过五分之一的人改变了他们的首选学校，大多数人认为成本和学校位置是引起改变的最重要因素。对于 2020 年的高度贫困高中的毕业生而言，大学入学率的下降幅度更大：比 2019 年的大学入学率下降了 11.4%。

（二）社区学院入学率急剧下降

社区学院也受到重创，2020 年秋季高中毕业生的社区学院入学率下降了 13.2%。尽管近年来社区学院的整体入学率一直在下降，但 2020 年秋季的下降幅度几乎是 2019 年的 10 倍。美国 2021 年春季入学人数继续呈下降趋势：本科入学人数同比下降 5.9%，其中，社区学院仍是重灾区，入学人数较 2020 年春季下降 11.3%。美国年轻学生（18—20 岁）的入学率占比也缩小了 7.2%，其中社区学院的降幅最大，下降了 14.6%。

鉴于社区学院更多地面向低收入家庭学生和有色人种学生，这些学校招生人数

急剧下降的现象进一步表明疫情对学生接受高等教育机会的不公平影响。

（三）作为看护人的学生的入学率和保留率降低

向在线学习的转变对学生的生活产生了深远的影响，明显体现于他们的入学率和保留率。这种转变对那些不得不在家照顾孩子、年迈生病的父母或其他人的同时兼顾自己学业的学生造成了特别严重的打击。2020 年春季对 30000 多名本科生进行的一项调查发现，学生看护人面临着一系列更高的风险和需求，包括高于平均水平的经济困难、食物不足和普遍焦虑。这些需求也可能使父母牺牲自己的福祉来满足孩子的照料需求，尤其是经常承担主要照料角色的母亲。已有证据表明，一些学生不得不辍学，或者根本不入学，从而努力平衡这些责任。

（四）男性学生和有色人种学生的入学率急剧下降

根据国家学生信息交流研究中心（National Student Clearinghouse Research Center）发布的数据，到 2020 年秋季，男性学生入学率下降了 5.1%，而女性学生入学率与上年下降率（0.7%）一致。到 2021 年春季，男性学生入学率继续下降 8.9%，而女性学生入学率下降 4.0%。同一学期，公立大学报告的各类学生入学率均有不同程度的下降。其中，美洲原住民男性学生下降了 18.4%、黑人男性学生下降了 14.3%、拉丁裔男性学生下降了 12.6%、白人男性学生下降了 11.7%；美洲原住民女性学生下降了 11.2%、白人女性学生下降了 7.0%、黑人女性学生下降了 6.9%、拉丁裔女性学生下降了 5.1%。可以看出，有色人种学生的入学率下降更多，尤其是有色人种男学生。

六、疫情对中学后教育阶段的残疾学生的不平等影响

（一）疫情前的情况

在全国范围内，约 19% 的本科生和约 12% 的就读于学士后学位高等教育机构的学生有某种形式的残疾。早期研究表明，在疫情对校园生活造成干扰期间，这些群体中的许多学生都需要努力克服一些障碍。

2019 年，国家残疾大学生中心（National Center on College Students with Disabilities，NCCSD）与残疾学生开展了一系列焦点小组讨论，他们报告了以下问题。

（1）学业调整和其他便利方面，许多学生报告说他们不知道可以使用哪些服务，并且难以办理手续来获得这些服务。除此之外，他们的住宿条件不足，在自我倡权和发展技能方面缺乏支持。

（2）教室和教学环境方面，学生们报告说，一些教师不了解校园相关手续，对学生反映的住宿要求等问题回应迟钝，甚至提出疑问。

（3）校园访问和支持方面，学生们对校园内的物理障碍和服务项目的不平等提

出了担忧。

（4）校园氛围方面，学生们指出与同龄人存在负面互动，以及存在与残疾有关的耻辱经历，并且为了解决身体、课程和态度方面的障碍需要付出额外的工作。

（二）疫情的影响

上述的其中一些问题在疫情期间有所改善，另一些仍然存在，并且出现了新的障碍。2020 年春季对高等教育专业人士进行的一项国际调查发现，与非残疾学生相比，残疾学生在过渡到远程教育时遇到的困难更多。

这种过渡困难可能进一步转化为更多的障碍。对 9 所大型公立研究型大学的 30000 多名学生进行的一项重大调查，研究了新冠疫情对学生福祉的五个方面的影响，即向远程学习过渡的难易程度、财务影响、学生疫情期间的健康状况、学生的归属感和参与感，以及他们在疫情后的未来计划。调查结果表明，被调查的残疾学生面临着严峻的挑战，主要包括如下内容。

（1）感到孤独。与非残疾学生（73%）相比，接受调查的残疾学生更少地觉得他们归属于校园（57%）。

（2）感觉不受支持。与非残疾学生（87%）相比，接受调查的残疾学生认为学校在疫情期间支持他们的可能性较小（76%）。

（3）经济困难和食物无保障。在疫情期间，接受调查的残疾学生比同龄人更有可能经历经济困难，并且比同龄人经历食物无保障的可能性高出三倍。

（4）抑郁概率增加。在接受调查的残疾学生中，更大比例的残疾学生（从 53% 到 70%，取决于学生的残疾情况）筛查出可能与疫情有关的严重抑郁症状，而接受调查的非残疾学生的这一比例为 34%。

（5）失去工作。与非残疾学生（26%）相比，残疾学生更容易因失去校外工作而失去收入（47%）。

（6）技术支出意外增加。接受调查的残疾学生中有 63% 表示，由于疫情，他们在技术方面产生了意外费用，而接受调查的非残疾学生中只有 17% 的人表示如此。

（7）感觉不安全。与接受调查的非残疾学生（14%）相比，残疾学生报告在疫情期间住在不能免受物理和精神侵害的地方的概率高很多（在 25% 到 40% 之间波动，同样取决于学生的残疾程度）。

七、疫情对 HBCU、TCU 和 MSI 的影响

传统黑人学院和大学（Historically Black Colleges and Universities，HBCU）、部落学院和大学（Tribal Colleges and Universities，TCU）与少数民族服务机构（Minority

Serving Institutions，MSI）[如西班牙裔服务机构（Hispanic-serving Institutions，HSI）与亚裔美国人和美洲原住民太平洋岛民服务机构（Asian American and Native American Pacific Islander-serving Institutions，AANAPISI）]，是许多有色人种学生长期接受高等教育的主要途径。这些机构在 2020 年和 2021 年的入学人数也有所下降，与以白人学生为主的同等学校相比，这些机构的下降情况更为严重。

HBCU、MSI 和 TCU 在许多有色人种学生的教育中发挥着关键作用，长期以来一直被认为是为越来越多的弱势学生提供教育机会的重要来源。HBCU、MSI 和 TCU 约占所有可授予学位、符合 Title Ⅳ资格（参与联邦学生经济援助计划）的高等教育机构的 20%，招收了美国约 28% 的本科生。HBCU、MSI 和 TCU 招收的有色人种学生和来自低收入家庭的学生的比例远高于全国平均值，在工程和教育等专业授予学位的比例尤其高，也使许多人走上了攻读博士学位之路。

然而，疫情严重打击了 MSI 和 TCU，以及它们所服务的学生，虽然 2020 年秋季高校的整体入学率都是下降的，但 MSI 和 TCU 的入学率下降得更厉害。民权办公室审查了截至 2021 年 3 月 9 日公开的近 700 家符合 MSI 或 TCU 资格的机构的注册数据。在公布了 2019 年和 2020 年数据的 304 个 MSI 和 TCU 中，发现 63% 的 MSI 和 TCU 在 2020 年出现了入学率下降，其中近 32% 的机构入学率至少下降了 10%。受影响最严重的是 HSI，其入学率下降的机构达到 70%。除此之外，其他 MSI 也面临入学率的急剧下降：

（1）58% 的 AANAPISI 报告了入学率的减少；

（2）56% 的 TCU 报告了入学率的减少；

（3）45% 的以黑人为主的教育机构报告了入学率的减少；

（4）35% 的为美洲原住民服务的非部落机构报告了入学率的减少。

美国印第安人高等教育联盟（American Indian Higher Education Consortium，AIHEC）发布了一项首创性的研究报告，报告了 TCU 学生在疫情期间的经历。该研究调查了近 500 名 TCU 返校学生，重点关注在线学习和身心健康等情况。尽管该研究没有提供与其他群体的比较数据，但其结果值得采纳，因为它提供了关于疫情对 TCU、原住民学生及其社区的影响的洞见。

据报道，TCU 学生面临的最大障碍是适应在线课程。根据 AIHEC 的调查，45% 的受访者在疫情之前从未参加过在线或混合课程。54% 的人报告说，他们在网上的参与度低于面授课堂；另有 58% 的人表示他们在线上更难理解课堂材料。尽管近 40% 的 TCU 学生需要通勤 50 英里（约 80.5 千米）以上来上课，但 57% 的学生表示他们仍然更喜欢传统的面授课程。

HBCU 也受到疫情的沉重打击。HBCU 对非裔美国本科生起着关键作用：在有 HBCU 的 21 个州和地区中，尽管 HBCU 仅占四年制院校的 9%，却占 2016 年授予非裔美国学生学士学位总数的 26%。尽管 HBCU 在 2019—2020 年的入学人数已经下降了 2.1%，但 2020 年的下降程度更高，为 5.5%。两年制公立 HBCU 受到的打击最为严重，男性学生入学率下降了 21%，女性学生入学率下降了 9.3%。

八、疫情与学生财务安全

（一）一部分学生出于经济或其他原因搁置了就读大学计划，另一部分入学或继续学习的学生也经历了前所未有的经济挑战，加深了对他们能否继续接受教育的担忧

在疫情之前，43% 的全日制本科生和 81% 的非全日制本科生能够被雇用。当疫情开始扰乱美国和世界经济时，这些学生中的许多人失去了工作，并因此失去了供给自己学校生活的经济来源。

根据美国劳工统计局（Bureau of Labor Statistics）的数据，从 2020 年 3 月到 2020 年 12 月，学院和大学估计裁减了 650000 个工作岗位（包括学生校内工作岗位），占高等教育劳动力的 13% 以上。2020 年春季进行的一项小型研究显示，在 822 名大学生中，有工作的人中有 38% 的职位被取消。

这些失去的机会似乎影响了学生对支付大学费用的看法。在对美国近 1600 名高中生进行的一项调查中，52% 的受访者表示，自疫情暴发以来，他们对能否支付大学费用更加担心，只有 5% 的受访者表示他们现在更有能力负担大学费用。这种担忧在女性学生、拉丁裔学生和低收入家庭的学生中更为严重，他们中的许多人在疫情之前已经不确定自己是否能负担得起大学费用。

疫情也增加了大学生对未来工作和职业机会的担忧，90% 的学生表示他们对美国经济和就业市场表示担忧。另一项调查同样发现，66% 的大学生表示疫情改变了他们对未来财务的看法，近 70% 的学生认为疫情会使找工作变得更加困难。

（二）学生的财务问题从就业扩展到更基本的必需品：食物和住房

学生的财务问题不仅是就业和学费那么简单。2020 年 4 月和 5 月，大学、社区和司法希望中心（The Hope Center for College，Community，and Justice）对 26 个州的 54 所不同大学和学院的 38000 多名学生进行了一项调查，发现超过一半的受访大学生表示他们正在经历食物无保障、住房不安全或无家可归的状况。部分发现如下。

（1）9% 的两年制学院学生和 13% 的四年制机构学生表示，在疫情期间暂时与亲戚、朋友住在一起，或成为“沙发客”。

（2）15% 的两年制学院学生和 18% 的四年制机构学生表示无法在他们居住的地方学习和上课。

（3）44% 的两年制社区学院学生和 38% 的四年制大学学生都经历过食物无保障问题。

（4）接受调查的黑人学生和白人学生在基本需求无保障方面的差距为 19%。

（三）疫情期间有色人种学生在满足食物、住房和上网等基本需求方面存在巨大困难

一项针对 15 所四年制院校和 39 所社区学院的 38600 多名学生的研究发现，虽然所有学生都表示他们在疫情期间经历了一定挣扎，但有色人种学生更多地表示在满足食物和住房等基本需求方面存在不安全感。

同样，有色人种的学生在技术不足的情况下难以过渡到远程学习，因为他们难以上网。2020 年 5 月，美国国会授权的非营利组织“数字承诺”（Digital Promise）对大约 1000 名大学生进行了全国性调查。研究发现，虽然总体而言，16% 的本科生都存在经常或非常经常阻碍他们参与课程作业的互联网连接问题，但相比白人学生（12%），黑人学生和西班牙裔学生这一比例更高（分别为 17% 和 23%）。

（四）有色人种学生更多报告了对教育计划的担忧

（1）超过 77% 的学生担心能否顺利毕业。这些担忧在黑人学生（84%）和拉丁裔学生（81%）中尤为严重。

（2）56% 的黑人学生和拉丁裔学生报告说，疫情很可能会对他们继续留在大学的能力产生负面影响，相比之下，44% 的白人学生有同样的看法。

（3）85% 的有色人种学生表示他们非常担心毕业后无法获得就业所需的技能或工作机会。

（4）与白人学生（26%）相比，50% 的拉丁裔学生和 42% 的黑人学生报告说他们的教育受到干扰。

（5）只有 3% 的白人学生和 5% 的中高收入家庭（年收入在 75000 美元到 149000 美元之间的家庭）的学生表示，疫情使他们计划减少上课量。相比之下，29% 的亚裔学生、24% 的西班牙裔学生和 18% 的来自年收入低于 25000 美元的家庭的学生表示，由于经济或其他限制，他们计划减少课程。这些决定很可能会延长这些学生获得学位所需的时间。

（五）有色人种学生在疫情之前有更高的教育负债，这种经济差距可能会在未来进一步扩大

美国救援计划（American Rescue Plan）为许多中等后教育阶段学生及其家庭提

供了实质性的宝贵支持，其中包括许多因疫情而背负大量教育贷款并可能在过去一年因失业而面临进一步还款挑战的人。然而，重要的是要认识到，由于疫情前的教育债务比同龄人多，许多有色人种学生面临着更多的困难。尽管疫情给美国几乎所有人带来了经济和其他的压力，但这些因种族而异的学生债务差异再次表明了有色人种学生在中等后教育中的脆弱性。

九、疫情和学生心理健康

疫情对大学生心理健康的负面影响虽然仍在逐步显现的过程中，但已经有据可查。在“积极心理”（Active Minds）对近 2100 名大学生进行的一项调查中，20% 的受访者表示他们的心理健康在疫情影响下显著恶化，80% 的受访者表示疫情对他们的心理健康产生了负面影响。调查内容包括压力和焦虑水平升高、失望、悲伤、孤独和孤立感。根据对美国 12 所高校的 1685 名教职员工进行的一项调查，这些结果也得到了教职员工的确认，他们绝大多数（87%）报告说，他们认为学生的心理健康在疫情期间恶化或显著恶化。同一项调查发现，73% 的教师会接受关于学生心理健康问题的额外专业培训。

“积极心理”的调查显示，76% 的受访者报告说作息不规律，73% 的受访者认为自己难以获得足够的锻炼，63% 的受访者表示难以与他人保持联系。在由大学、社区和司法希望中心对 38000 多名学生进行的另一项调查中，大多数受访者表示他们无法在学校集中注意力。另一项针对新泽西州公立大学本科生的调查发现，73.5% 的受访者表示自疫情开始以来难以专注于学术工作，另有 58.6% 的受访者表示自己在在线学习方面遇到困难。

心理健康数据显示，学生因疫情而感到情绪和心理负担的经历因种族和民族而异。一项针对大学生心理健康的大规模研究调查了 2020 年秋季在 143 个咨询中心寻求治疗的近 50000 名大学生，其中，夏威夷人或太平洋岛民的负面情绪和社会关系两大方面受疫情影响的程度最大；拉丁裔学生的专注力和学习动力受疫情影响的程度最大；在孤独感方面，反应最严重的是白人学生。

十、疫情与学生性骚扰和性暴力

（一）疫情前的一些担忧

美国大学协会（Association of American Universities）在 2019 年进行的一项研究发现，即使美国在防止性骚扰和性暴力与促进所有学生享有平等权利和机会方面做出了巨大努力，但其许多成员学校的女性学生遭受性侵扰的风险要高得多。

学生所经历的关系暴力问题也值得关注，自疫情封控开始以来，报道的亲密伴侣暴力发生率不断上升。在一项针对美国 33 所学院和大学的 181752 名学生的大规模的疫情前研究中，女性本科生报告称遭受亲密伴侣暴力的比例为 14.1%。根据 2017 年皮尤研究中心的一项民意调查，与同年龄段的男性（9%）相比，18—29 岁的年轻女性在疫情前遭遇线上性骚扰发生率为 21%。

（二）疫情的影响

疫情对性骚扰（包括性暴力）的全部影响在一段时间内无法被充分发掘，而且大部分关于线上性骚扰、亲密伴侣暴力和与远程相关的性暴力经历也没有得到确认。在 2021 年初，一些学校的学生表达了对疫情使他们获得相关支持性资源变得更加困难的担忧。对未来的研究来说，调查疫情可能在多大程度上使女性学生更容易受到这些和其他形式的性骚扰和性暴力的伤害是很重要的。

十一、结论：重建教育机会的公平性

正如本报告所描述的，关于新冠疫情对美国学生的影响有两个关键点：第一，疫情给美国各地几乎所有的学生和学校带来了深刻的挑战；第二，学生体验的差异性十分明显，那些疫情前受益机会少的学生因疫情面临的风险更大。

无论疫情前还是疫情后，这些差异都需要人们的关注。在疫情之后如何最好地确保所有学生的平等机会是美国全国对话（National Conversation）的一个重要部分。美国总统拜登于 2021 年 3 月 11 日签署的美国救援计划已经纳入了美国法律，这提供了前所未有的资源，使这种对话及其相关行动能够应对当前的紧迫性。美国教育部也出台了有关小学教育、中学教育、特殊教育和高等教育的应对新冠疫情的指导性政策文件，这些对学生、家长和教育者，尤其受疫情打击最为严重的那部分人来说也是至关重要的资源。除了《疫情中的教育：新冠疫情对美国学生的不同影响》，民权办公室还出台了一份如何在疫情环境下保障公民权利和解决学校重新开放问题的问答文件。

除了教育部继续向各州、地区、学校、教育工作者和学生及其家人提供相关资源，民权办公室还负责补充关于民权要求和相关考虑的结论性意见，具体包括如下内容。

（1）确保资源可比性。根据联邦民权法，需确保同一地区的学校之间的资源具有可比性。根据 1964 年民权法案第六章，学区有义务为学生提供平等获得教育资源的机会，不分种族、肤色或国籍。这些教育资源包括：学校安全设施、教学材料、教学技术、熟练的教育工作者等。在疫情期间，这种义务仍然存在。民权办公室 2014 年 10 月曾提供过和资源可比性有关的各学区义务的信息，以及民权办公室如何评估有关教育资源获取不平等的投诉的信息，这些信息收在一个名为《有关资源可比性的亲爱的同事信》(Dear Colleague Letter on Resource Comparability)的文件中。

（2）关注学校纪律。有三点认识需要加强：①与疫情相关的学生心理健康和福祉问题可能会对他们的学校行为产生长期影响；②疫情前的民权数据收集报告表明，许多学校极有可能对有色人种学生和残疾学生施加更严厉和更频繁的纪律处分；③联邦民权法禁止对学校纪律进行歧视性管理，包括基于种族、肤色、国籍和残疾的不公平学校政策和做法，这些做法经常通过停学、开除和转介给执法部门等方式将学生排除在课堂教学之外。正如教育部《新冠疫情手册第 2 卷：安全重新开放中小学的策略》(COVID-19 Handbook Volume 2 : Strategies for Safely Reopening Elementary and Secondary Schools) 中所述，使用创伤知情实践 (Trauma-informed Practices)，实施积极行为干预和支持 (Positive Behavioral Interventions and Supports，PBIS) 框架对于在疫情期间经历了重大困难、悲伤和失落的学生，以及那些可能难以适应新学习现实的学生而言可能特别有帮助。此外，学校心理学家、辅导员和行为专家或当地心理健康、行为健康机构可能需要就具体问题提供咨询，并帮助学校避免不必要的排他性纪律。

（3）关注流离失所和搬迁的学生。应确保学生在之前的住房状况因疫情而改变后，在寻求进入新学校时不会受到歧视。一些州和学区可能要求学生提供居住证明才能入学，但这种要求不符合联邦麦金尼–文托无家可归者援助法案 (Federal McKinney-Vento Homeless Assistance Act) 的要求。根据该法案，州和地方教育机构必须为无家可归的学生提供上学机会，并保证他们的出勤和学业成功，即使他们的家人无法出示证明其在学校所在地区居住的文件。公立中小学也不得根据学生或其父母或其他监护人的公民身份或移民状态禁止学生入学。

（4）解决语言障碍。为履行联邦法律规定的义务，学区必须确保英语学习者获得所需的语言服务和支持，以促进他们的英语语言发展并能够访问远程授课的课程内容。学区必须确保父母、监护人和看护人能够以他们可以理解的语言获取有关学区计划、服务或活动的任何信息。这包括与学校健康和安全措施有关的信息、有关新冠疫情的信息、学校为应对疫情而采取的行动信息、有关远程学习的信息，以及如何与教师联系和沟通的信息。

（5）解决骚扰问题。要保护在疫情期间由于身份问题面临骚扰和暴力风险增加的学生。所有接受联邦资助的学校都必须对教育活动中基于种族、肤色、国籍、性别、残疾或年龄的骚扰报告做出适当回应，无论是远程授课还是面授。这种回应包括为遭受骚扰的学生提供适当的支持，并采取必要措施制止骚扰行为。随着越来越多的学生重返学校上课，学校应警惕针对学生的歧视性骚扰迹象，尤其对已成为疫情后重点骚扰目标的亚裔美国人和太平洋岛民学生要格外关注。

（6）确保包容性。应通过设计得当的教学和相关的辅助服务来满足残疾中小学生的个人教育需求。无论是远程授课还是面授，学区都必须继续按照《康复法案》第 504 条的要求为符合条件的残疾学生提供特殊教育和相关服务，包括实施适当的学生个性化教育计划。学区应继续保护残疾学生与为这些学生提供教育、专业指导和相关服务的教育工作者的健康和安全。在远程学习中可以提供更多助残的便利、调整和服务，例如延长作业时间、为视频附上准确字幕或手语翻译、通过视频会议提供语言服务或阅读材料。

（7）进行学术适应和调整。高等教育机构有义务确保残疾学生获得必要的学业调整以及适当的辅助和服务，并对各种相关政策、实践和程序进行合理修改，以避免基于残疾的歧视。虽然疫情之后学校不需要做出从根本上改变其服务内容的大修改，但它们仍必须采取其他措施，以便在最大程度上确保残疾学生能够参与并获得学校的服务、项目和活动的福利。

随着美国的学校正采取措施摆脱疫情阴影，一个新的机会也摆在美国面前：充分意识到教育存在的不平等裂缝并解决和修复它们。挑战当然是巨大的，虽然现在全国各地的各方力量都在发挥才能和专业共同解决问题，但只有通过在规划未来时切实考虑今天面临的不平等，才能真正确保所有学生——从学龄前儿童到最高级的研究生——都拥有在美国各地的学校和机构中参与、学习和发展的平等机会。

第二节 《2020 年校园犯罪与安全指标报告》

《2020 年校园犯罪与安全指标报告》（Report on Indicators of School Crime and Safety：2020），由司法统计局（Bureau of Justice Statistics，BJS）、美国研究学会（Amerian Institute for Research，AIR）和国家教育统计中心（National Center for Education Statistics，NCES）联合编写，于 2021 年 7 月发布。该报告涵盖了有关校园犯罪和安全的各种主题，主要包括：（1）不同类型学生受害的情况，包括暴力死亡和校园枪击事件、非致命犯罪受害和欺凌受害；（2）衡量校园犯罪和安全状况的数据，包括帮派情况、仇恨言论、武器持有情况、非法药物的使用和供应，以及反映学生对其在学校个人安全的看法的数据。另外，报告也对中小学犯罪和安全问题的讨论进行了总结。①

---

① IRWIN V，WANG K，CUI J，et al. Report on Indicators of School Crime and Safety：2020［EB/OL］.［2021-11-01］. https://bjs.ojp.gov/library/publications/report-indicators-school-crime-and-safety-2020.

在高等教育层面，报告讨论了上报至警方和安全机构的针对人身和财产的犯罪事件的数量，以及仇恨犯罪事件的数量，例如由于种族、性取向和宗教相关的偏见所引发的事件。报告还对不同人群在不同时期的犯罪和安全指标进行了比较。

一、重要发现

总体而言，在过去十年里，校园犯罪和安全问题的发生频率有所降低。例如，2019 年的数据显示，与 2009 年相比，12—18 岁的学生在过去 6 个月中受到任意犯罪伤害（包括盗窃和非致命的暴力伤害）的百分比从 2009 年的 4% 降至 2019 年的 2%。另外，2009 年至 2019 年，12—18 岁的学生在学年中受欺凌的百分比从 28% 降至 22%，被同学用与仇恨相关的词语[①]称呼的百分比从 9% 降至 7%；在学校看到与仇恨有关涂鸦的百分比从 29% 降至 23%，在学校看到帮派存在的百分比则从 20% 降至 9%。此外，根据 2019 年的数据，有 8% 的九至十二年级的学生在过去 12 个月里在学校发生过肢体冲突，这一数据低于 2009 年的 11%。同时，在过去 30 天里这些学生在学校携带武器的百分比也从 2009 年的 6% 降低至 2019 年的 3%。

相比之下，一些其他的犯罪和安全问题则没有变化，或随着时间的推移变得更加普遍。例如，在 2019 年被问及过去 12 个月内遇到问题的九至十二年级学生中，约 7% 的学生受到武器威胁或伤害，22% 的学生被提供、出售或给予非法药物。这些数据与 2009 年的相比没有明显差异。2019 年，在 12—18 岁的学生中，有 5% 的人报告说，他们会避免前往校园的某个或某些地方，以免遭到他人的攻击或伤害。而在 2009 年，有 4% 的受访学生报告这一情况。

从 12—18 岁的学生中收集的数据显示，尽管伤害（在校内和在校外）随着时间的推移而减少，但是学生在校内经历的非致命性犯罪伤害比在校外的更多。具体而言，2019 年，12—18 岁的学生在校内和校外分别遭受了 74.46 万起和 50.93 万起犯罪伤害。也就是说，在校内平均每 1000 名学生中就有 30 人受伤害，高于在校外平均每 1000 名学生中有 20 人受伤害的比例。2019 年，12—18 岁的学生中约有 5% 的人表示，他们在校内害怕受到攻击或伤害，这一百分比高于在校外害怕受到攻击或伤害的学生百分比（3%）。

除了审查犯罪和安全问题，报告还涵盖了美国学校实施的各种维护纪律和安全的措施。2009—2019 年，观察到使用一个或多个监控学校安全的摄像头的 12—18 岁学生的百分比有所增加（从 70% 到 86%），观察到学校有保安或指派警察的学生

---

① 与仇恨相关的词语是指其他学生在提到某个学生个人特征时使用的贬义词。

的百分比也有所增加（从 68% 到 75%）。2017—2018 年，约 46% 的公立中小学报告说，它们为应对大流行性疾病而制订了相应的书面计划。

关于高校校园安全问题，2018 年，警方和安全部门共收到 28500 起关于高校校园人身和财产犯罪事件的上报。这意味着，在每万名全日制学生中，就有 19.5 名报告了校园犯罪事件。尽管 2018 年的校园犯罪事件总数（28500 起）低于 2009 年（34100 起），但上报的校内性暴力犯罪事件的数量从 2009 年的 2500 起增加到 2018 年的 12300 起（增长率高达 392%）。①2018 年发生的校园性暴力犯罪事件占该年校园内报告的所有犯罪事件的 43%。

2018 年，全国共报告高校校园仇恨犯罪事件 814 起。高校所上报的三种最常见的仇恨犯罪类型是故意破坏和损害公物（345 起）、恐吓（337 起），以及轻微人身攻击（75 起）。

二、主要内容

（一）暴力死亡和校园枪击事件

虽然在学校内发生暴力死亡和枪击事件很少见，但这类悲剧事件却对在校学生和周围社区产生了深远的影响。根据学校相关暴力死亡监测系统发布的最新数据，2017—2018 学年②，美国共有 56 起与学校相关的暴力死亡事件③，其中包括 46 起凶杀事件、9 起自杀事件和 1 起法律干预死亡事件。在这 56 起与学校有关的暴力死亡事件中，35 起凶杀事件、8 起自杀事件都发生在了 5—18 岁学生身上。

在 K-12 校园枪击事件数据库中，校园枪击事件被定义为以任何缘由在学校所辖范围内挥舞枪支或发射子弹、子弹击中学校财产的事件，无论受害者人数（包括 0 人）、时间或原因（如有计划的攻击、意外、家庭暴力、帮派相关）如何。2000—2001 学年至 2019—2020 学年期间，公立和私立中小学每年发生的有人员伤亡的校

① 在 2014 年之前的几年里，学校只报告了性暴力犯罪案件的总数，没有对具体犯罪类型进行细分。从 2014 年开始，学校被要求报告两种不同类型的强行性犯罪——强奸和性骚扰——的数量，并将其加在一起，以达到报告的性暴力犯罪的总数。尽管 2014 年对性暴力犯罪报告准则的改变可能促成了该年最大的单年百分比增长（数量从 5000 件到 6800 件，增长了 36%），但 2014 年至 2018 年期间，校园性暴力犯罪案件的数量继续增长，从 6800 件到 12300 件（增长约 81%，或每年平均增长约 16%）。

② 2017—2018 学年是指从 2017 年 7 月 1 日至 2018 年 6 月 30 日。

③ 学校相关暴力死亡监测系统将学校相关暴力死亡定义为凶杀、自杀或法律干预死亡（涉及执法人员），其中致命伤害发生在美国一所正常运作的小学或中学的校园内。学校相关暴力死亡还包括在受害者往返学校常规课程的途中，或在受害者参加或往返学校主办的官方活动时发生的暴力死亡。学校相关暴力死亡事件的受害者可能不仅包括学生和教职员工，还包括学校的其他人，例如学生家长和社区成员。

园枪击案数量在 11 起至 75 起之间（见图 2-1）。[1]2019—2020 学年，共有 75 起校园枪击案造成人员伤亡，其中有 27 起校园枪击案造成人员死亡，48 起校园枪击案造成人员受伤。此外，2019—2020 学年有 37 起上报的校园枪击事件没有造成人员伤亡。大部分校园枪击事件（包括有伤亡和无伤亡的）发生在高中[2]。

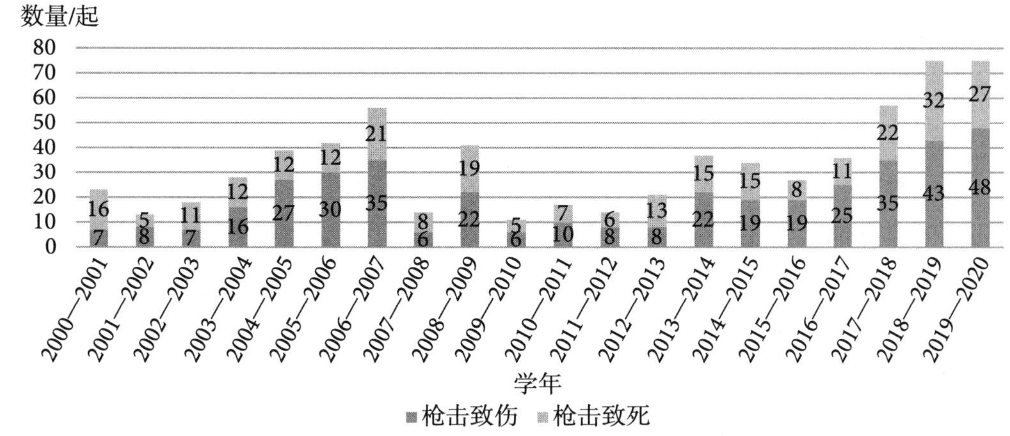

图 2-1　2000—2001 学年至 2019—2020 学年公立和私立中小学发生伤亡的校园枪击事件数量

（二）学生遭受犯罪伤害的情况

全美犯罪受害调查（National Crime Victimization Survey，NCVS）提供了关于 12—18 岁学生所经历的非致命犯罪伤害的统计数据。非致命犯罪伤害包括盗窃[3]和暴力受害，后者包括强奸、性侵犯、抢劫、严重人身攻击和轻微人身攻击。统计数据显示，2019 年，12—18 岁的学生在学校[4]遭受了 764600 次犯罪伤害，在校外遭受了 509300 次犯罪伤害。这意味着每千名学生中，就有 30 人在校内遭受犯罪伤害，这一概率高于其在校外受害的概率（每千名学生中，有 20 人在校外遭受犯罪伤害）。但相较于 1992 年，校内外受害案例均下降了 80% 以上。

根据校园犯罪补充（School Crime Supplement，SCS）提供给全美犯罪受害调查的数据，在过去 6 个月内报告校内犯罪受害的 12—18 岁学生的总百分比从 2009 年

---

① 由于新冠疫情导致学校关闭，在将 2019—2020 年的数据与早些年的数据进行比较时应该谨慎。

② 包括包含 12 个年级的学校。

③ 盗窃包括未遂和已完成的钱包偷窃行为、已完成的扒窃，以及所有未遂和已完成的盗窃，但机动车盗窃除外。盗窃不包括抢劫，抢劫涉及威胁或使用武力，被归类为暴力犯罪。

④ “在学校”的定义包括在校舍内、在学校财产上、在校车上以及上下学时。

的 4% 下降到 2019 年的 2%。具体而言，校园犯罪补充的数据表明，2019 年约 2% 的学生报告自己遭到了盗窃[①]，1% 的学生报告自己遭到了暴力伤害。

2019 年，12—18 岁的学生中，报告过去 6 个月在校园受到犯罪伤害的情况如下。（1）六年级、七年级、九年级和十年级的学生（各占 3%）高于十二年级的学生（1%）；（2）混血学生（7%）高于西班牙裔学生（2%）；（3）城市学校学生的百分比（3%）高于郊区学校的学生（2%）。另外，男生在校园受犯罪伤害的百分比（3%）高于女生（2%）。

（三）学生遭受欺凌的情况

另一种需要了解的学生受伤害情况是欺凌。此前的研究发现，受欺凌的学生更有可能产生抑郁和焦虑情绪，健康也容易出现问题，甚至会逃学和辍学。在近年发生的学生自杀和校园枪击事件中，受欺凌的学生被卷入其中，这也加剧了人们对欺凌影响公共健康的担忧。

根据校园犯罪补充的数据，2019 年，约有 22% 的 12—18 岁的学生报告称在学校遭受欺凌[②]，相较于 2009 年的数据（28%），该学年的百分比有所下降。具体而言，2019 年，学生遭受欺凌的情况因学生和学校特征而异。在这一年中，报告在校遭受欺凌的女学生百分比（25%）高于男学生（19%），混血学生在校遭受欺凌的百分比（37%）高于白人学生（25%）、黑人学生（22%）和亚裔学生（13%）。此外，2019 年，六年级、七年级和八年级学生遭受校内欺凌的百分比较高（从 27% 到 28% 不等），而九年级、十年级和十二年级学生遭受校内欺凌的百分比相对较低（从 16% 到 19% 不等）。在乡村地区学校就读的学生在该学年遭受校内欺凌的百分比（28%）比在其他地区学校就读的学生（从 21% 到 22% 不等）更高。

（四）公立学校上报的犯罪事件和纪律问题

学校记录的事故和纪律问题是衡量学校环境的重要指标。校园犯罪和安全调查（School Survey on Crime and Safety，SSOCS）要求公立学校的校长报告在其学校[③]发

---

① 尽管 12—18 岁学生报告犯罪受害（包括盗窃和暴力受害）的总百分比和报告盗窃的百分比在 2019 年均四舍五入至 2%，但报告犯罪受害的百分比约为 2.5%，报告盗窃的百分比约为 1.5%。

② 学生所报告的欺凌行为包括：被其他学生取笑、辱骂或侮辱，散布关于他们的谣言，威胁要伤害他们，强迫他们做不愿意做的事情，故意将其排除在活动之外，故意毁坏他们的财产，或向他们吐口水。在学校被欺凌的学生总数中，报告了一种以上欺凌类型的学生只被计算了一次。

③ 在 SSOCS 中，受访者对于“在校”的定义包括发生在校舍、校园内、校车上和在学校主办活动的地点。在有关犯罪事件的调查问题中，受访者被要求论述包括正常上课时间之前、期间或之后发生的事件，以及学校活动进行时发生的事件。

生的各种类型的犯罪事件的数量，并说明某些纪律问题[①]在学校发生的频率。学校报告的此类数据可以补充那些基于学生经验和观察的涵盖类似问题的数据，如通过校园犯罪补充和青少年风险行为监测系统收集的数据。

2017—2018 学年，80% 的公立学校的记录表明校内发生了一起或多起暴力、盗窃或其他犯罪事件，总计 140 万起事件，即在每千名在校学生身上发生了 29 起。同一学年，有 47% 的学校向警方报告了一起或多起暴力、盗窃或其他犯罪事件，总计 42.28 万起事件，即在每千名在校学生身上发生了 9 起。相较于 2009—2010 学年（85%），2017—2018 学年记录了一起或多起暴力、盗窃或其他犯罪事件的公立学校的百分比（80%）更低。同时，这一学年向警方报告一起或多起犯罪事件的公立学校的百分比（47%）也同样更低（2009—2010 学年为 60%）。

2017—2018 学年，约 14% 的公立学校报告称每周至少发生一次学生受欺凌事件。[②]在每周至少发生一次的其他纪律问题方面，约 6% 的公立学校报告发生了学生辱骂教师的事件，12% 的公立学校报告了学生除辱骂以外的其他不尊重教师的行为，3% 的公立学校报告称课堂上普遍存在混乱现象，3% 的公立学校报告称学生之间因种族或族裔的差异而存在紧张关系，1% 的公立学校报告了学生之间的性骚扰行为，1% 的公立学校报告了由于性取向或性别认同而引发的骚扰行为。

（五）帮派问题与仇恨言论

另一项衡量校园安全环境的指标是不良情况的程度，如校内帮派的存在，以及与仇恨相关的言论和涂鸦。根据学生在学年期间所上报的在校情况，校园犯罪补充收集并统计了这些数据。

2019 年的数据显示，在 12—18 岁的学生中，约 9% 的学生报告称学年期间他们的学校存在帮派，7% 的学生报告称被其他学生用与仇恨相关的词语称呼，23% 的学生报告看到与仇恨相关的涂鸦（见图 2-2）。但这些不良情况的发生不如 2009 年那么普遍。2009 年的数据显示，当时 20% 的学生报告有帮派的存在，9% 的学生报告称被其他学生用与仇恨相关的词语称呼，29% 的学生报告看到与仇恨有关的涂鸦。

从 2019 年的数据可以看出，这些影响校园安全环境的不良情况的发生因学生和学校特点而异。例如，报告在其学校中观察到帮派存在的九至十二年级学生（从

---

① 受访者被要求仅论述那些在正常上学时间或学校活动进行时出现的纪律问题。

② SSOCS 调查问卷将欺凌定义为另一青年或一群青年的任何不受欢迎的攻击性行为，这些行为涉及观察到的或感知到的权力不平衡，并且这种情况多次发生或极有可能重复发生。欺凌行为发生在非兄弟姐妹或当前为约会对象的青少年之间。

10% 到 12%）的百分比高于六至八年级学生（从 5% 到 6%）。相比之下，报告在学校被其他学生用与仇恨相关的词语称呼的十年级和十二年级学生百分比（分别为 5% 和 4%）则低于七年级和八年级学生（分别为 8% 和 9%），而报告在学校看到与仇恨有关的涂鸦的学生百分比在学生年级水平上没有明显的差异。

在进行数据收集时，调查人员要求那些本学年报告称在学校被其他学生用与仇恨相关的词语称呼的学生指出，这些与仇恨相关的词语是否涉及其种族、民族、宗教、残疾、性别。2019 学年，论及与仇恨相关的词语时，与种族相关的词语是最常被提及的一类。在不同种族的学生中，白人学生被其他学生用与仇恨相关的词语称呼的百分比是最低的，为 2%。这一百分比低于有数据可查的任何其他人种或种族的学生的百分比（西班牙裔学生的百分比为 4%，混血学生的百分比为 9%）。

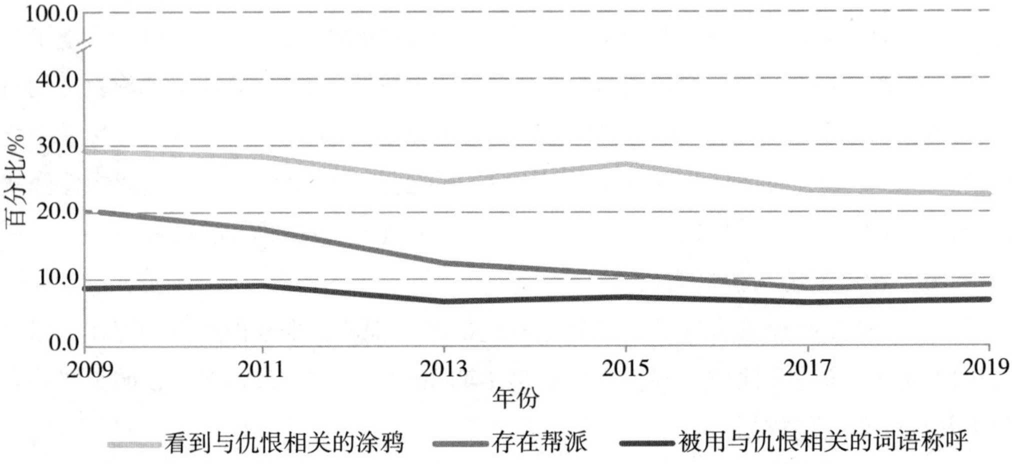

图 2-2 2009—2019 年，12—18 岁的学生中报告校内存在帮派、被用与仇恨相关的词语称呼，以及看到与仇恨相关的涂鸦的百分比

（六）打架、携带武器和非法物品

携带武器、打架、饮酒等是学校混乱和不文明的其他指标。这些指标主要参考来自青少年风险行为监测系统（Youth Risk Behavior Surveillance System，YRBSS）的数据，并用于研究这些问题的普遍性在过去十年中是如何变化的，以及是否因学生的特点而存在差异，如性别、种族或族裔、年级等。

青少年风险行为监测系统询问了九至十二年级的学生在调查前的 12 个月内在任何地点或学校所辖范围内发生肢体冲突的情况，其中参与打架的学生的情况包括其作为攻击者、被动参与者或受害者。2019 年的数据显示，报告在过去 12 个月内曾在任何地点发生肢体冲突的九至十二年级的学生百分比（22%）低于 2009 年（31%）。与此同时，2019 年报告称在过去 12 个月内曾在学校所辖范围内发生肢体冲突的学生百分比（8%）也低于2009年（11%）。此外，根据2019年的数据，报告在调查前的12个月内在学校发生肢体冲突的学生中（部分见图2-3）：男生的百分比（11%）高于女生（4%），美国印第安人或阿拉斯加原住民学生（18.9%）、黑人学生（15.5%）、混血学生（11%）的百分比高于白人学生（6.4%）和亚裔学生（4.9%），黑人学生的百分比高于混血学生和西班牙裔学生（7.8%），九年级学生（11%）和十年级学生（8%）的百分比高于十一年级学生和十二年级学生（各6%）。2019年，报告称在过去12个月内曾在学校所辖范围内发生肢体冲突的学生中，不同性别认同的学生百分比几乎没有差异。

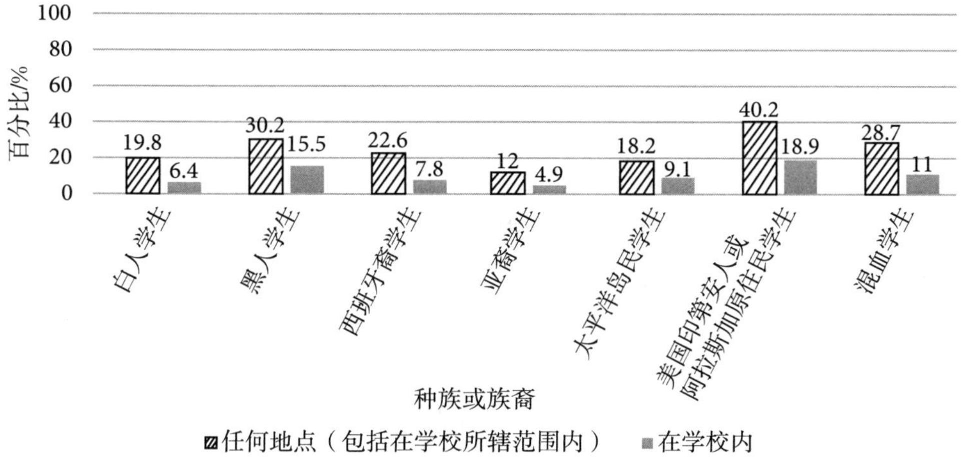

图2-3　2019年，九至十二年级学生报告在过去12个月内至少发生过一次肢体冲突的百分比（按种族或族裔与地点划分）

就携带武器这一衡量指标而言，青少年风险行为监测系统提供了过去30天内报告在任何地点和学校所辖范围内携带武器的九至十二年级学生的百分比，以及报告在过去12个月内在校内受到武器威胁或伤害的学生百分比的数据。对过去十年这些数据的研究表明，2009年至2019年，报告在过去30天内在任何地方携带武器的九至十二年级学生的百分比有所下降（从17.5%降至13.2%），报告在过去30天内在学校所辖范围内携带武器的学生百分比也有所下降（从5.6%减少到2.8%）。然而，2009年至2019年，关于在校内携带武器而给学生带来威胁和伤害这一问题，其发展趋势并不统一。数据显示，2009年，有7.7%的学生报告在过去12个月中在学校所辖范围内受到武器威胁或伤害，到2017年这一比例下降至6%，但2019年这一比例又增加到了7.4%。

在美国，未满21岁的人禁止饮酒，但在某些州，有父母或法定年龄配偶的陪伴时除外。青少年饮酒会给教育和健康带来各种负面的影响和结果。由收集到的数据可见，2009 年至 2019 年，报告在过去 30 天内至少有 1 天饮酒的九至十二年级学生的百分比从 42% 下降到 29%。2019 年的数据显示，不同性别、种族或族裔的九至十二年级学生报告这种行为的百分比有所不同：男生的百分比（26.4%）低于女生（31.9%）；亚裔学生（13.9%）和黑人学生（16.8%）的百分比低于所有其他种族或族裔群体的学生。2019 年，报告在过去 30 天内至少有 1 天饮酒的九至十二年级学生的百分比则随着年级的上升而增加，分别是 19.0%、26.7%、32.3%、39.9%。

（七）学生对校园安全的认知

校园犯罪补充通过询问 12—18 岁的学生对在校内外受到攻击或伤害的恐惧程度，以收集学生对校园安全的认知数据。2019 学年，有 4.8% 的 12—18 岁的学生报告说，在本学年，他们害怕在校内受到攻击或伤害。① 相比之下，这一受访群体中，仅有 2.7% 的学生在本学年害怕在校外受到攻击或伤害。对比数据后还可以发现，2019 年报告害怕在校内外遭受攻击或伤害的学生百分比与 2009 年的对应数据没有显著差异。校园犯罪补充还询问学生，他们是否因害怕在校内遭受攻击或伤害而避免去校园里的某个或某些场所②。统计后得知，2019 学年有 5% 的学生因害怕遭受攻击或伤害而避免进入校园里的某个或某些场所，这一百分比高于 2009 年（4%）。

在 2019 学年，因学生和学校特征的不同，报告产生恐惧情绪、回避情况的 12—18 岁学生的百分比存在显著差异。例如，在报告因害怕遭受攻击或伤害而避免进入校园里某个或某些场所的学生中，混血学生的百分比（11%）高于西班牙裔学生（5%）、亚裔学生（4%）和白人学生（4%），黑人学生的百分比（7%）比白人学生高；七年级、八年级和九年级学生的百分比（分别为 5%、6% 和 7%）高于十二年级的学生（3%）。另外，报告因害怕遭受攻击或伤害而避免去校园里的某个或某些场所的学生中，在城市学校就读的学生百分比（6%）高于在农村地区就读的学生（4%）。在公立学校就读的学生百分比（5%）高于在私立学校就读的学生（2%）。

（八）教师所报告的受害情况与校园秩序情况

除了评估学生的受害情况和对校园人身安全的看法，从教师的角度了解校园秩序和安全问题也很重要。根据 2015—2016 年全国教师和校长调查（National Teacher and Principal Survey，NTPS）中关于公立学校教师③ 的数据，相较于真正对教师进

---

① 学生们被问及是否“从不”“几乎从不”“有时”“大部分时候”害怕在校内外受到攻击或伤害时，回答为“有时”或“大部分时候”的学生就被视为产生了恐惧。

② “避免去校园里的某个或某些场所”包括避开学校的入口、学校的走廊或楼梯、学校食堂的部分区域、学校的任意一间厕所，以及学校建筑内的其他地方。其中，报告避开学校多个地方的学生，在“避免去校园里的某个或某些场所”的学生总数中只被统计了一次。

③ NTPS 调查的公立学校教师包括那些在传统公立学校和公立特许学校任教的教师。

行人身攻击，学生威胁伤害教师的情况更为普遍。此外，无论是被学生人身攻击或威胁伤害，2015—2016 学年上报这两种情况的教师百分比均高于 2007—2008 学年。2015—2016 学年报告被学生威胁的教师的百分比为 9.8%，2007—2008 学年则为 8%；2015—2016 学年报告被学生人身攻击的教师的百分比为 5.7%，2007—2008 学年则为 4%。[①] 在 2015—2016 学年，有 10.8% 的公立小学的教师报告称被其学校的学生威胁伤害，而同年报告这一情况的公立中学的教师百分比较低，为 8.8%。在报告实际遭受学生人身攻击的情况方面，公立小学的教师百分比（9.1%）同样高于公立中学的教师（2.3%）。

在 2018 年开展的教师教学国际调查（Teaching and Learning International Survey，TALIS）中，中学教师被要求评价他们管理学生课堂行为的能力，包括控制课堂上的破坏性行为，明确对学生行为的期望，让学生遵守课堂规则，以及安抚捣乱或吵闹的学生。2018 年，美国公立中学有超过 80% 的教师表示，他们能够或多或少地管理学生的各方面行为。[②] 一般来说，报告能够或多或少地管理学生各方面行为的教师中，教学经验少于 3 年的教师百分比低于教学经验丰富的教师。

（九）纪律、安全与安保措施

为了维护学校的纪律、秩序和安全，美国各地的学校都采取了预防和应对措施。在校园犯罪补充中，12—18 岁的学生被询问的问题之一为他们的学校是否采取某些安全和安保措施。如图 2-4 所示，2019 年，94.3% 的学生报告有书面的学生行为准则，88.7% 的学生报告有学校工作人员（保安或分派的警察除外）或其他成年人在走廊上监督。然而，与十年前相比，这两项措施的实施百分比都降低了（2009 年的数据分别为 95.6% 和 90.6%）。相比之下，2009 年至 2019 年，报告观察到使用一个或多个监控学校安全的摄像头的学生百分比增加了（从 70% 到 86%），报告观察到白天锁上学校入口处或出口处的大门的学生百分比增加了（从 64.3% 到 84.6%），以及观察到有保安和（或）指派的警察的学生百分比也增加了（从 68.1% 到 75.4%）。

---

① 2007—2008 学年的数据收集自“学校及师资调查”（SASS）。NTPS 被设计用来与 SASS 的数据进行比较。

② 对教师教学水平的评估基于其教学的年级、主要教学任务和课程结构的组合，而不是教师任教的学校水平。对不分年级、班级的教师，则根据他们的主要教学任务和课程结构对其进行分类。在按照规则分级的教师中，小学教师一般包括教幼儿园至六年级的教师，以及教授多个年级并且所教的年级主要是从学前至六年级的教师；一般来说，中学教师包括教七至十二年级的教师，以及教多个年级、所教年级大部分是七至十二年级且通常没有教五年级以下年级的教师。在调查中，对于每个问题，教师可以在以下的选项中选择一项：“完全不”“在某种程度上”“不少”“很多”。这份报告将答案为“不少”和“很多”的百分比结合起来了。

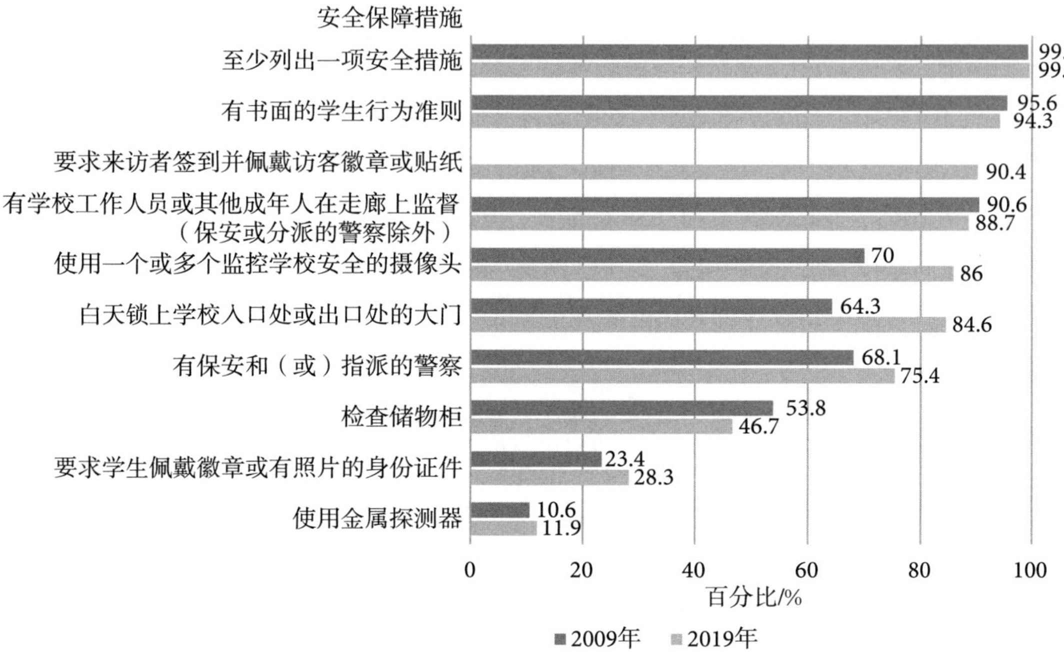

图 2-4　2009 年和 2019 年 12—18 岁学生报告学校采取了各种安全措施的百分比[①]

除了通过学校犯罪补充收集学生报告的情况，还通过学校犯罪和安全调查收集了关于学校做法的数据。在调查中主要向公立学校的校长询问的内容包括：学校使用安全和安保措施的情况、学校是否有应对某些情况的书面程序、学校对学生的具体违法行为采取的纪律处分数量。2017—2018 学年，约 94% 的公立学校报告称其制订了在发生自然灾害时要执行的程序的书面计划，92% 的学校报告称其制订了应对枪击的书面计划，91% 的学校报告称其制订了针对炸弹威胁或事件的书面计划。此外，大约 46% 的公立学校报告称其制订了在发生大流行病时要执行的程序的书面计划。在同一学年，35% 的公立学校对特定的学生犯罪行为[②]至少进行了一次严重的纪律处分[③]。在上报对学生犯罪行为至少进行了一次严重的纪律处分的公立学校中，不同等级的学校占比有所不同：小学的百分比（17%）低于初中（58%）和高

① 2009 年“要求来访者签到并佩戴访客徽章或贴纸”的数据不具备可比性。在 2015 年之前，该问题只是询问学校是否要求来访者进行登记。2015 年及之后，该问题包括了询问学校对于来访者佩戴徽章或贴纸的要求，另外因为调查表措辞的变化可能会随着时间的推移影响数据的可比性，因此 2009 年的数据已被省略。

② 调查表中列出的“犯罪行为”包括：人身攻击或打架，分发、拥有或使用酒精饮料，分发、持有或使用非法药物，使用或拥有枪支或爆炸装置，使用或拥有除枪支或爆炸装置以外的武器。

③ “严重的纪律处分”是指那些更具排斥性的处置，其定义包括：持续 5 天或更长时间但少于学年剩余时间的校外停学，至少在本学年剩余时间内不继续提供服务的开除处分，以及因纪律原因转入专门学校。

中（76%）；仅有 25% 或更少学生有资格获得免费或减价午餐的学校的百分比（23%）低于超过 25% 的学生有资格获得免费或减价午餐的学校的百分比（36%—39%）。

（十）高等院校校园安全和安保

在高等院校层面，2018 年警方和安全机构共收到 28500 起针对高等教育机构校园内的人员和财产的犯罪事件的上报。① 这意味着平均每万名全日制学生就报告了 19.5 起校园犯罪。② 在 2018 年报告的各类校园犯罪中，有 12300 起强制性侵犯。其他常见的犯罪包括入室盗窃 ③（9600 起）和机动车盗窃（3100 起）。

由过去十年的高校犯罪数据可知，2018 年报告的校园犯罪总数（28500 起）低于 2009 年（34100 起）。此外，2018 年的校园犯罪数量或平均每万名全日制学生中的校园犯罪数量也低于 2009 年（平均每万名全日制学生报告的校园犯罪数量，2018 年为 19.5 起，2009 年为 23 起）。然而，校园内的强制性侵犯事件数量则有所增加，从 2009 年的 2500 起增加到 2018 年的 12300 起（增加了 383%）。强制性侵犯率从 2009 年的平均每万名学生 1.7 起相关事件增加到 2018 年的平均每万名学生 8.4 起相关事件。尽管 2014 年对上报性侵犯的准则的改变 ④ 可能导致该年最大的单年百分比增长（增长率为 36%，从 5000 起至 6800 起），但在 2014 年至 2018 年间，报告的校园内的强制性侵犯数量仍在持续且稳定增长，从 6800 起增至 12300 起（增长率为 82%，平均每年增长约 16%）。

仇恨犯罪是一种犯罪行为，其全部或部分动机是犯罪者基于种族、族裔、宗教、性别差异、性别认同或残疾等对受害者产生的偏见。⑤2018 年，在高校内发生并报告给警方或安全机构的犯罪事件中，有 814 起事件被归类为仇恨犯罪。高校所报告的三种最常见的仇恨犯罪类型是破坏和蓄意损毁行为（345 起）、恐吓行为（337 起）、轻微人身攻击行为（75 起），见图 2-5。

---

① 1990 年的《克莱里法》（The Jeanne Clery Disclosure of Campus Security Policy and Campus Crime Statistics Act of 1990）规定，所有第四章规定的机构都必须通过校园犯罪和安全调查对七类犯罪进行报告：凶杀、性犯罪（强制和非强制）、抢劫、严重人身攻击、入室盗窃、机动车盗窃和纵火。

② 万名全日制学生中包括专门注册远程学习课程且可能不在校园内的学生。

③ “入室盗窃”指的是非法进入建筑物犯下重罪或偷窃。

④ 在 2014 年之前的几年里，学校只报告了强制性侵犯的总数量，没有针对特定类型的犯罪进行分别统计。从 2014 年开始，学校被要求报告两种不同类型的性侵犯案件——强奸和性骚扰，并将这两类事件加在一起从而形成所上报的全部性侵犯事件。例如，2018 年报告了 6700 起强奸案和 5600 起性骚扰事件。

⑤ 除了报告《克莱里法》中已经规定的七类与仇恨相关的犯罪事件的数据，2008 年《克莱里法》的修正案要求学校报告另外四类与仇恨相关的犯罪事件：轻微人身攻击、盗窃、恐吓，以及破坏和蓄意损毁。

2018年的数据显示，种族偏见是该年度引发高校内仇恨犯罪的最大动机。种族偏见造成了347起仇恨犯罪（占比为43%），而造成另外88起仇恨犯罪的动机是族群偏见（占比为11%）。

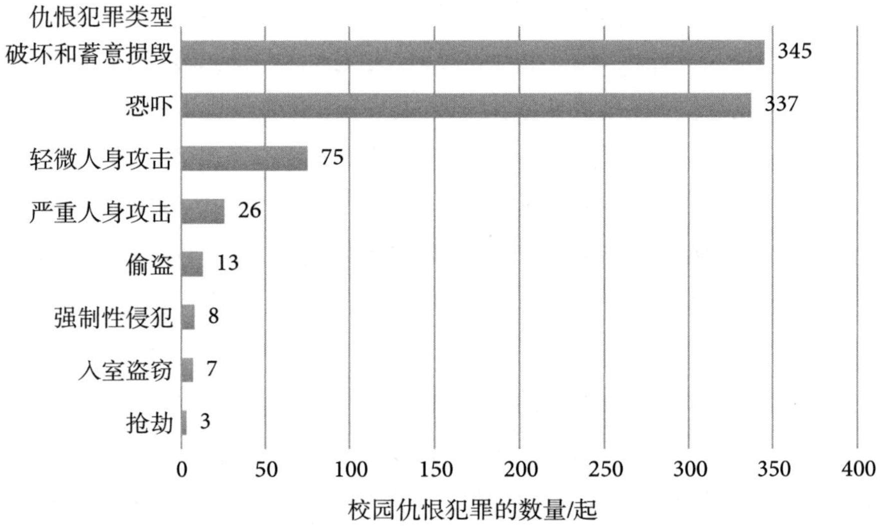

图2-5　2018年按犯罪类型划分的高校校园仇恨犯罪数量①

《2020年校园犯罪与安全指标报告》根据不同的指标对此前数年的美国校园安全问题进行了分类、对比和总结，并从不同的角度对校园安全问题中的关键指标进行了深入分析，评估了学校为了应对犯罪问题所采取的安全治理措施，较为准确地反映了美国中小学和高校校园内存在的犯罪与安全问题。

第三节　《2019—2020年国民警卫队青年挑战计划进展报告》

国民警卫队青年挑战（The National Guard Youth ChalleNGe，以下简称ChalleNGe）计划是一种准军事化的、为期17.5个月的教育计划，旨在为在传统高中遇到困难的16—18岁年轻人提供服务。这些学生或有学业困难、问题行为，已经或将面临辍学风险，有些甚至触犯过法律。国民警卫队青年挑战计划的使命是：干预并恢复16—18岁高中辍学者的生活，使他们具备成为具有生产能力公民所需的价值观、生活技能、教育和自律。该计划强调的八个核心要素是领导力和追随力、

① 数据适用于授予学位的高校，即授予副学士学位或更高学位并参与联邦财政援助计划第四章的高校。一些专门报告《克莱里法》数据的高校、非学位授予高校以及50个州和哥伦比亚特区以外的高校被排除在外。这里的仇恨犯罪包括涉及学生、教职员工和来访者的校内事件，不包括校外犯罪和逮捕，即使其涉及学生或教职员工。2018年纵火、凶杀或机动车盗窃没有被列为仇恨犯罪。

责任感、社区服务、生活技能、体能、健康和卫生、工作技能，以及学业成绩，它们贯穿于计划的课程和活动之中。

在联邦基金支持和各州国民警卫队的监督下，该计划于 20 世纪 90 年代中期开始实施，首批建立了 10 个基地。根据联邦法律，州要为 ChalleNGe 计划提供至少 25% 的运营资金。2020 年初，在 28 个州、哥伦比亚特区和波多黎各（其中 2 个基地在 2020 年夏季关闭，但还有 3 个基地正处于不同的规划阶段）共建有 39 个基地。约 250000 名年轻人参加了 ChalleNGe 计划，其中 184000 名完成了计划的要求。

参加 ChalleNGe 计划的学员可由学校辅导员或其他学校行政人员、执法部门或少年司法系统的工作人员、社区其他成员推荐。学员自愿参与，其中未成年人需要获得父母或监护人的同意。有意向的学员必须完成正式申请，基地会淘汰那些超出 ChalleNGe 计划资助范围的申请人，但对申请人的考试成绩或高中学分没有要求。学员无论家庭收入如何都有资格参加。一些基地要求申请人参观学校，作为其申请过程的一部分；许多基地要求进行某种形式的面试。

ChalleNGe 计划为期 17.5 个月，分为 5.5 个月的住宿阶段（包括两周的适应期）和 12 个月的后住宿阶段。部分被录取的学员选择不参加住宿计划。在后住宿阶段，毕业生可以继续上学、找工作或入伍。各基地最初致力于帮助学员获得普通教育发展（General Educational Development，GED）证书，但截至 2020 年，许多基地都专注于帮学员完成高中学业：一些基地直接授予学员高中文凭，而另一些则提供高中学分，然后安排学员在完成计划后将学分转回他们以前的高中。此外，每名学员都需要选择一名导师，并与其定期会面。导师通常是居住在学员家庭所在社区的志愿者，为学员提供建议，协助其完成 ChalleNGe 计划之后的过渡，并提供关于毕业学员的安置报告（继续教育、就业、入伍，或其中两者的组合）。

由于 ChalleNGe 计划住宿阶段的时间较短，而且重点较多，职业和技术培训相对有限，在 2016 年，美国国防部（Department of Defense，DoD）、司法部（Department of Justice，DoJ）和劳工部（Department of Labor，DoL）共同开展试点计划，为 ChalleNGe 毕业生提供带住宿的额外工作培训，职能是“在 ChalleNGe 毕业生接受高中教育的同时，为其提供中学后职业技术教育（Career Technical Education，CTE）培训，从而使其获得服务行业证书、大学学分和高中文凭，实现就业安置”[①]。目前，国防部资助了五项就业挑战（Jobs ChalleNGe）计划，通过与当地社区学院建立伙伴关系，提供各种技术和职业培训。总体来看，与没有参加该计划的同类年

① WENGER J W，CONSTANT L，COTTRELL L，et al. National Guard Youth ChalleNGe Program Progress in 2019-2020［R］. Santa Monica：RAND Corporation，2021：4.

轻人相比，ChalleNGe 学员获得了更多的教育和更高的收入。

《2019—2020 年国民警卫队青年挑战计划进展报告》[①] 发布于 2021 年 3 月，报告根据下列逻辑模型，以描述计划的资源和活动如何达到其结果和目标。模型（见图 2-6）包括：（1）计划投入（管理所需资源）包括指导计划活动的政策和规划材料，以及安置和指导学员所需的资产。计划活动包括在最初两周的适应期内开展的指导活动，为学员进行 ChalleNGe 的预先准备（例如进行体检和指导学员了解计划标准和期望）。适应期的活动直接为后续住宿阶段的活动提供支持。（2）计划产出包括与学员指导活动有关的产出（例如住宿、指导和辅导学员）和与学员毕业相关事宜的产出（例如进行标准化测试、颁发证书和安置学员）。（3）计划完成后的预期成果包括短期（毕业后 3 年内）、中期（毕业后 3—7 年）和长期（毕业后 7 年或更长时间）的成果。这既包括对学员本人及其家庭的积极成果（例如更好的工作技能和工作前景），还有对他们的社区、政府和军队的积极成果（例如参与社区服务活动的个人增加，税收增加，以及来自代表性不足的人群或社区的更多的军队招募）。了解投入、产出和结果之间的动态流动关系，并衡量这些组成部分之间的预期联系，就可以对 ChalleNGe 计划进行系统的评估。

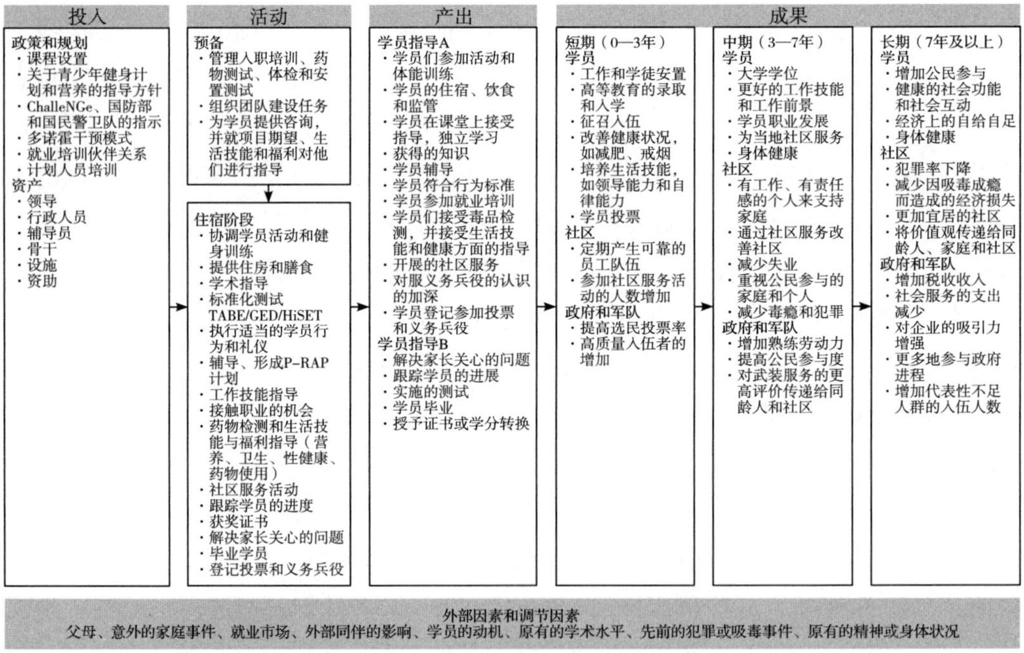

图 2-6　ChalleNGe 逻辑模型

① WENGER J W，CONSTANT L，COTTRELL L，et al. National Guard Youth ChalleNGe Program Progress in 2019-2020［R］. Santa Monica：RAND Corporation，2021.

一、2019 年 ChalleNGe 计划课程数据与分析

（一）2019 届学生的指标

2019 年的 ChalleNGe 计划总共收到 19772 份申请，其中 12996 名年轻人符合入学标准并选择入学。在入学的学生中，有 9546 人（73%）完成为期 5.5 个月的 ChalleNGe 计划住宿阶段后毕业。毕业或成功完成 ChalleNGe 计划，意味着坚持、参与和完成核心部分的必要活动。许多毕业生在离开时都获得了认可证书，超过 40% 的毕业生拥有 GED 证书、高中同等学力（High School Equivalency Test，HiSET）证书或高中毕业证书，超过 70% 的毕业生获得了高中学分（带着高中学分离开 ChalleNGe 计划的学员通常会将学分转回他们以前的高中）。

大多数 ChalleNGe 基地按 1—6 月、7—12 月的时间表运作。因此，2019 年参与者的定义为那些参加了 2019 年开设的 ChalleNGe 课程的人（也有一些学员可能在 2018 年提交申请，但参加的是 2019 年 1 月开始的课程）。在大多数情况下，学员在 2019 年毕业，但有几个基地安排的课程跨越了 2019—2020 年的日历年。下面分别对五个指标进行概述。

（1）各基地的毕业生。入学人数和毕业生人数是各基地的关键指标，因为各基地都有明确的目标毕业生人数，资金与其目标人数挂钩，但没有目标毕业率的要求。所得数据显示，各基地的实际毕业生人数与其目标人数相差不大，但基地之间存在规模上的巨大差异。计划的历史时长是造成差异的原因之一：最新开展的计划往往学员较少。此外，各基地的毕业生比例有一定的差异。过去的研究表明，基地和学员的一些特性与毕业率息息相关。例如，年轻学员少的计划、授予更多高中学分和文凭的计划，以及工作人员流动率较低的计划毕业率较高。

（2）成人基础教育测试（Test of Adult Basic Education，TABE）分数。研究人员收集了 TABE 总分与数学和阅读分测验的信息。TABE 的分数是以年级等值的形式报告的。例如，分数为 7.5 表示应试者的表现与处于七年级第五个月的学生相当。学员们的 TABE 分数在 ChalleNGe 计划结束时普遍高于开始时的分数。各基地正在采用最新版本（TABE 11/12）的 TABE 测试，该版本在一些方面与旧版（TABE 9/10）有所不同，特别是不报告“全系列分数”（Total Battery score）[①]。后文将分别介绍 TABE 两个版本的分数，并讨论版本转变的影响。

---

① “全系列分数”由 TABE 的阅读、语言艺术、数学计算和应用数学领域的分数组合而成。TABE 11/12 不包括全系列分数。

（3）有责任感的公民身份。衡量标准包括投票登记（所有学员）和义务兵役（Selective Service）登记（男性学员）。大多数基地都对符合条件的学员进行了投票和义务兵役的全部登记。

（4）社区服务。报告统计了每个学员的平均社区服务时间，并计算了该服务的价值。社区服务的价值是使用 2015 年州一级公布的数字计算的。在以前的年度报告中，不同社区服务的价值是以同样的方式计算的。与往年一样，不同基地的社区服务有所不同（学员被要求完成 40 小时的社区服务，但一些计划的学员超额完成了任务）。

（5）身体素质。研究人员按基地报告了第 52 期和第 53 期（2019 年 1 月和 7 月入学）学员的一英里（约 1.6 千米）跑步时间和做俯卧撑的数据。到计划尾声，学员跑一英里的平均时间已从近 10.5 分钟降至约 8.5 分钟。做俯卧撑的结果显示了一定的改善水平。

（二）成人基础教育测试分数

TABE 是标准化测试，包括阅读、语言艺术和数学测试。TABE 最常用于成人基础和中等教育计划。多年来，TABE 一直被 ChalleNGe 计划用作跟踪学术进展的方法之一。尽管各地使用 TABE 的方式有所不同，但参加 ChalleNGe 计划的学员一般至少要在计划开始和住宿阶段结束时参加两次 TABE。

为了应对不断变化的教育标准，TABE 开发者考虑了联邦法律、高中测试要求和既定的教育标准，并在 2017 年做出了实质性的变化。更新后的版本被称为 TABE 11/12，最初于 2017 年 9 月发布，并被授权到 2024 年 9 月。成人基础教育（Adult Basic Education，ABE）朝着大学和职业准备（College and Career Readiness，CCR）标准的方向发展，重塑了许多 ABE 计划的重点，是 TABE 11/12 发展背后的驱动力。这一变化对 ChalleNGe 计划产生了影响，因为 TABE 11/12 与旧版（TABE 9/10）有别。

由于 TABE 各版本之间存在很大的差异，研究人员没有合并 TABE 数据，而是将 TABE 9/10 的分数与 TABE 11/12 的分数分开报告。

图 2-7 展示了参加 TABE 9/10 的 5237 名 ChalleNGe 毕业生在住宿阶段的 TABE 阅读、数学和全系列测试的变化。大多数学员进入计划时的 TABE 分数都在初中或以下水平，但在住宿阶段所有科目的分数都有大幅提高。当学员们完成计划时，39%—54% 的学员能达到高中水平，与往届学员的 TABE 9/10 数据相当。

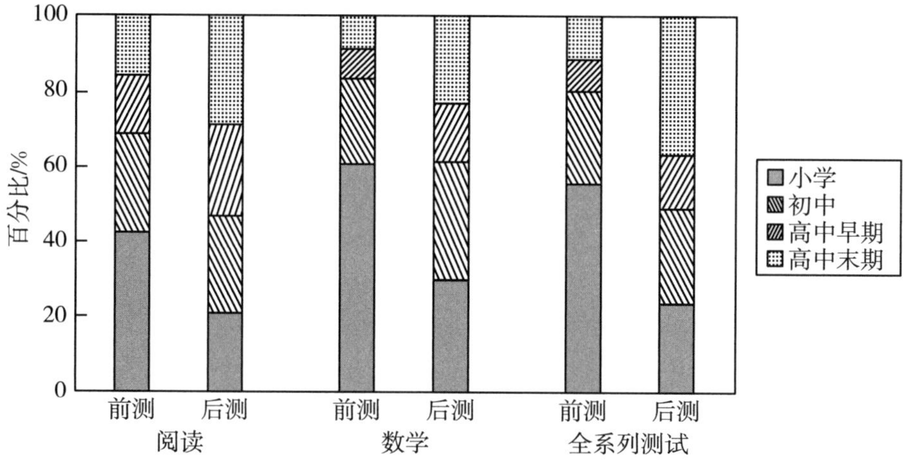

图 2–7　参加 TABE 9/10 的学员情况

图 2-8 展示了参加 TABE 11/12 的 3984 名学员的情况。与预期相同，TABE 11/12 的分数大幅低于 TABE 9/10 的分数。然而，分数在住宿期间也明显提高了。

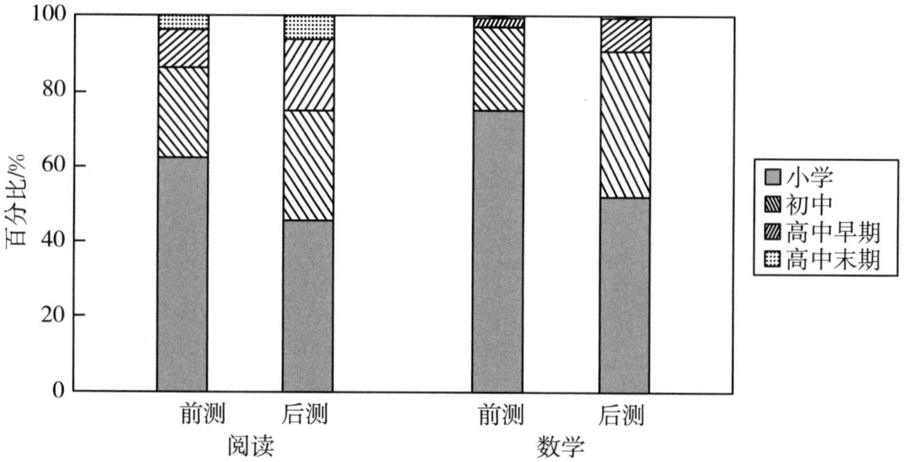

图 2–8　参加 TABE 11/12 的学员情况

（三）影响毕业率的因素

毕业率因计划而异，但通常情况下，有 20%—25% 的学员不能毕业。毕业率因颁发的证书类型和学员的个人特征（如年龄和性别）而不同。此外，学员的流动率也与之相关，流动率越高，毕业率越低。当然，这些因素之间的关系是复杂的，特别是各州和社区的其他事务肯定会对计划的毕业率、工作人员流动和工作人员薪资造成影响。

规模较大的基地毕业率较高。小型基地（每年入学人数少于 150 人）的毕业率约为 70%，略低于中型基地（每年入学人数介于 150 人和 200 人之间），而大型基地（每年入学人数超过 200 人）的毕业率则约为 80%。研究表明，规模较小的计划生均成本较高，规模在 150 人及以上的计划生均成本差异很小。然而，计划的历史时长可能有助于解释这一结果：最新的基地往往规模较小，且毕业率也很低。在未来的研究中，将使用多元回归模型更详细地探讨这些趋势，但历史时长似乎并不能解释中型基地和大型基地之间的毕业率差异。而各计划中的班级规模和毕业率之间也没有明显的关系。

计划工作人员整体流动的信息表明，流动率较低的基地的毕业率要高得多。工作人员的流动率低于 20% 的基地（17 个）毕业率达到近 80%，比流动率大于 20% 的基地（20 个）高出 8 个百分点。通常来说，这意味着在一年内多出 25 名毕业生。当然，两者可能不仅仅是简单的因果关系。例如，工作人员的流动可能与学员的保留率有关，但两者都可能因服务于特困人群而受影响。然而，这些结果确实意味着，关注工作人员的流动率和满意度也有助于提高学员的保留率，而且更好地了解工作人员流失率和学员毕业率之间的关系可以为整个计划带来收益。

尽管所有基地都声称严格遵循 ChalleNGe 模式，但学员在许多方面的体验因基地而异。其中一些方面并不在计划工作人员的控制范围内。例如，学校提供的活动和实地考察的类型不仅取决于预算和时间安排，也取决于学校的地理位置。约 20% 的基地表示基地的选址使招生工作具有挑战性，在多数情况下，基地的位置也可能增加提供活动和郊游的难度。

此外，回乡通行证（Home Passes）允许部分或所有学员离开基地，回到家中并短暂停留，这可能对学员产生积极或消极的影响。通常，大多数基地在一期计划中会发放一到两次通行证，另有六个基地不发放通行证，两个基地发放三次通行证。这可能会给学员提供违反规则或拒绝返回基地的机会，但也可能会成为一些学员的动力。数据表明，发放更多通行证的基地毕业率更高，其毕业率的差值可达到 10%。然而，基地的毕业率和通行证的时间安排或者津贴（存在与否或金额大小）之间都没有显著相关性。

没有完成 ChalleNGe 计划的学员在不同阶段、出于不同原因离开，或是出于自愿选择，或是因为家庭原因，抑或是被工作人员要求离开。在报告中途离开计划的学员数据中，近 50% 的学员因为不可接受的行为而离开；约 25% 的学员出于自愿或在家庭要求下离开；约 6% 的学员迫于医疗原因；剩下约 20% 的学员被归为其他原因，包括难以适应（Failure to Adapt）、未经批准离开基地、未从家里回来、滥用药物和被开除。“难以适应”是一个用来描述军队减员的术语，它可以指一系列广泛的行为，但一般用来表示对遵守规则缺乏兴趣和屡教不改。

（四）毕业安置情况

在 ChalleNGe 计划的住宿阶段，所有学员都会使用“后住宿阶段行动计划”（Post-residential Action Plan，P-RAP）表格制订一个后续发展计划。他们的计划可能侧重于获得额外的教育、就业、加入军队，或这些选项的组合，其中任何一项的实施都被 ChalleNGe 定义为成功安置。

如图 2-9 所示，大多数学员在毕业后立即得到了安置，但超过四分之一的毕业生仍未安置。安置率在第一和第三个月之间有所增加，但在数据涵盖的整个时间段内，仍有五分之一以上的毕业生报告没有安置。

接受教育是最常见的初始活动。在 ChalleNGe 毕业的一个月内，近 40% 的学员选择继续学业（另有 5% 的学员在上学的同时也参加了其他活动）。随着时间的推移，入学率和就业率变得更加接近。到毕业后九个月，大约三分之一的毕业生继续接受教育，而近 30% 的毕业生已经就业，另有 6% 的毕业生在就业与接受教育的同时还选择了服义务兵役。此时，服义务兵役的情况仍然比较少见，可能是因为许多 ChalleNGe 毕业生还未满 18 岁。而后，服义务兵役变得越来越普遍。

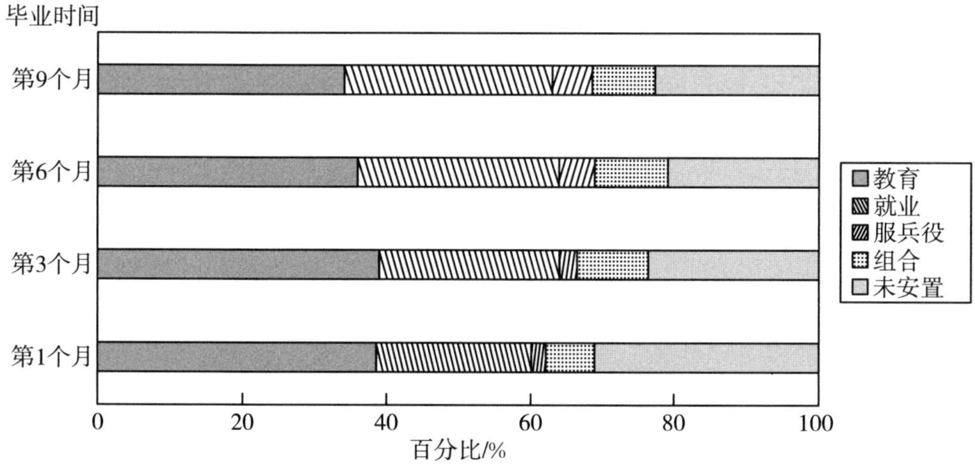

图 2-9 ChalleNGe 毕业生的安置情况

（五）2015—2019 年的关键指标走势

2015—2019 年，研究人员连贯地收集了学员层面的数据（十届学员的数据）。这些数据对于确定政策和学员成功之间的关系，以及记录一段时间内关键指标的走势是必要的。如图 2-10 所示，在这五年中，许多关键指标都相当平稳（鉴于不同版本 TABE 分数暂未建立可比性，TABE 数据的趋势并未在图中显示）。

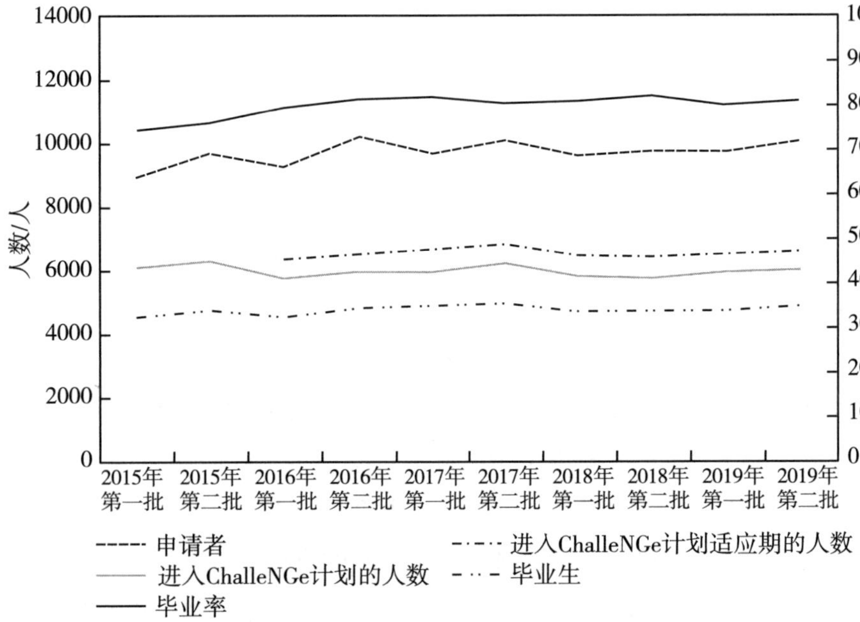

图 2-10　2015—2019 年的关键指标走势

毕业生是入学者的一个子集，入学者又是申请者的一个子集。申请人数和入学人数之间的差额很大，因为一些申请人没有被录取，而一些被录取的人则选择不入学。这三项指标之间，申请人数的上升趋势最为明显。与前几年相比，2019 年招生单位似乎变得更加挑剔——2019 年收到的申请比 2018 年多出约 500 份，但招生单位只额外录取了大约 150 名学员。然而，2019 年的毕业率较往年有轻微上升的趋势，尽管因为疫情新泽西基地第 53 期没有毕业生，计划的总毕业人数仍然增加了约 200 名。

（六）小结

本部分简要介绍了 2019—2020 年的 ChalleNGe 计划（主要是 2019 年开设的 ChalleNGe 计划），包括申请者、参与者和毕业生的数量，学员的比例，以及近几期毕业生的就业率等信息。研究人员对不同基地之间的毕业率进行了对比，并分析了基地间的不同特征。最后综合以往的数据，以图表形式呈现了 2015—2019 年 ChalleNGe 计划的关键指标走势。

在 2019 年，将近 13000 名年轻人参加了 ChalleNGe 计划，其中约 9500 人顺利毕业，超过 4000 人获得了证书（仅指结业证书和高中文凭，如果算上获得高中课程学分，这一比例将达到 70%），但那些在离开计划后的几个月内获得证书的毕业生未被囊括其中。在上文的几期计划中，申请者和入学者的数量呈小幅上升趋势，尽管有一个基地没有毕业生产出，但总的毕业生数量和毕业率也都略有增加。

TABE 分数似乎也与往届学生的分数持平。由于部分考点已经采用最新版本的

TABE，跨版本比较分数变得更加复杂。新版本 TABE 11/12 在几个方面与旧版本不同，尤其是学生的得分可能远低于 TABE 9/10 版本。总的来说，无论是新版还是旧版，学员们在住宿期间的 TABE 考试成绩继续表现出巨大的进步。

此外，学员们在住宿阶段也显示出身体素质的大幅提高。虽然各基地在社区服务的平均频次上存在差异，但所有基地的学员都对他们的社区做出了很大贡献。适龄的学员也有很高的投票和义务兵役的登记率。随着学员有更多的时间获得安置，安置率也在提高：在刚毕业的几个月里，教育是最常见的选择；但在后来的几个月里，就业和服义务兵役变得更加普遍。鉴于目前新冠疫情对劳动力市场造成的干扰，研究人员将继续对安置情况进行全面跟踪。

近几年来，ChalleNGe 计划的总体毕业率基本保持不变，但各基地的毕业率却有很大差异。其中一些因素与基地自身相关：在规模较大的（尽管规模差异不大）、发放回乡通行证的、学员来访率更高与员工流动率较低的基地，毕业率更高。

二、对支持就业挑战计划（Job ChalleNGe）的分析

（一）就业挑战计划简介

就业挑战计划开始于美国国防部、劳工部和司法部之间的联合行动，旨在为 ChalleNGe 计划的毕业生提供机会，让他们在类似 ChalleNGe 的环境中以职业为重点接受进一步的教育和培训。除了完成高中学业这一重点（这是 ChalleNGe 计划的核心目标之一），就业挑战计划是为毕业生直接进入劳动力市场做准备，提高其入伍的候选资质，并为其中学后教育提供进一步基础性准备。只有 ChalleNGe 计划的毕业生才有资格参加就业挑战计划，该计划也提供为期 5.5 个月的住宿阶段。就业挑战计划从三个试点（密歇根州、佐治亚州和南卡罗来纳州）开始，2019 年扩大到六个地区（另外加上加利福尼亚州、西弗吉尼亚州、路易斯安那州）。同年，就业挑战计划开始完全由国防部主持，但路易斯安那州除外，它从劳工部获得了定向的就业工作团（Job Corps）资金。

与 ChalleNGe 计划类似，就业挑战计划重视参与者的全面发展，但尤其强调获得以职业为重点的证书。实际上，参加就业挑战计划的 ChalleNGe 计划毕业生将住宿期再延长了 5.5 个月。据工作人员介绍，就业挑战计划对那些尚未完成高中学业的 ChalleNGe 计划毕业生来说也尤为重要，因为他们可以继续享有 ChalleNGe 计划的周密安排和支持，来帮助他们获得高中毕业证书。同时，它还为往届的 ChalleNGe 计划毕业生提供了一个机会——在一定的年龄内，他们可以回来参加工作技能培训，以改善他们的就业前景或入伍资质，或为追求中学后教育做准备。

就业挑战计划的基地通常与当地社区学院或行业协会结成伙伴关系来提供培训，二者共同为参与者选择课程和职业路径。通常情况下，这些决定综合评估了哪些职业可能是高需求的、合适的入门级工作，以及是否符合参与者本身的兴趣。社区学院的合作伙伴并不总是能够满足所有的要求，特别是需要考虑教师的精力和其他日程安排。

目前，就业挑战计划的每个基地都有一个或多个培训伙伴。大多数情况下，参与者在合作伙伴校园参加课程或培训。值得注意的是，佐治亚州的就业挑战计划与两个社区学院合作，分别提供不同的职业课程；路易斯安那州和西弗吉尼亚州分别与一个社区学院和一个行业协会合作。一些基地（包括位于南卡罗来纳州、加利福尼亚州和路易斯安那州的基地）在两期培训之间更换（或计划更换）它们的培训伙伴，以更好地满足它们的需求和计划目标。在其他情况下，教育合作伙伴会派教员到就业挑战计划基地进行指导。西弗吉尼亚州的“登山者”就业挑战计划（Mountaineer Job ChalleNGe）会在道森营地（Camp Dawson）为建筑行业的学徒培训提供指导。

表 2-1 涵盖了从 2016 年春末至 2019 年夏初的就业挑战计划数据。

表 2-1 就业挑战计划六个基地的基本信息

州	地点	第一批学员	截至 2019 年 12 月的学员批次	伙伴机构
加利福尼亚州	洛斯阿拉米托斯	2019 年 8 月	1	长滩城市学院 赛普拉斯社区学院（前伙伴关系）
路易斯安那州	卡维尔	2020 年 1 月	0	里弗教区社区学院 联合建筑商和承包商协会
西弗吉尼亚州	金木	2019 年 8 月	1	皮尔庞特社区技术学院 罗伯特·C. 伯德研究所
佐治亚州	斯图尔特堡	2016 年 8 月	8	萨凡纳技术学院 沿海松树技术学院
密歇根州	巴特尔克里克	2016 年 8 月	8	凯洛格社区学院（区域制造中心）
南卡罗来纳州	麦克拉迪训练中心，杰克逊堡	2016 年 8 月	8	中部地区技术学院 艾肯技术学院（前伙伴关系）

由于该数据在 2019 年 11 月收集，暂未包括在 2019 年秋季开设的三个新的基地。

在就业挑战计划前三年试验阶段中，佐治亚州基地累计招收学员 446 人，毕业率为 80%；南卡罗来纳州和密歇根州的规模比佐治亚州的小，其招生人数分别为 308 人和 347 人，毕业率为 100% 和 57%。以上三个基地都报告说，女性在毕业班中所占的比例都接近 20%。

（二）开发就业挑战计划的逻辑模型

研究的第一步是开发一个适用于就业挑战计划的逻辑模型（见图 2-11），来描述该计划的主要设计特点和预期目标，并说明计划的投入、活动、产出和结果之间的关系。鉴于 ChalleNGe 计划和就业挑战计划具有密切联系，后者的逻辑模型设计和构造大部分来自 ChalleNGe 模型。值得注意的是，就业挑战计划有大量的合作机构参与，这些机构通常是高等教育院校或培训机构，如社区学院、与行业协会或工会有联系的培训中心。这种伙伴关系被纳入“投入”和“活动”部分中，因为就业挑战计划的参与者有很大一部分时间是在社区学院的校园里或培训中心上课。

ChalleNGe 计划和就业挑战计划都十分重视预期产出和成果——努力帮助青年参与者实现获得高中学历的目标，以便他们接受中学后教育，找到一份好的工作，或提高他们参军的资历。就业挑战计划为 ChalleNGe 毕业生提供了额外 5.5 个月的周密安排和支持，还使他们有机会获得中学后教育证书，如课程结业证书、行业基准认证，作为他们进入就业市场的“货币”，或帮助他们以学徒身份进入职场。一些就业挑战计划的学员获得了大学学分，他们可以在此基础上修读副学士或学士学位。这些额外的大学学分和证书是对 GED 证书或高中文凭的补充，因此提高了毕业生的入伍资质，使其拥有更广阔的职业选择和潜在的更高薪资等级。

图 2-11 的逻辑模型说明了就业挑战计划的组成部分，以及预设了它们对参与者及其家庭和所在社区产生积极影响的方式。达到逻辑模型中的预期结果，既取决于其计划理论设计的可行性，也取决于计划在实施过程中的落实程度。除此之外，如果通过仔细监测发现计划没有按预期开展，逻辑模型还提供了纠正的机会。例如，如果课程出勤率下降，或者参与者在完成课程作业和获得证书方面有困难，那么可能需要给予额外的支持来帮助参与者。通过对活动和产出指标的监测，这些早期预警可以确保计划朝着正确的方向进行，并提高实现预期结果的可能性。结果分析仍处于最初阶段，但这项研究将确定哪些计划投入与活动使得计划参与者获得了预期结果。研究所收集的短期结果数据包括计划参与者的高中学位获得情况、大学入学率和毕业率，以及他们是否被安排工作或实习。在计划实施期间收集的数据，诸如提供的课程（投入），参与者的课堂出勤和受到的支持（活动），以及结业证明（产出）等，提供了关于各基地如何遵守就业挑战计划设计的信息。根据逻辑模型，完成这些步骤理论上应产生预期的结果。

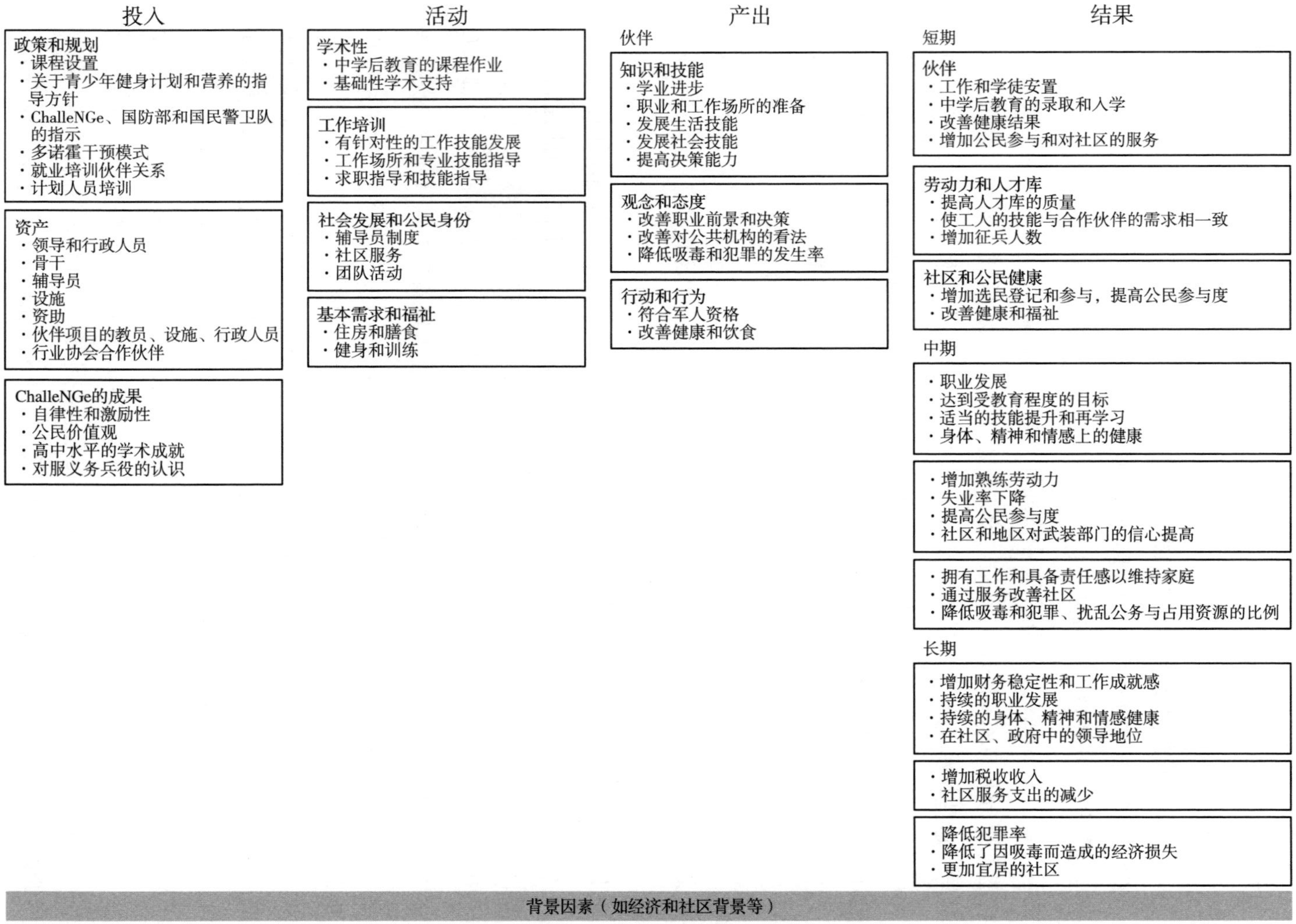

图 2–11 就业挑战计划逻辑模型

由于各种原因，研究中随机对照试验（Randomized Control Trial，RCT）不可行，需要一个替代方法进行因果估计。最终，该研究采用准实验技术（Quasi-experimental Techniques），建立基线等效性（Baseline Equivalence）并综合分析各个组别之间的差异。在这种情况下，试验组是就业挑战计划的参与者，一号对照组是该州没有完成就业挑战计划的 ChalleNGe 毕业生，二号对照组是该州没有参加就业挑战计划的 ChalleNGe 毕业生，三号对照组则是该州具有显著可比性的、两个计划都未参加的青年。研究对象（个人）并非被随机分到各组之中，所以不能保证这些组在干预开始之前（即"基线"）就已经具有足够相似（即"等效"）的关键观察特征。例如，选择参加就业挑战计划可能反映了 ChalleNGe 毕业生追求高中文凭以外的其他证书的内在动机，这种动机可能与未来的教育和就业结果相关。然而，内在动机并非显性的，因此很难控制。为了能够建立基线等效性，研究人员将需要获得足够大的样本和纵向数据。

1. 数据来源

研究的主要数据来源包括：（1）计划文件，包括课程材料、计划说明和其他文件；（2）与计划领导和工作人员进行半结构化访谈；（3）与教育伙伴的领导和教师进行半结构化访谈；（4）现场访问时的结构化观察；（5）与参与者的焦点小组讨论；（6）计划对参与者进行的计划前和计划后调查。这些不同来源的信息将使人们能够检验计划的组成部分、运营，以及与合作伙伴的关系的质量。

如前所述，结果分析将需要丰富的数据来源，提供关于个人在一段时间内的详细信息。可以利用的数据来源是现有的州级纵向数据系统，通常被称为 PK-20 或 PK-20W（从幼儿园到大学教育和职场）。该系统汇编了有关教育、就业和刑事司法的信息，以及任何在公立学校或高等教育机构的就读者、职场人士的详细特征，并能够构建详细的个人历史档案。

2. 从 2020 年春季和夏季的采访中得到的启示

（1）大多数计划都在核心领域开设课程，而在其他课程方面存在差异。

对这些计划所提供的课程进行分析后发现，大多数计划（西弗吉尼亚州除外）都提供焊接和健康领域的课程，其中注册护士助理（Certified Nurse Assistant/Aide，CNA）和放血疗法最为典型。表 2-2 显示了各地开设的具体课程情况。从访谈得知，这些选择反映了全国各地对中级卫生专业人员的强烈需求，特别是在护理方面。开设 CNA 的另一个理由是，学员不仅可以在计划期间拿到许可证，继而成为具有资质的劳动力，而且也可以继续进修以获得更高级的资格证，如执业护士、注册护士和其他高级护理专业。

此外，焊接也是大多数基地非常热门的课程。与 CNA 类似，焊接是可以继续深造的职业领域，且在全国范围内有很大的需求。然而，从事焊接工作通常需要通过雇主或焊接协会完成学徒期。就该次统计而言，就业挑战计划的工作人员发现很少有参加过焊接课程的学员最后成为了有执照的焊工。

表 2-2　就业挑战计划中最常见课程

课程	加利福尼亚州	佐治亚州	路易斯安那州	密歇根州	南卡罗来纳州	西弗吉尼亚州
焊接	√	√	√	√	√	
CNA	√					
暖通空调		√	√	√	√	
HVAC		√		√	√	
放血疗法		√	√		√	
电气			√	√		
商业驾驶执照		√				√
汽车制造	√	√				

（2）过度关注工作技能和学业成绩，而忽视了计划的其他核心部分。

为了完成就业挑战计划的核心内容，尤其是提高学业成绩和掌握工作技能，学员通常要花大量时间上课并往返于外部校园，这可能意味着他们比普通 ChalleNGe 计划学员参与其他计划核心内容的时间更少。同时，部分学员在努力获取高中阶段的证书（GED 或高中文凭），这进一步占用了他们的可用时间。例如，虽然体能训练是 ChalleNGe 计划晨练的一个重要部分，但就业挑战计划的工作人员表示，去教育机构上课使得他们的学员难以持续进行体能训练。虽然他们试图为体能训练拨出时间，但时间表和课程要求的变化使得安排团体活动（包括体能训练和社区服务）更具挑战性。

（3）课程时长差异表明，就业挑战计划难以使不同基地的学员获得共同的参与体验。

虽然就业挑战计划和 ChalleNGe 计划都是为了提供强调八个核心要素的准军事化的住宿体验，但是二者也有本质上的不同，特别是就业挑战计划强调学业成绩和工作技能，因此可能会牺牲其他六个核心要素的时间。而且鉴于参与者的职业兴趣与路径不同，以及相关计划持续时间的差异，学员之间没有共同的群体性体验。有时，学员选择在 5.5 个月的期限结束前完成他们的课程要求并提前结业。对于这一部分学员来说，计划组正在努力填满他们的时间表。

（4）不同基地应对新冠疫情的措施有所不同，影响因素包括与合作伙伴的关系、州的指令等。

在应对新冠疫情的过程中，每个就业挑战计划基地都必须考虑复杂的、多层面的制约因素。它们试图解释和执行州和地方关于应对措施的规定，考虑家长和监护人的愿望和要求，并关注参与者和计划工作人员的健康和安全。此外，它们的合作机构对新冠疫情的反应也不尽相同，或无法继续进行计划中的培训，或成功地将设计好的实践课程转换为在线形式。在某些方面，新冠疫情也是基地提出创造性解决方案的契机。例如，加利福尼亚州就业挑战计划与长滩城市学院合作，将所有的课程转为在线形式，并尽可能多地保留学员的课程。虽然其他计划组不得不暂时辞退他们的工作人员，但加利福尼亚州就业挑战计划保留了大部分全职工作人员（其中骨干占大多数），并重新分配这些工作人员来监督参与者的出勤率和课程的完成情况。

（三）小结

就业挑战计划与 ChalleNGe 计划有许多共同的特点，但由于就业挑战计划更强调发展职业技能、为就业做好准备，因此二者又有本质上的区别。就业挑战计划的成功将取决于计划设计的有效性和计划在各基地执行的落实程度。各基地一直在与它们的培训伙伴密切合作，以确定就业挑战计划的毕业生可以直接进入职场。然而，这将面临一些挑战，因为一些高需求的职业也需要额外的培训。就业挑战计划的参与者学习不同的课程，有着不同的持续时间和时间表，因此，ChalleNGe 计划中强调集体活动和体验的方面可能对就业挑战计划不太适用。此外，新冠疫情严重扰乱了所有就业挑战计划基地的运作，各基地的应对措施各不相同，这通常是由州和地方法规与培训部门在线教学的能力决定的。

三、结论

ChalleNGe 计划持续为那些无法完成高中学业的年轻人提供机会，并在大多数州建立了站点网络。2019 年，有近 13000 名年轻人参加了该计划，其中约 9500 人顺利毕业。历年数据趋势表明，申请者、参加者和毕业生的人数略有增加。

正如计划的八个核心要素所显示的那样，ChalleNGe 计划关注年轻人的全面发展。参加计划的学员在各方面都取得了进步，约有 70% 的毕业生在离开计划时获得了认可证书，或是有助于他们高中毕业的学分。此外，学员的 TABE 成绩、体能、社区服务和登记投票率或参加义务兵役等指标都有一定进步。尽管最早的 ChalleNGe 计划只颁发 GED 证书，但随着时间推移，计划已经朝着授予更广泛的证书的方向发展，作为对其他增长的替代计划、变化的美国劳动力市场的回应。各计划基地的毕业率并不相同，这不仅与当地或州一级的因素有关，也与基地自身的因素有关。例如，在工作人员流动率较低的基地，毕业率较高。

就业挑战计划始于 2016 年，是一个为期三年的试点计划，旨在为 ChalleNGe 计划的毕业生提供额外的技能和培训。在三年试点期结束时，该计划得以继续并扩大。截至 2020 年初，有六个就业挑战计划基地正在运营。研究表明，这些计划提供了当地需求较高的职业培训。虽然这个策略似乎是合理的，但其中一些职业仍需要进行额外的培训，而毕业生能否进一步接受培训尚未可知。此外，学员的参与经历因基地而异，同一个基地的学员也有着不同的课程和时间表。新冠疫情打乱了就业挑战计划的正常运行，各基地对此采取了不同的措施，主要受到州和地方法规、培训伙伴的灵活性和培训部门在线教学能力的影响。

第三章
英国教育政策与发展趋势

2021年，全球性新冠疫情反反复复，对各地教育事业的发展造成冲击。疫情之下，英国针对国际与国内教育形势的变革推出一系列应对措施，维护其在国际教育市场重要地位的同时，推进国内教育的均衡与优质发展。

在国际教育领域，英国教育部（Department for Education，DfE）与国际贸易部（Department for International Trade，DIT）于2021年2月6日共同发布《国际教育战略：支持复苏，推动增长》（International Education Strategy：Supporting Recovery，Driving Growth）。该政策对英国国际教育进行了战略性部署，积极推动英国教育对外出口和实现跨国教育的利益诉求，以教育价值带动经济价值。

在国内教育领域，英国政府主要从阅读教育、教育督导和校本辅导这三方面出发，回应和解决教育热点问题。

阅读教育方面，英国教育部于2021年7月发布《阅读教学框架——为儿童读写能力奠基》（The Reading Framework-Teaching the Foundations of Literacy）。该政策阐明了阅读教育的重要性，从微观角度为教师、学校和家庭三方提供了细致入微、操作性极强的阅读教育建议，要求学校在儿童成长早期帮助其奠定良好的阅读基础。

教育督导方面，英国国家级教育督导机构——教育标准局（Office for Standards in Education, Children's Services and Skills, Ofsted）于2021年7月发布更新后的《教育督导框架》（Education Inspection Framework），随后于2021年10月发布更新后的《学校督导手册》，对新形势下的学校督导政策、评价指标和过程做出调整。Ofsted颁布的督导政策充分结合后疫情时期的教育教学状况，对督导方和被督导方的任务内容均进行了细致的安排，坚持公正透明、集约高效的精神，以科学的督导方法促进教育事业的稳固发展。

学校辅导方面，英国教育部于2021年11月修订了《学校主导的辅导的指南：国家辅导计划》（School-led Tutoring Guidance：the National Tutoring Programme）。该文件归纳了三种辅导途径，为弱势学生提供额外的、有针对性的支持，帮助这些学生赶上进度，从而缩小因新冠疫情而扩大的教育差距。

第一节 《国际教育战略：支持复苏，推动增长》

为持续保障英国世界一流的教育水平、全球教育声誉，以及在国际教育市场中的重要地位，英国教育部与国际贸易部于2021年2月6日共同发布《国际教育战略：支持复苏，推动增长》（以下简称《国际教育战略》）。① 该战略基于后疫情时代和后脱欧时代综合作用的复杂背景，旨在巩固和扩大英国国际教育在全球的市场份额，是英国在教育领域实现“全球英国”（Global Britain）终极目标所制定的方案设计。2013年和2019年英国曾就国际教育发展制定了战略规划，颁布了重要文件《国际教育战略：全球增长与繁荣》（International Education Strategy：Global Growth and Prosperity）和《国际教育战略：全球潜能，全球增长》（International Education Strategy：Global Potential，Global Growth），2021年发布的《国际教育战略》是对前两个战略的延续和更新，三大国际教育战略体现了英国一以贯之的国际教育发展逻辑，表达了不同背景下英国教育对外出口和跨国教育的利益诉求。以下将对英国2021年颁布的《国际教育战略》进行简要述评。

一、《国际教育战略》出台的背景

（一）英国政府发展国际教育的抓手

英国发展国际教育源于在世界各地建立持久和积极的伙伴关系与提升全球软实力的动机。英国政府主要关注国际教育的两大领域：一是海外发展与外交，二是科学研究与创新合作。在海外发展与外交方面，首先，外交、联邦和发展办公室进行了部门整合，致力于凝聚力量促进科学研究和世界领先产业的发展；其次，英国仍将世界级的援助方案作为外交政策的核心，并于2018年在教育上支出了9.79亿英镑的官方援助；最后，英国还对外交、国防和发展政策进行重要审查。在科学研究

① Department for Education，Department for International Trade. International Education Strategy：Supporting Recovery，Driving Growth［EB/OL］.（2021-02-06）［2022-01-03］. https：//www.gov.uk/government/publications/international-education-strategy-2021-update.

与创新合作方面，英国将研究、科学和创新视为全球繁荣、安全与可持续发展的核心，以及取得经济财富的关键。对此，英国将对高质量研究事业的发展采取一系列行动，包括参与欧盟研发资助计划，提出研究与发展路线规划，成立人才办公室以吸引全球优秀科研人才来到英国。

（二）国际教育交流活动的价值

首先，教育出口在支持英国经济发展方面发挥重要作用，保持和增加教育出口的价值将会给国家和地区层面带来经济效益和社会效益。其次，英国在参与教育和科学合作过程中扮演重要角色，为一些全球挑战提供了创新的解决方案。但在当前日益激烈的全球竞争背景下，英国需要采取措施维护教育出口的市场份额和国际招生的可持续性。此外，疫情影响也加强了英国在政府层面进行针对性干预的理由。英国政府将持续关注和改善教育出口数据，以便更清楚地了解每年教育出口的规模和轨迹，提升这些数据的准确性与覆盖范围，与教育部门密切合作，确保政府有效计划和参与国际教育活动。

（三）国际教育战略的新进展

自 2019 年《国际教育战略：全球潜能，全球增长》颁布以后，英国在教育出口和跨国教育领域取得了良好的进展，这些进展包括如下方面。

第一，2020 年，史蒂夫·史密斯（Steve Smith）被任命为国际教育大使，主要职责为增强英国与海外的国际交流机会，克服国际贸易壁垒。《国际教育战略》列出了史蒂夫·史密斯重点关注的国家和地区。在扩大教育出口机会方面，英国将优先关注印度、印度尼西亚、沙特阿拉伯、越南和尼日利亚这些国家；其他重要的教育市场还将包括巴西、墨西哥、巴基斯坦、欧洲各国和中国。国际教育大使将致力于在这些国际教育发展潜力强势的国家和地区开拓教育出口机会，解决发展障碍。此外，英国政府还将与史蒂夫和英国文化教育协会（British Council）合作，增加教育出口，改善教育方式，使招收国际学生的方式更具多样性，例如解决混合（线上与线下结合）学习过程中的问题等。

第二，为国际学生确立新的毕业路线，这将为本科或硕士学生在英国完成学位后提供 2 年（如果攻读博士学位，则为 3 年）的时间继续留在英国学习或寻找工作。

第三，引入新的基于积分的移民通道，包括学生和儿童通道（Student and Child Routes）。这些措施简化了移民程序，改善了国际学生的申请流程。此外，为支持疫情期间的教育发展，英国还为国际学生提供了各类支持，包括资助学生度过困难时期，为因疫情无法满足移民要求的学生提供支持，为学生提供交流和指导的机会等。

第四，制定自由贸易协定。英国脱欧后，英国教育部和国际贸易部的团队将与其关键国际合作伙伴制定自由贸易协定，开展提升英国国际角色、改善市场准入条件和深入教育合作安排的谈判工作。截至文件发布之日，国际贸易部已与 63 个国家和欧盟达成了贸易协议，双边贸易额达 8970 亿英镑。2021 年，英国继续深化这些谈判，与美国、澳洲和新西兰的谈判已在进行中。

第五，出台“图灵计划”（Turing Scheme），这是一项即将在英国取代“伊拉斯谟计划”的国际教育计划。此项覆盖全球的国际教育计划将得到 1.1 亿英镑的支持，自 2021 年 9 月开始，将为大约 3.5 万学生提供海外学习或工作的机会。

（四）疫情下的国际教育发展

2020 年席卷全球的新冠疫情冲击了全球发展格局，打乱了国际交流的秩序，也为国际教育发展事业带来了严峻的挑战。在疫情的影响之外，国际政治的复杂局面也深深影响着教育的发展方向。英国政府于 2019 年发布的《国际教育战略：全球潜能，全球增长》中提出，到 2030 年，将英国教育出口额增加至每年 350 亿英镑，将每年在英国学习的国际高等教育学生人数增加到 60 万。实现这一目标意味着，英国教育出口额年均增长应达到 4% 左右，国际学生人数年均增长应达到 2% 左右。但短短两三年间，全球环境在许多方面已经发生了变化。英国已与欧盟达成脱欧协议，实施更加独立的贸易政策和建立新的全球贸易伙伴关系，此外，全球新冠疫情扩散加剧了英国实现这两大目标的难度。

新冠疫情带来的出行限制影响了国际学生接受教育的机会，教育出口面临的潜在危机将对英国教育机构产生重大的财务影响。为确保学生健康安全，英国仍采取线上和线下教育相结合的教学方式，并持续探索在疫情期间使用数字技术来提供远程教学的方法，思考高等教育机构如何继续提供高质量的数字教学。总的来说，英国更新国际教育战略的目的不是取代此前的制度设计，而是立足于不断变化的全球背景，实现上述战略目标，促进其国际教育从复苏走向可持续增长。

二、战略行动

目前，英国保持和增长国际教育市场份额的动力没有发生变化。国际学生人数的增长取决于市场的多元化，英国将开拓更多留学市场来源，以维持这一增长趋势。面对疫情下激烈的竞争环境，英国将继续加强跨界协作和建立伙伴关系，在共享研究和政府合作等领域继续发挥关键作用。在不断变化的全球背景下，英国将在以下几个方面推动增长。

（一）招生多样化

招募更多国际学生的诉求依赖于多样化的市场，多样化的市场意味着招生方式多样化和学生来源多样化。脱欧后，英国将与欧盟建立新的贸易关系，届时，英国将继续保持在已有市场领地（欧洲）的招生势头。英国政府将通过改进移民制度，发起“在英国学习”（Study UK）运动和任命国际教育大使等方式实现这一目的。

此外，政府将通过为国际学生提供入学前英语技能培训和相关基础课程等方式，增加他们在英国接受高等教育的机会，并协助他们向高等教育的阶段过渡。

为招募到来自更多国家和地区的国际学生，英国政府将继续在主要和高潜力的学生市场开展国际工作，包括：突出重大积极的政策变化（如毕业生通道）、提供运营信息（如学生签证申请指导），并为欧盟学生量身定制《英国积分移民系统：欧盟学生信息指南》（The UK's Points-based Immigration System：an Introduction for EU Students）。

（二）为国际学生提供更优质的服务

英国政府将通过多部门协作，为留学生在英国的求学、求职、学术经历、资助等方面提供更多帮助，赋予国际学生在英求学和留英工作更大的灵活性，为其学习和未来职业发展提供更加清晰的路径。

1. 完善国际学生申请程序

新的学生通道于2020年10月5日推出，为国际学生提供了更优质的移民服务，包括：短期学习（6个月以内）的学生将可以借助游客身份进行学习，而不需要获得特定的短期学生签证；简化国际学生从申请到毕业再到往后生活的流程；教育部将与大学和学院招生服务处（Universities and Colleges Admissions Service，UCAS）合作，确保在英学习的国际学生能有效获得信息和建议。

2. 确定可供选择的学生资助

英国大学协会将召集替代融资商、部门和学生的代表，为学生提供更多的资助选择，帮助更多国际学生获得在英国接受高等教育的机会。

3. 提高国际学生学术体验

国际学生为英国校园做出了宝贵的社会、文化和经济贡献。同时，国际学生在英国的学习时光对他们的一生和未来职业生涯来说都是非常宝贵的。这些学生在学生时代建立的纽带是影响他们完成学业后留在英国生活和工作的关键因素。英国学生事务办公室（Office for Students，OfS）将与英国国际学生事务委员会（UK Council for International Student Affairs，UKCISA）合作启动一个新项目，旨在帮助国际学生积极融入英国并获得充实的学术体验。这一项目还将探索国际学生对国内学生产生的积极影响，并总结他们应对疫情的长期经验。

4. 关注国际学生的成绩和就业能力

有证据表明，留英国际学生更有可能从事高薪工作。根据教育部的毕业生调查，留英的欧盟和非欧盟学生毕业 3 年后年收入中位数为 2.7 万英镑和 2.81 万英镑，而英国本土毕业生年收入中位数为 2.37 万英镑。国际学生还有助于弥补英国社会中的技能短缺问题，如提升科学和工程行业的技能水平。如果国际学生毕业后选择留在英国，他们也将通过税收为英国经济作出贡献。

2021 年《国际教育战略》旨在促进英国大学协会和更广泛的行业协会进行合作，了解英国的技能需求、国际劳动力市场，以及国际毕业生的就业障碍，并为国际学生提升在英就业能力提供更多支持。这些支持措施包括：确立新的毕业通道，开展面对国际研究生培养结果的调查。英国大学协会同毕业生职业咨询服务协会（Association of Graduate Careers Advisory Services，AGCAS）联合发布题为《支持国际毕业生就业能力：兑现承诺》（Supporting International Graduate Employability: Making Good on the Promise）的报告，为学生提供职业决策、简历和面试指导方面的课程。

5. 其他措施

首先，对于英国在读学生而言，英国政府将通过定期发布和更新定制指南，允许所有受资助学生（不论其受资助类型如何）提出留学申请，并通过提升高校自我评估英语水平能力等措施，确保他们不会因为疫情受到移民规则的负面影响。此外，相关部门还将确保留英国际学生得到照顾，保留其住所，维持其他基本服务。在资金支持方面，学生事务办公室和相关政府部门将积极提供资金。在 2020—2021 学年，高校可提取 2.56 亿英镑的学生保费（Student Premium Funding）用于购买信息技术设备，提供心理健康支持服务，以及支持学生入学；在 2020 年 12 月，政府提供了多达 2000 万英镑的资金帮助受疫情影响的学生，包括国际学生；随后，在 2021 年 2 月 2 日，政府宣布再提供 5000 万英镑的资金。苏格兰和威尔士政府也同时为国际学生在内的所有学生提供了关照其心理健康和福祉的资助。

其次，对潜在的留学生而言，英国政府明确表示，英国大学将永远对国际学生开放，提供世界一流的教育，为学生提供一个安全和包容的学习场所。英国还开发了在线招募平台，借助于该平台，英国大学将能够联系到更多来自欧洲、南亚和东亚的学生，以招募到更多国际学生。此外，英国教育部还为英国大学协会国际部（Universities UK International，UUKi）制定国际学生抵英指南提供支持，UUKi 还发起了“我们在一起”（We Are Together）运动，以展示英国大学抗击新冠疫情和维护包容的全球社区所采取的行动。英国其他政府部门，如国际贸易部与外交、联邦和发展办公室也将为潜在的国际学生传达协调一致的信息提供配合支持。

（三）建立持久的全球伙伴关系

发展教育伙伴关系对促进出口增长和可持续发展具有巨大潜力，并且有助于改善全球教育体系。英国政府将与海外政府密切合作，共同处理从学历认证到女童教育等教育问题。除了国际教育大使重点关注的国家和地区，英国政府还将重视与印太地区、撒哈拉以南非洲地区和中亚地区等关键区域的联系。基于丰富的历史文化关联，英国政府还将继续在英联邦范围发展教育伙伴关系。此外，教育部和国际贸易部与沙特阿拉伯、越南和印度尼西亚政府建立了密切联系，国际贸易部还加强了与亚洲开发银行（Asian Development Bank，ADB）的联系。

1. 全球伙伴关系的布局

（1）欧洲。

英国虽已脱离欧盟，但作为欧洲国家，英国教育部门正努力加强与欧洲其他国家的合作交流。2019—2020学年，有147800名来自欧盟国家的学生在英国高校学习。这些来自欧洲的年轻人到英国进行研学旅行，参加短期英语课程，并从全新的文化体验中受益。英国将继续欢迎这些学生，并在未来持续向欧洲学生推广世界一流的英国教育，为他们提供积极的学习体验。

（2）印太地区。

印太地区是一个充满经济活力的地区，英国和该地区之间有大量双向的贸易和投资交流。此外，英国在该地区拥有庞大的外交网络。例如，英国政府和英国文化教育协会通过东盟和中国的联合教育工作组展开合作。英国与印度之间也建立了良好的教育伙伴关系，特别是在在线教育市场领域具有广阔的合作前景。英国与印度的合作还包括“英国—印度教育与研究倡议”进行的国际研究合作。作为一项战略倡议，它旨在加强英国与印度的教育和研究工作，重点是促进研究和增加创新机会。该倡议在两国之间提供了强大的研究人才渠道，其中包括英国学生可以前往印度学习。该倡议正在深化学术界和工业界的关系，为两国面临的共同挑战寻找解决方案。其向学术和研究机构提供的种子资金促成英国和印度之间建立更大的长期合作目标。

（3）撒哈拉以南非洲地区。

撒哈拉以南非洲的国家，特别是尼日利亚、加纳和肯尼亚，经济和人口增长迅速，潜力巨大。这对英国来说是一个重要的新机遇，特别是在高等教育伙伴关系和教育系统改革领域。随着这些国家教育体系的变化和发展，英国将继续保持该地区的首选合作伙伴地位。

（4）中亚地区。

中亚对英国来说是一个极具发展潜力的地区，对英国语言教学、教育技术和跨国教育部门尤其如此。英国国际贸易部已对乌兹别克斯坦的发展潜力进行了深入审查。国际贸易部计划在 2021 年 2 月举行的乌兹别克斯坦—英国贸易和工业理事会第二十五次会议之前为乌兹别克斯坦的出口商提供支持。2020 年 12 月，国际贸易部还与英国教育供应商协会（British Educational Suppliers Association，BESA）合作，帮助在该协会中亚推广英国教育技术，向哈萨克斯坦、乌兹别克斯坦和俄罗斯派出虚拟贸易代表团。英国文化教育协会还与乌兹别克斯坦政府密切合作，增加英国跨国企业方案落地的机会

2. 英国教育系统与其他国家教育系统间的合作

英国国际贸易部，教育部，外交、联邦和发展办公室，以及英国文化教育协会将直接与有兴趣同英国教育系统合作的其他国家教育系统接触，支持这些国家教育系统的改革，其中国际贸易部将领导这一类型的国际合作。此项合作有助于英国教育部门发展长期合作的贸易伙伴，保障可持续的教育出口机会。此外，英国将与开发银行和捐赠组织合作，确保发展商业机会。

3. 制定“国际合格教师资格”

英国教育部将与教师培训机构展开合作，设立一个新的国际教师资格标准，即“国际合格教师资格”（International Qualified Teacher Status，iQTS），为世界各地的教师提供符合其国家标准的培训机会。这将支持国际社会对高质量教学日益增长的需求，促进英国高质量教学的传播与推广，吸引更多国际学生到英国接受高质量的教师资格培训，并且进一步促进英国在世界各地建立持久和积极的关系。这些具有巨大发展前景的教育市场不仅包括中国，还包括西非、撒哈拉以南非洲和东南亚等国家和地区。

4. 市场准入与支持跨国教育的发展

跨国教育是英国教育的重要国际资产，具有进一步增长的潜力。加之新冠疫情促使在线学习迅速扩大，英国将抓住这一发展契机，打造世界领先的跨国教育市场。对此，英国教育部、国际贸易部和国际教育大使将与英国文化教育协会合作，解决英国教育出口增长的市场壁垒，促进英国跨国教育，特别是跨国在线和混合学习模式的发展。

5. 确保大学国际合作的安全与稳定

英国政府正努力帮助英国的研究和创新部门开展国际合作，支持其建立可持续

的、安全的国际伙伴关系，并着力于知识产权、敏感研究和个人信息的维护工作。

6. 奖学金和校友网络

奖学金和校友资源是吸引国际学生前往英国求学的重要因素。英国文化教育协会正在探索建立全球英国校友网络的措施，政府也在考虑如何促进校友与英国的终身合作，为国家繁荣带来更多的力量。

（四）支持教育出口增长和国际化发展

1. 推广英国国际教育服务

英国教育技术、国际学校和技能培训将作为一种营销资产，促进英国教育服务在全球推广。此外，英国支持“伟大挑战基金”（GREAT Challenge Fund）在教育领域的投标工作。自 2019 年 3 月以来，该基金在教育领域的投标活动已涉及的国家包括：中国、埃及、文莱、柬埔寨、印度尼西亚、老挝、缅甸、菲律宾、越南、乌兹别克斯坦和巴西。

2. 出口融资支持

英国出口融资部门（UK Export Finance，UKEF）的任务是防止可行的英国出口工作因缺乏资金或保险而失败。该部门为保障英国各项出口工作顺利进行提供了重要的融资产品，但教育部门对这些融资产品的了解程度较低。UKEF 将协助整个教育部门调整其营销和交流活动，提高教育部门对 UKEF 融资产品的了解。国际贸易部也将协助此项工作的开展，为促进教育出口的增长提供支持。

3. 推广特殊教育服务

英国在支持特殊需求和残疾（Special Educational Needs and Disabilities，SEND）的儿童方面拥有领先的专业知识、资源和经验，在 SEND 系统的转型和与 SEND 相关的教育技术方面具有特别的优势。英国国际贸易部将在特许专业机构、SEND 服务机构联合推进开展教育出口工作。

（五）不同领域的国际教育支持

1. 早期教育

国际贸易部鼓励早期教育走向国际化，目前正在中国、中东、东盟寻求合作发展机会。在早教领域，英国政府仍将主要关注国内市场，特别是在新冠疫情的背景下，对国内市场的关注趋势还会增加。此外，尽管在海外建立的英国托儿所越来越少，但大学和教育技术提供商仍在出口早教培训课程和相关产品。

2. 独立学校

在国际教育战略中，国际贸易部致力于支持独立学校获得国际发展机会，为学校和投资者搭建合作桥梁，并为学校提供培训支持。自 2019 年 3 月以来，国际贸易部已向沙特阿拉伯、摩洛哥、中国、越南和柬埔寨派出了贸易代表团，并预备开拓巴西甚至整个拉丁美洲的市场。此外，英国政府还非常关注这些国内和海外独立学校的质量和学生的安全。

3. 英语培训

英语对促进英国全球潜力的增长有非常重要的贡献。国际贸易部支持英语教学部门开展更多元化的国际业务，并通过全球网络、国际研讨会为英语教学部门开拓市场。此外，政府的移民改革也将促进英语培训市场发展。

4. 职业技术教育和培训

英国是职业技术教育和培训（Technical and Vocational Education and Training，TVET）领域的重要国际合作伙伴。英国注重与各国政府和企业对话，拓展 TVET 领域的国际发展机会。此外，英国文化教育协会致力于在全球平台上提高各方对英国 TVET 专门知识的认识，并帮助 TVET 部门向海外合作伙伴传达连贯一致的信息。英国政府还将允许国际学生通过技术工作通道（Skilled Worker Route）申请继续留英学习。

5. 高等教育与跨国教育

英国高等教育出口在总体教育出口中占据重要位置，其中招募国际学生起到了关键作用。自 2019 年 3 月以来，国际贸易部已经向柬埔寨、越南和沙特阿拉伯派出了贸易代表团，并且与埃及和摩洛哥在高等教育领域建立了密切的合作伙伴关系。此外，英国政府积极同英国大学协会国际部和英国文化教育协会合作，收集关键市场信息，制定高等教育与跨国教育的发展指南。

6. 教育技术

疫情给教育技术行业带来了挑战和发展机遇。英国教育技术行业为世界各地有需要的学校提供免费服务，疫情期间，国际贸易部帮助英国教育技术公司与一些需要额外教育支持的海外学校搭建了合作桥梁。这些教育技术公司提供的高质量产品也吸引了更多海外学校与英国建立长期的合作伙伴关系。在全球数字化发展和疫情对该行业的长期影响下，教育部和国际贸易部将继续积极拓展教育技术行业的全球市场，提升其供应能力，满足国际需求。此外，英国政府还将鼓励创新投资者进入英国教育技术领域，并吸引外国直接投资（Foreign Direct Investment，FDI）进入英国，为英国创造经济增长和就业机会，提高英国作为欧洲教育市场领导者的地位。

三、小结

2021 年《国际教育战略》既对 2019 年《国际教育战略：全球潜能，全球增长》各项战略行动的开展状况进行了评估与总结，也在新的国际形势下，提出了英国实现教育出口和达成国际学生人数增长目标的新举措。该战略凸显了国际教育之于英国的经济价值。英国高质量的教育品牌具有强大的国际影响力，带来了巨大的商业价值，在脱欧与疫情的复杂背景下，对于英国经济的恢复与增长意义重大。英国对国际教育发展进行了具有战略意义的部署，积极推动和建立全球合作伙伴关系，既基于教育资本扩张的动力，又有深远的政治文化意义。

第二节 《阅读教学框架——为儿童读写能力奠基》

阅读作为人类认识世界不可或缺的媒介，其重要性不言而喻。英国教育部于 2021 年 7 月发布《阅读教学框架——为儿童读写能力奠基》（以下简称《阅读教学框架》）[①]，为学校、教师和家庭三方提供支持和指导，合力培养每个儿童的基础读写能力，提升英国儿童的阅读水平。

一、发布背景

（一）英国儿童阅读水平有待提升

从国际和国内测评结果来看，英国儿童在阅读能力方面仍然存在一些问题，有很大的提升空间。经合组织的国际学生评估项目（Program for International Student Assessment，PISA）的测评结果显示，2015 年，英国 15 岁学生的阅读成绩平均分为 498 分，与排名第一的新加坡相差 37 分，且仅比经合组织的平均分高出 5 分；该年英格兰的学生在阅读方面平均得分为 500 分，北爱尔兰的学生为 497 分，苏格兰的学生为 493 分，威尔士的学生为 477 分；2006 年至 2015 年，英国在阅读方面的平均成绩变化不大，只从 495 分上升到 498 分。[②]2018 年，英国 15 岁学生在 PISA 的阅读测评中取得 504 分的平均分，与中国参加测评的四个地区的平均成绩相差

---

① Department of Education. The Reading Framework-Teaching the Foundations of Literacy [EB/OL]. (2021-07-10) [2022-01-20]. https://www.gov.uk/government/publications/the-reading-framework-teaching-the-foundations-of-literacy.

② OECD. Country Note-Results from PISA 2015: United Kingdom [EB/OL]. [2022-01-20]. https://www.oecd.org/pisa/PISA-2015-United-Kingdom.pdf.

51 分。[①] 再结合国际阅读素养进展研究（Progress in International Reading Literacy Study，PIRLS）的测评结果，2011 年，英格兰地区四年级学生的阅读平均成绩在 53 个测评国家或地区中位列第十，与位列第一的中国香港特别行政区相差 19 分[②]；2016 年，英格兰在 50 个测评国家或地区中位列第十，四年级学生阅读平均成绩与位列第一的俄罗斯相差 22 分。[③]

自 2011 年 9 月起，英国推行一项全国性的自然拼读能力测试（Phonics Screening Check）来考查一年级小学生是否已经具备成为独立的自主阅读者的条件，掌握自然拼读法的儿童可以达到“见词能读、听音能写”的水平，这是儿童开始独立阅读的基础。但从测评结果来看，仍有一定数量的英国儿童没有完全掌握自然拼读的法则，这为他们构建阅读能力带来了阻碍。在 2012 年的全国自然拼读能力测试中，英国一年级的小学生有 42% 没有达到预期的标准，2019 年仍有 18% 的一年级学生没有达到预期的标准。[④]

（二）开展儿童阅读教育活动的重要性

《阅读教学框架》提到，与阅读相关的许多调查和研究都揭示了阅读的重要性，包括阅读能促进儿童认知能力的发展，有助于克服童年生活的不利影响，以及推动经济发展和社会变革等。例如，在 20 世纪 70 年代就有证据表明快乐阅读有助于儿童认知发展，尤其是在词汇量方面对儿童认识有所提升。[⑤] 2000 年，PISA 的结果显示：“虽然各国的阅读参与度有很大差异，但在 PISA 中父母职业地位最低而阅读参与度高的 15 岁学生，比父母职业地位高或中等而阅读参与度低的学生获得更

① OECD. 21st-Century Readers: Developing Literacy Skills in a Digital World［EB/OL］.（2021-05-04）［2022-01-20］. https: //www.oecd.org/pisa/publications/21st-century-readers-a83d84cb-en.htm.

② International Association for the Evaluation of Educational Achievement. TIMSS and PIRLS International Study Center，Boston College. Lynch School of Education. PIRLS 2011 International Results in Reading Chapter 1: International Student Achievement in Reading［EB/OL］.［2022-01-20］. https: //timssandpirls.bc.edu/pirls2011/downloads/P11_IR_Chapter1.pdf.

③ International Association for the Evaluation of Educational Achievement. TIMSS and PIRLS International Study Center，Boston College. Lynch School of Education. Student Achievement Overview［EB/OL］.［2022-01-20］. http: //timssandpirls.bc.edu/pirls2016/international-results/pirls/student-achievement/.

④ Department of Education. The Reading Framework-Teaching the Foundations of Literacy［EB/OL］.（2021-07-10）［2022-01-20］. https: //www.gov.uk/government/publications/the-reading-framework-teaching-the-foundations-of-literacy.

⑤ 来自 1970 年英国队列研究（1970 British Cohort Study），该研究追踪了在 1970 年某一周内出生在英格兰、苏格兰和威尔士的 17000 多人的生活。（SULLIVAN A，BROWN M. Social Inequalities in Cognitive Scores at Age 16: the Role of Reading［EB/OL］.［2022-01-20］. https: //cls.ucl.ac.uk/wp-content/uploads/2017/04/CLS-WP-2013-10-.pdf.）

高的平均阅读分数。这表明，提高学生阅读投入程度的方法可能是撬动社会变革的有效方法之一。”[①] 经合组织在 2021 年的报告中更是明确阐述了 PISA 的数据一致显示阅读参与度（阅读参与度一般是指学生的阅读动机和行为特征，主要考查学生对阅读的喜爱程度和兴趣，对所阅读内容的控制感，以及阅读中的社交互动等实践能力[②]）与阅读成绩密切相关，并且是性别或社会经济地位与阅读成绩之间的中介因素。[③] 伦敦大学学院教育学院纵向研究中心（Centre for Longitudinal Studies, Institute of Education, University College London）的研究发现，随着儿童年龄的增长，阅读的好处会继续存在，且经常阅读书籍和报纸与去图书馆的行为对儿童 16 岁时凸显的成长综合影响，比儿童从拥有学位的父母那里获得的优势大四倍。[④]

也就是说，阅读不仅能够丰富人们的知识，还能帮助人们提升学习能力，甚至在一定程度上能帮助人们克服童年生活中的不利影响，从而推动社会的阶层流动。因此，《阅读教学框架》将重点聚焦儿童基础读写能力的培养，从科学的角度对学校、教师和家庭三方提出建议，确保儿童在成长的最早期阶段就能成为流利的、投入程度高的读者，从而避免阅读困难和缺乏阅读兴趣的恶性循环。值得一提的是，儿童阅读的流利性和享受阅读乐趣程度的提升离不开精心教导和频繁实践，这也使得尽早对儿童实施干预显得尤为重要。

（三）简单阅读观（Simple View of Reading）与读写能力

《阅读教学框架》的指导性建议建立在由心理学家高夫（Gough）和通默（Tunmer）于 20 世纪 80 年代提出的简单阅读观[⑤] 的基础上。在简单阅读观的理论中，阅读能力被分解为两大核心部分：一大核心部分是书面文字的解码能力，即人识别文字的能力；另一大核心部分是语言理解（Language Comprehension）的能力，即理解多个文字组成的句子或者文章的能力。文字解码和语言理解需要不同的教学方

---

① OECD. Reading for Change: Performance and Engagement across Countries: Results from PISA 2000 [EB/OL]. (2002-11-19) [2022-01-20]. https://www.oecd-ilibrary.org/education/reading-for-change-performance-and-engagement-across-countries_9789264099289-en.

② OECD. PISA 2009 Assessment Framework: Key Competencies in Reading, Mathematics and Science [R]. Paris: OECD Publishing, 2009: 24.

③ OECD. 21st-Century Readers: Developing Literacy Skills in a Digital World [EB/OL]. (2021-05-04) [2022-01-20]. https://www.oecd.org/pisa/publications/21st-century-readers-a83d84cb-en.htm.

④ Department of Education. The Reading Framework-Teaching the Foundations of Literacy [EB/OL]. (2021-07-10) [2022-01-20]. https://www.gov.uk/government/publications/the-reading-framework-teaching-the-foundations-of-literacy.

⑤ GOUGH P B, TUNMER W E. Decoding, Reading, and Reading Disability [J]. Remedial and Special Education, 1986, 7 (1): 6–10.

式，《阅读教学框架》的指导性建议也主要从这两个角度展开。当儿童开始学习阅读时，他们能够准确解码的单词数量有限。因此，他们对语言的理解应该通过“听”和“说”来发展，同时通过学习自然拼读法则来学习解码。之后，当他们能够识别大多数单词，并能轻松解码不熟悉的单词时，他们就可以自由地思考所读内容的含义，通过广泛且深入地“读”来发展对语言的理解。

英国学校标准部部长（Minister of State for School Standards）尼克·吉布（Nick Gibb）于《阅读教学框架》的序言中指出，学生在具备标准英语读写能力的同时发展语言能力，才能解锁其他学术课程。因此，培育儿童的写作能力也是《阅读教学框架》的另一重要目标。如果说“读”（解码）是阅读的正面，那么“写”（编码）就是阅读的另一面，读写能力相互联结。写作离不开阅读的铺垫，是语言编码和转录的产物。

二、实施儿童阅读教育的主要内容

为更好地实施阅读教育，《阅读教学框架》提出了小学教师、学校领导和家长所应承担的责任和可以采取的方法，指出儿童学习阅读时，除了基本的文字解码能力需要通过系统的教学掌握，还需要能听到和谈论那些超出他们现有阅读能力的书籍。这样当他们自主阅读时，就更有可能拥有足够的词汇和其他的背景知识来理解这些书籍。因此，教师、学校和家庭三方开展阅读教育时，还要特别为此创造条件。

《阅读教学框架》主要供英国各个小学教师、学校领导、阅读教育负责人、管理机构、教师职前培训（Initial Teacher Training，ITT）机构参考。

（一）教师：系统引导与教学

1. 开展具有吸引力和激励性的自然拼读课程

《阅读教学框架》为教师提供了细致的自然拼读课程教学建议，以指导教师开展相关教学，引导儿童集中注意并享受学习的乐趣。

（1）教师应使儿童明确理解任何一个环节的目标（如“到本周结束时，你们都能读出这些声音”“今天我们学习第一个声音”），并帮助儿童复习和梳理在之前的课程中所教授的知识，从而促进他们释放学习新知识的潜力。

（2）教师应以小块（Bite-sized Chunks）的形式展示新的学习内容，以便于儿童快速消化，并充分利用教学时间，尽可能使所有儿童都能参与到整个自然拼读课程中，同时，利用各种教学活动使儿童阅读和拼写尽可能多的单词。

（3）教师应鼓励儿童将新知识同他们以前学习的类似内容联系起来进行比较。

（4）教师应表扬儿童的努力学习和注意听讲，要具体说明他们做得好的地方；

使用评估来确定下一步的行动，包括发现可能需要立即提供额外支持的儿童。

（5）教师应确保儿童被给予应用所学知识的机会。

2. 采用多样化且富有趣味性的方式培养儿童的语言理解能力

教师可以采用朗读故事，布置图书角，引导儿童学习儿歌、诗歌和歌曲等多样化且富有趣味性的方式，从听、说、读三个方面建立儿童与语言之间的情感联系，培养儿童的语言理解能力。这些看似简单的方式事实上对教师的具体实施提出了极高的要求，需要教师自身对英国传统和当代的文学与诗歌有良好的知识储备。

（1）朗读故事。

朗读故事分为选择书籍、准备朗读、初读故事和续读故事四个阶段。在选择书籍的阶段，需要考虑这本书是否具备如下特点。①能引起学生强烈的反应——好奇、愤怒、兴奋、欢笑、共鸣。②叙事性强，能经得起反复阅读。③能扩大儿童的词汇量。④有吸引人的插图，反映了来自各种背景和文化的儿童生活。⑤能帮助儿童与他们的身份相联系。⑥能帮助儿童了解那些可能与他们自己经历和观点不同的人的生活。每个年级组[①]应有一套核心故事清单，其中的一系列故事应考虑以英国和世界各地为背景，包括传统的和现代的，以及非虚构性的作品。故事清单应随着新书的出版和新教师的上任定期更新（至少每年一次）。新上任的教师应尽可能熟悉接管班级往年所朗读的故事，并选择一些新故事来补充清单。清单内容可以与家长分享，便于家长购买或借用这些书籍。

在准备朗读阶段，教师应精心设计和反复练习如何在后续的朗读阶段中强调故事中特定的单词、短语和句子，以便儿童能更容易理解故事。

在初读故事阶段，教师可以使用“我真的很期待和你们一起读这个故事”“今天我们早点收拾好，这样我就有时间读这个新故事了”之类的话语培养儿童的期待。第一次阅读应该让儿童自己发挥想象力，没有问题，没有解释，也不要求他们预测可能发生的事情。

在续读故事阶段，第二遍朗读时，教师可以根据上下文解释新词的含义；当儿童熟悉了这个故事，教师就可以采用让儿童来角色扮演的方式帮助他们思考一个角色在关键时刻可能产生的想法、感觉和行为，并探索角色的动机和意图。教师应要求所有的儿童在同一时间扮演相同的角色，给予每个人同等的机会。

（2）引导儿童学习儿歌、诗歌和歌曲。

教师应该为每个年级组确定一套核心诗歌清单供儿童学习，其中包括押韵的诗

---

① 《阅读教学框架》这一文件中针对的主要是英国学前班（Reception）和小学（Primary School）阶段的学生。

歌、典故较多的诗歌、包含文字游戏的诗歌、包含传统音律的诗歌、无意义押韵的诗歌，以及节奏感特别强的诗歌。所选择的那些诗歌应适合反复吟诵，儿童可以通过拟声、同音和押韵提高对单词中各个音的认识，结合诗行的节奏来感受其中的意义和情绪，并在这个过程中拓宽自身的词汇量。

词汇知识存在于一个连续体中，儿童对每个词从熟悉到深入理解都需要各种形式的联想和语境。通过欣赏儿歌、诗歌和歌曲，以及全班一起背诵诗歌，教师逐步建立起了儿童与语言的强烈情感联系。诗歌和歌曲中韵律的可预测性也有助于儿童记忆和使用新习得的单词和短语。

（3）布置图书角。

图书角的布置也有讲究。一方面，图书角书籍的选择和摆放需要充分考虑儿童的需求。书籍的选择应遵循少而精的原则，每本书都应该值得朗读，书中的语言应引人入胜，能“抓住儿童的想象力，以至于他们不知道自己是坐在豆袋上，普通的教室椅子上，还是坐在图书角的长凳上”。书籍的摆放应突出主题、书名或作者，便于儿童寻找。儿童最近听过的故事书应摆在与他们视线平行的朝外的书架上。在新学年开始的时候，可以把上一年儿童最喜欢的大约 20 本书放在书架的较低层或其他盒子里供他们再次阅读。书籍应根据儿童的实际阅读情况进行及时撤架或补充。另一方面，图书角的运作模式类似于一个小型图书馆，儿童可以在此处阅览感兴趣的书籍，重温教师给他们读过的书，或借书回家。

（二）学校：科学领导与管理

1. 积极发挥领导者的作用

校长们负责在学校构建阅读文化，并确保学校的阅读教学尽可能有效。这就要求他们：在阅读教学的目标建构上，要相信所有儿童无论其背景、需求或能力如何都能学会阅读，并有决心实现这一目标；要确保所有儿童都能取得足够的进步，以达到或超越该年龄应达到的标准；努力让家长参与并支持其子女的阅读。

在阅读教学的具体实施上，要采用严格的、系统的方案，包括使用精心构思的系统性语音教学资源；组建一个专家教师团队，确保他们知道并理解学习阅读的过程；确保对儿童在语音方面学习进展的持续评估足够频繁和详细，能及时发现跟不上的儿童，并立即提供针对性的支持；确保儿童从进入学前班之初就开始接受阅读教育；负责组织为儿童朗读故事的计划，鼓励他们热爱阅读。

2. 切实落实阅读教育

学前班和一年级的日常时间表应包括朗读故事、诗歌（歌唱）时间、一节或多节语音课这三项重要内容。校长有责任支持教师将读写作为优先事项，并根据实际需要调整课程体系中的其他内容。

3. 组建一个专家教师团队

（1）由校长任命阅读教育负责人。

校长应任命一位阅读教育负责人，由这位负责人来管理自然拼读、阅读和写作的教学，并同校长共同商定如下事项。①校长和阅读教育负责人具体需要做的工作；②对每个年龄组的标准制定和进展评估；③自然拼读、阅读和写作课程与朗读故事的时间安排；④教学空间和资源的最佳组织；⑤为进步最慢的儿童提供额外的练习；⑥解决最需要帮助的儿童的出勤和守时问题；⑦为教学人员提供练习和辅导的时间表；⑧组建人事管理系统；⑨如何具体帮助家长支持他们的孩子的阅读。

（2）对开展阅读教育的所有相关人员进行培训。

开展阅读教育的所有相关人员，包括校长、其他领导、新晋合格教师、职前教师培训的受训者和其他相关人员都需要接受培训。培训内容主要包括练习和实践两个环节。

练习环节的活动主要是教师们定期一同练习如何开展阅读教学，以确保所有教师能成长为阅读、拼写和写作教学方面的优秀教师。实践环节主要由阅读教育负责人负责。阅读教育负责人从最需要支持的儿童的教师开始，在练习课或课堂上进行具体情境下的辅导，在实践中提升教师的教学反应能力，从而达到更好的教学效果。随着教师能力的提升，辅导可以更加细致和集中。阅读教育负责人还可以指定一位优秀教师作为某一周的教练，并在练习环节前同这位教师一起练习。在提升教师信心的同时也能确保阅读教育的可持续性。

（三）家庭：充分支持与配合

家长可以在家为孩子朗读，或和孩子们一起阅读。教师可以为家长制作一个视频来详细阐述分享故事和讨论故事的好处，并具体说明在学校是怎样为学生朗读故事的，以供家长们借鉴。

三、其他措施

（一）重视互动和倾听

1. 重视互动

为了促进儿童的语言发展，无论是教师还是家长都需要进行仔细且审慎的规划，思考以下问题：我们希望孩子们知道些什么，思考些什么？哪些词汇与之相关？我们如何能让孩子们参与到这些促进他们增长知识和深入思考的互动对话中？和孩子一起参加一些实践或参观活动之后，我们可以留下什么样的照片来巩固孩子的词汇和语言输入？哪些书可以在活动前后进行朗读和分享？或者有哪些歌曲有助于扩大词汇量？《阅读教学框架》还提出了以下几个在与儿童互动时，成人可以参考的措施（如表 3-1所示）。

表 3-1　成人与儿童互动时可以参考的措施

序号	措施
1	说出思考的过程，为儿童提供可参考的语言模型
2	密切注意儿童说的话
3	重新表述和扩展儿童所说的内容
4	在必要时重新表述儿童所说的内容，引导儿童使用新词汇和新语法
5	提出封闭式和开放式问题
6	回答儿童的问题
7	解释事情发生的原因
8	将当前的事件与过去的事件联系起来
9	保证为儿童提供的语言模型语法准确
10	扩大儿童的词汇量，并为儿童解释新词
11	将一个想法或行动与另一个想法或行动联系起来
12	帮助儿童用结构完整的句子来表达自己的想法

除此之外，教师们在教学过程中还要特别注意一些不利于课堂互动的因素。首先，教师应将时间尽可能花在与儿童的互动交流上，花在教学上。《阅读教学框架》中特别提到，英国教育标准局的督学在督导过程中发现一些学校领导和教师为了在学校督导评价中取得较好的评估成绩而将许多时间花在观察、记录与收集和整理儿童的表现材料上，这一行为不值得提倡。其次，尽管要求儿童举手是学校教学的一个常见行为，但它会减少学习和交谈的机会。来自习惯于直接开口说话的家庭的儿童已经有信心和一定的口语技能来抓住说话的机会，并且会很容易地参与到讨论问题和回答问题的过程中。然而，其他儿童可能会忍住不回答，这其中包括害羞的儿童、刚开始学习英语的儿童和口语技能不太发达的儿童，这会导致语言能力差距进一步扩大。最后，需要给予儿童一个安静的学习环境。当儿童在学习阅读和写作时，

嘈杂的环境会令他们很难听到教师和其他同学在说什么。特别是对那些有听力障碍或损伤的儿童、有语言和沟通需求的儿童，以及那些难以集中注意力的儿童来说，如果听不清楚，他们很难做出反应。安静的教室让儿童有更好的互动条件，有利于在阅读和写作方面取得进步。

2. 重视倾听

在倾听方面，儿童需要明白什么时候应该倾听，什么是良好的倾听行为，并需要获得表扬来强化良好的倾听行为（如教师可以告诉儿童“你一定是在昨天的集会上认真听了，才记住了这些”）。教师和家长需要及时给予儿童一个语言信号（如“等一下，我需要仔细听一下”“让我们安静一下，这样我就能集中精力听你说的话”）来提醒儿童注意倾听，并以身作则，通过自己的行为向儿童展示良好的倾听是什么样的。

（二）对儿童进行密切关注和定期评估

要使教学与儿童的学习能力相匹配，及时发现儿童面临的困难，就必须在儿童学习阅读时对他们进行密切关注和定期评估。评估的方式包括形成性和终结性评估。形成性评估是实时的，通常表现为：教师及时发现儿童的错误观念，并在课上随时调整教学；帮助儿童复习自然拼读知识；引导儿童运用自然拼读知识重新尝试把不同的发音混合从而读出整个单词；拉回走神儿童的注意力。

终结性评估是让教师了解学生在一段时间内的学习情况，并让领导者了解到哪些儿童可能从额外辅导中受益，以及哪些教师为促进儿童的进步做出了贡献。这些信息有助于学校和教师对课程教学进行调整。终结性评估可能是每学期一次或半学期一次，具体时间可以由学校根据课程进度决定。终结性评估的内容应符合儿童的认知水平。

（三）不让任何一名儿童掉队

1. 为阅读能力有欠缺的小学高年级儿童组织补习班

一些已经升入小学高年级的儿童很可能仍存在基础不扎实导致阅读能力跟不上同龄人的情况。因此，学校应及时通过评估来发现这些儿童面临的具体困难，并开展针对性的补习。补习的内容应与他们的年龄相适应，在固定地点和固定时间进行，且不影响儿童的其他课程。补习班的教师应尽可能是接受过培训和指导的学校教师，而不是可能只待很短时间的外部辅导员，以保证儿童能得到稳定的追踪性辅导。

2. 保障有特殊教育需要的儿童和残疾儿童也能接受符合需求的阅读教育

读写能力对有特殊教育需要的儿童和残疾儿童一样重要，这是帮助他们成长成人、适应社会的一项关键技能。《阅读教学框架》专门讨论了针对这些儿童来开展阅读教育的一些做法。

在教学方法上，教师应按照精心组织、循序渐进的步骤，对这些儿童阅读和拼写所需的技能和知识进行系统性的直接指导，并为他们字母码（Alphabetic Code）单词、句子和文本层面的回顾、检索、练习和应用提供多种机会。在教学内容上，应充分考虑到有特殊教育需要的儿童和残疾儿童的个人优势、劣势、知识水平、理解能力和需求状况，选取清晰易懂的教学材料。在课程安排上，应具备适宜的节奏和周密的计划，确保对儿童始终保持吸引力和激励性。

有些儿童可能需要额外的辅助策略。对于有肢体残疾，无法正常握住物体或精细控制物体的儿童，要考虑帮助他们使用其他的桌面操作工具和写作策略；对于语言发育迟缓，无法使用口头交流的儿童，可以使用其他沟通策略，例如调动他们的听觉，利用视觉符号或位置标记的选择判断他们的反应；对于既有精细动作困难，又无法使用口头交流的儿童，可以考虑使用眼动追踪技术（Eye Gaze Strategies）；对于极少数有深度和多重学习困难的儿童，他们可能无法获得直接的读写能力指导，但他们仍然可以在悉心教育下学习字母与声音如何一一对应。

四、小结

《阅读教学框架》从长远发展出发，努力为英国新一代儿童和青少年读写能力的发展奠定良好的基础，并为此提供了非常细致、操作性极强的建议。政策中着重强调了对儿童阅读能力的培育和教导应从儿童的实际需求出发，在充分调查评估的情况下，实事求是地制定对儿童切实有利的教学方案。教育工作者在教育活动中要注意减少非必要的工作，以及对儿童的非必要负担，做更有实际价值和现实意义的事，做切实有利于儿童发展的事。同时，良好的阅读教育成果也离不开家庭的支持与配合，离不开家长的耳濡目染。要充分发挥好家庭的作用，形成阅读教育合力，共同促进儿童素养的提升。

第三节 《教育督导框架》和《学校督导手册》

英国的教育督导以其健全的制度体系、完备的督导机构、科学的督导方法、经验丰富的督导队伍和专业化的督导人员著称。在新冠疫情背景下，英国国家级教育督导机构——教育标准局（Ofsted）于2021年7月发布更新后的《教育督导框架》[①]，随后于2021年10月发布更新后的《学校督导手册》，对新形势下的学校督导政策、评价指标和过程做出了调整。《教育督导框架》主要规定了督导原则和评价标准，《学校督导手册》则主要阐述了督导方式与程序。

一、英国教育督导原则

Ofsted作为与教育部相平行的机构，依据相关政策、法规和督导框架收集证据，提供独立的外部评价。自Ofsted成立至今，其督导结果不仅使学校明确了改进的方向，还影响了教育政策的制定。概括而言，Ofsted的工作体现出的英国教育督导原则可以从三个“促进”和两个“注重”的角度进行阐述。

（一）促进教育改进

Ofsted在2017年9月发布的《教育标准局战略：2017—2022》中明确提出，Ofsted的存在目的“是通过睿智的、负责任的、有针对性的督导和监管，成为一种改进的力量”[②]。Ofsted要求学校根据督导结果制订改进后的行动计划，要求责任机构采取措施对教育过程加以改进，若某所学校等级评价不合格可以安排其被第三方接管。同时，Ofsted具有选择督导时间和督导频率的权利，以便把控时机，对问题严重的学校及时施以援手，减少教育资源的不必要损耗，使改进工作更加有效。在督导的评价方面，Ofsted与教育部合作，对督导评价分级结构的影响进行研究，提出用“需要改进”来取代“令人满意”这一等级评价用语，以更严格、更明确的评价用语来敦促学校进行改进。

（二）促进对学生的保护

督学始终站在帮助、保护学生和保证学生安全的角度来开展督导，虽然没有单独对这一方面评定等级，但在“领导者与管理”这一指标下对安全保障措施是否有效给出了书面评价。Ofsted在《教育标准局战略：2017—2022》中提到，比确保青少年好好学习更重要的是确保他们的安全，Ofsted的督导并不是要重复警察或健康和安全执行局的工作，而是要确保教育机构具备有效处理安全问题的政策和程序，

---

① Office for Standards in Education, Children's Services and Skills. Education Inspection Framework [EB/OL]. (2021-07-23) [2021-12-13]. https://www.gov.uk/government/publications/education-inspection-framework.

② Office for Standards in Education, Children's Services and Skills. Ofsted Strategy: 2017 to 2022 [EB/OL]. (2017-09-29) [2021-12-13]. https://www.gov.uk/government/publications/ofsted-strategy-2017-to-2022.

在应对那些使年轻人受到激进主义和极端主义影响的教育机构上发挥作用。Ofsted还与教育部合作，探索更好的途径来审查那些逃避督导的机构，如那些为年轻人提供过度宗教教育的机构。

在对学生的保护层面，英国政府陆续发布过重要文件。例如，2015 年 3 月发布的《确保儿童在教育中的安全》①《共同保护儿童》②，以及 2015 年 6 月发布的《幼儿、教育和技能机构的安全保障工作督导》③ 都是督学必须熟悉的指南。

（三）促进教育公平

《教育督导框架》明确指出督导工作应成为促进所有学生进步的推动力，各个教育机构对《2010 年平等法》④ 规定的相关法律义务（包括相关的《公共部门公平责任法案》和《1998 年人权法》⑤）的遵守程度将纳入督导范围之内。《教育督导框架》还期望所有学习者都能获得高质量教育，这一原则对于特殊群体的意义更加重大。

Ofsted 的存在不仅是一种“改进的力量”，也是广大学生，特别是弱势背景学生的支持力量。Ofsted 非常关注对弱势儿童教育效果的保证和提升，并持续通过全国范围内的督导对这一方面的成果进行跟进。为了得到更可靠的督导结果，Ofsted 会对督学进行培训，帮助督学更好地进行评价。同时，Ofsted 还会不断发现和纠正制度上的缺陷（如在课程、教学或行为管理方面），挖掘更有针对性的办法，提升对成绩较差和处于弱势背景的学生的教育成效，确保他们得到应有的教育和照顾。

（四）注重公正透明

作为对他者进行问责的组织，Ofsted 必须保证自身也被问责，以最大的透明度进行运作，确保督导工作的进展全过程被监督。在督导结束后，Ofsted 也需努力保证督导报告做到公正、公开、透明。一方面，Ofsted 应毫无畏惧或偏袒地报告对各个学校教育质量的调查结果；另一方面，Ofsted 应以督导的证据材料为基础，为

---

① Department of Education. Keeping Children Safe in Education [EB/OL] . [2021-12-13] . https: //www.gov.uk/government/publications/keeping-children-safe-in-education--2.

② Department of Education. Working Together to Safeguard Children [EB/OL] . [2021-12-13] . https: //www.gov.uk/government/publications/working-together-to-safeguard-children--2#history.

③ Department of Education. Inspecting Safeguarding in Early Years, Education and Skills [EB/OL] . [2021-12-13] . https: //www.gov.uk/government/publications/inspecting-safeguarding-in-early-years-education-and-skills-from-september-2015.

④ British parliament. Equality Act 2010 [EB/OL] . [2021-12-13] . https: //www.legislation.gov.uk/ukpga/2010/15/contents.

⑤ British parliament. Human Rights Act 1998 [EB/OL] . [2021-12-13] . https: //www.legislation.gov.uk/ukpga/1998/42/contents.

国家和地方政府提供行动指南，也为现行的政策或举措提供公正的建议。特别是Ofsted应公开其在行使督导、监管职能方面的表现，以及如何使用源于纳税人的督导经费。

（五）注重集约高效

除了注重公正透明，集约高效也是Ofsted追求的目标。这主要体现在督导模式、督导人员、督导重点这几个方面。在督导模式方面，近年来Ofsted已经转向使用更加精简的区域模式，分区域组织各自的团队开展督导；在督导人员方面，Ofsted注重团队的多样性，增加督导小组中在任校长或领导的人数，并注重为督学接触最新研究和思想提供条件，在确保Ofsted工作以学校经验为依据的同时，也确保在职从业人员有更多的机会将督导工作中获得的经验带回自己的学校；在督导重点方面，Ofsted集中资源进行重点督导，特别是会确定督导的优先次序，还会进行风险评估，通过数据和区域团队的当地情报，对部分教育机构进行优先督导——在问题变得根深蒂固之前进行督导，并使改进变得更加迅速。Ofsted还与教育部合作，不断开发新的方法，探索更专业的知识，使督导能具备更高的准确性和针对性，也使督学具有更高的工作效率。

二、学校评价指标与标准

督学主要从教育质量、行为和态度、学生发展、领导者和管理四个方面对学校进行评价。

（一）教育质量

在教育质量指标下包含办学宗旨、实施和影响三个分指标。第一，办学宗旨这一分指标主要考查学校的课程建设是否为所有学生制订全面的课程计划，目标是否为学生积累未来学习和就业所需的知识和技能创造良好的条件，是否为他们取得人生的成功打下基础。特别是对于有特殊需求的孩子，教育机构应一视同仁，切身为他们考虑，精心设计符合他们需求的课程。第二，实施这一分指标主要考查教师如何进行高质量的课程教学。要求教师对所教科目知识扎实，讲授清晰，能组织学生开展讨论，并对学生学习情况进行评价；能根据不同学生的情况调整教学策略；教师应创造能使学生专注于学习的环境。第三，影响这一分指标主要考查教学对学生产生的影响，如学生是否掌握了课程所要求的知识与技能，是否在国家考试中取得政府所期望的成绩和资格，学生是否为下一阶段的教育、就业或培训做好了准备。

（二）行为和态度

对行为和态度的评价主要从以下几方面进行：第一，学校对学生的行为与态度保持高期望值。第二，学生能够秉持积极的态度对待教育或培训，全身心投入学习；知道如何高效率地进行学习；对学习中遇到的挫折具有坚韧不拔的精神，对所取得的成绩有荣誉感。第三，学生保持高出勤率。第四，师生关系是积极的、相互尊重的。第五，学校的领导者、教师和学生共同创造不容忍欺凌、虐待或歧视的环境。一旦有相关行为发生，学校会迅速处理并阻止其蔓延。

（三）学生发展

对学生发展的评价主要关注学校的课程和工作能否使学生在教育的引领作用下实现向社会人的转变，成为一个拥有良好品德、多元审美、能融入社会的公民。学生发展评价主要考查以下几方面：第一，课程应能够拓宽和促进学生在学术、技术和职业方面的发展，使他们能够发掘自身的兴趣与才能；第二，学校的课程与各方面的工作应支持学生发展自己的品格，包括坚韧、自信和独立，教导他们保持身心健康；第三，在每个阶段学校能够帮助学生为未来的成功和下一步的学习做好准备；第四，学校能为学生未来的生活做好准备，使他们成为有责任感的、尊重他人的积极公民，能够为社会做出积极的贡献，使他们能够了解英国的基本价值观，同时理解社会的多元文化，求同存异，相互尊重。

（四）领导者和管理

对领导者和管理的评价主要包括：第一，领导者具有清晰的发展规划和愿景，通过共享价值观、政策与实践加以实施；第二，领导者不断提升教师的教学水平，提高他们的教育教学能力；第三，领导者应保证所有学生顺利完成学业；第四，领导者应有效地与学生、家长、雇主和地方相关机构保持联系；第五，领导者应关注教师的压力和工作负担情况，保护教师免受欺凌与骚扰；第六，校董事会应履行其职责，就办学质量向校长问责，董事会应促使学校领导者保证其学生的安全与福祉。

综合上述几方面，督导采用等级制给予学校整体评价，分为 1 级（优秀）、2 级（良好）、3 级（需要改进）和 4 级（不合格）。

三、疫情下的督导重点

英国督导评价的类型从内容与对象上划分，可分为学校督导、地方政府教育工作督导、专项或专题督导。[①] 在疫情背景下，督学在学校督导过程中要考虑疫情对学校正常教学秩序的持续性影响，了解学校采取了哪些措施应对疫情，在远程教学中是如何实施课程教学的，并在安全的情况下进行督导。

---

① 王璐 . 英国现行教育督导制度的机构设置、职能范围与队伍建设[J]. 比较教育研究，2013，35(10): 34-38.

（一）有效利用风险评估

风险评估程序被用来确保督导方法与学校的风险水平是相称的。Ofsted 通常在最近一次督导后的第三学年开始时进行风险评估，这一程序的应用对象是在上一次督导中评价等级为良好的公立中小学。借助风险评估，Ofsted 可以确定在下一次督导中表现水平可能会下降的学校范围，为分配常规督导或特别督导提供依据，以确保这些学校下一次督导的方式与其水平相称，提高督导效率。

在风险评估中，Ofsted 会分析以下几项内容：（1）教育部提供的进展和成就数据；（2）学校全体教职工的普查数据；（3）家长和看护者的意见，包括面向家长的在线调查问卷（Ofsted Parent View）中得到的反馈结果；（4）提交给 Ofsted 的对学校的投诉；（5）学生的流动性；（6）自上次例行督导以来，Ofsted 所进行的任何其他督导（如调查督导）结果；（7）法定的警告通知；（8）任何其他引起 Ofsted 注意的重大问题。分析过程中 Ofsted 还会借助计算机的机器学习（Machine Learning），建立风险评估模型，以预测一所良好等级的学校在下一次督导中下降到低于该等级的概率。[①] 根据风险评估模型评估出的表现水平下降可能性相对较高的学校更有可能接受常规督导，但该模型的评估结果并不影响最终督导结果的判断。

（二）对不同表现水平的学校采取不同督学方式

英国的督学方式主要可以分为特别督导和常规督导。其中，特别督导主要包括以下几种情形：（1）对在最近一次常规督导中被判定为良好或优秀等级的学校进行特别督导；（2）对被判定为需要改进的学校进行监控督导（Monitoring Inspection）；（3）对被判定存在严重问题的学校进行监控督导；（4）对被判定需要采取特别措施的学校进行监控督导；（5）在其他情况下进行的督导；（6）未事先通知的行为督导（Behaviour Inspection）。不属于以上几种情形的督导方式通常为常规督导。具体而言，采取何种督导主要取决于学校的表现水平。

对良好和优秀等级的学校的督导：根据《教育督导框架》的规定，不同表现水平的学校会接受不同程度的督导。良好和优秀等级的学校通常大约每四年接受一次根据《学校督导手册：第八节》[②] 开展的特别督导。但如果在风险评估中发现学校的

---

① Office for Standards in Education，Children's Services and Skills. Risk Assessment Methodology for Good State-funded Schools［EB/OL］.［2021-12-13］. https：//www.gov.uk/government/publications/risk-assessment-methodology-for-maintain-schools-and-academies.

② Office for Standards in Education，Children's Services and Skills. School Inspection Handbook：Section 8［EB/OL］.［2021-12-13］. https：//www.gov.uk/government/publications/section-8-school-inspection-handbook-eif.

教学质量低下，或者学校发生诸如与其他学校合并的重大变化，这些学校将接受常规督导。特别是原先免于例行督导的优秀等级的学校，即 2012 年 5 月 15 日至 2020 年 11 月 13 日期间在最近一次常规督导中获得总评优秀等级而被免除例行督导的公立中小学和学院，将再次接受常规督导（这也适用于前身学校在最近一次的常规督导中整体成果突出而被豁免的转制学院）。所有以前被豁免督导的学校必须在 2026 年 8 月 1 日前接受常规或特别督导（在 2015 年 9 月前最后一次接受常规督导的学校将再次接受常规督导，而在此日期之后接受常规督导的学校则转为接受特别督导）。如果初步的特别督导表明该学校没有保持出色的表现，Ofsted 通常会在 2027 年 8 月 1 日前尽快对其开展常规督导。

对需要改进（整体评价等级为 3 级）的学校的督导：被判定为需要改进的学校通常成绩不理想，但总体上提供了可接受的标准水平的教育。需要改进的学校可能会受到 Ofsted 的监控，并在报告公布后的 30 个月内（疫情后这一期限将被延长至 6 个学期）再次接受常规督导。如果在下一次常规督导中，学校没有证明它已经改善至良好等级，首席督学将考虑学校的评价等级是否保持 3 级或改为 4 级。即便学校在某些方面表现出进步并有普遍上升的趋势，倘若关键方面的表现仍然不够好，学校依然可能再次被判定为 3 级。在这种情况下，通常会在上一次常规督导的报告公布后至下一次常规督导前对学校进行监控。监控结果将被第二次常规督导的评价所采纳。

对不合格（整体评价等级为 4 级）的学校的督导：如果学校未能给学生提供普遍可接受的标准水平的教育，且负责领导和管理的人员没有展现出能改善学校的能力，该学校将被判定为不合格。不合格的学校被分为需要采取特别措施与存在严重问题（在法律上定义为“需要显著改善”）这两类，且这两类都被视为一个正式的被关注的类别。只有在这些学校不再需要采取特别措施或不存在严重问题时，才会从这一关注类别中除去。国务大臣有责任对所有被认定存在严重问题和需要采取特别措施的公立学校发布学院令（这包括公立特殊学校，但不包括公立幼儿园和非公立特殊学校）；对于那些令人担忧的学校，国务大臣有权终止对其资助的协议；已被下达学院令的公立或私立学校，以及在资助协议终止后被安排或二次安排给新的资助方的学校，如果 9 个月后仍未被安排或二次安排，通常会接受 Ofsted 的监控督导。

（三）重点关注远程教育与特殊教育

受疫情的影响，英国学校的运转发生了很大的变化，特别体现在远程教育与特殊教育上。在远程教育方面，Ofsted 并没有一个理想的模式。因此在督导过程中，督学们将对学校领导做出的决定与他们执行这些决定的具体情况进行具体分析，且

2020 年 3 月至 8 月的远程教育质量情况将不被列入对学校教育质量的评价。在远程教育仍然存在的情况下，督学会观察远程教学情况并审查相关材料，且学校在接受督导期间有关远程教育的任何措施都被期望是常规做法而不是特意安排。为了了解更多学校领导关于课程的决策，无论督导期间远程教育是否仍在开展，督学仍可能与教师、家长和看护者，以及学生讨论远程教育问题，审查已完成的工作和教学材料。

在特殊教育方面，督学将重点关注学校领导在疫情期间如何进行措施调整，以确保弱势学生（包括身体残疾和具有特殊教育需求的学生）能被优先安排在学校接受面对面的教育。督学们还将讨论学校保障教育的措施如何随着疫情的发展而变化，以及学校领导如何使这些安排保持有效运行。

（四）高度重视出勤率

出勤是督导手册中的高频词。在督导正式开始前，学校必须提交所有学生群体的最新出勤率分析报告。在督导期间，督学将与学校领导讨论出勤模式，学校如何确保那些具备上学资格的学生保持尽可能高的出勤率，以了解疫情对学校的具体影响。尽管 2020 年 3 月至 2021 年 3 月的出勤率不纳入对学校的评价，但是学校对出勤的重视程度、是否制定明晰的出勤制度，以及出勤制度的执行情况均被纳入评价标准中行为和态度层面的评价指标。

四、督导方法与过程

（一）督导方法

自 20 世纪 90 年代以来，英国学术界和政策制定者越来越重视循证政策（Evidence-based Policy）理论和实践，日益关注教育等公共部门中证据的作用。[①] 长期以来，英国教育督导制度非常强调以证据为基础的督导，是循证教育活动的生动体现，在循证评价方面积累了丰富的经验，强调对学校的质量判断一定要以事实为依据，以证据为基础。

循证教育活动的基本要素包括人、方法学、证据和平台。这四要素之间的相互关系是人作为决策的主体、研究的主体、实践的主体和被研究的主体，运用方法学产生一次证据并针对一次证据进行再分析，同时证据积累起来并沉淀在平台上形成

---

① 李霞 . 循证教育：英国的实践探索［J］. 比较教育研究，2021，43（8）：71-78.

了循证教育的整体面貌。[①] 在英国教育督导这一特殊循证教育活动之中，督学是决策的主体和研究的主体，学生和学校教职工则是被研究的主体，督学、学生和学校教职工共同构成了实践的主体。同时，由于 Ofsted 督导小组成员中还包含了在任校长或领导者，这一群体在事实上可能拥有研究者和被研究者的双重身份，这也促使循证研究中得到的一部分理论结果转变为成功的实践。

四要素之一的方法学存在的目的是收集证据。督学们主要采用与教职工和学生会谈、联合听课、作业审查、课外观察等具体方法来收集第一手证据，为最终得出督导结果评价提供依据。这些证据被收集之后还会经过整合和再分析。在此基础上，督学会综合考虑，最终得出该学校的督导评价等级。除了人、方法学和证据，平台也是不可缺少的要素。根据平台参与阶段的不同，可以大致分为数据的平台、证据的平台和实践的平台。[②] 在英国教育督导过程中，数据的平台主体由 Ofsted 负责，Ofsted 具有强大的信息处理团队，建立了完善的数据库，并且具有开放性，确保学校和督学都可以获取数据。

（二）督导过程

英国教育标准局始终强调客观、公正、有效，对于学校的质量判断和评价结果一定要以第一手证据为依据，这一原则的贯彻有赖于完善、科学的督导过程与在每一个程序中采用的多样化的收集证据和第一手资料的方法。

1. 督导前

在展开正式督导前，督学将与校长进行通话。这个准备电话的内容主要包括对学校情况的了解和对督导计划的讨论。首先，首席督学将通过电话形式了解新冠疫情对整个学校的具体影响，学校领导如何应对这种形势，以及过渡期[③] 的任何具体计划。这一讨论还将探讨学校自上次督导以来所取得的进展，学校目前如何实施课程，校长对学校当前优劣势的自我评估，以及在督导期间仍有哪些关于远程教育的安排。其次，与督导具体问题相关的规划也在讨论的范围内，如安排会议，请校长、课程负责人和其他领导参与听课和视察会议。在准备电话中，校长和首席督学还将商定督导小组将遵循的疫情防控协议，以确保督导工作顺利完成。文件中明确提示，为了更充分、更详细地了解情况，谈话时间可能会超过一个半小时。

---

① 任萍萍，李鑫．循证教育研究：缘起、困境、体系框架与实施建议［J］．中国电化教育，2021（12）：33-39.

② 同①．

③ Ofsted 将过渡期定义为过渡性安排（或声明）仍然存在的时期，并计划在 2022 年 3 月对其进行审查。

2. 督导中

督导最早可以在秋季学期学生第一天上学后的第五个工作日进行，督学也可以在任何时候进行突击的特别督导。通常情况下，督导时间不超过两天，督导小组的规模将根据学校的规模和性质而有所不同。

（1）收集和记录证据。

督导中的首要任务是收集和记录第一手的证据。督学将参观课程；仔细检查学生的作业；与学生谈论他们的作业，衡量他们对学习的理解和参与程度；收集学生对学校的一系列科目一贯以来的教育质量和学校生活的其他方面的看法。

（2）在常规督导期间了解早期职业教师和实习生的情况。

在条件允许的情况下，督学会与早期职业教师和实习生会面，并参观早期职业教师参与开展的课程。督学会评估学校为他们提供的支持和专业发展的有效程度，以确保早期职业教师拥有在其选择科目或阶段教学的必要知识和技能。督导手册指出，督学应当探讨学校为早期职业教师管理学生的行为提供了怎样的支持；督学必须会见导师，并在可能的情况下会见入职辅导员。

（3）联合听课。

督导中的一项重要内容是听课。首席督学将邀请校长、课程负责人和其他领导参加联合听课。督学会随机抽取课程进行督导；不会评价个别教师或他们的教学；不会对所观察到的教学进行评分，但要给予一定的反馈。督学组织联合听课的目的是通过听课了解学校如何践行其课程宗旨，以及将听课与其他证据（如与课程负责人、教师和学生的讨论，以及对工作的审查）联系起来为教育质量、行为和态度等指标的整体评价提供部分证据。在可能的情况下，督学会观察几节不同年级组同一学科的课程。

（4）作业审查。

督导中的另一项重要内容是对学生作业的审查。首席督学将邀请课程负责人和教师共同参与对学生作业的审查。督学不会随机抽查练习本、文件夹、草稿本、电子文件等，而是会仔细检查整个院系、部门、学科、关键阶段或年级组的学生的书本和其他作业，并汇总意见，为教育质量的整体评价提供部分证据。督学将把作业审查与听课情况联系起来，评估学生在一段时间内所做的作业能否实现课程的预期目标。作业审查将帮助督学了解学生是否知道得更多、能做得更多，他们所学到的知识和技能是否有一定顺序，并逐步发展。督学将综合分析他们观察到的情况，以便对一个院系、部门、学科、关键阶段或年级组的教育质量进行全面评估。

（5）在课间与学生交谈并观察学生的情况。

督学将在课间与学生交谈并观察学生的情况。这些时间段包括：在教学日的开始和结束时；在午餐时间，以及休息时间或游戏时间；在集会和辅导课上；在课程间隙；在丰富的活动期间（包括正常课程之外的俱乐部和活动）。督学将从广大学生那里收集正式的和非正式的证据。在与学生的非正式谈话中，督学会询问他们对学校的教学、学习和行为的体验，包括学校如何防止欺凌，以及如何处理任何形式的骚扰和暴力、歧视和偏见的行为。督学会尽力保证在没有其他成年人在场的情况下与学生交谈，使学生能够更自由地表达他们的意见。督学还将努力为学生提供机会，使他们更自由地谈论性骚扰、网上性暴力等问题。

（6）与管理人员和领导人会谈。

在整个督导过程中，督学会寻求与管理人员会面，首席督学还将定期与校长会面，以便对督导中出现的任何情况进行及时沟通。督导组将在督导过程中的不同时间点举行会议：在第 1 天的督导中期举行简短的会议；在第 1 天结束时举行会议，讨论与记录新的发现，并邀请校长参加；在第 2 天结束时举行会议，最终确定评价等级并确定需要改进的领域，同样将邀请校长参加；归纳关键的督导结果，为团队会议写出评价报告。

（7）对转制学院的特别关注。

当一所学校成为学院，或当多所学校合并成为学院时，新的学院在法律上被认为是一所新的学校。作为督导前计划的一部分，督学会查看前身学校的表现，通过这些数据来考虑新学院与其前身学校的表现水平相比有所提升或有所下降，以及是否调整了任何薄弱环节或发扬了前身学校的优势。但督学在对新学院作出评价时，必须向新学院明确说明他们在多大程度上考虑了其前身学校的绩效数据。

3. 督导后

督导结束后，由首席督学负责撰写督导报告，并在督导结束后及时向 Ofsted 提交相关的佐证材料。通常情况下，学校会在督导结束后 18 个工作日内收到不对外公布的报告草案，在督导结束后 30 个工作日内收到最终报告。学校对报告草案、督导过程和结果，以及最终报告都有权利提出意见和申诉，如果需要的话可以在收到最终报告后提出正式投诉。一旦学校收到最终报告，必须在 5 个工作日内确保注册在校的每位学生的家长都能收到报告的副本。

五、小结

《教育督导框架》和《学校督导手册》在新形势下对督导方和被督导方的工作

进行了全面且细致的规范，从中不仅可以看出英国督导制度中以督导促发展、环环相扣的严谨设计，也体现出 Ofsted 对推动教育公平、发展全纳教育的不懈追求。

第四节 《学校主导的辅导的指南：国家辅导计划》

英国教育部于 2021 年 11 月修订了《学校主导的辅导的指南：国家辅导计划》(以下简称《国家辅导计划》)①，为满足学生的不同需求,《国家辅导计划》归纳了国家辅导计划（National Tutoring Programme，NTP）的三种途径，以及它们相互补充的关系。《国家辅导计划》还就学校如何制订相关计划、获取资源和实施学校主导的辅导提出了指导意见。

一、背景

新冠疫情的暴发使得英国当地很多学生无法接受正常的学校教育，其中弱势学生受到的影响尤其严重。他们由于断断续续上学、无法获得远程学习设备或对在家自主学习不适应等因素，而处于学业落后于同龄人的境地。英国政府的研究显示，弱势学生于 2020 年秋季重返学校时，在小学和中学阅读方面落后其他学生约半个月的进度，在小学数学方面落后其他学生约一个月的进度；尽管秋季学期学生们取得了进步，赶上了进度，但在秋季学期的后半段，弱势学生在阅读方面仍然比他们的同龄人落后约半个月的进度，在数学方面则落后约一个月的进度。

在这样的背景下英国教育部开展了一项辅导计划，为弱势学生提供额外的、有针对性的支持，帮助他们赶上学习进度，以缩小因新冠疫情而扩大的教育差距。额外辅导是指教师、助教或其他专业教育工作者以一对一或小组的方式向学生提供集中和个性化的学术支持的一种形式。研究发现额外辅导对学生的学业进步能产生积极影响，与没有接受辅导的同伴相比，接受小组辅导的学生平均获取四个月的学业进步，接受一对一辅导则能取得五个月的学业进步，这主要是因为辅导能使学生获得更多的反馈、更加专注，同时辅导也能够更加针对学生的需求。

二、辅导途径

国家辅导计划的雏形于 2020 年 11 月推出，取得了较好的效果。2021 年，英

---

① Department of Education. School-led Tutoring: the Nation Tutoring Programme [EB/OL] . [2022-01-13] . https: //www.gov.uk/government/publications/school-led-tutoring-grant.

国教育部正式发布国家辅导计划，在第一阶段实践的基础上提出了三种辅导途径：辅导合作伙伴（Tuition Partner）、学术导师和学校主导的辅导。教育部鼓励学校积极运用这些途径的组合以获得一系列的辅导服务，满足一至十一年级学生的不同需求。

（一）途径一：辅导合作伙伴

辅导合作伙伴是指被评估为符合一定质量标准和认证标准，且被接受加入国家辅导计划辅导合作伙伴开放方案（NTP Open Access Scheme for Tuition Partners）的机构。辅导合作伙伴需要满足 13 项质量标准；如果辅导合作伙伴申请提供海外辅导员的辅导，则需要满足 14 项标准（见表 3-2）。

表 3-2　辅导合作伙伴质量标准

项目	质量标准
1. 了解学校的工作和面临的挑战	辅导合作伙伴展示出他们了解学校希望缩小学生之间成绩差距方面的需求，了解学校的工作方式，能利用该组织提供的辅导服务为学校构建一个合适的、专门的、基于经验的解决方案
2. 能够产生卓越的影响力	辅导合作伙伴能详细说明其帮助弱势学生提高学业成绩的健全系统与过程
3. 理解弱势群体学生	辅导合作伙伴展示他们对弱势学生的需求，以及满足这些需求和克服障碍的方法的理解，证据应基于经验和实施计划（建议）
4. 高质量的辅导员	辅导合作伙伴采用健全的招聘流程，包括设置适当的资格标准，并为其辅导员提供培训
5. 高质量的补习	辅导合作伙伴必须确认他们能够为学校和符合补习条件的学生提供高质量的 15 个小时的辅导
6. 高质量的辅导实施	辅导合作伙伴必须确认他们有健全的流程和系统以实施高质量的服务
7. 安全保护	辅导合作伙伴必须展示出他们有健全的系统和流程以确保辅导课程符合安全保护政策、法律和法定指南
8. 辅导服务的地域覆盖范围和能力	（1）辅导合作伙伴必须详细说明他们的地理覆盖范围和能力，以便为国家辅导计划提供全国性辅导服务的目标提供信息 （2）辅导合作伙伴必须有足够的地理覆盖面和规模，以获得管理部门的支持并满足国家辅导计划在规模上覆盖最弱势学生的愿望

续表

项目	质量标准
9. 物有所值	（1）辅导合作伙伴必须提交每 15 小时的辅导服务定价（含增值税） （2）教育部将通过主供应商为学校提供符合认证标准的补习课程费用补贴 （3）预计 2021—2022 学年接受辅导合作伙伴服务的学生总量将达到 52.4 万名，2022—2023 学年和 2023—2024 学年将达到 65 万名
10. 可持续发展	辅导合作伙伴必须有计划地发展该组织，并在辅导计划的有效期内建立为学校提供高质量课程的信心
11. 支持品牌	（1）辅导合作伙伴及其工作人员将以提升和促进国家辅导计划服务拥有高质量信誉的方式运作 （2）辅导合作伙伴将遵守国家辅导计划的核心内容，并将这些核心内容纳入他们的传播和营销框架 （3）辅导合作伙伴将与主供应商合作，以满足传播和营销要求
12. 数据保护	辅导合作伙伴将有健全的数据保护规定和程序，符合现行法律的要求
13. 经济和财务状况	（1）辅导合作伙伴必须具备良好的财务和经济状况，有足够的实力来管理学校的调用服务 （2）对申请成为辅导合作伙伴的组织，对其经济和财务状况的所有评估将是透明、客观和非歧视性的
14. 海外辅导员	有意向通过海外辅导员提供任何在线补习的辅导合作伙伴应采用完善的审查和健全的规定，以确保辅导员和学生都能获得与在英国境内进行补习完全相同的保护

辅导合作伙伴提供一定范围的学科辅导，通过小组或一对一的形式为伙伴学校的学生提供有针对性的补习，这种辅导途径为学校提供了额外的辅导力量，特别是为缺乏师资的学校补充了辅导资源；这种途径具有高度的灵活性，学校可以选择能满足其特定需求的伙伴。

所有公立学校都可以申请辅导合作伙伴，并以购买的形式从辅导合作伙伴处获得辅导服务。这个过程得到辅导中心平台（Tuition Hub Platform）的协助。政府将对学校的购买行为给予部分资助，2021—2022 学年将支付 70% 的费用，2022—2023 学年为 50%，2023—2024 学年为 25%。

（二）途径二：学术导师

学术导师是受雇于学校的工作人员，协助教师提供小组或一对一的学生辅导，辅导内容涉及讲解学科知识，复习功课或提供其他帮助。不同于辅导合作伙伴可以进行在线辅导，学术导师必须在学校开展辅导工作。

学术导师必须具有本科学历或接受过严格的教师培训。成为学术导师至少需要满足以下几个条件：（1）任何学科的大学二等学位及以上，或具有教师资格证书；（2）获得普通中等教育证书数学和英语 4 级（C 级）或以上，或具有其他同等标准的资格；（3）在辅导计划开展期间具备在英国工作的权利。国家辅导计划会根据被录取为学术导师的人员的自身技能和经验与学校的要求，将其与合适的学校相匹配。学校还可以根据实际情况，向国家辅导计划提名聘请特定候选人作为学术导师。

学校雇用学术导师同样可以得到教育部的资助，学术导师的年薪为 19000 英镑，2021—2022 学年学术导师 95% 的工资由教育部承担，其余 5% 由学校承担，养老金和国民保险等费用也要由学校承担。

（三）途径三：学校主导的辅导

这一辅导途径主要是通过直接向学校提供资金，促使辅导工作由学校主导，使学校能够利用内部或外部力量来满足学生的不同需求。学校可以选择更熟悉学生的教师或教学助理来提供辅导，也可以选择购买当地现有的辅导服务。学校主导的辅导使学校可以更灵活地使用辅导人员，这其中可能包括：（1）内部人员，如教师、教学助理或初级教师培训生；（2）外部人员，如代课教师、退休教师或返聘教师；（3）私人辅导员，如个人辅导员或辅导组织。

根据这一途径，英格兰所有符合资助条件的公立小学、初中和高中与学院将从教育部获得直接的、限定用途的拨款，用于学校主导的辅导。此项目主要是为了缩小弱势学生的教育差距，学校要重点关注因各种原因落后的学生，帮助他们赶上学习进度，如享受津贴的学生、具有特殊需求的学生、受到社会救助的学生。学校应该采取措施促进教师与辅导人员的互动，保证辅导课能够针对学生欠缺的知识与技能开展，巩固学生感到难以掌握的知识。

在实施辅导时，学校应考虑产生积极效果的因素：（1）辅导应与课堂教学内容和学生的特定需求相结合；（2）高质量、个性化的反馈对学生的进步至关重要；（3）经常性的评估和监测将有助于学生发现应重点关注的方面；（4）每次辅导时间不宜过长，辅导要经常化、可持续；（5）规模小的小组效果更佳；（6）极佳的计划、教学资源的支持、目的明确是辅导效果的重要保障；（7）辅导人员与学生和家长建立良好的关系至关重要；（8）辅导人员受过良好的培训是保证有效辅导的关键。

三、小结

英国国家辅导计划以缩小差距为目标，在制定三种辅导途径的过程中充分考虑了英国新冠疫情背景下的教育现状。综合而言，具有以下几点基本特征。

（一）以帮助弱势学生为主要目的

国家辅导计划的制定初衷，是给弱势学生提供额外的、有针对性的支持，帮助这些学生赶上进度，从而缩小因新冠疫情而扩大的教育差距。该项计划要求学校充分考虑学生的实际需求，从需求角度出发合理搭配使用辅导合作伙伴、学术导师和学校主导的辅导这三种辅导途径。三种辅导途径的具体实施均以帮助弱势学生为主要目的，通过科学安排辅导人员、制定辅导方法、规范辅导时间、确定辅导内容等，力图为弱势学生提供高效的辅导。

（二）减轻教师的工作负担和家长的经济负担

辅导工作的实施需要教师的额外付出，也会产生相应的费用，国家辅导计划考虑到了在职教师的工作压力，并没有将这一工作交由教师完成，而是设置了学术导师这一岗位，并且可以与校外辅导机构合作，运用辅导机构的资源来完成辅导工作，辅导所需的资金均由政府和学校方面承担，绝大部分由政府承担，而不是将负担转嫁给家长。在这样的情况下，在职教师可以更好地专注于本职工作，大大减轻自身工作负担。

（三）避免额外增加学生的学习负担

国家辅导计划的补习内容与课堂教学相关，通过小组或一对一的形式帮助处于落后趋势的学生跟上正常的教育教学进度。补习结合学生学习中的具体不足开展针对性辅导，而非揠苗助长，额外增加学生的学习负担。该计划是英国注重教育公平的具体体现，表达了英国教育对均衡发展的不懈追求。

第四章
法国教育政策与发展趋势

2021 年法国政府在基础教育方面，着重提升学生的基本素养，大力维护教育公平，促进学生的全方位发展；在高等教育与科研方面，为弥合社会阶层差异，积极改善青年学生生活条件，保护弱势群体，为保证科技优势，在卫生健康领域、网络安全领域和尖端技术领域不断开拓发展。

第一节　基础教育改革与发展

一、提升基本素养

（一）修订幼儿园课程

幼儿园是儿童学习融入集体并逐渐熟悉特定学习方式的地方。为此，法国于 2021 年 6 月修订并发布“幼儿园计划”（Programme de l’École Maternelle）[①]，重申了早期学习的特殊性。计划明确了教学的目标、预期习得的内容，将重点规定为语言和数学的学习，旨在帮助幼儿园儿童从 3 岁起实现发展，取得早期学习的成功，同时尊重每个儿童的发展步伐。

幼儿园时期的语言习得对于小学学习阅读和写作至关重要，法国国民教育和青年部将学习更广泛的词汇和认识语言的结构列为幼儿园的首要任务，开放外语学习，让儿童发现与他们已知语言不同的语言，并意识到可以通过法语以外的语言进行交流。数学则有助于思维的结构化。幼儿园通过结构化教学，利用游戏、动手操

---

① Ministère de l’Éducation Nationale et de la Jeunesse. Les Savoirs Fondamentaux，Qu’est-ce Que c’est [EB/OL] . [2021-08-01] . https：//www.education.gouv.fr/les-savoirs-fondamentaux-qu-est-ce-que-c-est-324683.

作、语言和解决问题等教学手段来发展学生的早期数学技能。此种教学旨在激发学生的好奇心和对研究的兴趣。

（二）启动数学教学计划

基于法国数学家塞德里克·维拉尼（Cédric Villani）和夏尔·多罗西安（Charles Torossian）在 2018 年 2 月提交的《21 项数学教学措施》（21 Mesures pour Enseigner les Mathématiques）报告中的建议，法国启动了一个庞大的数学教学计划，为小学和初高中提供资源、培训与管理工具，支持教师、培训人员、督导和学校领导实施数学教学计划，从而让学生的数学技能得到真正和持久的提高。①

1. 资源与培训

小学阶段，在每个地区安排一个经过定期培训的数学顾问（总共有近 1600 名地区数学顾问），在 6 年的周期内对所有学校教师进行定期培训。每 6—8 名不同学校的教师组成“星座”小组，共同分析学生面临的困难，进行交叉观察和同行交流，旨在发展适合当地情况的教学实践，并巩固基础科学知识。

计划中还要求定期出版教学指南，例如《数字、计算和解决问题：小学一年级教学指南》和《解决问题：初中教学指南》，指南的内容涉及数学教学中的关键议题，为教师、培训人员和校长提供新资源，包括教学方法、课程与校长的教学和组织管理相关资源。

此外，该计划还组织全国性的培训研讨会，旨在提升学术水平，并在相关网站上提供培训课程；提供根据国家和国际标准而设计的期中评估工具，对高一学生进行数学评估，帮助教师衡量学生的进步情况，从而为学生提供个性化支持；每年组织“生活数学大论坛”（Grand Forum des Mathématiques Vivantes），学生和教师可以通过相关视频了解讲座和辩论信息，获取相关资源；制定初高中教科书参考表格，帮助教学团队对教科书进行反思性阅读；向小学一年级学生分发 10 万套数学卡片，唤起学生、学校和家庭对数学的兴趣，培养学生的逻辑能力、严谨性、专注力、记忆力，并锻炼他们的数学能力。②

---

① Ministère de l'Éducation Nationale et de la Jeunesse. Relever le Niveau en Mathématique de la Maternelle à la Terminale [EB/OL]. [2021-08-01]. https://www.education.gouv.fr/relever-le-niveau-en-mathematique-de-la-maternelle-la-terminale-324680.

② Ministère de l'Éducation Nationale et de la Jeunesse. Un Plan pour l'Enseignement des Mathématiques [EB/OL]. [2022-02-01]. https://eduscol.education.fr/390/un-plan-pour-l-enseignement-des-mathematiques.

2. 专用场所

除资源与培训的支持外，该计划还提供场所支持，数学实验室主要面向教师，是初中和高中的专用空间，有助于教师团队实现专业发展，解决教学连续性问题。法国已创建 300 多个数学实验室，其中有 150 个在初中。除此之外，学校层面上组织的数学俱乐部也为学生提供了一个可选的课外活动，作为课堂教学的补充。教师、校长和督导将获得指导手册，以便于在学校和学术层面创建和扩大俱乐部。

（三）发展数字技能

在一个技术不断发展的社会中，数字技能是学校教育、就业和公民身份的重要组成部分。从 2017 年到 2021 年，法国教育部门实行了一系列培养学生数字技能的措施：学校提供数字技能培训；从 2019 年开始引入数字素养框架（Cadre de Référence de la Compétence Numérique）；在小学毕业年级和初中一年级的定期评估中加入对学生数字素养的评估；对初中和高中毕业生掌握数字技能的水平进行认证；在高一开设数字科学和技术课程，在高二、高三开设数字和计算机科学课程。①

在数字技能的发展中，学生可以利用 Pix 网站进行自我学习、评估和认证。Pix 向初二以上的所有学生开放，提供适合每个学习者水平的测试，既能确保评估的可靠性，又能激发他们学习的欲望。自 2019 年开始，学校拥有专门的“Pix Orga 空间”，教学团队可以生成测试路径，以监测学生的成绩。每个学生从初二开始都有一个 Pix 账户，这个账户将跟随他的整个学业生涯，建立起他个人的数字技能档案，并为将来的认证做准备。Pix 认证受到国家和专业领域的认可，能帮助学生寻找实习、进一步发展高等教育，以及融入社会。2021 年 5 月和 6 月 Pix 安排了近 3.4 万次认证课程，使 48 万多名学生得到了认证；9378 所公立和私立学校使用“Pix Orga 空间”；共计 2620082 名学生开通 Pix 账户。

（四）丰富课外活动

在校内，法国实行“周三计划”（Plan Mercredi），开展优质休闲和教育活动，该计划覆盖了 5000 多个城市，54 万个场所，之后还将投入 1.22 亿欧元国家资金用于拓展 25 万个新场地；实行体育通行证（Pass Sport）制度，投入共计 1 亿欧元资金，为每个学生提供 50 欧元的国家援助，帮助他们加入体育协会。为了确保学生在安全的情况下进行更多的体育活动，法国推出“学会游泳”计划，为 6—11 岁的儿童

---

① Ministère de l’Éducation Nationale et de la Jeunesse. Développer les Compétences Numériques Tout au Long de la Scolarité [EB/OL] . [2021-08-01] . https: //www.education.gouv.fr/developper-les-competences-numeriques-tout-au-long-de-la-scolarite-324659.

提供游泳课程，并积极建造和改造泳池；推出“学会骑自行车”计划，从小学开始，让儿童参加一到两周的培训课程，学会踩踏板、循环踩踏，最后知道如何在公共道路上骑自行车。这将让他们在进入初中时能够自主且安全地骑行，同时提高他们对可持续发展的认识。

在假期中，学生可以加入“学习型假期”项目，该项目旨在满足学生经历隔离政策后对集体活动、分享和重新学习知识的需求，让因隔离而变得脆弱的学生能够从强化学习、教育和休闲活动中受益。① 其中，“开放学习型学校”提供晨间活动，旨在加强学生的学术技能，特别是基础知识技能，下午则结合当地气候和生物多样性情况，提供文化、体育和自然探索活动。此外，为了提高对可持续发展的认识，还有组织学生到农村地区旅行的“野外学校”，学生们可以到乡村或沿海地区的开放学校去发现自然和当地的文化遗产，或者一起在帐篷里进行小型露营。这些旅行可以使学生在面对特殊的生活条件时获得更大的自主性。该项目欢迎小学一年级至高中毕业年级的学生，并特别关注职业类学校，它主要面向教育优先区的学校和机构，但也针对偏远农村地区和所有被疫情影响和被疫情带来的经济危机所影响的地区。

（五）巩固共和原则

2021 年，所有学校都收到了一份“共和指南”（Guide Républicain），指导教学团队教授、捍卫和实现共和国公约所体现的价值观。另外还有一份补充指南，教导学生在小学学会尊重他人。

2021 年 9 月，国民教育和青年部发起全国促进学校世俗主义运动——“这就是世俗主义”，通过互联网和社交网络以及学校和教育机构，向公众展示一套由 8 张海报构成的教具。② 其中，4 张适用于 9—11 岁的儿童，4 张适用于 12—18 岁的儿童。该活动旨在表明世俗主义不仅是支撑法国社会契约的原则，还是学生日常生活的一部分，让无论什么信仰的学生都能自由、平等和团结地生活。每张海报都突出了世俗主义的一个方面，包括共和国的价值观、自由、平等、博爱、相互尊重，通过日常生活中的例子向学生解释世俗主义原则及其在学校的意义和挑战。这些海报都附有教育资源，可通过扫描海报上的二维码或通过国民教育和青年部

---

① Ministère de l’Éducation Nationale et De la Jeunesse. Vacances Apprenantes : École Ouverte Été 2021[EB/OL] . [2021-08-01] . https: //eduscol.education.fr/1875/vacances-apprenantes-ecole-ouverte-ete-2021.

② Ministère de l’Éducation Nationale et De la Jeunesse. Lancement d’une Campagne Nationale de Promotion de la Laïcité à l’École [EB/OL] . [2021-08-01] . https: //www.education.gouv.fr/lancement-d-une-campagne-nationale-de-promotion-de-la-laicite-l-ecole-324737.

官网访问。从 2021 年 8 月 30 日起，学生能在国民教育和青年部网站上找到世俗主义活动的所有信息与“共和指南”。此外，所有教师和学生都可以借助相关平台获得在线辅导和互动培训，其中的世俗主义培训课程由大约 20 分钟的自我培训模块组成，包括法国世俗主义历史的要素、世俗主义的意义和挑战、学校世俗主义宪章，以及学校生活或教学情况。①

（六）普及普遍国民役

普遍国民役是义务教育的补充项目，旨在让法国青年充分参与国家生活，提升他们的公民责任感和民族团结感。② 尽管在疫情时期，2021 年法国的志愿者招募活动还是从 15—17 岁的年轻人那里收到了超过 28000 份申请。在严格遵循疫情防控政策的前提下，法国所有省份于 2021 年 6 月 21 日至 7 月 2 日为 17500 名年轻志愿者组织了一次凝聚力活动，让他们通过具有凝聚力和共和国价值的两周集体生活来感受社会和地区多样性。

普遍情况下，普遍国民役项目的第一阶段是为期一个月的义务工作，活动主题包括体育运动、公共服务知识、政府和欧洲机构、文化遗产、国防和安全、可持续发展和生态转型等。青年均集体住宿，并可以在协会、地方政府或公共机构与特定机构中进行活动。第二阶段是至少三个月、至多一年的志愿工作，该阶段鼓励年轻人在国防和安全相关领域服务，如军队、警察、宪兵、消防队、民事安全、作战预备队，但也可以选择从事与文化遗产、环境保护或社会关怀相关的志愿工作。③ 这种凝聚力活动让年轻人有机会结识每天都在为公共利益而工作的社会参与者，帮助他们积极进入公民身份。

二、维护教育公平

（一）反对校园欺凌

经过在 6 个学区的 2 年试验后，反欺凌计划在 2021 学年得到了普及。试验表明，整个法国教育界都被动员起来，这对学校氛围、教育环境的安全和学生的参与

---

① Ministère de l’Éducation Nationale et de la Jeunesse. La Laïcité à l’École：Outils et Ressources［EB/OL］.［2021-12-01］. https：//eduscol.education.fr/1620/la-laicite-l-ecole-outils-et-ressources.

② Ministère de l’Éducation Nationale et de la Jeunesse. Les Réformes Prioritaires du Ministère de l’Éducation Nationale，de la Jeunesse et des Sports［EB/OL］.［2022-06-01］. https：//www.education.gouv.fr/en-conseil-des-ministres-les-reformes-prioritaires-du-ministere-de-l-education-nationale-de-la-323627.

③ Ministère de l’Éducation Nationale et de la Jeunesse. Le Service National Universel（SNU）Jeunesse Engagée［EB/OL］.［2021-12-01］. https：//www.education.gouv.fr/le-service-national-universel-snu-jeunesse-engagee-5381.

产生了非常积极的影响。该计划基于以下几个原则：评估学校氛围；防止欺凌行为；形成专业人员和教职工对学生的保护社群；在欺凌情况下进行有效干预；让家长和合作伙伴参与进来，并就方案进行沟通；调动学校民主机构与健康、公民和环境教育委员会，监测这些行动的影响；提供一个专门的资源平台。

（二）保护学生健康

法国实行学校免费早餐制度，以应对粮食无保障问题，自 2020 年 9 月以来，23.8 万名学生受益于该措施，并计划在 2021—2022 学年惠及 30 万名学生。另外，法国还要求学生在 6 岁时进行强制体检，以便及早发现可能导致日后学习困难的疾病，入学 12 年后进行第二次强制体检。法国还鼓励学生日常进行体育锻炼，以对抗儿童和青少年的超重和肥胖，在巴黎将举行 2024 年奥运会的契机下，法国各地小学启动了一项试验，让学生每天进行 30 分钟的体育锻炼。2021 年 3 月，有 2000 所学校进行了该项试验。①

（三）缩小班级规模

为了减少社会和地域不平等对学生学业的影响，在教育优先区，幼儿园大班正在进行拆分，力图缩小班级规模，在小学一、二年级也将继续施行该政策。该政策从 2017 学年开始实施，将学生人数减少到每班不到 15 人，并为学生提供个性化帮助，以实现 100% 成功掌握基础知识（阅读、写作、计数、尊重他人）。2021 年初，教育优先区的所有小学一、二年级学生，以及近一半的幼儿园大班学生共计 33 万人受益于该政策。下一学年开始将推广至所有幼儿园班级。而教育优先区以外的幼儿园大班与小学一、二年级人数限制在每班 24 名学生，以此为所有学生创造更好的教育条件，也有利于他们的基础学习。2021—2022 学年开始时，法国超 86% 的公立学校中幼儿园大班与小学一、二年级每班学生人数不超过 24 人。

（四）发展全纳学校

法国希望学校是欢迎和关注每个学生的学校，为此，法国将残疾学生的就学作为政府的优先事项。截至 2021 年 9 月，全纳辅助中心（pôle inclusif d'accompagnement localisé，PIAL）已覆盖了法国的所有地域，每个省都有专门的服务机构，并配备一个用于帮助困难家庭的倾听单位，与社会医疗部门进行更密切的合作。全纳学校旨在为所有有特殊教育需求的儿童或残疾儿童提供教育。2021—2022 学年起，超过

① Ministère de l'Éducation Nationale et de la Jeunesse. Priorité au Primaire: Permettre à Chaque Élève d'Acquérir les Fondamentaux pour Assurer Sa Réussite [EB/OL]. [2021-11-01]. https://www.education.gouv.fr/priorite-au-primaire-permettre-chaque-eleve-d-acquerir-les-fondamentaux-pour-assurer-sa-reussite-326116.

40 万名残疾学生就读于全纳学校，其中包括 20 万名小学生，5 年间学生数量增长了 19%；学校中帮助残疾学生融入校园生活的特殊学生伴读人员超 12.5 万人，5 年内增长 35%。此外，法国还在继续创建新的包容性系统，旨在帮助残疾人就学，本地包容性教育单位（Unités Localisées pour l'Inclusion Scolaire，ULIS）新增 350 个，总数为 5097 个；开设 85 个新的孤独症系统的幼儿园和小学教学单位。

（五）支持弱势地区

法国国民教育和青年部一直致力于对抗社会决定论，为全国所有的学生提供相同的机会。① 从 2021—2022 学年开始，将在弱势的小学、初中和高中试用“地方支持合同”。目前的教育优先区无法应对所有困难情况，地方支持合同将能够为教育优先区或有特殊支持需求的学校提供额外支持。学校提出的支持需求可以是跟教学、教育、社会、学校氛围、社会多样性、人力资源或任何其他影响学生成功的因素相关的问题，每一份合同都将根据学校提出的需求进行量身定做。该合同首先在 3 个预设学区（艾克斯－马赛、里尔和南特）进行测试，随后在 2022 年推广和普及。

此外，法国还将开展“农村教育区计划”（Territoires Éducatifs Ruraux），为农村学校提供持续支持。农村学校的学生特点是学习成绩良好，至少在初中结束之前是这样，但他们在未来方向和进一步学习上的抱负较低。为了保证这些地区的学生在未来有同样的机会，法国将利用 3 个举措强化农村教育：加强地方合作和教育联盟；丰富教学和教育服务，推广方向指导和平等机会支持系统；提高乡村学校的吸引力和对教职工的支持。该计划面向因其地理位置而受到削弱的地区（农村、山区、小城镇和偏远城镇），并围绕由至少 1 所初中及其附属小学组成的网络进行部署，高中也可以被纳入该计划中。自 2021 年 1 月起，该计划首先在 3 个预设学区（亚眠、南锡－梅斯和诺曼底）进行试验，目前已有 24 个试点地区、2.4 万名学生、155 所小学和 27 所初中加入该计划。

最后，“教育城市”（Cités Éducatives）计划是一项旨在加强最困难的城市政策优先区（Quartiers de la Politique de la Ville，QPV）的教育领域行动，通过国家服务、社区、协会和居民的共同推动来动员教育问题的所有参与者，以确保教育的连续性。

（六）“成功纽带计划”

“成功纽带计划”（Cordées de la Réussite）是法国国民教育和青年部促进多样性

---

① Ministère de l'Éducation Nationale et de la Jeunesse. Donner les Mêmes Chances à Tous les Élèves sur Tout le Territoire [EB/OL]. [2021-08-01]. https://www.education.gouv.fr/donner-les-memes-chances-tous-les-eleves-sur-tout-le-territoire-324656.

和平等机会、帮助学生确定和实施学业方向规划的主要方式之一。[①] 该计划遵守由国民教育和青年部与高等教育、研究和创新部（以下简称高教部）共同签署的“成功纽带计划”宪章，在初高中和高等教育机构之间架起了一座桥梁。具体而言，该计划对学生从初三到高中再到高等教育的路径提供持续支持和指导，拓宽学生的文化视野，提供 STEM 科目的学术辅导，帮助年轻人发展科学技能和知识，并鼓励他们的学术抱负。

大学校、公立大学等高等教育机构或拥有大学预科班和高等技术系的高中是“领头人”；普通、技术或职业初高中，尤其是在教育优先区、城市政策优先区或远离大都市地区的农村地区的学校则是“跟随者”。这种合作关系不限于学生和学生之间的单一联系，而是提供全面帮助，活动由“领头人”和“跟随者”共同设计，并得到教育部门的支持。此外，每年 1 月，法国各地都会举办专门针对“成功纽带计划”的特别活动。

该计划主要面向就读于教育优先区或城市政策优先区，以及来自农村和偏远地区的初中和高中学生。这些学生的社会经济背景较弱，他们的教育抱负往往因远离大城市而受阻。此外，该计划也支持职业高中学生、残疾学生和女学生参与，还鼓励缺乏自信和不敢主动的学生参与，不要求他们有非常好的学业成绩。计划主要为他们提供更加个性化的课程。该计划有助于打破高等教育方面的陈规和解决不平等问题，防止学生自我束缚。

2021—2022 年，法国调动所有初中、高中、高等教育机构和学区，使“成功纽带计划”得以扩大：20 万名初中和高中学生受益于该计划，而 2019 年受益学生仅为 8 万名；3800 所初中和高中之间建立伙伴关系超 800 个，而 2019 年约为 400 个。此外，该计划作为法国经济复苏计划的一部分，还将收到政府的额外拨款 1000 万欧元。

（七）学区制改革

法国学区制规定学生必须在其家庭所在的学区的学校就读，但符合额外条件的可以向该学区督导申请，使学生不受学区制的限制。有关学区制的批评最主要

---

① Ministère de l'Éducation Nationale et de la Jeunesse. Les Cordées de la Réussite：Permettre Aux Élèves de Bâtir et de Concrétiser un Projet d'Orientation［EB/OL］.［2022-06-01］. https：//www.education.gouv.fr/les-cordees-de-la-reussite-permettre-aux-eleves-de-batir-et-de-concretiser-un-projet-d-orientation-306210.

在于它无形中划分了社会阶层，保护了许多有经济实力或有良好人脉的家庭。[①] 因此，自 2021 学年起，申请将优先考虑残疾学生、有特殊医疗需要的学生和获奖学金的学生，学区督导也将不再接受为个人方便而提出的额外申请。这一措施旨在提高获奖学金的学生进入心仪初高中的机会。为此，教育部门与近百所高中建立契约化制度，超平均学业水平最多的高中必须将其学生中获奖学金的学生占比至少提高 50%，该目标根据每个学校的情况和其接收能力进行调整。这些高中将对弱势背景的学生的成功做出承诺，欢迎他们进入学校。此外，一些获奖学金的学生或来自教育优先区的学生希望在条件更好的学校中学习相应课程，而他们在其所在的地理区域则无法给他们提供机会，这些特定学区的学生将可以被优先考虑跨学区就读。

三、发展艺术与人文教育

（一）艺术与文化教育

2017 年，法国国民教育和青年部将艺术与文化教育的普及作为除基本知识教育外的优先事项之一，以便让学生更好地了解世界、实现自我发展，以及获得平等的机会。2018 年提出的“艺术文化在学校计划”（Plan à l’École des Arts et de la Culture）旨在向所有学生普及阅读、歌唱、口才、视觉教育与媒体和信息素养五大艺术文化领域相关能力的教育。

2021—2022 年，以下五项行动将继续开展：阅读被宣布为一项伟大的民族事业，将成为进一步开展的主题；组织返校音乐聚会，100 个新的学校合唱团将在由袖珍音乐协会（Concerts de Poche）和贝登古–舒勒基金会（Fondation Bettencourt-Schueller）联合开展的培训活动中崭露头角；通过“半小时口才锻炼”培养口语能力；与法国国家电影与动画中心合作开展“公民参与和生活”电影俱乐部计划，让人们借此围绕公民问题进行辩论；在莫里哀纪念周年之际，出版初中和高中戏剧实践发展指南，出版各级所有学科的媒体和信息素养系统教学指南。此外，法国为学生接受艺术与文化教育提供新路径，包括在初高中建立文化通行证制度，以及建立国立高等艺术文化教育高等研究所（Institut National Supérieur de l’Éducation Artistique et

---

① Ministère de l’Éducation Nationale et de la Jeunesse. Favoriser le Développement de la Mixité Sociale［EB/OL］.［2021-08-01］. https://www.education.gouv.fr/favoriser-le-developpement-de-la-mixite-sociale-324668.

Culturelle，INSEAC）。①

具体来看，2021 年 6 月，法国国民教育和青年部宣布，关注青少年与远离阅读的人群，将阅读置于所有法国人生活的核心。② 学生对包括阅读、写作及算数在内的基础知识的不平等掌握是他们在学校生涯中追求成功的主要障碍。早在 2017 年，法国国民教育和青年部与文化部就出台了一系列举措，旨在拉近年轻一代与书籍、阅读的关系。多年来，法国致力于通过"一刻钟阅读"、"学校图书馆"、"假期一本书"、朗读比赛等丰富多样的形式开展阅读活动，激发儿童与青少年对阅读的兴趣。③

2021—2022 学年，法国国民教育和青年部延续之前的举措，并为各阶段学生构建阅读新路径。在初高中，实行"文化通行证"（Pass Culture）制度；延伸"青年书店"（Jeunes en Librairie）业务，扩大儿童与青少年的朗读范围。进一步发展季度小时读数，并普及有声读物和播客，促进书籍大众化。

法国国民教育和青年部提出，伟大民族事业的下一个亮点就是进一步扩大"朝着书籍出发"（Partir en Livre）图书节的影响力，让书籍更贴近年轻人及其家庭，推动自由阅读理念的传播。此外，由法国文化部创办的"读书之夜"（Nuits de la Lecture），动员图书馆和书店网络为民族事业服务，将开放时间延长至晚上，并组织原创性、多样化的现场或远程活动。

（二）人文学科

法国为重振人文学科在初中和高中的地位，通过教授欧洲古代语言（如拉丁语和古希腊语）和古代文化加深学生对法语（词汇、句法）及其文化的掌握。为此，教育部门建立了欧洲古代语言教学联盟，加强古代语言和古代文化教学相关的师资培训，为教师提供"人文数字之家"（Éduscol-Odysseum）网站的资源参考；在初中和高中鼓励学习一种古代语言和一种或多种外国或地区的语言，为技术类高中开放古代语言和古代文化的选修课。

---

① Ministère de l'Éducation Nationale et de la Jeunesse. Apporter une Culture Humaniste à Chaque Élève [EB/OL] . [2021-08-01] . https://www.education.gouv.fr/apporter-une-culture-humaniste-chaque-eleve-324653.

② Ministère de l'Éducation Nationale et de la Jeunesse. Mobilisation en Faveur du Livre et de la Lecture [EB/OL] . [2021-09-01] . https://www.education.gouv.fr/mobilisation-en-faveur-du-livre-et-de-la-lecture-7205.

③ Ministère de l'Éducation Nationale et de la Jeunesse. Eté 2021-Été 2022: la Lecture，Grande cause Nationale [EB/OL] . [2021-12-01] . https://www.education.gouv.fr/ete-2021-ete-2022-la-lecture-grande-cause-nationale-323642.

四、疫情防控相关政策

（一）保证教学连续性

自2020年以来，所有学校都设立了教学连续性单位，建立了全国教学连续性学术通讯员网络，以促进教育部门与校方之间的对话。校长受邀制订教学连续性计划，以应对各种可能出现的情况，确保所有学生都能照常继续学习。[①]

远程学习方面，法国利用新资源推动数字教学实践，实施混合教学。新冠疫情开始以来，数字服务一直支持着教师的教学实践。法国国家远程教育中心（Centre National d’Enseignement à Distance，Cned）于2020年3月推出了由三个平台和一个面向学生和教师的虚拟课堂组成的“我的家庭课堂”（Ma Classe à la Maison）系统。自2021学年开始，该系统发生了变化，现在提供了一个更加简单的仅由虚拟课程组成的模式，该模式不再需要教师和学生提前创建账户。事实上，在开学前的准备时间里，每位教师都会在他们的教学消息系统上收到两个虚拟课程的访问链接。第一个链接独特且颇具个性化，供教师启动和管理他的虚拟课程，设有等候室。第二个链接将分发给其学生，以便他们加入虚拟课堂。如果这些链接丢失或想要创建带有等候室的虚拟课堂，也可以从学术内部门户或国家远程教育中心平台访问。截至2021年4月，超过1000万人使用了这个虚拟课堂。

（二）落实校园疫情防控

为使校园和教学机构保持开放，进行线下教育，法国国民教育和青年部与学校努力保障环境的安全。在卫生方面，学校加强卫生措施以防止污染。通过严格执行与卫生部共同制定的卫生准则，保证能够进行面对面教学。此外，如当地情况需要，则在高中实施混合教学；在特殊情况下，也可以在初中三年级和四年级进行混合教学。

在打破传染链方面，学校从2020年9月开始实施接触者追踪协议，对确诊病例和密切接触者进行及时隔离。

在病毒检测方面，从2020年11月出现聚集病例和病毒活跃区后，校园开始进行鼻咽拭子抗原检测；从2021年2月起，全法国学校和教学机构组织了大规模的对唾液样本的筛查测试，这种采样方法侵入性小，更适合初等学校的学生。卫生部总共为教育部和各地的学校、教育机构的学生和职工提供了超过350万次抗原检测和450万次唾液检测。此外，春假结束后，卫生部向职工发放鼻拭子抗原自检，让他

---

① Ministère de l’Éducation Nationale et de la Jeunesse. S’Appuyer sur les Acquis de la Crise Sanitaire［EB/OL］.［2021-06-01］. https://www.education.gouv.fr/s-appuyer-sur-les-acquis-de-la-crise-sanitaire-324686.

们每周在家进行两次检测，随后给学校里的学生提供自我检测工具，让他们在成人的监督下进行自检。

在职工保护方面，卫生部为工作人员提供了防范病毒所需的设备，为学校、教育机构、行政服务部门的工作人员和学生提供 8000 万个口罩，为有特殊教育需要的学生和他们身边的工作人员提供 60 万个口罩。此外，工作人员能享受学校和机构组织的所有活动，以及享有核酸检测优先权。2021 年 2 月 17 日起，法国开放 55 岁以上与学生接触的工作人员的疫苗接种，自 5 月 24 日起，向所有小学、初中和高中与学生接触的全年龄教职员工开放疫苗接种，这比普通民众早了一周。绝大多数教师都申请了接种疫苗。

第二节　高等教育改革与发展

一、2021 年“高校录取通路”运行情况

2021 年，作为高中毕业会考改革全面施行的第一年，“高校录取通路”（Parcoursup）向 931000 名申请者，发出了 370 万个录取答复（与 2020 年相比增加 6.5%），810600 名考生收到了一个或多个录取答复，647040 名申请者接受了录取答复；93% 的高中生至少收到了一个录取答复，略高于 2020 年；82.7% 的再定向学生至少收到了一个录取答复，比 2020 年多 1.4 个百分点。

2021 年，“高校录取通路”提供了 19500 个培训，与上一年相比，该平台提供了 2400 多个新培训。其中包含 6000 多个学徒制培训（与 2018 年相比增加了 118%）。202000 名申请者填报了学徒志愿，与 2020 年相比增加 16.2%，录取的申请者数量增加了 24%。[①]

新一年的“高校录取通路”平台于 2021 年 12 月 21 日开放，申请者可从 2022 年 1 月 20 日开始填报志愿。平台提供 19500 多个国家认可的培训，其中包括许多学徒制培训，以满足年轻人及其家庭的期望与公司和地区的需求。“高校录取通路”平台不断改进，为用户提供清晰、完整和有用的职业选择信息，每个培训都以详细表格的形式呈现，允许高中生查阅的基本信息包括培训内容、高中课程建议，详细介绍培训所需的技能和知识、文件审查的一般标准及其重要程度，以及 2021 年进

① Ministère de l’Enseignement Supérieur et de la Recherche. Parcoursup 2021: Bilan de la Procédure [EB/OL]. [2022-02-23]. https://www.enseignementsup-recherche.gouv.fr/fr/parcoursup-2021-bilan-de-la-procedure-51925.

入培训的概率，以便学生了解培训所需水平。①

二、保护弱势群体

（一）打击性别歧视和性暴力

2021 年 10 月 15 日，法国高教部宣布开展一项打击高等教育和研究中的性别歧视和性暴力的国家行动计划，并成立多个检查团，以支持高校与性别歧视和性暴力情况做斗争。自 2017 年以来，高教部已然开展了许多行动，例如支持实地倡议、组织会议、出版指南和发起国家宣传运动等。当前，该计划的主要目标是预防和管理性别歧视和性暴力事件，并就当前情况共同采取进一步措施。该计划包含 4 个方针：针对整个高等教育和研究界的大规模培训和宣传计划，加强报告机制及其运作，强化沟通、预防，促进学生和教职员工的参与。该计划将在 2021 年至 2025 年期间动用 700 万欧元资金。②

此前，国家支持中心已由卫生部和高教部于 2019 年 7 月成立，用以应对学生的紧急情况和困境。2021 年 9 月 16 日，两个部门决定：使国家支持中心执行的任务正规化并进一步发展；确保任务的可持续性；开发一个更易于操作的系统，更透明、更易读、所有人都可使用。今后，国家支持中心将成为打击高等教育中的性别歧视和性暴力国家行动计划的一部分，其任务包括：明确在学校层面报告和处理遭受暴力的学生的程序；开发一个可供团队和学生使用的手册，以便非常准确地描述当一个人是受害者或涉嫌性别歧视和性暴力时要采取的措施；提高现场参与者（学生和工作人员）对打击性暴力和基于性别的暴力、骚扰的认识；预防和识别痛苦和职业倦怠；确保为地方支持团队提供培训；确保地方团队为拨打举报电话的学生提供支持。③

---

① Ministère de l'Éducation Nationale et de la Jeunesse. Parcoursup 2022: Ouverture du Site d'Information [EB/OL]. [2022-02-23]. https://www.education.gouv.fr/parcoursup-2022-ouverture-du-site-d-information-326764.

② Ministère de l'Enseignement Supérieur et de la Recherche. Une Nouvelle Étape dans la Lutte Contre les Violences Sexistes et Sexuelles dans l'Enseignement Supérieur et la Recherche avec le Déploiement d'un Plan National d'Action [EB/OL]. (2021-10-15) [2022-02-23]. https://www.enseignementsup-recherche.gouv.fr/fr/une-nouvelle-etape-dans-la-lutte-contre-les-violences-sexistes-et-sexuelles-dans-l-enseignement-51410.

③ Ministère de l'Enseignement Supérieur et de la Recherche. Bien-être et Qualité de Vie des Étudiants en Santé: une Structure de Coordination au Cœur des Institutions [EB/OL]. (2021-09-16) [2022-02-23]. https://www.enseignementsup-recherche.gouv.fr/fr/bien-etre-et-qualite-de-vie-des-etudiants-en-sante-une-structure-de-coordination-au-coeur-des-50447.

（二）建立“我的残疾通路”

2020 年，法国残疾青年接受高等教育的概率是 2005 年 2 月 11 日《权利与机会平等法》通过时的 4 倍，即便如此，在 2020 学年开始时，残疾学生也仅占学生总数的 1.82%。

为了鼓励残疾青年继续学习，向他们提供可能的支持与援助，并清晰呈现相关信息，2021 年 12 月 3 日，高教部启用“我的残疾通路”（Mon Parcours Handicap）平台。该平台可以回答学生或未来学生可能遇到的许多问题，也适用于他们的父母或照顾者，同时也可以进行相关信息传递。该平台还节省了残疾学生查找信息的时间，使他们的日常生活更加轻松，其内容主要包含：高等教育学习程序，对残疾学生开展研究的协助，方向指导，学生生活，职业生涯准备，联系人。[①]

三、为青年提供支持

（一）提供 1 欧元餐食

2021 年 1 月 25 日，法国总统马克龙宣布，即日起，所有的学生，无论是获奖学金学生还是非获奖学金学生，无论是法国学生还是国际学生，都可以在大学事务管理中心的公立学生餐厅和食堂享受价格仅为 1 欧元的餐食（此前的价格为 3.3 欧元）。由于管控，每个学生可以直接购买两份饭菜，一份作为午餐，一份作为晚餐，每份饭菜的价格是 1 欧元。为了符合卫生规定，学生将外带这些餐食。学生可以使用多种支付方式，如信用卡和现金。[②] 全法的公立学生公寓已经开设了近 400 个销售点，提供外带餐点，并将根据需要开设更多的销售点。除了开胃菜和甜点，1 欧元餐食还包括专业餐饮团队制作的热腾腾的家常菜，为学生提供营养均衡的膳食。该项措施使得每周分发的餐食数量增加了 5 倍，从 160000 份增加到 780000 份，其中，非获奖学金学生的餐食获取数量增加了 8 倍，从大约 50000 份增加到超过 450000 份。[③]

---

① Ministère de l’Enseignement Supérieur et de la Recherche. La Plateforme « mon Parcours Handicap » Propose Aux Lycéens et Aux Étudiants des Clés pour les Accompagner dans Leur Cursus d’Enseignement Supérieur［EB/OL］.（2021-12-03）［2022-02-23］. https: //www.enseignementsup-recherche.gouv.fr/fr/la-plateforme-mon-parcours-handicap-propose-aux-lyceens-et-aux-etudiants-des-cles-pour-les-82480.

② Ministère de l’Enseignement Supérieur et de la Recherche. Un Repas à un Euro pour Tous les Étudiants dans Tous les Crous［EB/OL］.（2021-01-29）［2022-02-23］. https: //www.enseignementsup-recherche.gouv.fr/fr/un-repas-un-euro-pour-tous-les-etudiants-dans-tous-les-crous-46897.

③ Ministère de l’Enseignement Supérieur et de la Recherche. 5，5 Millions de Repas à 1 Euro Servis par les CROUS Depuis Fin Janvier 2021［EB/OL］.（2021-04-13）［2022-02-23］. https: //www.enseignementsup-recherche.gouv.fr/fr/55-millions-de-repas-1-euro-servis-par-les-crous-depuis-fin-janvier-2021-47020.

（二）新学年增加额外学额

2021 年 7 月 2 日，高教部部长宣布增加 19000 个额外学额，其中包括 14000 个针对经济欠发达地区的学额，以及 5000 个高级技师证书学额和地方倡议补充培训学额，以满足学生在当地继续短期学习的愿望，为进入劳动力市场做好准备。[①]

（三）颁布《大学生开学指南》

2021 年 8 月 16 日，高教部发布《大学生开学指南》[②]，详细介绍了 2021 年开学季法国政府在改善大学生生活条件方面的举措。

1. 减轻经济负担

在法国，学生和国家共同承担大学教育的花费。高教部明确表示，综合考量高等教育各阶段的情况，法国政府每年用于每个大学生教育的支出将确定为近 1 万欧元。面对新冠疫情，2021 年 7 月 30 日，高教部宣布在 2021—2022 学年开始时，将奖学金金额提高 1%，即 2020 年通货膨胀率的两倍。2019—2020 学年以来，法国政府已将奖学金金额提高了 3.3%。新冠疫情以来，法国已实施多个援助计划：2020 年 12 月，向所有奖学金获得者提供 150 欧元的一次性援助；在 2020 年和 2021 年连续冻结了大学注册费和公立学生公寓的租金，将紧急援助资金翻一番（无论是否为奖学金获得者）。[③] 同时，法国政府还简化了此项紧急援助资金的申请手续，并为遭遇严重经济困难的学生设立了全国服务热线。

2. 缓解住房压力

住房难仍然是许多大学生的实际问题。因此，法国高教部在《大学生开学指南》中列出了能够解决大学生住房问题的现有办法。政府强调："新建和修缮学生公寓的大型计划已经开始实施。"除了法国大学事务管理中心提供的住房，法国政府同时采取了许多措施来帮助大学生寻找私人住房，例如，"Visale"是面向大学生（包

---

① Ministère de l'Enseignement Supérieur et de la Recherche. La Ministre de l'Enseignement Supérieur, de la Recherche et de l'Innovation Frédérique Vidal Annonce le Financement de 34 000 Places Supplémentaires pour la Rentrée Étudiante 2021 [EB/OL]. (2021-07-02) [2022-02-23]. https://www.enseignementsup-recherche.gouv.fr/fr/la-ministre-de-l-enseignement-superieur-de-la-recherche-et-de-l-innovation-frederique-vidal-annonce-48299.

② Ministère de l'Enseignement Supérieur et de la Recherche. Guide de la Rentrée Étudiante 2021 [EB/OL]. (2021-08-16) [2022-02-23]. https://www.enseigne mentsup-recherche.gouv.fr/fr/guide-de-la-rentree-etudiante-2021-50684.

③ Ministère de l'Enseignement Supérieur et de la Recherche. Revalorisation des Bourses sur Critères Sociaux pour l'Année Universitaire 2021-2022 [EB/OL]. (2021-07-30) [2022-02-23]. https://www.enseignementsup-recherche.gouv.fr/fr/revalorisation-des-bourses-sur-criteres-sociaux-pour-l-annee-universitaire-2021-2022-49378.

括国际学生）开放的租赁担保系统，无论租赁哪种类型的住房，大学生都能够免费享受租房押金担保服务；Lokaviz 平台是非商业性的学生住房搜寻中心，通过这些平台，学生们可以免费搜索和咨询房屋信息。

3. 解决餐饮问题

根据《大学生开学指南》，大学生们提出开放大学食堂堂食和户外就餐的餐饮服务需求。于是，法国大学食堂随着大学生消费模式的转变而有所发展。目前，在全国各个大学城内的 750 个餐饮点已经为 230 万名学生（大学生总人数为 280 万）提供了就近的、便利的餐饮服务。

4. 支持残疾学生

每年，政府花费近 750 万欧元支持残疾学生的学习生活。高教部明确指出：现在所有的法国大学都配备了一个相关部门，专门负责接待残疾学生，以及在整个大学生涯中给予他们支持。近年来取得的显著进展包括：为每个学校计划了可行有效的新措施（协助记笔记，根据需求协调残疾学生的课表和考试安排），以及增加残疾学生的博士招收数量。

5. 提供疫苗接种服务

《大学生开学指南》引用了法国卫生部门的数据，截至 2021 年 8 月 15 日，77% 的 18—24 岁法国青年至少已经接种了第一剂新冠疫苗。高教部表示，为了有效防止新冠病毒的传播，恢复 100% 线下课程，接种疫苗是关键。为此，法国政府计划了几种类型的措施，例如：学年开始的前几周，在大学校园内开设“流动疫苗接种点”，以方便希望接种新冠疫苗的学生们接种疫苗；在大学保健中心继续为学生们提供新冠病毒的检测和自我检测服务，以促进对新冠病毒的筛查和预防。

（四）提供大量就业机会

法国政府于 2020 年 7 月推出了“一人一策”一对一协助就业平台，提供了超过 40 万个工作机会和 2 万个实习机会，为超过 260 万名年轻人解决了就业难题。法国政府已经为这个庞大的计划投入了 90 亿欧元，为众多工作岗位提供了近 10 万次的职业培训，如生态转型、数字技术、护理和工业相关工作的培训。

2021 年 9 月 9 日，法国劳工与社会事务部部长、高教部部长与就业和商业参与事务高级专员共同宣布，将在一对一协助就业平台上发布超过 15000 个学生工作机会，涉及各个领域（儿童保育、家政、娱乐、酒店和餐饮、销售等）。为保证这些工作不会对学生们的学业有过多的影响，且保证每周的工作时间不超过 15 小时，该平台会根据学生们提供的课程时间表和期望薪资来为他们找到最适合的工作岗位。该平台还可以为学生们提供学生导师一对一服务，以帮助学生们找到最适合自己的工作岗位，鼓励年轻人积极参加职业培训，并为他们简化劳动合同的签署。此外，法国政府也将继续支持、鼓励年轻人就业，例如，将对于专业技术培训的资助计划（招募未成年学徒获得 5000 欧元资助，招募成人学徒获得 8000 欧元资助）延长至 2022 年 6 月底。①

四、支持尖端技术研发

（一）第四期未来投资计划

2021 年 1 月 8 日，法国宣布启动第四期未来投资计划（4e Programme d'Investissements d'Avenir, PIA4）②，将在 2021—2025 年投入 200 亿欧元，全部用于支持高等教育、研究与创新，启动若干国家战略。这些战略的提出基于 2020 年 2 月发布的《使法国成为突破性技术的经济体》报告，报告遴选出了法国需要集中力量支持的新兴技术市场中较为成熟的技术。

第四期未来投资计划稳定支持高等教育、研究与创新重点机构（75 亿欧元）。对重点创新研究机构给予长期稳定支持：（1）继续以卓越大学计划支持法国大学跻身世界一流大学行列；（2）持续发挥法国国家科研署的项目遴选职能，继续以优先研究计划、卓越实验室等计划支持法国科研，以医院—大学研究院计划支持生物医学研究，以技术研究院计划支持重大战略研究；（3）持续发挥法国国家投资银行的作用，继续支持深科技领域等创新企业（12.5 亿欧元）、创新型初创企业与中小企业项目（5 亿欧元）、企业与科研机构合作项目（10 亿欧元）等。③

（二）第二个国家科学开放计划

2021 年 7 月 6 日，高教部部长宣布了第二个国家科学开放计划（2e plan national pour la science ouverte），该计划将实施至 2024 年，预算较之前增加 2 倍，

---

① Ministère de l'Enseignement Supérieur et de la Recherche. 1 Jeune，1 Solution：Plus de 15 000 Offres de Jobs Étudiants Mises en Ligne pour la Rentrée［EB/OL］.（2021-09-09）［2022-02-23］. https：//www.enseignementsup-recherche.gouv.fr/fr/1-jeune-1-solution-plus-de-15-000-offres-de-jobs-etudiants-mises-en-ligne-pour-la-rentree-50135.

② Ministère de l'Enseignement Supérieur et de la Recherche. Lancement du 4e Programme d'Investissements d'Avenir en Janvier 2021：20 Md € dans la Recherche et l'Innovation en Faveur des Générations Futures［EB/OL］.（2021-05-28）［2022-02-23］. https：//www.enseignementsup-recherche.gouv.fr/cid156296/4e-programme-d-investissements-d-avenir-20-md?-dans-la-recherche-et-l-innovation-en-faveur-des-generations-futures.html.

③ 陈晓怡. 法国启动第四期未来投资计划［J/OL］. 科技政策与咨询快报，2021（3）［2022-02-23］. http：//www.casisd.cn/zkcg/ydkb/kjzcyzxkb/kjzczxkb2021/zczxkb202103/202105/t20210521_6036074.html.

从每年 500 万欧元增加到每年 1500 万欧元。到 2030 年，最终实现科学出版物 100% 开放获取。

第一个国家科学开放计划（2018—2021 年）使法国能够在科学开放领域采取连贯且充满活力的政策，取得了显著进展：法国科学出版物的开放获取率从 2017 年的 41% 增加到 2019 年的 56%。第二个国家科学开放计划明确了为公民与经济和社会参与者建立更高效、更透明和更容易获得科学的环境的承诺。为促进研究产生数据的共享和开放，将创建国家研究数据平台。为推广开放获取的出版物，提高研究成果在学科中的知名度，使知识获取民主化，加强法国研究的国际影响力，将通过出版物的翻译促进科学知识的传播，提高公民对进步科学的可及性。①

（三）"人工智能国家战略"新计划

2021 年 11 月 8 日，高教部部长和数字转型国务秘书在法国初创科技企业孵化器"Station F"共同宣布"人工智能国家战略"新计划，将在未来 5 年内投入 22 亿欧元用于加快人工智能发展，重点资助这一前沿领域的培训和研究，其中 15 亿欧元来自公共资金。

法国"人工智能国家战略"由总统马克龙于 2018 年 3 月发布，内容包括吸引高质量研究人员、建立国际水平研究中心、加强人才培养等。新计划将在原先基础上追加投资 22 亿欧元，列出了 3 个主要目标：加快在人工智能领域的能力建设、使法国成为高可信嵌入式人工智能领域的领导者，加快人工智能在经济中的应用。此外，法国政府还希望在培训、研究和监管之间加强互动，通过资助研究留住人才。②

（四）数字健康科技园计划

2020 年 12 月 4 日，法国总统马克龙和卫生部部长、高教部部长宣布将在巴黎建立数字健康科技园（PariSanté Campus）③，基于健康数据和设施平台开展未来医学研究与产学研协同创新，使法国成为数字健康研究的领军者。数字健康科技园将在

---

① Ministère de l'Enseignement Supérieur et de La Recherche. La Ministre de l'Enseignement Supérieur, de la Recherche et de l'Innovation, Frédérique Vidal, Annonce un 2e Plan National pour la Science Ouverte [EB/OL].(2021-07-06)[2022-02-23]. https://www.enseignementsup-recherche.gouv.fr/fr/la-ministre-de-l-enseignement-superieur-de-la-recherche-et-de-l-innovation-frederique-vidal-annonce-48548.

② 法国高等教育、研究和创新部. 法国宣布人工智能第二阶段发展战略[EB/OL].[2022-02-24]. http://www.amb-chine.fr/ljfg/202111/t20211115_10448604.htm.

③ Ministère de l'Enseignement Supérieur et de la Recherche. PariSanté Campus: Faire de la France un Leader Mondial de la Santé Numérique [EB/OL].(2021-09-21)[2022-02-24]. https://www.enseignementsup-recherche.gouv.fr/cid155744/parisante-campus-faire-de-la-france-un-leader-mondial-de-la-sante-numerique.html.

原格雷塞军队医院院址上建设，占地面积7.3万平方米，投入3.6亿欧元。2021年6月29日，数字健康科技园项目启动仪式召开，该园区拟于2026年开建，2028年开放。

流行性传染病的暴发和慢性病患者的增多，尤其是新冠疫情对健康研究和公共卫生政策带来了极大的挑战。高水平的医学研究需要更好地开发健康数据，充分利用技术和数字化的进步。数字健康研究通过人工智能服务于公共卫生和卫生体系建设，将提高医学研究的预防性、预测性、参与性和个性化。

在此背景下，巴黎数字健康科技园应运而生。园区将围绕数字健康研究，依托海量健康数据和尖端设备设施，建设世界一流园区，构建培训—研究—创新—转化的完整价值链，实现四大关键目标：促进健康数据的生产利用，应用于研究和创新；围绕数字健康开展卓越培训，创建专家库；开发有高经济价值的应用，孵化企业并创造就业机会；改善医疗管理策略与卫生体系效率，为患者提供更好的服务。

数字健康科技园位于巴黎核心城区，邻近多家大学、医院、科研机构和孵化器，具有良好的区位因素和创新氛围。园区将由国家健康与医学研究院、巴黎文理研究大学、国家信息与自动化研究所、法国数字健康署、法国健康数据中心等五大公共机构共同建设，前三家是实力雄厚的国立科研与教育机构，拥有丰富的健康数据和研究基础，后两家是法国新建的健康数据平台和健康数据数字化管理机构，保障数据安全、有效地开发和使用。

园区内将入驻定量生物学研究中心、巴黎人工智能研究所、健康先进技术研究所等三家关键机构，开展基础研究、临床研究和计算研究等核心研究工作，并在巴黎文理研究大学、国家健康与医学研究院、国家信息与自动化研究所的动员下，引入包括法国国家科研中心和多个大学在内的科研力量入驻。园区还将建设一个国际会议中心、一个企业之家和一个新创企业孵化器，用于分享科研成果、吸引全球的企业与人才。①

---

① 陈晓怡．法国发布数字健康科技园计划［J/OL］．科技政策与咨询快报，2021（2）［2022-02-23］．http：//www.casisd.cn/zkcg/ydkb/kjzcyzxkb/kjzczxkb2021/zczxkb202102/202103/t20210322_5981105.html.

第五章
德国教育政策与发展趋势

作为一个联邦制国家，德国16个联邦州自主负责本州的文化和教育事业，这给各州的教育制度和教育政策带来了多样性。与此同时，为了保证各州之间的可比性，德国建立了文教部长联席会议（Kultusministerkonferenz，KMK）这一教育政策协调机制，为全国的教育发展做出宏观协调。本章所论及的政策既包括全国性的教育政策，主要是德国联邦教育和研究部（Bundesministerium für Bildung und Forschung，BMBF）与文教部长联席会议出台的教育政策，也包括部分联邦州出台的各类教育政策。

第一节　莱茵兰–普法尔茨州新版《州立儿童日托机构与日间护理教育法》

一、政策背景

20世纪90年代颁布的州立儿童教育法已不适用于莱茵兰–普法尔茨州（Rheinland-Pfalz）目前社会发展的需要。州各市区间的教育资源配置差异较大，在师资力量、日托所、青少年服务等方面存在短板。2018年的数据调查显示，莱茵兰–普法尔茨州各市区之间幼儿师生比存在较大差异，幼儿园的师生比在1∶6.5到1∶11.4之间，而日托所的师生比在1∶2.8到1∶4.8之间。[①] 为解决幼儿教育领域现存问题，莱茵兰–普法尔茨州教育部（Ministerium für Bildung Rheinland-Pfalz）于

---

① Ministerium für Bildung Rheinland-Pfalz. Warum ein Neues Gesetz？［EB/OL］.［2022-05-01］. https://kita.rlp.de/de/themen/kita-gesetz/warum-ein-neues-gesetz/.

2021年7月1日正式出台新版《州立儿童日托机构与日间护理教育法》（以下简称新州立儿童教育法），旨在促进社会公平，调整幼儿领域的结构性歧视并促进全纳教育。

莱茵兰–普法尔茨州教育部通过该法要求进一步加强日托管理与监督体系，促进人事领域包括员工和教师在内的财政支持和专业培养，并着重强调教师和管理者应加强与儿童家长的合作和协商。① 具体而言，该州与地方协会、教会和学校管理者协商，主要就人事部门的资格鉴定达成了两方面的协定。教师方面，新州立儿童教育法达成了“专业人才协定”（Fachkräftevereinbarung），要求教师通过基础能力培养，掌握有关日托系统或幼儿教育的专业知识。② 管理者方面，该法第一次确定了日托所领导的工作量，领导应具备的能力，以及领导培养要求，并就此制定了框架协定，为教师基础考核提供外部保障，加强管理者的资格考核工作。③

此外，该法还提出支持“特色补充人才”（Profilergänzende Kräfte），即能够为幼教领域专业化提供额外支持的专业人才，如艺术家、音乐家、木匠等。他们能为教师培训或幼教服务提供专业指导，组建多样化的专业队伍。为更好地理解上述相关内容，以下对新州立儿童教育法的主要内容变化做进一步说明。

二、政策内容

新州立儿童教育法主要涉及儿童日托机构护理和幼儿教育领域的八个方面：一般性规定，主要涉及儿童日间看护（Kindertagesbetreuung）的目标、概念界定、日托所抚养和教育照料的原则、幼小衔接、办学者（Trägerschaft，指提供日托场地和基础设施服务的机构）儿童日间看护的基本原则；日托所的合作；父母参与；日间看护服务；规定与保障；资助；监管；评估、领导守则与暂行条例。根据莱茵兰–普法尔茨州教育部的解释，新法在办学者、父母参与、全纳性、语言支持、儿童日间

① Ministerium für Bildung Rheinland-Pfalz. Warum ein Neues Gesetz？［EB/OL］.［2022-05-01］. https://kita.rlp.de/de/themen/kita-gesetz/warum-ein-neues-gesetz/.

② Ministerium für Bildung Rheinland-Pfalz. Das Sozialraumbudget［EB/OL］.［2022-05-01］. https://kita.rlp.de/kita-in-rheinland-pfalz/sozialraumbudget/.

③ Ministerium für Bildung Rheinland-Pfalz. Land und Trägerorganisationen Unterzeichnen Neue Fachkräftevereinbarung［EB/OL］.［2022-05-01］. https://bildungsklick.de/fruehe-bildung/detail/land-und-traegerorganisationen-unterzeichnen-neue-fachkraeftevereinbarung.

护理[①]等11个方面有新的变化。

（一）办学者

该法强调，办学者应保证工作形式、内容和方法上的多样性，其工作内容和组织形式应致力于儿童福祉，遵循法律规定，并为继续培训与专业建议提供保障。[②]儿童应在日托所得到教育、培养和看护。父母、教育者、日托所的运营者，以及与青少年福利有关的运营者应共同参与，增进儿童的福祉。儿童的个人需求应得到满足，生活环境应得到关注。儿童对民主生活应有所体验，能够本着理解、宽容与和平的精神，积极、负责任与平等地参与民主生活。

（二）网络化的管理与监督系统

该法强调，基于网络的管理与监督系统旨在简化该州的分配程序与数据收集程序，例如整合《社会法典》(Sozialgesetzbuch)第八卷提及的相关数据，为未来质量监测与儿童日间护理的继续发展提供可靠的数据来源，提高儿童日间看护工作的透明度。该系统每月应收集日托所的场所占用情况、教学人员数量、管理时间、实践指导时间与其他人员工作时间等。[③]具体调查包括如下方面：

（1）日托所的类型、名称和特点；运营机构的类型、名称、法律形式和具体内容；为每个年龄段开放的名额数量、年龄类别和预期护理时间；分班类型和数量、儿童总数、开放时长。

（2）在日托所内工作人员的性别、职务范围、出生年月、职业培训资格类型、职位、工作领域、工资类别。

（3）在日托所内儿童的性别、出生年月、入学情况、移民背景、护理时长、午餐、额外需求、分班类别、就读时长。[④]

---

① 日托所主要指儿童能够在日间部分时间或全天得到看护的机构，得到该法支持。儿童日间护理主要指与儿童教育、培养和护理有关的一种形式，指在日托所以外的符合儿童护理条件的场所，由日间护理人员或家长提供的日间护理服务。

② Ministerium für Bildung Rheinland-Pfalz. Trägerschaft [EB/OL]. [2022-05-07]. https://kita.rlp.de/fileadmin/kita/01_Themen/KiTaG/5_Abs._3_KiTaGdocx.pdf.

③ Ministerium für Bildung Rheinland-Pfalz. Webbasierte Administration und Monitoring [EB/OL]. [2022-05-01]. https://kita.rlp.de/de/themen/kita-gesetz/was-aendert-sich-themenbloecke/webbasierte-administration-und-monitoring/.

④ Ministerium für Bildung Rheinland-Pfalz. Datenverarbeitung [EB/OL]. [2022-05-23]. https://kita.rlp.de/fileadmin/kita/01_Themen/KiTaG/__28_KiTaG.pdf.

（三）免费就读

与就读幼儿园的儿童相比，原本就读日托所的儿童仍需缴纳一定的学费，根据2019年数据统计，莱茵兰–普法尔茨州2岁儿童入园率不到90%。新州立儿童教育法规定，2岁后无论是就读日托所或幼儿园的儿童都无需缴纳学费。该规定旨在缓解家庭经济负担，促进教育机会公平。同时，该州提高财政拨款用于各个市区幼儿园与日托所的儿童日间看护。然而，并非所有的儿童日间看护服务都是免费的。父母要承担2岁前的儿童护理服务费用，还需承担2岁后儿童的额外护理费用。儿童日间护理对象一般意义上包含0—14岁的青少年儿童。面向社会开放的青少年公共服务机构（Der Örtliche Träger der Öffentlichen Jugendhilfe）所提供的儿童日间护理更具灵活性，能够根据家长工作情况进行灵活调整。由于儿童日间护理的鉴定标准更高，且存在管理和组织上的差异，和一般的公立幼儿园或日托所存在区别，因此儿童日间护理需要进行收费。①

（四）父母参与

父母参与在新州立儿童教育法中受到重视。在日托服务中，父母参与的主要形式是父母会议（Elternversammlung）与父母委员会（Elternausschuss）。父母会议需由全体父母共同参与，内容包括获得日托机构每年的活动安排、与机构管理和领导层协商事务并组建父母委员会。父母委员会代表日托机构中父母与儿童的共同利益，有权全面并及时地了解日托机构关键事务并对其进行提议和决策。② 此外，父母委员会的合理权益若未被满足，还拥有向州青少年局提出申述的权利。③ 除了组建单独的父母委员会，该法还要求组建地区及城市层面上的父母委员会（Kreis- und Stadtelternausschuss）。当地的青少年局应对其负责，委员会代表可进一步参与青少年服务委员会（Jugendhilfeausschuss）。地区与城市父母委员会可进一步组建州父母委员会。州青少年局应对其负责并听取意见。

此外，父母参与也是父母的一项义务。父母应在表决中获得一定比例的表决权，应在规定期限内向青少年公共服务机构反映建议和需求，以便服务机构能有效制订

① Ministerium für Bildung Rheinland-Pfalz. Beitragsfreiheit [EB/OL]. [2022-05-21]. https://kita.rlp.de/de/themen/kita-gesetz/was-aendert-sich-themenbloecke/beitragsfreiheit/.

② Ministerium für Bildung Rheinland-Pfalz. Elternmitwirkung in Tageseinrichtungen [EB/OL]. [2022-05-01]. https://kita.rlp.de/fileadmin/kita/01_Themen/KiTaG/___9_KiTaG.pdf.

③ Ministerium für Bildung Rheinland-Pfalz. Beschwerderecht [EB/OL]. [2022-05-01]. https://kita.rlp.de/fileadmin/kita/01_Themen/KiTaG/___10_KiTaG.pdf.

需求计划。[①]

除了父母会议和父母委员会，为保证日间护理质量，父母与日托机构的管理者、教师等需共同组建日托机构咨询委员会（Kita-Beirat），对日托机构的共同事务进行商议和决策。委员会由各代表组成，日托机构的运营管理者代表有 50% 的投票权，园长和领导队伍代表拥有 15% 的投票权，教师代表拥有 15% 的投票权，父母代表拥有 20% 的投票权，按照多数原则对重要事务进行决策。[②]

（五）全纳性

该法强调，每个儿童受培养和受教育机会都应平等，不应与其性别、民族、国籍、世界观、宗教信仰、身体状况、家庭社会经济地位和个人能力有关。平等的受教育机会与发展机会旨在消弭因社会因素造成的，或是与残疾歧视有关的教育资源鸿沟。无论儿童残疾与否都应提供儿童日间看护，此项看护适用于所有日托机构的适龄儿童，以及接受相关日托护理的儿童。对于残疾儿童的特殊需求，该法强调，对残疾儿童的看护不能与其所生活的社会环境中的其他健全儿童相区分，且如果父母认为其子女需要特殊护理的话，可根据《社会法典》第九卷第七十五条和第七十六条的规定申请相应的救济。[③④]

（六）语言支持

通过法律层面的规定，该州将日托机构的语言教育与语言支持纳入该州儿童日托预算中。预算主要用于培养语言支持教师（Sprachförderkräfte）和团队。语言支持教师指已通过语言资格认证的幼教工作者，他们需要完成该州包含九个模块的鉴定项目“和孩子会话”（Mit Kindern im Gespräch）或者联邦项目“语言日托机构：

---

① Ministerium für Bildung Rheinland-Pfalz. Bedarfsplanung［EB/OL］.［2022-05-01］. https://kita.rlp.de/fileadmin/kita/01_Themen/KiTaG/___19_Abs._4_KiTaG.pdf.

② Ministerium für Bildung Rheinland-Pfalz. Beirat［EB/OL］.［2022-05-01］. https://kita.rlp.de/fileadmin/kita/01_Themen/KiTaG/___7_KiTaG.pdf.

③《社会法典》第九卷第七十五条指出，教育参与救济（Leistungen zur Teilhabe an Bildung）包括：学校教育，特别是义务教育和准备阶段的救济；学校职业教育救济；高等教育救济；学校和继续教育救济；参见 SGB IX Leistungen zur Teilhabe an Bildung［EB/OL］.［2022-05-10］. https://kita.rlp.de/fileadmin/kita/01_Themen/KiTaG/___75_SGB_IX.pdf.

④《社会法典》第九卷第七十六条指出，社会参与救济（Leistungen zur Sozialen Teilhabe）包括居住、幼儿康复教育、实践知识与技能获得、移动性、治疗用品等方面的救济。参见 SGB IX Leistungen zur Sozialen Teilhabe［EB/OL］.［2022-05-10］. https://kita.rlp.de/fileadmin/kita/01_Themen/KiTaG/76_SGB_IX_docx.pdf.

因为语言是打开世界的钥匙”（Sprach-Kitas：Weil Sprache der Schlüssel zur Welt ist）[①]。他们的工作旨在促进儿童的社会融入并保证语言学习的延续性。

（七）儿童日间护理

儿童日间护理规定旨在减轻儿童日间护理人员与监护人员（家长）的工作负担。根据法律规定，儿童日间护理的基本原则如下：（1）根据《社会法典》第八卷第四十三条[②]的规定，日间护理人员最多同时看护五名儿童。（2）两名日间护理人员一般能在适合儿童生活的工作环境下最多同时看护十名儿童，并须按照《社会法典》第八卷第四十三条的要求开展看护工作。每名儿童应依合同规定对应到一名负责人员。如果工作环境或场所出现混乱，青少年公共服务机构应按照《社会法典》第八卷第四十三条的规定承担主要责任。

（八）关于工作人员、领导职责和实习指导职责的条例

尽管莱茵兰–普法尔茨州幼教专业团队素质很高，但地区间的日托机构人员配置水平参差不齐。因此，新法的主要目标之一是缩小地区间幼教人员配置的质量差距，提高幼教质量的透明度和可比度，从而确保整个州的幼教人员配置水平趋于统一。

以往的幼教人员配置评估是以日托机构的整个教师团队为一个单位。新法要求将其改变为以学生名额为基础的小时制人员配置评估，即以学生名额的多少与为每个名额提供的护理时长作为评估的标准。包括：为 2 岁以下的儿童提供的名额，每个名额占 0.263 个全职等额（Vollzeitäquivalent）[③]；为 2 岁至入学年龄儿童提供的名额，每个名额占 0.1 个全职等额；为入学年龄至 14 岁儿童提供的名额，每

① 该项目共在全德范围内修建了 10 所语言幼儿园，提供全天的语言支持、全纳性支持、与父母的合作和可持续性支持。2016 至 2020 年，该项目对幼教领域的专业教师开展了语言能力相关的培训和鉴定。2021 年开始将重点放在数字媒体支持语言教学上，并为移民背景家庭提供专业支持和教育指南。参见 Bundesprogramm „Sprach-Kitas：Weil Sprache der Schlüssel zur Welt Ist“［EB/OL］.［2022-05-10］. https：//sprach-kitas.fruehe-chancen.de/aus-der-praxis/weil-qualifizierung-ein-schluessel-zur-guten-sprachlichen-bildung-und-zur-chancengerechtigkeit-ist/.

② 《社会法典》第八卷第四十三条指儿童日间护理许可。根据其第（1）目与第（2）目规定，在法定监护人家庭以外，每日部分时间段或每周 15 个工作时长内从事护理工作且工作超过三个月的护理人员，应得到儿童日间护理许可。护理许可需要依据该护理人员的性格、专业能力，以及与法定监护人达成的意愿颁布，护理人员应提供符合儿童活动的生活环境。参见 Erlaubnis zur Kindertagespflege［EB/OL］.［2022-05-21］. https：//www.gesetze-im-internet.de/sgb_8/__43.html.

③ 一个全职等额相当于一个全职员工的工作量。例如有两个日间护理人员参与共同护理，那么他们各占 50% 的全职等额，如果四个日间护理人员参与，那么他们各占 25% 的全职等额。

个名额占 0.086 个全职等额。这一要求主要适用于日工作时长在 7 小时的日托服务人员，对于少于或多于 7 小时的工作量，人员配置也遵循同样的换算比例。①

与幼教人员配置相适应的是人事管理的配置（Personalanteile）。其领导工作时长（Leitungszeit）在新法中也得到明确规定：领导工作时长不与日托机构大小、领导任务直接挂钩，而与学生名额多少和工作范围大小挂钩。例如每周 40 小时的护理时间需要 0.005 个全职等额的领导工作时间。为减轻领导工作时间的工作量，20% 的领导工作时间可由行政人员（Verwaltungspersonal）承担。②

除此之外，实习指导（Praxisanleitung）对实习生也做出了时间上的要求：每周应至少有 1 小时的实习时长，相当于 0.026 个全职等额。实习指导时间主要算作教育人员时长。③

除上述人事规定之外，日托机构还包括其他人事配置，例如后勤保障（清洁、食品卫生）等。他们需要支持护理人员的工作，例如协助午餐的准备、餐具的清理等。

（九）权利要求

根据新法要求，1—3 岁的儿童有进入幼儿园或得到日间服务的权利，时间范围应根据具体情况而定；3 岁至入学前儿童有获得幼儿园看护的权利，青少年局有保证他们得到日间看护的义务；此外，新法规定，为了便于父母工作，看护时间应由原来 7 点至 12 点和 13 点半至 15 点半这两个时间段转为包含中午的时间，即统一成 7 点至 14 点这一时间段。从 2021 年 7 月 1 日起，日托机构一般看护时间在周一至周五，每日 7 小时。④

（十）社会空间预算

由于莱茵兰-普法尔茨州各日托机构所提供的服务场地和基础设施之间存在差异，新法规定应将部分财政预算用于社会空间建设，以促进社会公平。具体而言，社会空间预算至少可用于三个方面：一是用于支持日托机构进一步发展成为一个交

---

① Ministerium für Bildung Rheinland-Pfalz. Personalausstattung［EB/OL］.［2022-05-01］. https://kita.rlp.de/fileadmin/kita/01_Themen/KiTaG/Paragraf__21_Abs._3_KiTaG.pdf.

② Ministerium für Bildung Rheinland-Pfalz. Leitung einer Tageseinrichtung［EB/OL］.［2022-05-01］. https://kita.rlp.de/fileadmin/kita/01_Themen/KiTaG/Paragraf_22_KiTaG.pdf.

③ Ministerium für Bildung Rheinland-Pfalz. Personalausstattung［EB/OL］.［2022-05-01］. https://kita.rlp.de/fileadmin/kita/01_Themen/KiTaG/Paragraf__21_Abs._7_KiTaG.pdf.

④ Ministerium für Bildung Rheinland-Pfalz. Rechtsanspruch［EB/OL］.［2022-05-01］. https://kita.rlp.de/de/themen/kita-gesetz/was-aendert-sich-themenbloecke/rechtsanspruch-beitragsfreiheit/.

流中心和社区中心，例如为父母提供价格低廉的咨询服务和支持，建立家庭网络以激发家庭潜力；二是用于支持父母参与教育系统与社会空间网络的建设；三是用于支持父母与政府沟通，以及提交与儿童发展有关的申请。另外，社会空间预算可用于某些特定的支持，例如社区内部的语言沟通和理解、额外的跨文化专业人员培养等。①

社会空间预算每年达 5000 万欧元，并从 2021 年 7 月 1 日起每年增长 2.5%。预算主要用于跨文化专业师资力量培养（2100 万欧元），“日托机构 +：社会空间中的日托机构”（Kita！ Plus：Kita im Sozialraum）计划（390 万欧元），“学习邻居的语言”（Lerne die Sprache des Nachbarn）计划（290 万欧元），还包括 2220 万欧元的追加资金。这 5000 万欧元预算被分配给当地青少年公共服务机构，其中的 40% 应用于所有 7 岁以下儿童，60% 则根据《社会法典》应用于接受日托看护的儿童。因此，在社会空间建设不足的区，青少年公共服务机构将有更多可以支配的资金。资金分配计划每五年更新一次。60% 的人员费用由州政府承担，其余的 40% 由青少年公共服务机构自己承担。

每年的需求计划应考虑社会空间预算，并通过量化指标对受资助的日托机构进行评估，其内容应涉及儿童需求、居住和基础设施、小学入学调查、咨询和家庭教育服务的切实性等。②

（十一）午餐

由于七小时的日间看护时长规定，新法对儿童午间时间和午餐安排做出相应调整。根据新法规定，午餐应达到德国营养学会质量标准（Qualitätsstandards der Deutschen Gesellschaft für Ernährung），具体实施应根据儿童权利要求（上述第九点）与评估数据（上述第二点）相关规定进行。③ 对于午餐规定的其他特殊需求，该州正在通过一项预算为 1350 万欧元的特别计划，支持日托机构厨房（Kita-Küchen）的建设。④

从上面的介绍不难看出，新州立儿童教育法相较于以前的版本做出了许多的

---

① Ministerium für Bildung Rheinland-Pfalz. Das Sozialraumbudget［EB/OL］.［2022-05-10］. https://kita.rlp.de/de/themen/kita-gesetz/was-aendert-sich-themenbloecke/sozialraumbudget/.

② 同①.

③ Ministerium für Bildung Rheinland-Pfalz. Förderung in Einer Tageseinrichtung, Rechtsanspruch［EB/OL］.［2022-05-10］. https://kita.rlp.de/fileadmin/kita/01_Themen/KiTaG/Paragraf_14_KiTaG.pdf.

④ Ministerium für Bildung Rheinland-Pfalz. Mittagessen［EB/OL］.［2022-05-10］. https://kita.rlp.de/de/themen/kita-gesetz/was-aendert-sich-themenbloecke/mittagessen/.

调整，以更好地满足学龄前儿童及其父母的护理和学前教育需求，以及更好地促进学前教育机构的发展。因为新法出台不久，其实施的效果尚待进一步的观察。

第二节　下萨克森州关于公立普通学校、职业学校和私立学校的可持续发展教育的规定

一、政策背景

目前，德国各州都把可持续发展教育（Bildung für Nachhaltige Entwicklung，BNE）作为德国教育体系的重要组成部分。德国的下萨克森州（Niedersachsen）于2021年6月1日出台了题为《公立普通学校、职业学校和私立学校的可持续发展教育》[Bildung für Nachhaltige Entwicklung（BNE）an Öffentlichen Allgemein Bildenden und Berufsbildenden Schulen Sowie Schulen in Freier Trägerschaft]的规定。① 该规定的目的是促进对学校可持续发展教育的理解，将可持续发展教育系统地纳入学校和课程文化中，进一步促进可持续发展教育的高质量发展。

下萨克森州出台的关于可持续发展教育的规定具有以下国际和国内背景。② 联合国发布的《2030年可持续发展议程》于2016年1月1日生效。该议程中的17个可持续发展目标要求所有国家都必须执行。目标4.7作为第4个目标的子目标，为学校制定了实现可持续发展目标的实施方案，并在教科文组织的《可持续发展教育全球行动计划》中作了具体规定。继《可持续发展教育全球行动计划》之后，教科文组织于2020年宣布了《可持续发展教育：实现可持续发展目标》作为后续计划。在未来的十年里，国际层面将继续推动可持续发展教育纳入教育部门的进程。

德国文教部长联席会议（KMK）和联邦经济合作与发展部（Bundesministerium für Wirtschaftliche Zusammenarbeit und Entwicklung，BMZ）于2016年发布的《可持续发展教育框架下全球发展学习领域的指导框架》（Orientierungsrahmen für den Lernbereich Globale Entwicklung：im Rahmen Einer Bildung für Nachhaltige Entwicklung）对可持续发展教育纳入教育体系的进程起到了促进作用。德国联邦教

---

① Niedersächsisches Kultusministerium. Bildung für Nachhaltige Entwicklung（BNE）in Niedersachsen [EB/OL]. [2022-05-24]. https：//www.mk.niedersachsen.de/startseite/schule/schulerinnen_und_schuler_eltern/bildung_fur_nachhaltige_entwicklung_bne/bildung-fuer-nachhaltige-entwicklung-bne-90480.html#_ftn1.

② Niedersächsisches Kultusministerium. Warum Ist „Bildung für Nachhaltige Entwicklung“ So Wichtig? [EB/OL]. [2022-05-23]. https：//www.mk.niedersachsen.de/download/165833/Begleitender_Artikel_BNE Erlass_SchVBl._Maerz_2021.pdf.

育和研究部（BMBF）于 2017 年出台的《可持续发展教育国家行动计划》（Nationaler Aktionsplan Bildung für Nachhaltige Entwicklung）为可持续发展教育目标的实现提供了参考。

在下萨克森州教育部发起的倡议“民主构建——对下萨克森州学校的一项倡议”的框架内，下萨克森州《公立普通学校、职业学校和私立学校的可持续发展教育》有助于学校更好地开展可持续发展教育。该倡议要求下萨克森州的学校加强儿童和青年对民主和人权的认识，并鼓励他们积极参与其中。例如，提议建立示范项目和“未来的学校”工作坊、下萨克森州儿童权利学校网络或由民间和平与发展合作专家组成的和平教育网络。

该倡议提出的规定使可持续发展教育成为下萨克森州的学校的强制性举措。它建立在开放态度的基础上，意在对教育逐步理解的基础上改变学校的结构。可持续发展教育意味着全面的、变革性的教育。因此，对学习内容和成果、学习环境和教学方法都需要进行相应的设计：它要求以学习者为中心，具有包容性、反思性、多样性、参与性、多角度和互动性的特点。可持续发展教育已经存在于教学和学校日常生活的方方面面，因此原则上并没有构成新的挑战。关于可持续发展教育的规定有助于向学校解释与可持续发展教育相关的广义的教育概念，并为他们提供清晰的指引。

二、政策内容

可持续发展教育是一个面向未来的世界性教育概念，其目的是在全球化背景下和在不断变化的世界形势中增强学习者的能力，以便学习者能够做出成熟、自主和负责任的决定。在下萨克森州，根据《下萨克森州学校法》第 2 条的规定，普通学校和职业学校应在可持续发展教育的指导下履行教育任务，学校可以在规定附带的概述中找到具体的实施建议和支持条款。

下萨克森州颁布《公立普通学校、职业学校和私立学校的可持续发展教育》的目的是促进学校对可持续发展教育的进一步理解，将可持续发展教育纳入学校和课堂文化中，并提高可持续发展教育的质量。具体政策内容如下[①]。

---

① Niedersächsisches Kultusministerium. Bildung für Nachhaltige Entwicklung（BNE）an Öffentlichen Allgemein Bildenden und Berufsbildenden Schulen Sowie Schulen in Freier Trägerschaft［EB/OL］.［2022-05-24］. https: //www.mk.niedersachsen.de/download/165832/BNE-Erlass_Niedersachsen.pdf.

（一）可持续发展教育的概念

可持续发展教育的目的是使学生能够在全球化的社会中过上自主的、参与构建的、具有责任意识的、团结的生活。它的重点是培养学生可持续性的、具有变革性的思维方式和行动能力。除学习实际知识之外，这种面向未来的学习，还会传授给学生一些特定的技能和价值观，使学生能够理解自己的行为对世界的影响，批判性地质疑它们，并能够做出负责任的决定。生态、经济、社会、政治、文化、伦理和宗教方面的知识都会涉及。

在这方面，可持续发展教育以一种特殊的方式促进了《下萨克森州学校法》第 2 条的实施，推行可持续发展教育成为所有学校的义务教育任务。

可持续发展教育与环境教育、全球学习、民主教育、跨文化教育、可持续流动教育、消费者教育、和平教育等概念紧密相连。

为了让学生做好准备去迎接全球化社会的一系列挑战，必须为每个儿童和青少年提供适当的学校教育，使他们每个人都可以在开放和参与性的学习中、在课堂和学校文化的框架内实现个人的发展。因此，可持续发展教育涉及整个学校教育过程。

可持续发展教育是一种以能力为导向的教育方法，它主要基于以下两个概念：

第一，设计能力的概念是在联邦与各州教育规划和研究促进委员会“21 计划”（BLK-Programm“21”）的框架内制定的。它区分了 12 种子能力，并将其分为个人能力、技术和方法能力以及社会能力三个类别。

第二，德国文教部长联席会议和联邦经济合作与发展部发布的“全球教育发展方向框架”区分了认识、评估和行动三个能力领域。

这两个概念旨在增强学习者在日常生活中以及社会、政治生活中承担责任，作出判断和采取行动的能力。应以综合方式理解以能力为导向的可持续发展教育，以便在课堂、学校生活与培训和工作过程中考虑到可持续性问题。

下萨克森州的可持续发展教育与广泛的多样性及包容性概念密切相关，它包含了多样性的所有层面，比如为残疾人提供平等的教育和工作机会，实现国家、民族、文化公正，性别平等，使社会平等和经济平等成为可能。体验个人需求的多样性，并在教学上以积极的方式处理多样性，这作为多元民主的基本价值观，应该成为社会常态。

可持续发展教育与政治教育之间存在着密切的联系。可持续发展教育使民主进程在日常生活中具体化，并使课堂和学校文化与之保持一致，其目的是在儿童和青年中培养民主意识，加强民主素养。

可持续发展教育在下萨克森州普通学校的核心课程地位在“学科的教育贡献”

（Bildungsbeitrag des Faches）一章中有所规定。学校须在自己的工作计划和年度计划中考虑可持续发展教育的安排情况，协调各学科、课程和学科组之间的计划，以协调总体组织结构。

校内跨学科、跨课程和跨专业的合作，以及与校外伙伴的合作可以促进可持续发展教育的实施。在职业学校，可持续发展教育领域培养的内在能力是在职业和跨职业学习中以行动能力为导向的学习能力。在公立职业学校，必须以“职业学校课程”（Schulisches Curriculum Berufsbildende Schulen，SchuCu-BBS）为准则，为所有课程和科目组制定和开展以能力为导向的学校课程。

对于公立职业学校的质量管理而言，核心任务模型–职业学校（Kernaufgabenmodell BBS，KAM-BBS）是下萨克森州评估学校质量状况的一个具有约束力的框架模型。学校的具体战略确保了在学校课程中实施可持续发展教育的行动领域，例如，维护使命声明，更新学校计划，可持续管理。

（二）可持续发展教育是整个学校的一项任务

可持续发展教育可以立足于各个领域，并作为一种全面的方法应用于课程、项目和学校生活，是学校开展各项工作和推进发展的重要支柱。

在与社会政治发展密切互动的情况下，可持续发展教育被纳入普通学校的学校质量指导框架和下萨克森州职业学校的核心任务模型，作为学校质量进一步发展的任务，代表着学校发展的一个重要方面。

在可持续发展教育的意义上，学校发展是所有学校发展参与者的任务。学校发展应与全日制课程计划相结合，并能够得到外部合作伙伴的支持。

为了将可持续发展教育纳入课堂和全日制课外活动中，应该注重推进下列工作：针对与学生相关的问题进行选题；课堂讨论涉及生态、经济、社会、文化、政治、伦理和宗教等方面；获得跨学科的知识和观点，并对其进行反思；推行自主学习或参与性的学习，并能使人获得自我效能感的体验；探索有利于自主学习和发展个人学习路径的组织形式和学习形式。

此外，可持续发展教育还包括：与培训机构和校外教育机构建立网络、合作关系、伙伴关系、协作关系；完成学校职责范围内的社会工作；学校参与过程中涉及的所有行为主体的任务民主分配和行为主体之间的合作；学校生活和辅助教学活动；指导和管理；在持续改进过程中，普通教育领域的质量管理和职业培训中的强制性质量管理；与培训机构和双元制职业学校的合作，以及联邦职业培训机构对可持续发展职业培训模型结果的整合。

与学校管理者（Schulträger）合作，可持续发展教育也可以对学校的结构设计和设备，以及学校的可持续管理产生影响。学生们可以参与到这些过程中，并体验到可持续性是他们日常学校生活的一个要素。学校管理层可以指定一名教师作为可持续发展教育的联系人，来为学校管理层提供支持。他们可以推进有关可持续发展教育的讨论，并构建和把握这一进程。几所学校也可以联合指定一个可持续发展教育联系人。学校可以在《可持续发展教育学校发展概览》（Schulentwicklung BNE）中找到实施的具体建议和支持。

（三）实施过程

原则上，学校和下萨克森州立学校质量发展研究所（Niedersächsische Landesinstitut für Schulische Qualitätsentwicklung，NLQ）控制着《公立普通学校、职业学校和私立学校的可持续发展教育》的实施过程。

1. 学校主管部门的咨询和支持系统

学校主管部门（Schulbehörde，德国学校监督机构，对学校有管辖权的官方机构）为学校和学习研讨会、学生、监护人与教师和非教师工作人员提供可持续发展教育的建议和支持。

学校主管部门的可持续发展教育进程由其四个部门负责人管理。他们每个人配备一名可持续发展教育专家顾问。

专家顾问制订并实施以需求为导向的计划，以支持普通学校与职业学校在学校和课程开发方面的可持续发展。在此过程中，他们就学校工作计划、可持续发展教育在学校自身工作计划中的定位、跨学科教学环境的设计和项目的实施向学校提供建议。他们支持学校发掘并利用可发挥创造性的地方，推广同伴学习形式。他们还促进学校之间、学校与课外学习场所或社会机构中的其他可持续发展教育参与者之间的联系。在提供建议时，他们特别关注多元化的反思性课程开发，以促进和加强前瞻性思维与跨学科工作，并培养积极参与，接受不同观点，具有责任感、自我效能感，善于团结和自我反思的技能。在职业学校，教学发展的这些方面总是置于以行动和能力为导向的背景下。在职业教育领域的可持续发展教育，则通过学习情境构建与专家咨询服务在课程中贯彻实施。

2. “未来学校”示范项目

为了支持学校制订、测试和实施规定中的方法，“未来学校”示范项目将从2021—2022学年开始实施。可持续发展教育和民主教育是学校发展进程中的重要支柱，所有类型的学校都可以参加。

（四）与校外行为主体的合作

实施可持续发展教育与开放型学校并行不悖。这意味着学习不仅发生在校内，而且还可以发生在课外学习场所、公共空间，甚至是通过国际合作来达成。通过这种方式，学习内容、学习任务、问题和难题可以得到更好的说明和理解，学生的设计能力也可以得到加强。此外，与校外专家的合作也是课程和课外活动设计的一部分。教师和教学专家还可以得到来自校外专家的建议和支持。

1. 可持续发展教育认可的课外学习场所

下萨克森州文教部（Niedersächsisches Kultusministerium）根据质量标准认可的可持续发展教育课外学习场所，将通过当地提供的服务和对学校产生有利影响的合作，支持学校实施可持续发展教育。此外，他们还提供与学校工作相关的模拟、数字的材料和文件。

在可持续发展教育学习场所工作的教师，通过可持续发展教学理念与相应的教学安排来促进课外学习场所的进一步发展。他们以每种学校类型的核心课程、框架指南或框架课程为指导，通过与学校的合作来确保课外学习场所的经验对校内教学和学校生活产生有利影响。

2. 来自公民社会的参与者

在下萨克森州，民间社会团体提供了广泛的服务，他们用自己的课外专业知识和能力来充实学校教学活动，例如在课堂上、在课外活动中、在项目中或以长期合作的形式提供更多样化的教育资源。

（五）国家提供的培训

作为对继续教育的补充，德国还开展了有关“全球发展学习领域指导框架”（Orientierungsrahmen für den Lernbereich Globale Entwicklung）和《可持续发展教育国家行动计划》的相关执行项目和活动，学校也可以参与其中。

（六）教育网络（联网）

除了来自公民社会参与者的教育网络之外，还有追求可持续发展教育目标的学校网络——例如欧洲的国际可持续发展学校（Internationale Nachhaltigkeitsschule）、环境学校，以及联合国教科文组织的学校网络项目。这些教育网络在活动、继续教育、专业会议等方面得到了广泛应用。

三、政策实施

下萨克森州的所有学校从以下六个行动领域开展可持续发展教育：

第一，对教育的理解。学校需了解可持续发展教育的原则、目标和可行性。第二，结构。可持续发展教育是所有学校的一项任务，并被系统地纳入教育体系中。第三，网络和合作。学校对一切相关合作（校内外和国际合作）保持开放的心态，并通过网络积极参与各项活动；学校积极参与以可持续发展教育为重点的网络学校活动，如“启动中的学校”（Schule im Aufbruch），它代表联合国教科文组织《可持续发展教育全球行动计划》中制定的全面和变革性教育方针。这种学校的宗旨是为自己、为人类同胞和我们的星球承担责任。第四，资格认证。将可持续发展教育的理念纳入继续教育中，提高学校可持续发展的能力。下萨克森州将会使用国家学校和教育办公室的现有咨询结构，如教学质量专家咨询服务来评估学校的可持续教育发展进程。第五，传播和宣传。将学校的良好范例展示在学校主页上，或者通过网络会议来介绍和分享良好范例。第六，评估。学校将会有一个持续改进的过程。可持续发展教育的进程和措施将通过内外部评估得到持续监测和进一步发展。[①]

第三节 关于职业学校数字化教学模式的建议

一、政策背景

工作和业务流程的数字化转型改变了以往固有的生产方式，同时也带来了职业学校课程的数字化转变。在信息与通信技术的不断发展下，职业学校的学科安排也应做出调整，以提升学生的综合数字能力。但是，学生群体之间的异质化与接受职业培训的主要内容、要求和专业化程度不尽相同等原因，导致不同职业教育领域中数字化教学模式和学习形式存在差异性。职业学校在设计课程时，应当将学生的个人发展、需要推进的专业、个人和社会适应能力与职业学校的教育使命作为主要的衡量标准。因此，德国文教部长联席会议在 2021 年 9 月 9 日出台政策《文教部长联席会议关于通过使用数字化教学模式来保持职业学校的专业班级原则的建议》[②]，制定了职业学校使用数字化教学模式和学习形式的标准，包括教学 – 课程标准、组织 – 行政标准和法律标准，同时补充说明了数字化教学下职业学校跨州办学的三项规定。

“数字世界中的教育”（Bildung in der Digitalen Welt）战略是该政策制定的背景。“数字世界中的教育”战略由德国文教部长联席会议于 2016 年 12 月 8 日确立，并

---

① Niedersächsisches Kultusministerium. Übersicht zur Unterstützung der Schulentwicklung BNE［EB/OL］.［2022-05-24］. https://www.mk.niedersachsen.de/download/165836/Uebersicht_zur_Unterstuetzung_der_Schulentwicklung_BNE.pdf.

② KMK. Empfehlung der Kultusministerkonferenz zum Einsatz Digitalisierter Lehr- und Lernformate zur Beibehaltung des Fachklassenprinzips in der Berufsschule［EB/OL］.［2021-09-09］［2022-05-20］. https://www.kmk.org/fileadmin/veroeffentlichungen_beschluesse/2021/2021_09_09-Digitale-Lehr-und-Lernformate.pdf.

于 2017 年 12 月 7 日发布具体内容。该战略要求联邦各州学校将数字素养培训纳入学校发展规划。其中还提出了对职业教育数字化培训内容的要求，包括数字基础设备和工作技术的应用和使用、个人职业技能、自我管理和自我组织能力、数据保护和数据安全、数字网络媒体、数字化对生活和工作环境的影响等内容。①

二、政策内容

该政策首先阐明了数字化职业教育中混合型学习（Blended Learning）的概念和课程安排。首先需要明确的是，数字化职业教育的学习形式是混合型的，混合型学习包括了各种不同的学习模式，主要分为面授学习和远程学习两种模式。在远程学习模式中包括如电子书包、游戏型学习、翻转课堂、移动学习、在线同伴和协作学习、增强现实（AR）和虚拟现实（VR）学习、模拟学习等数字化学习手段。同时，这些学习形式存在于不同形式和模式的教学中。数字化教学模式拓宽了现实校园的时间和空间维度，包括同步教学、异步教学和混合教学。具体的教学模式包括：必须在同一时间和空间下的同步面授教学的出席式授课模式（Präsenzphasen）；教学在同一时间进行但不一定在同一空间的混合型授课模式（Hybride Lernphasen）；以及通常在同一时间（与空间无关）下进行教学的远程授课模式，远程授课模式还包括了远程教学和自学两种形式。②

文教部长联席会议在制定标准时充分考虑和协调了参与双元制职业教育培训的企业、商会组织、学校和学校监察部门，以及各州的规划和要求，提出在使用数字化教学模式时应遵循以下标准。

（一）教学 – 课程标准

数字化教学模式和学习形式应促进教师和学生的数字能力，使他们为在日益数字化的世界中要面临的机遇与挑战做好准备。

即使在数字化远程教学中，职业学校也应当遵守文教部长联席会议于 2015 年 3 月 12 日发布的《职业学校框架协议》（Rahmenvereinbarung über die Berufsschule）中关于教学任务、教学目标、教学组织和期限、教学范围和课程、资格和证书的要求。数字化的教学模式和学习形式应被纳入各州的教学规范和职业学校的教学

---

① KMK. Empfehlung der Kultusministerkonferenz zum Einsatz Digitalisierter Lehr- und Lernformate zur Beibehaltung des Fachklassenprinzips in der Berufsschule [EB/OL] .（2021-09-09）[2022-05-20] . https://www.kmk.org/fileadmin/veroeffentlichungen_beschluesse/2021/2021_09_09-Digitale-Lehr-und-Lernformate.pdf.

② 同①.

计划。

在教学中应当考虑合理安排混合教学，即在同步教学中采用一定的数字化教学模块，实现内部差异化的学生自主学习。同时，职业学校也应将异步学习纳入课程安排，学生在异步学习时须被告知课程时间的改变。

此外，职业学校在安排课程时还应考虑到远程教学在教学方法上的特点，以及在说明学习前提条件、设计学习情境、控制和评估教学过程等方面与面授课程的联系，同时也包括教学支持、反馈和绩效评估等方面。在课程规划和设计中，应确保学生在面授课程与远程授课课程中的学习机会是平等的。[①]

（二）组织 – 行政标准

职业学校在进行数字化教学时，须具备能够实现视频会议和聊天功能的学习平台，以供远程教学。在这种学习平台上，学生可以与整个学习小组合作编写文件，也可以为子学习小组编写文件。平台应设立关于使用信息和渠道的法规。教师也应具备适当的数字能力来有效地进行远程教学。

各州还应明确规定远程教学课程的教学量。通常而言，其教学量应不超过面授课程在一个教学年内总教学量中的占比。远程学习的重要性与面授学习的重要性相同，学生参与远程学习是强制性的，对学生进行职业培训的企业必须让学生参加远程学习。[②]

（三）法律标准

在实施不同的教学模式时，无论组织形式如何，各州都有责任确保学生的各项权利和义务得到保障。例如，对学生进行数据保护、保险并实行监督的义务。同时，无论学生参加面授课程还是远程教学课程，对学生成绩的评估都应当公平公正。

除上述标准外，德国文教部长联席会议还建议，在跨州办学的情况下，应根据《关于为受训人数较少的公认培训职业的学生组建跨州专业班的框架协议》（1984 年 1 月 26 日由文教部长联席会议决议），考虑以下方面的规定：

第一，在更新“设立跨州专业班的公认培训职业清单，以及主办州（主办职业学校所在地）和服务地区的详细情况”时，主办州若申请修改或提交新申请，应告

① KMK. Empfehlung der Kultusministerkonferenz zum Einsatz Digitalisierter Lehr- und Lernformate zur Beibehaltung des Fachklassenprinzips in der Berufsschule [EB/OL] . [2021-09-09] [2022-05-20] . https://www.kmk.org/fileadmin/veroeffentlichungen_beschluesse/2021/2021_09_09-Digitale-Lehr-und-Lernformate.pdf.

② 同①.

知职业教育委员会，以便咨询是否可以在主办职业学校对相应的培训职业采用远程学习的方式教学。同时，在清单中设立跨州专业班的职业学校应用脚注注明“可应用远程学习”。

第二，如果各州之间达成双边协议，应根据《关于为受训人数较少的公认培训职业的学生组建跨州专业班的框架协议》第五条的规定，向其他各州发出通知。

第三，培训证书由跨州专业班主办州的职业学校颁发。①

三、政策实施

在该政策的实施中，通过调整《关于为受训人数较少的公认培训职业的学生组建跨州专业班的框架协议》，对跨州职业培训的组织形式进行了补充（可以使用远程学习）。这意味着来自其他联邦州的学员不一定要到职业学校所在州参加面授学习，也可以通过网络在线远程学习。②

为了加强职业学校的数字化发展，配合该政策的实施，职业教育委员会发布的《文教部长联席会议关于在人口变化的背景下保持职业学校专业班原则的声明》于2021年9月9日生效。该声明中包括一项建议，要求各州研究在多大程度上使用数字化的教学和学习形式时，可以确保开展最适合当地的职业学校教育。③

同时，为了提高职业学校教授课程的跨州可比性，确保数字化职业教育的教学质量，联邦各州于2021年10月21日批准建立了一个职业教育门户网站，旨在为职业学校教师提供一个交流合作、开发教材和交流教学理念的平台。④

---

① KMK. Empfehlung der Kultusministerkonferenz zum Einsatz Digitalisierter Lehr- und Lernformate zur Beibehaltung des Fachklassenprinzips in der Berufsschule [EB/OL] . (2021-09-09) [2022-05-20] . https: //www.kmk.org/fileadmin/veroeffentlichungen_beschluesse/2021/2021_09_09-Digitale-Lehr-und-Lernformate.pdf..

② Bürgerschaft der Freien und Hansestadt Hamburg. Ländervereinbarung über die Gemeinsame Grundstruktur des Schulwesens und die Gesamtstaatliche Verantwortung der Länder in Zentralen Bildungspolitischen Fragen [EB/OL] . [2022-05-20] . https: //www.buergerschaft-hh.de/parldok/dokument/78306/laendervereinbarung_ueber_die_gemeinsame_grundstruktur_des_schulwesens_und_die_gesamtstaatliche_verantwortung_der_laender_in_zentralen_bildungspolitis.pdf.

③ KMK. Erklärung der Kultusministerkonferenz zur Beibehaltung des Fachklassenprinzips in der Berufsschule vor dem Hintergrund des Demografischen Wandels [EB/OL] . [2022-05-20] . https: //www.kmk.org/fileadmin/veroeffentlichungen_beschluesse/2016/2016_06_16-Erkl-Fachklassenprinzip.pdf.

④ KMK. Portal für Lehrkräfte Beruflicher Schulen in Deutschland Soll Kommen [EB/OL] . [2022-05-20] . https: //www.kmk.org/aktuelles/artikelansicht/kmk-portal-fuer-lehrkraefte-beruflicher-schulen-in-deutschland-soll-kommen.html.

“学校数字化公约”（DigitalPakt Schule）为该门户网站的开发提供了约 400 万欧元的资金，科学和课程中的电影和图像研究所（Institut für Film und Bild in Wissenschaft und Unterricht，FWU）被委托实施该项目，巴登－符腾堡州主要负责该项目。总的来说，该项目实现了文教部长联席会议“数字世界中的教育”战略和“职业学校 4.0”（Berufliche Schulen 4.0）决议中提出的在未来十年德国职业学校的创新实力和整合绩效进一步发展的目标。①

第四节　高等教育人工智能建设

一、政策背景

“数字化的高等教育”（Digitale Hochschulbildung）自 2017 年以来一直是德国联邦教育和研究部高等教育改革的一个重要议题，涉及高校教学与知识生产等重要教育问题。为此，联邦教育和研究部积极推进高等教育数字化，以支持各大学从管理、科研、教学、考试等多方面入手，创造一个更为开放、公平、国际化并具有创新性的大学环境。

人工智能（Künstliche Intelligenz）是德国高等教育数字化的重要一环。联邦政府于 2018 年 11 月出台了“联邦政府人工智能战略”（Strategie Künstliche Intelligenz der Bundesregierung），强调了人工智能在高校科研、人才培养与创新、知识经济转型及高校管理等 12 个行动领域所发挥的作用。②

在该战略框架下，联邦政府与各州政府自 2020 年 12 月起达成了一项“人工智能在高等教育中的应用”资助倡议（以下简称“资助倡议”），该倡议就人工智能资助的目的、内容等作出说明。③之后在 2021 年 2 月，联邦教育和研究部在其发布的《联邦政府与各州关于在高等教育中推广人工智能的声明与指南》中接受了这一倡议的

---

① KMK. Portal für Lehrkräfte Beruflicher Schulen in Deutschland Soll Kommen [EB/OL]. [2022-05-20]. https: //www.kmk.org/aktuelles/artikelansicht/kmk-portal-fuer-lehrkraefte-beruflicher-schulen-in-deutschland-soll-kommen.html.

② Bundesministerium für Bildung und Forschung. Strategie Künstliche Intelligenz der Bundesregierung[EB/OL]. [2022-06-22]. https: //www.bmbf.de/bmbf/shareddocs/downloads/files/nationale_ki-strategie.pdf?__blob=publicationFile&v=1.

③ Bundesministerium für Bildung und Forschung. Bund-Länder-Vereinbarung Gemäß Artikel 91b Absatz 1 des Grundgesetzes über die Förderinitiative „Künstliche Intelligenz in der Hochschulbildung“ [EB/OL]. [2022-06-22]. https: //www.gwk-bonn.de/fileadmin/Redaktion/Dokumente/Papers/BLV_KI_in_der_Hochschulbildung.pdf.

有关规定，并对高等教育人工智能资助的目标、举措、项目申请程序等方面再次进行了说明。

通过签订“资助倡议”，联邦政府承诺为各州高校的人工智能建设提供高达 1.33 亿欧元的资金资助，该资助将持续至 2025 年底，旨在有效地建立并发展人工智能支持下的高等教育系统，并支持大学在教学中更好地利用人工智能。“资助倡议”指出，大学可单独或与其他大学共同申请资助项目。自 2021 年 6 月份以来，德国联邦教育和研究部共通过 40 项大学单独申请与 14 项大学联合申请，共有 81 所高校得到了资助。①

二、政策内容

（一）资助目标

“资助倡议”认为，过去几十年来，人工智能被理解为通过不同类型的技术，对大数据进行基于机器和算法的处理，基于此定义，该项资助需涉及人工智能的应用范围。这既包括传统的人工智能程序，也包括目前正在研发的识别算法与数据分析模式和方法（如机器学习、神经网络）等。人工智能由于直接科研价值和附加价值巨大，对于高校科研与教学过程具有特殊潜力，并且能够减轻教师和学校管理者的工作负担。此外，从社会和教育政策宏观层面来看，人工智能有助于提高学习效果，促进社会公平，为具有学习障碍的学生（如听力或视力障碍）提供更多的学习机会。为此，需要同时提升人工智能领域的能力建设和高校教学过程中的人工智能投入，并要达到以下两大目标：一是将人工智能视为科研内容的一部分，并借此提高未来学术力量的专业能力；二是通过人工智能投入来改善高等教育的质量、效率和效力。

（二）资助举措

与资助目标相对应，德国政府对大学人工智能建设的资助也包括两方面的举措。

1. 在学习和资格鉴定中加强人工智能素养

人工智能素养指在人工智能技术运用领域普遍所需的技能与方法，也包括在特殊应用领域，如社交、教学和教学评估领域中所需的技能。

该资助项目将为构思和开发新的人工智能相关研究方案提供支持，并采取措

① Gemeinsame Wissenschaftskonferenz. Künstliche Intelligenz in der Hochschulbildung [EB/OL]. [2022-06-22]. https: //www.gwk-bonn.de/themen/foerderung-von-hochschulen/kuenstliche-intelligenz-in-der-hochschulbildung.

施进一步开发现有的人工智能研究方案。原则上，以人工智能为重点的特定学科和跨学科课程的发展都将得到支持。尽管人工智能通常出现在计算机科学或与计算机科学相关的课程中，但该资助也适用于所有学科领域和子学科涉及人工智能的研究和资格鉴定，如人文学科中的数字人文（Digital Humanities in den Geisteswissenschaften），以及以增强人工智能能力为目标的跨学科课程。此外，该资助还旨在支持解决人工智能研究中社会、文化、法律和伦理问题的研究计划，例如通过人工智能分析新的社会技术责任结构，分析并开发值得信赖的人工智能等；或通过不同的教学设计开发人工智能学习内容，例如开发以问题为导向、以实践为导向或以研究为导向的学习和教学方法。

具体而言，为提升人工智能素养，大学可开发设计独立或组合式的人工智能课程并提供资格证书；也可提供课程模块，或为本科生和研究生提供相关课程等。

此外，该项资助还强调提供配套的人事和基础设施支持。人事支持包括对于与资助项目相关的科研人员与后备人才，以及在信息技术领域，特别是在人工智能领域中能提供教学支持的长聘教职工，资助项目将提供资金支持，用以继续发展人工智能研究方案等。资助还对目前研究方向和教学重点在人工智能的教授，或未来有待任职的教授提供经济支持，前提是其需长期关注人工智能领域并取得突破。

2. 在高等教育领域中应用人工智能

通过整合人工智能功能，高等教育需对人工智能进行批判性地反思和利用，主要包含以下三个方面。

第一，为高等教育构建基于人工智能的技术。大学教学通常包括教学和方法规划，学习内容准备，以及教学过程的评估和分析等环节。这些步骤都可通过人工智能予以支持。资金可用于开发和实施与之相关的解决方案，并根据教学或管理需要，用于开发、实施和评估人工智能技术。资金可用于设计以下行动领域的解决方案。

支持教学活动：人工智能可为教学活动提供多方面支持。如教师可记录学生的知识储备并自动为其配备个性化的学习材料，或根据以往和类似课程的学习数据修订和优化教学材料等，在其他教学活动场景中人工智能也有广泛运用的可能。资助主要用于支持人工智能下教学方案的开发，数据源系统的收集和开发，以发展新的教学概念等。

支持和评价学习过程：在课堂中，对于学习者提出的不同问题的回应，影响着学习者的学习动机和收获，其中许多问题是常被提及且需要反复回答的。为了支持教师和学习者，辅助系统（如聊天机器人、智能辅导系统）的开发是有必要的。原则上类似的辅助系统适用于常例问题或与内容有关的问题。除此之外，人工智能也适用于评估学习过程。教师可以通过人工智能，缓解因学生人数增加的压力和与之相伴而来的评估工作负担。

具体而言，该项资助可用于：开发智能辅助系统，在组织和学习等方面支持学习者；发展人工智能支持下的协作学习环境；开发和测试学习体验平台，用于完成数据驱动的内容交付与创建个性化的学习体验；开发和测试基于人工智能的评估和学习督查系统（如自动化考试系统、电子远程考试系统）；测试和进一步改进基于人工智能的抄袭检测系统。

支持教学与科研管理：人工智能可用于教学与科研中的管理活动，如课程注册和课程管理。管理领域的人工智能发展旨在通过更加关注教师、学生和行政人员的需求来优化组织流程。人工智能的支持可以减轻工作负担，提高用户体验和目标群体的接受程度。

具体而言，人工智能可以改善学习管理系统和行政管理服务中的互动关系，改善学生的用户体验，并提供智能化的信息服务；为德国和国外学生提供人工智能支持下的学生咨询服务；基于人工智能的文本和图像识别，可以改善教学和学习管理中的事务处理；开发并测试基于人工智能的教学事务规划系统（课程管理与注册、教室与考务安排等）。

第二，增强教学与行政管理职员的人工智能素养。为了确保高等教育中的教师和行政职员具备人工智能素养，相关部门将制定并实施人工智能领域教学和行政岗职员的资格认证和再培训方案，包括为大学教职员工提供技术运用方面的培训，使他们懂得如何正确使用基于人工智能的系统或掌握符合数据保护条例的必要技能。另外，该资助还支持制订相关计划为新任命人员或在职人员提供学习机会，或增加针对所有教学、行政人员的再培训机会。

第三，在两大资助举措间实现可持续性、联通性与转化性。在资助明确用于以上两大举措前，资助计划还需充分考虑两大举措间的可持续性、联通性与转化性。

首先，应考虑到高校治理方面的问题，继而在资助计划下注重知识管理与协同利用间的耦合关系。具体而言包含以下方面：加强核心机构（如大学教学中心、技术中心）和部门具体机构（如院长办公室、研究所管理层、部门管理层）之间的合作；加强学科领域、学科教学和一般教学之间的合作；加强高校间的合作，建立大学网络，交流有关人工智能的挑战和最佳实践经验；构想和整合以需求为导向的规章制度，特别是数据保护相关的规定，以便在大学层面合理使用人工智能应用；制定行动指南和建议，以使计划成果能够用于高等教育的可持续发展。

其次，在可持续性和转化性方面，将格外注重教学质量和以能力为导向的教学方法。

再次，应通过免费许可证（如开放源代码许可证或创作共用许可证）给予适当的使用权，在技术开发方面，应寻求与现有解决方案的互动性。

最后，应广泛利用人工智能学习产品，在学习平台和门户网站上提供开发成果或将其他现有人工智能产品整合到教学过程中。在鉴定过程中应设定量化指标来界定资助落实的有效性和转化程度，核实资助目标的实现情况和贡献，以最大效度发挥协同效应。

（三）资助对象、条件与申请程序

“资助倡议”所涵盖的申请对象主要为德国公立大学。大学可单独或与其他大学联合申请。[①] 资助范围相应也有所区别，针对独立申请的大学，资助金额不超过 200 万欧元；针对联合申请的大学，资助总额不超过 500 万欧元，且联合申请中的每所大学的资助金额也不应超过 200 万欧元。资助时间长达 48 个月，且一直持续到 2025 年 12 月 31 日。资助主要用于以下用途：所需的额外人员费用和材料费用（消耗品、差旅费、合同资金、执行人工智能创新所需的技术设备费用等）；为人工智能应用而任命的教师或与教学相关的信息技术支持人员所需的资金（必须提供任命证明或解决资助结束后的规范问题）；为聘请终身教授所需的人事费用提供的资金。另外，资金接受者需向联邦教育和研究部提供资金使用情况。受资助的大学需定期向公众提供评估或总结报告。

资助申请程序包含两个阶段。首先，申请者应在 2021 年 4 月 30 日前向当地负责项目申报的管理局提供书面和电子版的项目说明材料。申请者可通过官方渠道获得必要的申请材料类型及其格式要求，随后政府对申请材料进行审核。具体内容和评价标准见表 5-1。

---

① 单独进行的项目申请称为独立申请（Einzelantrag），联合进行申请的项目称为联合项目（Verbundsantrag）。后者的限制条件更多，需要大学之间按照联邦教育和研究部规定签署合作协议并保证不受额外资助支持。

表 5-1 申报材料内容、评价标准和评价程序

申报材料内容	评价标准	评价程序
①第一部分 项目简要说明和关键词； 资助举措要求下的初步情况和需求； 项目理念和目标； 操作方法与合作说明； 针对教授聘任的预计措施； 具体实施技术； 数据保护与伦理要求说明； 针对教职人员与信息技术支持人员的预计措施； 成果利用与转化计划的可持续性和利用价值； 教授与长聘人员的可持续性； 联合申请下大学合作的协同价值。 ②第二部分 工作方案概要，包括粗略的时间安排，如果是合作项目，还要概述合作者在项目期间的合作和责任； 项目期间的人事、物资、差旅经费与合作费用； 合作条例概要。	项目与资助举措相匹配； 存在发展潜力和附加价值； 与高校自身发展和规划保持一致； 保证结果的可持续性和结果的广泛价值； 与高等教育和教育政策发展相关； 申请资金符合计划实施需求； 在联合申请中具有协同效应和合作价值； 计划中教授和教学人员对于高质量和以能力为导向的教学具有研究贡献； 在第二项资助举措中，技术上的可行性、数据保护和道德问题的合理性，以及在高等教育机构的教学战略和过往教学实践中的教学创新也是决定性的标准。	项目申请由一个遴选委员会评估，该委员会由来自科学、工业和社会领域的专家组成，他们在人工智能、大学教学和学科科学领域拥有成熟的经验和能力，成员还包括学生团体的代表以及联邦和州政府的代表； 在对申请进行最后审查后，将根据上述标准和评价作出资助决定； 审查和选拔的结果将以书面形式通知申请者。

资料来源：Bundesministerium für Bildung und Forschung. Bekanntmachung［EB/OL］.［2022-06-22］. https：//www.bmbf.de/bmbf/shareddocs/bekanntmachungen/de/2021/02/3409_bekanntmachung.html.

通过第一阶段的申请者，可在第二阶段通过相关电子申请系统提交正式材料。材料内容、申请标准、申请程序与前文第一阶段内容基本相同。

综上所述，德国在 2021 年出台的教育政策还在继续回应近年来社会发展趋势对教育发展的要求，即数字化与可持续发展。教育数字化和可持续发展教育都在向各级各类教育和各个维度延伸，并在这一过程中得到了深化发展。学前教育也是发展的重点，因为学前教育需要为德国教育的整体改革和发展打好基础，所以，社会对学前教育的期待也有所上升，需要教育决策者对此作出回应。

第六章
加拿大教育政策与发展趋势

本章深度论述了加拿大阿尔伯塔省基础教育学段课程改革的最新动向。阿尔伯塔省是最早效仿美国教育的省份之一。2021 年 3 月阿尔伯塔省颁布了修订的 K-6 课程草案，其课程价值取向与阿尔伯塔省之前的政策大相径庭，表现出明显的“知识转向”。本章以即将施行的初等教育课程标准为对象，分析其“知识转向”产生的背景、表现和未来的走向。

第一节　阿尔伯塔省初等教育课程改革

长久以来，加拿大的教育一直稳居世界前列。根据经合组织历年公布的国际测试 PISA 研究结果，加拿大是为数不多的在阅读、数学和科学多个领域都长期跻身世界排名前十的国家之一。不同于在 2018 年 PISA 测试中名列前茅的中国与新加坡，加拿大作为一个联邦制国家，其教育体系以自治省为基础建立而成。在 2018 年 PISA 测试中，西部的阿尔伯塔省作为长期以来的教育大省，阅读和科学的测试结果都跻身世界前五名。阿尔伯塔省最引人瞩目的成就是在初等教育和高等教育方面的优势，这得益于该省严谨完备的课程体系。[①]

初等教育作为受教育者正式教育过程的开端，是让受教育者打下知识文化基础和做好初步生活准备的阶段，亦是整个教育事业的基础。基于此，阿尔伯塔省的课程改革先从初等教育的课程设计着手。阿尔伯塔省教育部部长阿德里安娜·拉格兰

---

① VON HEYKING A. Alberta，Canada：How Curriculum and Assessments Work in a Plural School System［EB/OL］.［2022-02-27］. https：//jscholarship.library.jhu.edu/server/api/core/bitstreams/1a256df5-b838-469f-a7d9-4c06c78b8317/content.

奇（Adriana LaGrange）于2021年3月29日在新闻发布会上正式介绍了K-6课程草案。拉格兰奇在新闻发布会的开头就指出，阿尔伯塔省将不再追随某些教育潮流，使用一些颇为流行的学习方法，如发现学习（Discovery Learning）或探究学习（Inquiry Learning），而是将基本知识和技能置于学习的中心，提倡使用平衡且有事实依据的教学方法。

一、阿尔伯塔省初等教育课程改革发展历程

阿尔伯塔省于1905年摆脱殖民统治，成为了第八个加入联邦的省份。在建立之初，该省照搬了安大略省的课程，其内容也与多数省份类似，都以当时英国的课程为模板。乔治·汤姆金斯（George Tomkins）总结说，在阿尔伯塔省早期的历史中，学校对加拿大国家认同的理解以盎格鲁文化为中心，这种将英国文化置于课程中心的现象在加拿大以外的讲英语的国家也相当普遍。①

20世纪30年代，阿尔伯塔省在经济大萧条的影响下，经历了严重的经济危机和社会变动。农业的崩溃影响到了经济的方方面面，阶级矛盾和种族歧视也层出不穷。大量农民离开农村前往城市谋生，于是政客们认为需要一种实用的、能够帮助一些阿尔伯塔人适应城市生活的课程。② 此时正值进步教育运动风靡之际，阿尔伯塔省教育部门认可进步教育运动的理念，认为教育是解决当前社会问题的一剂良药。因此，1935年，活动教学（Enterprise Approach）③ 被正式引进阿尔伯塔省的学校，并在加拿大各地传播开来。1936年至1940年是加拿大学习进步教育的全盛时期，阿尔伯塔省在这一时期的课程修订也是该省第一次重大的课程改革。④ 各科目的教学方法随之变化，放弃了传统的教学主题，转而以一系列的问题为主导，对这些问题的研究构成了每门课程的基础。这一时期的课程借鉴了美国进步教育运动的思想和实践，深受美国进步主义教育思想的影响，其社会科课程也几乎是对美国的

---

① VON HEYKING A. Fostering a Provincial Identity：Two Eras in Alberta Schooling［J］. Canadian Journal of Education，2006，29（4）：1127-1156.

② 同①.

③ “Enterprise Approach”首次出现在阿尔伯塔省1936年的小学课程中。进步教育运动的倡导者在20世纪上半叶常用“Child-centered”或“Learner-centered”来形容其教学方法，后阿尔伯塔省学习借鉴此法，为了让方法更加具体明确，所以选择了“Enterprise”。其中将“Enterprise”描述为做（Doing）或者活动（Activity），而非更加耳熟能详的项目（Project）。原因是“Enterprise”突出了这种教学方法的创新和实践的困难之处。

④ KAMAL A. The Past and the Future of Elementary Science Curriculum in Alberta［J］. Alberta Science Education Journal，2006，37（2）：37-52.

照搬。①

20 世纪 60 年代，“学科结构”运动席卷了美国，也深深地影响了加拿大，阿尔伯塔省自然也不例外，在该运动的倡导下，原来的“学习者中心”和“发现学习”转向“知识中心”和传统教学方法。课程开始强调每门学科的核心知识，以社会科课程为例，要求学生系统地学习历史、地理、政治等课程，从而掌握学科间的内在联系，养成学科应具备的学习态度和学习方法。总体而言，正如潘妮·克拉克（Penney Clark）所指出的，这一时期的加拿大社会科课程维持着“美国制造”。②

之后的数十年，阿尔伯塔课程改革并未出现大的价值转向，直到 2010 年，阿尔伯塔省教育部发布了筹划两年的报告《鼓舞人心的教育：与阿尔伯塔人的对话》（Inspiring Education：a Dialogue with Albertans）。③④ 该报告受时任加拿大总理埃德·斯特尔马赫（Ed Stelmach）所托发布。时任阿尔伯塔省教育部部长戴夫·汉考克（Dave Hancock）为此成立了一个由 22 人组成的委员会，走访各地与阿尔伯塔人对话，旨在描绘 2030 年的教育愿景。但是，这份报告只是提供了大致方向，并没有细化到实施的步骤。报告指出，阿尔伯塔省当前的教育亟需面向未来，而实现这一转变的关键就在于将学习者置于教育的中心，运用发现学习来培养学习者的创新和探索能力。⑤ 阿尔伯塔省总理艾莉森·雷德福（Alison Redford）在 2014 年的就职演讲中宣布将制定新的以学习者为中心的课程，同时省级的学业成绩测试也会由以学生为中心的课程评价取代。⑥ 另一教育强省不列颠哥伦比亚省也一直在实践个性化数学教学。⑦ 萨斯喀彻温省教育部自 2006 年以来一直在引入新的数学课程和教

---

① 高益民，郑璐. 加拿大社会科课程的本土化演进［J］. 教育学报，2017，13（4）：45-56.

② 同①.

③ Government of Alberta. Inspiring Education：a Dialogue with Albertans［EB/OL］.（2010-04-01）［2022-02-27］. https：//open.alberta.ca/dataset/45370ce9-3a90-4ff2-8735-cdb760c720f0/resource/2ee2452c-81d3-414f-892f-060caf40e78e/download/4492270-2010-inspiring-education-dialogue-albertans-2010-04.pdf.

④ 10 Questions about Changes to Alberta's School Curriculum［EB/OL］.（2014-03-12）［2022-02-27］. https：//www.cbc.ca/news/canada/edmonton/10-questions-about-changes-to-alberta-s-school-curriculum-1.2569351.

⑤ 同③.

⑥ CBC News. Alberta Throne Speech Focuses on Education，Oil Industry［EB/OL］.（2014-03-04）［2022-02-27］. https：//www.cbc.ca/news/canada/edmonton/alberta-throne-speech-focuses-on-education-oil-industry-1.2558221.

⑦ HOPPER T. Does 'Discovery Learning' Prepare Alberta Students for the 21st Century or Will It Toss out a Top Tier Education System? ［EB/OL］.（2014-02-28）［2022-02-27］. https：//nationalpost.com/news/canada/does-discovery-learning-prepare-alberta-students-for-the-21st-century-or-will-it-toss-out-a-top-tier-education-system.

科书，其理念是在数学教学中应使用多种方法，因为每个孩子学习的方式不一定相同。可与此同时，曼尼托巴省教育部部长在 2014 年指出该省当前教育的天平已经摇摆得太远，抛弃了一些真正好的教学方法。[①] 而且，一些家长们对这一变化也并不看好，阿尔伯塔省的课程改革似乎与一些家长希望课程发展的方向相反，有些家长因为这次改革不得不花费高价聘请私人家庭教师，另有一些家长则将他们的孩子送到仍然教授基础知识的学校。[②]

阿尔伯塔省政府于 2016 年 6 月 15 日宣布，在未来的六年内，阿尔伯塔省教育部将开发新的 K-12 课程，它将不同于阿尔伯塔省之前的任何课程。[③]2018 年，阿尔伯塔省政府公布了 K-4 课程的草案。[④] 时任教育部部长大卫・埃根（David Eggen）在一采访中被问及为何要全面修改课程，毕竟课程编制花费巨大。他解释道，一些课程已经有近三十年未曾更新了，特别是社会科课程，此次课程改革是为了让课程更加现代化。[⑤] 该草案原本预计 2018 年末完成，之后部分地区和学校开始试点[⑥]，但最终课程试点由于新政府不同的教育理念被迅速叫停。总体而言，这一时期的课程改革延续了杰夫・约翰逊（Jeff Johnson）任教育部部长时期的课程价值取向，补充和完善了社会科课程的内容，从而让社会科课程更加连贯。

阿尔伯塔省在 2019 年 8 月开始 K-12 课程更新的透明审查。新的课程改革从 K-6 开始，在 2019 年启动了课程开发，并于 2021 年正式发布了 K-6 课程草案。[⑦]

---

① CBC News. Manitoba Math Classes Going Back to the Basics [EB/OL] .（2014-10-08）[2022-02-27] . https：//www.cbc.ca/news/canada/manitoba/manitoba-math-classes-going-back-to-the-basics-1.1324793.

② CBC News. Move to 'Discovery Learning' Worries Parents of Young Readers [EB/OL] .（2014-03-11）[2022-02-27] . https：//www.cbc.ca/news/canada/edmonton/move-to-discovery-learning-worries-parents-of-young-readers-1.2567009.

③ Government of Alberta. Alberta Updating Curriculum to Better Prepare Students for Future Success [EB/OL] .（2016-06-15）[2022-02-27] . https：//www.alberta.ca/release.cfm?xID=429254F30CF8B-FC56-7936-ADA544AE037D475C.

④ CBC News. Alberta Government Releases Draft Version of Updated K-4 Curriculum [EB/OL] .（2018-07-19）[2022-02-27] . https：//www.cbc.ca/news/canada/edmonton/alberta-school-curriculum-draft-release-1.4754054.

⑤ BENNFTT D. Alberta Government Posts Proposed Curriculum Changes Online [EB/OL] .（2018-07-19）[2022-02-27] . https：//globalnews.ca/news/4341625/alberta-curriculum-changes-education-online/.

⑥ 同④.

⑦ Government of Alberta. How We Got Here [EB/OL] .（2010-04-01）[2022-02-27] . https：//www.alberta.ca/curriculum-how-we-got-here.

二、阿尔伯塔省初等教育课程改革的背景

（一）在国际学业水平测试中排名下滑

阿德里安娜·拉格兰奇在新闻发布会中指出，阿尔伯塔省的教育近几年一直停滞不前，小学阶段的阅读、数学、科学这三个科目在国际学业水平测试中都出现了不同程度的下降。国际阅读素养进展研究（PIRLS）是国际教育成就评价协会（International Association for the Evaluation of Educational Achievement，IEA）的研究项目之一。该项目计划每五年进行一次全球范围的 PIRLS 测试，以此来监测儿童阅读能力的未来发展。如表 6-1 所示，2006—2015 年，阿尔伯塔省四年级学生阅读素养的排名从第三名跌至第十六名。国际数学与科学趋势研究（The Trends in International Mathematics and Science Study，TIMSS）也是 IEA 发起和组织的国际教育评价研究和评测活动。TIMSS 每四年进行一次，主要测试四年级和八年级学生的数学与科学学业成绩，以及达到课程目标的情况。如表 6-2 所示，2007—2015 年，阿尔伯塔省四年级学生数学排名从第十七名跌至第三十四名，科学排名从第六名跌至第二十六名。

表 6-1　2006—2016 年阿尔伯塔省四年级学生在 PIRLS 测试排名情况

年份	参与 PIRLS 测试的国家或地区总数	顺延排名（并列排名）
2006	45	3（3）
2011	53	11（14）
2016	58	16（20）

资料来源：依据 IEA 和加拿大发布的 PIRLS 测试结果整理。

表 6-2　2007—2015 年阿尔伯塔省四年级学生在 TIMSS 测试排名情况

年份	参与 TIMSS 测试的国家或地区总数	数学成绩的顺延排名（并列排名）	科学成绩的顺延排名（并列排名）
2007	36	17（17）	6（6）
2011	57	25（29）	8（9）
2015	54/53	34（40）	26（31）

资料来源：依据 IEA 和加拿大发布的 TIMSS 测试结果整理。

（二）数学成绩显著下降

阿尔伯塔省作为加拿大教育强省之一，阅读和科学成绩在加拿大一直名列前茅，可数学却一直是该省学生的软肋。如表 6-3 所示，2010—2016 年，阿尔伯塔省的数学成绩长期低于加拿大的平均水平。除此之外，2003—2012 年，除魁北克省和萨斯喀彻温省两个省份，加拿大其他省份的 PISA 数学成绩均有明显下降，一些省份下降尤为显著，如曼尼托巴省和阿尔伯塔省分别下降了 36 和 32 分。① 数学这一科目对于加拿大学生而言十分重要。“大家讲科学”（Let’s Talk Science）② 发布的报告《聚焦科学学习：放弃数学和科学的巨大代价》（Spotlight on Science Learning：the High Cost of Dropping Science and Math）汇编了学生提前放弃 STEM 课程花费的个人和社会成本的相关信息。其中一项重要的发现是，如果没有数学和科学，学生的职业选择，甚至他们的高等教育机会都会受到严重限制。尽管大多数省份只要求 K-10 开设数学和科学课程，但该报告发现未曾学习十二年级数学的学生有可能被 40%—75% 的加拿大大学项目排除在外，而未曾学习十一年级数学的学生有可能被一半的社区学院项目排除在外。③

表 6-3　2010—2016 年加拿大部分省份八年级学生数学成绩

省份	平均分数			分数变化	
	2016 年	2013 年	2010 年	2016—2013 年	2016—2010 年
阿尔伯塔省	505	502	495	3	10
曼尼托巴省	479	471	468	8	11
魁北克省	541	527	515	14	26
全国	511	507	500	4	11

资料来源：O’GRADY K，FUNG K，SERVAGE L，et，al. PCAP 2016：Report on the Pan-Canadian Assessment of Reading，Mathemetics，and Science［EB/OL］.［2022-02-27］. https：//www.cmec.ca/publications/lists/publications/attachments/381/pcap-2016-public-report-en.pdf.

---

① RICHARDS J. Warning Signs for Canadian Educators：the Bad News in Canada’s PISA Results［EB/OL］.［2022-02-27］. https：//www.cdhowe.org/sites/default/files/attachments/research_papers/mixed/e-brief_176_P1.pdf.

② Let’s Talk Science 是一个屡获殊荣的国家慈善组织，致力于为教育工作者提供计划和资源，帮助他们改善青年教育和对 STEM 领域的参与。

③ Let’s Talk Science，Amgen Canada Inc. Spotlight on Science Learning：the High Cost of Dropping Science and Math［EB/OL］.［2022-02-27］. https：//letstalkscience.ca/sites/default/files/2019-08/2013%20LTS_High%20Cost%20of%20Dropping%20STEM%20EN_0.pdf.

（三）其他省份的数学教学方法

不同于加拿大其他省数学排名的停滞不前或倒退，在 1988 年第一次国际教育进展评估（International Assessment of Educational Progress，IAEP），以及接下来的四次国际数学测试中，魁北克省四年级、八年级和十一年级的学生表现普遍优于加拿大其他省份的学生。[①]2000 年，不列颠哥伦比亚省教育部在副部长查尔斯·昂格莱德（Charles Ungerleider）的领导下发起一项调查，通过对比不列颠哥伦比亚省和魁北克省的数学课程，过去数十年魁北克省学生在 K-12 数学表现中一直遥遥领先的原因正在变得更加清晰，该省数学教学的重要优势之一就是教师指导。保罗·本内特（Paul Bennett）认为，魁北克省的数学课程一直更多地受到相对集中的学科教学和教师指导的影响。在魁北克省以外，特别是讲英语的省份，如安大略省、不列颠哥伦比亚省和阿尔伯塔省，深受进步教育运动影响，采用以儿童为中心的发现学习法。[②] 这可能是其数学水平产生差距的原因之一。

在 PISA 数学成绩下降最为显著的两个省份中，曼尼托巴省于 2013 年开始全面恢复基础知识教学。两位曼尼托巴省的数学教授安娜·斯托克（Anna Stokke）和罗伯特·克雷根（Robert Craigen）在 2013 年 9 月发起了一场数学教学改革运动，并且发表了“加强数学教学的西方倡议”（Western Initiative for Strengthening Math Education）。[③] 他们的主张也获得了数学家，同时也是 JUMP Math 项目 [④] 的创始人约翰·迈顿（John Mighton）的支持，迈顿认为孩子们需要知道基本的数学概念知识，这样他们才能在明白概念的基础上加以应用。[⑤] 安大略省在 2018 年大选胜出的进步保守党也下定决心要放弃“发现学习”并且“返回基础”。[⑥]

---

① BENNETT P W. What Can Be Learned from Quebec’s Math Prowess ？［EB/OL］.（2018-10-23）［2022-02-27］. https：//policyoptions.irpp.org/magazines/october-2018/what-can-be-learned-from-quebecs-math-prowess/.

② 同①.

③ BENNETT P W. Teaching Elementary Math：Why Is Teaching the Basics Making a Resurgence ？［EB/OL］.（2013-10-06）［2022-02-27］. https：//educhatter.wordpress.com/2013/10/06/teaching-elementary-math-why-is-teaching-the-basics-making-a-resurgence/.

④ 加拿大数学教师约翰·迈顿博士从学生切身情况出发，基于认知学领域的最新研究成果，并借鉴循证的教育理论，组建数学教育项目 JUMP Math，该项目将数学难点适当分解，并采用“引导发现式”的教学模式，激发了学生的数学学习热情，保证了教学效果。

⑤ 同③.

⑥ BOISVERT N，CBC News. Ontario Reveals New ‘Back to Basics’ Elementary Math Curriculum［EB/OL］.（2020-01-24）［2022-02-27］. https：//www.cbc.ca/news/canada/toronto/ontario-math-curriculum-announcement-1.5623777.

（四）公众呼吁“返回基础”

“返回基础”得到了民众和部分专家的支持。2006年阿尔伯塔省进行K-3课程评估时，接受采访的家长表示，在教授识字技能方面，学生们的首要任务是关注基础知识。2013年进步保守党推行以学生为中心的课程改革之时，一名三年级学生的母亲发起的改变阿尔伯塔省数学课程的请愿书收获了10000多人的签名。她认为新课程使基础知识过于复杂化，在实践和记忆中转移了重点，未能让孩子们掌握基础知识。① 温尼伯大学的数学教授斯托克斯直言，她对学生的成绩下降并不惊讶，因为当前教学理念让孩子们远离基础练习。同时，她认为曼尼托巴省和阿尔伯塔省的跌幅增大应当归因于两省都采用了探究式课程。②

三、阿尔伯塔省初等教育课程改革具体内容

本次课程改革旨在提高学生各个科目的成绩，让学习的重点回归基础知识，为每个学生提供成功的机会。K-6课程草案从四个核心主题出发，将其广泛渗透于不同科目中。③

（一）课程改革核心主题

K-6课程草案基于跨越所有年级的四个核心主题：读写能力、计算能力、公民教育和实践技能，帮助学生获得在学校和生活中取得成功所需的基本知识、技能和公民美德。这四个核心主题既涵盖了基本的阅读、写作和数学技能，又纳入了与公民教育息息相关的职业道德、公民参与和公民意识、对不同观点的尊重等内容。

1. 读写能力

读写能力是学生各科成绩优异的核心表现，是公民参与、经济参与和文化参与的核心能力和必要条件。新课程将要求教师指导学生通过学习英语语言艺术和文学、法语第一语言和文学，或法语沉浸式语言艺术和文学等课程，不断提高学生的读写能力。低年级的学生将学习使用经过检验的最佳方法来阅读，这意味着阅读和写作将会有明确的指导，包括单词的发音和如何使用正确的语法。在新的K-6课程

① CBC News. Alberta Parent Urges Back to Basics for Math in Schools[EB/OL].(2014-01-17)[2022-02-27]. https: //www.cbc.ca/news/canada/calgary/alberta-parent-urges-back-to-basics-for-math-in-schools-1.2498776.

② The Canadian Press. Canada's Students Slipping in Math and Science, OECD Finds [EB/OL] . (2013-12-05) [2022-02-27] . https: //www.cbc.ca/news/canada/canada-s-students-slipping-in-math-and-science-oecd-finds-1.2448748.

③ Government of Alberta. Draft K-6 Curriculum [EB/OL] . (2021-12-13) [2022-02-27] . https: //www.alberta.ca/curriculum-key-themes.aspx.

中，读写能力并不仅限于这些科目，而是贯穿于每个学科和年级。例如，在科学课上，学生将学习用文字描述他们的实验。

优秀的读写能力不仅要求学生掌握基本的阅读和写作，还要辅之以批判性思维和交流沟通能力。批判性思维的培养一方面要引导学生了解和独立思考学校各个学科的重要问题，吸收跨学科的知识，拓宽学生的研究视野；另一方面则要指导学生区分事实与意见。具体体现为，在学生接触到各种各样的文本（包括小说和非小说）时，要求学生学习批判性地阅读文本，以便他们在理解周围的自然世界和文化世界时，能将事实与观点分开；学生既要探究小说中隐含的真理，又要挖掘非小说中可疑的事实。交流沟通能力要求学生学会在不同的环境中进行交流。无论是以哪种方式写作（数字化或非数字化），了解其受众与学会在多种常规限制内写作都是非常重要的。这种意识将会帮助学生更好地识别读者。

2. 计算能力

计算能力是学习的基础。流畅的数字思维对于日常任务、自然和文化世界的洞察与智力发展都是必要的。在各个科目中，培养计算能力的主阵地就是数学。学生应学习基本的数学知识和技能，并且每年都重温基本的数学主题，通过不断扩大自身的知识基础，重拾对数学的兴趣和信心，发展终身受益的数学技能。计算能力的培养在其他科目的课程中也有所呈现。例如，在体育课程中，学生可以练习计算和比较个人统计数据以达到个人最佳水平，或者依据空间推理来规划和决定要练习的体育运动。

计算能力与人们的日常工作生活密不可分，其培养也需关注日常生活中的应用。首先，大多数工作都需要计算能力，而有些工作几乎完全依赖扎实的数学技能。阿尔伯塔省的学生如果期望在就业市场占有优势地位，就必须重视计算能力的培养。其次，计算能力相关的课程应支持学生使用数学知识来解决日常生活中的问题，例如报时、测量物体之间的距离、规划预算、利用空间和物体来确定位置和方向等。最后，学生可以借助数字做出明智的决定。学习如何理解和分析数字，以产生有意义的结果，可以帮助学生做出明智的选择。

3. 公民教育

公民教育的目的是确保学生在教育过程中成长为学习者和公民，其内容寓于历史、地理、经济、政治、文学、体育、艺术等科目中。本次课程草案规定了教学内容但没有规定如何教学。教学内容包括：阿尔伯塔省、加拿大和世界历史，原住民（First Nations）、梅蒂斯人（Métis）和因纽特人（Inuit）的历史与文化，多元文化主义，公民素养，经济学，以及地理。

（1）阿尔伯塔省、加拿大和世界历史。

该部分教学内容包含原住民的居住历史，法国和英国建立和发展北美殖民地的关键事件（如毛皮贸易、西北骑警的成立等），以及后来阿尔伯塔省的建立。同时，鉴于法语社区在加拿大的特殊地位，阿尔伯塔省的课程将教授关于阿尔伯塔省法语社区历史的具体内容。学生将学习法语社区对阿尔伯塔省建立做出的贡献，以及法语社区对阿尔伯塔省充满活力的文化景观的贡献。世界历史的学习主要是通过探索经典文明和思想来完成的。学生将了解古代西方和东方文明对今天的生活和社会的一些重要贡献，包括伟大的思想、信仰、文化、纪念碑和艺术作品。

（2）原住民、梅蒂斯人和因纽特人的历史与文化。

该部分教学内容包含阿尔伯塔省原住民的独特历史，以及他们的文化和知识如何塑造阿尔伯塔省甚至加拿大的历史；签署条约的历史，以及这些条约的精神对当今的阿尔伯塔省的长久影响。新课程还将向学生介绍寄宿学校的历史，从而帮助学生理解正在进行的与原住民的和解过程，以及和解过程中的挑战。

（3）多元文化主义。

该部分教学内容的教育目标是帮助学生们超越差异，在一个和平、多元的社会中团结起来，维护所有人的尊严，尊重不同的信仰、观点和文化。因此，课程中涵盖了来自中国、印度、东欧和其他不同背景的阿尔伯塔省人的移民经历和移民们为阿尔伯塔省做出的贡献。此外，课程内容还包括对多个世界宗教的介绍，如犹太教、基督教、伊斯兰教、印度教、佛教、锡克教、儒教和道教，以帮助学生了解各宗教文化。

（4）公民素养。

为培养学生成为阿尔伯塔省和国家未来的公民和领导人，课程一个重要的部分就是教授加拿大的政治制度及其历史。具体内容包括西敏制（Westminster System）的起源和特点、君主立宪制、负责任的政府和法治。此外，公民素养部分对学生的要求不只停留在认识阶段，还要求学生能比较加拿大的政府系统与其他国家的政府系统，包括土著传统和世界各地不同的政府系统。课程的另一个重要部分包含公民的权利和义务，要求学生学会尊重不同的观点，重视辩论和言论自由，旨在培养合格的公民。

（5）经济学。

经济学部分主要教授基本的经济学概念，如市场、稀缺性和消费者。其目标是引导学生关注美国和加拿大的相对经济实力，研究北美在世界经济中的位置，以及了解阿尔伯塔省的经济是如何随着时间的推移而变化发展的。

（6）地理。

从幼儿园开始，学生将探索地图和地球仪。其目的一方面在于深化学生对地理相关历史知识的理解，如与阿尔伯塔省和加拿大西部相关的人员、地点和边界，以及古代文明的迁移和定居；另一方面在于培养学生关于地理的基本能力，如确定居住地的地理位置，以及如何找到周围的路线。

4. 实践技能

实践技能指的是在现实生活中帮助学生获得成功的技能，从基本的金融知识到计算机编码，再到两性关系中的性同意（Sexual Consent）都囊括在内。新课程主要包含金融知识、计算机科学、公开演讲和性同意。

（1）金融知识。

这是金融知识首次贯穿整个课程，并特别在数学和社会科课程中教授。课程将教授基本的经济学概念，如需求和欲望、资源、劳动力、创新、贸易和资本。课程还将教学生如何赚钱、储蓄、投资、消费和借钱。这些知识将有助于学生理解全球经济体系，加深对阿尔伯塔省和加拿大的经济的理解。

（2）计算机科学。

该部分教学内容包括计算机编码和算法，旨在引导学生使用算法、技术和工程来设计问题的解决方案，同时帮助学生理解计算机、编码和技术如何影响现代社会。

（3）公开演讲。

练习公开演讲主要是帮助学生控制自己的声音，进行眼神交流，并挑选适合的词汇来传达信息。

（4）性同意。

性同意将作为健康课程的一个重要部分进行教学。性同意教育的目标是向学生传达个人的界限可以通过言语和行动来表示，性同意是通过明确的表达来建立的。此外，学生们将更直接地了解到，性行为不应该被强迫或让个人感到不舒服，未经同意的性行为是性侵犯。

（二）学科领域

K-6 课程内容包含八个科目，分别为英语语言艺术与文学、数学、艺术、体育与健康、法语第一语言与文学（或法语沉浸式语言艺术与文学）、科学、社会科。

1. 英语语言艺术与文学

英语语言艺术与文学是一门旨在为学生提供在 21 世纪获得成功所必需的语言和读写能力的科目。从幼儿园到小学，学生通过听、说、读、写和观察，不仅能够收获基础知识，而且能够逐步提高语言技能和积累相应的实践经验。在实践经验的帮助下，学生了解语言是如何在各种正式和非正式语境中使用的。学习英语语言艺术和文学，特别是阅读、欣赏伟大的文学作品，能为学生批判性思维和表达能力的培养奠定坚实的基础。英语语言艺术与文学这一科目的学习包含八个关键知识点，分别为文学作品、写作、阅读策略、口头交流、语音意识、自然拼读法、词汇和语态学、文本形式。相比以往课程，K-6 课程草案在英语语言艺术与文学这个科目上明确了诸多知识点的学习要求和学习进度，克服了以往课程模糊和笼统的问题。例如，新课程草案十分重视伟大文学作品的学习，而以往课程对此着墨甚少；写作方面，新课程草案明确指出语法、拼写和标点符号的学习要求，并提出详细的写作技巧培养过程。以往课程对语音意识和自然拼读法这两部分的规定都不够清楚、细致，但 K-6 课程草案明确指出学生从幼儿园到二年级都要学习语音意识方面的内容，例如识别单词的音标，而且指出学生从幼儿园到三年级这个阶段都要学习自然拼读法。

2. 数学

数学是一门通过学习模型和数字关系来理解世界各个方面的学科。理解数学涉及对数学多个分支的学习，包括算术、代数、几何、统计和概率等。学习数学同样涉及多种技能的练习，如计数、计算、测量、分析、建模、归纳等。语言能力也是数学学习的基础，因为数学语言有自己的符号表示体系和特定的词汇，用以简洁地表达数学思想。数学知识和技能能够为多种定量和空间信息提供解释，将抽象的理论形象化、数字化，可以帮助简化和解决复杂的现实生活问题。K-6 数学科目包含五个知识点，分别为空间推理、分数、数字事实、运算和金融知识。K-6 课程草案在数学科目的变化主要体现为知识点的增加和技能要求的提高。相比以往数学课程，K-6 课程草案最显著的变化就是增加了金融知识的学习，要求学生学习金融基础知识，以培养金融知识技能。同时新课程草案在空间推理、分数、数字事实、运算方面都提高了要求，具体体现为：在小学低年级更加注重空间推理能力；原本三年级学习的分数也已经提早到了一年级进行学习；对数字事实的要求由原来的记忆改为现在的记忆与应用；运算由原来使用整数和小数改为现在使用整数、小数、分数和负数进行加减乘除。

3. 艺术

在阿尔伯塔省，艺术这一科目主要包含音乐、视觉艺术、舞蹈和戏剧四个子科目。每个子科目都有其独特的词汇、语言和知识基础。艺术的形成与发展贯穿整个人类历史长河和各种各样的文化，因此这一科目的学习要求学生通过创造、呈现、欣赏和回应艺术，积累各个子科目的基础知识，探索传承已久的经典作品的魅力。艺术科目的开设为学生提供了情感、身体、智力、想象力、审美和社交等方面的发展机会，帮助学生发现自己独特的才能和开发个人潜力。从幼儿园到六年级，四个子科目中的音乐和视觉艺术是每个学生的必修科目，而舞蹈和戏剧是选修科目。以往的艺术课程更加注重基本技能的培养，而 K-6 课程草案强调知识的学习和从历史文化的角度看待艺术。具体体现为：每个子科目都有着清晰且详细的知识、技能培养过程，同时要求学生既要从多元文化的视角体验艺术文化多样性、增加文化体验，又要从历史的角度分析艺术形式和学科，以积累有利于其他科目，特别是社会科的知识。

4. 体育与健康

体育与健康这一科目以力量为基础，旨在鼓励学生追求积极健康的生活，促进学生的全面发展。体育与健康涵盖运动技能发展、积极的生活、生长与身体发育、安全、心理健康、营养与健康饮食、良好的人际关系等多个主题。体育与健康中的体育对提高个人、家庭和社区的生活质量有所助益。随着学生身体素质的提高，他们的体力和自信都会有所提升，从而更重视并参与广泛的体育活动。健康有利于提升个人和社区的活力，随着学生的成长和发展，他们将会逐步获取、理解、评估、交流和应用健康相关的信息，做出健康的生活选择。此次的 K-6 课程草案将原本独立的 K-9 健康和生活技能科目，以及 K-12 体育科目合并为体育与健康科目。除此之外，体育与健康科目还明确了“心理健康”“性同意”等概念，并制订了相应学习规划。

5. 法语第一语言与文学（或法语沉浸式语言艺术与文学）

法语第一语言与文学是为在法语学校注册的学生开设的课程。法语学校的学生学习法语第一语言与文学，发展口语、听力、观看、阅读、写作和表达等技能，使自己能够在各种环境下以不同方式进行交流。法语第一语言与文学的学习为学生提供了必要的学习场景，可以加深他们对法语文化的理解，同时帮助学生增强使用法语交流的自信。除此之外，该课程的学习有助于学生理解归属感和语言之间的密切联系。不同体裁和不同时代的文学作品为学生提供了一个媒介，可以帮助学生了解自己的起源，认识原住民、梅蒂斯人和讲法语的加拿大公民的观点和历史，以及阿尔伯塔省和加拿大的各种社会和历史现实。法语第一语言与文学涵盖文本组织、口头交流、语素意识、基础读写知识和技能、阅读流畅度、阅读理解、文学作品、语法、法语文化和观点等知识点。

法语沉浸式语言艺术与文学在课程目标和课程知识点组织上与法语第一语言与文学并无差异，区别在于法语沉浸式语言艺术与文学面向的是母语非英语和法语的学生。因此，K-6 课程草案在这两个科目上的变动基本一致，主要体现为明确部分知识和技能的学习要求及其详细的学习规划。例如，在基础读写知识和技能这一部分，K-6 课程草案明确指出阅读和写作技能要从幼儿园开始培养；从幼儿园到二年级，学生要学习调整和控制自己的声音；从幼儿园到三年级要学习自然拼读法；增加法语文化的学习，以及培养观点的呈现能力等。

6. 科学

科学的目的是回答问题，了解物理世界、生命世界和数字世界。科学这一科目要求学生通过好奇心、创造力和毅力来获得对自然世界更深层次理解。与科学相互关联的学科包含物理、化学、生物、地球科学、天文学和计算机科学等。学习科学可以培养学生的批判性思维和科学素养。具有科学素养的公民能够更好地评估日常生活中所遇到的信息来源，并形成追求广泛的与科学和技术相关的兴趣，以进行学习或职业选择。学习科学可以让学生对自然世界有更深刻的理解，学会考虑他们行为的影响，并认识到人类在环境管理和可持续性方面的共同责任。科学技术与日常生活的许多方面紧密交织在一起，它们共同进行社会生产和传递知识，推动创新、提高生活质量和预测未来事件。K-6 课程草案在科学科目的变化主要体现为重视知识的学习。例如：以往科学课程以主题为单位来组织内容，而 K-6 课程草案从基础知识出发，以加深学生对科学思想、方法和思维的理解；以往课程规划只提到在每个年级要学习应用科学技能，而 K-6 课程草案补充了要学习的具体科学方法，包括调查、寻找证据、解释、理解等；此外，K-6 课程草案还包括原住民、梅蒂斯人和因纽特人的科学知识、实践和观点等内容。

7. 社会科

社会科是一门跨学科的、内容丰富的学科，其内容涉及历史、地理、公民学、经济学和其他学科的知识。在社会科中，学生学习与当地社区、阿尔伯塔省、加拿大和世界相关的各种事件、人物、地点和思想，经济和财务知识，人、地点和环境之间的联系，思想、观点、宗教和文化的起源。通过在连续的历史背景下考察事件、人物、发展和思想，学生可以建立起共同的文化、传统和历史的基础知识，学会尊重来自不同背景的人。社会科为学生提供了学习和欣赏阿尔伯塔省、加拿大和世界的不同文化，为未来的充实生活做准备的机会，从而使他们在民主社会中发挥越来越重要的作用。K-6 课程草案在社会科方面的变化集中体现在学习内容的增加上，例如在公民的权利和责任，宪法制度的根源，国家和世界的丰富历史，原住民的历史、贡献和观点，法语观点，黑人历史，宗教信仰，金融知识，经济学与创业等方面都不同程度地增加了知识量。

第七章
俄罗斯教育政策与发展趋势

本章分为四节，内容涉及总统国情咨文、联邦政府年度教育工作报告、教育数字化转型战略方案、新版教育标准和一流高校建设计划等，从宏观的国家和教育治理理念、联邦政府和教育主管部门的教育政策规划到微观的各级各类教育政策执行，全方位展现 2021 年度俄罗斯教育领域发展的重点和教育中长期发展规划的落实情况，从背景、内容和对文件的评述等方面对文本进行侧重式概述和分析。

第一节　从普京国情咨文看 2021 年俄罗斯教育与科技发展的重点任务

2021 年 4 月 21 日，俄罗斯总统普京在莫斯科马涅什中央展览大厅发表 2021 年度国情咨文[①]，从医疗卫生、社会保障、经济发展、外交国防等领域总结了 2020 年度国家发展成就。咨文指出，前所未有的新冠疫情不仅使俄罗斯的发展面临着不可预测的挑战，还在一定程度上加剧了国内固有的社会问题，各级政府必须务实作为、关注民生，切实提高办事效率；面对疫情加剧的人口危机问题，各级政府应大力发展医疗事业，鼓励民众接种俄产新冠疫苗，以使国家保持社会稳定，经济增长，人民福祉得到切实有效的保障；面对生产领域产能下滑导致居民收入下降、物价上涨等问题，各级政府应加大津贴补助力度，提升民众可支配收入，启动扶持多子女家

---

① Послание Президента Федеральному Собранию [EB/OL] . (2021-04-21) [2022-01-10] . http: // kremlin.ru/events/president/news/65418.

庭儿童的一揽子计划等。这份国情咨文中，直接涉及教育与科技发展的内容依旧占据较大比重，并涵盖了各级教育机构，其核心内容分析如下。

一、教育领域的重点任务

（一）普通教育领域

在普通教育领域，加强学校物质基础建设、加强对教科书的审查、加强为学龄儿童家庭提供补助等三个方面，成为新一年要集中解决的重点任务。

首先，普京表示国家需要新建更多基础设施完善的中小学校。到 2024 年底，俄罗斯应至少新建 1300 所学校，为 100 多万名学生提供学习便利；同时，还应增加学校校车的配置，新增校车的总数要达到 16000 辆。

其次，普京强调，为保证学校教育教学质量，加强对教科书的审查工作迫在眉睫。普京对学校教科书的现状提出了严肃批评，他认为教科书的内容没能很好地反映俄罗斯历史，关于“第二战线”“斯大林格勒战役”只字未提，因此亟需加强对学校教科书的审查力度。

最后，普京在讲话中还用较大篇幅介绍了对学龄儿童家庭提供支持的措施。由于非常时期的社会经济环境不利，对很多家庭造成了冲击，政府决定，从 2021 年 8 月中旬开始向所有学龄儿童（包括即将就读一年级的儿童）的父母提供 1 万卢布的新学年补助。

（二）高等教育领域

进一步提高高等教育普及率是俄罗斯高等教育领域的优先工作。普京在国情咨文中表示，2021 年俄罗斯大学的预算资助名额将足以满足大多数中学毕业生深造的需求，根据国家统一考试的结果，约 60% 的中学毕业生将能以预算资助的方式就读大学。此外，未来两年，俄罗斯大学还将新增 45000 个全日制预算名额，其中 70% 的名额将拨付给地方高等教育机构。

2020 年是“5–100”项目的收官之年，因为结果不尽如人意，所以提高大学国际竞争力再一次成为俄罗斯关注的焦点。普京提到，国家会制订提高俄罗斯大学竞争力的新计划用以取代先前的“5–100”项目。在新计划中，每年将至少有 100 所大学获得 1 亿卢布的拨款，用于开设学生科技园、建立企业孵化器、更新教学和实验室设施与课程。

此外，普京还简要提到了军事教育的发展。他指出，军事教育不仅需要有专门的军事教育机构参与，非军事高等教育机构的军事教育中心也要参与。俄罗斯联邦科学和高等教育部部长瓦列里·法尔科夫（Валерий Фальков）在后续执行这项命令时也证实，这是与国防部同仁的共同工作，目前运行着 96 个军事教育中心，“我们看到学生在大学进行职业教育的同时，也对在军事教育中心的学习产生极大兴趣。我们将进一步研究这种实践，并将其扩展到其他大学”。

（三）师范教育领域

师范教育领域的创新发展是整个教育领域发展的重要前提，2021 年度的国情咨文专门提及优化师范教育发展的两项举措。

一项举措是以提高教师社会地位为目的所采取的完善教师薪酬的措施。此次获得支持的教师群体是在中等技术学校和高等专科学校中担任班主任工作的教师。之前，政府早已为普通中小学担任班主任的教师群体每个月额外发放了班主任津贴和奖金。但中等职业教育的教师却从未得到过这种支持。因此普京在国情咨文中承诺，从 2021 年开始，国家也将向中等技术学校和高等专科学校的班主任教师每人每月附加提供 5000 卢布的津贴。俄罗斯联邦教育部部长谢尔盖·克拉夫佐夫（Сергей Кравцов）也在会后表示，教育部计划每年支出 95 亿卢布以支持该项举措。

另一项举措定位于高等师范教育的质量提升。普京呼吁，联邦政府要高度重视师范院校的招生问题，高等师范院校要为中小学提供优质师资，他们不仅应该是优秀的学科教师、专家，还应该是教育者和爱国者，应能为祖国的年轻一代提供支持、带来勇气，使未来的教师们能够延续先辈们在革命和建设中表现出来的大无畏的精神。在物质建设方面，普京指出，在未来两年内，政府将拨款 100 亿卢布，用于高等师范院校的重大整修和技术设备完善。

（四）社会教育领域

在社会教育方面，历史文化的社会普及与宣传力度将得到加强。普京指出，儿童和青年应该有更多的机会了解国家历史和文化，加深对国家的认同感。他提议未来三年内政府要拨出 240 亿卢布，用于翻新农村地区和小城镇的文化馆、图书馆和博物馆。有必要依托现代数字平台重新启动名为“知识”的公共组织的活动。该组织的主要目标是普及俄罗斯历史和科学的最新成就，促进健康的生活方式，以及提高公民的法律修养。普京在讲话中提醒，该组织近年来的工作没有被充分关注，所以必须重新被重视起来。

关于加深青年一代对国家的认同感，在全球新冠疫情尚未得到有效控制的非常时期，普京提到了国内旅行的相关作用。他在讲话中提出了一系列举措支持公民的国内旅行。如联邦旅游局为国内的旅行制订的现金返还计划（Туристический кешбэк）将被至少延长至 2021 年底；使用“世界”（Мир）卡旅行的游客可以获得旅行费 20% 的现金返还；而对于鼓励儿童和青年的旅行措施则更明确，凡参与过竞赛、志愿服务、创意活动或“俄罗斯——机会之国”平台竞赛的青年们，即使在旺季，也可以享受现金返还计划。普京还表示：“因为由地方大学负担费用的学生旅行形式出乎意料地流行起来，所以今年政府还将启动试点项目，调动一些地区的校园为学生旅行提供更多便利，如为这些旅行者提供校园住宿。”随后，科学和高等教育部的说法也证实了这个提议：“学生在假期入住大学宿舍，参加暑期主题学校，这是一个了解城市历史的绝佳机会。”

二、科技领域的重点任务

2021 年是俄罗斯的科技创新年，科技发展被给予了重点关注。俄罗斯将在 2024 年前拨付 16300 亿卢布，用以支持国内基础研究的发展。具体体现在加大新冠疫苗生产和接种力度与解决气候问题两个方面。

（一）加大新冠疫苗的生产和接种力度

普京特别强调了俄罗斯科学家在抗击新冠病毒感染方面对医学科学发展的贡献。他指出，俄罗斯有三种可靠的疫苗用来对抗新冠病毒，这直接体现了国家不断增长的科学和技术潜力。值得注意的是，俄罗斯高校在新冠疫苗研制中发挥了重要作用，早在 2020 年 4 月，莫斯科国立大学就已研发出第一种针对新冠病毒的疫苗，并进入临床前测试的初始阶段，2021 年 2 月，沃罗涅日国立大学、莫斯科国立大学与俄罗斯国家病毒学和生物技术研究中心签署了三方合作协议，旨在开发对新冠病毒有较好抗病毒活性的新型药物。

（二）解决气候问题

近年来，俄罗斯气候问题突出、极端天气频发，开发和利用新能源应对气候变化与俄罗斯经济社会的发展紧密相关。普京在讲话中强调，必须应对气候变化的挑战，减少碳排放量，并实行严格的控制和监测。在未来 30 年内，俄罗斯累计的温室气体净排放量应低于欧盟排放标准，普京强调，“这是一项艰巨的任务，要考虑到国家的特殊性，以及规模、地理和结构。然而，我相信，以我们的科学和技术潜力，这样的目标是绝对可以实现的”。这要求在基础设施领域，应使用氢能源等清洁能源，并对经济结构进行彻底的全面的优化。解决气候问题，将成为俄罗斯社会各个领域发展和改革的出发点。

2021 年 6 月，俄罗斯总统气候变化问题特别代表鲁斯兰·埃德尔格里耶夫（Руслан Эдельгериев）也明确指出，俄罗斯大学在加紧培养气候领域的新专家，将应对特殊气候的相关课程整合到现有的专家培训课程中，以此回应联邦政府对于改善气候问题的关切。

三、对总统国情咨文的述评

2020 年以来，俄罗斯和全世界都经受着新冠疫情的严峻考验，俄罗斯原定的发展计划受新冠疫情影响被迫做出适当的调整与改变。从 2021 年的国情咨文中，人们得以明晰新一年俄罗斯国家发展的主要方略和基本方向。

普京自讲话伊始就强调新冠疫情对国民生活的影响，以及俄罗斯取得的防疫成果，也详细论述了国家在外交、国防、医疗、民生建设等领域一年来的发展成就。在西方持续对俄制裁的背景下，普京高调展示执政成就并列举应对策略，意在对内稳定民心，对外展现维护国家安全的决心，强势回应西方围堵封控。

在新的一年，普京依旧把解决人口问题视为国家发展的优先任务，此外，经济、政治、科技、教育、医疗等方面也是重点内容。在教育和科技领域，俄罗斯强调要完善学校的基础设施建设，提高教师福利待遇，培养优质师资力量，加强青年一代对民族文化和历史的认同感，激发他们的爱国情怀。2021 年也是俄罗斯的科技创新年，俄罗斯将大力支持科研工作的发展，给予科研人员更多的资金保障和政策支持。

不难看出，俄罗斯不仅大力优化改善民生的相关措施，同时依旧高度重视教育、科技在国民经济发展中的作用，以进一步增强国家的经济和政治实力。

第二节 《俄罗斯联邦政府关于 2020 年教育领域国家政策执行情况年度报告》

根据《俄罗斯联邦教育法》(Федеральный Закон《Об Образовании в РФ》) 第 3 条第 2 款的要求，联邦政府每年向联邦议会提交一份关于教育领域国家政策执行情况的报告，并将其发布在政府的官方网站上。该报告包含以下信息：国家教育政策执行的主要方向、年度主要工作成果的定量和定性指标，以及在教育有关领域中通过的法律法规。该报告能够整体上反映俄罗斯过去一年教育领域的国家宏观调控状况与效果。

一、《俄罗斯联邦政府关于 2020 年教育领域国家政策执行情况年度报告》的主要内容

2021 年 6 月 8 日，俄罗斯联邦政府官网发布了《俄罗斯联邦政府关于 2020

年教育领域国家政策执行情况的年度报告》(Ежегодный Доклад Правительства о Реализации Государственной Политики в Сфере Образования в 2020 Году)①。以下就报告中关于各级各类教育工作的年度工作情况做概述。

(一)整体成果情况

俄罗斯联邦政府于年度报告中总结了2020年俄罗斯教育领域取得的主要进展与成果，提出了各部门的发展目标，亦强调了存在重大变更的教育环节和事项。

1. 主要成果

2020年，依据《俄罗斯联邦战略规划法》(Федеральный Закон "О Стратегическом Планировании в Российской Федерации")的相关规定，联邦层面拟定与实施了多项教育战略规划相关的政策文件，其中包括教育发展战略、国家教育标准、国家安全战略、到2025年的空间发展战略等，并取得了以下教育领域的阶段性成果:(1)完成俄罗斯世界一流大学建设的"5–100"项目;(2)通过与一流大学合作，保持地区间大学学术交流，提高区域教育质量;(3)创建高级专业培训中心、现代技术配备车间，确保中等职业院校基础设施现代化;(4)启动"500+"试点项目，援助低教育成效的学校，提高教育质量;(5)加强学前教育、普通教育和儿童补充教育的基础设施建设，确保落实国家对教育的保障，满足人口对高质量和多样化教育服务的需求;(6)更新教育内容和教育技术，记录个人教育轨迹，形成评估学生个人教育成就的客观体系;(7)在不同教育层次推广以实践为导向的教育方法，包括各种形式的早期职业指导等;(8)挖掘学校的教育潜力，计划于2022年前制订和实施普通教育机构示范教育计划(Примерная Программа Воспитания для Общеобразовательных Организаций)，开展学生的精神、道德、爱国、审美和体育教育;(9)继续发展天才儿童和天才青年的有效识别和支持系统;(10)为儿童的早期发展创造条件，在学前教导、儿童养育等问题上向父母提供各种类型的帮助和支持;(11)通过引入全纳教育，制订适合的教育计划，为残疾人的职业教育创造条件，以提供优质教育和提升就业机会;(12)继续开拓教育技术在体育教学活动中的运用，提升体育教育和体育基础设施的现代化程度;(13)引入数字教育环境，保障学校信息系统和电信基础设施的正常运作;(14)正在形成对各学段教师的永久性高级培训体系;(15)扩大俄语普及项目的规模和地域，为外国公民和旅居国外的俄罗

---

① Правительство России. Ежегодный Доклад Правительства о Реализации Государственной Политики в Сфере Образования в 2020 Году [EB/OL]. (2021-06-08) [2022-01-10]. http: //static.government.ru/media/files/GYRyAxoqmjgpAxer8PRuu2zMB9NBFAa9.pdf.

斯公民提供俄语教育；（16）在新冠疫情和社会经济严峻形势的背景下，尽可能使俄罗斯高校和中等职业院校的外国留学生人数保持稳态。

2. 发展目标

基于俄罗斯联邦到 2024 年的国家发展目标和战略任务与俄罗斯联邦到 2030 年的国家发展目标，俄罗斯联邦政府提出了教育领域各部门的发展目标。其中，教育部旨在建立一个有效识别、支持和发展青少年儿童才能的系统，同时推动俄罗斯进入世界普通教育质量前十名国家之列；科学和高等教育部旨在建立有效的高等教育体系，以确保俄罗斯在研究开发方面跻身世界十大领先国家之列；青年事务署旨在鼓励参与志愿活动或组织的俄罗斯公民比例增加至 15%。

3. 重大变更

基于新冠疫情的重大挑战和国家行动计划的出台，俄罗斯教育领域的以下环节出现了较大变化：其一，普通教育阶段九年级和十一年级毕业生进行国家最终认证的程序发生巨大改变；其二，取消举办俄罗斯全国学生奥林匹克竞赛决赛；其三，为确保各级教育的教育进度，电子课堂和远程技术在短时间内被大量普及和运用；其四，各教育教学活动以线上和线下相结合的混合形式举办，个别重大活动的日期被推迟。

（二）学前教育阶段和普通教育阶段的成果

报告对 2020 年俄罗斯学前教育、普通教育和补充教育领域政策的执行情况进行了公布，并公开了相应的对照数据。

1. 学前教育建设成果

在完善学前教育内容方面，2020 年监测结果显示，一半以上的学前教育机构（全国 4.8 万个学前教育机构中的 2.8 万个）自 2014 年起一直使用学前教育国家标准。50% 的学前教育机构完全达到了学前教育国家标准构建和更新“发展性学科 – 空间教育环境”（Развивающая Предметно–Пространственная Образовательная Среда）的要求（余下 50% 的学前教育机构部分达标）。俄罗斯联邦国家统计局的官方数据显示，截止到 2020 年 12 月 31 日，有 50.5% 的学前教育机构拥有体育馆，82.2% 的学前教育机构设有音乐厅，9.9% 的学前教育机构配备有游泳馆，这些设施配备数据近年来有上升趋势。2020 年，学前教育内容的更新主要集中于学龄前儿童的健康、校园安全、营养管理、父母角色和责任的形成等。

在师资培养方面，2020 年有 59% 的学前教育教师拥有高等教育学历（比 2013 年增长 11.5%），其中 56.2% 的教师拥有高等师范教育学历（比 2013 年增长 11.9%）。72% 的学前教育教师近 3 年参加了进修和（或）职业再培养。

在保障各年龄段儿童学前教育的可及性方面，截至2021年1月1日，俄罗斯3—7岁儿童的学前教育覆盖率为99.17%（2020年1月1日为99.05%）。其中，74个联邦主体实现了3—7岁儿童100%入学的指标；6个地区3—7岁儿童的入学率为96.3%—99%。但印古什共和国（74.97%）、达吉斯坦共和国（80.45%）、图瓦共和国（92.63%）、布里亚特共和国（93.45%）的情况不容乐观。俄罗斯2个月至3岁儿童学前教育覆盖率为91.65%，约三分之二的联邦主体的该年龄段儿童学前教育覆盖率超过91.65%，约三分之一的联邦主体的覆盖率未达到91.65%。但其中，达吉斯坦共和国（44.2%）、印古什共和国（60.73%）、图瓦共和国（62.63%）、新西伯利亚州（67.0%）、后贝加尔地区（70.68%）的情况不容乐观。

2020年，教育部与联邦教育数字化转型研究院合作制定了7项子法案，帮助家长更好地理解和获取学前教育学额。联邦主体政府为接受家庭教育的学龄前儿童的父母提供免费的方法学、心理–教育学诊断和咨询帮助。截至2021年1月1日，俄罗斯83个联邦主体共成立了14398个咨询中心，其中13242个咨询中心的运行依托学前教育机构。俄罗斯支持家庭学前班、高等教育机构和儿童补充教育机构附属学前班等非国立学前教育机构形式的发展。

2. 普通教育建设成果

在教育内容更新方面，2020年9月1日起一至十年级使用新的国家教育标准的学生占比达到95.7%。根据总统关于参照俄罗斯科技发展优先方向、更新普通教育国家标准和示范教育大纲的指示，教育部着手更新普通教育国家标准。2020年，教育部已完成初等普通教育（小学）和基础普通教育（初中）国家标准的更新工作。接下来初等普通教育和基础普通教育国家标准的确认工作将根据总统《关于成立普通教育系统发展问题跨部门小组的决议》进行。该标准确认后，教育部将着手中等普通教育（高中）及其示范教育大纲的修订工作。教育部同时发布了普通教育机构学科教学构想，更新了俄语语言与文学、各民族母语、数学、物理、化学、天文学、地理、俄罗斯历史、社会知识、艺术、体育、技术、生命安全等基础教学科目（学科领域）的教学构想，生物学、环境教育和反腐败教育（在学生中形成反腐败世界观）的教学构想草案也已提交教育部审议。

在民族语教学方面，改进了对各民族母语教学方法的支持。2020年，俄罗斯在“母语和母语文学阅读”与“母语和母语文学”等学科领域制定了示范教育大纲。在“母语和母语文学阅读”与“母语和母语文学”学科领域框架下，61个联邦主体一共开设了76个母语教育项目，涉及的学生总数为1969084人。联邦教科书清单共提供了15种母语的252本教科书。相应地，俄罗斯也加强了对各民族母语教学师资力量的培训和支持。同时持续支持俄语发展，并于 2020 年 8 月 8 日成立了俄语政府委员会（Правительственная Комиссия по Русскому Языку）。教育部正在制定《俄罗斯联邦国家语言法》修订草案，拟制定加强俄语作为国家语言的综合方法并吸引相关专家团体参与。在国家教育发展纲要框架下，俄罗斯联邦教育科学督查局采取了系列旨在充分发挥俄语功能的举措，如为一至十一年级的学生研发了 1 万道俄语试题，构建了俄语资源开放数据库，这些题既包括基础题型，也包括深化题型。该题库也用于国家层面教育质量评估程序中的俄语教育质量评价，如全俄检测工作（Всероссийские Проверочные Работы）和国家教育质量研究（Национальные Исследования Качества Образования）等。

在儿童发展方面，识别天才儿童和天才青少年的有效机制是每年所有联邦主体组织的全俄中小学生奥林匹克竞赛，共有 24 个普通教育科目参赛。2019—2020 年度约有 600 万四至十一年级的学生参加。2020 年，受新冠疫情影响，决赛被取消，俄罗斯决定这一学年参与地区奥林匹克竞赛的、中等普通教育结业成绩合格的学生，均视为奥林匹克竞赛获奖者。2020 年，俄罗斯奥林匹克竞赛国家队参加了化学、生物学、数学、计算机科学、物理学、天文学和天体物理学 6 项国际比赛（远程比赛），由 28 人组成的国家队获得了 28 枚奖牌（19 枚金牌和 9 枚银牌）。

在教育测评方面，组织和完善了基础普通教育和中等普通教育的国家终结性考核程序。根据 2020 年 7 月 10 日颁布的政府决议，中等普通教育国家终结性考核（Государственная Итоговая Аттестация，ГИА）以中间考核（Промежуточная Аттестация）的形式进行，中间考核成绩既作为十一年级国家终结性考核的结果，也是给学生颁发中等普通教育毕业证书的依据。2020 年国家统一考试仅是本科和专科学校的入学考试，未组织基础数学考试，只有高等教育机构的新生才会参加基础数学考试。为帮助毕业生做好国家统一考试的准备工作，教育部联合多家合作伙伴为学生提供免费电子资源，为学生提供师资、方法和咨询支持。因为疫情，2020 年国家统一考试推迟举行，考试分别于 2020 年 7 月 3 日—25 日和 2020 年 8 月 3 日—8 日举行。与 2019 年一样，考试采用现场打印考试材料和考后在考点扫描考试材料的办法。18 个联邦主体采用了利用网络与考点交接考试材料的新技术。2020 年，俄罗斯所有联邦主体和 53 个国家举行了国家统一考试，申请者总数为 71.3 万，其中 62 万为当年毕业生。与 2019 年相比，考生减少了 10%。除信息技术和信息通信技术考生增加了 3554 人外，其他所有科目考生均有所减少。2022 年，十一年级学生的国家统一考试将以中等普通教育国家标准为基础采用新型考题模式。

在基础设施和儿童保障方面，从2020年1月15日至2020年9月1日，俄罗斯约为730万小学生免费提供了热餐。2020年，联邦小学热餐供应预算约为20亿卢布，实际拨付约19.6亿卢布。2020年，俄罗斯采取措施为普通教育机构提供更好的设备条件，创设了61382个新学位，更新和升级了校车车队，加强了校园反恐安保措施，创建了“成长支点”中心（Центр“Точка Роста”）。在国家教育方案“现代化学校”项目框架下，2020年，俄罗斯在80个联邦主体创建了2951个“成长支点”中心，惠及1009650名儿童。从国家教育方案开始实施之日算起，现俄罗斯共有5000个这样的中心，惠及1603149人。2021年拟建4500个“成长支点”中心，2023年前拟建成不少于18500个中心。

在师资建设方面，采取提高教师社会地位和职业技能的措施。俄罗斯积极通过大众媒体、互联网、社会网络和电影等途径广泛宣传教师职业。教育部开展了“班主任”“职业竞赛获奖者”等纪录片视频制作工作，组织了“我的老师”“感谢老师”等网络活动。推广“乡村教师”项目。2020年，俄罗斯为“乡村教师”项目的1803个岗位预算拨款16.533亿卢布，绝大多数联邦主体都参与了“乡村教师”项目（莫斯科和圣彼得堡除外）。2021—2023年计划预算拨款10亿卢布，支持3403个岗位。此外，俄罗斯还通过为班主任老师提供津贴补助、组织评选“年度教师”等职业竞赛的方式提升教师的社会地位和职业技能。

3. 儿童和成人的补充教育建设成果

在儿童和成人补充教育体系建设方面，2020年，5—18岁学生补充教育覆盖率为75%。在联邦“让每个孩子都能成功”项目框架内，80个联邦主体共创建了135个“量子智慧家”儿童科技园，为农村和城镇学生提供了85个移动科技园（覆盖200万名儿童），30个依托高等教育机构创办的儿童补充教育关键中心（Ключевые Центры Дополнительного Образования Детей）——“科学合作之家”（Дом Научной Коллаборации），71个“IT立方”数字教育中心，27个天才儿童和天才青少年区域中心，52个联邦主体新增儿童补充教育学位52万个。2020年，200多万名儿童在上述机构学习。俄罗斯建立了联邦资源中心，确立了补充教育区域发展目标模式，截至2020年底，57个联邦主体已采用目标模式，计划到2024年所有联邦主体都采用目标模式。教育部首次制定了2021年全俄儿童和成人附加教育（教养）与儿童娱乐活动日历，包括生态和体育运动等项目，其中216项儿童活动和34项教师活动。在文艺补充教育方面，2020—2021学年初，儿童艺术学校系统（Система Детских Школ Искусств по Видам Искусств，ДШИ）服务约176万名儿童，其中残疾儿童约1.1万名。2020年，通过修订相关教育法律法规，巩固了俄罗斯独具特色的艺术教育三级培养模式，即儿童艺术学校—中学—高校。在资金支持方面，2020年，在联邦项目“人人有新机会”（Новые Возможности для Каждого）框架内，国家向高等教育机构提供了4.274亿卢布的支持，为超过14万人提供了补充教育和职业培训。

同时，完善天才儿童和天才青少年识别与支持系统。2020年9月8日，教育部成立了俄罗斯国家天才青年支持协调委员会（Национального Координационного Совета по Поддержке Молодых Талантов России）。现共有27个联邦主体建立了区域天才儿童和天才青少年识别与支持中心（Региональные Центры Выявления и Поддержки Одаренных Детей）。为提升区域中心教师和管理人员的素质，2020年“天狼星”教育中心为492名教师和管理人员提供了培训课程。

4. 俄罗斯教育系统（Системы Воспитания）的发展

俄罗斯于2019年依据普通教育国家标准制定了教育大纲，从2020年9月起，共约1.7万所中小学开始开发和使用教育工作计划（Рабочие Программы Воспитания）。2020年，俄罗斯加强了对青少年的监护和预防犯罪工作，采取措施提升心理咨询组织模式的效率。此外，继续实施“2025年前促进志愿服务发展理念行动计划”；发展学生运动项目；组织全俄青年论坛运动；在学生群体中推广体育运动，为农村教育机构创新体育运动条件，为学生组织大型体育赛事，支持学生体育运动；帮助儿童和青少年做好职业定向；依托普通教育机构和补充教育机构在俄罗斯中小学生运动框架内发展儿童和青少年公共协会。

（三）职业教育的建设成果

俄罗斯的职业教育包含职业培训、中等职业教育、高等教育和补充职业教育4个部分。2020年，职业培训工作主要围绕形成最新职业清单和确认职业培训领域公务人员岗位职责而展开；中等职业教育工作主要围绕中等职业教育内容现代化、在中等职业教育体系中开展竞赛活动、建设中等职业教育基础设施、发展中等职业教育领域的国际合作，以及实施旨在发展职业教育系统的计划和项目这5个方面展开；高等教育工作主要围绕确保高等教育的可及性、确保高校竞争力和科教融合、大学生奖助和社会支持、高等教育的国际合作、高校与科研机构和科技企业单位合作发展、科教工作者认证系统开发，以及高等教育数字化这7个方面展开；补充职业教育工作主要围绕开发教师队伍和管理人员不间断职业发展体系，为学生在职业教育机构中开展补充职业教育创造条件而展开。官方数据显示，2021年有约189万人参加了职业培训，职业培训机构达5187所；中等职业教育机构有3611所，2020—2021学年中等职业教育的入学人数约为111万人；高等教育机构有710所，其中公立机构为 497 所，占比 70%；2021 年有 666 万人参与了补充职业教育，补充职业教育机构有 5821 所。

在中等职业教育的具体工作开展中，根据教育部 2020 年第 747 号令《关于修订联邦中等职业教育国家标准》，更新了 45 个专业方向的中等职业教育标准，同时获批通过了 14 个新标准；组织开展各地区中等职业教育学生专业技能锦标赛和全国锦标赛、“青年职业选手”、全国残疾人和残疾人职业技能锦标赛等赛事；根据“青年专家”联邦项目建设规划，2020 年，在全俄各地新建了 15 个高级职业培训中心，全俄已建成共计 29 个高级职业培训中心，在 150 个职业教育机构中创建了 774 个现代化工作车间，总资金投入超过 57 亿卢布；2020 年，有 26366 名外国公民在俄罗斯教育机构中参与中等职业学习项目，同时教育部与阿拉伯叙利亚、乌兹别克斯坦签署中等职业教育和补充教育合作协议，推进俄德、俄白教育交流与研讨。

在高等教育的具体工作开展中，2020 年继续推进“5–100”项目的实施，接受“5–100”项目资助的高校主要围绕以下方面展开工作：（1）与俄罗斯科学院合作，重点研究俄罗斯科技发展面临的全球挑战和当前任务，发展由顶尖科学家参与的国际研究团队；（2）与在俄罗斯经济发展中发挥系统作用的高科技公司和企业建立战略伙伴关系；（3）发展教育现代化和教育出口，确保教育个性化，扩大科研项目规模，发展在线学习，引入俄罗斯和外国领先科教中心的联合教育项目；（4）开展天才儿童工作，与俄罗斯各地区的学校建立联系，参与地区天才儿童和天才青少年中心工作，参与国内国际竞赛；（5）强化人力资源储备，提升高校师资的专业技能，实施优秀青年科研和教学人员的吸引和国际聘任计划；（6）转变教育管理体制，改善学术环境，发展跨学科科教机构，引入旨在提高科学生产力同时保持高质量教学的激励制度，发展学生和学术工作人员服务体系，落实大学活动所有领域的数字化；（7）提高俄罗斯高等教育体系在国际舞台上的竞争力；（8）将大学本身和整个“5–100”项目作为一个具有全球竞争力的卓越计划进行品牌宣传。经过持续的投入和努力，俄罗斯的大学为增强国内科学的国际权威性做出了重大贡献：2020 年，在俄罗斯高被引（高频次被引用）出版物统计中近一半的成果来自高校。自 2012 年以来，俄罗斯大学在 Scopus 数据库中前 1% 的高被引论文数量增加了 8 倍以上，在前 10% 高被引论文中增加了 7.5 倍以上。Scopus 和 Web of Science 核心合集数据库中的大学出版物总数占指定数据库中俄语出版物总数的三分之一。2012—2020 年，在软科世界大学学术排名、Quacquarelli Symonds（QS）世界大学排名、泰晤士高等教育世界大学排名中的俄罗斯大学数量从 15 所（包括 10 所参与“5–100”项目的大学）扩大到63所（包括20所参与“5–100”项目的大学）。2019年底，48所俄罗斯大学进入上述三大排名。与此同时，学科领域的国际竞争力也在不断提升。在学科排名方面，2012年，俄罗斯大学只在俄罗斯的传统强项科学领域——数学领域表现出色。到2020年底，一些俄罗斯不具传统优势的学科领域也跻身世界领先地位，如社会学、政治和国际关系、历史、社会政策、经济学和计量经济学、计算机科学和信息技术、采矿科学和采矿（采矿业和采矿工程）、机械工程、自动化和控制、教育等。

（四）国家教育治理措施

2020年，在教育治理方面，俄罗斯主要从以下两个方面采取行动。

1. 教育活动监管和国外学历认可

为推动公共行政系统现代化，俄罗斯联邦教育科学督查局在2020年的关键与重点任务是广泛使用现代信息和通信技术，推动公共服务的电子化，便于公民与组织对其工作进行监督。为此，公民和学校可以获得关于公共服务程序的信息，获得提供公共服务所需的电子文件，以及获取政府服务的电子支付工具。

2020年，俄罗斯在提供教育活动许可证、国家教育活动认证、承认在外国获得的教育和资格的国家服务的权力框架内，开展了783个教育机构申请国家教育活动许可证服务的程序，开展了329项教育活动国家认证程序，承认了15397项在外国获得的教育和资格的程序。

2. 推进教育系统的开放性

这一部分工作主要从促进教育系统信息的开放程度、对教育体系的督查、俄语与俄语教育在世界的推广等三方面展开。

在教育系统信息的开放程度方面，根据《俄罗斯联邦教育法》第29条，教育机构应建立公开和可获取的信息资源库，提供有关其活动的信息，并通过网络（包括教育机构的官方网站）确保公民与机构能够获得这些资源。首先，鉴于俄罗斯教育领域国家政策的优先方向之一是通过创造特殊条件保障残疾人或存在健康风险的人的受教育权，2020年，俄罗斯联邦教育科学督查局依据2019年6月通过的第796号法令《关于确定俄罗斯联邦教育科学督查局监测教育体系的程序、时间表和指标》，对国内的执行情况进行了监督。发现的问题包括，在第一阶段的监测中，有45个组织（占所分析机构的3.3%）的网站上缺少关于为残疾人或存在健康风险的人举行入学考试等特殊性信息；在第二阶段的监测中，有41个教育机构（占所分析机构的3%）的网站没有提供这一信息。其次，俄罗斯联邦教育科学督查局还对联邦政府相关工作的透明度进行了督查，提供了诸如下面的信息：2020年，俄罗斯在其教育部官网上共发布了 994 条信息，其中约 800 条为各类法令、办法与信息材料等，其余约 200 条为通知、公告信息等。在公告期内，这些资源被超过 450 万独立用户访问。

在教育体系督查方面，俄罗斯对各学段、各层次的教育进行了现状调查和数据的系统化梳理。学前教育阶段，2019 年，俄罗斯各年龄段儿童（2 个月至 7 岁）的学前教育可及性指标达到 97.14%。普通基础教育阶段，2019—2020 学年，俄罗斯国有普通教育机构中共有 1643.5 万名学生。学生的数量每年都在增加，与 2015—2016 学年相比，学生人数的动态增长达到了 194.3 万人。同时，在师资层面，截至 2019—2020 学年，纳入普通教育人事结构的所有员工（教学人员、管理人员、教育支持和服务人员）总数为 216.4 万人。与 2013—2014 学年相比，这一数值增加了 9.8%，即 19.3 万人，人员构成主要是城市居民区的雇员。中等职业教育阶段，2019 年，中级职业培训计划与技术工人和雇员培训计划的覆盖率都有所提高。同时，民众对教育投资的意愿也在增强。2013—2019 年，在普通基础教育基础上招收的职业教育学生的比例一直在稳步上升。中等职业教育系统发展的一个重要领域是增加残疾人接受职业教育的机会。根据 2019 年的数据，几乎一半的国家职业教育机构为行动不便的人提供无障碍环境；48.3% 的教学实验楼和 36.8% 的宿舍都配备了必要的基础设施；私立教育机构中，有 85.1% 的教学实验楼和 55.8% 的宿舍也配备了足够的设备。

在俄语与俄语教育世界推广方面，俄罗斯继续在塔吉克斯坦、吉尔吉斯斯坦、亚美尼亚和土库曼斯坦等国推广俄语与俄语教育。2020 年 2 月 10 日—14 日在哈瓦那（古巴首都）召开的“第 12 届国际高等教育大会”上，俄罗斯科学和高等教育部在南联邦大学中开设了俄语预科班。为在世界范围内推广俄语和在国外传播俄语教育，教育部在 2019—2025 年“俄语和俄罗斯联邦人民语言的科学、方法和人员支持”框架内实施了一系列基于赠款支持的措施。2020 年，共有 84 个旨在确保俄语全面运作和发展的项目，以及对海外俄罗斯学校的教育、方法和人员提供支持的综合措施投入运行。2020 年，俄罗斯还建立了 11 个向外国公民提供教育的网上俄语教育和培训中心，以及 5 个向外国公民提供公开俄语教育的培训中心；在 19 个国家（土耳其、德国、斯洛伐克、吉尔吉斯斯坦、蒙古、塔吉克斯坦、中国等）举办了俄语教师专业发展课程，已有 3000 多名教师接受了课程培训。2020 年，在教育部的拨款支持下，圣彼得堡国立大学以远程形式举办了俄语作为外语的国际在线奥林匹克竞赛，来自 148 个国家的 9500 多人参加了此次竞赛。2020 年，普希金研究所还对世界上的俄语使用状况进行了首次全面研究。根据该研究可知，俄语使用人数在全球排第 8 位，俄语是 15 个主要国际组织的官方工作语言，包括联合国及其下属的全球部门组织。2020 年，“俄罗斯世界”基金会工作成果丰富，该基金会旨在普及俄语，支持俄语学习计划和国外人道主义合作领域的项目。2020 年，该基金会组织的“俄罗斯世界大会”首次以线上形式举行，有来自 100 多个国家的 15000 多名代表参加；组织了第 7 届“语言・社会・人”国际教育论坛，来自 60 个俄罗斯联邦主体和 30 个国家的超过 600 名代表参加了会议；举办了“世界的普希金”国际创意大赛，汇集了来自本国 50 多个地区与世界 15 个国家的 350 多名青年诗人与散文家，提交的作品总计超过 6000 件。目前，“俄罗斯世界”基金会在世界上 52 个国家中设立了 119 个俄罗斯中心。2020 年，在土耳其伊斯坦布尔、保加利亚普列文等新设立了 3 个俄罗斯中心。

此外，2020 年，俄罗斯还进一步扩大教育领域的双边合作，发展与独联体成员国、中东地区、中亚地区、亚太地区、欧洲、非洲、拉丁美洲等的双边教育合作机制，包括参与国际大会、协调俄罗斯教育机构参与教育领域的国际合作，以及实施旨在加强俄语和俄语教育在国外地位的教育政策，建立相关的基础设施等。

（五）关于俄罗斯教育趋势和联邦政府未来工作任务的预测

2020 年，俄罗斯 3—7 岁儿童的学前教育普及率平均达到 99.2%。在预测期内，这一趋势将继续保持，这一年龄组儿童的学前教育普及率将不低于 99%。近年来，3—7 岁年龄段参与学前教育的学生人数一直稳定在儿童总数的 68%。

在普通教育领域，由于 7—17 岁年龄组人数的增加，预计参与初级普通教育、基础普通教育和中等普通教育的学生人数会增加，但增长幅度会下降——从 2019—2020 学年的增长 42.8 万人（学龄儿童人数为 1840 万人）下降到 2024—2025 学年的增长 21.7 万人（学龄儿童人数为 2000 万人）。

由于中等职业教育学生群体中 15—20 岁学生人数的增加，以及实体经济部门对专门人才的需求，预计 2020—2024 年参与中等职业教育课程的学生人数将增加 13%——从 2020 年的 333.6 万人增加到 2024 年的 377.5 万人。

在过去的 5 年中，卫生和医学专业（44%）与教育和教学科学专业（23%）的学额大幅增加，分别为 44% 和 23%。作为“俄罗斯联邦数字经济”国家项目的一部分，从 2019 年到 2021 年，信息技术专业的学额增加了 2 万多个。

总而言之，根据学前教育机构入学人数的变化趋势，预计对教育场所和就业的需求将会减少。在普通教育、中等职业教育和高等教育中，入学人数的增长性变化导致对补充教育培训及其教学人员的需求相应增加。

二、对《俄罗斯联邦政府关于2020年教育领域国家政策执行情况年度报告》的述评

学前教育成为俄罗斯教育发展的重点关注学段之一。2020年，俄罗斯3—7岁儿童的学前教育普及率平均达到99.2%，且将继续保持该稳健趋势，使得俄罗斯学前教育普及率将不低于99%。而普通教育系统的发展对于提高俄罗斯教育质量起着重要作用，在持续完善普通教育基础设施和教育质量的基础上，可预见普通教育学生规模短期内仍有增长，但长期规模或有缩减，这与近两年的俄罗斯人口发展状况密切相关。教育系统的监测表明，补充教育的各项预测指标逐渐向好，短期内普通教育、中等职业教育和高等教育入学人数的增长性变化将直接导致对补充教育培训及其教学人员的需求相应增加。同时人们对职业教育的兴趣大大增加。高等教育领域的发展则朝着确保高等教育普及性、提升教育质量和强化国际竞争力的方向努力前进，不断推进高等教育现代化与国际化建设。其中，高等教育专业的建设随着时代发展和市场需求产生剧烈变化。在过去5年中，卫生和医学专业与教育和教学科学专业的学额大幅增加。同时，作为"俄罗斯联邦数字经济"国家项目的一部分，从2019年到2021年，信息技术专业的学额增加了2万多个。

此外，在教育活动监管和系统信息公开方面，俄罗斯联邦政府的透明度也不断提升。例如，在教育部官网设置专栏来收集民众意见，解答民众问题，公开采购信息等。同时，通过社交媒体进行教育与社会、教师群体之间的互动，俄罗斯始终保持着教育系统的国际化和俄语推广的开放性。此外还实施海外俄语发展项目，构建海外俄罗斯中心，继续开展"俄罗斯世界"基金会的工作，推广俄语奥林匹克竞赛，全面调查世界范围内的俄语普及程度。

总之，从报告内容可以看出，俄罗斯联邦政府较好地完成了上一年度教育领域的基本任务，在学前教育和基础教育领域取得了显著效果，注重中等职业教育的现代化发展，提升高等教育学科建设和办学质量，增强教育技术在教学中的应用，深化俄语在国际平台的推广，不断加强教育现代化，稳步提升教育质量。同时，报告也指出，目前俄罗斯教育系统也存在着诸如学前教育入学人口减少、新冠疫情冲击留学人口数量、区域教育发展不平衡等问题。

第三节　教育数字化转型战略

2020 年 7 月 21 日，普京签署了《关于 2030 年前俄罗斯联邦国家发展目标》的总统令，将“数字化转型”囊括在 5 个国家发展目标中。[①] 其中第 474 号法令规定，在经济和社会领域的关键部门——医疗、教育和国家行政领域实现“数字化成熟度”，是国家发展目标“数字化转型”的衡量指标之一。为此，2021 年 7 月 14 日—15 日，俄罗斯分别出台了《普通教育数字化转型战略》和《科学与高等教育领域数字化转型战略》，并规划了普通教育和高等教育领域数字化转型方案与系列实施项目。以下对两份战略文本的核心内容展开解析与述评。

一、《普通教育数字化转型战略》解析

俄罗斯联邦政府十分注重推进本国教育信息化进程，此前已通过“现代化学校”“数字教育环境”“俄罗斯电子学校”等联邦项目的建设来更新学校信息化基础设施，开发数字教育资源和信息系统，提升教师的数字教学能力，为推进教育现代化和打造安全的数字教育环境，使学生形成自我发展和自我教育价值观创造条件。然而，目前俄罗斯普通教育的数字化建设道路仍然崎岖，存在诸多现实问题需要解决。

（一）普通教育面临的现实问题与数字化转型目标

当前俄罗斯的数字教育环境仍然存在如下不足：（1）需要多平台任务追踪与切换，需要手动输入大量数据，教师的工作量巨大。（2）数字教育内容分散，缺乏统一要求下的内容整合。（3）教育教学过程中的数字技术、产品配套一体化程度低。（4）缺乏用于管理决策的大数据和客观数据分析的信息集成系统等。要弥补以上不足，需要切实解决如下问题：（1）为学生创建应对不可抗力情况掌握教育计划的机会。（2）构建统一数字教育空间，并包含丰富的、优质的个性化数字内容。（3）形成基于智能算法的个人教育轨迹推荐。（4）教育系统整体向电子化文件管理过渡，缩减纸质文件工作流程（无纸化办公）。（5）形成学生数字文件夹。需要为数字教育系统的组织和运作制定统一的方法，创造条件使公民可通过单点访问获得数字教育服务，实现中央和地方教育信息系统的标准化交互。

为此，普通教育领域的数字化转型系列项目的实施主要围绕三大目标：（1）提高教育机构工作效率。（2）满足全俄儿童学习需要。（3）保障教育教学活动和教育

---

① Указ о Национальных Целях Развития России до 2030 Года [EB/OL] . (2020-07-21) [2021-07-12] . http: //kremlin.ru/acts/news/63728.

资源一体化运用。同时规划了六大倡议项目："数字教育内容图书馆"项目、中小学"学生数字助手"项目、中小学"学生数字文件夹"项目、"家长数字助手"项目、"教师数字助手"项目、"教育机构管理系统"项目。

（二）转型项目与核心内容

"教育机构管理系统"项目致力于创建教育机构管理系统进行大数据智能分析，进而提升教育管理决策水平，实现提高教育机构工作效率的建设目标。满足全俄儿童学习需要的实现则指向为包括天才儿童、残疾儿童和偏远地区儿童在内的全俄学生提供获取优质数字教育内容和服务的平等机会。这不仅要求有丰富的数字资源供给，同时还应提供能满足学生个性化学习需要的教育服务。为此"数字教育内容图书馆"会成为提供现代化优质数字教育内容资源、深化教育教学、创建个人教育轨迹并提升教师专业素养的平台。中小学"学生数字助手"项目肩负的职能是开展符合学生兴趣和能力的个性化学习计划，并根据培养阶段和兴趣管理教育轨迹来培养学生的学习能力。"家长数字助手"项目将为家长系统性规划学生教育生涯创造条件。"教师数字助手"项目则将实现家庭作业自动化检查，人工智能专家协助教育教学工作规划，进而减少对儿童潜能挖掘、培养和支持的工作量，提高教师教学水平和工作效率。以上 4 个项目的建设与推进将全方位服务于满足全俄儿童学习需要的目标。保障教育教学活动和教育资源一体化运用指向运用远程教育技术、在线教学手段、统一信息系统和教育通信平台保障普通教育各层级教育教学的开展，实现信息系统和教育机构资源的集成化运用。中小学"学生数字文件夹"项目建设助力学生学会管理个人教育轨迹和学习研修成果，形成保管和存储后续进入中等职业教育或高等教育阶段所需材料的文件夹，从而在基于隐私和数据安全原则的基础上形成个人成长可视化和进行数据持续管理，实现动态发展追踪和教育服务数据资源的集成与一体化运用。

（三）战略实施部署与预期效果

基础教育项目群的实施由教育部主要负责，同时数字部、文化部、体育部和教育科学督查局作为协同部门参与，各联邦主体、俄罗斯联邦教育数字化转型研究院、IT 企业和其他利益相关者进行配合。实施的预期成果包括：（1）统一接入集成式教育服务，提升数字教育服务的便捷性，提升公民数字素养。（2）办公流程实现标准化和便捷化，使中央和地方信息系统采用统一分类、登记、目录和协作形式，创建便捷化和开放式环境，发挥项目参与者职能，保障现代化数字基础设施发展。（3）采用技术服务提升数字化成熟水平，推动 IT 和软件保障领域民族企业发展，为促进公民个体的全面良好发展创造条件。

二、《科学与高等教育领域数字化转型战略》解析

为落实国家数字化转型目标和教育领域数字化成熟度指标，在俄罗斯科学与高等教育领域达到数字化成熟度的基本水平，通过分析教育发达国家在科学与高等教育领域的数字化转型战略，针对俄罗斯科学与高等教育领域存在的现实需求，《科学与高等教育领域数字化转型战略》① 明确了建立数据管理系统、完善数字化转型架构、推广“数字大学”模式等一系列项目方案。

（一）建立科学与高等教育领域数据管理系统

在俄罗斯科学与高等教育领域，数据管理转型面临诸多挑战，其中包括：（1）数据质量低下，缺乏全面可靠的行业信息，难以做出有效的管理决策。（2）缺乏系统性的数据管理措施，各部门之间信息交流困难，相关组织机构行政负担过重，数据获取困难。（3）缺乏利用数据进行管理决策的工具和实践经验，难以充分利用现代化信息处理工具提高管理效率。（4）联邦行政机构和相关组织部门工作透明度低，公民对其工作内容及成果缺乏了解。

科学与高等教育领域数据管理系统的建立旨在应对数据管理转型中的现实挑战，提高信息质量、优化信息处理的系统性，以便用于信息驱动式管理决策。

该系统主要面向科学和高等教育部、其他联邦行政机构、相关教育机构与公众社会，通过制定统一的数据管理政策，整合数据来源，建立集收集、处理、提供等功能于一体的数据库，开放数据获取权限，开发用户数据服务，优化收集下属机构报告流程等具体措施，简化数据收集流程，提高数据质量，减轻科研机构和教育机构的行政压力，提供商用和民用数据服务，提高联邦政府工作的透明度。

该项目预期在 2021—2022 年制定并实施科学与高等教育领域数据管理政策，成功推出集收集、处理、提供等功能于一体的数据库，向科研组织和企业开放数据访问的权限；在 2024 年实现科学与高等教育领域所有信息源的整合，实现数据管理系统的用户服务功能，优化收集下属机构的报告流程；在 2030 年达成利用系统进行预测性分析，在科学与高等教育领域启用管理决策支持系统的战略目标。

（二）完善数字化转型架构

科学与高等教育领域面临数字化转型的需求，需要采取协调行动以评估教育机构数字化成熟度，然而在实际操作过程中，缺乏评估教育机构数字化成熟度的

---

① Минобрнауки России. Стратегия Цифровой Трансформации Отрасли Науки и Высшего Образования [EB/OL] . (2021-07-14) [2021-10-18] . https: //minobrnauki.gov.ru/upload/iblock/e16/dv6edzmr0og5dm57dtm0wyllr6uwtujw.pdf.

方法。此外，公众在进行高校升学选择时缺乏关于教育机构使用数字工具的相关公开信息。为此，需要制定高等教育机构数字化转型战略方法指导，形成高等教育机构数字化成熟度评估办法，开发商业智能系统，自动形成高等教育机构数字化成熟度章程，为高等教育机构提供制定和实现数字化转型战略的方法论和信息支持。

该项目将为科学和高等教育部提供高等教育机构数字化成熟度现状评估和发展预测的方法，为高等教育机构提供明确的数字化转型方案，向公众提供获取教育机构使用数字工具相关信息的渠道。

2021 年，预期至少 250 个高等教育机构的数字化转型战略得以制定，数字化成熟度评估方法至少在 10 个科学和高等教育部下属高等教育机构中进行测试；2024 年，用于实时监测数字化成熟度水平、自动形成数字化成熟度章程的商业智能系统完成开发并得到推广；2030 年，根据科学和高等教育部制定的数字化成熟度评估方法，所有高等教育机构至少达到 60 分，同时为公众提供高等教育机构使用数字工具的相关信息。

（三）推广“数字大学”模式

“数字大学”是科学与高等教育领域的数字服务方案，旨在建立和发展科学与高等教育领域的数字服务，该项目的数字服务以满足教育过程中所有参与者的需求为目标，涵盖高等教育机构商业活动的一切形式。

“数字大学”模式的推广有其广泛的现实需求和受益者群体。在科学和高等教育部下属高等教育机构的活动中，存在数字化程度不足、端到端技术推广缓慢且效率低下的问题，此外，在服务开发、实施和技术支持方面缺乏以用户为中心的方法，具体表现为：（1）行政管理人员组织活动的流程复杂，无法实现数据驱动式管理，机械工作，浪费人力、物力、财力。（2）教育工作者的日常工作劳动强度高，缺乏使用现代教学手段的机会，缺少使用新教学方法的必要工具。（3）高中毕业生由于信息获取困难，报考高校存在困难。（4）企业招聘者缺少获取有关毕业生潜力的相关数据的渠道，难以同高等教育机构自动开展网络互动。

“数字大学”项目的开展包括以下具体措施：（1）研究与分析科学和高等教育部下属高等教育机构的服务需求。（2）开发和测试“数字大学”模式与数字化成熟度章程。（3）制定法律法规框架，为科学和高等教育部下属参加“数字大学”项目的高等教育机构建立支持机制。（4）开发“服务市场”自动信息系统。（5）推动科学和高等教育部下属高等教育机构逐步向“数字大学”过渡。（6）研究高等教育机构部门间互动在服务整合方面的需求。（7）在服务整合的框架内，制定高等教育机构部门间网络互动的指导方法并加以测试。（8）开展科学和高等教育部下属高等教育机构与其他联邦行政机构下属高等教育机构的阶段性服务整合。

通过以上具体方案的实施，2021 年计划完成“服务市场”自动信息系统的前期开发，完成“数字大学”方案和数字化成熟度章程的制定，并在科学和高等教育部下属高等教育机构中完成对“数字大学”模式及数字化成熟度章程的测试；2024 年争取至少 50% 的科学和高等教育部下属高等教育机构实施“数字大学”模式，使用“服务市场”自动信息系统，达到数字化成熟度的基本水平。同时，至少有 50% 的教育项目能够建立学生个人教育轨迹，至少 10 个隶属相关联邦行政机构的高等教育机构参与涉及服务和内容整合的网络互动机制的测试。“数字大学”模式的推广将在高等教育机构和教育技术领域龙头企业的联合参与下开展，数字服务消费者和技术人员之间的积极互动有利于创造更有现实意义的数字化方案。长远来看，在科学和高等教育部下属高等教育机构中推广“数字大学”模式有利于向教育过程中的所有参与者提供统一的服务生态系统，有利于在高等教育机构开展的活动中推广数字技术和个性化教育轨迹技术，有利于在高等教育机构之间开展教育内容和服务相整合的线上互动。

俄罗斯科学与高等教育领域数字化转型战略以信息技术作为高等教育发展的驱动力，其受益群体极为广泛，涵盖了高等教育过程中的大多数参与者，对于提高教育资源利用效率、推动高等教育个性化发展、建设高质量高等教育体系、服务国家战略具有重要意义。但在具体执行过程中，仍然面临诸多风险与挑战，需要考虑到信息安全、技术开发质量、数据服务质量、成本预算、可推广度等问题。

（四）建立统一科学服务平台

统一科学服务平台旨在创建和发展统一的研发服务生态系统，以提高科学服务的质量和可及性，并通过建立统一的研究交流平台和必要的基础设施降低教育成本。该平台将建立科研机构不同信息系统的整合机制，提高研究工具的利用率，为科学组织提供必要的研究基础设施，预测研究成果应用在实际生产中的转化周期，并提高科学界对研究活动的参与度。

但其发展面临着较多的挑战，具体表现为：（1）现有的研究设施利用率低，导致科研机构科研活动成本高。（2）科研基础设施供给不足，导致科研人员研究活动受限，科研机构的劳动力成本过高、科研消费者（企业和个人）的科研委托和定制费用高、选择受限。（3）科研成果投产周期无法预测，导致科研机构和科研消费者无法精准评估研究的资金消耗，科研人员无法准确评估科研工作量。（4）学术团体的科研参与度低，导致科研机构的研究效能低、科研人员的研究动力不足、科研消费者的科研采购成本高、新技术的社会推广速度慢。针对以上问题，俄罗斯以国家预算拨款的形式对其进行支持（计划 2021 年投入 3.75 亿卢布，2022 年投入 1.75 亿卢布，2023 年投入 2.8 亿卢布，2024 年投入 1.45 亿卢布）。

根据科学和高等教育部的规划，该项目将达到以下成果：（1）2021 年实现成果集服务功能，积累科学家数据并实现其研究成果和专长信息可视化；实现科研项目协同服务功能，支持开展学术合作。（2）到 2024 年，形成“国家论文”数据库、“相关研究”数据库，优化科研工作的准备与实施，提高原始数据质量；使 50% 以上的“科学设备团体使用中心”和“唯一科学设施”接入平台。（3）到 2030 年，建立统一服务生态系统以支持开展合作研究，该系统能提供对国际数据库的访问，以及学者虚拟助手功能。在该项目实施的过程中，需要规避财政预算、技术主权、人力资本、网络安全、执行质量和技术匮乏等问题，同时项目的实施将促进俄罗斯国家发展目标、教育目标、就业目标和数字化转型目标的实现。

（五）打造软件和硬件市场

该项目旨在为教育机构与软硬件设备供应商创造一个统一的信息互动空间，为监测教育机构的数字化水平（包括设备使用及其合规情况监测）创造统一的工具，以调整技术配备并升级现有的基础设施。

当下，俄罗斯高等教育机构面临以下挑战：（1）高校数字化发展水平较低，导致高校管理存在障碍，基础设施现代化需求应对能力滞后，教学设备数量不足，无法满足师生的教学需求。（2）国家高校数字化经费的审批流程烦琐、机制落后，导致科学和高等教育部处理高校补贴申请的速度迟缓，且需耗费大量非必要的纸质文件；经多人审批，导致高校无法在紧急情况下迅速获得经费，需要对采购进行长期准备。（3）设备状态和负载程度的监测手段落后，导致科学和高等教育部缺乏统一的数字化手段来收集高校数字设施的反馈信息和获取大量实时数据，高校无法跟踪设备状态，存在设备过早折旧和淘汰的风险，并难以收集统计信息上报上级行政部门，学生面临数字工具数量无法保障学习需求的风险。（4）缺乏设备信息的统一获取渠道，设备供应商竞争不足，设备价格高且质量差，导致高校软硬件服务订购成本高，无法充分比较和择优采购，也导致中小企业缺乏设备和软件供应的市场竞争机会。（5）现有政府采购单位的设备技术参数不规范，导致高校难以选择到所需的必要软硬件，也导致供应商无法给出统一的商业采购建议。（6）缺乏数字学习工具，导致高校教育质量下降，学生移动学习水平低。（7）高校基础设施配置不均衡，高校间数字设施差距大，进一步拉大教育质量差距。针对以上挑战，科学和高等教育部将采取以下措施：（1）优化补贴申发的业务流程，建立高校在线补贴申请机制。

（2）监测高校数字设备水平状态。（3）筹备修改立法以保障数字化转型项目需求。（4）批准设立设备和程序的技术性能比较子系统，集成设备信息获取采购推荐。（5）开发高校数字设备统一监测工具。（6）试运行高校软硬件设备与科学和高等教育部服务在线监控系统。

根据科学和高等教育部的规划，该项目分3个阶段，将达到以下成果：（1）到2021年，启动系统，接入试点供应商，实现软硬件设备网络营销。（2）到2024年，使75%的高校软硬件采购活动实现全线上完成，75%的高校达成数字化成熟度基本水平，高校50%的软硬件设备符合现代化要求。（3）到2030年，形成硬件和软件设备供采双方统一互动环境，100%高校达成数字化成熟度基本水平，高校100%的软硬件设备通过线上采购并符合现代化要求。

建立软件和硬件市场信息系统是实现基础设施现代化方向上的一个解决方案。该解决方案将提高教育机构的数字化发展水平，并使整体技术格局保持一致，优化和减少在证明需求和申请补贴过程中所花费的时间，以及增加硬件和软件市场上的竞争报价，并简化选择必要解决方案的程序。从长远来看，信息系统的建立将使教育机构的资产负债表上的设备和软件实现完全更新，提高所提供服务的可用性和质量，并形成统一的信息环境，以便教育机构和企业代表之间的互动，形成一个互利的工作过程。但必须要规避网络安全、技术主权、执行质量欠缺、人力成本等问题。

（六）推进数字化教育

当前，俄罗斯高等教育界面临以下困境：（1）缺少提高数字化能力的激励机制。（2）教学人员和学生的数字化能力水平较低。（3）缺乏提高数字化能力的统一环境。（4）行政管理人员的数字化技能不足，无法为高等教育机构的数字化发展和转型提供全面支持。（5）缺乏统一的方法论中心提供方法类信息支持等。推进数字化教育，旨在提高受教育者和教研人员的能力，并形成一个有能力的团队来管理教育机构的转型过程，以创建和实施发展战略，提高教育服务质量，使教育过程的工具现代化。该项目的主要目标是为教育过程中的所有参与者创造一个统一的教育环境，以培养相关人才，提高现有工作人员的资格标准，并为高等教育机构的现代化和发展组建合格的数字化转型团队，准备和实施数字化转型的长期战略。

推进数字化教育，将从以下几方面着手：（1）为所有教育过程参与者创造统一的教育环境。（2）为培训数字化转型团队制定方案和能力模型。（3）为提高教研人员、行政管理人员和学生的数字化能力制定方案和能力模型。（4）建立统一的方法论中心，为高等教育机构的数字化发展提供方法类信息支持。

在具体实施过程中，将重点关注以下方面：（1）为教育过程的每一组参与者制定培训项目。（2）为每个培训项目制定行动计划。（3）结合“数字大学”模式，使用学习管理系统（Learning Management System，LMS）提供培训课程。（4）在数字化转型团队培训计划中对试点小组进行培训。（5）根据制定的方案和能力模型，组织数字化转型团队进行分步培训。（6）对行政管理人员、教研人员和学生中的试点小组进行分阶段的数字化能力提升与能力模型的培养。

在该项目的推动下，到2021年，俄罗斯高等教育数字化将实现以下目标：制定出培养数字化转型团队的项目和能力模型草案，以及针对行政管理人员、教研人员和学生的草案；完成试点小组的培训；科学和高等教育部下属高等教育机构中，不少于10%获批数字化转型战略。到2024年，科学和高等教育部下属的所有高等教育机构都应当组建数字化转型团队；应在不少于50%的高等教育机构中，有不少于50%的行政管理人员、教研人员和学生完成了提高数字化能力计划；所有高等教育机构都应当批准数字化转型战略。到2030年，所有高等教育机构中的行政管理人员、教研人员和学生都应当接受数字化能力培训。

（七）开发“服务枢纽”信息系统

“服务枢纽”信息系统是数字化转型的统一服务系统，能够帮助管理科学和高等教育部的结构和角色，优化、系统化、规范业务流程。目前，科学和高等教育部及其下属机构的工作存在以下障碍：（1）政府部门及其下属机构间的互动程度低。（2）新员工参与度低。（3）信息实体间缺乏沟通。（4）启动新项目和程序的准备时间较长。（5）对变化和外部要求的响应度低。（6）组织业务流程缺少特定规则，缺乏工作优化。（7）存储和加工工作成果的结构零散。该系统的开发将有效地辅助解决这些问题。

在开发系统之前，将会调查科学和高等教育部及其下属组织在采用不同的信息系统时的业务流程及其自动化程度。“服务枢纽”信息系统的开发将结合调查结果，对教育机构的业务流程进行灵活的配置和管理。

“服务枢纽”信息系统将包括以下子系统和模块：管理和供应子系统、组织结构子系统、业务流程子系统、“业务对象模板”、集成数据管理系统的子系统、集成外部信息系统的子系统。“服务枢纽”信息系统借助具有可理解规则的平台组织教育机构行为，系统的每个用户都可以通过直观的网络界面或移动应用程序订购服务。

在建构“服务枢纽”信息系统时，主要采取以下几方面措施：（1）对科学和高等教育部与高等教育机构关于业务流程和通过信息系统实现其自动化的需求进行研究。（2）描述执行业务流程的典型业务对象。（3）确定开发统一的“服务枢纽”信息系统的技术任务，并开发系统。（4）在科学和高等教育部与高等教育机构中引入该系统。（5）对该系统的使用者进行培训。（6）形成系统应用的统一政策。（7）与“数据中心”整合，进行信息处理，制定分析报告。（8）与现有信息系统进行整合，建立无缝工作的大型系统。

该项目后期预期实现的战略目标为：（1）所有高等教育机构都使用该系统。（2）所有关键业务流程在该系统的辅助下完成。（3）教育过程的所有参与者都可以接受到该系统的服务。（4）所有科学和高等教育部与高等教育机构的员工都使用该系统来组织活动。（5）所有科学和高等教育部与高等教育机构的核心业务都受到数字化的监管。

三、对普通教育领域和高等教育领域数字化转型战略的述评

以上两份战略文本为普通教育领域和高等教育领域的数字化转型提供了方案，并将通过系列项目的实施来推动教育数字化成熟度战略任务的实现，助力 2030 年国家发展目标中的其他发展目标的完成和战略的实施，如横向促进“形成儿童才能识别、培养和支持系统”“为培养公民人格和谐发展和社会责任感创造条件”“增加对本土 IT 解决方案的投资”等战略子目标的落实。

从文本体量来看，两份战略文本的总篇幅为 330 余页，是 2018 年出台的《国家教育方案》和《国家数字经济方案》篇幅的近 4 倍，其中《科学与高等教育领域数字化转型战略》的篇幅达 267 页，是《普通教育数字化转型战略》篇幅的 4 倍有余，而两个文本的目录结构基本一致，篇幅差异大主要在于各自的项目数量、涉及对象和内容细化程度不同。可见俄罗斯在国家层面对教育数字化转型部署的高度重视，当下阶段的数字化转型建设重点在高等教育领域。

从内容来看，由转型方案及其联邦项目部署可见俄罗斯本次教育数字化转型设计的基本面貌，也可见俄罗斯本次教育变革的决心之坚、规模之大、力度之强、影响之远，可谓数字经济时代面向未来的教育领域全面转型。首先，教育变革决心之坚体现在转型周期三阶段式规划并贯穿整个 21 世纪 20 年代（2021—2024—2030 年三个阶段目标）。其次，教育变革规模之大体现在：（1）学段全覆盖，覆盖基础教育和高等教育各学段层次；（2）群体全覆盖，全面覆盖了学生、家长、教师、教育管理者和其他教育工作者群体；（3）内容全涵盖，工作方向涉及数字教育资源和教育数字化基础设施建设（技术转型），数字校园建设与评估（机构转型），数据管理与数字化科研服务平台建设（管理与服务转型），教师和教育行政人员数字能力培

训（人力资源转型和教学转型）等内容；（4）各类机构和社会力量全协同，全面协同中小学和高校等教育机构，科研机构，学术团体，教育部与科学和高等教育部等政府教育部门，以及数字化转型服务供应企业等多方组织机构。再次，教育变革力度之强体现在变革不仅是对教育教学过程的优化和校园物质环境的改造，同时也是对国家教育理念、治理理念和模式的变革，对教育法律制度的完善，对教育服务的整合，对校、企、政协同关系的优化，以及对教育服务市场进行规范。最后，教育变革影响之远体现在政策显性规划周期是 2030 年，但实际上是对教育系统的全方位深入变革，是教育现代化建设的重要方向，将是服务国家未来数字经济发展、未来数字人才储备、未来信息社会生活方式更新乃至未来国家治理与文化观念变革的重要推动力。

第四节　普通教育领域和高等教育领域专项重点内容

2021 年，俄罗斯的普通教育领域和高等教育领域的实践重点继续围绕国家教育发展目标和教育战略任务的落实而展开。为适应时代发展需求，普通教育领域发布了初等普通教育和基础普通教育阶段的第三代国家标准，更新教育内容和方法；高等教育领域推出“优先 2030”学术领导力计划，成为继“5–100”项目后持续推动世界级科教中心和世界一流大学建设的核心方案。

一、2021 年新版国家教育标准解析

俄罗斯国家教育标准（Федерального Государственного Образовательного Стандарта，ФГОС）是具有国家认证的各类教育机构实施基本教育计划时必须满足的一系列要求。广义的国家教育标准涵盖了初等普通教育、基础普通教育、中等普通教育、中等职业教育和高等教育阶段的教育标准，狭义的国家教育标准主要指普通教育阶段的教育标准。国家教育标准提供了具有连续性的一系列标准方案，以促进俄罗斯联邦教育空间的统一。针对不同阶段的教育标准相对独立，一般分为以下几部分内容：基本教育方案的结构要求，包括对核心教育方案部分及其数量的比例要求，以及核心教育方案的强制性部分与教育参与者形成的部分的比例；要求基本教育方案的条件，包括人事、财政、后勤和其他条件；基本教育方案的结果要求。俄罗斯国家教育标准可以为编写教科书和教学方案提供参考，确定不同科目的学习时间占比、考核方法，以及全国统一考试的题目内容等。简言之，国家教育标准是实施教育过程的基础，所有教育机构都以国家制定的教育标准为导向，因此国家教

育标准的变化对于教育实践具有重要的指引意义。

为适应时代发展和教育现代化建设，2021 年俄罗斯颁布了新的初等普通教育国家标准[①]和基础普通教育国家标准[②]，堪称俄罗斯第三代教育标准，下文对此展开解析。

（一）2021 年新版国家教育标准的出台背景

俄罗斯国家教育标准自出台以来，一直定期接受更新和修订，可以依据这一过程中产生重大变化的情况将新老国家教育标准分为三代。2004 年，俄罗斯通过了最初的学校教育标准，当时国家教育标准的概念还不存在。学校教育标准旨在对学生开展统一标准的学科教育，并没有将教育心理方面的问题和学生的个人特征等纳入考虑范围。由于当时的学校教育标准只包括义务教育教学单元和所学习的科目信息集合，而联邦、地区或学校教育的构成等内容仍然不甚完整，这一标准很快过时。2009 年，当时的教育标准被认为执行效率低下，教育部决定制定新的教育标准。经过三年制定期，2012 年，新的国家教育标准全部出台，有效期至 2020 年。这一代标准是基于部分内容学生自学的要求制定的，侧重于发展学生基础的学习技能，即利用技术和与人沟通独立获取信息的能力，学生在课堂上不仅应获得一系列标准内的知识，还应拥有自主搜索信息的能力，体现了教育对学生个人素质的重视。此外，这一代标准的焦点转向了孩子的个性，大量的注意力都放在项目学习和课外活动上。第二代国家教育标准内容包括：联邦教育的构成、儿童一般技能发展要求、对于学习成果的关注、养育功能的发挥等。尽管在课程制定和教育方法方面提出了更多要求，但 2012 年国家教育标准没有提供更加明确的施行条件，后续的修订内容也没有改善相关情况。因此，教育部决定对国家教育标准进行重大修改。关于制定新标准的讨论早在 2018 年就已经开始，直到 2021 年，关于学校教育系统即将发生的变化的首批规划才浮出水面，这一系列规划即将成为俄罗斯的第三代国家教育标准。

近年来，教育现代化和数字化转型趋势明显，俄罗斯积极推动教育现代化发展，促进教学方式和管理手段的更新，积极提升教育质量，增强教育的国际竞争力。在

---

① Приказ Министерства Просвещения Российской Федерации от 31.05.2021 № 286 “Об Утверждении Федерального Государственного Образовательного Стандарта Начального Общего Образования” [EB/OL] .（2021-07-05）[2022-01-12] . http: //publication.pravo.gov.ru/Document/View/0001202107050028.

② Приказ Министерства Просвещения Российской Федерации от 31.05.2021 № 287 “Об Утверждении Федерального Государственного Образовательного Стандарта Основного Общего Образования” [EB/OL] .（2021-07-05）[2022-01-12] . http: //publication.pravo.gov.ru/Document/View/0001202107050027.

相关政策的支持下，各类教育机构积极关注学生的能力素养提升，通过现代化方式培养符合新时代要求的高素质人才。同时，教育的数字化转型也是俄罗斯未来的重点布局战略之一。2020 年初新冠疫情的迅速蔓延在一定程度上加速了教育的数字化进程，尽管大部分学生对远程线上学习的效果存疑，但仍有相当一部分学生对线上线下混合学习的形式持积极态度。2021 年，《普通教育数字化转型战略》和《科学与高等教育领域数字化转型战略》出台，关于学生数字素养的培养成为数字化转型过程中的重要内容。

（二）2021 年新版国家教育标准的主要变化

2021 年新版国家教育标准主要指的是初等普通教育阶段和基础普通教育阶段的新标准，中等普通教育阶段的相关文件尚未公布。2021 年 5 月 31 日，俄罗斯联邦教育部部长分别签署了第 286 号命令和第 287 号命令，通过了初等普通教育和基础普通教育的国家教育标准，这也是第一次同时出台两个普通教育阶段的国家教育标准。从 2022 年 9 月 1 日起，所有俄罗斯学校都将引入 2021 年新版国家教育标准，2022 年的一至五年级学生将使用新的国家教育标准。对于在命令生效之前入学的未成年学生，经其父母（法律代表）同意，也可以接受新版国家教育标准下的培养。据教育部称，2021 年新版国家教育标准将致力于对学生的具体化要求，并增加相应的实施条件，以减少不同教育机构间学生的学习差异，特别是明确各学科的学习成果。

基础普通教育国家标准的制定满足以下基本条件：符合《俄罗斯联邦教育法》的要求；具有基础普通教育课程内容的可操作空间，根据学生能力和需求制定不同复杂程度和重点的课程；方案实施时间具有可操作空间；详细说明实施教育计划的条件；详细说明对于学生基础普通教育阶段学习成果的要求；优化对主要教育计划和相关工作的要求；制定组织电子学习和使用远程学习技术的要求。与第二代国家教育标准相比，新一代国家教育标准主要发生了以下变化。

1. 要求更加细致明确和量化

新版国家教育标准对课程内容、实施条件和预期的学习结果提出了要求，以便回答学生具体知道什么、掌握什么的问题。在此前的版本中，国家教育标准只包括为了形成某些能力的一般要求，教育机构自行决定学习什么和在哪个班级学习，因此不同学校的教育方案差异较大，教学成果也没有详细说明。新版国家教育标准对每个学科的成果进行了更加详细的规定。如，标准中详细给出了学生在各学科中必须具备的学科和跨学科技能列表（能够证明、解释、操作概念、解决问题等）；为发展这些技能拟定了每个科目的学习形式（实验室工作、课外活动等）；规定了学生需要达到的具体成绩检查标准（300 字作文、每年 70 个新单词等）；严格规定儿童在特定学习年份应掌握的学习主题，不建议更改新版国家教育标准中的主题内容。虽然新版国家教育标准做出了更加详细的规划，但是初等普通教育和基础普通教育的内容在一定范围内仍然是可变的。这意味着学校需要以学生为中心，并在同一教育水平内提供不同的课程选择。在计划结构中，学校可以提供学术科目、培训课程和培训模块，设计和实施深入研究个别科目的计划，根据学生的教育需要和兴趣制定并实施个性化课程等。

2. 关注学生软能力的培养

新版国家教育标准进一步加强对学生个人技能和公民素养的重视。在个人技能方面，新版国家教育标准提供学生在各学科学习期间必须掌握的技能和知识列表；规定各学科学习中的学生合作活动，以发展新版国家教育标准中规定的技能。与旧版国家教育标准相比，新版国家教育标准允许通过分组来组织教育活动。小组教学可以根据学业成绩、教育需求、兴趣目标等采用不同的方式进行，这将使教师能够实施差异化的方法。在公民素养方面，新版国家教育标准旨在使学生了解与所研究技术相关的职业的世界、他们在劳动力市场上的需求，以及科技在相关领域的进步。这些科目的计划成果不仅限于学科内容的学习，而且与符合现代社会要求的个人素质培养密切相关。新版国家教育标准还积极保障学生的个人发展，包括公民教育、爱国主义教育、道德教育、美育、体育、劳动教育和环境教育等。学校应在基础普通教育课程的必修部分反映“俄罗斯人民精神和道德文化基础”的相关内容，因此该内容可以作为其他必修科目的一部分来实施。

3. 减轻学生学习负担

2021 年新版国家教育标准中的部分规定明确了完全掌握学科内容所需的课程数量，也明确了课程时间的上限和下限。初等普通教育阶段课内外活动时长的上限和下限由 3345 小时、2904 小时调整到了 3190 小时、2954 小时，基础普通教育阶段课内外活动时长的上限和下限由 6020 小时、5267 小时调整到了 5549 小时、5058 小时。

4. 针对特殊群体制定特殊计划

在新版国家教育标准总则部分提到，不需要使用初等普通教育标准来教授残疾儿童。基础普通教育标准在修订适应性课程时考虑了教学对象的具体特点。例如，对于言语障碍者和听力障碍者，可以不在教学方案中加入音乐；对于所有残疾儿童，有必要引入适应性体育。如果学校将适应性课程的学习期限延长至 6 年，则课时量不能超过 6018 小时。

5. 对数字化教育环境提出要求

与旧版国家教育标准相比，新版国家教育标准确定了各类教育机构应用电子教具、远程技术等各种教育技术的权利。如果学生使用远程学习技术进行学习，学校必须向他们提供对所有资源的个人访问权限，学生应当在校内校外都能够进行访问。旧版国家教育标准提到，学校图书馆应提供可访问信息的互联网资源、媒体资源集合，新版国家教育标准则确定在整个学习期间，所有学生和家长都应该有机会接触信息化教育环境。

2021 年新版国家教育标准还具有如下特点：制定标准过程中进一步考虑了学生的年龄和心理特征；科目学习成果反映国家科技发展的重点要求；将第二外语排除在必修科目外；提供学习方言及其文学作品的选择；提供将《俄罗斯联邦教育法》的一些主题单元纳入社会科学周期课程内容的权利等。

此外，就广义国家教育标准而言，2021 年中等职业教育和高等教育阶段的国家教育标准也通过修订等方式进行了更新。例如，在中等职业教育国家标准中，3 个新专业方向的国家教育标准获得批准，2 个专业的国家教育标准进行了修订。2021 年 5 月 26 日，联邦法律《关于修订〈俄罗斯联邦教育法〉》规定，国家职业教育标准不仅根据职业、专业和培训领域制定，而且根据其扩大的群体与根据劳工法批准的专业活动领域和类型制定。新的高等教育国家标准已经制定了相关草案，回应了俄罗斯总统令中的新要求：应确保扩大地区和一流大学在个性化教育轨迹方面的能力；应建立更新国家教育标准的机制，包括考虑俄罗斯联邦科技发展的优先事项。新的国家教育标准应作为监管法律框架系统变化的一部分运行，对就读大学的程序、大学教育计划的形成程序、教育质量控制系统、大学教育项目的排名系统进行规定和监督；更新现有培训领域和专业的清单，实施条件的统一要求和专业培训核心（统一的一般专业能力和成果指标）；在高等教育的一定阶段为学生提供选择培训方向的权利。

（三）2021 年新版国家教育标准述评

2021 年新版国家教育标准在第二代国家教育标准的基础上进行了进一步完善，更新了目标目的、内容教育、教育成果要求、教育技术、对教育过程参与者的要求等内容，主要包括对课程结构、学习成果、教学条件三大部分的要求。与第二代国家教育标准相比，内容更加详细充实，模块划分更加明确，对于教学过程和学生学习成果的评价标准更加清晰可量化。与此同时，新版国家教育标准的内容也受到科技发展、教育数字化转型等的影响，关注区域和民族文化特征、创新经济、科技发展战略、俄罗斯文化遗产等，体现出未来教育领域的侧重点和发展趋势。

新版国家教育标准致力于实现以下目标：提供俄罗斯统一的教育空间；确保俄罗斯在基础数学、物理、化学、生物学、技术科学、人文和社会科学等领域的领先地位；加强学校在教育青年方面的作用，在俄罗斯传统的精神、道德、文化和历史价值与防止极端主义和激进意识形态的基础上，培养负责任的俄罗斯公民；提高俄语、文学、民族历史、世俗伦理基础、传统宗教等方面的教学质量；保持国家教育的深度和根本性。在此基础上，新版国家教育标准致力于应用旨在形成和谐的身心发展与保持和加强健康的教学方法；培养解决日常任务和非典型任务所必需的个人素质；帮助学生对周围世界保持清晰的认识；推动教学和养育功能的统一；形成终身持续教育和自我发展的文化；智能和安全地使用数字技术；促进俄罗斯公民身份的形成；促进学生的个人发展，包括公民教育、爱国主义教育、道德教育、美育、体育、劳动教育和环境教育等；帮助学生掌握关于俄罗斯联邦地理位置的系统知识及其历史作用、领土完整概念、文化和技术发展、对世界科学遗产的贡献，促进学生现代俄罗斯观念的形成。

在教学标准和主题统一的基础上，学生能够在全国每个地区的任何教育机构获得所有必要的知识和技能。对学习成果的更具体和统一的要求将确保学生的个性得到系统的、和谐的发展，使他们掌握在下一个教育阶段和在现代社会生活中获得成功所需掌握的知识和能力。通过新的标准，学生将有更多的机会从事科学工作，使用先进的设备进行研究。

对于教师来说，通过对计划结果的具体描述，教师将更容易在课堂上建立形成性评估系统。同时，对于部分内容可变性的保留使学校能够准确选择如何打造课程，教师能够根据学生的能力和需求，运用他们认为合适的方式教授学生。新版国家教育标准涉及澄清和详细说明残疾学生教育方案的部分（按主要限制类型），使得教育工作者和学生家长能够了解更加明确的基准和机制，使儿童能够根据相应计划获得学习成果。

二、《俄罗斯“优先 2030”战略性学术领导力计划》解析

俄罗斯于 2013 年开始实施全球大学领导力国家项目“5–100”，目的是使该国至少 5 所一流大学进入最具权威的全球大学排名——Quacquarelli Symonds（QS）世界大学排名、泰晤士高等教育世界大学排名和软科世界大学学术排名的前 100 位，该计划已于 2020 年结束。由于需要增加俄罗斯高等教育机构对实现俄罗斯联邦到 2030 年的国家发展目标的贡献，平衡国家各地区的发展，确保俄罗斯联邦各地区拥有高质量的高等教育，2021 年 5 月，联邦政府批准了“优先 2030”战略性学术领

导力计划（以下简称“优先 2030”计划），该计划将在 2021—2030 年继续支持大学的发展。

该计划是由科学和高等教育部制定的一项高等教育发展计划，是“科学和大学”国家项目中的“科学、高等教育和工业领域一体化进程的发展”联邦项目，以及“俄罗斯联邦数字经济”国家方案中的“数字经济人力资源”联邦项目的一部分。[①] 该计划将集中资源，确保俄罗斯大学为实现俄罗斯联邦 2030 年前的国家发展目标[②]做出贡献，提高大学和科研组织的教育和研究潜力，并确保高等教育机构参与俄罗斯联邦各主体的社会经济发展。[③]

（一）“优先 2030”计划的目标与任务

2020 年 12 月 31 日，俄罗斯联邦政府总理米舒斯京（М.В. Мишустин）签署了第 3697- р 号政府令，表示采纳科学和高等教育部的建议，并经经济发展部和财政部同意，决定于 2021—2030 年实施一项战略性学术领导力计划（即“优先 2030”计划）。该政府令还要求科学和高等教育部需要于 2021 年 3 月 1 日之前向俄罗斯联邦政府提交“优先 2030”计划实施方案的草案。[④]2021 年 3 月 30 日，俄罗斯联邦法规草案门户网站上公布了实施“优先 2030”计划的法令草案。[⑤]2021 年 5 月 13 日，米舒斯京正式签署了第 729 号法令《关于实施“优先 2030”战略性学术领导计划实施方法》。[⑥]

该计划遵循的基本原则是：科学和教育机构的一体化和合作原则，以及竞争和开放的原则。[⑦] 该计划的目标是：2030 年前，在俄罗斯创建 100 多所成为国家科

---

① 《Приоритет-2030》Обеспечит Сбалансированное Развитие Науки и Высшего Образования во Всех Регионах［EB/OL］.（2021-03-30）［2022-01-14］. https://minobrnauki.gov.ru/press-center/news/main/31739/.

② Указ о Национальных Целях Развития России до 2030 Года［EB/OL］.（2020-07-21）［2022-01-10］. http://www.kremlin.ru/events/president/news/63728.

③ Программа《Приоритет-2030》［EB/OL］.［2022-01-14］. https://minobrnauki.gov.ru/action/priority2030/.

④ Распоряжение Правительства Российской Федерации от 31.12.2020 № 3697- р［EB/OL］.（2021-01-05）［2022-01-14］. http://publication.pravo.gov.ru/Document/View/0001202101050007.

⑤ 同①.

⑥ Постановление Правительства Российской Федерации от 13.05.2021 № 729 “О Мерах по Реализации Программы Стратегического Академического Лидерства “Приоритет-2030”［EB/OL］.（2021-05-21）［2022-01-10］. http://publication.pravo.gov.ru/Document/View/0001202105210040.

⑦ 同①.

学、技术和社会经济发展中心的先进现代化大学。[①] 该计划的任务将在三个层面进行开展，分别是国家层面、大学层面和社会层面。在国家层面，该计划的任务主要包括：增加俄罗斯科学在全球研发市场的份额；确保吸引顶尖科学家和有前途的青年研究人员到俄罗斯工作；为科学、技术、工程、经济部门和社会领域的优先发展提供人力资源；利用大学的科学、教育和创新潜力，缩短俄罗斯国家和各联邦主体经济的创新周期。大学层面的任务主要包括：提高俄罗斯大学的科技潜力，以创造新技术、新产业和有竞争力的产品；扩展机构间的联系；将大学的科学工作与各类科研组织和实体经济部门相结合；发展国际合作。社会层面的任务包括：为发展学生（包括信息技术专业的学生）的数字素养和运用数字技术的能力提供条件；提高俄罗斯大学的教育、科学、技术和社会服务的质量等。

（二）"优先 2030" 计划的实施设计

俄罗斯的大学，无论其所有制形式、部门隶属关系或地理位置如何，除提供公共服务的政府机构外，只要符合以下资格标准中的一组就有资格参与"优先 2030"计划。[②] 标准共分为四组，其中，第一组标准是：（1）按照高等教育计划接受教育的全日制学生人数达到至少 4000 人；（2）所有渠道的总收入达到至少 10 亿卢布；（3）研发收入占总收入的比例达到至少 5%。第二组标准是：（1）创造性方向的高等教育专业和培养方向的一年级学生人数占一年级学生总数的比例至少为 60%；（2）提供由行使大学创始人职能和权力的组织负责人签署的关于建议参加评选的信函，并说明本大学参加"优先 2030"计划的潜力。第三组标准是：（1）符合第一组三项标准中的任意两项；（2）保证不晚于 2023 年达到第一组标准的所有要求；（3）大学所在的地区当局和（或）相关的联邦执行机构和（或）专门的骨干组织（Профильная Системообразующая Организация）能保证为实施大学发展计划提供额外的财政支持，金额至少为每年 1 亿卢布。第四组标准是：（1）符合第一组三项标准中的任意两项；（2）大学决定按照既定程序与其他大学和（或）科学组织合并（加入）的形式启动重组程序；（3）大学保证在 2023 年之前完成重组程序并达到第一组标准的所有要求。

该计划的拨款分为两个部分，分别是基本部分和专门部分。基本部分用于增加大学对俄罗斯联邦各主体社会经济发展的贡献，以及实施新的具有创造性的项目或

---

① Программа《Приоритет-2030》[EB/OL] . [2022-01-10] . https: //minobrnauki.gov.ru/action/priority2030/.

② 同①.

社会人道主义项目，基本部分拨款的最低数额为每年 1 亿卢布。专门部分有两方面的用途，一方面用于支持大学进行突破性研究，生产和研发知识密集型产品和技术，加强研发部门的人力资源实力；另一方面用于发展大学，为地区的社会和经济发展提供条件，挖掘实体经济部门和社会领域组织的人力资源和科学技术潜力，专门部分（专项）拨款的最低数额为每年 1 亿卢布。①

参与“优先 2030”计划的大学均需要提交大学发展计划或草案，这些计划或草案将由评选委员会根据既定的标准进行评价打分，最后排序。委员会评价所依据的标准主要包括以下内容:（1）参选大学发展计划（计划草案）的目标和成果愿景与俄罗斯联邦 2030 年前的国家发展目标、科技发展战略，各联邦主体的社会和经济发展战略，以及俄罗斯联邦特定部门的战略规划文件的符合度;（2）大学的学术认可度和潜力，并参考“5–100”项目的结果;（3）参选大学发展计划（计划草案）的详细程度;（4）创造性项目、社会和人道主义项目的实施情况，参选大学与俄罗斯联邦政府机构、地方自治机构、雇主及其协会，以及俄罗斯联邦实体经济组织的互动水平;（5）参选大学管理体系的现代化程度及其与联合体成员的互动水平，包括评估联合体的长期发展战略，联合体理事机构的活动、网络教育计划和研究项目的实施，以及基础设施统一解决方案的引入等;（6）是否与其他高等教育机构或科研机构组成联合体;（7）为发展学生的数字素养和使用数字技术的技能提供条件。②

该计划的遴选委员会分成两组：一组是评标委员会，由科学和高等教育部各部门领导组成，负责根据各所大学提交的大学发展计划（计划草案）进行打分、公式计算和排序，最终遴选出至少 100 所可获得基本部分拨款的大学；另一组是（专门）委员会，由俄罗斯联邦文化部部长与其他著名的文化和艺术领域的人士组成，负责根据各所大学提交的大学发展计划（计划草案）进行打分、公式计算和排序，遴选出两类［研究领导力、区域和（或）技术领导力］可获得专门部分拨款的大学。整个计划的运作示意图如图 7-1。

---

① Программа《Приоритет-2030》[EB/OL]. [2022-01-10]. https: //minobrnauki.gov.ru/action/priority2030/.

② 同①.

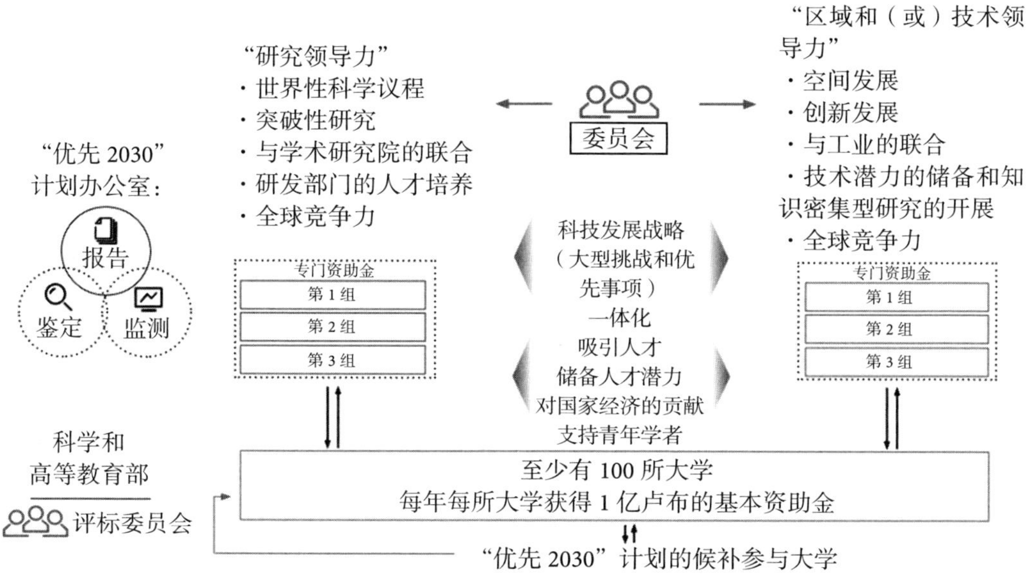

图 7-1　"优先 2030"计划运作示意图

（三）"优先 2030"计划述评

"优先 2030"计划的出台将会给俄罗斯的高等教育带来诸多变化，这些变化可以体现在以下四个方面。

一是一流大学的数量有所增多。"优先 2030"计划融合了"5–100"项目的所有优点，但新计划方案的设计发生了变化，国际排名的目标被影响大学发展的工具所取代。新计划考虑到了大学对国家经济和发展的贡献，它不像"5–100"项目那样仅支持 21 所一流大学，而是如米舒斯京所说的——该计划是现代俄罗斯历史上规模最大的大学支持计划。至少 100 所大学每年将获得 1 亿卢布的基本拨款，用于所在地区的社会经济发展项目。此外，该计划关注的重点将是支持地方大学的发展计划，以使那些以前没有参加过国家计划的大学得到发展。这有助于缩小大学之间的差距，并为更多的学校迈向世界一流大学创造机会。

二是公众对教育质量的需求将得到满足。社会学的研究表明，当今俄罗斯社会对国内教育的质量较为满意，对国内的大学和科学发展有较高评价。据自治非营利机构"国家优先"的负责人马利亚维纳（С.А. Малявина）所言，"优先 2030"计划将改变俄罗斯科学的现状。公众对"优先 2030"的要求也非常高：既要求平等地获得基本教育，又对科学和高科技计划提出要求。

三是大学与企业和社会的合作得到加强。"优先 2030"计划与"5–100"项目的根本区别在于，前者更强调大学研究成果的实际应用。大学可以创建一个研究计划，从事某种技术开发，或者寻找一项发明以投入大规模生产。所有这些都将有助于吸引该大学获得企业、州长和其他利益相关者的注意。[①]“优先 2030”计划的实施将促使大学增加对实现国家目标的贡献，包括为人才培养创造条件，以满足经济和社会领域关键部门对高素质人才的需求。

四是俄罗斯高等教育的品牌形象将得到塑造。当某些俄罗斯大学成为“优先 2030”计划的参与者并成为这 100 所参与大学的第一梯队后，它们就会开始在国际高等教育体系中进行不断探索，这样它们将必然达到一个新的水平。这会有助于俄罗斯高等教育在国际上树立品牌形象。因此，“优先 2030”计划更像是一个多层面的计划，一方面要追求拥有更多的世界级大学，另一方面也要保障各地区的基本教育质量。

回望 2021 年，俄罗斯教育系统的工作取得了一定的成绩，同时也仍然存在诸多尚待解决的传统问题和新增问题。宏观层面，新冠疫情的蔓延与反复考验，西方对俄罗斯围堵制裁背景下严峻的国际环境，以及持续制约社会发展的国内人口问题，使俄罗斯国家和社会各领域的发展都面临严峻挑战，也为中观层面教育领域建设的困难重重奠定了底色——教育基础设施发展不充分不均衡、教育系统生源增速放缓、教育行政效率低、教育国际影响力低等问题仍需重视。展望 2022 年，俄罗斯将基于这些实际问题，依据本国教育发展战略目标、政策和项目规划持续推进各级各类教育的发展。其中，随着第三代国家教育标准的颁布与实施，中小学的教育内容将得到大幅更新，将引入现代化的教育方法和理念推动学校教育的个性化发展；随着教育数字化转型战略和“优先 2030”计划的实施，教育系统的整体治理能力和效率将得到有效提升，高校将采用更加灵活的教育计划，扩大与企业的合作，为大学生参加实践培训创造更多机会，加强毕业生的专业能力，使其符合不断变化的劳动力市场需求，以及特定行业和地区的发展需要；高校将获得更大的办学自主权，进一步迈向创新式发展。而对这些工作的落实和持续推进也构成了接下来一年俄罗斯教育系统发展的重点任务。

---

① Разница Между Программами “Проект 5–100” и “Приоритет 2030” [EB/OL] . (2021-07-30) [2022-01-14] . https: //ukc-nica.ru/novosti/raznitsa-mezhdu-programmami-proekt-5-100-i-prioritet-2030.html.

第八章
日本教育政策与发展趋势

2020 年全球范围暴发的新冠疫情对教育领域产生了重大的冲击与影响，这也引发了世界各国对未来教育发展的深刻思考。疫情的冲击并没有减缓日本推动教育改革的脚步，为应对新冠疫情带来的新变化，日本继续大力开展教育改革。在安倍晋三第 2 次担任日本首相时期对日本教育政策方向方针起关键作用的“教育再生实行会议”就后疫情时代教育改革与发展展开了深入探讨。在高等教育和基础教育领域，为促进地方高校发展和落实 2021 年提出的建设“令和的日本型学校”目标，文部科学省中央教育审议会也展开深入审议并发布了重要报告。

第一节　教育再生实行会议第十二次提言:《关于后疫情时代的新型学习》

教育再生实行会议作为日本政府咨询机构，近年来对日本教育改革发展方向起到了重要的引导作用。2012 年 12 月 26 日，安倍晋三第 2 次出任日本首相后，将构建符合 21 世纪日本社会需要的教育体制、推进教育改革当作内阁重要任务之一，经内阁会议决定在日本首相主导下设置专门的教育政策咨询机构，即教育再生实行会议。2021 年 11 月 10 日，岸田文雄出任日本第 101 任首相；12 月 3 日，内阁会议决定将教育再生实行会议合并入新成立的“教育未来创造会议”当中，将关注点着重放在探讨数字化时代的人才培养模式和教育与社会的衔接等主题方面。至此，教育再生实行会议成为过去式，但教育再生实行会议提出的各种咨询报告和政策建议将被教育未来创造会议加以继承和延续。在前后近 9 年时间内，教育再生实行会议发布了 12 篇政策提言，内容涉及校园霸凌问题对策、教育委员会制度改革、基础教育改革、高等教育改革、中等教育与高等教育的衔接改革、学校制度改革、地方知识创新与教育、核心素养与教师教育、教育财政改革等各个方面。教育再生实行会议的绝大多数政策提言，都在发布后交付文部科学省（Ministry of Education，Culture，Sports，Science and Technology，MEXT）中央教育审议会开展进一步调研和审议，并最终转化为指导日本教育改革的政策。可以说自安倍晋三第二次出任日本首相以来，教育再生实行会议是日本教育领域开展总体规划和宏观部署的核心机构。2021 年 6 月 3 日，教育再生实行会议发布了最新也是最后一篇政策提言，题名为《关于后疫情时代的新型学习》①，对后疫情时代新常态下教育改革的总体方向进行了规划。该提言从基础教育改革、高等教育改革、教育和社会合作与数据驱动型教育转型四个方面论述了今后日本教育改革的目标和措施。本节将对《关于后疫情时代的新型学习》政策的主要内容进行简要介绍。

一、《关于后疫情时代的新型学习》政策背景

新冠疫情对全世界各国人民的生命与生活、价值观与行为方式，乃至于经济与文化等社会各个方面都产生了广泛而深刻的影响，VUCA 时代［也称乌卡时代，VUCA 即 Volatility（不稳定性）、Uncertainty（不确定性）、Complexity（复杂性）、Ambiguity（模糊性）的并称］已经到来。受新冠疫情的冲击，日本社会的种种问题也浮出水面，教育方面，学校安全卫生防控不力和 ICT（Information and Communication Technology，信息与通信技术）教育未普及等问题尤为突出。此外，例如经合组织（OECD）在 PISA 2018 中指出日本儿童幸福感欠缺、自我效能感低下、主人翁意识不足等问题亟待解决。同时，学校教育中如何脱离日本长期存在的“并排意识”，如何提高个人的自律性和社会的多样性，如何培养学生应对突发或预料之外事件的能力等也成为新冠疫情带来的新问题。为了应对和解决上述问题，日本希望将教育引领进能够应对各种变化、具备应对危机的弹性、发挥自身独特优势和特点的新常态（New Normal）。

教育再生实行会议认为，实践个人多样幸福和社会整体幸福相统一的幸福理念是解决上述问题的根本途径。这种幸福既包含经济层面的宽裕，也包含精神层面的充实，这种幸福的社会必然是具有多样性和包容性的可持续发展型社会。为了实现社会的转型，需要每个人对身边的他人和社会保持关心，以社会成员的身份开展自

① 教育再生実行会議．ポストコロナ期における新たな学びの在り方について（第十二次提言）［EB/OL］.［2022-02-01］. https://www.mext.go.jp/content/20210615-mxt_koutou01-000016013_7.pdf.

主思考和采取负责任的行动。日本教育改革的根本目标正是在于培养具有上述能力和素养的个人，为此有必要向学习者本位的教育转换。学习者本位的教育理念虽然已经被提出多年，但在教育一线还仍未普及到每一位教育相关者。作为教育改革的执行者，今后日本教育改革将改变教师群体的理念，保障教师的数量和质量，培养教师应对社会变革的能力等。此外，随着近年来数字化不断加速发展，为把握和应对数字化发展带来的机遇和挑战，日本教育将向数据驱动型教育转型。一方面，数据驱动下的教育将为儿童和家长提供更多样的学习机会，扩充学校和教师的教学活动与方法，推进教师工作方式改革以改善教师的工作条件，实现国家和教育委员会基于证据的政策制定。另一方面，数字化和信息化背景下，教育也应关注个人信息和网络安全问题，解决对数字产品过度依赖等负面问题。与此同时，后疫情时代的学校教育还应当关注安全和保健问题，避免今后的全球性卫生事件或自然灾害等再次严重影响到学生的生命安全和日常学习生活。教育改革已经不仅是学校内部的事情，而且是涉及家庭、地方、产业界等外界各方的事情，如何构建起教育内外良好的合作和衔接关系同样值得进一步研究。

教育再生实行会议从 2020 年 7 月开始着手讨论关于后疫情时代的新型学习问题，设置了初等中等教育工作小组和高等教育工作小组分别展开商议，并设置了专门小组对教育的数字化主题进行重点研讨。各小组商讨的成果汇总为《关于后疫情时代的新型学习》一文。

二、新常态下的日本初等中等教育改革

（一）新常态下的新型学习：数据驱动型教育

1. 新型学习的基本理念

以新冠疫情暴发为契机，日本开始推动教育一线的 ICT 化。据调查，2020 年日本因新冠疫情暴发而暂停全国公立中小学线下授课期间，仅有 15% 的公立学校实施双向实时在线授课，这表明新冠疫情到来前日本公立中小学实施在线教育的能力和水平严重不足。OECD 的 PISA 2018 调查显示，日本是参加调查的国家当中在授课时使用数字化设备频率和在家中使用电脑学习频率最低的国家；TALIS 2018 调查发现，日本在推进教育 ICT 化方面严重落后。新冠疫情发生后，日本认识到 ICT 能够克服时间和空间对教学活动的限制，有效保障不到校上学学生的学习机会，向学生提供最适合个体的和合作性的学习活动。2021 年 1 月，日本中央教育审议会通过了《面向构建“令和的日本型学校教育”——挖掘所有儿童的可能性，实现最适合个体的学习和合作性的学习》咨询报告，强调应尽快实现教育一线的

全面 ICT 化。

与此同时，日本在线教育仍存在着严重的不均衡现象，因家庭年收入、监护人学历、居住地等因素的不同而呈现出较大差异；社会经济地位、所在地、性别等无法左右的初始条件对儿童发展可能产生深远的影响。上述教育领域中的不均衡现象长期存在于日本教育系统，近年来又集中表现为儿童贫困问题。新常态下的新型学习应当具有多样性和包容性，因而需要应对和克服教育中的各种不均衡现象，实现教育的机会公平。

后疫情时代日本推进中小学教育的数字化发展将围绕以下三方面的基本理念展开。第一，学校是教师和儿童之间、儿童相互之间直接进行互动，通过各种各样的体验活动进行学习的场所；聚集的功能是当代社会继续保留学校制度的重要原因。第二，中小学教育的 ICT 化不是将线下授课与在线学习相对立，而是为了寻求二者的相互配合以实现最佳的教学效果。虽然在线学习给中小学教育提供了诸多可能，但线下授课仍然是现阶段学校教育的基础；根据儿童发展阶段和学习实际需要适当进行在线授课与辅导，才能最大限度地发挥两种授课模式的优势。针对因生病无法参加线下授课的学生实施在线授课时，需考虑在线授课的实际效果。第三，对于在线授课的现状和成效，还应当通过进一步收集分析相关数据，继续在教育实践中检验和评价，来丰富和积累对在线授课的理解和认识。

为了培养儿童适应今后的社会发展，学校教育应当将实现个人和社会幸福作为根本方向，将学习者本位作为开展教育活动的基本视角。为此，需要教师不断提高教育活动的质量，通过扩充最适合个体的和合作性的学习活动，实现儿童主体性、对话性的深度学习。为了推进新型学习方式，需要有效使用 ICT 提高师生的信息素养，培养儿童自主将ICT作为“文具”加以运用的能力。为保障新型教育活动的质量，学校应重视对学生的学习情况、生活健康情况与教师的教学和辅导情况加以收集和分析，促进教师对每一名学生的个性化指导和教育行政基于数据的政策制定。此外，新常态下的中小学教育还应完善小班化教学的组织模式和设备条件，进一步提高教师素质并充分运用校外人才。

2. 数据驱动型教育的主要内涵

（1）创建中小学一人一台移动设备的教学条件。

为了实现最适合个体的和合作性的学习，挖掘每个儿童的潜能，日本政府提出了“GIGA（Global and Innovation Gateway for All，面向所有人的全球创新门户）学校构想”，从 2021 年 4 月起正式开始落实中小学生一人一台移动设备和接通高速通信网络的校园环境建设规划。国家层面将采取下列措施以确保实现中小学生一人一台移动设备的教学条件。第一，出台安全使用移动设备（包含将设备携带回家后）的说明书，并传达给监护人，对低收入家庭予以通信费用方面的补偿。第二，对儿童近视的实际状况和儿童生活习惯等进行大规模调查，出台有关政策应对儿童视力下降问题。第三，向低收入家庭的高中生提供购买移动设备等方面的资助。第四，根据“GIGA 学校”实施情况，从学校提供一人一台移动设备向 BYOD（Bring Your Own Device，允许携带个人移动设备进校）逐步过渡，完善校内移动设备的使用和管理措施。第五，修订《教育信息安全政策相关指南》，从长期使用的安全认证制度向网络安全防卫制度过渡，保障教育云资源的安全性；根据个人信息保护的相关法律规范学校中个人信息的使用方式；预计在今后将日本政府信息系统共享给全国所有学校和教育委员会。

（2）数据驱动型教育推动学习方式的变革。

随着 ICT 逐渐普及化，日本将发展数据驱动型教育，通过合理使用各种教育相关数据资料实现学习方式的变革。根据学生个人学习履历等教育数据可以实现个性化的指导，根据儿童发展阶段和实际状况可以实施线下授课和网络课程的混合式教学，随着数字教科书的普及和推广，可以将更多可供学习的内容和民间的智慧纳入教学活动。为了实现数据驱动的学习方式变革，今后学校课程设置和教学环境要充分适应新型学习需要，向学生提供能够自主设定目标、回顾学习内容、对自己的学习负责的环境条件。

具体需要从以下五个方面着手实施数据驱动型教育。第一，运用学习履历等教育数据。国家和地方应收集并整理学生的学习情况和生活健康情况、教师的教学和辅导情况与学校和地方的行政数据等，合理使用上述数据改进教学活动。推广学生学习管理系统、计算机辅助测试、电子体检信息等工具，并完善相关的咨询服务。国家应从顶层设计出发规划教育数据使用的总体蓝图，将数据分析的结果反映到新的政策制定当中。第二，推广使用电子教材和网络内容。预计 2024 年前，日本政府将根据全国性电子教材实证调研结果，出台关于电子教材的政策文件，包括明确规定电子教材和纸质教材的关系、免费提供的对象、审核和遴选制度、基本规格和功能、地方财政负担方式等相关内容，并进一步研讨促进使用电子教材改善教学的方式。国家还将督促和确保各地方具有使用电子学习内容的基本条件。第三，促进线下授课和线上授课相结合的混合式教学。国家层面将对在线教育的实施效果展开调研，收集和推广在线教育的优秀案例，对教学中使用前端技术和教育数据的成效开展进一步实证研究。调整现行在线授课学分上限（36 学分）的计算方式，可以不再必须包含线下授课内容。偏远山区和岛屿的高中实施在线授课时，可以允许教师以外的人员向听课学生提供辅导。国家将进一步加强对教育技术产品使用效果的实证研究，增加教师接受 STEAM 学习和其他相关研修培训的机会。国家和地方将促进探究式学习和各种体验活动的实施，根据数字化时代的实际需要变更资格考试的方式和内容等。第四，推进面向幸福的教育改革。日本将继续推进 ESD（Education for Sustainable Development，可持续发展教育）以实现可持续发展目标，并推动日本型教育向海外推广，提高教育国际化水平。第五，完善大学入学选拔考试制度。国家将进一步改革大学入学选拔考试制度，明确对高中学习成果采用多角度、综合性评价的方式。

（3）完善学习活动的维持和保障措施。

新冠疫情背景下，维持和保障学习活动的正常开展成为教育工作最首要的问题。日本各地的中小学开始实施在线授课和分批返校的疫情防控措施，但受条件限制，不少学校仍然无法很好地利用 ICT 保障日常教学活动。为了应对将来可能发生的自然灾害或公共卫生事件等突发状况，学校教育既要着重培养儿童自主学习和判断的能力和素养，也要效仿企业实施的 BCM（Business Continuity Management，业务维持管理，指在短期内恢复正常业务的管理活动），完善学习活动的维持和保障措施。与此同时，随着“不登校”（不到校上学）儿童数量的上升，也应出台相应的制度体系保障这部分儿童的学习机会。现行措施包括设置特殊课程内容的“不登校特例学校”（17 所），设置“不登校”儿童的支援中心（1527 处），建立居家在线学习的学分认证和成绩评价制度等，但上述措施还有待进一步完善。为了实现多样和包容的新型教育，对“不登校”的儿童和身体残疾的儿童也要尽力提供帮助，不让一个儿童掉队。

具体措施方面：国家将向有需要的中小学提供能够供儿童在学校或家中在线学习的文部科学省计算机辅助测试系统；出台相关政策援助学习和生活上有困难或贫困家庭的儿童；推动幼儿教育的数字化发展，促进幼儿教育与小学教育的有机衔接。中央政府将和地方共同协作，继续推进突发状况下维持儿童学习活动的保障措施，对所有“不登校”儿童进行多方面的帮助，增设更多地方教育支援中心并与民间组织合作，应对和预防不到校上学和校园欺凌等问题。国家将开展针对生病缺席和残疾儿童远程教育实施效果的实证研究，并提高校外教育机构的 ICT 水平。

（4）实现学习活动的多样化。

推进基于 ICT 的学习模式要克服“履修主义”和“修得主义”的二项对立，寻求适合儿童发展阶段的最佳组合方式，今后教育改革应以“履修主义”为基础并逐渐吸纳“修得主义”的优势。[①] 此外，还应推动高中教育与大学教育的衔接，通过允许高中提前修读大学课程等方式实现学习活动多样化；对于有特别才能或特殊需求的儿童，根据其特性和需要提供能充分发挥其个性的教育内容。教育再生实行会议第五次提言（2014 年 7 月）提出高中提前毕业制度化的设想，今后需进一步落实和完善跳级升学制度。国家将重点关注辅导后进生、支持其自主发展的教学模式，特别是收集面向后进生使用 ICT 教学的优秀案例，进一步探讨放宽学习内容的学年限制、扩充校内正式课程以外的学习活动的方式；将允许各学校在校长的领导下更加灵活地编排和实施教学课程；将继续推进实施全球学习联盟（World Wide Learning Consortia）项目，向高中生提供更多参加国际交流与合作的机会，建设文理贯通的通识教育据点学校；将创设文部科学大臣认定的高中毕业资格授予制度，对跳级升入大学取得一定学分的学生授予等同于修读三年高中课程的毕业资格；促进面向高中中途退学学生的咨询和支援服务，努力减少中途退学情况的发生。

（二）完善新型学习必要的教学体制

为了保障 ICT 教学的质量，需建立起必要的教学体制，主要包括完善小班化教学的教学体制和环境条件，以及提高教师综合素质和利用多元化的人力资源两个方面。

1. 完善小班化教学的教学体制和环境条件

教育再生实行会议初等中等教育工作小组提出应建立计划性的小班化教学模式的建议。受此影响，日本政府对义务标准法 [②] 进行修订，确定了从 2021 年起五年内逐步实现公立小学班级人数规模标准从 40 人下降到 35 人的方针。国立和私立中小学的班级规模也将在今后深入研讨后明确。此外，为了扩充幼儿教育的教学活动、完善特殊教育以满足多样化的需求，还将对学前教育机构和特殊教育机构的教学体制改革展开进一步研讨。

完善小班化教学的教学体制和环境条件具体从以下两个方面落实改革：第一，实施小班化教学。对小班化教学的效果开展多方面实证调研，探索小班化教学的有效模式。保障和增加教职工人数，在个别化教学、学习熟练度差异性教学、团队教学、小学专科教学、欺凌和“不登校”应对等方面增加额定教师人数。第二，完善

---

① 现行日本学校教育制度中对学生修读课程存在多种要求，包括要求学生在一定年限内修读必修课程的“履修主义”，根据学习内容要求学生达到某种学业水平的“修得主义”，将在学修读一定年限作为毕业或升学要求的“年龄主义”，以及将修读特定课程作为毕业或升学要求的“课程主义”。

② 公立義務教育諸学校の学級編制及び教職員定数の標準に関する法律（昭和三十三年法律第百十六号）[EB/OL]. [2022-02-01]. https：//laws.e-gov.go.jp/law/333AC0000000116#Mp-At_3-Pr_2.

教育设施设备。中央政府根据设施费国库负担法[①]对地方完善小班化教学设施条件、实施延长学校设施使用寿命的装修等予以经费支持。中央和地方共同合作改善校园ICT环境，普及便于ICT设备使用的课桌椅和导入端末设备充电保管库等。今后国家还将根据新时代的需求修订学校设施设备的样式标准。

2. 提高教师综合素质和利用多元化的人力资源

后疫情时代学校教育需要应对的问题愈发多样和复杂，这给一线教师的工作带来了更多困难与挑战。为了适应新时代基础教育的发展变化趋势，以教师为首的学校相关人员应改变原有的观念，建立从学习者本位视角出发的教育理念。长期以来，学校教育实施统一授课、集中教学的课程组织方式，着重强调教师的“粉笔和讲课”（Chalk and Talk）教学能力。在今后的学校教育当中，不仅需要教师具备最基本的授课能力，而且要求教师具备促进学生之间合作互动、运用ICT改善教学等新型技能。另外，为了充分发挥教师的专业性和创造性，应避免教师被各种事务干扰，适当减轻教师的工作负担。为此，学校管理层面应在校长领导体制之下，充分利用各种专业人才如心理咨询师、社会工作者、ICT支援员等处理学校的相关业务，建立起教职员工之间的合作关系，打造“作为团队的学校”。此外，还应充分运用ICT提高学校行政工作的效率，发挥ICT的优势以改革学校管理的运行机制。为了适应新常态下学习的需要，需要进一步提升教师队伍的素质和利用多元化的人力资源。这不仅需要对教师的培养、选拔、研修制度进行根本性改革，还需要考虑建立将专业人才吸收进入教育领域的恰当途径，重点措施包括以下方面。

在教师的培养和选拔方面，日本将对师范教育内容进行根本性改革，增加有利于教师信息素养和多学科能力等方面发展的课程设置，改革教师资格证制度；在教师选聘过程中将对教师运用ICT开展教学和指导的能力加以评价。在教师研修方面，日本将推广教师在线研修项目和对教师研修效果的调研等，并从同时实现提高教师质量和确保教师人数的角度改革教师资格证更新制度和教师研修制度。在利用多元化的人力资源方面，日本将改革“特殊资格证”制度以便专业人才参与到学校教育当中，完善教师资格证的多种获取方式，设置新措施以降低获取小学和初中的教师资格证的难度；对学校根据实际情况设置特殊岗位提供支持，继续实施学校工作方式改革以提高学校工作效率和减轻教师工作负担；促进各地方导入统合型学校事务

① 義務教育諸学校等の施設費の国庫負担等に関する法律（昭和三十三年法律第八十一号）[EB/OL].[2022-02-01]. https://elaws.e-gov.go.jp/document?lawid=333AC0000000081_20160401_427AC0000000046.

支援系统，根据工作方式改革进展和教师工作实际情况调查的结果探讨教师待遇的改革措施等。

三、新常态下的日本高等教育改革

新冠疫情对日本高等教育机构造成了无法线下授课、国际交流中断等严重影响。为了适应后疫情时代的需要，高等教育同样需要实现根本性变革。为了培养学生的核心素养以适应无法预测的时代发展变化，高等教育将起到更加重要的作用。此外，后疫情时代通过提供高质量的在线课程吸引优秀留学生，成为世界各国之间人才竞争的必要手段。因此，日本将推动新常态下的高等教育改革，建设位居世界前列的高等教育系统。

（一）新常态下的高等教育图景

1. 疫情下在线高等教育的发展

新冠疫情暴发后，日本各类型高等教育机构纷纷开始通过在线授课的形式开展教学活动。截至 2020 年 5 月，日本全国近九成的大学、短期大学和高等专门学校全面实施在线授课。[①] 以新冠疫情为契机，在线授课迅速成为高校保障学生学习机会的教学组织形式之一。在线教学不仅为通学困难的学生提供了学习机会，更为学生接触外国文化、参加国际交流提供了便利和可能。但同时，长时间使用 ICT 设备对学生健康造成不良影响，新生与高校教师和同学交流减少，在线教学无法满足视听障碍学生需求，在线国际交流难以协调时差等诸多问题也暴露出来。

考虑到疫情下在线高等教育的优势和问题，日本从以下三个视角出发建设新常态下的高等教育系统。第一，在线教育深刻改变了高校的教学模式，为高等教育提供了新的可能，在线教学形式即便在疫情结束后也将继续保留下去。在线教育适应于学习者本位理念，通过与线下授课相结合能给每个学生提供适合个体需要的内容；在线教育便于收集学生学习的履历和数据等资料，有助于将学习效果可视化以改进学生学习和教师教学，为数据驱动型教育提供了支持。第二，高校是对学生开展全人教育的教育场所，不仅是学生学习知识和技能的地方，还是学生通过正式或课外活动，与教师、同学、社会人士等进行多种多样的合作和交流，不断锻炼自身的社会性和人际交往能力的场所。因此，高校线下授课并不会完全被在线教学替代，且必须给学生提供充分获取直接经验的机会。第三，目前高等教育普及实施在线教

---

① 文部科学省 . 新型コロナウイルス感染症の状況を踏まえた大学等の授業の実施状況［EB/OL］.（2020-05-27）［2022-02-01］. https: //www.mext.go.jp/content/20200527-mxt_kouhou01-000004520_3.pdf.

育还处于较低的水平，仍然需要通过不断试错的方式提高教师在线教学能力。今后将对如何提高在线教学效果、如何恰当组合在线教学和线下授课等问题进行深入调研考察。

2. 新常态下高等教育的主要措施

新常态下的高等教育同样将贯彻学习者本位的基本理念，各高校应根据各自的目标和使命，明确学习者在读期间学什么、能学会什么。为了实现个人和社会的幸福，高校还应重视与初等教育、中等教育建立畅通的衔接关系，培养学生的自主学习能力，为更多的人提供更多样化的高等教育学习机会。与此同时，高校还肩负着知识创新引导社会变革的重要责任，应推动科学研究的不断深化，培养探索人类未知领域的尖端人才。为此，后疫情时代的日本高等教育首先需要面向数字化时代，向数据驱动型教育转型；其次，需要从入口质量保障向出口质量保障过渡，改变高校严进宽出的毕业要求，提高高等教育的质量；再次，还应承担社会服务的功能，通过 ICT 向外界提供无论何时、无论何地、无论是谁、无论次数的高等教育受教育机会，推动学习的多样化；最后，还应改善高校教学的软硬件设施设备，完善对学生的支援体系，提高高校管理的合理性和效率。具体措施包括以下几个方面。

（1）推进在线高等教育。

为了提高高等教育质量，今后将进一步推动实践线下授课和在线学习相结合的混合式课程组织方式，实现高等教育向数据驱动方向发展。为此，应通过大学之间合作、大学与企业之间合作等方式，提高教职员工的信息素养，使之具备充分运用 ICT 的能力。为适应在线教学模式的普及化发展，高校还应对在线教学质量进行监督和评价，研讨在线教学课程的学分认证标准等。具体包括以下措施。

第一，高校应探索和实施在线学习和线下授课相结合的混合式教学模式。尝试开展在线预习和线下练习相配合的翻转课堂、线上线下同步授课、线上课程与社会实习相组合的教育项目等；利用学习管理系统将学生的学习进度和成果的有关数据可视化，实现个别化教学；尝试利用虚拟现实技术开展在线实验和在线实习等新型教学方法，开发配套的教学评价手段；实施适应在线教学需求的教师开发活动（Faculty Development/Stuff Development，FD/SD）。第二，国家将促进不同高校之间的网络在线教学资源共享，构建高校间学分互换制度，实现高校资源向国内外公开。第三，根据《大学设置基准》第 32 条第 5 项规定，高校在线学习的学分数最多不得超过 60 学分，日本将在今后明确解释设置 60 学分上限标准的原因，并继续探讨完善在线教育单位认证的标准。第四，日本将在充分考虑在线课程学分认证标准的基础上，探讨今后全日制高校和通信制高校的设置标准、认证评价制度等，并从保障高校教学质量的角度调整校园环境设施标准。

（2）改进教学保证教育质量。

日本高等教育体系中对学生学习强度的督促功能并不完善，高校的出口质量未完全得到保障，缺乏严格的毕业条件认定审查机制。此外，日本高校还存在大学生课后学习时间严重不足、高校教师授课过度重视本人的研究主题而导致教学内容过于分化等现象。今后高校应重视通过改进教学活动保证教育质量，通过收集和分析数据保障出口质量，对课程内容设置加以整合，对毕业生的长期生涯发展加以追踪调查等。

各高校应根据教学管理方针和“学位授予方针、课程编排和实施方针、招生方针”（“三大方针”）设置体系化的课程大纲，将课程教学目标明确化和具体化；对现行课程科目进行精选和整合，为学生提供有一定强度的高质量教学活动；通过多角度收集整理学生学习相关数据，将学习成果和教学成果可视化；以学习成果可视化为前提，公开高校之间成绩分布情况以保障成绩评价标准的可信度；通过实施教师开发活动提高高校教职员工的能力。日本政府从促进社会对高校情况了解和收集获取高等教育政策制定资料的目的出发，认真研讨“全国学生调查”的调查手段和内容，并改善高等教育行政的环境条件。

（3）实现高等教育的多轨制和多样化。

日本现行学校制度主要呈现出“年龄主义”特点，即根据学生年龄决定其学习阶段和学习场所等，大体上表现为学生 18 岁高中毕业升入大学，在学校教育阶段将毕业后需要的技能全部习得，以应届毕业生身份就业等惯例。正因如此，日本高等教育机构之间的流通性不强，跨越不同高等教育机构的学习活动欠缺，面向成人的回归教育（Recurrent Education）不充分。通过发挥 ICT 突破时空限制的特点，可以有效促进高校间的合作和衔接，提高成人教育的质量，今后应进一步促进高校教育资源向社会开放，提供无论何时、无论何地、无论是谁、无论次数的高等教育受教育机会。高等专门学校、其他高等职业教育机构等应根据社会和产业的实际需要，提供适应数字化时代需求的课程内容和更加丰富的社会实践机会，以培养社会需要的人才。

日本将开发供高中生修读大学课程的学习项目并向所有高中生提供线上和线下参加的机会；对于跳级提前升入大学的高中生，根据其大学学分获取情况，经文部科学大臣认证授予高中毕业生“同等以上学力”资格证明；促进大学向高中生提供远程在校课程，允许学生在进入该大学后认定先修课程的学分、灵活缩减大学修读时间等；促进高校间的学分互认和互换等。日本还将推进面向成人的回归教育，通过在线教育等方式提供更加灵活的学习机会，并提供短期培训证明（Micro Credential）等。高校则相应需要提供符合社会人士和企业需求的实践性、专业性教育项目，向中途退学希望重新就读的人员提供支持，让更广泛的人群获得高等教育受教育机会。高等专门学校应着重建设适合有转换职业需要人群的短期培训教育，通过与地方产业界合作强化职业教育的水平。日本还将对社会教育系统中的回归教育予以认定，将回归教育作为终身学习的改革重点之一。

（4）推动高等教育机构的数字化。

在社会数字化转型的大背景之下，高校为了实施在线教育、收集分析运用学习数据、导入使用学习管理系统等措施，都需要相应的数字化条件基础。为实现数据驱动的高等教育，需要高校本身进行不断的数字化改革。高校事务的数字化发展对于提高高校管理效率具有重要意义，其中特别是学生学习履历证明的电子化，既有利于推动日本高校学习评价与世界标准接轨，也有利于学籍管理和学生携带等，应尽快加以落实。高校还应重视提高教职员工的信息素养，以及培养数字化时代所需的新型人才等。具体包括如下措施。

各高校应尽快落实学生学习证明的电子化，运用学习管理系统将学生学习内容和掌握度等相关数据可视化并用于促进个性化教学，实施 FD/SD 等提高教职员工的信息素养。日本政府将支持各高校与培养文理兼通型人才和数理科学 AI 等领域精通人才相关的教育项目，推动高校与产业界合作，实现 AI 技术与专业领域的互助；开发数理科学 AI 相关教育项目的认证制度，以向社会公开上述内容的学习成果等。

（5）增加对学生的支援项目。

新冠疫情对日本经济造成了巨大影响，一些青年可能因经济困难而不得不放弃接受高等教育的机会。为防止此类事情的发生，日本将继续增加对学生的支援项目。一方面，国家对家庭经济状况急转直下的学生提供迅速的补偿措施，例如，提供紧急救助金、无利息的贷款助学金，适当减免部分难以偿还的贷款等。与此同时，为了促进青年研究者投身学术研究工作，日本还特别重视实施对就读博士后期课程的学生的支援项目。具体包括如下措施。

第一，政府和高校应推广宣传高等教育相关资助和支援项目，保障有就读意愿和能力的学生顺利就读；日本将在考虑高等教育机会均等的前提下，探讨高等教育免费化和奖学金常态化的实施方式。第二，考虑到新冠疫情对应届毕业生就业带来的影响，日本政府规定“公共职业安定所”对应届毕业生的就业支援服务延长至毕业后三年，要求各高校对未就业的学生提供更加丰富和细致的援助工作。第三，完善各高校面向残障学生的就读和就业支援制度，保障残障学生的合法权利。第四，完善特别研究员制度、日本学生支援机构奖学金和各种学费减免政策等，强化对就读博士后期课程的学生的支援工作；改善博士生就读和工作期间的待遇，对参与科研活动的博士生发放相应的工资报酬等。

（6）改善高校设备和设施条件。

高校校园设备设施是支撑高校师生间交流、促进科学研究不断进行、吸引海内外人才聚集的重要条件。因此，改善高校设备和设施条件对于提高高等教育质量同样具有重要作用。同时，从构建可持续发展社会的角度出发，高校设备和设施建设也应尽可能减少能源消耗，采取多种措施实现碳中和。

具体来说，日本政府应根据《第五次国立大学法人等设施建设五年计划》提出的建设“共创据点”目标，对高校完善教育科研设施设备和修缮食堂宿舍等项目予以支援，对私立大学发展特色教育科研项目所需的基本设施建设予以支援。地方公共团体推进地方高校教育研究活动设施设备的整修工作，推动地方知识创新和人才培养。

（二）新常态下高等教育的国际战略

新冠疫情对人力、物力、财力资源流动造成了巨大限制，对世界经济活动和政治格局带来重大影响。与此同时，反全球化和本国中心主义也在世界范围内蔓延，国际政治经济秩序正不断发生动摇。日本一贯支持全球化和国际化发展，试图承担调节国际关系、维持国际联系的中间角色。为了发展成为国际社会不可或缺的重要国家之一，日本将进一步强化国家的国际战略，特别强调高等教育机构在培养国际化人才和实现教育科研国际交流方面的重要作用。此外，后疫情时代背景下，不少高校开始通过在线平台提供高质量教育吸引优秀留学生就读。作为日本高等教育国际化的重要方面，建设高质量的在线国际交流支援制度以参与国际人才竞争是新常态下高等教育发展的必然要求。为此，日本高等教育的国际战略主要包含以下三个方面。

1. 提高高等教育的国际化水平

日本高等教育面临着人才获取和知识创新等多方面的国际竞争压力。推动高校教育内容和教学环境的国际化，培养在国际舞台发挥作用的领导型人才是日本高校改革的重点方向。特别是在疫情对国际交流合作产生严重制约的背景下，高校应通过努力发展在线教育的方式维持和探索国际交流合作的可能性。一方面，向国际社会展示出日本的强项和日本高等教育的独特魅力，吸引更多海外人才来日本就读；

另一方面，积极推动与国际合作教育课程制度（Joint Degree）的接轨，为日本学生提供更加丰富的国际交流经验和实际海外留学经验等。为此，应当采取下列措施不断提高高等教育的国际化水平。

第一，对积极推进国际化的高校予以重点支援，对开发和实施国际交流项目的高校，对积极尝试运用远程在线技术开展国际交流的高校，以及建立与海外大学互通的学分认定、成绩管理和学位授予的高校予以支援。第二，通过简化设置手续、减少最低学分等方式，在保障教育质量的前提下推广国际合作教育课程制度。第三，对高中生和高校生的海外留学予以援助，保障留学活动顺利进行。第四，推动高等专门学校的海外办学和高等职业教育质量认证评价与国际标准接轨，推进高等专门学校的国际化发展。日本还将进一步研究通过在线教育的形式扩大国际交流、参与人才竞争的措施，并在今后制定相关战略目标。

2. 推进吸引优秀外国留学生的战略

日本高等教育机构和日语教育机构累计在籍外国留学生人数已经超过 31 万，达到了 2008 年制定的目标人数。为强化日本在吸引外国留学生方面的竞争力、提高国际影响力等，今后日本留学生政策将从重视入口向重视出口转变，保障留学生教育的质量，吸引优秀留学生在日本长期工作，借助留学生群体改善日本与外国的关系，同时从提高国际流动性的角度鼓励和支持更多日本学生出国留学。为了吸引更多优秀的外国留学生，日本将推进国际化的高校入学选拔方式，尝试导入 IB（International Baccalaureate，国际文凭）认证体系，并通过面向海外开展的在线高等教育课程吸引外国留学生，促使其到日本实地留学。为此，日本着重将实行如下战略措施吸引留学生。

第一，积极推动日本高校的海外办学，尝试导入国际文凭大学预科项目，以及英国剑桥大学组织实施的国际性资格考试，作为高校招生评价依据。第二，扩充日本高校面向海外的在线课程，为修读此类课程并有意愿到日本实地留学的优秀学生提供支援，完善面向留学生的日语教育，促进留学生与地方当地居民的交流等。第三，为吸引优秀留学生毕业后在日本工作和定居，日本高校和企业应共同合作开展日语教育、生涯教育、企业实习等一系列支援活动，创造便于外国人工作的劳动环境。第四，支持归国留学生会等组织，在留学生归国后继续维持和强化双方的沟通交流活动，培养对日本有感情的人才。

3. 缓和毕业年限，促进高校与社会相衔接

为提高日本高校的国际化水平，各高校将逐步导入秋季入学制度，以适应留学生的毕业安排，便于与其他国家开展国际交流和合作。更进一步，高校还应考虑不

限制入学和毕业时期的灵活学制，企业也应相应实施全年招聘制度，向学生提供更多就学和就业的选择。为此，高校需要充分考虑招生人数定员、留学生管理方法、学费标准和收缴方式等管理制度方面的问题。已经实施秋季入学的高校，普遍采用多方面综合化选拔而非单一笔试的方式招生。未来高等教育招生都将向高中和大学一体化衔接的方向发展，以综合性考查为主导。在高校招生时期和毕业年限愈发多样化的趋势下，应重视高校与企业之间的对接，改变企业以往面向所有应届毕业生招生的惯例，实现择业就业的多样化和多轨化，在就业过程中充分考查学生大学期间的学习成果等。

具体而言：第一，日本高校将推进落实秋季入学、四学期制等新型学制，使入学时期和毕业年限更加灵活化。在其基础上设置合理的学习大纲、选拔方式、学费收缴等制度，保障教育质量。第二，日本政府将继续改革大学招生考试，建立起旨在促进高中教育和高等教育相衔接的、无论何时入学都能采取的、综合性和多样化的选拔方式。第三，日本企业界应配合高校学制改革，推动招聘模式的多样化和多轨化，促进与大学的顺畅对接；重视对学生学习成果的评价和考查，建立全年开放的招聘渠道。

四、支撑教育改革的配套政策措施

为了实现新常态下基础教育和高等教育向数字驱动型教育转型，需要采取一系列配套政策措施支撑和辅助教育改革的进行。主要包括两个方面：一是推动教育领域和社会各界的合作，丰富课内外的学习活动；二是通过实施基于证据的教育政策制定，提高教育行政的科学性和效率。

（一）与全社会合作扩充学习活动

1. 实现大学学制的多样化和灵活化

长期以来，日本学校制度普遍采用春季入学方式。随着疫情造成大规模停课停学，根据国际秋季开学的惯例，日本开始尝试导入秋季入学模式，实现学制的多样化和灵活化。但考虑到将春季入学彻底转变为秋季入学有较大困难，推迟小学开学时间对幼儿园保育工作可能带来巨大压力，现行节假日制度和考试制度等时间安排大多与春季开学相匹配等因素，教育再生实行会议将进一步讨论普及推广秋季入学的办法。教育再生实行会议认为，高等教育不同于初等教育，高等教育更加灵活也更加容易与国际接轨，因此，学校制度改革应当优先从高等教育阶段开始。今后高等教育应当逐步导入秋季入学的模式，并探索更加多样和灵活的弹性学制，通过建设多样化和多轨制的就学就业路径提高高等教育的质量。基础教育阶段由于必须优先保障学生受教育的权利，因而不宜立即开始推广秋季入学模式，应在充分考虑开学时间变化对国民和社会的影响下，经过充分调研和论证并得到多数民众的理解和支持后逐步实施。

具体而言：第一，高校应从提高国际化水平进而提高教学科研能力的角度，以及根据学生生涯发展规划实施多样化的教学活动的角度出发，尝试导入秋季入学和四学期制等，在保证教育质量的基础上实现高校学制的多样化。第二，国家应对提前升入高校就读制度和高校提前毕业制度加以明确并公开，完善相关行政管理方面的保障措施。第三，企业应充分响应高校弹性学制的需求，在招聘过程中注重考查学生实际学习成果，实施全年开放的招聘政策，广泛宣传招聘信息等。上述政策的实施有赖于政府、企业和高校的积极沟通和通力合作。

2. 构建由全社会支持的育儿体系

新冠疫情对儿童的身心健康带来了极大的威胁，在儿童日常生活形式迅速变化的后疫情时代，学校、家庭和地方社会应联手共同养育儿童。地方社会人际关系淡薄是社会教育能力下降的重要原因之一，疫情下家庭教育条件的差距又可能造成儿童学习和发展机会的不均等问题。为此，日本要建设“向社会开放的教育课程”，构建由全社会支持的育儿体系，以实现学校、家庭、社会间的互帮互助和资源共享。此外，日本还尤其重视学校教育与社会教育的合作和互动，试图提高社会教育的能力和质量，以实现地方间教育均衡发展。重点包括两方面的措施。

第一，通过学校、家庭、社会和企业的合作为儿童创造性的学习活动提供条件支持。实施一体化的“学校运营协议会制度”和“地方学校合作活动”，设置促进地方社会和学校合作的专职人员，鼓励开展地方社会中的学习支援和体验活动等项目。日本政府将继续推动2020年新创设的“社会教育士”制度的推广和实施，为解决地方性问题提供专业人才，促进“社会教育士”在学校、行政、企业、非营利组织等各种场合积极发挥作用。推进地方社会对家庭教育的支持措施，推动社会教育设施场所的ICT化，新建更多供儿童相互交流和学习的场所等。第二，推进工作方式改革，实现工作与生活的平衡。推进远程办公的普及，给家长节省出时间与儿童共同生活和学习。落实工作方式改革，确保带薪休假制度依法运行，为家长参与学校和社会活动提供机会。

（二）基于证据的教育政策制定及其必要条件

随着教育数字化和信息化的发展，日本教育正向着数据驱动型教育转型。为了充分利用数字化教育带来的各种数据资源，提高教育行政的效率和效果，今后日本教育政策应更加强调基于证据的政策制定，通过学生学习数据、教师教学数据和学校行政数据的充分收集与分析，出台更加完善的教育政策。考虑到教育效果出现的滞后性和教育影响的长期性，在尽可能采用数值化分析和评价的基础上，对于难以用数字衡量的部分，可以通过收集尽可能完善的资料信息加以综合判断。在运用教育数据制定教育政策的过程中，还应充分保护个人信息安全并得到本人的理解与支持。推进基于证据的教育政策制定主要有下列三点必要条件。

1. 基于数据结果制定教育政策

日本政府应建立由统计、会计、政策评价相统一的基于证据的政策制定体系，根据教育领域的特性明确实施基于证据的教育政策制定的策略和问题等。基于证据的教育政策制定过程中充分吸收研究者的专业意见，充分收集和运用各种统计数据资料。政府将加强政策实施前后的调研工作，收集和分析相关数据用于开展政策评价，利用最新研究成果改进调查内容和手段等。在保护学生个人隐私和获得家长知情同意的前提下，实施儿童发展长期追踪调查、学校定点观察、教师数据的统合和调查、RCT（Randomized Controlled Trial，随机对照试验）和 RD（Regression Discontinuity，回归不连续设计法）等实证研究。

2. 完善教育数据统计系统

日本将推进基础教育阶段教育相关数据的统一化和标准化，研究高等教育和生涯教育阶段整合和统一数据标准的可行性。改善学生档案数据的管理方式，简化档案转移办法和保障信息安全。从 2022 年起开始建设下一代学术研究平台，通过建设覆盖全国的超高速大容量网络，管理和保存存储着各种研究数据的设施设备，便于科研数据的稳定流通。

3. 强化数据的调查、分析、研究体制

强化文部科学省实施教育相关的调查研究，保障基于证据的教育政策制定的体制机制，提高人员素质，建立文部科学省与国立教育政策研究所、各高校和科研机构、地方自治体和民间人士的合作网络，共同开展教育数据的分析和研究工作，培养教育科学研究的研究人才。日本将进一步研究公共教育数据资源的使用方式与私人相关数据的管理和使用方式，通过综合运用教育和福利等诸多领域的数据对儿童的学习和生活进行支援。

五、小结

（一）《关于后疫情时代的新型学习》政策概要

《关于后疫情时代的新型学习》对今后日本教育系统的改革方向进行了总体规划，提出了建设新常态下的新型教育总目标。新常态下的新型教育主要有两方面的特点：一是以实现个人和社会的共同幸福为目标，实现向学习者本位的教育转换；二是以推动教育数字化和信息化为目标，实现向数据驱动型教育转型。根据对新型教育的构想，教育再生实行会议分析了基础教育阶段、高等教育阶段和教育相关配套措施三方面的改革方向。基础教育改革重点措施包括推动创建一人一台移动设备的 ICT 教学环境，促进教育数据的收集和分析，保障学习机会，实现学习活动多样化，完善小班化教学的教学体制和环境条件，以及提高教师素质和扩大对校外人才的运用。高等教育改革重点措施包括推进在线教育，推动高校保障出口质量，推广多样化和灵活化的学制，高校行政的数字化改革，扩充对学生的支援制度，修缮高校校园设施设备，建设国际化的教育环境，吸引优秀外国留学生，以及促进高校与企业的深入对接。教育改革的配套措施方面，主要强调高校、政府、企业的合作，促使大学入学和就业愈发灵活化；学校、家庭和社会合作，为儿童提供创造性活动的空间；基于证据的政策制定，提高教育行政的效果和效率。

（二）《关于后疫情时代的新型学习》政策简评

2021 年 1 月，日本文部科学省中央教育审议会在《面向构建“令和的日本型学校教育”——挖掘所有儿童的可能性，实现最适合个体的学习和合作性的学习》的咨询报告中提出了建设“令和的日本型学校教育”新目标，其中重点强调了推动日本学校教育的信息化建设。2021 年 6 月，教育再生实行会议发布的《关于后疫情时代的新型学习》很好地承接了此前的总体规划，又进一步强调构建数据驱动型教育体系和教育政策制定的重要意义。这两项政策基本奠定了今后一段时间日本教育改革的总体方向，即进一步推进日本教育信息化、数字化、国际化、多样化、弹性化。可以说，这也是日本在新时期寻求提高教育质量的新途径和新目标。

第二节 《关于今后地方的大学——实现成为增加地方活力和地方核心的大学》

近年来，日本十分重视振兴地方社会，试图通过建设地方高校带动地方经济的复苏和发展。一方面，受少子高龄化和人口流出影响，日本地方社会活跃度不断降低。另一方面，资本主义国家普遍倡导建设多元分散型国家，避免社会系统的单极化。基于上述认识，日本认为建设地方高校将有助于培养地方社会需要的人才，服务于地方产业发展，为地方发展出谋划策等。但现实状况是，随着 18 岁人口的减少，地方高校普遍出现招生未达定员标准的状况。地方高校的式微往往是地方社会丧失成长性的重要影响因素之一。2020 年 7 月，日本内阁会议通过《经济财政运营和改革的基本方针 2020》，提出在各地方创设有魅力的学习场所和地方产业。为了推动年轻人扎根在地方社会，在 2020 年内应制定一系列改革措施以建设有魅力的地方高校，通过增加地方国立大学招生人数，设置专供地方企业雇用的本地招生指标，增加对年轻和有经验教师的录用，以及扩大大学之间在线合作等方式，培养包含理工科女性在内的 STEAM 人才。2020 年 12 月，日本内阁官房整理了“支持地方创生的魅力地方大学建设讨论会议”的意见。2021 年 6 月，日本内阁会议通过《经济财政运营和改革的基本方针 2021》，再次明确强调要在 2021 年制定强化地方大学实力、积累地方的知识和人才的一揽子政策，通过以 STEAM 教育为中心的人才培养和研究开发，推进地方产业的革新，促进东京都市圈的大学在地方设置分校。日本文部科学省中央教育审议会大学分科会根据日本经济发展战略就大力建设地方高校的相关理念，于 2021 年 2 月提交题为《关于支援有魅力的地方大学建设的地方国立大学招生人数增加计划》的建议，同年 8 月提交题为《关于支援有魅力的地方大学建设》的建议。大学审议会对此前的提言和审议结果进行汇总，整理形成题为《关于今后地方的大学——实现成为增加地方活力和地方核心的大学》的咨询报告①。

《关于今后地方的大学——实现成为增加地方活力和地方核心的大学》（以下简称“地方中心大学”政策）主要从五个方面探讨今后地方高校的建设工作。第一，回顾长期以来地方高校对地方发展起到的作用和对未来的期待。第二，建设作为地方核心的大学的必要性，探讨地方高校和地方社会之间的相互关系。第三，推进地方独有的人才培养模式，明确各主体在其中的责任。第四，讨论地方独有的知识创新模式。第五，讨论如何推动各方之间的合作。通过该咨询报告，能够总体了解日本对地方高校发展和建设的规划，以期为我国今后地方高校的发展提供参考。

一、日本地方高校的转型方向

“地方中心大学”政策中的“地方大学”，泛指日本东京都市圈以外地区的高校。该政策旨在改善大学分布上向东京集中的单极化趋势，推动各地方自主开展知识创新。地方高校不仅想要强调地方所在的高校，更突出扎根地方的高校这一内涵，推动高校与地方建立紧密合作关系，实现地方社会的成长与高校教育科研的发展之间相辅相成。为此，需要建设“地方中心大学”，以促使地方社会迸发出新的活力，实

---

① 文部科学省．これからの時代の地域における大学の在り方について－地方の活性化と地域の中核となる大学の実現－［EB/OL］．［2022-02-01］．https：//www.mext.go.jp/b_menu/shingi/chukyo/chukyo0/toushin/1411360_00007.html.

现地方的数字化转型和国际化成长。中央教育审议会大学分科会认为，发展地方高校将是日本社会整体变革的重要驱动力。在面临少子高龄化和地方人口流出等严峻形势之下，日本政府认为振兴地方高校对促进地方发展具有重大意义。

（一）地方高校发展所处的形势

从日本社会背景来看，一方面，地方高校发展所处的形势伴随着数字化转型、全球化发展、“社会 5.0”的到来而不断急速变化。社会产业结构从资本密集型向知识密集型转变，少子高龄化和劳动人口减少等对地方发展造成了巨大的影响，地方活跃度降低导致整个日本社会衰退。另一方面，居家在线办公等新型工作方式在应对灾害和疫情时具有很强的弹性，正逐渐普及。可以说，当前日本社会整体的价值观念正在发生巨大转换，为了构建地方分散型社会，必须不断提高各个地方的独特魅力，重新振兴地方产业和经济。

地方高校本身发展也不容乐观。根据日本私立学校振兴共济事业团发布的调查结果显示，2021 年私立高校中招生未达预计人数的比例占全体的 46.4%，高等教育整体供给率为 99.8%，首次跌出 100%。特别是日本三大都市圈（东京都市圈、大阪都市圈、名古屋都市圈）以外的地方，高等教育供给率明显下降，地方高校发展呈现衰微的态势。

（二）地方高校的重要作用

日本政府认为地方社会与地方高校应当建立互惠互利的关系，对建设地方高校主要有下列四方面的期待。第一，地方高校应是地方不可或缺的人才培养机构。一方面，地方高校应培养地方基础公共服务所需要的人才，特别是医疗、卫生、福利和教育等领域。另一方面，随着社会整体价值体系的转变，地方高校还应当培养能够引导地方数字化转型和走向国际化所必需的人才，通过与地方企业合作、开展成人教育等方式，为地方输送多样化人才。此外，在迎接“人生一百年时代”和构建多元分散型国家的背景之下，地方高校还应为回归地方社会的人群提供再培训和再学习的机会。第二，地方高校应发挥作为科研机构的能力和作用。高校与企业合作，可以不断产生高质量和多样化的新知，并有助于创造新型产业。高校的科研功能和创新能力可以服务于解决地方发展的种种问题，特别是在日本实现社会的数字化转型、碳中和等可持续发展目标过程中，近距离理解地方具体需求和多样价值的地方高校更有条件成为主力推手。第三，地方高校的教学和科研活动对保护、继承和发展当地历史文化具有重要意义。为了展示各个地方独特的文化价值和魅力，地方高校应充分发挥宣传推广作用。第四，地方高校应成为当地知识和人才汇聚的中心。知识从根本上来说是无边界的，知识全球化的流动是高等教育的内在需要。地方高校应协同地方公共团体和地方产业界共同建立海外交流和合作网络，实现高校发展与地方国际化的累加效果。地方高校应通过积极接纳海内外的不同学生，构建多样化的校园，在相互碰撞中孕育新的价值。地方高校对当地而言，应成为接触海外和其他地区的窗口。

（三）地方高校建设的现行项目

长期以来，日本政府出台了旨在推进地方高校建设工作的诸多政策。第一，对地方高校予以财政支援。其中既包括“国立大学法人运营补助金”、“私立大学等经常性费用补助金”和“国立大学法人等机构设施整备费补助金”等常设费用，还包括“地方（知识）据点大学的地方创生推进项目”（Center of Community，COC+）、“大学地方创生人才教育活动构建项目”（COC+R）等地方高校资助项目。第二，推进构建产学官合作的创新平台。为了实现地方高校科研成果与当地独有的知识创新相结合，日本重视推进地方的产学官合作，以建立能支持地方核心技术发展和革新性创新的平台。对于尝试先进措施的地方高校，日本政府对高校创设风险企业与培养企业家予以相应的支援。第三，强化地方高校与地方产业界和地方公共团体之间的合作关系。日本出台了构筑地方合作平台相关指南，用以指导地方高校和地方社会间的合作方式。[①] 此外，日本还正式出台了“推进大学合作法人”制度，由同一法人负责联系多所高校，促进高校之间，以及高校、地方之间的合作。除上述项目以外，日本文部科学省还特别允许部分实施支持地方创生事业措施的高校能够有条件地增加招生名额，例如，在普遍缩减医生培养教育背景下，为了培养当地医疗机构所需的医生可以临时性增加招生人数。

（四）地方高校与地方社会的关系

为了实现地方高校发展的新转型，日本政府着重强调地方高校与地方社会之间不可分割的关系。对地方高校的发展而言，地方社会具有重要的地位和价值。第一，地方社会为地方高校提供了十分具体的研究问题，也为地方高校学生提供了学习的场所和获得学习以外各种经验的机会，即在地方社会的实际情境中蕴藏着多种多样的潜在价值。地方社会中的种种问题正是激发高校知识创新的重要契机。第二，地方社会与地方高校同样面临着数字化和国际化转型的压力，为此需要系统性、综合性地推动实行各种各样的改革措施且不仅限于教育领域。因此，

---

① 文部科学省．地域連携プラットフォーム構築に関するガイドライン～地域に貢献し、地域に支持される高等教育へ～［EB/OL］．［2022-02-01］．https://www.mext.go.jp/content/20201029-mext-koutou-000010662_01.pdf.

无论是对地方高校而言还是对地方社会而言，为了实现新的转型、应对地方发展衰退的危机，势必需要通力合作。综上，地方高校的振兴和发展并不是阻止当地青年人口流出，而是作为“地方中心大学”起到知识和人才的聚集地的作用，为地方培养所需要的人才。与此同时，地方高校通过各自独特的魅力从海内外吸引到不同的人才汇聚于地方，将成为地方成长和发展的原动力。通过提高地方高校的魅力来提高海内外人才的流动性，是激发日本地方高校的活力乃至于激发日本地方社会活力的重要切入点。

（五）“地方中心大学”

地方高校的目标是成为“地方中心大学”，即能为地方发展做贡献、能与地方社会协同改革的地方高等教育中枢。“地方中心大学”与地方社会是互惠互利的关系，地方高校通过教育科研开展社会性实践，而地方社会应向高校提供实践的平台。在此基础上，地方高校通过与金融界和产业界等展开产学官合作，将日本全国各地乃至世界各国的人才汇聚到充满魅力的地方社会中，不断通过培养地方所需的人才、运用高校的知识解决地方社会发展的困难，支撑地方经济发展，逐渐成为能够解决日本和世界问题的“地方中心大学”。此外，地方高校还应当重视改善工作条件和环境，为有志于推动地方高校实现上述目标的人才提供充分发挥其实力的条件基础。至于各地方选择具体哪一所地方高校作为“地方中心大学”，需要由地方相关人员充分考虑地方发展目标与地方高校的教育和科研资源后商议决定。“地方中心大学”既需要培养成为未来地方产业发展的推手的人才，也需要培养能够走出地方、走向世界并将其影响力回馈给地方发展的人才。“地方中心大学”依靠其魅力将海内外的学子汇聚到校园当中，通过校园的学习和生活将孕育这所学校的地方社会所具有的魅力传达给学生，培养学生对当地的感情和毕业后留在当地工作的意愿。综合考虑选取一所地方高校作为“地方中心大学”的同时，也可以在高校利益相关者的参与和合作下明确地方各所高校的方向性和必要性。以此为契机，使地方各高校能够最大限度地发挥其优势和特色，成为对地方而言不可或缺的高校。地方各高校的转型将有助于培养学生和教师对所在学校的自豪感，以此成为振兴地方高校的良性循环的开端。

“地方中心大学”并非强调其地理位置上处在地方的中心，即使是其他地方的高校也可以为“地方中心大学”提供必要的援助。例如，地方高校为了提高其教育科研水平，可以在其他地方设立场所，让其他地方成为高校提升教学科研水平的学习场所。对“地方中心大学”而言，将当地产生的各种具体问题作为高校教育和科研指向的目标对推进改革具有重要意义。因此，在推进地方高校转型成为“地方中心大学”过程中主要有三方面的挑战：第一，教学方面，高校的教学活动是否充分发挥了当地的优势和特色；第二，知识创新方面，地方高校所具备的研究能力和研究供给，与地方公共团体和地方产业界的需求是否足够匹配；第三，合作方面，高校之间、产学官之间的合作是否突破了局部的、有限的领域。要想充分发挥地方各个高校的特色与优势，使之成为引领地方社会变革的驱动力，则需要应对和解决上述三方面的问题。

二、日本建设“地方中心大学”的重点措施

通过对地方高校发展形势的判断和对其发展方向的规划，日本政府认为，人才培养、知识创新和多方合作是建设具有魅力的“地方中心大学”的主要方式。为此，日本政府相应提出了三个方面的重点措施。

（一）开展体现地方特色的人才培养工作

1. 人才培养工作面临的挑战

“地方中心大学”通过与当地共同合作以发挥地方特色培养高质量的人才，是“地方中心大学”之所以为“地方中心大学”的关键。为此，这样的高校要具备向学生提供只能在这所高校中接触到的教学活动的能力。但是日本的实际情况是大量青年在高校升学时选择离开当地，这说明至少对青年而言，地方高校的学习条件还不具有足够的魅力和吸引力。此外，长期以来地方高校的专业设置和教学设计并没有充分考虑到地方的特色与优势，有不少声音认为很多地方高校的课程体系完全没有把握到当地社会发展的需求。此外，也有专家指出日本大学生的课外学习欠缺，有必要进一步落实“准入方针（招生方针）”“准出方针（学位授予方针）”“课程方针（课程编排与实施方针）”三大方针，使高等教育落到实处，还需要建立起有助于学习者和教育者准确把握学习成果的可视化系统，以提高高等教育的透明程度。现阶段，日本文部科学省中央教育审议会已经开始探讨和反思改进高等教育质量保障体系的措施。对地方高校而言，这也是从学习者本位视角出发改革高校的学习质量和水平保障措施、挖掘地方高校教学活动独特魅力的契机。

2. 构建体现地方特色的人才培养模式

为了构建体现地方特色的人才培养模式，各地方高校应当充分收集和分析毕业生在哪个地区、哪些领域发挥作用等基础数据，将数据结果与地方高校的利益相关者共享，接受地方提供的各种资源，进而完善和丰富地方高校的教学和科研工作。为了向各地方提供分析数据的参照标准，日本政府应在全国努力收集毕业生在不同地区、不同行业的就业工作情况等基础数据。各地方内部应当基于上述各种数据，

利用地方高校、地方公共团体和地方产业界共同合作的平台对地方发展目标和所需要的人才类型等进行深入探讨，以此搭建起能发挥地方特色的人才培养模式的课程体系。为此，需要地方公共团体、地方产业界与地方高校通力配合落实课程体系以培养高质量的人才，包括由地方公共团体、地方产业界派遣讲师授课和提供物资捐助，提供长期的实习工作机会，发放由地方或企业提供的奖助学金等。除了中长期的课程体系以外，还可以根据回归教育的需要和地方人才的需求状况，开展短期集中型的教育培训项目等。同时，后疫情时代背景下，有必要推广实施在线教育等教育形式，以克服时间和空间的限制。构建体现地方特色的人才培养模式，需要将在线授课模式、地方课题解决与地方高校教育科研相互融合。此外，全面提高地方产出人才的素质，不仅需要考虑各地方的实际需求，还需要考虑培养学生的综合能力，给人文社会科学专业的学生开设自然科学相关课程，给自然科学专业的学生开设人文社会科学相关课程，培养文理兼顾、横跨领域的 STEAM 人才。最后，日本政府还应当进一步加大对地方独特人才培养体系建设工作的支持，对落实内部质量保障体系、开展改革尝试的地方高校在制度层面可设置特例情况适当减免对其的约束和限制。

3. 注重人才培养中的出口意识

地方高校人才培养应注重出口意识。出口意识是指要考虑人才培养面向世界、面向未来的成长性和可能性。从培养肩负地方未来发展重任的人才角度出发，不仅需要培养对当前地方产业有用的人才，还应当培养能够引领地方的社会和产业结构转型、实现数字化和国际化的人才。地方高校人才培养的出口并非仅限于当地，要避免地方人才闭锁的“近亲繁殖”现象。地方高校要作为与国内外其他高校交流的中介，让人才能够在全国范围内和全世界范围内充分发挥其作用，并回到地方将其成果运用于激发地方社会的活力。鉴于支持地方发展的人才类型多种多样，地方高校、地方公共团体和地方产业界等需要注重人才培养中的出口意识。

4. 改进地方高校人才培养的具体措施

日本政府、地方高校、地方公共团体和地方产业界等各自需要采取相应的措施来改进地方高校的人才培养工作。日本政府方面，要从学习者本位的视角出发反思和改进高等教育质量保障体系，在全国收集学生毕业后的就业地区和领域等基础数据，督促地方建设集中当地资源的平台，采取培养承担地方产业发展和知识创新责任的高素质人才的改革措施，对具有良好内部质量保障的地方高校提供进一步开展改革尝试的制度支持。地方高校方面，要构建发挥地方特色的、学习者本位的教学体系，根据产学官合作对毕业生去向等基础数据的分析和讨论出的地方发展方向和人才培养需求，建设和实施新的人才培养体系，与地方产业界合作开展中长期的实习活动，实施短期集中式的回归教育满足地方迫切的人才需求，推进在线教育、地方课题解决与高校教学科研的融合，着力培养文理兼顾、横跨领域的综合性 STEAM 人才。地方公共团体和地方产业界方面，展开与地方高校的全方位合作，共同建立产学官合作的平台，向地方高校派遣讲师、提供经费资助、提供长期实习的机会等，为有意愿在当地就业的学生提供奖助学金等。

（二）实现地方独特的知识创新

1. 地方知识创新面临的挑战

地方高校是支持地方经济发展的基础。长期以来，地方高校尽管在促进地方独有的知识创新、开发新产业和吸引相关企业方面，为地方经济发展和解决地方问题贡献了很大的力量，但贡献水平仍然有待提高。日本经济产业省于 2020 年进行的调查显示，日本东京、大阪、名古屋三大都市圈平均每年产生 422 家由高校发起的风险企业，三大都市圈以外的地方平均每年只能形成 37 家由高校发起的风险企业，两者的平均水平有不小的差距。[①] 可以说，日本的地方高校还没有充分发挥其科研能力对地方知识创新的实质性引领作用。此外，地方公共团体和地方产业界也缺乏对地方高校所具有的科研能力和研究供给水平的了解和把握，因此也并不清楚如何才能充分利用好地方高校所拥有的资源。地方高校只有充分利用地方所具备的多样化知识和情境化问题，基于具体需求开展研究工作，才能不断形成具有地方特色的知识创新，进而成为对地方和学生而言具有独特魅力的“地方中心大学”。

2. 实现具有地方特色的知识创新

地方社会有一系列亟待解决的问题与挑战，既包括人口减少、少子高龄化等带来的问题，也包括实现碳中和、医疗保健、自动驾驶、智慧农业、数字化物流等提高生产力、竞争力和防灾能力所必需的事项。根据各地方的实际情况实现具有地方特色的知识创新，是地方高校的重要使命之一，更是地方高校参与和解决日本乃至世界性问题的起点。多样的、广泛的和高质量的知识是知识创新的源泉。为了实现知识创新，地方高校需要不断孕育、产生和积累新知，吸引优秀的研究者，培养学生和青年研究员。为此，地方高校中还应当配置专门的教职员工作为

---

① 经济产业省 . 令和２年度産業技術調査事業「研究開発型ベンチャー企業と事業会社の連携加速及び大学発ベンチャーの実態等に関する調査」大学発ベンチャー調査調査報告書［EB/OL］.［2022-02-01］. https://www.meti.go.jp/policy/innovation_corp/start-ups/reiwa2_vc_cyousa_houkokusyo_r.pdf.

接触地方公共团体和地方产业界的中介，应当配置大学研究管理员（University Research Administrator，URA）负责保障和提高科研质量，需要培养能够支援高校风险企业创业、研究开发工作和科研成果转化的人才。日本政府则应当支持各地方形成产学官合作的平台和据点，以此促进研究开发和知识创新。此外，还需要进一步资助以地方高校为中心的初创企业，通过丰富企业家教育加速高校风险企业的新设，以及增加企业家创业准备阶段与具备企业诊断和咨询能力的管理人才合作等方式，建立起高校和产业界之间知识、人才、资金的良性循环。总结起来，促进地方特色知识创新的关键仍然在于人才培养和多方合作。培养人才就是培养知识创新的主体，这要求地方高校的本科教育和研究生教育更加紧密和实质性地衔接，高校与产业界合作推进工作型研究实习等。多方合作就是实现知识创新的条件，只有促进中央和地方之间的合作、地方相互之间的合作、地方高校与地方公共团体和地方产业界之间的合作，才能更顺畅地实现各种改革目标和方针，进而激发地方高校和地方社会的活力。

3. 完善地方高校“共创据点”的功能

后疫情时代背景下，高校的功能不仅包括通过产学官合作的“开放创新”（Open Innovation）解决社会现实问题，而且还需要成为能与利益相关者共同规划地方社会发展方向进而开展推演（Backcast）型研究开发的组织机构。为此，地方高校还需要重视培养和保障高校管理人才，改善大学的基础设施。地方高校要成为供全体大学校园和各种利益相关者密切互动进而产生新价值的“共创据点”（Innovation Commons）。

4. 实现地方独特知识创新的具体措施

国家、地方高校、地方公共团体和地方产业界在实现具有地方特色的知识创新过程中同样具有各自的责任。国家方面，应当对实现社会变革和问题解决的产学官合作型共同研究予以支援，对地方高校的初创企业予以鼓励和资助，推进中央各部门之间的项目合作以促进地方高校的振兴，推进地方高校基础设施改进工程以促进“共创据点”的建设。地方高校方面，应当配置专门负责与地方社会进行联络的负责人，以及提高科研质量的URA，与产业界合作共同推进工作型研究实习，实现本科教育与研究生教育的紧密和实质性衔接，挖掘、培养、保障大学的管理人才，实施实践性的企业家教育，与地方公共团体和地方产业界合作培养和资助创业创新人员。地方公共团体和地方产业界方面，应当根据各种调查数据确定地方产业发展的知识创新领域，向高校相关教学项目提供经费或人员，接纳工作型研究实习人员，设置负责与高校对接的部门和人员。

（三）落实支撑“地方中心大学”的多方合作

1. 多方合作面临的挑战

随着大学所处环境愈发复杂化和多样化，社会对高等教育的要求也更高和更多样。这种背景之下，想要实现培养具有地方特色的高质量人才，就必须建立起高校内部、高校之间、高校与地方公共团体和地方产业界之间紧密的合作推进体系，建立长期稳定的信息交换途径。但是就现实状况来看，高校对外部资源的利用并不充分，高校之间、产学官之间的合作也仍然停留在部分的、有限的领域当中。高校、地方公共团体和地方产业界之间的关系停留在个人对个人或单位对单位层面，有必要进一步探索建立组织对组织的合作方式。地方公共团体和地方产业界在与地方高校合作解决现实问题时，有必要更多地考虑如何利用当地独有的教育科研环境和资源。只有充分发挥具有地方特色的独特性质，当地相互间的合作才能愈发深入。为了推进构建多方合作的制度体系，需要建立一个稳定而长期的信息交换平台供产学官之间相互沟通与交流，促使多方对地方发展的前景展开深入讨论。为此，文部科学省已经通过实施“私立大学等改革综合支援项目”的方式在日本各地方建立高校之间、产学官之间对话和合作的平台。2020 年，“私立大学等改革综合支援项目”在日本全国建立了共计 25 个合作平台。鉴于今后地方高校扎根当地的必要性还在不断上升，各地还需要扩充合作平台数量，现行的合作平台也还需尝试更多的实践模式和改革措施。

2. 构建推进深入合作的体系

在中央教育审议会大学分科会的提议下，日本已经开始实施推进多方深入合作的体制改革。例如，“院系等合作课程”制度将允许高校突破现有院系专业的限制，由多个院系联合开设跨领域多学科的教育课程；“大学等合作推进法人”制度将不同的国立大学、公立大学、私立大学统一到同一个法人名下以促进相互之间的合作。地方的高等教育机构不仅限于国立大学、公立大学、私立大学、短期大学、专门职大学院等大学机构，还包括实施五年一贯制专业技术教育、培养实践性和创造性技术人员的高等专门学校，立足地方社会和产业需求开展多种形式灵活教育的专门学校和专修学校专门课程等各种形式的高校。为了培养地方真正需要的人才，当地的各类型高校之间应当建立相互合作的体系。为此，各高校应当充分发挥校长的领导力，准确把握高校自身的优势和特色并以此吸引地方的相关机构开展合作。但是仅凭个别高校独自进行改革，难以把握地方发展的实际需求、产业结构和未来期望等，反过来说，地方公共团体和地方产业界也难以准确把握地方各高校所具有的独特价值和特色，难以与各高校进行合作。因而，不仅需要在地方高校之间建立起相互合作的关系网，而且要求所在地的各高校与地方的公共团体、产业界、金融界等各种相关机构建立起长期稳定的地方性合作平台，维持地方内部合作的生态系统。建立地方性合作平台时应参考国家层面颁布的指导说明；促进各部门之间相互合作的顺利进行，应注重培养和挖掘具有相关能力的协调人员；国家层面还要对地方性合作平台或“大学等合作推进法人”等项目中的优秀案例进行收集和分享。除上述合作体系之外，还应重视与初等和中等教育机构之间的衔接。为了吸引当地青年在今后为地方发展做贡献，各地应当构建起从初等教育、中等教育至高等教育的完整体系，以及就业和就业后再教育体系等，并开展具有地方特色和魅力的教学活动，这同样需要地方高校与地方公共团体和地方产业界通力合作。

3. 发挥地方公共团体和地方产业界的作用

在地方性合作平台中进行多方商议讨论地方未来发展方向时，地方公共团体具有不可或缺的地位。这是由于地方公共团体是将地方发展图景付诸现实的执行机关，也是深刻理解地方产业结构、掌握地方各种相关数据和政策工具的决策机构。具有如此重要作用的地方公共团体，应当在地方长官的领导下充分发挥地方高等教育机构在地方知识创新方面的作用。对此，地方公共团体在制订地方发展综合计划时，应将与高校开展合作放在重要位置，将地方发展可以利用的各种资源和手段有机结合在一起。地方产业界同样具有不可或缺的重要作用。地方高校要将产生的新知付诸社会实践，就必须与地方产业界合作。地方产业界为高校培养出的人才提供了就业岗位，因此，地方产业界工作的吸引力对于地方产业今后的发展同样具有重要作用。对地方公共团体而言，地方发展就等同于地方产业发展，可以说地方产业是地方社会最重要的一环。鉴于地方公共团体和地方产业界的重要性，推动两者与地方高校之间合作的重要性不言而喻。地方性合作平台作为地方高校、地方公共团体和地方产业界相互沟通合作的场所，要起到将地方资源统筹到一起、促进三方良性互动的作用。

4. 落实多方合作的具体措施

为了切实推进多方相互合作，日本政府、地方高校、地方公共团体和地方产业界应当采取各自的改革措施。日本政府方面，应主要推进地方性合作平台建设，对“大学等合作推进法人”开展审核认定工作，促进地方高校开发和实施跨专业合作课程；广泛收集日本各地方在地方性合作平台或“大学等合作推进法人”等项目方面的优秀案例，并予以推广；出台相关政策推进地方高校培养推动地方产业发展、创造地方新知的高端人才。地方高校方面，应在高校校长的领导下充分分析和宣传各自学校的优势与特色，配备地方合作负责员工专门与其他部署机构进行联络，通过地方性合作平台与地方的其他高校、地方公共团体和地方产业界等进行沟通和合作，与当地的初等和中等教育学校建立合作关系。地方公共团体和地方产业界方面，首要应负责构建地方性合作平台供多方建立沟通和合作关系，挖掘、培养和使用具有协调能力的人才负责主持运营地方性合作平台的日常工作，在组织机构内部设置负责与高校对接的部门和人员，在今后的综合规划中充分考虑与地方高校的合作方式和对地方高校的需求等。

三、小结

后疫情时代背景下，日本愈发重视地方高校对社会发展所具有的重要价值。促进地方高校发展的关键点在于如何把握地方特色，而“地方中心大学”正是要作为地方的核心，从具有地方特色的学习活动和知识创新中找到解决日本社会发展问题乃至世界性问题的方案。日本文部科学省中央教育审议会大学分科会通过长期调研和讨论，发布了“地方中心大学”政策，对今后日本地方高校的发展方向进行了宏观规划。日本将在今后由各地方主导开始逐渐实施这一政策规划。

（一）“地方中心大学”政策概要

地方高校是扎根于地方、服务于地方的重要教育和科研机构，在地方发展动力不足、地方高校生源欠缺的背景下，势必要求地方高校谋求新的转型，成为引领和支撑地方发展的中心。地方高校要起到为地方培养基础行业所需人才、地方产业发展和转型所需人才、激活地方活力所需人才的重要作用，还需要承担开展科学研究和实现知识创新以解决地方现实问题的责任，同时还要继承和发展地方的历史与文化，成为地方知识与人才的聚集地和地方与外界交流的窗口。对地方高校而言，地方发展面临的种种困难正是地方高校教学和科研上的课题来源。为了促进地方高校和地方社会的再次振兴与同步发展，各地方应建设“地方中心大学”。“地方中心大学”要成为地方产学官合作的根据地和各方相互沟通交流的关节点。为了推进地方高校转型和“地方中心大学”建设，各地应主要从开展体现地方特色的人才培养工作、实现地方独特的知识创新，以及落实支撑“地方中心大学”的多方合作等三个方面着手进行改革。

（二）“地方中心大学”政策简评

日本社会在面临严重的少子高龄化和地方人口流出问题情况下，地方经济衰退、地方高校实力下降的趋势似乎已经不可避免，日本政府出台了大量关于振兴地方经济和产业的政策措施，旨在解决和应对这些困难。在经历新冠疫情的冲击后，日本政府对经济政治集中化产生高度警惕，进一步强调国家的多元分散化发展，避免全球性事件对国家经济发展带来重大打击。在此背景下，振兴地方高校成为日本高等教育领域特别关注的话题。日本政府认为调动和发挥各个地方社会和地方高校的比较优势才是振兴地方高校、焕发地方生机的根本策略。因此，“地方中心大学”政策围绕如何发挥各个地方的特色，提出了人才培养、知识创新和多方合作三个方面的改革方向。从政策规划层面来看，日本中央政府主要承担协调和督促的职责，而具体发展方向和策略还有待各地方公共团体与地方产业界和地方高校共同研究。因此，该政策的执行预期和效果还有待进一步观察。“地方中心大学”政策实际上覆盖了日本除东京都市圈之外的所有地方的所有高校，可以说对今后日本高等教育发展会产生不小的影响。日本高等教育机构如何适应后疫情时代发展，如何实施新的转型，还有待学者进一步追踪和研究。

第三节 《为肩负“令和的日本型学校教育”教师打造的新型学习方式》

日本《教育基本法》第 9 条规定：“法律规定的学校教师，应深刻认识到自己的崇高使命、不断致力于钻研上进和涵养品性，努力尽到教师的职责。”[①] 日本社会对教师的基本期待就是要求教师能成为一个终身学习的职业。在新冠疫情之后，日本寻求教育系统的根本性变革，强调推进教育信息化、数字化、国际化、多样化发展。教师处在教育改革的最前线，如何提高教师的素质能力、改变教师的学习方式成为日本教育政策又一重大课题。

2021 年 1 月，日本中央教育审议会在《面向构建“令和的日本型学校教育”——挖掘所有儿童的可能性，实现最适合个体的学习和合作性的学习》咨询报告中提出，在面对充满不确定性的未来发展情况下需要建设“令和的日本型学校教育”，即“挖掘所有儿童的可能性，实现最适合个体的学习和合作性的学习”。实现学校教育的根本性变革，关键在一线教师。因此，为了构建“令和的日本型学校教育”，需要建设具有适应时代变化能力的高素质教师队伍，培养肩负“令和的日本型学校教育”的教师。2021 年 3 月，日本文部科学大臣向中央教育审议会提出《关于今后肩负“令和的日本型学校教育”教师的培养、选拔、研修等情况》咨询文件，要求以教育 ICT 化和小班化教学为前提，探索教师政策的改革方向。该咨询文件要求对新

---

① 教育基本法（平成十八年法律第百二十号）[EB/OL].[2022-02-01]. https://elaws.e-gov.go.jp/document? lawid=418AC0000000120.

时期教师所需的素质和能力、教师资格证制度、师范教育等内容进行重点研讨，尤其强调改革教师资格证更新制度以实现教师质量和教师人数的平衡。为此，中央教育审议会下特设“肩负‘令和的日本型学校教育’教师特别部会”专门调研咨询内容，又专设特别委员会优先研讨教师资格证更新制度的改革方向。“肩负‘令和的日本型学校教育’教师特别部会”通过多次审议后整理出改革教师资格证更新制度的基本观点和构建“令和的日本型学校教育”所需要的教师的新型学习方式，汇总成《为肩负“令和的日本型学校教育”教师打造的新型学习方式》咨询报告[①]。该报告对日本教师资格证更新制度的基本情况，实施至今遇到的社会变化，应对社会变化的教师学习方式改革，以及教师新型学习方式相应的资格证更新制度改革方向进行了细致论述。本节简要整理该咨询报告的主要内容，为我国教师教育和教师政策改革提供参考。

一、日本的教师资格证更新制度

（一）日本教师资格证更新制度概要

随着时代的发展变化，从事教师职业所需要的基本素质和能力也在不断改变。为了督促教师不断更新和提高个人的专业能力，体现教师职业的专业性，提高教师的社会地位和公信力，有必要不断更新教师的从业资格证。2006 年日本中央教育审议会在《关于今后的教师教育和资格证制度》咨询报告中提出导入教师资格证更新制度的建议。2007 年 6 月，《教育职员资格法》修正后新设教师资格证更新制度，并于 2009 年 4 月 1 日起开始正式实施。在制度创设当初，体系化和计划性的教师研修制度尚未确立，在线教育也远未普及，因此，在最初的制度设计中主要采取向所有地方的所有国立学校、公立学校、私立学校的教师提供高校开设的资格证更新讲座的方式保持和提高教师的素质，并非以筛除和淘汰不合格的教师为直接目的。

日本教师资格证更新制度主要包括以下内容。教师普通资格证和特别资格证的有效期限均为 10 年，在休产假和前往海外日本学校教学等特殊情况下无法参加资格证更新讲座的，可以由当地管理部门适当延长资格证有效期。在资格证到期前两年零两个月至两个月的两年时间内，教师可以参加 30 小时以上由高校开设的资格证更新讲座，完成后可申请更新资格证有效期；对于受到表彰的优秀教师或校长等特殊岗位教师，可以经申请免除听课要求直接更新资格证。未按时更新将吊销资格

① 文部科学省.「令和の日本型学校教育」を担う新たな教師の学びの姿の実現に向けて（審議まとめ）[EB/OL]. [2022-02-01]. https: //www.mext.go.jp/a_menu/shotou/koushin/013/1420173_00001.htm.

证，需要在参加资格证更新讲座后重新申请授予教师资格证。教师资格证更新讲座一般由高校或都道府县教育委员会举办，讲座内容、讲师、开设条件等需由文部科学大臣认定；原则上只有拥有教师资格证且具有教师身份的人员才能参加教师资格证更新讲座。

教师资格证更新制度实施后，日本对该制度进行不断调整，主要包括：调整教室资格证更新讲座中必修内容和选修内容的比例，向教师提供更具前沿性和深度的教育内容；允许资格证更新讲座和在职研修学习课时的相互转化，避免资格证更新讲座和在职研修的时间重合和内容重复；为避免因未按时更新教师资格证而无法被聘用造成地方教师人手不足的情况，在确保其胜任教师职业的前提下，对这部分人群可以先授予临时资格证予以聘用。

（二）教师资格证更新制度实施至今的社会变化

自2009年正式实施教师资格证更新制度至今已超过10年时间，社会已经发展出不少制度创设之初未曾设想的变化。这些社会变化对教师的学习和发展产生了巨大的影响，在改革教师资格证更新制度时应加以充分考虑。

一方面，社会变化的速度提高和非连续性增加，使得教师的学习方式发生了重大转变。在全球化和信息化不断深化的背景下，未来发展愈发不确定和不透明，正如新冠疫情一般，社会将发生愈发激烈的、非连续性的变化。为应对多样化和信息化的发展趋势，近年来日本主要采取了全面实施新版《学习指导要领》、开展学校工作方式改革、落实“GIGA学校构想”、降低小学班级规模标准等一系列政策措施。为了适应社会的发展变化、落实教育改革的政策措施，教师需要进一步提高自身的专业素养，不断学习新的知识和技能。与此同时，教师的学习方式也将从原来被动接受学习内容的知识传授型学习，转变成重视一线经验、重视问题解决的，愈发强调教师自主性和协作性的学习方式。此外，除了强调提高教师个体的素质，新形势下的教育改革愈发依赖于优秀的教职员工团队。建设具有多样化专业能力的教师队伍，需要学校积极吸纳校外人才，在学校内外相互的切磋琢磨中找到最适合每个教师学习的方式。

另一方面，教师的在职研修环境已经发生了巨大变化。教师的在职研修已经逐步体系化和计划化。2016年起，随着《教师公务员特例法》的修订，制订教师在职研修计划成为中小学校长的基本义务。各学校由组织者和相关高校等共同组建协议会，对教师培养目标进行细致规划。在此框架之下，基于各地方的实际需要和问题，有计划地开展教师在职研修工作。在线参与研修的设施条件逐步完善和普及。特别是新冠疫情以后，在线授课迅速得到推广和普及。独立行政法人教职员支援机构积极开发在线研修的学习资源供日本全国教师学习使用，各都道府县也在推进研修内容的数字化和网络化，并通过教职员支援机构建立起全国共通的资源共享网络。

上述两方面的巨大变化对未来教师的学习方式将产生根本性的影响，日本教师资格证更新制度也将随着教师新型学习方式的出现和变化而不断调整。

二、后疫情时代日本教师的新型学习方式

教师的新型学习方式主要源自社会发展变化对教师素质提出的要求，在尊重教师学习的主体性、重视教师学习的多样性的趋势下，还应特别强调通过教育行政手段保障教师学习的时间和资源等。

（一）肩负“令和的日本型学校教育”教师的新型学习方式

1. 肩负“令和的日本型学校教育”教师的新型学习图景

日本《教育基本法》第 9 条和《教育公务员特例法》第 21 条明确规定教师职业应当不断学习和提升自我。在社会发展变化迅速的今天，教师需要不断提升适应变化的素质和能力，不断更新最新的知识和技能。此外，教师进行自主学习和终身学习对学生起到示范和榜样作用。肩负“令和的日本型学校教育”的教师要开展适应时代发展的新型学习。

开展教师新型学习的前提有两点：一是教师要具备主动探究、自主学习的能动意识；二是学校管理层要给教师创造出能够安心工作、共同合作的职场环境。教师新型学习的目标与“令和的日本型学校教育”目标相匹配，是为了实现最适合每位教师的学习和教师间合作性的学习。最适合每位教师的学习侧重于依据教师的个性，发挥教师的特长，提高教师的专业能力水平。教师间合作性的学习强调教师之间相互对话的重要性，避免教师陷入孤立的、只追求个性化的学习当中。为此，应对教师新型学习的具体目标进行有计划的设计，通过准确把握教师发展的当前状况和规划今后发展的理想状况，促进教育管理层与教师的积极互动和对话，明确教师经过新型学习的成长路径，对教师的发展提供充分的支持。

为打造教师的新型学习方式，应选取高质量的、有意义的教育内容，设置明确的达成目标并与适当的内容相结合；课程安排应具有体系性和层次性，体现出教师学习的不断深化；课程内容兼顾理论和实践；要积极运用现有学习资源并落实质量保障体系；构建全国范围内学习内容资源共享平台；可适当向具有教师资格证但并未从事教师行业的人群提供教学内容；避免一味地进行知识传授型学习，应调动教师的自主性和协作性，给他们提供学习一线经验的机会。教师新型学习的成果应尽

可能实现可视化，以准确把握教师的当前水准和发展目标，调动教师的进取心和目标意识；学校管理层应根据可视化的教师学习成果，挖掘教师的潜能，以提高学校整体教育质量；政府应建立统一标准的教师新型学习质量保证标准，确保各个地方的教师学习都能达到一定的水准。为此，在实施教师新型学习的全过程中，应促进使用先进信息技术，提高包括目标设定、听课学习、成果可视化和共享等相互衔接和不断循环的每一环节的效果和效率。

2. 现阶段为实现教师新型学习方式而采取的重点措施

（1）保障公立学校教师的在职研修活动。

日本文部科学省要求各学校管理部门应对教师研修履历进行记录和管理，并根据教师研修实际状况对表现优异的教师予以相应的奖励。学校应对教师在职期间参加的各种研修活动进行准确把握，应既包括由当地教育委员会组织的研修活动，也包括校内研修、课题研究等学校内部的研修活动，并随着教师的人事变化跟随其档案移动。为了了解教师研修的实际情况，管理人员应积极与教师进行沟通和对话，但要注意区别于人事评价制度要求的谈话工作，可以由非管理岗位的专业人士协助开展。为了促进教师研修的多样化和合作化，在奖励教师研修时，应避免评价标准的单一化。

对于缺乏参加研修活动积极性的教师，管理部门应以行政命令的方式督促其参加研修活动。对于仍然不听行政规劝的教师，将按照地方公务员有关惩戒条例，以职务怠慢论处。文部科学省也将在今后出台具体细则，明确教育管理部门指导教师参加研修活动的方式方法。

（2）增加国立学校、公立学校、私立学校教师提高素质能力的机会。

文部科学省将推动公立学校以外学校的教师同样按照公立学校的标准，通过促进教师与管理层的对话，以及管理层对教师研修加以奖励等方式，营造适宜教师自主学习的环境氛围。向国立学校和私立学校提供公立学校教师研修活动的相关信息，推广使用教职员支援机构向外界公开的“校内研修系列”教育资源。教职员支援机构将在今后继续完善“校内研修系列”内容，与开设教师资格证更新讲座的机构、私立学校教师研修的组织团体、其他民间团体等共同合作开发新的共享学习资源。

（3）开发面向持有教师资格证但并未就职群体的学习内容。

从确保教师人数的角度出发，对持有教师资格证但并未正式从事教师行业的人员，也应向他们提供不断学习最新知识和技能的机会，以便于他们随时可以登上讲台从事教学工作。文部科学省将着手开发面向该人群的在线学习资源，为有志于从事教师行业的人员提供更新知识技能的条件。

（4）调整国家方针以扩充教师在职研修活动。

教师研修活动的基本方针主要由各地方自主决定，中央则负责明确全国范围内研修活动都需要遵守或达到的基本要求。在社会迅速发展变化的背景下，国家关于教师在职研修活动的方针需要不断调整。在充分研讨新时代教师必需的素质和能力的基础上，应明确规定通过教师在职研修必须掌握的新知识和新能力。此外，还应扩充法定研修活动以外的自由研修机会，探索高校和教育委员会合作实施教师研修的可能性，尝试将线下研修和在线研修相结合以提高效率和效果，推进建设合作性的学校研修体制等。

3. 今后促进教师进行新型学习的重要措施和具体方向

现阶段为推动教师进行新型学习，主要从调动教师学习的主体性和积极性、增加一线教师与管理层的沟通对话、提供更多接受在职研修的机会等方面着手，为教师提供更加便利的研修环境。今后为继续促进教师进行新型学习，将重点关注教师研修的质量保障体系建设并充分发挥教职员支援机构的核心作用。

（1）构建教师新型学习的质量保障体系。

构建教师新型学习质量保障体系的基础在于逐步导入全国统一的教师研修履历管理系统，管理教师的研修情况和进展、受到的表彰和奖励等信息，运用数字化技术健全质量保障体系。为此，将构建三项基本措施保障教师研修质量。第一，实施关于教师研修学习内容的质量保障措施，考查和评价研修内容是否有明确的达成目标，是否沿着目标整理了高质量的学习材料等。第二，建立统合教师研修相关信息的一站式综合平台，整理教师研修相关信息并向所有教师开放。第三，构建全国性教师研修成果的评价体制，将教师研修学习成果可视化，作为保障全国教师研修质量水平的标准。三项措施相辅相成，共同组成保障教师新型学习的基本框架。其中，质量保障措施对学习内容的审查和评价应注意避免损害教师学习的多样性和自主性；信息提供平台应按领域整理和划分不同的学习内容，以便于教师学习和复习；成果评价系统应考虑质量保障措施选取的学习内容和信息提供系统设置的分类体系，以社会通用的形式向修读达到一定量的教师提供相应的学习证明。上述三项措施将整合到教师研修履历管理系统当中，经过学习分析用以促进最适合教师个体的学习。文部科学省还将与新设的数字厅和其他政府部门合作，探讨创设教师相关各种数据共通的 ID 制度。今后，教师研修履历管理系统将由各都道府县教育委员会共同参与建设，将各自拥有的优质学习资源、独特的一线经验等通过系统实现共享。

（2）发挥教职员支援机构的核心作用。

日本教职员支援机构应在建设教师研修履历管理系统过程中发挥核心作用，积极完善和推广使用管理系统，承担实施三项基本保障措施的重要责任。教职员支援机构将负责教师研修履历管理系统的开发和运营工作，负责收集整理全国范围内优质的学习内容，对教师研修内容进行分类，以及实现教师研修学习成果可视化并出具证明。此外，教职员支援机构将继续改进“校内研修系列”教师研修学习资料和开发新的教师学习内容，成为引领教师学习改革的先锋。各都道府县教育委员会应支持教职员支援机构的工作，向机构提供必要的人力、物力支援；教职员支援机构也将与各地方教育委员会合作，共同开发适合当地教师研修的高质量学习内容。教职员支援机构在理事长的领导下，应进一步探讨如何将各地方教育委员会的需求反映到教职员支援机构今后改革工作当中。

（二）教师新型学习方式与教师资格证更新制度的关系

从制度设计层面来看，打造教师新型学习方式将取代教师资格证更新制度，成为构建有助于教师继续学习、不断发展和提高的工作环境的新举措。不同于教师资格证更新制度利用行政手段督促教师开展学习，教师新型学习方式以准确记录教师研修的学习记录、表彰研修活动中表现优秀的教师等措施为基础，试图提高教师主动学习的意愿和积极性。从现实来看，教师资格证更新制度与教师新型学习方式之间存在矛盾，围绕实现教师新型学习这个目标，将进一步调整和改进现行教师资格证更新制度。

1. 教师资格证更新制度与教师新型学习方式之间的矛盾

教师资格证更新制度将教师学习与资格证有效性捆绑在一起，一定程度上损害了教师参与研修学习的主动性。尽管教师资格证更新制度在一定程度上起到了保障教师学习机会、提高教师能力水平的作用，但由于部分教师可能是担心资格证过期而被迫参加学习，教师资格证更新制度就无法调动他们主动适应社会变化、不断自主学习和探究、继续提高个人专业水平的意愿，也就无法真正实现教师新型学习。此外，现行教师资格证更新制度要求教师每十年参加一次资格证更新讲座，已经无法满足社会高速发展变化的需求，对教师自主学习的促进作用不明显。另外，资格证更新讲座侧重于教授所有教师都应当掌握的新知识和新技能，而在今后的教师新型学习方式中，将更加重视开展符合教师个性的、最适合教师个体发展的教学活动。再者，今后的教师新型学习方式还将注重一线经验的学习，这一类型的学习难以成为更新教师资格证的必要条件。教师资格证更新制度从根本上讲是教师个人维持资格证效力的制度，属于个体行为。对于今后强调合作性的教师学习、作为团队的学校而言，教师资格证更新制度的价值相对不足。

2. 改进教师资格证更新制度的方向

中央教育审议会认为，为了打造教师新型学习方式，达到兼顾保证教师人数和提高教师素养的目标，今后应逐步取消教师资格证更新制度。文部科学省将在今后对教师资格证有效期限的相关制度展开进一步讨论。取消教师资格证更新制度并不意味着教师一经入职就具备终身从教的条件，而是为了保护教师自主学习、不断上进的意愿和态度，实现教师职业更高水平的专业化发展。这也为有意愿参加学校教育工作的非在职教师人群、达到退休年龄后仍然有意愿继续从教的人群，提供真正的终身从教的机会。

高校在实施教师资格证更新制度过程中做出了巨大的贡献，通过为教师提供学习机会、提高教师素质能力、开发优质学习内容、改革师范教育模式、积极与教育委员会合作等方式参与到教师资格证更新制度的正常运转过程当中。今后高校应充分利用参与教师资格证更新制度过程中积累的宝贵知识和经验，继续协助教师新型学习的开展。高校还应继续开发小班化、双向对话的教师研修项目，为教师新型学习提供新的高质量教学内容。

三、小结

（一）《为肩负“令和的日本型学校教育”教师打造的新型学习方式》概要

2017 年，日本出台新版《学习指导要领》，要求学校教育实现“主体性、对话性的深度学习”；2021 年，日本提出建设“令和的日本型学校教育”宏伟目标，旨在实现最适合个体的学习和合作性的学习。为此，日本优先强调让教师成为最先开始新型学习的角色，让教师学习成为主体性、对话性的深度学习，以及最适合个体的学习和合作性的学习。

教师新型学习方式体现出以下特征：一是教师将成为不断学习的职业，二是教师在终身学习中将发挥更多自主性，三是教师学习要适合每名教师个体特征并体现协作性，四是教师新型学习方式有赖于准确的现状把握、明确的目标规划和积极的多方对话，五是教师通过新型学习方式要掌握更高质量的新知识和新技能，六是教师新型学习成果将被可视化并与组织共享。为了打造教师新型学习方式，中央教育审议会提出现阶段应立即着手实施的短期目标和今后将逐渐完善的长期目标。短期目标主要包括保障公立学校教师的在职研修活动，增加国立学校、公立学校、私立学校教师提高素质能力的机会，开发面向持有教师资格证但并未就职群体的学习内容，调整国家方针以扩充教师在职研修活动等；长期目标主要是建设教师研修履历管理系统，通过建立质量保障措施、信息提供平台、成果评价系统，在教职员支援机构的统筹下，完善教师新型学习的环境条件。

日本中央教育审议会从促进教师新型学习的角度出发，反思了现行的教师资格证更新制度。现行教师资格证更新制度一定程度上阻碍了教师自主学习的积极性，无法满足社会发展变化的实际需要，无法提供适应教师个人需要的教学内容，难以实现学习成果在组织中的共享。因此，文部科学省将在今后逐渐取消教师资格证更新制度，转而通过准确记录教师研修的学习记录、表彰研修活动中表现优秀的教师等措施，调动教师开展学习的积极性，提供教师自主学习的环境支持。

（二）《为肩负“令和的日本型学校教育”教师打造的新型学习方式》简评

2021 年 11 月，中央教育审议会出台的《为肩负“令和的日本型学校教育”教师打造的新型学习方式》咨询报告，是对同年 1 月出台的《面向构建“令和的日本型学校教育”——挖掘所有儿童的可能性，实现最适合个体的学习和合作性的学习》咨询报告的进一步发展，将学校教育改革的抓手落在教师政策改革方面，强调教师群体在教育改革中的决定性作用。《为肩负“令和的日本型教育”教师打造的新型学习方式》可以看作学习改革的教师版本，要让教师在构建“令和的日本型学校教育”过程中发挥表率作用。报告提出要逐步取消教师资格证更新制度，进而通过教师新型学习激发教师的主动性、培养每一位教师的个性、体现教师学习的团队性。客观来说，想要实现这一目标仍然有不小的困难，报告中也并未明确论证改革措施能否真正调动教师主动学习。报告为今后教师发展提供了新的思路，至于日本此次教育改革和教师改革能否收到满意的成果，还有待时间检验。

第九章
韩国教育政策与发展趋势

本章分为四节，内容涉及韩国 2021 年教育部工作计划、2022 年课程改革、中小学教师培养体制发展方案、特殊外语教育第二个五年（2022—2026）基本计划。教育部工作计划以“共同成长的包容社会，开创明天的未来教育”为目标，在宏观层面指明了韩国在 2021 年的未来教育体制改革设想和重点工作方向。2022 年课程改革和中小学教师培养体制发展方案是韩国未来教育体制改革设想的缩影。特殊外语教育第二个五年（2022—2026）基本计划则通过振兴外语教育，顺应了韩国建设创新型包容国家的基本愿景。本章从背景、教育发展理念、政策规划和执行内容等方面对文本进行侧重式概述和分析，全方位展现了韩国在 2021 年度的教育政策重点和发展趋势。

第一节　2021 年教育部工作计划《共同成长的包容社会，开创明天的未来教育》

2021 年 1 月，韩国教育部颁布 2021 年教育部工作计划[①]，在回顾 2020 年度工作的基础上，提出了新的教育改革设想。该计划以《共同成长的包容社会，开创明天的未来教育》为题，秉持持续性、包容性、自主性、安全和健康、及时应对变化五大原则，重点围绕三大领域开展教育工作：应对新冠疫情，恢复学校日常工作并提升线上教育质量；以“未来型教育模式”支持学生个性化成长；构建人性化且充满

① 교육부．2021 년 교육부 업무계획［EB/OL］．［2022-02-01］．https：//www.moe.go.kr/boardCnts/viewRenew.do?boardID=72713&lev=0&statusYN=W&s=moe&m=031102&opType=N&boardSeq=83340.

希望的社会。

一、2020 年教育工作回顾与总结

（一）2020 年政策回顾

1. 新冠疫情下不间断的学习支援

新冠疫情下，韩国各级各类学校组织安排开学工作并提供安全且可持续的学习环境。2020 年 4 月 9 日，全国的中小学生统一线上开学，5 月 20 日起中小学校开展线上线下并行授课。大学自 3 月 5 日起持续开展线上授课。为了确保线上教学的顺利实施，教育部采取了一系列措施：为有效实施线上教学工作，教育部为全体学生提供支持线上学习的数字设备并完善公共学习管理系统；为大学提供 1000 亿韩元的紧急财政支援；为减轻疫情期间家庭的抚养和教育负担，教育部面向双职工和低收入家庭开展紧急托管服务和线上学习支援；为防止校内发生聚集性疫情，教育部督促学校加强留学生疫情防控以阻断病毒输入，控制校内密集度，开展学生健康状况自查等，以阻绝校内病毒传播；为了在疫情防控时保证大学入学考试（即大学修学能力考试）顺利进行，各部门严格按照大学的招生工作进度进行协同合作，使包含确诊考生在内的所有考生都顺利参加大学入学考试。

2. 加强教育部对各级各类教育的质量保障

为保障学生站在同一起跑线上，政府提供财政支持，以完善幼儿课程并提高幼儿教师工资；为减轻家庭的教育费用负担，教育部实施高中义务教育、扩大半价学费等政策；为提升幼儿教育的公共性，教育部修订幼儿教育三大法律，扩大国立幼儿园、公立幼儿园规模并在私立幼儿园全面引入“幼儿教育信息公开平台”；为减轻双职工家庭的育儿负担，韩国持续扩充小学托管教室与社区托管机构，截至2020 年，为 42.1 万人提供了小学托管服务。为提升学生的学习信心，教育部加大了“课内—校内—校外”严密的基础学力三层安全网支持力度。在特殊教育领域，教育部连续三年增加特殊教师 1000 名以上，扩建 9 所特殊学校并增设 1336 个班级，以改善特殊教育条件。

3. 提高教育的公平性与透明度，恢复民众对公共教育的信任

韩国的大学招生类型包括以综合评价为主的随试招生、以考查大学入学考试成绩为主的定试招生、少量小论文考查招生和特长生招生，不同类型招生的人数比例由大学自行确定公布。一直以来，韩国大学招生中占最大比例的是随试招生，2020 年约占招生总人数的 75%。在此类招生中，负责招生的入学审查官不仅考查学生高中阶段的平时成绩、大学入学考试成绩，还要评价学生的各类获奖、读书、参加社会

服务等经历。随试招生虽然具有不唯分数、综合评价学生潜力等优点，但也因其评价的宽泛性、主观性和动态性饱受诟病。为提高大学招生制度的公平性与可预测性，韩国于 2019 年 4 月修订《高等教育法》，要求大学逐步限制或废除入学审查官制度[①]，增加定试招生的比例，同时缩小小论文考查类学生与特长生的录取规模。2021 年，教育部要求首尔市的各大学逐步提高定试招生比例，到 2023 年提升至 40%。此外，为保障私立大学经营管理的公正与透明，教育部对建校以来从未接受过监察的 16 所大型私立大学实施综合监察（2020 年已监察 9 所，2021 年监察剩下的 7 所），并修改了相关法令。作为该项教育改革的延伸，教育部还改革韩国的高中结构，将自律型私立高中和一部分特殊目的高中等精英类高中转换为一般的普通高中。此外，为了预防教育领域的性骚扰与性暴力，政府还加强了对施暴者的惩戒力度以保护学生的受教育权和人权。

4. 建设创新型学校，支持学生个性化成长

学生的个性化成长，离不开学生的选择权、家长的参与权、学生的发展权和校园安全的保障。在学生的选择权方面，为使学校课程充分发挥提高学生的素质和才能的作用，韩国精英类职业高中——匠人高中，在 2020 年率先引入高中学分制。特色高中与部分普通高中将在 2022 年引入学分制。到 2025 年，韩国的各类高中将全面实施学分制。2020 年，全国 72 所学分制研究与示范学校通过校际合作课程扩大了学生的选课权。在家长的参与权方面，教育部强化以尊重、自由、团结等公民价值为核心的民主公民教育，学校管理委员会自 2020 年 2 月开始引入电子投票制度，保障家长参与学校管理的权利。在学生的发展权方面，教育部开展“一人一项体育活动”和“初级生存游泳课”等项目。在校园安全保障方面，教育部于 2019 年修订了教育设施安全与维护管理的相关法律，完善了儿童保护区域交通安全设施，并于 2020 年 3 月之前在各中小学与幼儿园的教室中安装了空气净化装置，完成了石棉墙体 50.5% 的拆卸和清除工作，提升了学校建筑 53.8% 的抗震性能。

5. 增强高等教育竞争力，培养未来创新人才

2020 年，韩国的大学与地区合作开展“地方自治团体——大学合作基础地区革新事业”项目，为培养地区人才、引领地区发展奠定了基础。同时，为培养高精尖领域人才，韩国于 2020 年修订《大学办学规程》并制定《高精尖（新技术）领域招生单位招生人数标准》，以便大学调整招生结构。2021 年，韩国扩大高精尖融合学科的招生规模并新设相关学科，以应对未来尖端领域的人才需求。为提升大学教

① 入学审查官制度：大学招生官制度，为各大学评价学生的综合表现而设立。

育质量，教育部将以数量结构调整为核心的大学结构改革评价模式改为以大学自主评估与质量评价为核心的大学基本能力诊断模式。同时，教育部扩大对国立大学的支持力度，支持大学在保障高等教育机会、培养地区人才与引领各地先导型教育和研究方面发挥积极作用。在产学合作领域，教育部鼓励大学利用校内闲置用地，建设产学合作创新发展据点，根据需求量身定制教育课程，强化课程与就业的联系。在研究人才培养方面，依托第四期“头脑韩国 21 工程”（Brain Korea 21，BK21），教育部加大了对硕博研究人员的支持力度。

6. 制定并推进打造包容型社会的国家政策

2018 年 9 月，韩国的十二个政府部门联合发表政府社会政策三大愿景、九大战略课题内容，2019 年 2 月，这些部门又通过了包容型社会的国家政策推进路线图。在教育领域，政府将全面调整相关政策，防止虐待儿童和青少年，根除性犯罪，实现社会公平，通过启动社会关系部长会议加强政策合作体系建设。

（二）有待完善的问题

韩国教育部指出，回顾 2020 年，还存在以下三个方面的问题亟待解决：首先，疫情派生出的教育差距问题。韩国虽然在疫情初期迅速完善了线上教学设施，但由于前期应对不足、授课方式传统、教师的数字化能力参差不齐等，导致网络教学难以达到预期目标。另外，学校和教师的支持力度、家庭环境与学生自主学习能力等都存在差异，派生出新的教育差距问题。其次，反映新时代变化的、面向未来的教育大转型迫在眉睫。为从根本上改变以应试为主的单一化教育，韩国引入了高中学分制、学校空间创新等政策，但在政策实施的过程中仍需实时倾听教育一线的意见，了解其困境。例如，现阶段韩国急需培养大数据、人工智能等高科技领域的人才，但由于大学的研究资源、教学资源不足，导致人才培养体系发展受限。在产业结构与职场环境瞬息万变的时代背景下，为了满足个人调职、转职和职业技能开发等需求，需完善继续教育和职业技能培训等。最后，社会部门之间需要密切沟通与合作以应对不断出现的发展难题和对政策调整的诉求。

二、2021 年工作形势与方向

（一）工作形势

在新冠疫情影响下，各类教育机构线上线下并行授课的形式预计还将持续，这也给传统的课堂教学模式带来了极大挑战。与此同时，持续了两年的远程教学加大了一般群体与弱势群体的学习差距，教育部门必须制定应对策略。

数字化转型加速、第四次工业革命、人口结构变化等社会经济领域变化，加剧了社会发展的不确定性。随着简单与重复性劳动的自动化、高精尖岗位需求增加、生产人口减少等外部因素的变化，个人能力开发的重要性被提升到前所未有的高度。

青年人口持续流入等因素导致韩国首都圈人口过于集中的问题正在加速形成，必须调动各地方大学或中小学校，积极发挥自身在地区发展中的重要作用。随着社会多样性和复杂性的加剧，各部门需打破领域隔阂，通过跨部门协作和持续的现场沟通来解决实际问题。

（二）工作实施方向

基于以上的背景基础，2021 年教育部制定了三大工作方向：第一，构建“防疫·学习·情绪”安全网络，助力学校恢复日常工作；第二，以“未来教育模式”支持学生个性化成长；第三，进一步加强社会网络建设，确保在急剧变革的社会中无人被置于落后的境地。具体内容如表 9-1 所示。

表 9-1　2021 年教育部工作实施方向

<table>
<tr><td>目标</td><td colspan="6">共同成长的包容社会，开创明天的未来教育</td></tr>
<tr><td>核心原则</td><td colspan="6">持续性、包容性、自主性、安全和健康、及时应对变化</td></tr>
<tr><td rowspan="5">应对新冠疫情</td><td colspan="3">一、恢复学校日常</td><td colspan="3">二、提升线上教育质量</td></tr>
<tr><td colspan="3">1. 利用防疫安全网，构建安全校园</td><td colspan="3">1. 强化教师与学生的沟通</td></tr>
<tr><td colspan="3">2. 弥补学习的不足和情感安全网</td><td colspan="3">2. 支持线上教学的规则改制</td></tr>
<tr><td colspan="3">3. 提供值得信任的托管服务</td><td colspan="3">3. 形成线上教学质量管理体制</td></tr>
<tr><td colspan="3">4. 提供教育福利与教育设施安全网</td><td colspan="3">4. 健全基础设施，保障线上教育稳定开展</td></tr>
<tr><td rowspan="6">引领未来教育</td><td colspan="6">向未来教育进军</td></tr>
<tr><td colspan="2">一、正式推进未来教育</td><td colspan="2">二、共享与合作的高等教育</td><td colspan="2">三、终身职业教育</td></tr>
<tr><td colspan="2">1. 打造绿色智慧未来校园</td><td colspan="2">1. 打造电子创新共享大学</td><td colspan="2">1. 建立线上终身教育体制</td></tr>
<tr><td colspan="2">2. 2022 年教育课程修订</td><td colspan="2">2. 区域创新发展</td><td colspan="2">2. K-MOOC 的深度推广</td></tr>
<tr><td colspan="2">3. 推广高中学分制</td><td colspan="2">3. 构建学术振兴生态系统</td><td colspan="2">3. 引进职业大学</td></tr>
<tr><td colspan="2">4. 推行人工智能和环境生态学教育</td><td colspan="2">4. 改良大学体制，改革私学</td><td colspan="2">4. 调动高中毕业生就业积极性</td></tr>
</table>

续表

引领未来教育	5. 改革教师培养体制	5. 强化教育国际化		
	构建人性化且生机勃勃的社会			
	一、建设一个安全、公平和包容的社会		二、培养未来的人才	
	三、主动应对社会变革		四、构建政策治理体系	
战略部署	充分沟通，提高大众理解力	协商合作，强化部门力量	先发制人，推进教育改革	以大数据为基础，推进教育行政智能化

资料来源：교육부 . 함께 성장하는 포용사회 내일을 열어가는 미래교육 [EB/OL] . [2022-02-01] . https://www.moe.go.kr/boardCnts/viewRenew.do?boardID=72713&lev=0&statusYN=W&s=moe&m=031102&opType=N&boardSeq=83340.

三、2021 年的核心工作

（一）构建“防疫 · 学习 · 情绪”安全网络，助力学校恢复日常工作

1. 建设严密的教育安全网络，恢复学校的日常工作

构建安全网络，缓解学生因疫情常态化而产生的学习和情绪压力，恢复教育的应对能力。通过部署严密的防疫安全网络等措施，恢复学校的日常工作。具体包括如下措施。

第一，以学习安全网支持集中学习。在小学低年级，将大额班级作为优先集中支援对象，缩小学生学习差距并确保防疫安全。为学生数量超过 30 人的班级提供基础学力合作课程或新增 2000 余名教师以利用现有设施增设班级，提升基础学力。为加强国家、市道与学校间的联系，设立国家基础学力支援中心并制定基础学力保障法。通过基础学力诊断与保障系统诊断学生学习能力，通过试点学校和学习综合诊断中心提供学习与情绪支援。开展学习辅导。为基础学力不足的学生提供小规模面对面补充辅导，开发学习指导指南并加大 EBS（Educational Broadcasting System，韩国教育放送公社）教材无偿支援力度。在了解学生学习水平的基础上，大力开发并普及支持一对一个性化学习的人工智能应用学习系统。依靠终端研究，促进学生发展。追踪分析新冠疫情对学业、情绪发展等产生的影响，为防止个人生涯发展受限制定相应的支援方案。

第二，构建师生防疫心理安全网。针对疫情期间学生的情绪危机问题，学校可邀请专家到校协助管理与疏导学生情绪，并搭建心理咨询师与学生间的视频咨询平台。加强对专业咨询师配置率低的小学的咨询支援，一方面可扩大专业咨询教师的

配备，另一方面优先为其提供 Wee[①] 中心巡回咨询。大学与地区专业心理咨询机构间可合作建立心理与情绪支持体系，开展心理咨询、特征检测和治疗活动，该活动也可由大学自身来完成。为因防疫、儿童托管、自杀行为发生而陷入情绪危机的教师，提供多元化的心理康复、心灵健康和创伤治疗项目。

第三，构建值得信赖的托管安全网络。围绕幼儿园的托管服务，通过扩大提供课后服务的班级和幼儿数量，以及运营时间多样化等方式为幼儿量身提供服务。在以幼儿与游戏为中心的教育课程中，形成可开展远程授课的未来型幼儿教育体制并运营相应的研究与示范幼儿园。在全天托管的实践中，可引入社区与学校合作托管项目，扩充小学托管教室与全社区托管机构，争取为 45.9 万人提供全天托管服务。为满足小学家长的托管需求，大幅提升小学托管服务质量，全面开通与“政府 24”相联系的一站式小学托管申请系统。针对残疾学生群体，一方面提供符合各类学校特点的托管服务，另一方面将与大学和课后活动实施机构合作开展包括具有托管功能在内的教育活动。

第四，利用教育福利安全网，发现并支援教育灰色地带。关注危机儿童与青少年的安全。通过线上与线下的初期交谈以尽早发现危机儿童与青少年，发布儿童与青少年虐待应对手册以增强群众的举报意识。为尽可能在早期发现危机儿童与青少年，教育部与有关部门（福利部、休闲部等）合作，重点实施对假期与新学期的危机儿童与青少年的监督与家访等。另外，教育资助厅将加强对无学可上的边缘弱势学生的教育资助力度。资助厅将增加教育福利师 1—3 名，与学校联系，积极发现弱势学生并利用校内外可用资源提供针对性资助。为减轻家庭教育负担，教育部为幼儿园、小学、初中、高中、大学乃至继续教育各阶段学生提供学费补助。

第五，建立教育设施安全网，构建安全的教育环境。在设施安全管理方面，2021 年起，国家通过新设安全认证制与安全评价制度并加强安全检查，推动学校设施安全管理体系化。以安全薄弱学校为对象提供危险评估、咨询和改善支持、能力改善支援，在学校周边大规模工地提供现场咨询。在加强大学校园安全方面，强制要求大学制定安全管理计划、大学研究室安全管理标准并开发安全教育课程。

2. 系统提升线上教育教学质量

为灵活开展后疫情时代的远程教学制定全新的管理体系，完善基础设施，促进课堂活动的平稳、有效开展，教育部持续加强沟通，倾听学生的需求。无论是线上

① “We”“Education”和“Emotion”的并称，意指学校、教育办公室和社区正在共同努力，确保健康的教育。这是一项针对高危学生的全面辅导支持服务，旨在帮助所有学生，包括那些成绩不佳和适应学校不良的学生，享受快乐的学习生活。

教学阶段还是线上线下教学并行阶段，都要加强师生沟通，以提高学生对课程的理解与兴趣。全面开通 EBS 在线课堂等公共学习管理系统的视频教学服务，支持师生交互式学习。

在此过程中，一是勇于创新监管方式，支持线上教学。制定线上教育基本法，使线上教学体系化，支持教育一线以数字化为基础开展教育革新。制定中小学线上教学实施标准，根据学生的成就水平、学习情况等，支持弹性课堂模式。取消 2020 年暂时放宽的大学线上授课规定，允许开设 100% 在线硕士学位课程等。在教学评级方面，调整评价日程、次数等，保障学校的评价自主权；允许初中、高中开展视频评价以减轻评价负担。教育环境与教学方式的变化也促使大学改善了教学课程、师生规模、基础设施等办学核心条件。

二是保障教学质量，支持提升线上教学质量。在师资培养方面，增建 18 个师范大学未来教育中心，以提高预备教师的线上授课能力，强化在职教师的职业培训。在专职人员配置方面，试点部署 100 名技术经理等专职人员负责在中小学管理智能设备、支援线上教学。在管理体系建设方面，为确保大学线上教学质量，各大学将构建自身的管理体系，推行线上教学认证制。

三是扩充基础设施，保障教学稳定、有序进行。中小学在无版权问题的前提下，试行运营教参制作平台，开发为特殊教育学生量身定制的平台内容。在上半年完成 25.2 万间普通教室和特别教室的千兆级无线网建设，持续为学生提供智能设备免费租赁服务。国立大学通过各地的大学线上教育支持中心提供公共学习管理系统、教学工作室等，大幅改善数字基础设施。

（二）向“未来教育模式”转型，支持学生个性化成长

1. 正式转型为未来学校

韩国为了实现未来教育的大转型，注重以下两方面的改革：一是以教育现场沟通为基础，重新确定学校、课程、教师在教育中的角色，以培养引领未来社会的人才；二是有条不紊地推出一系列面向未来教育的具体政策，包括向绿色智慧未来学校转型、提出 2022 课程改革设想、实施高中学分制、进行教师培养体制改革。具体包括如下措施。

（1）以建设绿色智慧未来学校作为教育创新基础。一方面，未来学校可为每个学生提供个性化教育，让他们随时随地想学就学；另一方面，未来学校将与地区共同成长。教育部与地方教育厅自 2019 年起选定了 57 所学校开展学校空间改革以支持课改，以空间改革结果为基础构建了绿色智慧未来学校模型。考虑到与高中学分制、未来型教科书等教育政策间的联系，以及改革的紧迫性等，2021 年起将选定绿

色智慧未来学校试点学校，并逐步推广。在基础设施建设方面，为支持幼儿园、小学、初中、高中线上线下融合教育，构建以人工智能为基础的韩国教育整合平台与智慧型国家教育信息系统。

（2）全民参与课程改革。在课程改革的过程中，教育部将成立由学生、家长、教师等参与的课改常委会，实施全民参与型课程改革。实施高中学分制，实现以学生成长为中心的教育。为夯实制度基础，教育部制定 2025 年高中学分制全面实施综合计划，修订中小学教育法，为高中学分制提供法律依据等。针对 2022 年普通高中部分引进高中学分制、特性化高中全面引进高中学分制的计划，教育部要制定详细的运营方案，逐步扩大试点学校规模。与此同时，教育部着手讨论与 2022 年课程改革和高中学分制等新制度相适应的未来型高考和大学入学方式。

（3）开展引领未来变革的人工智能教育与生态环境教育。通过制定中小学人工智能内容标准、开设高中选修课等方式，逐步将人工智能引入中小学教育课程，通过人工智能教育示范学校和据点型普通高中夯实教育基础。为教师提供人工智能教育相关的职业培训。在生态环境教育方面，课程目标与内容中需包含以构建可持续发展社会为目标的生态环境教育；开展生态环境教育培训以提升教师能力，例如，为中小学教师开设应对气候危机与碳中和问题的线上培训，学校构建负责环境教育的专业平台，并与市道教育厅等相关部门加强碳中和实践行动协作。

（4）改革教师培养体制并开发教师供给模式。改革教师培养体制，提高教师的跨学科能力与教育环境适应能力。基于未来学校教师角色变化、高中学分制普及、消除教育差距、学龄人口减少等背景，开发相应的教师供给模式。

2. 构建以共享与合作为基础的高等教育生态圈

为了构建以共享与合作为基础的高等教育生态圈，韩国一方面大力推动高校间从竞争模式向相互共享与合作的模式转变，营造培养未来人才的高等教育新环境；另一方面，鼓励大学通过自主创新改善体制，提升教育与研究竞争力。具体包括如下措施。

（1）通过资源共享集中培养尖端领域人才。2021 年起，48 所大学共享并开放教育资源和教育课程，集中力量培养数字新技术领域人才。在课程开设方面，大学通过开展不同领域的教育课程，让大学生学习到专业课以外的各种相关课程，培养新技术领域能力。在资源共享方面，由教育部选定多所特色大学共享教师、教学内容与设施，并加强与短期培训机构或研究所间的合作，实现大学间的资源共享。在学科建设方面，大学内部或大学之间可在人工智能、大数据等尖端领域，联合开设学科，灵活共享教师、技术与设施。

（2）大学引领区域创新发展。支持地方自治团体与大学的合作，支持构建由地方自治团体与大学等地区创新主体间的合作平台，以此作为地区人才培养据点。支持地方人才培养，地方的就业、创业，以及与各种创新集群（创新城、校园创业园等）相关的安置工作。为使国立大学成为地方创新的主体，韩国在组织、人员、预算等方面扩大法人的自主性，强化其责任意识，并加大公共财政支持力度。

（3）营造人文社科等领域学术振兴生态系统。完善人文社科领域可持续学术振兴相关法律。支持新进研究人员的长期研究，构建以大学研究所为中心的可持续研究据点，加大国际学术数据库的订阅量。

（4）改善大学体制并加强私立学校的公共性。开展大学基础能力诊断，一方面与大学创新支援事业相衔接，另一方面以大学规模优化和质量提升为目标。改革私立学校。教育部对 7 所从未接受全面监查的大型私立大学开展综合监察，为 5 所私立学校提供自主创新支持并升级私立学校的财务管理系统。政府将制定提升私立学校公共性的相关法律，以强化教师申诉审查委员会的决策约束力，加大对中小学私立学校的财政评估。在学龄人口减少的背景下，教育部将研制私立学校综合撤并方案。

（5）传播韩国教育，支持大学国际化。积极与国际社会分享韩国未来教育改革政策。以韩国为主导，讨论后疫情时代未来教育的核心议题。通过开发战略地区教育力量，扩大韩语教育规模并支援韩国学研究，以提高韩国教育的国际地位。推进大学国际化，一方面通过支持国内外大学开展线上学士、硕士联合培养课程与国内大学教育课程海外传播，增进教育交流；另一方面支持大学实施留学生招收多元化战略。在疫情常态化的环境下，韩国教育部将改编教育国际化水平认证机制，挖掘并推广与大学财政支持项目相关的大学国际化优秀模式。

3. 构建覆盖生命周期的终身职业教育体制

构建终身职业教育体制，一方面需要加强大学、终身教育与职业培训间的联系，建立跨政府部门在线终身学习系统，以促进个人能力的可持续开发；另一方面基于产业界和地区需求，支持不同层次的职业能力开发。具体政策措施如下。

（1）建立跨政府部门的线上终身学习系统。量身定制在线终身教育和培训内容，构建可以学习、培训和管理履历的终身学习基地。终身学习基地与中央和地方政府的多种终身学习和培训平台对接，提供从学习路径设计、学分和学位获取到就业的对接支持。打造优质慕课教育，提供国内外学者讲座、新技术领域讲座，引进基于人工智能的学习者个性化服务。

（2）强化高职院校在专业技术人才培养中的作用。建设匠人大学，开设从短期职务课程到培养高技能专业人才等不同层次且以就业为中心的培养课程，提供以实践为中心的项目式教育和实习等高度专业化的技术教育，引入可获得硕士学位的专业技术硕士课程。培养新兴产业技术人才。新增新兴产业特色示范专科大学支援项目，支援新兴产业课程开发并改善教学环境。

（3）创新中等职业教育，促进职业高中毕业生就业。依托“特性化高中改革支持事业”支持职业高中以产业需求为基础的自主创新与课程改革。支持职业高中毕业生在当地的优秀企业就业，支持当地大学设立促进个人能力可持续开发的职业教育创新区。在就业支援方面，中央就业支援中心带头建立高中毕业生就业岗位的数据库，学校与地方就业中心合作，持续为毕业生提供就业支持。

（三）加强社会网络建设，确保无人掉队

为应对后疫情时代下的变化与冲击，国家要及时构建有序的社会体系，建设人人享有社会基本权利的安全与公正的社会。具体措施如下。

（1）加强对危机弱势群体的国家保护，建设安全的社会。在儿童虐待预防方面，通过在市、郡、区部署专职公务员，实施《儿童福利法》，修订《虐待儿童处罚法》等，构建全方位的儿童虐待预防体制。在性犯罪防治方面，通过制定《跟踪处罚法》、召开性犯罪预防讲座、加强数字性犯罪受害者保护等，有效根除性犯罪。在儿童安全保护方面，制定包含设施利用、保健卫生、身心健康、交通、饮食生活等在内的儿童安全跨部门综合计划。

（2）勇于遏制特权与不公平，建设公正社会。首先，提高招聘的公正性。公共机关招聘时，采用笔试与结构化面试方式。为确保非正式员工招聘公正性，逐步采用并推广非正式员工事前审查制。其次，确保定试招生的公正性。今后以定试招生为主的招生计划扩大至 40% 以上、引导减少小论文考查类学生与特长生的招生名额，针对已退休的入学审查官，增强就业限制的时效性。再次，营造公正的艺术和体育环境。签订标准合同，合理支付相应薪资；全面调查侵害体育人权等行为，根除体育界的不正之风。最后，优化量刑标准。法院需根据公众对虐待儿童、性犯罪等特定犯罪的常识，提高量刑标准并改善量刑委员会的人员构成。

（3）以严密的社会安全网，充实包容型社会。一方面，扩大综合托管。以社区为中心提供综合性托管。为减轻家长的养育负担而扩大综合性护理服务。另一方面，构建严密的社会安全网络，例如，制定残疾儿童保育和教育拓展方案、废除生活补助抚养对象标准、开发韩国型伤兵津贴模型等。

（4）强化人才培养统筹功能，为未来人才培养奠定框架。在新技术领域，通过人工智能 +BIG3（未来汽车、半导体、生物健康）领域人才供需展望与部门间合作规划改革等制定人才培养方案。建立高等终身职业教育跨部门协作结构，通过加强高校财政支持政策并利用配额制的调整功能，实现系统性人才培养。

（5）应对未来社会变化，率先制定社会政策。首先，建设数字社会。为消除数字鸿沟等制定数字包容法，建立媒体教育部门间合作体系并制定相关法律。其次，应对气候危机。为构建2050碳中和实施基础，通过减少使用塑料、加强餐厨垃圾与公共废弃物管理等，实现社会可持续发展。最后，应对人口结构变化，制定增进地区活力的对策等人口减少应对方案，为老年人提供终身教育与文化体育活动支援等。

（6）完善治理，助推政策实施。以社会协作为基础，持续推进国民参与型教育改革体系建设，设立国家教育委员会以制定长期、稳定的教育政策。继续推进将幼小初的教育权移交至市道教育厅，强化学校自治，推进地区教育生态系统的扩张。加强部门协作，以社会部长会议和投资人才培养理事会为中心，建立社会部门间合作体系，强化政策统筹与协调职能。

第二节 《更好的未来，为了所有人的教育——2022年课程改革大纲要点》

应对数字化转型、气候环境变化、学龄人口减少等现象，一方面需要培养未来社会所需人才，另一方面需要为学习者量身提供个性化教育。为此，韩国从确立未来教育愿景与改善教学和评价两方面入手调整教育课程体系。在2022年的课程改革中，韩国一改以往以教育课程专家为中心的课程开发体制，转而形成学生、家长、教师、社会专家等多样教育主体参与，由国家教育会议、全国市道教育监测协议会等相关机构合作开发课程的模式。通过相关利益群体的社会协商，制定最佳的课程改革方案，开发满足线下教育需求的课程；通过构建国民参与中小学课程开发的制度基础，提高国民对未来教育的关注度和理解度，为教育模式转换提供良好的外部条件。经过多轮协商，2021年11月，韩国教育部及教育课程政策课发布《更好的未来，为了所有人的教育——2022年课程改革大纲要点》[①]。

一、改革背景

数字化转型下的产业和社会变化、传染病扩散、气象突变和环境气候变化等使

---

① 교육부．'2022 개정교육과정' 총론 주요사항 발표［EB/OL］.（2021-11-24）［2022-02-01］. https://www.moe.go.kr/boardCnts/viewRenew.do?boardID=294&lev=0&statusYN=W&s=moe&m=020402&opType=N&boardSeq=89671.

各国的未来发展面临着变化性、不确定性与复杂性。应对各种危机状况的能力体现出一国的竞争力。为此，韩国试图通过改革教育体制，培养既具备基础能力又能适应未来社会变化的人才，从而提升本国竞争力。

夯实个性化教育基础以应对学龄人口减少，满足学习者的个性化发展特征。面对日益凸显的低出生率、数字化转型等问题，韩国需要改善课程和教学体系与教育环境，以最大限度地发展学生个人能力。社会各界呼吁为具有数字化学习兴趣或敢于挑战数字化的学习者提供新型教育和优化定制型教育。学校教育改革也需与学生生活紧密联系，使学习者能够根据个人兴趣自主设定和开拓发展方向。

适应教育环境变化，加强核心素养教育。随着知识与信息的爆炸式增长，比起碎片化的知识学习，提升知识应用能力以解决实际生活中的复杂问题更为重要。为主动应对当前的社会变化，需要实施教育改革，以学生的素质和能力为基础，培养未来核心能力。为及时应对数字化转型，需要通过课程改革、线上线下联合教学等方式为新型教学模式的推广奠定基础。

积极开设满足线下教育需求的课程。教育主体和国民极力要求增加课程改革参与主体，以开发适合未来教育且满足学校需求的课程。随着地区与学校对课程分权化与自主化的要求不断增加，多样教育主体间需要建设合作型教育课程开发体制。针对高中学分制等满足学习者兴趣、职业选择需求和个性化教育的制度，需制定相应的教育课程与支持体系。

二、课程改革的目标与重点

为积极应对教育环境的变化，反映国家与社会的需求，中小学教育课程改革以培养未来社会所需的具有包容性和创造力的主导型人才为目标。基于这一目标，教育部设立了四大改革重点和四大核心课题，如表 9-2 所示。下面重点讨论课程改革的四大重点。

第一，开设教育课程，培养未来社会所需的核心素养。完善课程体系，培养学生应对未来社会变化的基础素养和能力。例如，培养学生对于身边事物深度的概念性理解与探究能力，加强以人工智能与软件教育为代表的数字基础素养。加强可持续发展教育，以培养个人应对气候与生态环境变化等带来的可持续发展课题的能力，形成共同体价值。强化全民教育课程，一方面支持学生保障基础学力，另一方面为特殊教育学生、多文化家庭学生等提供教育支持。

第二，开设支持学生生活与成长的个性化教育。协助学生树立目标意识，以个人的前途与特征为基础，自主设计学习内容和方式。实施高中学分制，为所有学生的个性化发展量身定制课程。开展职业生涯规划课程，使学生能够灵活地应对未来多样的工作变化并自主设计人生与职业发展路线。改革职业高中课程，满足新产业领域的人才与发展需求。

第三，扩大地区和学校的教育自主权，加强责任教育。根据学生的需求和学校的条件，增强学校课程的自主性，缩小地区间和学校间的教育差距并强化责任教育。帮助学生培养自主学习能力和基础学力，促使学生成长为终身学习者。建立尊重不同教育主体职能和专业性的互助机制，建立社区和教育共同体间的互助机制。

第四，建立与数字化、人工智能教育环境相适应的教学与评估体系。强化学生的学习自主性与积极性，围绕核心思想精选学习内容，结合现实生活脉络开展教学与评价。构建未来型教学方法与评价体系，从而与在线教育的拓展和数字化的教学环境变化相适应。例如，通过线上线下学习与教育技术应用等灵活的课程实施方式，强化对学生的个性化指导与评价，提升教师的数字化教育技术应用能力。扩充设施设备和器材，以确保教师在课程设计、授课与评价的过程中，能有效利用各种数字平台、技术和工具。为教师提供数字化教学与评价培训，使教师在应对数字教育环境变化的同时有效促进学生能力发展。

表 9-2　2022 年课程改革方向

目标	培养具备包容性和创造力的主导型人才	
改革重点	一、开设教育课程，培养未来社会所需的核心素养	
	二、开设支持学习者生活与成长的个性化教育	
	三、扩大地区和学校的教育自主权，加强责任教育	
	四、建立与数字化、人工智能教育环境相适应的教学与评估体系	
主要课题	一、面向未来的教育课程	二、支持学校的自主创新
	1. 揭示人类发展教育的方向	1. 扩大学校课程自主权
	2. 提高共同体的价值和能力	2. 提高中小学教育课程运营的灵活性
	3. 增强数字基础素养	3. 改进课程体验活动与泛课程学习主题
	4. 加强普及教育	
	三、加强个性化教育	四、为应对教育环境变化提供支持
	1. 加强中小学衔接教育	1. 开发能力素养课程体系
	2. 加强与职业相关的教育	2. 改革基于数字化的教学与学习

续表

主要课题	3. 落实高中学分制	3. 构建课程支持机制
	4. 完善职业高中课程	
实施体制	全民共同参与教育课程改革	

资料来源：교육부.‘2022 개정 교육과정’ 총론 주요사항 발표［EB/OL］.（2021-11-24）［2022-02-01］. https：//www.moe.go.kr/boardCnts/viewRenew.do？ boardID=294&lev=0&statusYN=W&s=moe&m=020402&opType=N&boardSeq=89671.

三、改革内容

（一）面向未来的教育课程改革

1. 应对未来社会变化，指明教育方向

2022 年课程改革对 2015 年课程改革时的人才形象、核心素养与教育目标进行了修订，以满足未来社会发展需求。在人才形象上，基于教育理念和教育目的，修改了人才形象的意义和表述方式。在分析了未来社会发展、国民意见和全球教育发展动向的基础上，2022 年课程改革从自我主导意识、创意和创新与包容性和市民性三方面入手，进一步完善了个人形象的主要关键词。2022 年的人才形象为：自我主导的人、有创意的人、有教养的人、能共同生活的人。在核心素养方面，2022 年课程改革基于教育应坚守的价值，以及课程教学方向与性质的概念性框架，将核心能力系统化。新阶段的核心素养还注重将知识理解、课程技能和价值态度综合为一个能力概念，应用于课程教学过程中，以灵活应对未来变化。2022 年的核心素养关键词包括：自我管理、知识信息处理、创造性思维、审美感性、合作性沟通、共同体力量。除此之外，多门学科中必需的语言、数理和数字化等基础素养也体现在课程改革方案中。在教育目标修订时，教育部一方面考虑不同学年学生的发展阶段和学习水平，另一方面结合修订后的人才形象和核心素养标准，并加入环境生态教育、民主公民教育和职业劳动的相关意义和价值内容，最终形成的教育目标为培养具备包容性和创造力的主导型人才。

2. 强化学习者的共同体价值素养

开展倡导人与环境共存的生态转型教育。生态转型教育是指在所有领域和水平上实现生态转型的教育，以应对气候变化和环境灾难等生态问题，寻求人与环境共存，实现可持续发展。在明确生态转型教育概念的基础上，开展相关教育活动，培养应对未来可持续发展的核心素养，将可持续发展、应对气候危机和生态转型等所包含的价值（尊重生命、可持续、适应生态环境变化等）反映到教育目标中。

实施民主公民教育以培养公民意识。民主公民教育是指学生意识到自身是自我与共同体的主人，通过批判性思维，与他人合作解决所属社会或共同体的问题。为培养共同体价值观并增强能力，在充实和平教育、人性教育、人文素养教育内容的同时，建立与民主公民教育间的联系。通过民主公民教育，增进个人对作为社会的一员所应具备的基本能力与资质的认知，构建可共生的社会。

开展多样的生态转型教育与民主公民教育课程实施方式。一方面，加强课程教育间的衔接。开发内容标准并重建课程体系，使其涵盖生态转型教育与民主公民教育所倡导的价值、态度与能力。在内容标准建设方面，所有科目均需具体呈现以生态感受性与民主公民性为中心的基本概念，并提出核心内容体系。在课程重建方面，重组科学、社会、环境、语文等相关课程并新设高中选修课，使其包括气候环境和共同体素养等内容。另一方面，加强非学科活动间的联系。生态转型教育和民主公民教育课与创意体验活动、自由学期活动等相结合，积极开展以参与体验为中心的课程和自由活动等。加强以实践为基础的学生自治活动，让学生独立解决与个人生活相关的问题。支持多种学习形式，包括参与地区体验式学习项目或地区志愿服务活动等。

3. 加强小学、初中、高中学生的数字化与人工智能核心素养教育

强化数字化与人工智能核心素养教育。在人工智能与软件等新产业技术革命背景下，数字基础素养作为未来一代的核心素养，需体现在课堂教学和评价创新中。通过全科教育奠定数字素养基础，利用信息教育课程充实人工智能等新技术领域的基础与深度学习。

在课程方案中体现数字化与人工智能素养，一方面，加强信息教育与基础数字素养教育间的联系。根据信息课程重组与学生对新产业领域的学习需求，学校可自主编排信息课程并制定课程标准。另一方面，学校可根据各年级的发展阶段制定内容标准，利用全科教学均衡培养学生的基础数字素养。

4. 强化全民教育课程

针对特殊教育学生的特点，提供包括学校课程编制、管理和评价在内的学生个性化教育支持。为学习成绩不佳、学习进度缓慢的学生，残疾学生，多文化家庭学生等提供学习支持。支持小规模学校和九年一贯制学校办学，建立缩小地区间和学校间的教育差距的支持机制。市道教育厅可制定支持机制方针，以便开设符合地区条件和学校特点的教育课程。在职业高中的现场实习和学校教育中，强调职业生涯基本素养中劳动人权与安全的重要性。

（二）支持并促进教育一线的自主创新

1. 基于分权化扩大学校课程自主性

为学校课程的自主运营提供依据。扩大学校课程编制与运营的自主权，使学校一线能够开展符合地区特点的多样化教学创新实践。明确国家课程、地方课程与学校课程的作用，探索扩大学校课程自主权的支持方案。为增强学校课程自主性，中小学各学科教学时长与创意体验活动课时可在 20% 的范围内增减。改进课程整体方案编制与实施指南，为中小学自主开发管理多种选修课提供依据。例如，学校可利用自由时间，新增多种校本课程、区域合作特色教育项目等。在九年一贯制学校与初中和高中六年一贯制学校设立一体化管理标准，一方面加强各年级间课程的衔接，另一方面可编制并开展特色课程。基于课程特点及学习内容的层次性，探索各年级多样的培养内容和考核标准。

利用学校自由时间，开设中小学教育课程。小学可设置有地区特色的教育课程，或根据学校条件和学生需求开设选修课。例如，开展职业生涯指导活动，以培养学习与成长所需基本素养为目的的教育活动，以及学习诊断和学业辅导活动等学科类或创意体验类活动。在初中，市道教育厅或校长可灵活开设有利于加强地区联系或独具特色的教育课程。基于各课程内容要素和成绩标准等，构建与地区相关的学习单元，开展多样化的项目式教学活动。各地教育厅为小规模学校、农山渔村学校和一贯制学校等缺乏选修课开设条件的学校寻求课程合作开设方案。

2. 提高学校教育课程管理的灵活性

加强小学的入学适应教育、安全教育与体育教育。改善小学入学初期适应活动。基于小学低年级的认知、情感、社会发展特点和学习准备情况等，避免入学初期综合课程与创意体验活动的重叠。区分综合课程和创意体验活动内容并将其体系化。为增进对韩文的理解，扩大韩语学习时长。在韩文理解与学习方面，根据小学一至二年级学生的韩文掌握程度，实施针对性教育和游戏型韩文识字教育。在学习了基础韩语后，学校可开展语言活动，以提供对韩文字形与发音加以综合理解与练习的机会。改进小学安全教育方案。小学一至二年级可将现有的“安全的生活”课程标准和内容要素重组为融合课程，包括“正直的生活”“机智的生活”“快乐的生活”三个模块，在增强学科间联系的同时，凸显以生活为中心的安全教育。小学三年级以后，利用科学、体育、实践、保健等相关科目，构建“安全大单元”，开展覆盖全校各年级的系统性安全教育。完善小学低年级的体育活动方案。为帮助小学一至二年级学生运用大肌肉开展身体活动，在“快乐的生活”课程中增加室外游戏和体育活动课时。

完善中学的自由学期制与体育社团方案。编制、管理并改善自由学期制方案。改善指导方针使中学自由学期制的实施时间和方式与当地学校的实际情况相符。尽量减少自由学期制活动与创意体验活动的重复。改善学校体育社团活动方案。考虑到学校课程在编排与管理方面的困难，学校体育社团每学期将作为社团活动管理，强制活动时长从原来的 136 小时减少到 102 小时。

改进创意体验活动与泛课程学习主题。开展以学生为中心的创意体验活动。根据学生的发展水平、学校的特点、现场的要求等重组创意体验活动，并朝着扩大学生自主性和选择权的方向改进。改进泛课程学习主题，一方面整合学科与主题之间的联系，利用远程授课和校内外学习成绩认定方案等多样化的学习路径；另一方面基于现存法律、新设法律制定确保学校教育课程自主性的相关方案。

（三）通过课程改革强化学习者的个性化教育

1. 开展尊重学生个性和多样性的教育

加强小学、初中、高中过渡阶段的升学衔接教育。小学、初中、高中升学前可利用第二学期的部分时间，设置升学衔接学期并开展升学衔接教育，包括设置衔接课程、提供生涯教育、开展学习方法与生活适应讲座等。升学衔接教育课程可与学科和创意体验活动相结合。例如，学科教学以开发学生能力与提升自主学习能力为重点，建立各科学习单元，主要涵盖学习途径、学习方法、职业发展方向和求学深造路径。评估每个学生的能力并提供相应的个别学习支持，以确保学生在升学时具备基础学习能力。在学科教学之外，可依据学生的前途规划与个人特长，开展多种以体验活动为中心的生涯探索与设计活动。

制定中小学升学衔接学期管理方案。小学阶段，为了让新生稳定适应学校生活并让毕业生提前为中学生活做准备，学校需在新生入学初期和六年级下学期利用生涯课程、创意体验活动、学校自主时间等，落实前途衔接学期制度。中学同样也需在初三下学期落实前途衔接学期制度并开设相关课程，使中学生稳定升学并提前为高中生活做准备，课程内容包括以保证初中阶段基础学力为目的的课程教学、高中课程制度解读、选课模拟练习、学业生涯设计等。

2. 实施高中个性化课程体系

以高中学分制为基础，实施高中教育课程。开展与学习者前途和特点相适应的个性化教育课程。支持高中学分制的全面引入与落地，因材施教，培养学生的自主学习能力，激发学生未来发展潜力。删除现行课程领域，调整为课程群体制。保留高中通识课程共同科目，优化通识选修课，重组各类职业选修课并新设综合选修课。另外，根据高中体制改编方案，特殊目的高中需将专业课程 I 纳入普通课程。

调整各科修习学分的增减范围并缩减必修学分。将现行的各科基本学分由 5 学分调整为 4 学分，在此基础上的增减幅度为 1 学分。在引入高中学分制的同时，将必修学分由94学分缩减到84学分，将自主学分的选修范围由86学分扩大到90学分。但是，在学校教育课程的编制与管理上，韩国史、体育、艺术、生活教育领域以必修学分为主，维持现有水平，确保选修课的多样性和课程编制的灵活性。为培养学生的人文社科领域基础素养，学校要制定考虑科学与社会课程均衡学习的课程编排与管理指南。为实现多样课程的均衡学习，规定韩语、英语、数学课程的总学分不得超过 81 学分。

基于学生的发展方向与个人特长，增加学习机会。加强地区间的合作，以开展多样的教育课程。例如，针对学校难以开设的小众课程，相邻高中可合作开设线上线下课程；通过学校和社区合作建立的未来教育区、职业教育创新区，以及地方自治团体与大学合作开展的地区创新项目，将多种教育资源应用到高中课程中。利用校外资源开展学习体验既有利于学生明确职业发展前景，又可帮助学生在课程与生活间建立联系。

建立与高中学分制和课程改革体系相适应的以成长为中心的评价机制。2025 年高中学分制全面实施后，评价机制的适用范围也将扩大。高中生达到课程完成标准（出席率达三分之二以上，学习成绩达 40% 以上）即可获得学分，未完成者可申请重修。为预防学生未修满学分，学校需开展能力诊断评估并加强学习管理。如果学生出现学分未修满问题，原则上支持重修或提供替代课程。

职业高中基于高中学分制建立课程体系。各职业高中根据学校条件和学生特点自主开设课程。职业高中在培养学生的基础学力和专业实践能力的同时需改善学分配置标准以扩大学生的选课权。职业高中可为普通高中的学生提供根据其职业规划选修职业高中相关专业课程的机会。为保障职业高中学生的基础学力，根据学习者的能力，为后进生提供普通学科替代课程。为培养职场所需的职业基础能力，在普通课程内新增职业选修课。基于对新产业技术的生成与技术升级对比，重组专业课程。课程重组一方面考虑人才培养类型、不同课程编制的均衡性等因素，另一方面要考虑设置反映未来岗位需求的教学内容与层次化学习系统体系等。细分专业通用科目，以培养从学校向职场过渡所需的职业基本素养。为增强专业基础与专业实践课间的联系，可在专业基础课中增加基础职业能力培养相关课程。改进专业教学课程以强化学生的数字素养。基于学生兴趣和当地产业需求，职业高中还可开设校长与教育督学认可的课程。

（四）基于教学环境变化开发学科教育课程

1. 开发核心素养课程体系

核心素养学科教育凸显深入学习、学科间整合、学习与生活相联系、学习过程反思四大特点。因此，从课程设计原理到教学和评价方案都围绕这四大特点开展。课程开发从以下四个方面着手：①围绕各科的核心主题精选学习内容，强化学科内各领域间的内容联系；②明确学科固有的思路和探究主题，并支持深入学习；③强化课程目标、内容体系、成绩标准、教学和评价间的一致性；④奠定课程自主性基础使学生获得有意义的学习体验。另外，课程内容也需加强与课程改革总体方案的有机联系。具体而言，课程改革总体方案的实施方向、教育目标与国家和社会发展需求均需体现在学科课程中。为有效推进各学校开展课程改革，政府成立国家课程协调委员会负责统筹协调学校各学科的课程内容，重点关注课程结构、课程内容和教学评价方法等。制定教育课程总体方案的专家和各校的课程研究团队也将加强沟通，使一线课程开发与课程改革总体方案相协调。50% 以上的现场教师也将参与课程开发以提升课程的合理性。

2. 开展基于数字化的教学创新

在应对新冠疫情的过程中，教育场所的创新变化揭示了未来教育发展的方向。教育一线逐渐摆脱整齐划一的课堂教学，开发并推广线上线下相结合的自主教学和评价模型。教学创新可利用远程课程增加课堂教学的开放性，利用先进的数字基础设施使多种教学方式合理有效落实。例如，在课程编排与实施方面，课程改革总体方案与学科教育课程中可制定相关规则，使学校利用线上线下教学优势编排与实施课程；在教学与评价方面，学校可利用个性化远程教学，使学生的自我主导能力在数字化学习环境中得到培养；在拓宽教学渠道方面，教育部将建立学习管理系统并持续开发与推广各种学习内容，使学校可利用远程工具开展多样化的教育活动。教师培养机构下属的未来教育支持中心与人工智能融合研究生院可开设数字化转型相关培训课程，以改进学科教育的教学与评价。

3. 构建课程支持机制

完善教师教育政策和能力培养方案。一方面，改革教师培养体制并扩大教师供给；另一方面，开发教学资料并完善教师培训。在改编教师培养课程与制定中长期教师供需扩大方案时，可结合高中学分制等课程改革和基础素养要求。开发教学资料和实施教师培训，要依照新课程改革方向和主要内容与高中学分制等的课程结构需求。加大市道教育厅核心教员研修力度，积极开展教育课程咨询服务。

改善大学入学制度方案。随着高中学分制、2022 年课程改革等未来教育政策的推进，积极推进未来型评价与大学入学制度改革方案，以支持多样化且个性化的学校课程与公共教育中的自我主导型职业生涯教育课程。全民共同围绕 2028 年大学入学制度改革方案与未来型评价开展大讨论，明确中长期实施路线并设计内容体系。结合政策研究与讨论结果，教育部将与国家教育委员会开展政策协商，预计于 2024 年公布 2028 年大学入学制度改革方案。

重构学习空间，创建数字化学习环境。通过老旧学校改建和改造，保障学生的学习权与生命权，基于数字化开展灵活的授课模式。在符合新课程修订方向的前提下，利用灵活的学习空间为学生量身定制课程和评估方式，提供多种学习体验。构建数字化的智能学习环境，包括基于数字化学习的线上线下联合教学、学生个性化线上课程、网络基础学习空间、在线工作室学习空间等。将学校改造为提供生态、休闲与健康空间的社区共享学校。例如，可将学校空间改造为低碳、零能源和环境生态教育平台；学校为社区提供多种公共设施，支持公民的终身教育和自我能力开发。

（五）制定特殊教育课程改革方案

1. 制定基本教育课程改革方案

明确基本课程的性质并具体说明基本课程的定义和适用对象。根据各年级特殊教育学生的特点和需求，为学生量身定制与日常生活相联系的个性化教育课程。

基于残疾特点与程度新增教育活动。在课程编排方面，将基本教育课程重新编排为学科课程、创意体验活动、日常生活活动。日常生活活动作为新增设的课程，一方面要符合特殊学校特点和不同学生残疾状况；另一方面要根据学生年龄与发展水平，加入与社区生活和社会融入所需的现实生活与生存技能等。

合理设定课程内容和学业成绩标准。根据学生的残疾特点和程度，可减少教学内容，调整教学难度。在内容体系建设方面，基于社会环境变化与国家和社会发展需求等，围绕培养学生的生存技能重组课程内容。在成绩标准设定方面，根据地区和学校情况与学生的残疾程度等合理设定各科成绩标准。扩大教师的自主权，便于教师为重度残疾与多重残疾学生提供另外的成绩标准。在线上教育方面，利用辅助工程设备为肢体残疾的学生提供线上教学，根据学生的残疾特点和需求等，提供针对性的教育支援，包括多种形式的线上教学、学习包、各学校的专用资料等。

2. 强化融合教育，为特殊教育学生提供个性化教育支持

中小学课程总体方案要求针对特殊教育学生，提供学校课程编排、实施与评价方面的个性化教育支持事项。根据特殊教育学生的就读环境制定教育课程编制管理方针。中小学课程总体方案明确提出了融合教育支持标准，各年级融合教育支持方向，以及普通及特殊教育教师间的合作性课程管理方案。学校可制定实施指南，以

确保普通班级中的特殊教育学生不因残疾类型与程度遭受歧视，并且能获得满足其发展需求的教育。中小学课程方案中还为学校提供基于学生残疾程度重构成绩标准，以及改善教学与评价方法等相关支持依据。

3. 制定特殊学校高中学分制应用方案

为残疾学生单独规定各科的完成标准与学分认定标准。残疾学生课程学习发展状况评价可依据残疾类型与程度，实施个性化的教学计划与程序。学校在考虑特殊教育学生的职业发展需求和扩大课程选择权的基础上，可重构课程群或新设课程。

第三节 《理解实践、应对变化的未来型教师：中小学教师培养体制发展方案》

第四次工业革命背景下，培养未来型人才成为必然，打造未来型教师成为各国教师培养的重点。在这样的背景下，韩国也开始探索构建新时期的教师培养体制。2020 年 4 月，教育部颁布《教师培养课程改革实施建议》并组建包括家长、教师、大学生、教师培训机构人员等在内的实务协商小组，围绕教师培养体制改革研究方案进行讨论。2021 年 5 月—10 月，国家教育会议多次召开教师培养体制发展方案国民讨论会及专家咨询会，积极收集各方意见。2021 年 12 月，教育部最终出台了《理解实践、应对变化的未来型教师：中小学教师培养体制发展方案》[①]。该方案指明了未来教师培养体制建设的四大方向，分别是：加深教师对教育实践的了解，培养具有多学科能力的可持续发展型教师，教师培养规模合理化，预备教师和大学的认可度。具体内容如表 9-3 所示。

表 9-3 未来教师培养体制建设的方向和内容

方向	内容
加深教师对教育实践的了解	强化教育实习 开展实践型教育培训 了解学生，加强对教师适应性和师德品质的考查 加强与教育厅的联系与合作

① 교육부 . 현장을 이해하고 변화를 준비하는 미래 교원: 초・중등 교원양성체제 발전방안 [EB/OL] . (2021-12-10) [2022-02-01] . https: //www.moe.go.kr/boardCnts/fileDown.do?m=020402&s=moe&fileSeq=e7a20780e8419e144d543afdc959d650.

续表

方向	内容
培养具有多学科能力的可持续发展型教师	培养多学科素养 硕士水平再教育 交替–综合大学联系交流活跃 扩大课程多样性
教师培养规模合理化	小学：以供需计划为导向，调整并管理各类教师培养机构的职能特色 师范大学：以共同课程等为中心 教职课程：专业课程、新领域课程、非学科课程等 教育研究生院：强化继续教育功能
预备教师和大学的认可度	预备教师：考虑机会成本 教师培训机构：以目的性培养为中心 大学：考虑改编的成本或效果

资料来源：교육부. 현장을 이해하고 변화를 준비하는 미래 교원: 초·중등 교원양성체제 발전방안［EB/OL］.（2021-12-10）［2022-02-01］. https://www.moe.go.kr/boardCnts/fileDown.do?m=020402&s=moe&fileSeq=e7a20780e8419e144d543afdc959d650.

一、政策背景

第四次工业革命与后疫情时代的到来在促进人工智能、大数据等技术发展的同时也加速推进多元化、个性化等价值体系的变革。在社会环境变迁的同时，教育环境也发生了变化。由于学龄人口减少，个性化教育的必要性日益突出。扩大学生的选择权、加快教育课程改革与自主开发等迫在眉睫。社会的变革对现行的中小学教师培养体制提出了新的要求。从小学教师培养体制来看，学龄人口减少使小学教师需求减少，岗位竞争率提高；小班额课程增多而课程多样性不足；小学的安心学年制与基础学力保障制度的完善，进一步提高了对小学教师综合能力的要求。中学教师培养体制同样存在一系列问题，例如，教师过度培养导致岗位竞争率提高，部分教育研究生院课程质量堪忧，教师专业知识与教育实习亟待充实。在 2025 年全面实施高中学分制后，扩大学生的科目选择权也就意味中学教师要具备教授融合型课程的能力。

二、教师的角色变化

教育环境的变化揭示了未来教育课程改革的方向。第一，基于未来社会所需的基础素养与核心能力开设教育课程；第二，为培养学生的自我主导意识，开设以学习者为中心的个性化教育课程，提升课程的自主性；第三，基于数字化的线上线下衔接，改革教学与评价方式。未来教育课程的改革也对教师提出了新的角色要求。教师需扮演协助者的角色，在教授知识的同时，陪伴学生共同成长，进而开启学生的人生历程；教师需成为课程设计师，超越传统的标准化演示型授课，设计以学生为中心的授课方案，以学科间融合等形式重构教育课程；教师既是班级管理者，也是解决班级矛盾和问题的沟通协调者；教师还要成为灵活应对未来变化的创新者，具备洞察力、探索精神与开放的态度，积极接受新技术。

三、现状和局限性

现有的中小学教师培养方案在课程设置和培养体制方面都存在局限。

在课程设置方面，大学根据教师资格免试认定标准（如表 9-4 所示）所规定的教育学专业课、教育技能和实践课与师德审查自主开设课程。学生修满 50 学分的专业课可申请双学位，修满 30 学分的专业课可辅修专业。但是由于大学与教育厅缺乏沟通，课程设置难以及时且准确地应对社会多样化的人才需求。

表 9-4　教师资格免试认定标准

<table>
<tr><th colspan="2" rowspan="2">区分</th><th colspan="3">最低学分要求</th></tr>
<tr><th colspan="2">中等教师</th><th>初等教师</th></tr>
<tr><td rowspan="3">专业课（50 学分以上）</td><td>基础课（通识课）</td><td colspan="2">21 学分以上，7 门课以上</td><td rowspan="2">50 学分以上（必修课 21 学分以上，7 门课以上）</td></tr>
<tr><td>学科教育</td><td colspan="2">8 学分以上，3 门课以上</td></tr>
<tr><td>成绩</td><td colspan="3">75 分（百分制）以上</td></tr>
<tr><td rowspan="4">职业技能课（22 学分以上）</td><td>教学理论</td><td>12 学分以上
6 门课以上</td><td colspan="2">教育学概论、教育心理、教育哲学与教育史、教育课程、教育评价、教学方法与教育科学、教育学生与教育经济学、教育社会学、生活指导与咨询、其他教育理论等科目</td></tr>
<tr><td>职业素养</td><td>6 学分以上</td><td colspan="2">特殊教育学概论（包含英才教育 2 学分以上）教职实务（2 学分以上）、学校暴力预防与学生的理解（2 学分以上）</td></tr>
<tr><td>教学实习</td><td>4 学分以上</td><td colspan="2">教育现场实习（2 学分以上）、教育志愿活动（2 学分以上）</td></tr>
<tr><td>成绩</td><td colspan="3">80 分以上（百分制）</td></tr>
</table>

续表

<table>
<tr><th colspan="2" rowspan="2">区分</th><th colspan="2">最低学分要求</th></tr>
<tr><th>中等教师</th><th>初等教师</th></tr>
<tr><td colspan="2">其他</td><td colspan="2">教学适应性、师德检查：判定合格 2 次以上
急救和心肺复苏：2 次以上
成人认知教育：每年 1 次以上</td></tr>
</table>

资料来源：교육부 . 현장을 이해하고 변화를 준비하는 미래 교원: 초·중등 교원양성체제 발전방안 [EB/OL] .（2021-12-10）[2022-02-01] . https：//www.moe.go.kr/boardCnts/fileDown.do?m=020402&s=moe&fileSeq=e7a20780e8419e144d543afdc959d650.

在中小学教师培养体制方面，韩国中学教师培养机构包括师范大学、开设教师培养课程的普通大学、教育研究生院（继续教育）等。这些不同的主体每年共培养 20000 人，但是公立学校教师招聘人数为 4000 人，私立学校的教师招聘规模为 1000 人，即使考虑到合同制教师招聘需求也存在培养过剩的问题。另外，各培养机构的功能特性不尽如人意。高聘用竞争率限制了教育课程的有效实施。韩国的小学教师培养机构包括 10 所教育大学与济州大学、韩国教员大学、梨花女子大学的初等教育学院，形成了以教育大学为中心的目标型培养体制。这些机构每年培养 4000 多人，培养规模呈下降趋势，但招聘竞争比例维持在 2∶1 以下。此外，毕业生都选择到大城市的小学任教，因而部分地区小学教师供给不足。一些教育大学规模小，课程多样性不足，限制了学生的课程选择权。

四、教师培养体制内容

基于对社会背景、教师角色变化、教师培养体制现状与问题的分析，教育部从构建教师治理体系、加强教师培养课程建设、完善中小学教师培养体制入手，以培养未来教育发展所需的未来型教师。

（一）构建教师治理体系

构建以参与和沟通为基础的教师培养体系。在未来教育转型的背景下，搭建全社会共同协商的平台以持续推进教师培养体系的改革。具体而言，由教师培养机构、教育厅、学术团体、教师团体等共同讨论教师的未来核心能力和资格标准，并将其体现在教师培养课程中。大学要与教育厅合作构建社会各界与多样的教育主体共同协商沟通的行政体系，促进依据中小学教育课程调整教师教育课程，培养新领域教师，以及提升教师教学实践能力等一系列方针的有效实施。

（二）教师培养课程体系

1. 改善教师培养课程

在未来教育改革的背景下，教师培养体制改革立足于培养教师的未来素养、提升教师实践教学能力与加强师德师风考查三个方面。

在线上教育、人工智能与大数据、气候与环境危机、包容性社会建设、人权等多样化的社会背景下，韩国亟待培养教师的未来素养。为此，教师培养机构需从以下三方面入手：（1）以理解未来一代为基础，提升预备教师的共情、沟通与调解和咨询能力；（2）根据培养机构的教职科目和必修课的要求，增加与未来素养相关的课程内容，使预备教师能对其他领域或课程等秉持开放的态度和探索心理，拥有广泛的见识；（3）充分利用所属大学或地区的人力与物力资源网络提供的教育课程，在教学评估时考查培养机构教师未来素养课程的实施情况。

在教学实践能力培养方面，大学教师培养课程应对接中小学课程。一线优秀教师与大学教授共同承担教学指导工作。由一线的优秀骨干教师参与授课，大学教师开展教学实践研究以增强学生的教学实践能力。作为学习者，预备教师可与参与培训的一线教师组建合作授课与学习的社团。在学科内容上，各学科基础必修课内容开发与中小学课程改革同步，专业课教学内容中必须包含中小学课程内容。

构建多层次的资格审查体系，以考查预备教师的品行与能力。在校期间，教师培养机构结合调查问卷、大学生活记录（惩戒、实习等）、违规事项等综合开展师德考查。在教育实习期间，不合格的学生难以获得教师资格证。在获得了教师资格证或收到录取通知后，用人单位也要根据教育公务员法再次确认预备教师的师德与能力。另外，制定复试考试不合格的判断标准与程序。

2. 充实教育实习，引入实习学期制

社会各界持续要求提升教师的实践能力，因此，教育部积极充实教育实习并引入实习学期制。

充实教育实习。教育部向教师培养机构、市道教育厅发放学校一线实习工作指南，以明示教学实习标准。教师培养机构与教育厅构建教育实习合作机制，在吸引一线教师参与的同时，加强教师学习共同体与教师研究协会间的合作，以确保实习场所，强化实习指导。

引入实习学期制。将现行的学分制转换为实习学期制，在延长实习时间的同时，让学生作为实习学校一员深度参与学校工作，通过现场体验，审查自我的教师职业观并培养实践工作能力。实习期间，由实习学校的指导教师、教师培养机构的实习导师和教育厅共同为学生提供实习指导。在4年的教师教育课程学习中，基于理论与实践结合的要求，开发一周实习 3—4 天或一周实习 1—2 天的课程运营模式。通过上述措施，学生能够在实习期间全方位参与实习学校教育课程的编排、教学、评价以及学生咨询等工作，在增强学生教学实践能力的同时，提升作为预备教师的学生走上教学岗位后的适应能力。

基于教师培养规模的调整与学校实习条件等因素，逐步扩大实习规模。在试点运营阶段，由各地的教育厅为有意参加教育实习的大三、大四学生指定实习学校，然后阶段性扩大运营规模。在逐步推广的过程中，学校可以以多种方式实行实习学期制，形成并推广优秀运营模式，逐年增加可实行实习学期制的中小学数量。在全面引入阶段，根据 6 个学期（2022—2025 年）教师培养机构的能力诊断和调整实习人员规模，争取在 2026 年新生入学时全面推行实习学期制。

实习结果与教师资格获取和教师入职挂钩。实习期结束后，若实习结果被判定为不合格时，学生难以获得教师资格。针对不合格的学生，教育部将制定客观判断标准并设定重修要求。针对无意获取教师资格证的学生，教育部建议教师培养机构修改学分规定，使学生在不参加教育实习时通过修读替代课程获取学分后毕业。另外，教育部正在探讨实施“对实习过程的评价与教师招聘相联系”“在实习地参与教师招聘考试后可享受优待”等制度，从而使学校在选拔教师的过程中，不仅能了解应聘者的学科知识与理论背景，还能对其实践能力等开展多方面评价。

（三）培养多学科素养（与 1 级正式教师研修相联系）

高中学分制的引入使学校不得不提供综合性、复合型的教育课程以满足学生的选课需求。这一变化使教师必须超越以往单一的学科知识传授模式，具备多学科素养。多学科素养要素包括探究能力、多学科指导、融合课程教学能力。为此，教育部支持教师完成融合专业[①]学习，加强了本科课程与在职教师进修课程（职务研修与 1 级正式教师研修）间的衔接。具体而言，本科课程除教师资格证所要求的课程，选修的其他课程可以认证为融合专业的学分。在职教师的部分职务研修课程也可认定为融合专业的必修学分。针对 1 级正式教师研修，将由教育研究生院提供与融合教育建构相关的案例与课程研究等。在此基础上，若有意攻读硕士学位，只需再完成追加课程[②]的学习即可。鼓励学生以现场经验和教学理论为课题，学习持续开发与研究的元技能等。

① 融合专业：中学教师培养将现行的“辅修专业”制度更名为“多学科专业”并加以改善；小学教师将完善现行的强化课程，逐步改编为“核心专业”。

② 追加课程：根据韩国《高等教育法》第 31 条、施行令第 26 条，硕士课程的授课年限是 1 年以上，包括一个学期的 1 级正式教师进修，以及 1—2 个学期的追加课程，才可获得学位。

为培养具有跨学科素养的中学教师，需根据不同课程的特点，构建多样的课程类型。以跨学科课程（社会、科学）为例，可将本科培养课程与 1 级正式教师研修相衔接，构建多学科系列与高阶课程体系。中学预备教师既可以辅修双学位，额外取得本人专业以外的学位资格，又可以以一个学科专业为核心，额外进修专业相关新课程，以掌握多学科能力，开展多学科教学。

（四）中学教师培养体制

1. 基于培养机构的特点开展特色课程

教师培养的供需不均衡限制了教育课程的充分发展，教师招聘的过度竞争增加了社会成本。社会各界强烈要求改革教师培养体制以适应社会发展需求。在这样的背景下，师范大学、普通大学的教师培养课程，以及教育研究生院的职后教育课程基于自身的功能定位调整了培养规模。

师范大学主要开设语文、英语、数学、体育、音乐、美术、信息（计算机）、技术、家庭、社会、科学等学科课程。这些机构可通过自主创新稳步实行课程改编与实习学期制，根据各学科需求培养一定规模的师资。

普通大学的教师培养课程包括专业课程、第二外语课程、新兴领域课程和其他课程。普通大学或专科大学的研究生院通过制度改进，可开设新兴领域或尖端领域相关教学课程。在运营教师培养课程时，普通大学可与教育学院、教育研究生院等合作开设示范课程，以充实教师培养科目与课程教学内容。

教育研究生院应以在职教师的继续教育（职后培训）为中心改编课程，减少开设以获取教师资格为目的的课程。根据未来教师素养，以及与 1 级正式教师资格培训相衔接的融合型教师培养要求，强化在职教师的教育技能。加强教育厅与教育研究生院在开展职后培训方面的协作，指定教育研究生院为研修机构，赋予教育厅指导与监督权力。改革相关政策法令，使教育研究生院可开设博士课程，以提升教师的专业性。

改善教师培养机构的能力考评机制。依照《6 周期教师培养机构能力诊断基本计划（2022—2025）》中的机构功能特性与培养规模适度化原则，缩减中学教师培养名额。在第 7 个周期后逐步将教师培养机构的能力考评转换为认证制，建立大学的自主监管和自主招生调控机制。

2. 改善特殊学科聘用模式

专业课程与第二外语等特殊学科领域更加重视教师的技能水平。特殊学科领域因为只有部分学校有教师需求，所以长期未开展过教师招聘。为解决这一问题，在进行教师选拔与招聘时，一方面，要加强对教师个人实操技能的评价，例如，开展项目型实践评价或采取相关技术资格证书加分政策等。另一方面，结合 2022 年课程改革中的专业课程或课程群的改编要求，积极支持教师提升跨学科能力，达到融合专业资格水平。

（五）小学教师培养体制

针对教育大学课程内容单一与小学教师培养侧重学科教育等问题，教育部重点从调整课程内容与扩大课程多样性入手，改革小学教师培养体制。

1. 调整小学教师培养课程并新增核心专业

现行的小学教师培养专业基础课以学科为主，班次规模小，难以开设多样化的教育课程。为了解决这一问题，培养机构要根据小学课程要求调整基础课设置，提升教师数字化与多学科教学能力等未来教育素养，并增进对小学生的理解。除此以外，培养机构也需调整基本必修科目并缩减高阶课程，支持小学教师充实基本专业技能，使小学教师在担任班主任时既能提供全科指导，又能在班级管理过程中提供生活指导。

新增核心专业。在职教师进修与核心专业学习相结合。强化特色领域与多学科领域的教师能力培养，以满足教育现场的需求。教育研究生院要加强 1 级正式教师研修、硕博课程等在职教师的职后培训。预备教师通过与在职教师合作讨论课程或参与教育实践研究等，间接体验学校的教育实践。

2. 扩大教育课程多样性和预备教师选择权

扩大预备教师在教养教育课程、选修课和社团活动等方面的选择权，并积极加强不同专业学生间的交流。小学教师培养机构可与附近的大学联合授课，开展线上授课、加强人员往来以提升教育课程的多样性。另外，根据地区情况和大学之间的自主协议，教育部可为教育学院合并，以及教育大学与据点国立大学间的合并提供行政与财政支持。

第四节　《特殊外语教育第二个五年基本计划（2022—2026）》

2016 年 8 月，韩国出台《特殊外语教育振兴法》及相关实施条例，宣布将积极培养 53 种特殊外语人才，以促进国际交流多边化，帮助国内企业开拓全球市场，同时增加国民的海外就业机会。2017 年 3 月，教育部颁发《特殊外语教育第一个五年基本计划（2017—2021）》（以下简称《第一个五年基本计划》）并委托国立国际教育院指定了第一批特殊外语专业教育机构，分别为韩国外国语大学、釜山外国语大学与檀国大学 · 青云财团联盟。在国立国际教育院的监督和管理与《第一个五年基本计划》的指导下，这些大学重点围绕建设特殊外语培养体系、开设特殊外语标准课程、确保师资、拓宽人才培养途径，以及建立外语评价与认证机制开展工作。2021 年是《第一个五年基本计划》的收官之年，教育部及相关部门基于对计划实施状况的调查与评价，并积极听取特殊教育、教育课程、评价、外交、经贸领域专家及相关人士的建议，开始制定第二个五年计划。2021 年 9 月，教育部与国立国际教育院颁布《特殊外语教育第二个五年基本计划（2022—2026）》①。该计划以振兴特殊外语教育，建设创新型包容国家为实施愿景，树立了两大实施目标：一是培养特殊外语专业人才，二是增强对国民语言学习的支持力度。具体内容如表 9-5 所示。

表 9-5 实施方向

愿景	通过振兴特殊外语教育，建设创新型包容国家
目标	培养专业人才：支持在教育、产业领域所需的各语种专业人才培养
	增强支持力度：为国民提供翻译服务和语言学习机会
战略一：根据社会需求，培养个性化专业人才	支持个人不同成长阶段的特殊外语教育
	培养各领域特色特殊外语专家
	培养具有特殊外语专长的学科后继者
战略二：扩大覆盖全体国民的教育服务范围	通过部门协作扩大特殊外语教育、翻译服务
	激活全球语言交流与合作网络
	构建并运营特殊外语学习与研究支持平台
战略三：巩固教育基础并简化运营	基于实践应用结果，提升课程和评估质量
	改进支持系统以提高业务效率

资料来源：교육부 . 제 2 차 특수외국어교육 진흥 5 개년（2022~2026）기본계획［EB/OL］.（2021-10-08）［2022-02-01］. https：//www.moe.go.kr/boardCnts/viewRenew.do?boardID=350&lev=0&statusYN=W&s=moe&m=0309&opType=N&boardSeq=89239.

① 교육부 . 제 2 차특수외국어교육진흥 5 개년（2022~2026）기본계획［EB/OL］.（2021-10-08）［2022-02-01］. https://www.moe.go.kr/boardCnts/viewRenew.do?boardID=350&lev=0&statusYN=W&s=moe&m=0309&opType=N&boardSeq=89239.

一、政策背景

在韩流海外传播与国际交流合作多边化背景下，特殊外语人才需求增加。随着文学、电视剧、网络漫画等韩国文化产业出口额增加，对特殊外语专业翻译人才的需求也随之增多。韩国政府积极推进国际交流合作多边化，在签订多边自由贸易协定、实施对外援助，以及与其他国家开展经贸往来的过程中，各领域特殊外语专家必不可少。

应对韩国国内人口结构变化，需开展系统的语言教学支持。现如今，韩国国内社会面临多文化家庭增加与学龄人口减少的人口结构变化双重考验。政府需为多国籍、跨年龄层与韩语能力水平不一的多文化家庭提供韩国文化适应支持。学龄人口减少使大学在未招满学生的情况下不得不选择学科合并，或废除、缩小招生规模等，由此引发社会对特殊外语教育基础弱化的担忧。

二、《第一个五年基本计划》的成果与不足

（一）主要成果

1. 专业人才培养：强化对下一代人才的培养支持体系

2018—2020 年，韩国在普通大学研究生院和翻译研究生院开设了 8 个本硕衔接课程并资助学生学费，为 269 名特殊外语专业本科生与研究生提供线上线下、长短期的境外交流和研修项目。为提高学生的特殊外语能力，各培养机构大力开展配对语言学习活动、特殊外语竞赛、语言夏令营、外语学习社团活动等多样的特殊外语学习项目。

2. 扩大教育基础：面向青少年与市民教授特殊外语

2018—2020 年，教育部组织制作了特殊外语在线学习视频，在慕课平台开发和普及了 21 个特殊外语讲座与 15 个智能学习内容，扩大了实时视频教学受众。中小学开展了全球公民教育、多文化教育等相关活动；联合相关部门、地方自治团体为普通民众提供多元化教育与终身教育。

3. 充实本科教育：开发与推广课程标准、教材与评价体系

在《第一个五年基本计划》实施期间，国立国际教育院按照欧洲语言共同标准（CEFR）[①] 开发和推广 A1—B2 等级的 15 种语言标准课程基础教材与考试题目，并结合标准课程与考试题型开发 15 种语言的标准化评价体系。外语考试中心实施了特殊外语能力评价考试。

---

① CEFR 分为：A1（入门）、A2（基础）、B1（中级）、B2（中高级）、C1（高级）、C2（最高级）。

（二）不足与改进

1. 依托语言学习合作机构及项目，扩大受惠对象

《第一个五年基本计划》主要为 3 所特殊外语教学机构的教员和学生提供学习支持，难以满足其他大学学生和多文化家庭的外语学习需求。为了让所有国民都有机会学习多样的特殊外语，市道教育厅等相关机构将合作开展市民可广泛参与的语言学习项目。

2. 为系统的特殊外语学习提供支持服务

在《第一个五年基本计划》中，不同教育机构间虽合作开设了线上线下讲座，但是尚未分阶段开设讲座、缺乏学习履历管理，在为个人系统学习提供支持方面仍存在局限。另外，在慕课、教材、词汇学习应用程序等学习平台的运用上，缺乏积极的宣传和引导。在今后的五年中，教育部将提供优质的学习支持服务，包括开设多样化、系统性的需求定制型特殊外语讲座，免费普及智能学习内容等。

3. 基于教学现场的适用情况，重新开发课程与评价体系

在项目开发初期，标准化委员会提出的指导方针在应用于具体课程的过程中，15 种特殊外语所设定的内容和水平各有差异。因此，需要对标准课程、教材、评估等进行可行性分析，并邀请外部专家进行评估。以第一次项目开发的成果为基础，提升教育课程与评价质量。

三、战略内容

（一）针对社会需要培养专业外语人才

基于学习者的学习生涯提供外语教育，培养未来社会所需的特殊外语专家与学科后备人才。

1. 满足不同教育阶段的特殊外语学习需求

在初等、中等教育阶段，开展外语教学与体验活动，支持培养复语人才。在小学课后服务、中学自由学期活动与高中学分制课程中开设特殊外语课程或开展语言、文化体验活动。开展与“复语人才培养”相关的初中、高中“青少年特殊外语翻译人才”课程和升学指导。“全国复语人才口语大会”获奖者可优先参与外语学习项目。支持优秀学生通过参与翻译实践学院、翻译展示大会，接受语言专业指导等方式提升复语素质与实践应用能力。

在大学与研究生学习阶段，学校可开设多样的语言讲座并扩大学生境外交流与学习规模。基于课程标准开发教材和评估方式，通过线上线下的外语讲座拓宽学分认证和专业学习渠道。加强学院、大学研究所和社团的联系，开展多种翻译项目以

有效推进特殊外语的学习与研究。积极与特殊外语国家开展学生交流与短期、中长期境外研修项目。选拔并资助学生以公费留学的方式到特殊外语国家攻读硕博学位。

在终身教育阶段，利用慕课线上视频教学，提供线上线下学习平台。为有意学习特殊外语的国民提供线上线下语言基础实用讲座。积极开发并运营慕课与外语学习软件，满足国民高阶语言学习需求。开发以用户为主导的线上学习系统与词汇学习应用程序，使学习者可以随时随地学习语言。

2. 培养各领域特色特殊外语专家

培养利用特殊外语向世界传播韩国文化的翻译人才。翻译教育专业机构以精通特殊外语的国民为对象，开设与就业实习相关的文学和文化翻译人才培养课程。

通过产学合作项目培养具备现场实践能力的专家。在产业领域开展地区专家培养项目，如开发区域语言学习与文化理解相关项目。与驻韩外国大使馆共同开展大使馆实习项目。让学生在为大使馆提供业务协助和信访服务的过程中练习文案书写与实战对话，以提高语言应用能力。

建立符合教育现场要求的特殊外语专业讲师人才库。从课程、教材与评价体系开发开始，组建可全程参与课程建设的专业讲师人才库，支持教师提升教学与评估专业性。

3. 培养具有特殊外语技能的学科后继者

扩充教学语种，加大人才培养支持力度。根据国家对民间公共教育领域实况调查结果，在现有 15 种语言基础上追加意大利语、老挝语等。在学生人数减少、大学学科撤并的背景下，持续提供学费资助，使学生专注于语言学习与研究。

新增具备特殊外语教学能力的教育机构。基于对大学教学设施和外语教学专业性等的综合性评价，新增外语教育机构。根据大学管理与综合评价结果，以及新增外语教育机构的项目成果分析，使外语教育机构支持体系化、项目内容合理化。

扩大学科间与大学间的教育合作并强化研究生升学支持。通过各语言系统的课程、教学与评价体系，充实教育内容。灵活利用各阶段的标准课程、教材、字典、评价体系等构成的系统性教学与评价循环系统，提升各阶段的教育水平。支持开设多样的特殊外语专业教育课程，例如，特殊外语专业与其他学科或大学合作，设立跨学科专业与相关课程，放宽特殊语种的课程开设标准。

扩充特殊外语专业，强化以研究生院为中心的升学支持。在研究生院，围绕语言相似性高的相邻语种另设特殊外语专业，支持需求较少的语种，放低特殊语种研究生入学门槛。

（二）扩大覆盖全体国民的语言服务

通过部门间合作和全球合作网络，构建以语言教育、翻译与交流为核心的多样化国民服务平台，以加大对语言学习与研究的支持力度。

1. 通过部门协作提供外语教育与翻译服务

通过部门间职能协作，扩充特殊外语支持服务。国立国际教育院结合社会融入和早期适应项目与多文化家庭支持中心合作，提供特殊外语翻译服务和外语教师培养支持。大学的特殊外语教育机构与公共部门合作提供特殊外语翻译服务，例如，特殊外语专业学生通过参与学院与社团组织的公共部门志愿服务，接触特殊外语相关部门的基础业务，练习日常用语。

为多样化的学校成员提供个性化教育支持。实施多文化家庭子女特殊外语支持计划。根据多文化学生出生国和入境时间，提供学习和生涯指导与文化适应相关的外语支持；加强与多文化家庭对象国间的教育交流；构建教师、多文化学生、特殊外语专业学生间的交流网络。特殊外语教育机构可与市道教育厅开展特殊外语夏令营、体验活动，提供语言辅导、咨询和交流等多种项目。

各部门间通过研究成果共享与项目合作交流，提升外语教学效果。例如，特殊外语教育机构向外交部国立外交院和国防部国防语言学院共享特殊外语标准课程、教材、字典、评价体系等资料，通过成果评价与反馈进一步完善外语教育。外语教育机构也可在门户网站上免费提供外语学习资料。

特殊外语机构间通过项目交流提升教育效果。特殊外语学习者可与参与国防语言学院语言项目的外国军人进行语言交流，相互增进了解并提升学习效果。各机构的教授团队与研修生、专业学生等共同参加驻韩大使馆访问日活动、语言交流合作研讨会等，提升特殊外语水平。

2. 激活国内外语言交流合作的全球网络

围绕特殊外语专业人才培养，积极开展学术交流与合作。为共享研究成果，扩大人员交流，每年开展一次以上由大学、政府和大使馆共同参与的国际特殊外语定期论坛。为促进国内外特殊外语相关学术交流，积极召开由特殊外语学界和教育机构共同参与的特殊外语教育协议会等活动。加强政策与项目合作，增进国家间的交流与合作。利用其他国家学生韩国研修项目，以及政府邀请奖学金研修项目中的校友资源，开展语言交流活动，积极参加世界语言教育博览会以扩大国际活动交流网络。

3. 构建并管理特殊外语学习与研究支持平台

改善现有的特殊外语学习综合门户功能。分析特殊外语教育综合平台的现状并转变为研究、开发、成果扩散的特殊外语平台。通过共享教学和学习资料、学习项目、招聘信息与相关链接，扩大平台的利用率。为有特殊外语学习需求的国民开设多种讲座，通过选课、课程管理和评价间的循环，构建学习支持体系。

（三）提升教育基础并充实教育管理

1. 提高特殊外语标准课程的实践可行性与适用性

基于对《第一个五年基本计划》的项目研究与开发成果和未解难题的分析，制定改善方案。将依照欧洲语言共同标准开发的课程、教材与考题投入使用，并进行分析、研究、利用与改进。建立检验课程实践适切性和可行性的评估体系。设立专业的咨询与协商机构，负责确立特殊外语研究与发展方向并制定实施指南。除此之外，积极研究并开发外语课程中的通用内容，以及反映各语种特性和差异的教学和评价内容。

构建各语种的语言能力评价系统。分析特殊外语对象国所实施的外国人语言评价考试，进一步扩充韩国国内开展的特殊外语考试语种。基于对国内特殊外语教育机构现行的特殊外语能力评价考试结果的分析，研发满足课程体系要求的语言能力评价系统。

2. 改进体制以提高业务效率

政府部门、大学等专业教育机构，以及民间机构等构建管理协议会，通过对项目的监测和成果管理，提升各专业教育机构的职能，具体包括开发并管理特殊外语专业人才培养课程，开展教育活动与提供升学支持，加强大学与相关部门间的合作以振兴特殊外语教育。为强化项目评估的系统性与专业性，管理协议会根据项目日程，开发各项目课题评价与管理相关成果指标，评估与改进各阶段项目内容，以提升项目效益。修订《特殊外语教育振兴法》及相关实施条例。政府以财政补助项目长期评价、政策研究与论坛提案为基础，及时审查并修订法令，以提升外语教育计划实施效率。

第十章
印度教育政策与发展趋势

2021 年，印度公布了一些研究报告和政策文件，持续推进学校教育改革与发展。这些报告和文件主要有全国教育研究与培训委员会（National Council of Educational Research and Training，NCERT）颁布的《全国教育研究与培训委员会年度报告 2019—2020》（NCERT Annual Report 2019–2020）、印度教育部颁布的《学校教育变革（2014—2020）》（Reforms in School Education 2014–2020）和《印度数字化教育报告：印度各地的远程学习计划》（India Report Digital Education：Remote Learning Initiatives Across India）。本章将围绕这些报告和政策文本具体展开论述。

第一节　《全国教育研究与培训委员会年度报告 2019—2020》

NCERT 成立于 1961 年 7 月，它由联邦政府授权成立，主要任务是促进有关学校和教师教育优先领域的研究，加强各邦、中央直辖区和联邦政府之间的联系，编写课程材料、培养学生的智力，以及开展教师培训以提升其能力，向中央和各邦政府提供协助和意见等。2019—2020 年，NCERT 的工作主要是出版有关著作和期刊，发布学前教育课程和指导方针以及小学教育指导方针，制定职业教育课程框架和编写教科书等。NCERT 还有一项重要的工作，就是每年都对全印度的教育发展情况进行调研，并发布教育年度报告，为政府的教育改革决策提供参考。

一、提出背景

2020 年下半年，NCERT 完成了 2019—2020 年度的全国教育调研并起草了《全国教育研究与培训委员会年度报告 2019—2020》[①]；2020 年 11 月，NCERT 主任赫鲁什克什·赛娜帕蒂（Hrushikesh Senapaty）向印度教育部提交了该报告，报告在 2021 年 2 月出版。可以说，NCERT 的《全国教育研究与培训委员会年度报告 2019—2020》是人们了解印度教育的一扇窗，从这个重要研究机构的视角可以侧面了解印度一年来教育发展的大概面貌。

二、主要内容

除了前言，《全国教育研究与培训委员会年度报告 2019—2020》的主要内容还包括九个部分：概论、主要出版物、研究进展、教育发展活动、能力建设项目、拓展活动、NCERT 实施的教育方案、国际交流和附录。以下重点介绍研究进展、教育发展活动、能力建设项目和 NCERT 实施的教育方案这几个部分。

（一）研究进展

研究是 NCERT 的主要职能之一，它负责承担、促进和协调学校教育和教师教育各个领域的教育研究。2019—2020 年，NCERT 积极开展了多方面的研究，包括教师的科学教学、乌尔都语教学过程、艺术综合学习、学校包容性、因慢性健康损害而残疾的儿童的教育、三种语言形式的教育实践研究、学校气氛与学生学习成果的关系、女童宿舍计划的现状、印度和韩国从性别平等角度进行的教育和技能发展政策研究、学生实习方案、科学优质学习、可持续发展、全球公民意识教育、印度学前教师教育方案、虚拟实验室的有效性、社会科学教学培训方案的实施等。

在教育研究与创新委员会（Educational Research and Innovations Committee）的领导下，在上述研究的基础上，NCERT 完成了一些具体的调研报告，内容涉及如下方面：调查学生学习不良根本原因及改进策略、全国服务质量标准下汽车技术职业学科以规则为基础的评估的实施、商科学生的工作教育和创业意向、全纳教育的问题和挑战、提高学习困难儿童识字能力的辅助技术手段的使用、学生学习和评价概念图推荐系统等。

NCERT 有多个二级机构，各机构开展的研究也不一样，笔者以三个部门的研究为例简要说明。

课程研究部（Department of Curriculum Studies）承担的主要研究课题是“教

---

① National Council of Educational Research and Training. NCERT Annual Report 2019-2020［EB/OL］.［2022-07-25］. https://www.education.gov.in/sites/upload_files/mhrd/files/document-reports/Annual-Report-2019-20.pdf.

师在科学教学中整合教学内容知识而面临的挑战”。这项定性研究旨在了解教师如何将教学法知识融入科学课程，并密切观察他们在课堂上的交流，以及他们在这过程中所面对的挑战。研究者从安得拉邦的三个地区挑选了三十名教师，并采用个案研究的方法进行研究。研究结果显示：（1）大部分教师对教学方法有一定的认识，但缺乏整合。（2）教学计划与执行有差距。（3）教师教授的内容与他们认为应该教授的内容有很大差距，大多数教师认为学生学习的努力程度已经足够。（4）学生在教学过程中从未被告知他们应该学习什么与为什么要学习这些概念。（5）虽然教师认识到了讲授模式的弊端，但实践时他们仍然处于同样的模式之中，而且在实施活动教学时，教师误解了活动的概念，大多数教师认为活动等同于示范。（6）教师认为他们的努力足以使学生脱颖而出。（7）所有学校均要求教师只以英语授课，这个语言问题扩大了师生互动的差距。（8）教师所面对的挑战包括学生学习动力不足、资源不足、班级实力不一、行政工作对成绩的压力、学生缺乏兴趣及课本难度等。

基础教育部（Department of Elementary Education）承担的主要研究课题是“通过学习结果评估提升教育质量——学习结果评估推行情况研究”。该研究旨在探讨学习结果评估在不同邦、不同科目的实施情况。这项研究是在印度全国范围内进行的，数据是通过综合问卷调查收集的。研究结果表明，各邦和相关大学正在以不同的速度实施学习结果评估计划。大多数邦在所有学校实施了学习结果评估，完成了评估工作人员、主要培训人员和教师的培训和能力建设方案。然而，学校和行政人员仍在努力使课堂程序和评估实践与学习结果评估计划保持一致。它们还根据实地取得的成果，对其实施计划做出修改。这份报告提供了学习结果评估最初实施的第一手资料。

语言教育部（Department of Education in Languages）的研究课题主要是“三种语言形式的教育实践研究”。该项研究的目的包括：（1）了解学校教育政策中语言的执行情况。（2）各邦的学校系统和国家一级教育系统提供或教授的语言数量。（3）学习语言或教学语言。（4）学校中的部落语言、未成年语言、少数民族语言和古典语言的地位。资料来源包括学生、教师、家长、校长等。在28个邦中，那加兰邦和锡金邦均以英语作为教学语言。学校的课程里有很多种语言。研究结果发现，所有的邦和相关大学都采用了三种语言形式。他们提供了很多选择，比如梵语、印地语、乌尔都语、旁遮普语、马拉地语等。印度南部的喀拉拉邦和特伦甘纳邦提供印地语。三种语言形式的基本前提和精神没有改变。[①]

（二）教育发展活动

NCERT 的各个机构负责推行教育发展计划，以加强学校和教师教育各个领域的发展，其中包括视听教材、课本、手册、训练教材、指南、辅助读物、工具包等。NCERT 还参与编写或制作了艺术综合学习手册、学习成果示例、课程设计证书课程教材、艺术教育及地方遗产地图网上课程、乌尔都语初级阶段教学网上证书课程、印地语教师技能提升网上课程、价值观教育课程，以及多项为学校教育而设的慕课课程。开发了一些乌尔都语教学材料、为教师辅导员提供的关于处理学校青少年行为问题的在线阅读材料、化学教学活动资料、关于生物和化学实验或活动的音频和视频资源、数学触觉书籍、关于水资源管理和保护的资源材料、转变对性别问题的认识的材料、数学实用手册、学校和教师教学的电子资源等。

同样，在研究方面，NCERT 的不同机构开展的研究不一样，笔者以三个部门的研究为例简要说明。课程研究部开展的主要活动是编写“课程设计与实施”这门教师教育证书课程的教材。该证书课程旨在加强师资教育工作者、教师、课程发展者及研究人员的策划、设计及推行课程的能力。课程内容包括四个单元，即课程介绍、课程设计、学科基础与课程、课程方法。第一单元旨在培养对课程及相关术语的概念理解。在简要介绍这门学科的由来之后，试图找出定义或理解这一术语的不同方法；接着对课程设计、课程开发、课程框架、教学大纲等进行探讨；最后在模块 2 中对课程的组成部分——课程目标、课程内容、教学方法、评价等进行描述，引入课程设计思想，并详细论述课程设计思想的来源——知识、社会和学习者。第二单元简要介绍课程设计模式的研究和文献。讨论设计维度在本模块中的考虑，最后讨论各种类型的课程设计。第三单元旨在发展教师对学科基础的理解，即课程设计的哲学基础、心理学基础和社会学基础。该模块还讨论了知识理论、学习理论和课程之间的关系。第四单元介绍课程概念和设计课程的各种方法，包括行为学、学术中心主义、人文主义和建构主义的方法，此外，还对印度思想家、教授的各种课程方法进行讨论。

---

① 1956 年印度中央教育咨询委员会提出“三种语言形式”方案，1961 年经各邦首席部长会议批准。该方案规定学生学习三种语言：母语或地区语言、作为国家语言的印地语和作为国际语言的英语。1964—1966 年，教育委员会又具体规定：初级小学阶段学习一门语言，即母语或地区语言；高级小学阶段学习两门语言，即母语或地区语言、印地语或英语；初中阶段学习三门语言，即不讲印地语的地区学母语或地区语言、印地语和英语，讲印地语的地区学母语或地区语言、除印地语之外的一门现代印度语言，如孟加拉语、英语（如果英语为母语，则学习印地语）；高中阶段学习任意两门语言。

基础教育部开展的活动主要有编写《早期写字入门》《跨过阅读的门槛》等。《早期写字入门》重点探讨了有关早期儿童写作的不同观点。它包括由院士和教师撰写的章节。这本书将帮助教师从儿童的角度理解写作，以及他们可以在课堂上使用哪些可能的教学法，帮助他们以有意义和有趣的方式学习写作。《跨过阅读的门槛》是一本文献汇编，提供了教导儿童阅读和为他们组织一个舒适的阅读环境的观点和经验。这本书提供了一些阅读材料，为教育者组织讨论提供一些概念，以及儿童阅读和写作的具体案例。

语言教育部积极开展多项活动。一是开发印地语、英语、乌尔都语和梵语的补充阅读材料。该方案的目标是用这 4 种语言编写补充材料，材料内容多为故事、文学作品以及甘地的哲学等。选定的材料将被翻译成其他语言。二是编写《印地语巴尔卡萨因诗集》(Anthology of Bal Kathayen in Hindi Written)。该计划的目的是促进学生的广泛阅读，并推广多种语言教育。这是一本印地语故事集，取材于 22 种印度语言的故事。这将有助于促进学习者的广泛阅读。该文集有助于在学生中推广多种语言的学习方法，培养学生的阅读习惯。三是研究“如何应对在课堂上阅读中世纪诗歌时遇到的困难”这一问题，探讨如何填补印地语与其他语言和文学之间的空白问题，并编写了材料以促进教学进程。四是对印地语、英语、乌尔都语和梵语的电子教学内容进行研究。目前已经开发出 4 种语言的 100 多种音像格式的电子内容。电子教学内容帮助学习者熟习语法、阅读理解、词汇和写作过程等，让他们在学校教育的各个阶段都能自由学习。五是编写乌尔都语初级阶段教学在线证书课程。为乌尔都语教学在线课程开发了 5 个模块，每个模块包括文本、视频、自我评估测试和网页链接。六是为教育学专业的学生编写乌尔都语全纳教育教材。教育学专业的本科生已经在使用乌尔都语全纳教育教材。开发的材料对有特殊需要的学生很有帮助，其重点是让教师和学生了解全纳教育的理论和实践知识。

（三）能力建设项目

为了缩小课程设置与实际情况之间的差距，NCERT 提出了能力建设项目——“促进校长和教师全面发展的国家倡议”(National Initiative for School Heads’ and Teachers’ Holistic Advancement，NISHTHA)，目的是提升小学教师和校长以学生为中心的教学方法的能力，从而改善学生的学习。NCERT 的成员编制培训方案，旨在更新有关科目领域的知识、教学方法，以及推进全纳教育等，使学员具备相关技能，能够策划、组织、管理和评估课程，并对社会问题和关注事项有敏感的认识，从而获得持续的专业发展。培训内容涵盖教育指导和咨询，教育行动研究，以及其他一些专门领域，例如印度手语、教育中的性别问题、职业教育学、职业教育执行、劳动教育、教育研究方法、全纳教育、科学、数学、社会科等。

能力建设项目的一个重点目标是通过综合性的教师培训提高学校教育质量，加强小学教师和校长在以学生为中心的教学方法方面的能力。培训对象还包括国家、地区、学区等级的教育工作人员。培训活动在国家和邦一级层面上组织开展，目的是向 4200 名教师提供培训。此外，能力建设项目为培训、监察与支持机制提供了一个稳定的入门网站或管理资讯系统。2019—2020 年，共有 30 个邦发起该培训计划，共培训超过 40 万名教师及 4 万名校长。

以 NCERT 的特殊教育部（Department of Education of Groups with Special Needs）为例。2019 年 5 月 30 日，根据联邦社会正义部和教育部的指示，能力建设项目为印度手语协调中心的公共教育工作人员编制了印度手语培训方案。培训方案的目的是向受训者宣传失聪、印度手语、关于手语的神话和误解与《2016 年残疾人法》的相关条款；向他们介绍残疾人基本沟通和日常表达方式，并使他们了解与教育相关的术语和官方术语。专家们的理论和实践报告包括对国际语言学习的认识和介绍、关于国际语言学习的神话和概念、国际语言学习的行为、作为一种教育模式的手语、国际语言学习的基本交流和日常表达，以及国际语言学习的教育和官方术语等。

再如，教师教育部（Department of Teacher Education）也积极开展相关培训，为中小学校长开展能力建设培训，目的是确保印度所有学校都能为男女学生提供单独的功能厕所，并确保印度每所学校都配备良好的卫生设施、饮用水设施。如果缺乏卫生设施，学校就会成为传播传染病的危险场所。同时，教师需要充分了解如何改善学校的清洁工作。因此，校长培训是学校有效开展卫生教育的关键因素，让学校校长理解怎样更好使用基础设施和保持清洁卫生，并示范如何使用简单的技术来实现环境卫生。课程设计包括由每位校长介绍学校的运行模式和面对的困难，以及制订行动计划使学校能善用清水。教师教育部还在 2019 年 9 月 12 日至 10 月 1 日推出教师专业发展的培训课程，课程的重点是参与式学习和反思职业发展规划中的各种专业问题，以促进专业发展，并使教师具备实现院校目标所需的知识和技能。课程内容包括学习成果评价、校本评估、幼儿照顾与教育、健康与福祉、课程研究与发展、定性与定量的教育研究方法、信息与通信技术等。此外，教师教育部也为教师提供跨专业综合性进修课程。培训对象是不具备专业资格的教师、未受过训练的教师，以弥补他们在教学技巧方面的不足。在接到相关邦的培训需求后，教师教育部开始为 37000 名未受过训练的小学阶段教师开办这一独特的课程。地方的培训需求包括：语言能力、处理多年级情况的技巧、学科教学法、班级和学校的评估、让儿童参与活动和挑战性任务等。根据需要，专家们设计了一个名为“教师综合多学科专业发展课程”的短期培训，为期 1 个月，分为 3 个阶段：5 天的面授、21 天的实地考察及 3 天的反思和评估。培训团队制定了一套教材，共十个主题单元，包括了解学习者、多年级混合教学、校本评估、学前教育、基础识字和算术、环境研究教学法、语言教学法、科学教学法、数学教学法、社会科学教学法。

（四）NCERT 实施的教育方案

为提高学校质量和教师的素质，NCERT 推进了多项研究、发展、培训和推广计划，体现为推动有关学校教育的多项方案。2019—2020 年，NCERT 积极推动了如下方案。

1. 九至十二年级的学校慕课和教师教育慕课课程

九至十二年级的慕课是学校教学与学生学习的补充。这些课程是自定进度的，由慕课平台门户网站和应用程序提供。截止到 2019 年 3 月，慕课平台上的 3 轮慕课课程已经顺利结束。第 4 周期已经开始，共有 21 门课程，包括 19 门学生课程，在职教师教育技术行动研究课程，以及教育工作者和一般受众的健康生活食品营养课程。共有 7293 名学员报名参加这些课程。从 2019 年 10 月 1 日至 2020 年 3 月 31 日，共开设 27 门课程（22 门学生课程、2 门师范教育课程和 3 门通用课程），共有 55851 名学员报名参加这些课程。

为发展网上课程，NCERT 举办了 13 个工作坊，以发展自我评估能力；丰富和审视学校教育课程，以审视学校教育和师资培训新课程的新内容。慕课课程学术咨询委员会也举行了第 4 次会议，主要是讨论慕课课程国家证书报告和 2020 年新课程的审批问题。会议共批准 133 份为不同科目的慕课课程提供内容的脚本，以进一步进行录制工作。慕课课程小组成员共走访了 14 所学校，并与 115 名教师和 1952 名学生进行了互动，以普及课程并获得反馈。

2. 应用程序和数据库

该方案旨在开发多个数字化平台或资料库，形式多样，包括声音、影像和新媒体等。NCERT 提供的一个门户支持的应用程序——“电子通道”（E-pathshala），其门户网站已有六千多万访问者。截止到 2020 年 3 月 31 日，三百多万用户已下载了这个应用程序。NCERT 为 7 个邦（安得拉邦、德里、哈里亚纳邦、卡纳塔克邦、米佐拉姆邦、曼尼普尔邦和北方邦）提交了 152 本数字化教科书和 12 本职业教育书籍，完成了 2595 个音频和视频节目，以便用户能更好地在“电子通道”上进行搜索和访问。

NECRT 开发了一个开放教育资源的数据库“国家开放教育资源库”（National Repository of Open Educational Resources，NROER），用户可以自由访问和使用该数据库。2019—2020 年，该数据库新增大量电子资源，包括电子书、有声书、图像、视频、视频讲座、音频等，资源总数由 2019 年 3 月的 13558 个增加到 2020 年 4 月的 18000 个。在“国家开放教育资源库”平台上增加了 3125 本电子书，旧版电子教科书已被替换。2020 年内，“国家开放教育资源库”平台增加了 5080 个新资源，包括 1016 个音频、12 张图像、62 个视频、836 个互动内容和 3154 个文件。而且，在该数据库上共享了所有联合国儿童基金会关于该数据库的电子内容，创建各个合作伙伴在该数据库上的实例，上传它们在不同学科领域的内容，并在该数据库平台上添加新的应用程序。

3. 教育信息技术国家奖和全国人才招聘计划

教育信息技术国家奖是一项鼓励和表彰在教学中使用信息和通信技术的学校教师的举措。在 2019 年 12 月 23 日于德里安贝卡会议中心举行的颁奖典礼上，有 43 名入选教师被授予 2017 年度教育信息技术国家奖。

国家人才招聘计划是自 1963 年开始实施的国家人才保障计划的旗舰项目。计划的目的是每年通过两个阶段甄选及培养学生，以奖学金的形式为有才能的学生提供资助，并为他们制订培养计划。此外，为有特殊需要的儿童保留了 4.1% 的份额。在第 55 个基金日的前夕，获奖学金的人数从 1000 人增加到 2000 人。

4. 学校职业教育创新模式计划和教师自我评估量表计划

学校职业教育创新模式计划于 2018—2019 年展开，并持续至 2019–2020 财年。根据这项计划，有 4 所多功能示范学校（Demonstration Multipurpose Schools）以及由卡纳塔克邦、中央邦、奥迪沙邦、拉贾斯坦邦和特里普拉邦教育部确定的 6 所学校被选中，该计划将设计一个多功能示范学校方案，将在一所学校教授两个职业科目，重点是使用最先进的设备和技术，与行业或机构建立培训联系，以及为实践或技能发展增加学习时间。在该项目下，建立了职业实验室，并在 2019—2020 年聘任了职业教师。

NCERT 实施的另一个项目是教师自我评估量表及应用程序项目。专家组制定了评估教师表现的工具，即“教师自我评估标准”（Teachers' Self-assessment Rubrics）。通过一系列专家研讨会和内部会议，制订了评估准则和评估工具的初步方案。专家组编写了草案，每个项目有 41 个业绩指标和说明。在正式推广之前，举办了一个小规模的试点工作坊，有 24 名小学至高中的教师参加。试点研讨会和试用期间收到的意见和建议被用于改进评估准则。此后，地方教育局继续举办 3 个区域性咨询暨分享工作坊，与各邦教育部门分享《教师绩效评估指南与准则（草案）》。根据参加者提出的建议或意见和反馈，最后确定了准则和工具。这一评估准则可以在 NCERT 的门户网站和应用程序上下载查阅。

三、小结

每年发布研究报告已经成为 NCERT 的传统。2019—2020 年，除了出版定期出版物，NCERT 还出版了学前教育课程和指导方针、小学艺术教育指导方针、中学阶段的学习结果评估、职业教育文凭指导方针、职业教育学框架、职业课程和学生教科书、关于甘地的阅读材料等。为了提供清晰的制度构想，并以实事求是的态度阐明这一点，NCERT 参与了学校教育和师资培训等不同范畴的研究工作，研究主题涉及教师的科学教学、艺术综合学习、学校包容性、因慢性健康损害而残疾的儿童的教育、乌尔都语教学过程、三种语言形式的教育实践研究、学校气氛与学生学习成果的关系、印度和韩国从性别平等角度进行的教育和技能发展政策研究、女童宿舍计划的现状、学生实习方案、印度学前教师教育方案、虚拟实验室的有效性等。此外，NCERT 还参与开发了在线资源、教师辅导员关于处理学校青少年行为问题的阅读材料、艺术综合学习手册、音频、视频、计算机科学和信息学实践教科书、触觉书籍、学习成果示例、转变对性别问题的认识的材料、辍学儿童示范课程等。可以说，在印度教育部和其他合作部门的持续支持下，NCERT 得以全身心投入学校教育的研究和改进工作中，并努力将研究成果惠及各方。NCERT 的年度报告很全面地总结了该年度的工作情况，体现出一个教育专业机构和研究团队应有的专业态度与业务能力，为印度教育的改革与发展提供了大量的改革项目和改进思路。

第二节 《学校教育变革 2014—2020》

印度作为一个教育大国，推动学校教育改革与发展是政府面临的重要任务。受苏联影响，印度在经济社会发展方面实施“五年计划”，在教育领域同样也有类似的教育发展“五年计划”。2016 年是第十二个“五年计划”的最后一年，为更好地规划长期目标，印度从 2017 年开始推出十五年发展远景规划，同时废止“五年计划”安排。2020 年初，新冠疫情给印度教育带来巨大冲击，在一定程度上打乱了印度既有的安排。为了更好地体现教育政策的连续性并对相关教育问题做出判断和监视，2021 年 1 月 28 日，印度教育部发布《学校教育变革 2014—2020》，对疫情之前的五年期间印度的教育改革政策做出回顾和评述，同时也阐述了一系列重大教育问题。①

---

① Government of India. Ministry of Education. Reforms in School Education 2014-2020 [EB/OL] . [2022-07-29] . https: //www.education.gov.in/en/reforms-school-education-2014-2020.

一、提出背景

在历史上，印度有着丰富的文化，教育系统也曾经相对发达。但是，在过去的几个世纪里，印度的教育体系的方向是能为人们提供知识，但可能无法使他们具备生活技能。

印度教育界认识到，目前印度的教育沿用已经存在两个世纪的方法——把知识传授给学生、培训学校的教师，未能照顾到学生的不同学习需要，未能提高他们的生活技能，亦未能配合教师的专业发展需要。在推动教育发展的现实需求下，过去这几年来，印度教育部门进行了多项改革，努力开创一个以人力资本投资为重点的新时代。为梳理这些改革举措，2021 年 1 月 28 日，印度教育部发布《学校教育变革 2014—2020》（以下简称《学校教育变革》），对相关政策和举措进行了较为系统的阐述。

二、主要内容

《学校教育变革》包括 5 篇共 18 章，即政策篇（包括 2020 年《国家教育政策》修订、从学前到十二年级一贯制改革等）、规则和制度篇（包括修订《儿童免费义务教育权利法》来引领以学习结果为导向的教育并加强教师培训等）、质量要求篇（包括国家教育成就调查、校长和教师成就国家创新、学校发展数据库再造工程、与绩效评级指标有关的改革等）、学生发展篇（振兴体育项目、评价改革、清洁学校、午餐计划、校园包裹项目等）、过程变革篇（“为学校提供便利”改革项目）。该报告对相关的教育改革政策进行了阐述，笔者选择其中部分重要的政策予以介绍。

（一）关于 2020 年《国家教育政策》的修订

《国家教育政策》是印度独立之后于 1968 年颁布的教育法律文件，在随后的发展过程中，印度政府会对其中的内容做出调整和修订，重要的几次修订包括 1986 年的修订、1992 年的修订以及 2020 年的修订。《学校教育变革》对 2020 年修订的《国家教育政策》进行了介绍，阐述了修订的基本情况。

1. 教育改革和修订《国家教育政策》的背景和基本要求

1968 年的《国家教育政策》运行十多年后，进入 20 世纪 80 年代，印度的教育发展取得了积极的成效，同时也面临一些新的问题，为此这一政策需要及时调整。于是在 1986 年 5 月，印度人类资源发展部制定了新版的《国家教育政策》并获得印度议会的通过，成为印度全国教育发展的新的纲领性文件。1986 年的《国家教育政策》包括导言、教育的实质和作用、国家教育制度、教育公平、不同阶段的教育改革、技术和管理教育、体制落实、教育内容和教育进程的重新定向、教师、教育管理、资源和评估、前景展望等部分，它对各级各类教育的发展和教育改革、教师队伍的建设都做了具体的规定。1992 年，印度又对新版的《国家教育政策》进行补充修改，但改动并不大，此后《国家教育政策》就一直成为印度教育发展的基本指导方针，直到 21 世纪的第二个十年。

进入 21 世纪的第二个十年，印度教育状况跟过去相比已经大不相同。例如，据印度教育部门统计，截至 2013 年，印度中小学阶段的毛入学阶段率已经超过 80%，可以说基本普及了八年义务教育，尽管离巩固和高水平的普及还有很大距离。在这种情况下，印度开始着眼于未来的教育改革计划。《学校教育变革》指出，国家教育系统旨在确保所有儿童在公平和包容的课堂环境中获得优质教育，这种教育要照顾到他们的不同背景、多语言需求、不同的学术能力，并使他们积极参与学习过程；教育发展将较少注重内容保留，而更多注重培养批判性思维和解决问题的能力；至关重要的是，学习出现新的变化，如更加经验化、整体化、综合化，探究驱动，以发现为导向、以学习者为中心、以讨论为基础，而且学习是愉快的。为适应这种需求，印度政府需要调整既有的政策。

2. 修订工作的途径和指导方针

早在 2016 年，印度政府就成立了修订工作委员会，开启了制定新的教育政策的进程。2019 年，以卡斯图里兰根博士（Dr. K. Kastuirangan）为首席专家的委员会向教育部提交了报告草稿。可以说，制定新教育政策的过程具有高度的包容性，其中包括多轮磋商，议员、各邦教育部长、邦行政首脑、城乡地方团体、教育工作者和教育机构，以及多个其他利益攸关方均参与其中。经过多方审阅，2020 年《国家教育政策》最终定稿，并于 2020 年 7 月 29 日获得联邦内阁批准。

委员会所秉持的愿景是：教育的目的是培养良好的人类，他们能够理性思考和行动，具有同情心和移情能力、勇气和韧性、科学性和创造性的想象力，具有良好的道德准则和价值观。因此，在修订过程中委员会提出如下指导方针：（1）教育制度将使学习者做好准备，以迎接当前和未来的各种国家和全球挑战。（2）建议修订和改革教育结构的所有方面，包括其规章和管理，以创造一个新的制度，将学校和高等教育视为一个单一的有机连续体。（3）政策植根于印度的民族精神和宪法价值观，同时强调吸收 21 世纪的技能。（4）2020 年《国家教育政策》明确了学校发展计划、教学计划、实现普及基本识字和计算能力的实施计划、与实际生活情况保持一致的教学计划，使学生能够在各个领域获得能力。（5）优先考虑有特殊需要的儿童和有天赋的儿童，并提出跟踪每个儿童整体进展的计划、新的考试模式和新的教学法。该政策旨在普及学前教育，并特别强调到 2025 年所有三年级学生应具备基本的识字和识数能力。（6）通过改革确保学校的质量，改革学校课程，引入新的“五三三四”学制，改革现行的考试和评估制度，加强教师培训，并重组教育监管框架。在这一学制中，“五”指的是为期五年的基础阶段，包括三年学前教育和两年小学教育（一年级和二年级）；第一个“三”指的是为期三年的预备阶段（或小学后期），包括小学三年级、四年级和五年级；第二个“三”指的是为期三年的初中阶段，包括六年级、七年级和八年级；“四”指的是为期四年的高中阶段，包括九年级、十年级、十一年级和十二年级。

3. 未来影响

《学校教育变革》报告对 2020 年修订的教育政策持有积极的态度，认为新的《国家教育政策》确立了新的国家课程框架和教育体制，包括学校教育、儿童早期保育和教育、教师教育、成人教育，将为下一步国家课程改革和其他改革铺平道路。而且，新的政策进一步扩大了入学机会，改善各教育阶段的学习成果，引入各阶段的体验式学习，鼓励教师在课堂交流中采用创新教学法。在评价方面也将产生积极的效应，因为它推动了多种考试的改革。在教师教育方面，它能够提高师资培训课程的质量，通过持续的专业发展提高新聘教师的素质，提升教师的教育质量和加强教师的能力建设，为师生提供安全、稳妥、包容及有利的学习环境。在硬件建设方面，新的政策鼓励改善基础设施，包括无障碍通道和学校之间的资源共享，并将技术纳入教育规划和治理，提供信息技术设施和优质数字化课堂教育内容。

2020 年《国家教育政策》与以往版本相比有了重大调整，其中最主要的调整表现为对学制的改革。此前印度的学制是“八二二”学制，即小学八年、初中二年、高中二年；而这次改革为“五三三四”学制，涵盖三年的学前教育，将学前三年和小学的前两年整合为五年的基础阶段，随后是三年的小学高年级阶段、三年初中和四年高中。这次改革已经部分吸收了发达国家的教育经验，有助于提升印度的现代教育治理水平。

（二）关于规则和制度改革

在制度改革篇，《学校教育变革》阐述了两个方面的制度变革，包括修订《儿童免费义务教育权利法》来引领以学习成果为导向的教育，并加强教师培训制度建设。这两个方面都谈到了如何通过制度调整影响相关的教育实践，且都简要分析了改革的需求、改革的方式方法和改革对未来的影响。

1. 修订《儿童免费义务教育权利法》，引领以学习成果为导向的教育

报告指出，2009 年《儿童免费义务教育权利法》赋予每个 6—14 岁年龄组儿童义务接受免费初等教育的权利。联合国可持续发展目标 4（SDG4）旨在确保包

容和公平的优质教育，并为所有人提供终身学习机会。这一目标意味着有效地获得基本的、可转移的技能是终身学习的基础，并需要注重学习的相关性——无论是对工作领域，还是对个人、公民和社会生活。“在孩子将来读书学习之前，重要的是他要从一开始就学会阅读。从学会阅读到自由阅读的发展之旅将通过基础识字和计算来完成。”教育质量对于改善学习过程和结果至关重要的领域具有一定的影响。这些领域包括教师教育、培训、专业发展、课程发展、教学材料的设计、学习评估等。

为了注重质量，相关规则于 2017 年 2 月 20 日修订，增加了关于班级和专题学习成果的参考资料，作为各邦实施教育的指导方针，以确保所有学生获得适当的学习成果。修订后提出如下理念:（1）能力是使学生能够成功地进行生活和完成日常生活所需的应用性技能和知识。它们是一种验证学生是否真正学到了预期的东西的方法。（2）基于能力的教育要求清晰的学习成果或者确定的技能和熟练程度。学习成果是一套与年级相适应的基准能力，规定了每个学生在学校教育中应达到的标准。这些资料有助于教师、家长、学生了解学生的学习成绩和技能熟练程度，以及需要填补的空白。（3）为获得学习成果，需要为所有小学班级准备课程，并为实施持续及全面的评估制定指南，以达到既定的学习成果。（4）由 NCERT 开发一至八年级的语言（印地语、英语和乌尔都语）、数学、环境研究、科学和社会科直至初级阶段的学习成果配套材料，包括课程资源包、教学过程指导和每个班级每个科目的学习内容。

报告指出，以下课程领域正在开发高中阶段的学习成果标准：英语、印地语、梵语、乌尔都语、数学、生物学、化学和物理、人类生态学和家庭科学、经济学、地理学、历史、政治学、心理学、社会学、会计学和商业研究、绘画和音乐、健康和体育。目前的学习成果状况与需要取得的结果之间的差距将有助于制定适当的策略来进行弥补。这将确保所有学生都能获得理想的学习成果，并能够在生活中使用这些结果。学习成果将解决教学大纲和内容的多样性，并为教师提供明确的标准。学生也能够发展适当的能力。学习成果是可以衡量的，并将使教育系统中的所有利益攸关方负起责任。教、学、评估的重点会由关注内容转移到关注能力。课程、教学过程与评估亦会作出改变，以达到预期的学习成果。

2. 修订《儿童免费义务教育权利法》，加强教师培训

截至 2015 年 3 月 31 日，18 个邦的政府报告谈到，有 50 多万名未经培训的教师在公立学校教学。此外，2015—2016 年，全国私立学校共有近 60 万名未受培训的教师。2009 年《儿童免费义务教育权利法》第 23 条第（1）款规定，具有中央

政府授权的学术机构规定的最低资格的人员，有资格被任命为教师。此外还规定，在该法开始实施时不具备上述最低资格的教师，应在五年内取得最低资格。

在行使 2009 年《儿童免费义务教育权利法》第 23 条第（1）款所赋予的权利时，中央政府通知全国教师教育委员会规定教师的最低资格。为确保所有未经培训的在职教师获得规定的最低资格，决定对 2009 年《儿童免费义务教育权利法》进行适当修订，将获得此类培训的期限延长至 2019 年 3 月 31 日。

2017 年 8 月 1 日，印度议会两院一致通过对《儿童免费义务教育权利法》第 23 条第（2）款的修正案，以延长未经培训的在职小学教师接受培训的期限。此外，由 2015 年 3 月 31 日起任命或就职的每名教师，如不具备第（1）款所规定的最低资格，应在 2017 年《儿童免费义务教育权利法（修订）》生效之日起四年内取得最低资格。国家开放教育学院受委托以通过"开放式在线教育模式"的方式培训未经培训的在职小学教师。课程开始于 2017 年 10 月 3 日。此外，国家开放教育学院还为拥有教育学学士学位的小学教师开设了一个为期六个月的过渡课程。这一计划的一个独特之处是，该学院编写的研究材料处于开放模式，并分四个部分上传到特定的网络平台，包括音频和视频讲座、可下载并打印的阅读材料、自我评估测试，以及在线讨论论坛。

在对系统内所有未经训练的教师进行这次大规模培训之后，预计学生的学习结果将有所改善。取得专业资格后，教师可集中进行专门的在职培训，例如创新教学法、学习评估等。在培训中，也要求教师积极采纳并适应科技及教学法的新变化。

（三）关于教育质量要求的改革

该部分包括国家教育成就调查、校长和教师全面发展国家倡议、PM eVidya 综合倡议、学校发展数据库再造工程和与绩效评级指标有关的改革等五章内容。跟前面一样，这部分均分析了改革的需求、改革的方式方法和改革对未来的影响，限于篇幅，笔者选择以下内容进行阐述。

1. 国家教育成就调查的相关情况

印度在此前不定期开展有关学校教育的调查。在 2017 年之前，印度的国家教育成就调查是使用体量较小的邦进行的，没有关注学习成果，这使得在地方层面上设计提高国家教育质量的干预措施变得极其困难。2017 年的调查以地区作为抽样对象，并以评估架构为基础，以三年级、五年级及八年级学生的学习成果（特别是学生在语文、数学、科学及社会科等不同科目的能力水平）来评估学生的学习水平。相关的调查结果阐明了学校教育政策和实践需要如何演变，以提高孩子的学习水平。

报告引用印度总理莫迪的观点："据国家教育政策，尽可能将当地语言，即母语，列为至少从五年级开始使用的教学语言。我知道有些人对此很困惑。国家教育政策不限制学习或教授母语以外的语言。"该次调查由地方主导，覆盖了所有36个邦的1万多所学校共22万名学生，对学生的英语、数学、科学、社会科和现代印度语言共5个科目的学习水平进行了评估。2017—2018学年国家和地区小学和中学的成绩单已经发布，并在NCERT的官网上公布于众。

2017年的学校教育重点关注教育质量方面的差距，并协助各邦制定行动路线图，以改善各邦在其后评估中的表现。通过调查发现的学习情况用于向各邦和各学区提供反馈意见。调查报告还建议设立一个干预框架，以提高学生的学习水平。尤其是采用不断发展的学习策略，以提升不同年级学生的学习结果，倡导以结果为导向的教学法。此外，根据调查结果鼓励学校寻求社区支援，各学校可以进行访问和实地考察，以便分享最佳实践经验。下一次调查于2021年11月12日举行。仪器的开发、测试，测试项目的最终确定，学校的抽样等工作将由国家核证机关负责。

2. 校长和教师全面发展的国家倡议

学校校长和教师的成长方面同样面临一些问题，其中重要的一个弊端就是教育工作者其实是通过死记硬背而在学校董事会考试中获得高分的，这种评估体系本身就存在问题，它会影响学校中学生的学习方式。除非所有教师、校长及其他参与学校行政工作的人员都致力于培养学生以能力为本的高阶思考能力，否则学校不可能从死记硬背的学习方式转向以能力为本的学习方式。

为改进这一弊病，印度政府部门设计了一套综合性师资培训方案，并在特里普拉邦进行了试点运用。根据从这一方案中学到的经验，印度政府决定制定一个全国性的综合培训方案，以提高大约420万名参与者的能力，其中包括所有教师、所有公立学校的小学校长、邦教育研究和培训委员会的员工、地区教育和培训机构与所有邦和中央直辖区资源中心的官员和顾问等。

印度政府通过其学术机构，如NCERT与全国教育规划和管理研究所，在改变在职教师培训的格局方面发挥了领导作用。培训方案的模块是经过充分协商而开发出来的，参与者包括各邦的学校校长和非政府组织人员等。

培训方案的突出特点是以活动为基础的模块，包括教育游戏和测验、社会情感学习、艺术综合学习、激励互动、团队建设、校本评估准备、内置持续反馈机制、在线监测和支持系统、培训差距和影响分析等。培训方案不是基于"粉笔和谈话"的方法，而是以活动为基础，目标是激励和鼓励教师在课堂活动中开展这些活动，以确保所有学生都参与其中，并使活动发挥最大的作用。鉴于疫情的影响，NCERT 从 2020 年 10 月开始在网络平台上开展初级培训，在线培训采用高质量的专业制作的电子内容，如视频、文本、自我评估和学习活动方案等。这将使所有年龄组别和学科范畴的教师聚集在一起，以便更好地进行交流学习。此外，印度最偏远地区的教师将了解政府在这些计划下采取的各种措施和做出的规定。通过嵌入式培训后干预措施，印度建立全面的监测和指导机制，以确保教师能力建设的持续性。

3. 与绩效评级指标有关的改革

印度的教育系统拥有超过 150 万所学校、940 万名教师，以及来自不同社会经济背景的近 2.5 亿名中小学生。由于没有统一的标准来衡量各国在学校教育方面的表现，难以比较改进情况。2017 年 9 月至 10 月，印度进行了一次试点测评，当时所有邦和众议院都在网上对他们在公共福利金计划下的学校表现进行了评级。试点涵盖了 10 个指标。根据本次测评的经验，以及所有邦和大学的反馈，印度制定了“学业表现分级指数”（Performance Grading Index，PGI），由此构建了一个统一和全面的框架，以便根据某些共同基准对不同邦和地区的学校表现进行评级，并为它们提供改进的路线图。

学业表现分级指数有 70 个指标，具体分为 2 类，即成果和治理，被用于给各邦的学校评分，已被概念化为鼓励各邦和相关机构采用某些做法的工具，如在线招聘、教师调动、考查学生和教师的出勤等。

这方面的下一步工作是最终确定一个基于 83 个指标的地区 PGI 评级框架，该框架将用于所有地区的学校。目前正在开发地区级的在线数据收集和汇编机制，预计将帮助各邦教育部门在地区一级找出差距，并以分散管理的方式提高他们的表现。可以预见，它将使学校教育系统的所有利益相关者受益，包括学生、家长、教师和学校教育系统的管理者等。PGI 将以统一的比例反映所有邦的学校绩效相对表现，以激励各邦有更好的表现；PGI 也显示了各邦需要改进的地方，有助于各邦采取措施进行改进。

三、小结

2021 年初，印度教育部发布的报告《学校教育变革》回顾了印度过去几年主要的教育改革工作，阐述了印度政府面临的一些重大教育问题。从其内容来看，该报告关注的焦点是教育方式和学习方法问题，认为既有的教育方式未能照顾到学生的不同学习需要，未能提高他们的生活技能，亦未能配合教师的专业发展需要。因此，这些年的印度教育改革和调整主要围绕这些问题展开，如 2020 年《国家教育政策》

提出，每名教师每年须参与最少 50 小时的持续专业进修课程，内容包括基础识字和计算、学习结果的形成性和适应性评估、能力为本的学习，以及相关的教学法，例如经验学习、艺术综合、体育综合和以故事为本的教学法等。标准化的教师能力建设的优势在于以非常系统和统一的方式传达国家的优先教育事项，需要创造一个有利和丰富的包容性课堂环境。其他政策和文件也都不同程度上涉及教师，强化了提升教师专业能力、发展教师培训的意图。而且，该报告也阐述了如何通过出台 PGI 体系制定一套以培养学习能力为重点的校本评估框架，也督促教师采用活动为本的学习模式，避免死记硬背。应该说，该报告对既有政策和改革意图的梳理较为系统，抓住了印度未来面临的重大教育课题，对于印度教育的健康发展和质量提升不无裨益。

第三节 《印度数字化教育报告：印度各地的远程学习计划》

21 世纪以来，随着信息技术的迅速发展，教育领域利用技术的便利性开展远程教育已屡见不鲜，印度也借助信息技术的潮流积极推动远程学习项目。尤其是在 2020 年初全球新冠疫情暴发的背景下，远程教育成为印度开展教育工作的重要选择。基于信息技术的远程教育被印度教育界称为数字化教育（Digital Education），那么，印度的数字化教育如何开展？印度的数字化教育状况如何？ 2021 年印度教育部出版的《印度数字化教育报告：印度各地的远程学习计划》[①]，阐述了印度的数字化教育状况及其进程。

一、提出背景

印度政府认为，为确保所有人都能公平地学习，教育应覆盖所有教育水平和所有地区的学生，即使是在国家最偏远的地区。因此，通过点击按钮获得任何服务的便利不再仅仅是富人的奢侈，也应该覆盖其他人群。把数字化教育想象成一种长期的学习策略，以确保新时代的学习，这一点至关重要，将帮助印度教育实现跨越式发展。当释放 10 亿印度人的潜力时，就可以在教育方面实现跨越式发展。教育是关于学习的，而学习不应仅限于学校，应该是大家一起学习。总体而言，印度需要

---

① Government of India. Ministry of Education. Department of School Education and Literacy. India Report Digital Education: Remote Learning Initiatives across India［EB/OL］.［2022-08-03］. https: //www.education.gov.in/sites/upload_files/mhrd/files/irde_21.pdf.

准备一个提供课堂内外学习的框架，它的基础就是数字化教育提供的指南和标准，这些指南和标准将解决数字鸿沟，使公平的学习成为可能。

2021年7月，印度教育部学校教育与素养司编写了《印度数字化教育报告：印度各地的远程学习计划》并予以出版，正式提出了一项雄心勃勃的全印度远程学习计划。该报告试图收集和汇编各邦（联邦属地）教育部门采取的所有举措，每个邦（联邦属地）所承担的工作规模将有助于启动讨论、改编与合作，并为其他地区提供启发性的经验和教训。这些内容将有助于明晰教育体系中的差距以及区域之间的差异，努力扩大采用新的数字化教育模式的范围和可能性，最终目的是确保没有一个学习者被落在后面。

二、主要内容

该报告的主要内容包括序言、导论、数字化教育的干预措施、各邦（联邦属地）教育部门采取的主要行动等。其中，序言由印度总理莫迪，教育、技能与就业部部长普拉丹（Dharmendra Pradhan）等人撰写，谈及对印度教育未来发展的期盼；导论大致介绍了本报告的基本背景等信息；数字化教育的干预措施以表格的形式统计了各邦推进数字化教育的概况。这三个部分内容很少，而各邦（联邦属地）教育部门采取的主要行动则是该报告的核心，该部分详细探讨了不同邦（联邦属地）在数字化教育所采取的具体举措和行动情况，如安得拉邦、阿萨姆邦、比哈尔邦、昌迪加尔市（联邦属地）、恰蒂斯加尔邦、哈里亚纳邦、喜马偕尔邦、卡纳塔克邦、喀拉拉邦、马哈拉施特拉邦和曼尼普尔邦等。笔者选取其中几个予以简要阐述。

（一）安得拉邦的基本做法

2020年新冠疫情期间，安得拉邦学校教育部采取了若干创新举措。为了缩小差距，进行了许多调查和在线培训，以提高教师和学生的能力。为了促进学习及支持学生有系统地继续学习，该邦已推行一些数字化教育措施，包括开设远程电视函授、在线课程、提供“立交桥课程资料”（Bridge Course Material）、电子化教材内容（E-content）、在线测试等。通过远程电视函授，所有科目学科教师为一至十年级学生播放授课节目，目的是在疫情期间为学生提供学习机会、概括概念和弥合学校关闭期间的学习差距，时间定在2020年6月10日至2021年1月31日。安得拉邦发起了一项全国性倡议，要求学校校长和教师全面提高小学阶段的教育水平。这是印度教育部的旗舰项目，其第一个在线教育的试点就是由安得拉邦承担的。因此，安得拉邦是全国开展在线教育的先驱。安得拉邦开设了为期90天的在线课程，18个课程模块适时提供实时课程，并通过在线云收集作品集。教师也可以通过平板电脑来检查学员提交的作品。

安得拉邦政府在所有中小学发起了一项通过虚拟模式实施的学校安全方案，以便在疫情期间提高对学校安全的认识。相关部门制作了以学校安全为基础的电子手册，并在网络平台上提供。学校印制及展示有关学校安全计划的海报及小册子。该邦计划建立1000个虚拟图书馆，旨在使图书馆数字化。

在教师培训方面，10万名教师接受了初级水平的在线培训，其中9万多名教师已完成所有单元，并通过网络平台获得在线培训证书。

在儿童的养护方面，该邦启动了一个在线监测机制，以检查为儿童服务的物理治疗师的表现和儿童的健康情况。他们创建了一个交互式的应用程序，以了解进入网站访问的进展情况和儿童的健康改善情况。这个应用程序的特点是显示带有特定访问日期和信息记录。

在授课素材方面，该邦制定了包含语言和数学练习册的“立交桥课程资料”，以帮助学生在家里练习。电视课程也是根据这些练习册教授的。他们研发了“班级智能”应用程序，这是安得拉邦的教师们专门为九年级和十年级的学生提供的。该应用程序提供了电子化教学内容，还有相应的网站链接。

在过程性的监测方面，2020年学校重新开放后，该邦开发了一个在线监测出勤的应用程序，以跟踪学校学生的情况。根据出勤情况的分析，他们指示乡村志愿者与缺勤学生的家长会面，并定期送学生到学校。邦政府开发了一个在线工具来管理这项调查，以了解全邦私立管理学校开设的在线课程的状况。有3221所学校被随机抽选进行调查，整个调查是通过在线完成的。邦政府设计了一个表格来收集新冠疫情期间教师们的工作报告。教师会定期上传他们所做的工作，例如，批改学生的作业、根据其他学习时间表进行辅导教育等。在2020年12月的最后一周，该邦在所有学校举办了一个成果展示会，涉及作文比赛、演讲比赛、绘画比赛等，根据学生的表现颁发奖品。

（二）阿萨姆邦的基本做法

阿萨姆邦建立了“全邦数字化平台”，这是一个集电子内容储存库、电子内容创建平台、培训平台和教科书创作平台为一体的综合性平台，可以为学生和教师提供支持。目前约有4900个电子内容（包括音频、视频、练习资源、互动内容等）已经上传到平台网站。学生可通过相关的应用程序及门户网站浏览电子内容。

阿萨姆邦开发了电子教科书。从2021年4月起，共有152种教科书配备了2564个二维码，并提供链接让学生获取额外的资源材料和指南。电子教材的内容丰富，包括音频、视频、练习资源、互动内容，并提供多种语言版本，包括阿萨姆语、英语、博多语、孟加拉语、印地语等，这样可以方便不同母语背景的学生学习。学生还可以通过手机应用程序和门户网站，扫描教科书上的二维码，从而学习电子教材的内容。

该邦为学生提供了远程电视函授内容。自 2020 年 9 月 5 日起，一至十年级的视频课程通过吉安・布里克什亚电视台（Gyan Brikshya TV）进行播放。针对六、七、八、九、十和十二年级的学生，视频教学频道每天都会开通。从 2020 年 6 月至 9 月，每周安排 4 天通过阿萨姆邦远程电视播放视频课程 1 小时。从 2020 年 11 月至 2021 年 2 月，每周安排 4 天向初级水平学生（一至八年级）播放 1 小时的录像课。此外，该邦还开通了广播节目。每周安排 3 天为小学生播放 15 分钟的音频课程。

在教师培训方面，该邦为 1000 名教师和教师教育工作者举办网上能力建设培训，内容涉及使用不同的免费和开放的软件等进行电子内容和资源开发。在线继续教育课程有 4 种语言版本，即阿萨姆语、孟加拉语、英语和印地语，近 5000 名教师完成了课程。此外，还推出电子学习平台——教师入职辅导计划，为学科教师提供有关如何教授残疾学生的服务。

到 2021 年 3 月，该邦收到来自教师、教师教育工作者和非政府组织的 1200 份电子内容。这些电子内容可以用于在线教育和电视广播远程函授，通过播放视频课程等为学生提供教育资源。

（三）比哈尔邦的基本做法

比哈尔邦一直在加紧推进学校教育工作，以便在疫情封控期间和封控后保持学生学习的连续性。该邦还设想在学校重新开学后有计划地弥补学习差距，以解决学习中的遗漏问题。学校教育部门采取了一些数字化教育的举措：让学生在家中有机会使用数字化设备，并在需要时为他们提供创新的干预措施。比哈尔邦教育项目委员会已经启动了一个网上视频频道，为教师和学生分享数字化学习内容。

在比哈尔邦教育项目委员会和联合国儿童基金会的共同努力下，疫情封控期间启动了 5 个小时的数字化学习时段。该邦从 2020 年 4 月开始分阶段通过电视转播电子内容，所有班级的电视转播仍在继续。该邦还开设了数字化教育门户网站，在相关教育项目官方网站上创建一个数字化学习平台，在这个平台上，所有关于比哈尔邦的电子内容都可以远程浏览。该邦开设了一个网上教育平台，平台依据比哈尔学校教学大纲提供科目内容。学生可以通过应用程序访问六至十二年级的内容，也可以在平台上提出自己的问题，并从各自的教师那里得到答案。学生可以通过移动设备访问这个应用程序。

在升入十年级和十二年级之后，学生们有许多关于他们想要进一步学习或选择职业道路的问题，以及想要了解这些问题会导致什么结果。比哈尔邦的职业门户网站和应用程序为他们提供了明确的指导和方向。在联合国儿童基金会和比哈尔邦教育项目委员会的共同努力下，2019 年 8 月比哈尔邦职业门户网站启动，供在比哈尔邦学校考试委员会注册的十至十二年级学生使用。门户网站和应用程序提供了与职业、大学、入学考试和奖学金相关的所有信息。大约有 72 万名学生在门户网站和应用程序上注册。在疫情期间，专家通过网络视频组织了各种在线职业咨询活动，为学生提供指导。

由联合国儿童基金会倡议、不同的非政府组织合作发起的“流动学习中心”，设于一辆货车内，车上装有电视屏幕等数码设施、录像带、数学游戏、插图海报和玩具等教育资源，以互动方式教授儿童课程。比哈尔邦教育项目委员会还向巴特那一所学校十年级的学生分发了 42 部手机。

安恩达沙拉（Anandshala）是比哈尔邦教育项目委员会和探索联盟的一个联合项目，旨在通过建立学生、教师和家长之间更强有力的关系来提高语言能力和学校教育的自主权。在 2020 年新冠疫情期间，该项目对撒马斯提布尔县（Samastipur）进行了各种干预，如建立学习中心，创建应用程序小组，准备学习应用程序，组织在线瑜伽和艺术综合学习班，以保证学习的连续性。

（四）昌迪加尔市的基本做法

为了纪念图书馆运动之父，昌迪加尔市于 2020 年 6 月 19 日至 26 日举办了在线阅读日和阅读周庆祝活动。一至十年级的学生参与不同的阅读活动。受 2020 年新冠疫情的影响，教育局与教师分享了一份有关网上阅读活动的建议清单。此外，教师会鼓励学生在家中开展学习活动及其他相关活动，并通过网上课堂与教师分享他们如何进行这些活动：诗歌朗诵、故事讲述和写作、图画构图、撰写书评、阅读思考、绘画和绘本创作等。大约 3 万名学生积极参与了阅读日和阅读周期间的各项活动。

该市还发起了一项很有创意的活动：小学和中学分别进行“人才搜寻活动”（Online Talent Hunt）。在家长和兄弟姐妹的协助下，学生围绕三个科目（数学、科学、英语）开展学习和比赛活动（专题研习、海报制作、绘画比赛、朗诵、演讲、辩论、字幕比赛、标语创作、创意写作等）。学校则创造条件，为体验式学习创造平台。各年级的任课教师亦有妥善保存专题学习的记录。

疫情期间，该市举办了在线数学和科学俱乐部活动。政府倡导学校成立数学和科学俱乐部。学校让学生参与不同的活动，有助于形成实验和批判性思维。鼓励学校学生参与强化数学和科学技能的方案和活动。要求教授六至十年级的教师以及负责学校数学和科学俱乐部的教师带领学生参加，通过在线形式让学生参与各种数学和科学活动。教师主动接触学生，引导他们，并组织不同的活动。学生参与由教师主持的网上活动，通过课堂网上学习群组，以文字、扫描文本和小片段的形式分享他们的表现。共有 3 万名学生参加了数学和科学俱乐部下的不同活动。

该市鼓励三四年级学生参加写作技能的在线活动。该活动的目标是：听、读、写技巧的衔接，促进书面表达，为创造性思维和写作提供空间，激发年轻人的写作潜能，让学生认识到语言写作技能的重要性。2020 年 9 月 1 日至 7 日，昌迪加尔市通过在线模式开展了不同的活动，以提高三四年级学生的写作技能。昌迪加尔市的学校教师激励每个学生参加不同的比赛，如创作和编写故事、教师指导下的写作、图片创作、故事讲述等。教师主动联系学生并指导他们。学生参与网上活动，并通过网上课堂群组，以文字、扫描副本和小视频片段的形式，分享他们的表现。约 1 万名三四年级的学生参加了此次活动。

该市关注疫情期间辍学孩子的教育问题。昌迪加尔市政府部门的特别培训机构创建了一个网络小组，将特别培训教师与已确定的辍学儿童联系起来，为学生提供学习支持。大部分学生都与该小组联系。该小组也征询教师的意见，不少意见非常有用和实用。小组的教师团队会收到数百条来自教师的图片和视频信息。机构的协调员和特派团协调员定期向教师提出意见和反馈。为减少疫情封控期间学生的辍学率，在封控期间，小组要求教师收集信息以找到儿童可用的现有设施——这些信息有助于教师为继续学习过程制订以儿童为中心的计划。教师还要填写没有网络设施或在网上报名有困难的儿童的表格，以帮助儿童在线上获得学习机会。

疫情期间，该市积极推行数码化教育措施，向学生推广批判性和创造性思维与体验式学习。为了让学生为不断变化的教学法和课程做好准备，七至十年级的学生正在进行实践，以便在疫情暴发期间从周围环境和手头可用资源中寻找学习的机会。成立了 4 个科目专家组委员会（科学素养、数学能力、英语阅读能力和印地语阅读能力），每个科目专家小组委员会有 2 名负责人（分别来自政府和私立学校）。这些委员会为教师和学生（包括在线和线下）开发资源，同时担任主导培训师，就批判性和创造性思维与体验式学习的概念培训科目教师，这个概念正在向所有学校传播。

为了给 2020 年后的教育与培训提供保障，2020 年 7 月 24 日，昌迪加尔市教育部门为校长和其他学校负责人举办了关于有条件现金援助准备和数字教育的虚拟讲座。在 2020 年 8 月的第二个星期，昌迪加尔市教育部门在谷歌会议上与所有主题专家组举行了有关有条件现金援助准备和资源分类映射的情况介绍会。2020 年 8 月

20日至24日，昌迪加尔市的教师通过政府教育门户网站开设了信息通信技术教学、学习和评估的在线试点课程。学校教育主任与校长举行在线互动会议，以讨论如何提高学生的批判性和创造性思维能力。此外，昌迪加尔市教育部门还发起了为期一天的英语教师能力建设计划。约有4200名教师完成了网络平台上的18门在线课程。2020年10月23日至11月19日，中央广场基金会（Central Square Foundation，CSF）为参加课程的2785名教师举办了在线培训和概况介绍会，以了解他们的英语表达能力。

（五）恰蒂斯加尔邦的基本做法

恰蒂斯加尔邦教育部倡议发起一项在线学习的项目，这一举措的目的是让教师和学生能在舒适的家中获得优质的教育内容。新冠疫情暴发后，有必要为孩子提供在家中阅读、写作和学习的机会。通过这个项目，学生可以在电子平台上继续学习，通过视频讲座、模拟动画的网络视频和应用程序，获得学习的机会。相关教育部门为十一年级和十二年级的学生开发了大约15000分钟的视频内容。邦教育研究协会也开发了九年级和十年级的课程，包括数学、英语、科学和社会科。所有内容都已经上传到网络频道和视频平台。

国家信息中心和恰蒂斯加尔邦发起了“CG多媒体应用程序计划”，这项计划的目标是创建一个更具交互性的教学方式。九年级和十年级的所有教科书都已经转换并打包放到同一个移动平台上。教师、学生、家长等可随时随地浏览，内容包括开源的视频、音频、动画及文本。通过为教育服务的卫星系统可以有效开展交互式远程教育，该卫星提供数字化交互式课堂和多媒体中心系统，特别适用于视听媒体教学。该卫星系统涵盖了330所高中，包括恰蒂斯加尔邦的偏远地区。“CG多媒体应用程序计划”带来了积极的成效，如大学学院及专家定期为学生开设课程，广泛用于教师的专业能力建设，每年影响到大约12000名学生，已用于工程、医学等各种竞争性考试的准备。

恰蒂斯加尔邦还发起了“连接学习计划”（Connected Learning Initiative，CLIx），目的是让学生有机会亲身实践，积极建构知识，并透过使用信息通信技术，增加教师专业发展的机会。“连接学习计划”在数学、科学、交际英语和数字素养方面为高中生提供了资源。这些资源被设计成互动的，能促进合作，并融入价值观和21世纪的技能。该计划可以为公立中学的学生和教师提供这些互动式的开放教育资源。“连接学习计划”获得了国际认可，并获得了2017年联合国教科文组织哈马德国王奖（UNESCO King Hamad Bin Isa Al-Khalifa Prize）。

在教师培训方面，该邦为教育技术领域组建一个专家小组，还为高中教师开设一门 8 个学分混合的认证课程——反思性教学与信息通信技术。具体目标包括培养一批跨三个科目（英语、数学和科学）的技术教育专家，他们可以在地区一级的培训中提供支持，并在专业学习社区中做出有意义的贡献，以确保持续的专业发展，协助教师把课程资源整合到学科教学中。

恰蒂斯加尔邦的这些努力取得了积极的成果，比如许多教师的数字技能得到了提升，教师的数字化教学能力得到加强。许多老师通过不同的方式学习，有些是自学的，有些则依靠第三方教程和辅助视频。为了激励那些被忽视的老师，相关部门还通过网络视频频道推出了一个每日挑战视频，该视频时长 5—10 分钟，内容涉及许多有趣的话题，如如何使用 Canva 平面设计、如何使用谷歌表单创建测验、如何创建二维码等。许多教师开始从这些视频中学习，并在许多社交媒体平台上发布他们自己的视频，以及在他们的在线课堂上使用这些技术。

经过在线培训，超过 1500 名教师被新成立的 52 所精英学校聘用。但让这些新入职的教师保持参与的积极性并为他们提供一个发展教学技能的平台仍然是一项挑战。他们积极创建群组，以便在群组中进行讨论。导师也被指派在线帮助他们提升技能。这些学校的校长也接受了为期 10 天的有效学校管理培训，包括管理和激励新聘教师，因为这些教师在带领下一代前进方面负有重要责任。在试点成功后，邦教育部还准备将这个项目扩展到其他公立学校。

在阅读教学方面，2020 年 3 月学校因新冠疫情而关闭，需要通过不同的途径来解决学生的学习问题。于是，邦教育部门开发了网上电子学习门户网站，为不同的政府电子学习平台开发虚拟学习材料。范围包括不同类别的音频游戏、朗读视频、翻页书、故事书和练习单，供学生练习阅读技能。因此，所有虚拟学习内容都属于公共领域，任何在该邦拥有访问权的人都可以访问这些内容。为配合政府的努力，学校利用一些基于移动群组的传统媒介，向各政府利益攸关方传播虚拟学习材料，进一步向社区分级传播信息。全邦已有 2096 个群组，这些群组每周都系统地分享学习材料，并记录反馈使用情况。这些群组不仅成了每周与学校和教职员工联系的媒介，而且使人们认识到家长和学生适应新学习媒介的速度是很快的。

恰蒂斯加尔邦积极参与联合国儿童基金会为应对新冠疫情而发起的学习项目，目的是以一种不烦琐和有趣的方式促进和培养在校学生的学习。即使学校关闭，孩子们也能继续学习。学习项目以两种互补的方式帮助孩子：第一，它使用手机网络平台这样的数字渠道，在学校或社区一级教师的主持下，通过语言、数学、基础科学、环境科学，以及体育方面的简单、有趣的活动，家长和他们的孩子能够及时接触到相关知识；第二，它还动员和利用当地社区的相关资源，支持儿童的学习。

三、小结

在信息技术迅猛发展的时代背景下，推进数字化教育是世界各国共同的关注点，也是全球教育发展的重要趋势。尤其是在新冠疫情下，数字化教育又成为各国应对疫情的重要手段。为了让学生在新冠疫情期间参与学习，并考虑到数字化学习的未来目标，印度采取了积极的举措，以确保学生依靠互联网也能够学习。为了弥合数字化鸿沟，印度各地把媒体、互联网和数字技术带给所有的学生，不仅仅是那些最容易接触到的学生，每个地区都要考虑各种各样的现实条件以确保覆盖所有学生。在各地政府的积极领导下，学校提供可以上网的平板电脑和智能手机，以迎合和鼓励学生参与学习过程。在疫情暴发期间，各地已经制定了替代线下授课的日程表，以维护网络安全、确保学生正常学习。在同样的背景下，各地为克服数字化鸿沟采取了许多行动举措，很多举措值得称道。这说明，不管出现什么样的公共卫生事件，只要人类团结一心、积极应对，总能够化解危机，而学校教育作为人类培养的基本手段，必须成为全社会的优先关注项，确保未来一代的学习是社会进步和人类发展的重要途径。

第十一章
东南亚教育政策与发展趋势

教育是一个国家发展的基石，也是培养未来人才和推动社会进步的关键要素。在 2021 年，全球经历了巨大的变革和挑战，教育领域也不例外。尤其是新冠疫情导致学校停课和线上教育的普及，为教育政策和实践带来了全新的考验。本章综合呈现了文莱、柬埔寨、马来西亚、新加坡、越南和东南亚国家联盟（以下简称东盟）等国家和国际组织在 2021 年前后为提高教育质量、促进教育公平和培养学生全面发展所出台的教育政策和实施的创新举措，讨论这些国家的教育政策与发展趋势，以期更好地了解东南亚地区教育政策和发展成就。

第一节　文莱《儿童保护国家框架》

一、文莱《儿童保护国家框架》出台背景

近年来，文莱涉及虐待儿童[①]和儿童缺乏保护的案件数量呈上升趋势。例如，未成年人犯罪数量上升，2014 年至 2017 年平均每年逮捕 108 人，总体增加了 46%。此外，大量非婚生孤儿缺乏良好的照顾，2013 年至 2018 年，文莱平均每年产生 4900 名孤儿，其中非婚生的比例达到 59%。因此，所有直接参与儿童保护工作的相关机构都必须改善其相应的监测机制、干预措施和评估方法，保存好最新的、最具代表性的数据。此外，参与儿童保护的个案工作者和官员亟需提高他们在以儿童为中心的风险评估、干预实施、案件管理和其他相关事件处理方面的技术和技能。社

① 根据文莱《儿童和青少年法》（第 219 章）的规定，儿童是指未满 14 岁的人，而青少年是指已满 14 岁但未满 18 岁的人。

区也应该尽可能更多地参与支持各种儿童保护倡议和方案。

文莱主要采用多部门协作的方法保护儿童远离各种形式的暴力，涉及儿童保护的主要部门是社会服务机构、教育机构、执法机构和卫生机构。儿童的成长需求多种多样，例如身体、情感、教育、身份、社交、精神和自理技能培养等需求，因此，照顾好他们需要跨机构的参与。具体的儿童保护方案则以新加坡社会和家庭发展部开发的模式为基础。文化、青年和体育部（Ministry of Culture，Youth and Sports）下的社区发展部（Department of Community Development）是促进保护儿童的重点和领导机构，通过基于权利的方法来实现对全国儿童的支持、照顾、保护和发展。基于此，文莱在“2035 愿景”的规划内，由文化、青年和体育部颁布了关于儿童保护的全国性指导文件《儿童保护国家框架》（National Framework on Child Protection，NFCP）。

二、文莱《儿童保护国家框架》内容

《儿童保护国家框架》是一份国家级指南，旨在从 2020 年至 2024 年进一步发展现有的儿童保护生态系统。该框架的制定受到文莱“2035 愿景”、儿童福祉行动计划（Plan of Action on the Well-being of Children，POA）、联合国《儿童权利公约》（United Nations Convention on the Rights of the Child，UNCRC）和现有立法的推动。此框架侧重于 18 岁以下的儿童和青少年，通过让国家和政府全体参与的方法，制定了将儿童保护作为国家重点优先事项的应对战略，为文莱加强对儿童和青少年的保护指明了行动方向。保护框架由六大支柱和三大横梁构成，三大横梁贯穿所有支柱。

（一）六大支柱

1. 政策、立法和道德规范

文莱的现行政策和立法确保儿童和青少年在福利、健康、教育和出生登记等各个方面得到保护和照顾。《儿童和青少年法》（第 219 章）是保护 18 岁以下儿童和青少年的主要法律，由文化、青年和体育部执行。该法确定了执法的主要参与者，并概述了他们的角色和职责。文莱还有其他法律，其中的儿童条款同样重要，这些法律由总理办公室、宗教部、内政部、教育部、卫生部等其他机构执行。文莱还根据联合国条约和东盟规定做出了承诺，这为文莱制定政策和立法提供了参考。这些现行的法律与地区和国际承诺为进一步推进现有的儿童保护体系奠定了坚实的基础。因而《儿童保护国家框架》针对政策、立法和道德规范的行动建议包括：

（1）协调相关的法律和政策，确保满足儿童群体的需求，特别是在存在影响儿童的差异、差距和歧视性条款的情况下。

（2）加强相关法律和政策的执行，更好地保护儿童和他们的正当权利。

（3）制定、建立和改进以儿童为中心的司法程序，根据联合国儿童受害者和犯罪证人事务的司法准则，保护儿童在伊斯兰教法、民事、刑事和其他正式或非正式诉讼中的权利。

（4）发展专业社区服务、咨询服务和其他法律援助，支持儿童及其家庭在权益受到侵害时寻求赔偿。

（5）汇总与文莱背景相似的国家的最佳儿童保护实践案例，以供本国在必要情况下进行政策的调整。

（6）分派足够的人力、技术和财政资源，大力推进和宣传与儿童有关的法律，并完善相关机构的体制，以便有效执行这些法律。

（7）制定儿童保护政策和程序，确保所有利益相关者保护儿童免受暴力侵害。

（8）减少诉诸司法程序、剥夺自由和其他类似刑罚措施。

2. 家庭支持

文莱以其紧密的家庭结构和密切的家庭关系而闻名。常见的景象是一家人住得很近，互相定期拜访，并频繁组织家庭活动，以此来保持亲密关系。尽管卧室和其他设施可能不够，但一些家庭更愿意所有家人住在同一个房子里。当父母或监护人无法照顾儿童时，儿童往往也更愿意由其他家人来照顾。在这种情况下，照顾儿童的家庭可能需要情感、心理和经济上的支持。政府可通过现有的社会服务来协助解决这个问题。文莱的文化背景和国情鼓励家庭成员团结在一起互相支持。因此，当儿童与其父母或监护人分离的情况发生时，政府应尽可能制订家庭重聚计划来保护儿童。家庭应该并且必须在维护家庭凝聚力方面发挥作用，所以政府的主要政策之一就是通过家庭、妇女和儿童特别委员会来加强家庭制度。因而《儿童保护国家框架》针对家庭支持的行动建议包括：

（1）加强家庭干预，保护家庭和允许家庭团聚，特别是支持那些以家庭为基础、个性化且符合文化的做法。

（2）采取措施确保父母平等分担对子女的责任，包括修订法律和开展宣传活动。

（3）酌情为遭受暴力的儿童及其家人提供支持，采取适当的干预措施，并提供符合国际标准的替代方案和服务。

（4）加强父母和监护人在儿童保护和以非暴力方式照料儿童方面的知识和技能，并增加儿童获得相关社会保护的机会。

3. 监督机制

监督儿童保护相关活动、方案和倡议的执行很有必要，以确保它们有效且迅速落实。在文莱，监督是通过多个平台进行的，如全国社会问题委员会，家庭、妇女和儿童特别委员会，儿童保护行动小组，儿童保护委员会。所有这些平台都由文化、青年和体育部主持和管理。不过，在不同的部门和机构下还有其他平台，在卫生和教育等更专业的方面解决儿童和青少年的问题。

文莱儿童保护一直是由多个部门合作完成的，各部门在此方面的协调能力不断增加。但同时，预计不同的机构会给出不同的统计数据，并且可能对相同的情况有不同的定义。在这种情况下，现有数据可能无法反映国内儿童保护案件的实际情况。因此，文莱需要建立一套统一的儿童保护案件中央数据系统。

《儿童和青少年法》提到，允许文化、青年和体育部建立一个名为“需要保护的儿童和青少年登记册”的数据库系统。该系统将用于维护和监测儿童保护案件，其中的数据将有利于政府深入全面了解全国儿童保护案件的发生情况以及相关因素。因而《儿童保护国家框架》针对监督机制的行动建议也提到了建立一个中央数据库，协助政府制定、监测和评估儿童保护领域的政策、方案和项目。其中包括：

（1）按年龄、性别、残疾与否、地理位置、种族出身和社会经济背景分列数据，以便分析所有儿童的情况，尤其是处于弱势地位的儿童。

（2）特别是在对儿童实施的性虐待和暴力案件中，列入诸如投诉数量、提交给警方的报告、调查、起诉、判决和制裁等数据将是有益处的。

（3）这些数据应在有关部门之间共享，并用于制定、监测和评估有效的儿童保护举措的政策、计划和项目。

4. 跨部门协调

如前所述，儿童保护是一项多部门和跨机构的工作，因为儿童的需求是多种多样的。此外，随着他们的成长，积极参与儿童保护案件的机构也包括了社区发展部、总检察长办公室、文莱皇家警察部队、卫生部、教育部、毒品管制局、内政部和宗教部。上述每个机构都在儿童保护委员会中有代表人员。该委员会是一个由社区发展部主持的机构间平台，允许对儿童保护案件进行集体讨论、指导并做出决定。同时，需要更多政策和战略考虑的案例和事项将被提交给儿童保护行动小组进行决议，该小组的组长由文化、青年和体育部常务秘书担任。

自 2006 年实施《儿童和青少年法》以来，机构之间在儿童保护方面的协调主要是基于直觉和过去的经验，但是具体标准操作程序从未被记录在案。鉴于机构内部和外部对同一类型案件的评估方法不同，部分不幸的儿童及其家庭未能得到必要的干预。因此，各机构在处理儿童保护案件时必须改善机构间的协调合作水平。《儿童保护国家框架》对此的行动建议包括：

（1）就机构如何协调处理儿童保护案件制定标准化协议和标准操作程序。

（2）加强对需要或可能需要保护的儿童和青少年的早期识别和干预。

（3）确保机构间协议和标准操作程序是有效果且效率高的，并在必要时进行校准，以保持和改进所采取的措施。

5. 社会服务

政府为儿童和青少年及其家庭提供的社会服务如表 11-1 所示。

表 11-1　政府为儿童和青少年及其家庭提供的社会服务

社会服务	类型	简要描述
康复和关怀方案	行政监督	儿童在社区发展部官员的监督下可以不出庭； 儿童和家庭成员在缉毒官的监督下可以不出庭。
	缓刑和社区服务	犯下刑事犯罪并给予第二次机会的儿童将受到监管。
	寄养和收养	为需要保护的儿童提供寄养服务； 社区发展部可以在任意一个环节进行协助。
	制度化	设置社区发展部下属福利院来保护和照顾儿童； 设置缉毒局康复中心帮助儿童戒毒。
培训中心和项目	青年发展中心	青年职业培训中心。
	残疾人发展中心	残疾人培训中心。
	国家服务计划	文化、青年和体育部为年轻人提供国家服务。
	毒品管制局监管	对因滥用药物而需要指导和康复的青少年和家庭进行监督。
	咨询单位	社区发展部为儿童和青少年及其家庭提供咨询服务。
	卫生部临床心理司、卫生部社区心理司	心理评估和干预。

必须指出，社会服务提供的干预措施是遵循事实和证据的，以确保其有效性。循证干预是根据专业经验、案例研究和客户的主观反馈（愿望、价值观和知识）而制定的。此外，干预措施还应包括多元文化实践、宗教和精神实践。《儿童保护国家框架》对社会服务的行动建议包括：

（1）尽可能加强、支持和促进以家庭为基础的替代性照顾计划，如收养、寄养、亲属照顾以及可用于儿童的法定监护计划，以期减少由福利机构照顾儿童的情况。

（2）确保定期审查儿童在寄养家庭或机构中的安置情况，并监测护理质量。

（3）确保为相关儿童保护服务和机构分配足够的人力、技术和财政资源，以便在最大程度上促进儿童的创伤愈合并促使其融入社会。

（4）加强对儿童性别敏感问题的报告和投诉机制，以便儿童和其代表提出申诉，并及时有效地实施补救措施。

（5）采用循证干预措施，例如生态和系统视角、创伤知情实践、童年依恋理论、不良童年经历，以及包括宗教和精神方面在内的多元文化实践。

（6）加强社区服务项目的推广，以提高儿童、监护人及其相关人员的复原力。

（7）加大对儿童求助热线的投入：允许儿童免费且不受限制地使用儿童求助热线服务；进一步向儿童，特别是弱势儿童和农村地区儿童提供服务；通过可靠的长期资金来维持和发展其业务；通过升级其数据，为影响儿童生活的政策和决策提供信息；向热线经理和工作人员提供特别支持，确保他们准备好应对儿童受虐待和暴力案件，以及处理儿童心理健康问题。

6. 社区参与

当地社区在保护儿童上的积极参与很有必要，这有助于为儿童和青少年营造一个良好的保护环境。在文莱，可以为实现这一目标做出重大贡献的利益相关者有：社区领导、宗教领袖、私营部门、非政府组织、媒体、志愿者、对社会有影响力者。因而《儿童保护国家框架》对社会参与的行动建议包括：

（1）鼓励成立专门从事儿童工作和儿童保护事务的公司和非政府组织。

（2）为社区领导、宗教领袖、私营部门、志愿者和非政府组织提供学习保护儿童的知识和技能的机会。

（3）大力宣传有关儿童保护的事项，包括与农村地区和弱势群体相关的信息。

（4）鼓励社区和民间组织（包括非政府组织和儿童组织）参与规划、实施和评估政府与儿童保护有关的政策、计划和方案。

（5）采取一项全面综合战略，内容包括提高对儿童保护的认知，从而消除性别刻板印象，以及消除对边缘化或弱势地位的儿童群体的歧视。

（6）通过正规和非正规教育，持续引入公众教育、提高认识和推动社会动员计划，让儿童、家庭、社区领导、宗教领袖、媒体和对社会有影响力者了解各种形式的暴力对儿童身心健康的危害，从而改变对儿童遭受暴力的态度，促进开展积极、非暴力和参与式的儿童照顾和管教。

（7）加强以社区为基础的早期发现、干预和应对网络，以保护处于危险中和受暴力影响的儿童群体。

（二）三大横梁

1. 建立预防机制

儿童保护系统最重要的指标是其防止虐待发生的有效程度。目前，预防措施主要是通过学校、社交媒体、研讨会和论坛提高人们的认知水平。《儿童保护国家框架》对此的行动建议包括：

（1）提供相应的资源，以支持父母、监护人和社区提高他们关于积极管教的理解和技能，确保与儿童保持非暴力互动沟通和良好的关系，并营造有利于儿童发展和学习的环境。

（2）优先考虑预防政策和干预措施，找出儿童遭受暴力的根本原因，并对症下药制定方案，确保所有儿童都从其家庭、监护人或社区处获得适当的关怀与照顾。

（3）加强社区服务项目的推广，以提高儿童、监护人及其相关人员的复原力。

2. 促进儿童参与

儿童参与在案件评估和法庭诉讼中正愈加受到重视。机构将根据儿童、家庭、学校和其他相关因素提供的综合信息做出决定。《儿童保护国家框架》对于促进儿童参与的行动建议指出：努力确保儿童参与在所有立法、行政、司法的程序和决定，以及在对儿童产生影响的相关政策、计划和项目中得到适当协调、一致的解释和应用。具体建议举措包括：

（1）制定程序和标准，为相关当权者提供指导，给予儿童应有的重视并将其作为首要考虑对象，以确保儿童在每个领域的利益最大化。

（2）保证在制定和实施对儿童有影响的政策和计划时，积极征求儿童的意见并让他们参与其中，并特别关注弱势儿童的参与，包括残疾儿童、少数民族儿童和无国籍儿童。

（3）制订认知提升计划，包括开展社区活动，培训从事儿童工作或为儿童服务的专业人员，以促进儿童在学校、社区、家庭和其他成长环境中参与司法程序。

（4）培养儿童的自我保护能力，支持他们积极参与儿童保护的全过程。

3. 构建培训系统

文莱政府认为，从事儿童工作的社会工作者和专业人员需要拥有资格证书和足够的经验，并经过专业的培训，以确保对儿童及其家庭的评估或干预的质量和有效性。目前，文莱没有任何教育和培训机构提供适用于这些人的社会工作、儿童发展、心理学和其他相关学科的资格证书和培训课程。因此，儿童福祉行动计划（POA）

的目标包括提高儿童保护领域所有一线人员的能力，这一目标可以通过引入能力框架、设有接班制度的社工服务计划，以及现有教育和培训机构的相关课程来实现。因而《儿童保护国家框架》对构建培训系统的行动建议指出：与教育培训机构合作，开发认证体系，使涉及儿童保护的服务提供者专业化。具体建议举措包括：

（1）将儿童保护培训纳入教育人员、卫生保健工作者、儿童保育工作者、社会工作者、医务人员、执法和司法人员的培训计划中，为他们提供必要的知识和技能，以充分预防、识别和应对儿童保护案件。

（2）对所有从事儿童工作的专业人员进行联合国《儿童权利公约》规定的系统教育和培训。

（3）向联合国人权事务高级专员办事处（Office of the High Commissioner for Human Rights，OHCHR），联合国儿童基金会，联合国教科文组织等相关领域的国际机构寻求技术援助。

（4）确保为从事儿童工作的职员提供适当的培训，特别是缓刑官员、专业法官、法律代表和社会工作者。相关各方应采用未成年人司法机构间协调小组及其成员开发的技术援助工具，在未成年人司法领域应寻求小组成员的技术援助。

（5）为多种受众（如求助热线人员、应急响应人员、志愿者、社区领导、宗教领袖、商界人士、相关公职人员、检察官、执法人员、媒体工作人员和民间组织）制作宣传材料，以提高公众对儿童保护的认知与支持。

（6）为从事儿童工作的社会工作者和专业人员制定标准，其中还应包括道德准则。

（7）为从事儿童工作的组织和机构制定政策和程序，防止其员工滥用儿童权利。①

第二节 柬埔寨《柬埔寨中等教育蓝图2030》

一、《柬埔寨中等教育蓝图2030》出台背景

当下柬埔寨的中等教育系统存在着诸多问题，主要包括：（1）教师忽视教学质量，更加注重薪资问题，导致公众对中学教学质量的信心下降。（2）缺乏学校层面的教育质量问责制度，无法保障所有年级的学生达到预期的学习成果。（3）学生在小学阶段的学习基础薄弱，没有做好进入初中的准备。（4）学生辍学率居高不下，农村地区的辍学现象更为明显。（5）尚未实现教育性别平等。（6）教师职前

---

① Brunei Darussalam. Ministry of Culture，Youth and Sports. National Framework on Child Protection（NFCP）[EB/OL]. [2022-01-21]. http://japem.gov.bn/Documents/nfcp.pdf.

教育和培训不够充分，缺乏对当今中等教育背景的认识。（7）城乡师资分配不均。（8）教师在职教育培训服务不成熟，没有建立起长期的培训系统。（9）STEM 教育的师资、教学内容与设施都存在不足。（10）校长和教师未能在校本管理（School-based Management，SBM）中切实有效地发挥作用。（11）中等资源学校（Secondary Resource Schools，SRS）对中学资源中心（Secondary Resource Center，SRC）的使用率低，教育质量无法满足学生的需求。（12）中学生缺乏性教育。（13）环境与卫生问题影响学生的健康和学习，尤其影响女性学生的出勤率。（14）职业培训部资金不足，负责中等教育的各部门之间缺乏协调。（15）从事低技能工作的柬埔寨工人受教育程度不足，在自动化不断推进的市场容易失业。（16）教育工作者没有做好数字化教育的准备，难以应对新冠疫情下的远程教育。

除此之外，柬埔寨的中等教育发展还面临着许多外部挑战。首先，工业 4.0 带来的技术进步对柬埔寨的中等教育提出了新的要求，教育系统亟需为实现知识型社会与缩小技能差距进行改革。其次，新冠疫情对于柬埔寨的经济发展造成了严重的影响，2020 年该国经济收缩了大约 3.1%，因此必须强调应对性教育政策和方案的重要性，以便在疫情之后的新常态中提高经济复原力。此外，季风气候的到来对柬埔寨的农作物生产也造成了严重影响，进而加剧了农村与贫困家庭学生的入学困难问题。最后，柬埔寨的宿命论、忽视精英教育等文化因素也阻碍了教育问责的落实。

为了应对上述教育问题与挑战，柬埔寨教育、青年和体育部与亚洲开发银行合作，在 2021 年初制定了《柬埔寨中等教育蓝图 2030》（以下简称《教育蓝图》）。《教育蓝图》以《2019—2023 年教育战略计划》《2015—2025 年工业发展政策》《柬埔寨 2030 年可持续发展目标》，以及《矩形战略》第四阶段第 32 号总体战略为基础，介绍了柬埔寨中等教育发展的背景、挑战、目标、关键优先事项、突破性成果、行动计划、监测和评价框架。其中的八个关键优先事项不仅要应对柬埔寨中等教育面临的挑战，而且要推动柬埔寨到 2030 年成为中上收入国家和到 2050 年成为高收入国家的长期愿景的实现。在具体的实现途径上，《教育蓝图》提出了三大阶段，根据政府的预算、伙伴机构（发展局、民间组织、工业界等）的支持程度以及教育改革的程度逐渐实现八大教育优先事项。其中，2021—2023 年为第一阶段，2024—2028 年为第二阶段，2029—2030 年为第三阶段。

二、《柬埔寨中等教育蓝图 2030》内容

（一）中等教育的重点关注内容

《教育蓝图》提出了下述 16 项中等教育发展的重点关注内容。

（1）改革教师管理系统。第一，继续加强教师教育；第二，实施《2019—2023年持续专业发展框架和行动计划》；第三，策划、执行与修订教师的招聘、调配与管理政策。

（2）加强学生对多样性发展的认知。向学生、家长和教育工作者宣传和介绍多种就业途径，提高公众对柬埔寨中学、技术教育机构和高等教育机构多样性的认识，从而使学生更好地为今后的教育和职业发展目标做好准备。

（3）提高教师的专业表现。以优质的职前教师培训为基础，由校长和校本持续专业发展委员会领导，加上明确的问责机制以及年度业绩评估，提升教师的课程知识、教学方法和创新策略。

（4）优化师资分配。尽管政府提供了教师住房和远程津贴等奖励措施，但教师供需不匹配的问题仍然没有完全得到解决。教育、青年和体育部表示将继续关注并调节学校师资分配不均的问题。这可能是一个长期的过程，还会涉及一系列裁员计划和代际变化。

（5）加强学校的领导和管理。教育、青年和体育部的工作重点是在 2030 年前通过学校管理加强所有公立学校的问责制和成果。公立学校将采用协调的、标准化的学校管理方法，它包括三个关键特征：问责制、自主权、评估。而学校管理委员会的作用是使校长和整个学校对提高学生的学习成绩负责。

（6）保障学生顺利升学。加强教师和校长在小学各年级的问责制度，确保六年级学生掌握所要求的识字和算术技能，顺利升入初中并适应中学学习生活，而不是因为没有做好学业准备而提前离开学校。

（7）提升学生的 21 世纪技能。为了回应私营部门和公共部门对中学毕业生就业能力的关切，柬埔寨计划将教育工作者、商业领袖、学者和政府机构认为学生在 21 世纪的社会和工作场所取得成功所必需的技能融入各级教育。

（8）创新教学与管理方法。第一，可为柬埔寨学校主任和教师提供为期一年的硕士课程，使其掌握科学有效的管理和教学技能。第二，将以问题为基础的学习和以探究为基础的学习推广到各中学课堂，并在可行的情况下辅之以技术和数字教育。第三，通过与发展伙伴和民间社会合作，在各中学配备 21 世纪图书馆，鼓励教师、学生在更广泛的社区范围内开展阅读和研究活动。第四，加强中学的 STEM 教育，将教育技术纳入教师培训机构的学术方案。

（9）促进 STEM 教育。STEM 课程现在已成为柬埔寨教育者、政策制定者和合作伙伴关注的焦点。柬埔寨教育、青年和体育部表示需要继续加强 STEM 课程的教学与评估。与此同时，也不能够忽视社会科学。需要确保两类教育达到平衡状态，都得到相关部门充分的支持。

（10）加强主题领域的区域伙伴关系。通过整个东盟网络的共同举措，协同发挥 STEM 教育的巨大成效。改进后的 STEM 教育将使学生具备必要的技能来应对工业 4.0 带来的挑战。其中，东南亚教育部长组织区域科学和数学教育中心（The Southeast Asia Ministers of Education Organization-Regional Centre for Education in Science and Mathematics，SEAMEO-RECSAM）在领导东盟制定适合多媒体接入的课程单元方面处于有利地位。

（11）加强中等技术教育。教育、青年和体育部强调了在柬埔寨发展中等技术教育的重要性，以补充普通中等教育，该部门还在设想高中普通教育和技术教育的具体实施方案，根据学生的个人教育和就业计划，为中等和中等后教育以及工作场所开辟道路。这将通过教育培训的途径实现。

（12）扩大本地的学校和商业网络。教育、青年和体育部将在 2020—2024 年及以后，围绕省级中心的中等资源学校发展当地的学校和商业网络。这一举措将把每个网络中的中学与社区学习中心、省级培训中心、就业中心和当地企业联系起来，以支持学生的实习活动、职业辅导、客座演讲、大学外联、商业实地考察、公共服务考察、资源分配、技术培训、替代教育方案和教育人员的职业发展。

（13）稳步提高中学数量。随着柬埔寨小升初人数的增长与比例的提升，中等教育的规模将持续扩大。教育、青年和体育部表示将继续稳步增加中学的数量以适应中等教育的需要。

（14）改善校舍条件和卫生状况。为所有学校制定最低服务标准，以确保学校有足够的教学与生活设施，例如健康可靠的供水、学生诊所、食堂和男女独立的厕所。在城市、农村和偏远地区，新建学校还将有专门的教学空间、图书馆、科学实验室、会议室、教师工作站和行政办公室。

（15）扩大教育融资。新冠疫情严重影响了柬埔寨的经济，进而影响了教育支出。为保障教育政策有效实行，中等教育持续蓬勃发展，柬埔寨教育、青年和体育部将不得不寻找更多的资金来源。

（16）应对后疫情时代。第一，在后疫情时代，虽然政府收入减少，但人力资源开发仍然得到优先考虑。捐助者的资金可能会受到不利影响，因而决策者需要确定如何最好地管理这笔资金，使学生成为直接受益者。第二，后疫情时代需要更加注重通过互联网获取学习材料的数字化途径，在此过程中教师将发挥重要作用。

（二）中等教育的发展目标与优先发展事项

《教育蓝图》计划实现以下目标：（1）所有柬埔寨学生至少完成 9 年的免费、包容、公平和优质的基础教育，掌握识字和算术技能、学科知识与认知和非认知技能，从而充分发挥个人潜力。（2）所有柬埔寨学生都有机会接受高质量的高中教育，可以选择接受负担得起的、高质量的职业技术教育或准备接受高等教育。（3）加强职前和在职的教师教育，实现高质量的教学水准。（4）柬埔寨所有中学都有促进高质量教学和学习的各级杰出领导和具体的管理标准。（5）越来越多的年轻人有机会接触高质量的职业技术课程，以满足当地的经济和工业需求。为了实现这些成果，《教育蓝图》提出了下述八项优先发展事项：

（1）提高普通中等教育的普及程度和教学质量。具体举措包括：①制定明确的教育、培训和职业发展路径，并向大众进行宣传。②减少辍学情况，为留校继续完成学业的学生提供奖励。③为残疾中学生、少数民族儿童、贫困儿童和弱势群体学生提供额外奖学金。④对早期辍学生的基础教育等计划进行修订。⑤使用21世纪的校舍设计来升级中学设施，达到教育、青年和体育部发布的校舍标准。⑥在中学提供充足的个人与公共工作空间以促进教师之间的专业合作。⑦向中学全年供水和完善卫生设施，实行男女分厕。⑧重视课外体育教育以发展学生健康。⑨为中学师生定期开展全面的身体健康检查。

（2）提高中学管理者的领导和管理水平。具体举措包括：①培养符合标准的优秀的中学领导团队，提高学校的整体表现。②开展持续的专业进修项目，保持学校的领导和管理的高标准。③设立学校管理委员会，协助学校主任解决行政问题。④全面建立中学资源学校网络系统以改进管理。⑤对管理实践、基础设施和课程进行制度化完善。⑥建立新时代中学的认证程序。

（3）改善课程内容、教学策略和评估方式，努力实现21世纪的优质教育，尤其是在STEM领域。具体举措包括：①根据学生学习结果编写各科目次要教学大纲标准。②修订课程内容，学习21世纪的学习技能、STEM教育，以及至少3种外语。③采用以探究和问题为基础的教学策略进行混合学习。④改革十二年级的考试评估。

（4）将数字教育融入中学教育。具体举措包括：①鼓励教师在教学中运用技术。②鼓励教师和中学生使用已配置到位的在线和混合学习系统。③在教学与学习中嵌入数字教育设备、工具和材料。

（5）完善中学教师队伍建设制度。具体举措包括：①全面更新教育、青年和体育部的教师政策。②更新教师招聘政策，吸引学术和能力兼备的优秀师资。③对教师的角色、工作职责进行清晰界定，合同中明确每年专业发展的要求。④改善福利、持续专业进修和评估等工作条件，吸引高质量的师资。⑤更加公平地分配师资，避免师资短缺或过剩。⑥制定、发布和实施教师和学校主管的专业标准。⑦准备、试验、发布和实施教师与学校主任的绩效和发展框架。

（6）完善中学教师专业发展制度。具体举措包括：①扩展教师教育学院的模式至所有地区的教师培训中心。②更新职前教师培训方法、课程和设施以符合现代教学要求。③提供福利、持续专业进修和评估等条件，吸引高质量的员工。④要求教师教育工作者具有适当的学术资格和教学经验。⑤教师教育机构与一年级教师就中学教师培训的事项开展后续磋商。⑥在中学全面实施持续性的专业进修计划。⑦针对全体教师进行入职培训、指导。⑧为全体教师、学校主管和教师教育工作者提供在线专业进修服务。⑨使中学与 NGS（New Generation Schools，新时代学校）型高质量国际学校建立伙伴关系，改善课堂教学和学校领导。

（7）促进中等技术教育的多样化发展，满足当地经济和劳动力市场的需求。具体举措包括：①保障普通技术高中的毕业生具有最基础水平的知识和技能。②在中等技术教育课程中引入符合当地经济和劳动力市场需求的科目和学习材料。③要求中等技术教育教师具有提供高质量教学的资格和能力。④加强技术中学和劳动职业培训部的合作，促进中等技术教育证书、文凭和相应水平之间的灵活转化。⑤鼓励企业、政府相关职业部门与中学合作为学生提供职业指导。

（8）加强中学教育与学生后续发展的衔接。具体举措包括：①向中学生提供非正规教育课程。②促进校企合作，为学生创造教育和就业机会。③中学与高等教育机构每年开展一定的合作项目，加深中学生对于后续学术发展路径的理解。[①]

第三节　马来西亚《高等教育机构创业行动计划 2021—2025》

一、马来西亚《高等教育机构创业行动计划 2021—2025》出台背景

（一）创业教育面临的问题与挑战

当下，马来西亚高等教育机构的创业相关议程正面临着新冠疫情与高失业率带来的重大挑战。根据马来西亚统计局公布的数据，受疫情影响，失业率正在急剧攀

① Cambodia. Ministry of Education, Youth and Sport. Cambodia Secondary Education Blueprint 2030 [EB/OL]. [2022-01-15]. https://planipolis.iiep.unesco.org/sites/default/files/ressources/cambodia-secondary-education-blueprint-2030-english.pdf.

升。2020 年 3 月，全国失业率为 3.9%，较上年上升 17.9%，失业人数达到 61 万人。其中失业毕业生就占 17.9 万人，而马来西亚的公立和私立高等院校每年的毕业生只有大约 29 万人。为了解决学生的就业问题，教育部亟需加强创业教育，支持有志于创业的毕业生开辟就业机会，推动经济发展。

一方面，马来西亚高校原有的创新创业计划面临着诸多问题，包括：毕业生创业准备不充分，需要加大力度培养创新意识强烈、知识储备丰富的人才；部分学生对创业持有怀疑态度，不愿意响应高等院校的倡议；创业教育师资匮乏，教师缺少创业指导相关的培训，学校管理层也不够重视创业指导活动；高校缺少学生创业孵化器与创业经营的设施、环境，不利于学生开展创业活动；校园创业管理责权不明，创业活动孤立且混乱，难以收集全面的数据用于战略性规划；学校创业资金短缺，无法支持学生的创业活动蓬勃发展；院校之间缺乏创业合作议程，合作程度完全取决于学校的主动性等。另一方面，第四次工业革命带来的数据分析、自动化、机器人、物联网和社交媒体等新领域都对高校创业教育提出了新的要求。此外，联合国倡导的 17 个可持续发展目标也尚未体现在高校的创业教育中。因而一项在新的时代背景下专门针对马来西亚高校创业教育的政策呼之欲出。

（二）创业行动计划的政策基础

马来西亚《高等教育机构创业行动计划 2021—2025》（Entrepreneurship Action Plan Higher Education Institutions（EAP-HEIs）2021–2025）① 旨在加强马来西亚高校的创新创业教育，培养全面发展并具有企业家精神的毕业生。该行动计划的核心参考政策是《国家创业政策 2030》（National Entrepreneurship Policy 2030）、《马来西亚高等教育蓝图 2015—2025》[Malaysia Education Blueprint 2015–2025（Higher Education）] ②，以及《高等教育机构创业行动计划 2016—2020》。

2015 年 4 月，高等教育部发布《马来西亚高等教育蓝图 2015—2025》，其中提到了未来马来西亚高等教育系统的特点之一就是形成创业文化，并建立起培养未来企业家的教育体系。此外，该政策提出的十项转变中的第一项就是培养全面发展、具有创业精神的毕业生。该政策还建议各高校通过课程改革和多种绿色通道政策为学生提供有利于创业的环境，使学生获得创业技能并发展自己的企业。

同年 4 月，高等教育部发布《高等教育机构创业行动计划 2016—2020》，既作

---

① Ministry of Higher Education Malaysia. Entrepreneurship Action Plan Higher Education Institutions（EAP-HEIs）2021-2025 [M] . Malaysia：Ministry of Higher Education，2020.

② Ministry of Education Malaysia. Malaysia Education Blueprint 2015-2025（Higher Education）[EB/OL] . [2021-01-20] . https：//www.um.edu.my/docs/um-magazine/4-executive-summary-pppm-2015-2025.pdf.

为《马来西亚高等教育蓝图 2015—2025》实施的一部分，也是此前的高校创业政策的延续，包括《2010 高等教育机构创业发展政策》和《高等教育机构创业战略规划 2013—2015》。《高等教育机构创业行动计划 2016—2020》制定了“就业创造者框架”（Job Creator Framework），包括三大主题：促进学生在早期学习阶段适应创业文化、制定创业教育方案、加强支持学生创业的系统。该框架为高校的创业教育提供了明确的路线图。

2019 年 7 月，创业发展与合作部发布《国家创业政策 2030》，这是一项长期的国家战略，致力于发展马来西亚的创业生态系统，提高马来西亚在全球经济中的竞争力，并到 2030 年将马来西亚转变为创业型国家。《国家创业政策 2030》概述了 5 个目标，其中目标 1、目标 3 和目标 5 与高等教育中的创业举措密切相关，分别是：为马来西亚可持续、平衡和包容的社会经济发展创造全面而有利的创业生态系统，培养具有全球思维、有活力、有韧性和竞争力的企业家，使创业成为首选就业道路。

2021 年恰逢《高等教育机构创业行动计划 2016—2020》政策结束，为了继续发展高校的创业教育，并响应新发布的国家政策，高等教育部结合实际推出了全新的高校创业政策——《高等教育机构创业行动计划 2021—2025》。与 2016—2020 年的政策相比，该行动计划在原有的“就业创造者框架”上进行了六项调整（如表 11-2 所示）。

表 11-2　“就业创造者框架”的转变

《高等教育机构创业行动计划 2016—2020》“就业创造者框架”	《高等教育机构创业行动计划 2021—2025》“就业创造者框架”
需求型企业家	机会型企业家
基于理论的创业教学	注重道德、价值观、创业心态和软技能的体验式学习
几所公立高校的创业政策	所有公立高等教育机构的全方位创业政策
技术作为推动力	以技术和创新为重点的企业家精神
对教育工作者创业活动的认可	面向创业教育者的特别职业发展路径
高等教育机构、政府、企业、社区之间的合作互动	高等教育机构、政府、企业、社区之间协同并有效的合作

二、马来西亚《高等教育机构创业行动计划 2021—2025》内容

《高等教育机构创业行动计划 2021—2025》（以下简称《行动计划》）有五项总体目标：（1）确保高等院校培养出服务社区、提高公众生活水平的高质量毕业生。（2）使创业成为学生长期可行的职业选择。（3）提高马来西亚在国内和国际层面具有

竞争力的学生创办的企业的数量和质量。(4)进一步加强“就业创造者框架”的实施。(5)建立有利于创业教育的健全政策与良好治理模式。

《行动计划》强调三个重点，即协同创业生态系统、有效合作、创业中的创新和技术。每个重点下都有一套完整的策略、衡量指标与具体举措（政策框架如表11-3所示）。重点一“协同创业生态系统”旨在构建由学术界、产业界、政府和社区四大创业利益相关方之间相互联系和协作的创业支持环境。这一重点提出了三个策略：加强创业教学与科研的支持体系，培养能够通过创业提供就业机会的学生，增加具有创业专长的教育工作者。重点二“有效合作”的目标是赋权创业行动的各利益相关方，包括本地和国际层面的高等教育机构、政府机构、产业界以及个人，协同其资源从而实现预期目标。这一重点提出了两个策略：通过创业网络促进多方协作，增强面向学生企业的种子资金。重点三“创业中的创新和技术”则强调了创新和技术在创业中的重要性，致力于培养善于发现商业价值的机会型企业家，而不是为了生存才做生意的需求型企业家。因此这一重点提出了两个策略：鼓励学生通过创新和技术创业，鼓励成立创新、科技和数字驱动的初创企业。

《行动计划》有两项基础保障政策的执行内容：一是治理，教育部和高校良好的领导、组织结构与政策是确保科学制订并有效实施创业行动计划的关键。二是正直、价值观与风险评估。教育部表示高校创业计划将以正直的方式执行，由价值观驱动，并依托一定的风险评估，从而培养出具有创业知识与技能，且受到价值观驱动的创新型人才。

表 11-3 马来西亚《高等教育机构创业行动计划 2021—2025》的政策框架

政策重点	创业行动计划中的具体策略	政策基础一	政策基础二
重点一 协同创业生态系统	加强创业教学与科研的支持体系	治理	正直、价值观与风险评估
	培养能够通过创业提供就业机会的学生		
	增加具有创业专长的教育工作者		
重点二 有效合作	通过创业网络促进多方协作		
	增加面向学生企业的种子资金		
重点三 创业中的创新和技术	鼓励学生通过创新和技术创业		
	鼓励成立创新、科技和数字驱动的初创企业		

（一）“协同创业生态系统”的实现路径

1. 加强创业教学与科研的支持体系

该策略包含五项具体举措，分别是：（1）将创业活动作为记入学生学分的实践课程，从而鼓励学生参与创业，在真实的商业环境中获得创新技能。（2）突出创业课程中的社会创业内容，鼓励并支持学生通过创业参与社会公益、帮助社会弱势群体、创造社会价值。（3）利用高校与产业界的伙伴关系，邀请从业人员参与高校创业课程，提高创业教育的实践性和真实性，同时增强学生开展创业活动的动机和兴趣。（4）面向不同学科领域的学生开展创业教育，鼓励其结合专业背景进行创业活动。（5）以科研促进创业教学，将研究成果应用于课程设计、教学方法以及评估模式，从而提升创业教育的效果。

2. 培养能够通过创业提供就业机会的学生

该策略包含六项具体举措，分别是：（1）鼓励高校出台创业支持政策，明确高校的战略方向、具体目标和落实手段。（2）在高校设立学生创业孵化器，为学生提供专业知识、工具、网络、培训指导、财政援助以及商业咨询等多方面支持。（3）加强学生企业与高校合作的绿色通道政策，允许学生企业在特定条件下成为各自高校的服务提供商之一，从而更大程度地鼓励学生创业和创收。（4）建立零工经济与自由工作的学生名录，联结有相同兴趣的工作提供者与个人，帮助学生获得关于工作的想法以及就业机会。（5）开展学生创业产业培训，为学生提供与高校和企业雇主平等合作的机会，从而使其获得一手的商业经验。（6）发展校园创业者网络，帮助学生创业者交流创业知识与技能，发展人际关系网络，并创建充满活力的创新型社区。

3. 增加具有创业专长的教育工作者

该策略包含五项具体举措，分别是：（1）将参与创业活动作为教师的晋升标准之一，综合考虑其自主开展的创业活动以及指导学生参与创业项目的数量与质量。（2）将创业与教学、科研、管理并行作为大学教师的四大专业发展路径并制定相应的专业标准，表彰创业教育者的学术和专业成就。（3）设立创业休假计划，鼓励高等教育机构扩大学者学术休假的范围，包括与企业或社区合作开展创业活动，同时颁布明确的休假方案。（4）鼓励创业教育者直接参与创业活动，并且颁布相应的计划、政策和奖励制度，从而使创业教育者能够为学生提供关于创业的理论兼实践知识。（5）颁布创业教育者的认证制度，提升其开展创业教育的专业能力。

4.“协同创业生态系统”的衡量指标

“协同创业生态系统”包含以下三项衡量指标:(1)具有创业专长的教职员工的数量;(2)在学期间开创业务的高校学生占总学生人数的百分比;(3)参与创业的毕业生占高校毕业人数的百分比。预计到2025年这三项指标分别达到4000人、25%和10%。

(二)“有效合作”的实现路径

1. 通过创业网络促进多方协作

该策略包含三项具体举措,分别是:(1)成立高校创业咨询委员会,邀请创业相关机构与行业代表作为委员会成员,指导和监督高校的创业活动、制订创业计划并带来创业机会。(2)建立高校的创业机构网络,加强学校与各个机构、行业和校友在教育、研究和服务上的合作,保障创业项目具有丰富的资源。(3)在高校设立入驻企业家岗位,使其参与学校的创业教育,担任学生创业导师,并在学校创业中心负责一段时间的工作,从而推进高校的创业发展议程。

2. 增加面向学生企业的种子资金

该策略包含三项具体举措,分别是:(1)搭建学生创业种子资金平台,识别潜在的机构与个人赋予的种子资金,并且帮助学生获得这些资助机会,同时也吸引投资者为学生创业提供资金。(2)创建基金捐款网络平台,展示学生的创业产品、服务与商业理念,吸引潜在投资者为学生提供创业基金。(3)推动投资者与学生企业的对接活动,帮助创业学生匹配潜在的投资者,从而更好地管理初创企业并继续扩大业务。

3.“有效合作”的衡量指标

“有效合作”包含以下两项衡量指标:(1)与中介、工业、非政府组织、高等教育机构合作的数量。(2)通过天使投资人、风险投资人、众筹实体、政府机构拨款和与创业相关的竞赛资助的公司、企业或商业项目的数量。预计两项指标都将从2021年的105个达到2025年的189个。

(三)“创业中的创新和技术”的实现路径

1. 鼓励学生通过创新和技术创业

该策略包含三项具体举措,分别是:(1)实行创新驱动的创业项目,例如,创新竞赛、社会创新训练营等作为培养未来企业家的平台,发展学生的突破性想法,并为创业新手提供验证其商业模式的途径。(2)开展有影响力的商业发展教育实践活动,推动学生项目或产品的商业化。包括教授学生开发及推广商业化产品的知识与技能,帮助学生制定切实可行的商业化战略,并指导学生学习网络营销、市场分析等内容，从而增加商业化的可能性。（3）启动创新创业加速器计划，包括由专家主持的大师班和研讨会、推介活动、与相关导师的业务配对，以及创新挑战，帮助学生认识到个人的创业潜力，并推动其企业的可持续发展。

2. 鼓励成立创新、科技和数字驱动的初创企业

该策略包含三项具体举措，分别是：（1）给予学生关于创建公司的指导与支持，帮助学生意识到匹配客户需求，保护知识产权，营销技术产品与服务，在不同市场推广产品等多方面的挑战。（2）加强高校与相关机构的合作，尤其是积极利用专注于创新和技术的机构、行业或校友网络为学生提供创业指导和资源。（3）表彰优秀的创业学生并宣传其事迹，邀请他们分享创业的心路历程与个人经验，从而激励更多的学生从事以创新和技术为基础的创业活动。

3. “创业中的创新和技术”的衡量指标

“创业中的创新和技术”包含以下两项衡量指标：（1）在高等教育机构从事创新和技术项目的学生人数。（2）基于创新与科技的创业学生的数量。预计到 2025 年两项指标分别达到 8400 人与 630 人。

第四节　新加坡“终身学习——为不断变化的世界做好准备”系列政策

一、“终身学习——为不断变化的世界做好准备”系列政策出台背景

2018 年 9 月 28 日，新加坡教育部颁布面向学校的“终身学习”（Learn for Life）政策，旨在适应时代与社会需求，优化教育系统，完善教育内容，培养面向未来的全面发展的学生。此后，2020 年教育部以“终身学习”为概念框架提出“更新我们的课程”“教育作为向上的力量”“面向教育工作者的未来技能项目”“面向学生的未来技能项目”四项改革内容，分别用于推进公民与品德课程改革，促进教育公平，提升教师专业能力，发展学生的职业技能。2021 年 3 月 3 日，教育部又发布了三条补充性的政策规划：“终身学习——为不断变化的世界做好准备：多种途径，新的机遇”[①]，“终身学习——为不断变化的世界做好准备：教育是增加所有

---

① Singapore. Ministry of Education. Learn for Life-Equipping Ourselves for a Changing World : Multiple Pathways，New Opportunities [EB/OL] .（2021-03-03）[2022-01-20] . https: //www.moe.gov.sg/news/press-releases/20210303-learn-for-life-equipping-ourselves-for-a-changing-world-multiple-pathways-new-opportunities.

人机会的振奋人心的力量”[①]，“终身学习——为不断变化的世界做好准备：培养环境管理者”[②]，表明了教育部在 2021 年优化课程结构、加强可持续发展教育、支持弱势学生的新方向。

首先，关于优化课程结构，新加坡此前中学阶段的教育严格的分流系统，使学生在小学毕业后根据结业考试成绩分别进入初中的快捷班、普通学术班、普通工艺班三类课程班，学习不同难度的内容并在毕业后走向不同的发展路径。2020 年起新加坡教育部开始在 28 所中学试行全面科目分班制度，将三类课程班合并为一个课程班，学生可以根据个人能力选择不同难度的科目，从而打破了此前不同源流班级之间的壁垒。而 2021 年的政策不仅继续优化普通中学的课程结构，还将推进职业学校的课程结构改革，并丰富艺术类学生的升学路径，从而促进各类学生群体在教育系统中横向与纵向的流动性。

其次，关于可持续发展教育，新加坡中小学虽然没有单独的可持续发展教育课程，但是科学、地理和社会研究的科目中都会融入可持续发展教育的内容。此外，品德与公民课程也有专门的关于关爱、尊重和保护环境的内容。2021 年 2 月 10 日，新加坡政府颁布《2030 年绿色计划》，旨在推进新加坡的可持续发展国家议程，重点增强新加坡的经济、气候和资源复原力，同时创造新的商业和就业机会，从而改善新加坡人的生活水平和环境。该计划由新加坡教育部、可持续发展与环境部、交通部、贸易与工业部、国家发展部五个部门牵头。因而为响应国家政策，教育部也相应加强了各级各类教育机构的可持续发展教育。

最后，关于支持弱势学生，新加坡教育部近年来不断加强对低收入、具有特殊教育需求等背景的学生的关照计划，尤其是在 2018 年 10 月，由教育部领导成立了“激励学生生活和鼓舞家庭工作组”（UPLIFT）计划的跨机构团队，旨在通过学校和社区的合作全方位支持弱势学生。而 2021 年的政策改革将继续聚集可用资源，支持弱势学生的学业发展，帮助其充分发挥个人潜力。

---

① Singapore. Ministry of Education. Learn for Life-Equipping Ourselves for a Changing World：Education as an Uplifting Force to Strengthen Opportunities for All［EB/OL］.（2021-03-03）［2022-01-20］. https：//www.moe.gov.sg/news/press-releases/20210303-learn-for-life-equipping-ourselves-for-a-changing-world-education-as-an-uplifting-force-to-strengthen-opportunities-for-all.

② Singapore. Ministry of Education. Learn for Life-Equipping Ourselves for a Changing World：Nurturing Stewards of the Environment［EB/OL］.（2021-03-04）［2022-01-20］. https：//www.moe.gov.sg/news/press-releases/20210304-learn-for-life-equipping-ourselves-for-a-changing-world-nurturing-stewards-of-the-environment.

二、“终身学习——为不断变化的世界做好准备”系列政策内容

（一）优化课程结构，倡导多元发展

1. 继续推进全面科目分班制

自 2020 年起，新加坡已有 28 所中学试行全面科目分班制。这项试验计划类似于中国的走班制，学生可以从初一开始根据个人能力选择不同难度等级的科目，每门主修课程也由来自不同背景的学生组成。在这样的制度下，学生可以和不同班级的同龄人建立友谊，教师也会在课堂上更多地鼓励同学互动。教育部对试点学校的调查结果显示，新课程计划反响较好，学生们都很享受课程，学习成绩也取得了很大进步。教育部将继续借鉴这些试点学校的经验，从而更好地支持其他学校开展全面科目分班制。到 2022 年，大约有 30 所中学实施全面科目分班制，其余中学在 2023 年和 2024 年陆续实施该课程制度。

2. 改革职业教育的课程结构

为配合全面科目分班制，教育部也正在审视学生在中学毕业后的发展路径，并计划提高中学后教育的横向流动性，让学生有更多机会选择与其强项和兴趣相匹配的课程。首先，教育部正在研究扩展理工学院的预科课程（Polytechnic Foundation Programme），从而面向学习兴趣和学习速度不同的学生，而不只是目前从中学普通学术班毕业的学生。其次，教育部也正在考虑理工学院和工艺教育学院的职业教育是否可以优化课程结构，从而更好地支持具有不同特长与发展志向的学生，也为其今后的就业做好准备。最后，教育部还在研究如何扩大学校的社区伙伴网络，以便更有效地利用社区资源支持弱势学生完成学业，发挥他们的个人潜能。

3. 拓展高等艺术教育途径

新加坡教育部表示不仅应当加强培养 STEM 领域的人才，还需要关注艺术和人文领域的人才。目前，拉萨尔艺术学院（LASALLE College of the Arts）和南洋艺术学院（Nanyang Academy of Fine Arts）是新加坡本土的两大高等艺术机构，提供文凭和学位水平的艺术类教育。新加坡教育部计划联合文化、社区及青年部，与拉萨尔艺术学院、南洋艺术学院合作，在这两个艺术机构之间建立联盟，在未来三至四年内成立一所政府支持的新的私立艺术大学。

新艺术大学将充分发挥两大本土艺术高等教育机构的优势，加强与新加坡文化界的伙伴关系，并发展国际网络，为学生和其他利益相关者提供更强大的平台与更丰富的资源。同时，新艺术大学也将通过增加跨机构课程、项目、学术合作以及行业伙伴关系等机会推动两所本土艺术高校的协同效应，改善教职员工和学生的体验。

（二）加强可持续发展教育，培养环境管家

按照新加坡《2030 年绿色计划》提出的国家可持续发展议程，教育部将与学校和其他教育机构合作，通过以下四种方式促进可持续发展的生活，增强学生在可持续发展中的作用：引入生态管理计划（Eco Stewardship Programme，ESP），在四所学校试行可持续发展项目，通过新建设的科学中心提供面向公众的可持续发展教育，在高等院校现有的工作基础上继续推动可持续发展教育。

1. 引入生态管理计划

生态管理计划分为课程、校园、文化和社区四项内容，框架如表 11-4 所示。在课程方面，教育部将在大中小学科学与人文课程中更新和加强相关的可持续性教学；在校园部分，学校所有基础设施的可持续性功能将得到加强；在文化部分，各个学校将通过开展相应的课程与活动鼓励绿色生活习惯，同时制定环保政策以加强可持续发展工作；在社区部分，各校将利用与社区的合作伙伴关系为学生提供与环境有关的志愿服务机会，并且增强学生对未来“绿色工作”的认识。

表 11-4　新加坡生态管理计划框架

课程	教育部将更新和增加科学和人文课程中关于可持续发展的教学内容。例如： 经修订的小学社会研究课程将教导学生合理使用资源的重要性。 经修订的初中科学课程将更加侧重可持续发展内容。有关这些问题的探讨将编入修订的高中科学课程。 经修订的高中及大学预科的地理课程也会以可持续发展为主题。前者将以新加坡的环境问题和该地区的相关创新为重点，而后者将强调可持续的城市发展。 新加坡学生的学习空间将提供更多与可持续发展相关的学习资源，包括校园内的可持续发展倡议等更为贴近学生生活、更有教育意义的内容。
校园	学校内所有基础设施的可持续性功能将得到加强，包括种植更多的树木、使用更多的 LED 灯和直流吊扇、采用太阳能电池板等节能设施。
文化	新加坡将鼓励学生通过减少能源消耗和食物浪费、节约用水、循环利用等日常习惯来践行可持续发展。 学校将继续提供与环境有关的“学生发展重要经验”（Key Student Development Experiences），如课外活动与实践类学习课程，从而提高学生对可持续发展的意识和承诺。 学校将通过加强相关学校政策，包括节能和节水政策以及废物管理，促进可持续发展。
社区	学校将利用社区伙伴关系为学生扩大与环境相关的志愿服务和其他活动的机会。 教育部还将加强学生对未来绿色工作的认识，例如绿色城市设计、可再生能源与可持续性技术、水资源管理、食品可持续性与城市农业、绿色融资等。

2. 在四所学校试行可持续发展项目

教育部选取了四所中小学作为试点开展全校范围的可持续发展项目，从 2021 年 4 月开始一直持续到 2023 年。这些学校将专注于：制定基于学校的环境政策和计划，从而减少碳排放；试用提高学生碳排放认知的课程包；开发和试用相关课程资源；改善校园基础设施，减少每所学校的碳排放。此外，教育部还声明计划利用太阳能减少学校的能源使用和废物产生，并致力于在 2030 年前将学校的净碳排放量减少三分之二，且至少有 20% 的学校实现碳中和。

3. 通过新建设的科学中心提供面向公众的可持续发展教育

教育部表示新加坡科学中心将与学校合作，举办以可持续性为主题的学习之旅等绿色活动。而在裕廊湖区（Jurong Lake District）兴建的新科学中心将通过各种方案和展品展示创新的可持续性技术，从而吸引更多的青年和公众参与可持续发展相关活动，并采取可持续的生活方式。

4. 在高等院校现有的工作基础上继续推动可持续发展教育

新加坡高等院校一直是环境可持续发展的坚定支持者，开展了多种类型的可持续性工作。包括开设相关公共课程和专业课程，致力于建设更绿色的校园基础设施和校园环境，在校园内提倡采用可持续的生活方式，利用高校与行业的伙伴关系为学生提供实践学习的机会，开展可持续发展相关研究等。教育部表示将以高等院校现有的可持续发展工作为基础，继续推进相关项目。

（三）支持弱势学生，促进教育公平

1. 2026 年将在所有小学实现全纳教育

新加坡教育部计划在 2026 年前在所有小学引入融合过渡支持计划（TRANsition Support for InTegration，TRANSIT）。该计划旨在支持有社交和行为困难的小学一年级学生，帮助他们学习基本的自我管理技能，发展独立学习和生活的能力，从而顺利过渡到小学。在一年级期间，他们将得到专业教育工作者和班级教师的特别支持。融合过渡课程的重点在于加强自我管理能力，学生们将学习良好的课堂习惯，管理自己的情绪，并发展他们的社交和沟通技能。学生将通过有组织的方式学习这些技能，包括角色扮演、独立练习，以及由训练有素的员工进行指导。

教育部计划到 2021 年底有 40 所学校试行融合过渡支持计划，每所学校每年将有 5 至 10 名一年级学生受益。到 2021 年 3 月为止，已开展该计划的学校的结果显示，大多数学生都能够提高他们的社交和行为技能，在课堂环境中自主调节个人行为并独立学习。在该计划的推广过程中，教育部还将为有关的教育工作者提供专业发展机会，从而使教师能够制订科学有效的干预计划和课堂策略，并密切监测学生的进步。

2. 为轻度智力障碍学生扩充西部特殊学校的学额

为实现向有特殊教育需要的学生提供更多优质教育的承诺，教育部曾于 2020 年 11 月宣布为轻度智力障碍学生扩建和重建朝阳学校（APSN Chaoyang School）和唐林学校（APSN Tanglin School），并开设七所新的孤独症谱系障碍学校，从而增加具有特殊教育需求的学生的入学机会。2021 年，教育部计划与长老会社区服务组织（Presbyterian Community Services）合作，扩建为 7 至 18 岁被诊断为轻度智力障碍的学生提供特殊教育的格蕾丝果园学校（Grace Orchard School）。

校区扩建后，格蕾丝果园学校将提供 600 个名额，而目前只有 450 个名额。在扩建计划完成之前，原锦林中学（Clementi Woods Secondary School ）将从 2021 年下半年起作为临时用地，招收更多的学生。作为扩建的一部分，格蕾丝果园学校将根据更新的建筑规范进行建设，以改善学生的学习体验。例如，学校将为学生的职业培训设施提供专用空间，从而更大程度地提升学生的就业技能，使其为毕业后的职业认证课程做好准备。格蕾丝果园学校还将为所有学生提供更大的教室，并为同时患有孤独症的学生提供更多空间。此外，学校还会设有用于运动及游戏的室内外设施，以加强学生的体育锻炼，并且继续审查特殊教育学校的设施，从而不断提升学生的学习体验。最后，教育部表示将继续与各社会服务机构合作，配合特定的学生类别提供足够的学位。

3. 扩大 UPLIFT 计划以支持更多的弱势学生

2021 年，UPLIFT 计划推出两大重点内容：第一，UPLIFT 社区试点项目。该项目于 2020 年 1 月在兀兰（Woodlands）、克雷塔艾尔（Kreta Ayer）、文礼（Boon Lay）区域启动，为需要帮助的弱势学生上学提供帮助。截至 2020 年底，该项目已经支持了大约 100 名中小学生，并有望在 2022 年之前帮助 300 多名学生。尽管疫情对计划的开展造成了干扰，但调查结果显示，80% 的参与学生的出勤率都得到了提高，因而教育部计划从 2021 年 2 月开始，将社区试点项目扩展到红山区域（Bukit Merah）。第二，积极招募和培训志愿者，让他们成为 UPLIFT 计划家庭的支持者，帮助弱势学生及其家庭。自 2021 年 2 月以来，志愿者们定期通过家访和电话探访这些家庭，与其建立友谊并提供非正式的帮助，取得了良好的效果。教育部计划到 2021 年底再招募 100 多名志愿者，帮助至少 80 个家庭。

4. 进一步加强课后照顾和支持

目前，新加坡的 186 所小学均设有学生托管中心，校内学生托管中心的招生总人数从 2020 年的 2.7 万人增加到 2021 年的 2.85 万人。2021 年，学校已加强物色、招收和支持最能从学校课后托管服务中受惠的学生。为方便这些学生入学，学校会主动联系他们的家庭，鼓励他们为子女登记托管中心，并与中心合作，解决在学生入学过程中可能遇到的任何问题。

在"引导和增强学生的归属感和韧性以释放他们的潜力"（GEAR-UP）政策下，新加坡中学也设立了课后计划。重点是鼓励同伴支持，设计兴趣活动，以及由值得信赖的成年人指导学生，从而提升弱势学生的活动参与度。目前这些课外活动已惠及超过 6700 名学生。

新加坡还将继续加强中小学课外活动。学校将与社区伙伴和志愿团体密切合作，通过交朋友、指导、技能工作坊、学习支持等方式强化学生的学习动机、适应能力以及学校归属感。

第五节　越南《2021—2030 年职业教育发展战略和 2045 年展望》

一、越南《2021—2030 年职业教育发展战略和 2045 年展望》出台背景

对越南而言，在自动化、电子化、数字化趋势、第四次工业革命的影响和国际一体化的背景下，需要加快发展熟练的人力资源，尤其是高技能的人力资源，从而把握人口黄金机遇，为提高劳动生产率、增强国家竞争力做出贡献。这就意味着未来越南的职业教育发展需要一个总体的战略规划。同时，2021 年是贯彻落实越南共产党的十三大决议《2021—2030 年经济社会发展十年战略》的开局之年，也是落实 2021—2025 年五年经济社会发展方向和任务的开局之年，因而将职业教育发展定性为人力资源战略也是一项必要的任务。

2021 年 12 月 30 日，越南副总理武德担正式批准通过《2021—2030 年职业教育发展战略和 2045 年展望》（以下简称《战略与展望》）。《战略与展望》明确提出了职业教育发展的五大愿景：第一，抓住人口黄金机遇，形成高素质、高效率、高技能的人力资源，为国家经济社会发展服务。第二，朝着开放、灵活、现代、有效、一体化的方向发展职业教育，注重培养规模、结构和质量；注重投资并促进国际合作，将一些职业教育机构、培训学科和专业发展到与地区和世界相当的水平。第三，发展符合劳动力市场需求的职业教育，与体面劳动、社会保障、可持续和包容性发展相结合；最大限度地提高学习者的能力和素质；促进创业和创新。第四，逐步普

及关于青年职业的国家政策，在教育培训预算与部门和地方的计划和项目中优先考虑职业教育，加强各地区、学科、行业的职业教育。第五，职业教育发展是各级政府、机关、团体、企业、职业教育机构的责任，也是人民的责任，各部门和地方发展的计划、方案、项目要重点考虑职业教育。

二、越南《2021—2030 年职业教育发展战略和 2045 年展望》内容

（一）政策目标

1. 职业教育发展的整体目标

《战略与展望》的整体目标是迅速发展职业教育，以满足劳动力市场和人民的多样化需求，以及对技能型人力资源在数量、结构和质量上日益增长的需要。朝着开放、灵活、高质量、高效率、可及、公平和可持续的方向发展职业教育系统。

到 2025 年，确保培训学科和专业的规模和结构，以促进国家社会经济恢复和发展；部分学校的培养质量接近东盟四国水平，其中一些职业接近世界发达国家水平；将受过培训并具有学位和证书的工人的比例提高到 30%。

到 2030 年，着力提高职业教育质量和效益，满足现代工业发展中国家对技能型人才的需求；积极参与国际人力资源培训市场；部分学校接近东盟四国水平，其中一些学科接近二十国集团发达国家水平；将受过培训的具有学位和证书的工人比例提高到 35%—40%。

到 2045 年，职业教育满足发达国家高技能人才的需求；成为东盟地区职业教育领先的发展中国家，赶超世界先进水平，在多个培训领域、行业和职业中具有突出竞争力。

2. 职业教育发展的具体目标

在招生规模上，到 2025 年，力争职业教育学生人数翻一番，到 2030 年翻三倍，产业结构、职业结构和培训水平合理，既要满足当前劳动力市场需求，也能适应未来劳动力市场。短期来看，越南职业教育发展的重点是为未来 5—10 年，甚至更长时间的发展做准备。要提高培训质量和效果，力争 90% 以上的学员毕业后都能找到适合个人发展、具有生产力、收入较高的工作。

在网络方面，向开放、灵活、标准化、现代化、质量分层的方向发展职业教育机构体系。国家重点投资建设一批优质职业教育机构和面向特定对象的职业教育机构。力争到 2025 年，约 70 所学校将被评估认定为优质院校，其中 3 所学校接近二十国集团发达国家水平，40 所学校接近东盟四国水平；到 2030 年，将有 100 所

学校通过检查、评估和认定，达到优质学校的标准，其中 15 所学校接近二十国集团发达国家水平；50 所学校接近东盟四国的水平。保障越南职业教育在东盟地区处于领先水平。

3. 职业教育发展目标的制定原则

职业教育发展目标的制定既要符合当前国际国内形势，也要着眼于未来发展要求。越南政府表示将根据国内对熟练劳动力的需求，尤其是经济发展大融合背景下对高职业技能人才的需求发展职业教育，做好人力资源准备，迎接投资浪潮。与此同时，新冠疫情也让越南认识到培训和再培训是员工适应第四次工业革命的必然趋势，为此，越南需要抓住正处于人口黄金时期的机遇，把扩大培训规模作为职业教育发展的一项重要目标。

4. 职业教育发展目标的关键指标

到 2025 年，吸引 40%—45% 的初中和高中毕业生进入职业教育系统；女学生人数达到新入学目标总数的 30% 以上。具有信息技术技能的工人比例达到 80%。争取届时拥有约 70 所优质学校；约 150 个重点行业和职业，其中 5—10 个在东盟四国具有突出竞争力。

到 2030 年，目标是着力提高职业教育的质量和有效性，以满足现代工业发展中国家对技能型人才的需求；积极参与国际人力资源培训市场；部分学校接近东盟四国水平，其中部分学科接近二十国集团发达国家水平；将受过培训的具有学位和证书的工人的比例提高到 35%—40%。

（二）实现路径

1. 改进相关制度

要实现以上目标，必须先完善体制机制和政策，这是最重要的任务。主要包括补充和完善包括学习者、教师、职业教育机构在内的职业教育参与主体政策，构建适合越南国情的培养模式，形成共享教育模式，提高投资效率。同时，越南强调当有必要时，将实行职业教育法第 6 条中关于职业教育发展的政策：“职业教育投资在社会经济发展和人力资源开发规划中具有优先地位。职业教育预算在国家教育培训预算总支出中处于优先地位。”

2. 加快数字化转型

在第四次工业革命时代，进行数字化转型，将信息技术应用于管理和培训活动格外重要。越南强调加快数字化转型，实现设施设备现代化，创新培训方案和方法，引进现代化设备，更新老旧设备，将信息技术应用到职业教育领域的方方面面，提高人才培养的质量。

3. 发展职业教育人员队伍

职业教育的发展离不开教师、工匠、专家、职业培训师和职业教育管理者等人员。因此，需要高度重视职业教育人员队伍的发展，创新职业教育人员队伍的培养方式，提高职业教育人员队伍的质量。

4. 紧密结合职业教育、企业与劳动力市场

职业教育要适应企业的需要，因此，必须将劳动力市场的接受度作为职业教育有效性的衡量标准。逐步将职业教育质量提高到地区和国际质量标准，以满足国内人力资源需求，同时与地区和世界劳动力市场接轨，适应第四次工业革命。

5. 支持职业教育应用研究和技术转让

职业教育发展最终要促进社会实践发展。应当加强职业教育的应用研究，更好地促进职业人才适应和促进社会实践。同时，要支持职业教育领域的技术转让，激发职业教育发展的活力。

6. 加强职业教育中的创新

职业教育的发展要反映第四次工业革命创新人才培养的需要。越南政府强调，一方面要创新职业人才、职业教育人员的培养模式；另一方面要加强职业学校、企业和政府的合作，创新职业教育发展的机制。

7. 加大对职业教育的财政投入

职业技术教育与培训是教育培训预算总支出中优先考虑的内容，国家财政预算将重点投资于极端困难地区、少数民族地区、边疆地区、海岛、偏远地区的职业技术教育机构。

8. 完善职业教育的形象和品牌，提升职业教育的社会认可度

针对当前职业教育的形象问题，越南政府强调在发展好职业教育的同时，也要加大社会宣传力度，发挥新媒体的宣传功能，完善职业教育的形象，并根据各地职业教育发展的特点，打造一批职业教育发展的特色品牌，提高职业教育在社会的认可度。

第六节 东盟《东盟教育工作计划 2021—2025》

一、《东盟教育工作计划 2021—2025》出台背景

《东盟教育工作计划 2021—2025》（ASEAN Work Plan on Education 2021–2025）被认为是实现《东盟社会文化共同体 2025 年愿景》① 的关键指南，这也将为东盟的

---

① 该愿景指“一个参与并造福于人民、包容、可持续、有韧性和充满活力的东盟共同体”。

教育系统建设奠定坚实的基础。面对新冠疫情带来的巨大影响和挑战，东盟各国教育部长和高级官员通过线上会议，多次讨论如何以疫情为契机，推动教育数字化转型并建立健全的、面向未来的教育系统，促进线上教育的发展等，最终于 2021 年 5 月 31 日通过了新的《东盟教育工作计划》（即 2021—2025 年版）。这一工作计划的制订和实施由东盟教育高级官员会议主席牵头，由东盟秘书处的教育、青年和体育司管理，并得到了东盟大学联盟（ASEAN University Network）、东南亚教育部长组织（Southeast Asian Ministers of Education Organization，SEAMEO）秘书处、SEAMEO 高等教育和发展区域中心（Regional Centre for Higher Education and Development，RCHED）、东盟质量保障网络（ASEAN Quality Assurance Network）、联合国教科文组织和以 SHARE 计划支持东盟区域高等教育发展的欧盟组织等区域伙伴的支持。该教育工作计划明确了东盟未来五年的教育愿景和目标，通过加强区域和国际合作，各成员国可以有效应对新冠疫情带来的负面影响，并最终从教育举措中获益。

二、《东盟教育工作计划 2021—2025》内容

《东盟教育工作计划 2021—2025》以终身学习、包容、公平和质量原则为基础，致力于解决本区域内所有学习者的需求和情况。该计划由五大目标组成，每个目标下包括多个措施，每个措施又可以细分为多个子行动，每一行动均指定了牵头的成员国家，并列举了潜在的合作伙伴和具体评估指标。①

（一）提高东盟共同体意识

东盟一直致力于提高本区域的共同体意识，这次制定的教育工作计划主要侧重于开展具有复原力的和对环境负责任的教育实践。具体来说，该部分采取以下两大措施来促进该目标的实现。

第一，通过学校课程和媒体宣传活动，更新和加深民众对东盟的认识。在宏观层面，要制定指导方针和工具，促进成员国和东盟实体在东盟国家职业技术教育与培训（TVET）、学生流动项目和学术研究合作等各种教育项目上加深对东盟的认识。在实践层面，要举办相应的教育活动，以提高青少年、交换学生及当地学生参与流动项目的意识。此外，还要提高受教育者的媒体和信息素养，促进发展和平教育，使受教育者树立正确的价值观，防范虚假新闻。具体来说，可以实施以学校为基础

① ASEAN Work Plan on Education 2021-2025［EB/OL］.［2022-01-14］. https：//asean.org/wp-content/uploads/2022/04/Public-Release-ASEAN-Work-Plan-on-Education-2021-2025.pdf.

的网络健康运动，反网络欺凌和反网络性剥削；在学校中推广媒体素养教育，以打击虚假新闻和激进主义；等等。

第二，通过重视师生的心理健康和幸福与开展对环境负责的行动来加强复原力。一方面，可以组织师生与教育部门和减少灾害风险（Disaster Risk Reduction，DRR）部门的政策对话，进一步将安全学校倡议纳入国家教育、监测系统和区域协调体制。另一方面，促进将环境教育（Environmental Education，EE）纳入学校的各项活动和课程，以配合可持续发展教育的落实。

（二）保障大学前教育的教与学质量

本次工作计划的第二个目标是在东盟区域内保障适龄学生从学前到中学阶段接受高质量教育，尤其是保障失学儿童和青年。该部分采取以下三大措施。

首先，制定区域政策、建立伙伴关系和监测机制，从而获得更高质量的儿童早期保育和教育（Early Childhood Care and Education，ECCE）服务。一方面，要在儿童早期保育和教育相关论坛上寻找并形成战略伙伴，达成政策承诺，加强国家层面的投资，确保公平、包容和全面的儿童早期保育和教育服务。另一方面，要促进获得高质量的儿童早期保育和教育服务的平等机会，例如降低新冠疫情和不同类型危机的影响等。

其次，加强东盟组织层面和各个国家层面的教育政策和技术能力，确保提供学习机会，特别是要将失学儿童和青年纳入其中。这一措施包括五个连贯的行动。一是支持制定东盟基础教育平等框架。二是构建东盟监测失学儿童和青年的体系和框架。① 三是建立和实施以媒体为基础的沟通战略，让公众、学术界和媒体参与解决性别平等、全纳教育和其他涉及失学儿童和青年的问题。四是鼓励志愿活动和民间活动的开展，以促进性别平等，推动东盟边缘化群体的全纳教育。五是加强政策框架和认证体系建设，把跨国教育、弹性教育、非正式教育和选择性教育与正规教育联系起来。

最后，通过推广21世纪技能、学习指标、数字化转型和教师能力框架，提高基础教育和中等教育的学习效率和包容性。这一措施包括六个连贯的行动。一是支持在基础教育层面确立数学、阅读、写作和全球公民教育的学习指标，并实现学习转型。二是发展参与国际测试的能力，这也是东南亚小学学习指标（Southeast Asia Primary Learning Metrics，SEA-PLM）计划的一部分。三是促进关于基础教育学习与评估的政策对话和交流。四是提高男女教师的领导力和胜任力，包括教授与21

---

① 根据经济、性别、特殊需要状况和其他社会经济和文化背景分列。

世纪技能和远程教学有关的胜任力。五是促进基础教育中优质英语教学的普及。六是通过基于数字、在线教学和学习系统的教师能力建设优化人才资源和促进学校转型。

（三）加强东盟高等教育

作为终身学习服务的一部分，高等教育是东盟教育工作中不可忽视的重要主题。《东盟教育工作计划 2021—2025》希望加强东盟内部高等教育相关机构的交流与合作，提升其能力并加强其发挥的作用。该部分采取以下两大措施来促进该目标的实现。

第一，通过提供灵活、创新、多学科、跨境教育和研究合作加强高等教育机构在终身学习方面的作用。具体来说，建立政策论坛，协调各项举措，关注区域取得的成就和存在的障碍，并通过数字化转型手段等为高等教育的发展方向给予指导。

第二，通过战略、机制和提供奖学金，维持和加强东盟在高等教育协调方面的能力。这一措施包括七个连贯的行动。一是组织并召开系列关于东盟高等教育流动性的政策对话。二是支持资格认证框架与质量保证倡议和工具，以促进高等教育机构之间的协作、联合计划、跨国教育和流动性。三是设计并推广一个东盟范围内的数字信用传输系统（Digital Credit Transfer System，DCTS），通过与具有类似经验、技能和资源管理能力的组织进行对话，支持东盟学生的流动性。四是为所有东盟成员国建立东盟品牌奖学金计划，由东盟成员国确定管理和资助机制。五是支持柬埔寨、老挝、缅甸和越南减少对区域内高校学生进入该国内部的限制。六是支持加强大学在管理和领导、教学、研究，以及跨境高等教育方面的能力建设举措。七是通过面对面或虚拟的方式推广东盟与其他共同体之间、东盟内部国家之间的学生交流计划。①

（四）改革职业技术教育

职业技术教育是东盟国家提高技术人才质量和数量的途径和手段。本工作计划的目标之一就是增加获得高质量 TVET 的机会，并保障教育的可持续性，以应对不断变化的劳动力市场需求。该部分采取以下三大措施来促进该目标的实现。

首先，加强 TVET 的治理和体系改革方面的区域合作与交流。这一措施包括四个行动。一是通过东盟 TVET 理事会推进跨部门议程的制定、合作和政策一致性。

---

① MCDERMOTT D J. Catalysing Development of an ASEAN Higher Education Space［EB/OL］.（2021-08-28）［2022-01-14］. https://www.universityworldnews.com/post.php?story=20210824155030216.

二是促进对 TVET 的研究和知识生产，包括在国家层面分析劳动力市场需求和技能需要。三是向女性和男性学习者，包括有特殊需要的人，宣传 TVET 作为可行职业道路的积极形象。四是实施改进 TVET 的地区合作计划，以提高东盟 TVET 系统适应数字化需求的能力。

其次，鼓励私人部门参与 TVET 的规划、方案制定、实施以及资源调动。这一措施包括三个行动。一是扩大学徒制、教师和公司内培训师的数量，并提升其质量，以增加技能与职业需求的匹配性及复杂技能学习与迁移的有效性。二是提升由公共和私营部门共同主持的 TVET 协调机构或董事会的重要性，以推动连贯的、面向未来的 TVET 议程。三是通过有组织的公私对话，提升私营部门在 TVET 方面的贡献度。

最后，通过质量保证、人员能力建设、创新和适应不断变化的劳动力市场需求提高 TVET 的质量。这一措施包括三个行动。一是通过加强顶层设计、扩大区域交流和提供资源来支持质量保证机制，包括男女工人跨境实习，促进性别包容，并保障 TVET 的质量。二是加强 TVET 人员培训机构的能力，使教师和学生具备横向技能、数字能力和其他技能，以适应未来工作对数字化技术和自动化的需求。三是支持 TVET 的区域流动性，以加强东盟中特定行业的可比性，并减少技能供需之间的差距。

（五）执行保障机制

良好工作计划的完成还需要强有力的执行保障机制。东盟希望可以通过完善协调知识管理和监测评估系统，保障有效实施东盟教育工作计划。该部分采取以下两大措施来促进该目标的实现。

第一，加强教育方案的区域协调，加强有效资源配置。一方面，制定东盟教育方案和方案反馈的政策，并提供技术咨询；另一方面，聘请合作伙伴来提升东盟在教育政策制定、协调、监测和评估方面的能力。

第二，建立知识管理和监测评估体系，以支持东盟教育工作计划的实施。一是加强区域努力，在需要时通过与其他全球、区域和国家组织合作，改善由工作计划活动产生的方案和其他有关数据的质量。二是设计一个监督东盟教育工作计划实施和评价结果的体系。三是为审查和分析提供持续的技术支持，为东盟教育高级官员会议（ASEAN Senior Officials Meeting on Education，SOM-ED）和工作计划中期审查提出建议。四是提供关于东盟教育工作计划与其他相关趋势和合作亮点的定期（年度）报告。

三、小结

总的来说，《东盟教育工作计划 2021—2025》以培养东盟共同体意识为出发点，涵盖了学前教育、基础教育、高等教育和职业技术教育，并以监测和评估手段保障工作计划的顺利执行。值得注意的是，该工作计划还强调促进儿童平等获得优质学前教育的机会，包括通过提供区域战略和协调援助来减轻新冠疫情等不同类型的危机的影响，特别是在危机后时期提供全面的儿童早期保育和教育服务。纵览可见，该工作计划旨在指导各国实现建立一个包容、可持续和有弹性的教育体系，以一个全面的终身学习框架为基础，捕捉包括弱势群体在内的所有学习者的需求和背景，使现在和未来的一代人拥有数字技能，以及面对逆境和挑战的韧性和力量。

第十二章
拉丁美洲教育政策与发展趋势

2020 年初以来，新冠疫情席卷全球，对教育产生诸多不利影响，加剧了原本存在的教育不公平问题，导致辍学率和留级率大幅提升，阻碍教育的有序发展。为减轻疫情对教育系统的影响，2021 年，拉丁美洲各国政府鼓励学校在疫情允许的条件下，安全地、有序地组织学生返校。智利教育恢复的一揽子政策和措施与墨西哥的《墨西哥 2021—2022 学年基础教育阶段学生安全返校政策 2.0》，采用线上和线下相结合的方式引导学生有序返校，逐步恢复教育系统的活力。而在应对疫情之外的地方，巴西职业教育出现了改革新维度。

第一节　智利教育恢复一揽子政策和措施

一、出台背景

2020 年 3 月 15 日，在新冠疫情持续蔓延的形势下，智利政府宣布全国中小学暂停线下课堂，中小学生由线下学习转为线上学习。智利教育部整合国家、有关地区和学校的优质教学资源，在停课期间通过开通线上学习平台（Aprendo en Línea），推出在家学习（Aprendo en Casa）项目，开通专用电视频道（TV Educa Chile），资助贫困学生线上学习设备等措施，面向全国中小学生和教师免费提供有关学习和教学的资源，保证停课不停学。然而，尽管教育部门采取多种举措保障学生的学习环境，线下课堂的缺失仍然对学生的学习效果、身心健康发展、辍学情况与教育公平造成了不利影响。联合国、世界卫生组织、联合国教科文组织和联合国儿童基金会等国际组织均认为，在疫情下，各国应将保障儿童和青少年福祉作为国家的优先任务。联合国于 2020 年发布的报告《新冠疫情下及后疫情时代的教育》指出，疫情导致的学校停课对学生产生了诸多不利影响，其中包括：学习退步、缺乏专业交流、缺乏专业技能学习，增加辍学风险，增加儿童和青少年受虐待风险，中断儿童和青少年福利服务。该报告还建议在条件允许的情况下应优先安排学生返校。①

因此，2020 年 8 月，智利教育部出台“逐步开放线下课堂”（Abrir las Escuelas Paso a Paso）计划，遵循“安全”“自愿”“渐进”三原则，依据智利全国防疫规定，对恢复线下教学做出部署。根据智利全国防疫的规定，全国各地区的防疫状态可分为四个等级，分别是隔离状态（Cuarentena）、过渡状态（Transición）、准备状态（Preparación）和开放状态（Apertura）。② 如果该地区为隔离状态，则该地区所有学校的学生不得返校。从过渡状态开始，学校被允许恢复线下课程。截至 2021 年 3 月，全国超过 50% 的小学和中学陆续恢复线下课程，有序组织学生返校。同时也有将近 50% 的中小学学生仍需继续进行线上学习。由于疫情反复，学校的教学模式也在不断地进行调整。在全国教学模式无法统一的情况下，保证教学的灵活性成为工作的重点。

为减轻新冠疫情对教育系统的破坏，提高教育系统的灵活性，2021 年智利教育部联合各级教育机构发布了智利教育恢复的一揽子政策和措施，对中小学教育恢复工作做出总体部署，为线上教学提供指导并助力线下教学的有序进行。

二、主要内容

智利教育恢复一揽子政策和措施主要围绕恢复教学秩序、开展心理健康教育，以及引导辍学学生重返课堂三点内容展开。

（一）恢复教学秩序

世界银行和智利教育部于 2020 年 8 月发布报告《新冠疫情对智利学生学习水平的影响》（Impacto del COVID-19 en los Resultados de Aprendizaje y Escolaridad en Chile），报告依据 2017 年全国教育质量评估系统（Sistema de Edición de la Calidad de la Educación）对疫情期间全国中学二年级学生的学习效果进行预测。③ 预测结果显示，如果2020年秋季学期智利学生不返校学习，学生一年的学习效果将大打折扣，

---

① Naciones Unidas. Education During COVID-19 and Beyond［EB/OL］.［2021-11-20］. https://www.un.org/development/desa/dspd/wp-content/uploads/sites/22/2020/08/sg_policy_brief_covid-19_and_education_august_2020.pdf.

② Actualización al Plan “Paso a Paso Nos Cuidamos”［EB/OL］.（2021-07-08）［2021-11-20］. https://www.cgai.cl/home/wp-content/uploads/2021/07/Actualizaci%C3%B3n-PASO-A-PASO.pdf.

③ Banco Mundial，Ministerio de Educación. Impacto del COVID-19 en los Resultados de Aprendizaje y Escolaridad en Chile［EB/OL］.［2021-11-20］. https://chile.un.org/es/102663-impacto-del-covid-19-en-los-resultados-de-aprendizaje-y-escolaridad-en-chile.

平均可能失去一年学习效果的 88%，其中，最贫困的学生平均可能会失去一年学习效果的 95%，经济条件最好的学生平均可能会失去一年学习效果的 64%。除此之外，学生的受教育水平将平均后退 1.3 年。同时，报告指出线上教学只能减轻新冠疫情对智利学生当前、过去以及未来学习负面影响的 12%。因此，智利教育部出台了以下措施，以应对新冠疫情对国内教育秩序的破坏。

1. 进行学习效果综合评估

为了更加准确地了解 2020 年疫情对学生造成的不利影响，为学校提供教学帮助，智利教育部的教育质量保障机构研发了学习效果综合评估工具，各地学校可自愿选择参加学习效果综合评估，使用评估工具来测评学生的语文学习效果、数学学习效果和心理健康状态。针对小学一年级到中学四年级的学生，学校测评其心理健康状态；针对小学二年级到中学三年级的学生，学校测评其语文学习效果；针对小学三年级到中学三年级的学生，学校测评其数学学习效果。截至 2021 年 4 月 6 日，教育质量保障机构共回收全国 6943 所学校约 200 万名学生的数据，占全国所有学校学生数量的 81%，并计划于 2021 年 8 月和 12 月再次对学生的学习效果进行评估。在心理健康状态方面，4 月的评估结果显示，疫情对中学生影响较大，90% 的中学三年级和四年级学生认为网课对其心理健康状态产生了负面影响。在语文和数学学习效果方面，学生的成绩普遍较低，尤其是小学六年级学生，其语文成绩及格率仅为 59%，数学成绩及格率仅为 47%，并且从六年级开始，学生语文和数学成绩的差距逐渐加大。评估结果也显示与公立学校的学生相比，私立学校的学生往往有更好的学习表现。①

参与评估之后，各所学校将会收到各年级的效果评估结果和学校的整体评估结果，以便学校管理人员和教师掌握学生情况并根据报告结果制订具体的教学计划。为保证学校正确使用学习效果综合评估工具，教育质量保障机构还会给学校提供该工具的使用说明，并线上组织教师培训相关内容。

2. 实施课程优先计划

为缓解疫情对智利基础教育造成的不利影响，国家教育领导机构（Consejo Nacional de Educación）通过了由教育部课程管理委员会（Unidad de Currículum del Ministerio de Educación）制订的课程优先计划（Priorización Curricular）。该计划根据学校实际情况，在原有课程大纲的基础上为学校提供线上课堂和线下课堂所需的教学材料、学习资料和教学建议等支持，帮助学校制订教学计划。该计划面向学前

① Agencia de Calidad de la Educación. Resultados Diagnóstico Integral de Aprendizaje 2021［EB/OL］.［2021-12-20］. https://media.elmostrador.cl/2021/05/210526-Presentacio%CC%81n-DIA2021.pdf.

教育、初等教育、中等教育、职业教育和成人教育，涵盖语文、数学、科学、历史、地理、社会科、公民教育、艺术、体育、英语、哲学和印第安语言全部 12 门学科。该计划包括 4 项基本内容：第一，确定中小学各年级教育连续性的主要目标和次要目标；第二，给予学校自主权，使学校可以根据自身教学方式和内部组织机构构建教学计划；第三，课程规划应具有可持续性，可以应对长期反复的疫情；第四，保持所有科目的课程设置与现行课程体系的有效衔接。

3. 在小学一到四年级继续推广"我阅读，我计算"项目

"我阅读，我计算"（Leo y Sumo Primero）项目包括"我阅读"（Leo Primero）和"我计算"（Sumo Primero）两部分。2014 年，联合国教科文组织发布《第三次区域比较报告》（Tercer Estudio Regional Comparativo y Explicativo），该报告对智利、阿根廷、巴西等 15 个拉丁美洲国家小学三年级和小学六年级学生的阅读和计算能力进行调查，调查结果显示在所有智利的被调查学生中，三分之一的学生无法在一篇简短的文章中快速定位信息、区别同一单词的不同意思，以及使用给定的简单短语进行书面和口头表达。[①] 为提高学生的语文素养，2018 年智利教育部推出了"我阅读"项目，旨在全面提高小学一到四年级学生的听、说、读、写能力，为之后的学习打下良好基础。全国教育质量评估系统 2018 年的调查结果显示，75.3% 的智利小学四年级学生的数学水平为"不及格"和"基础水平"。[②] 为此，2020 年，智利教育部在"我阅读"项目的基础上推出了"我计算"项目，旨在使小学一到四年级的学生掌握基本的数学运算，提高其在日常生活中解决数学问题的能力，并在此过程中培养其数理逻辑思维。疫情期间，智利教育部加强推进"我阅读，我计算"项目，项目覆盖范围进一步扩大，2021 年"我阅读"项目进入全国 75% 的小学一年级到四年级课堂，覆盖全国 675000 名学生，"我计算"项目也覆盖了全国 630000 名小学一年级到四年级学生。

"我阅读，我计算"项目围绕三项核心工作展开。第一，为学生和教师提供丰富的学习和教学资料，例如，发放语文和数学课本，捐赠教室图书馆，以及发放习题册、单词卡片等课堂活动材料；第二，组织各类线上教师交流会议、公共课和教师培训课程，加强相关教师的交流，促进其反思以提高教学水平；第三，提供便利的电子资源，包括与课本配套的线上课程游戏、多媒体书籍、线上考试系统和学习监督系统等。

---

① Currículum Nacional. Acerca de Leo y Sumo Primero［EB/OL］.［2021-11-20］. http://www.Agenciaeducacion.cl/evaluaciones/que-es-el-simce/.

② Agencia de Calidad de la Educación. Simce［EB/OL］.［2021-11-20］. https://www.agenciaeducacion.cl/simce/.

4. 继续推广“学校至上”项目

为促进教育均衡发展，智利教育部于2019年推出“学校至上”（Escuelas Arriba）项目，为连续三年被教育质量保障机构评为教学水平落后的学校提供帮助。该项目的关注点侧重于小学三年级到中学二年级学生的语文和数学课程。2020年，由于新冠疫情，“学校至上”项目由线下转为线上，通过线上示范课、教师研讨会等方式为被评为教学水平落后的学校教师提供教学建议，以提升其教学水平。由于疫情进一步加剧了智利的教育不公平问题，2021年“学校至上”项目向全国所有学校开放，为注册学校提供教学和管理帮助。该项目主要提供四方面的服务，以全面提高注册学校的教学与管理水平。第一，学校为学生补齐因疫情而落下的学习内容，使各年级学生基本达到所在年级的教学要求；第二，学校培养学生对阅读与写作的兴趣，提高其阅读和写作能力；第三，学校完善辍学预警系统，防止学生辍学；第四，构建学校网络，搭建便利的沟通平台，促进各学校和教师之间的交流。同时，该项目还设置了三个配套工具，以确保该项目的可持续性和有效性。这三个工具分别是：定期组织教师培训，并为教师提供包含430份教案和教学建议的参考资料；搭建持续性的教学评估体系和评估结果分析体系，以便学校及时掌握学生的语文和数学学习情况；根据评估结果帮助学校制订语文和数学课程的教学计划。

5. 继续推广“智利教师”（Tutores para Chile）计划

2020年，智利教育部推出了“智利教师”计划，鼓励教育专业的在校学生进行线上的教学实习，支持学校的线上教学工作。2021年智利教育部继续加强推广“智利教师”计划。参与计划的学生的主要任务是在线辅导两至三名在语文、数学、科学和历史课程中成绩较差的中小学生，在线辅导每周至少进行一个小时，持续三到四个月。根据各学校安排，参与计划的学生还可以负责其他教学工作。该计划不仅缓解了疫情期间教师短缺的现象，而且为教育专业的学生提供了广泛的实习机会，丰富了教育专业学生的培养模式。

（二）开展心理健康教育

智利教育行动基金会的一项调查表明，长时间的线上教学导致了学生心理问题凸显，且学生的年龄越大，负面情绪越严重。其中，中学三年级和四年级学生的心理健康状况最令人担忧，受访学生中73%的中学三年级和四年级学生有抑郁症症状。[①]2020教育基金会（Fundación Educación 2020）在网络征集的一项调查显示，

① Ministerio de Educación. Chile se Recupera y Aprende：Cómo Abordaremos el Impacto de la Pandemia en el Sistema Escolar?［EB/OL］.［2021-12-10］. https：//www.mineduc.cl/wpcontent/uploads/sites/19/2021/03/Chile_se_recupera_y_aprende.pdf.

一方面，学生的心理状态堪忧，在家上课时，63.5% 的被调查学生觉得无聊，41% 的学生感受到焦虑或者压力大，34.6% 的学生有沮丧和厌烦的情绪，2% 的学生能够保持内心平静，且只有 2.6% 的学生觉得“开心”；另一方面，75% 的老师感到“非常焦躁”，60% 的老师感到“非常累”，54% 的老师感到“被压得喘不过气来”。① 为缓解全国师生心理压力，结合全国线上线下混合教学模式的特点，智利教育部从线下与线上两方面为学生提供心理健康服务。

1. 线下心理服务

在线下心理服务方面，智利教育部分阶段于 2021 年第一学期初和第一学期末为各学校提供 12 种以心理教育与校园文化为主题的系列教学资源，一方面旨在推动校园和谐友好氛围的建设，使校园的任何地方都能成为学生与其他成员共同学习的场所；另一方面旨在引导学校以“和谐校园项目”（Programa Nacional de Convivencia Escolar）所倡导的四种共存模式（互尊互爱、兼容并包、民主参与、和平对话）为核心理念来构建校园文化，激发学生的主人翁意识，使其意识到建设一个互助互爱的集体是校园中每一个人的责任。

教育部向各校发放了课堂游戏《情绪那些事儿》（¡Qué Emoción! ¡Qué Preguntas!）、小说《克莱蒙蒂娜的故事》（Cuentos de Clementina）、动画片《情绪俱乐部》（Emoticlub）的教师用书和学生用书等心理健康教材，以及 2002 年心理健康教育大会文件等心理健康教育领域的研讨资料，为学校开展心理健康课程提供相关教学资源与教学指导。同时，智利教育部不忘校园文化建设与文化管理，统一下发《全国校园共处政策》（Política Nacional de Convivencia Escolar y sus Cartillas）、《校园文化管理：是什么？为什么？怎么做？》（Gestión de la Cultura Escolar：¿Qué? ¿Cómo? y ¿Para qué?）等政策文件，使学校了解校园文化建设的总体方针与指导思想。此外，教育部还为学校提供了校园精神文明标语海报、八大课堂准则标语等校园文化建设工具。

在第一阶段，即 2021 年第一学期初，首先，教育部向各学校发放课堂游戏《情绪那些事儿》的相关教学资料。通过课堂游戏的方式强化师生之间的情感认同，深化学生之间的情感联结，使学生在一个互尊互敬、充满信任的氛围中认识到人的个性发展差异，与他人和谐共处。其次，教育部向各学校发放《克莱蒙蒂娜的故事》，

① Fundación Educación 2020. Informe de Resultados #EstamosConectados：Testimonios y Experiencias de las Comunidades Educativas ante la Crisis Sanitaria［EB/OL］.（2020-04-17）［2021-11-20］. http://oped.educacion.uc.cl/website/images/sitio/formacion/estudios/estudios/estudios%20ense%C3%B1anza%20remota/E2020_abril_Estamos_conectados_N1_Informe-Final.pdf.

这部小说讲述一个女孩在2020年疫情背景下所经历的喜怒哀乐，以及她如何化解这些情绪。除了精美的插图和简洁的图表，该书在每个故事结尾提出一系列问题，以便老师在课堂中引导学生进行对话与讨论。最后，智利教育部联合智利教育网（Educarchile）对学校管理人员进行培训，并下发文件《校园文化管理：是什么？为什么？怎么做？》和25个校园精神文明标语海报，旨在给学校管理人员提供改良校园风气的工具。在第二阶段，即2021年第一学期末，向各学校邮寄“情绪量表”（Medidor Emocional），老师根据此量表对学生的心理状态进行简单快速的诊断。

2. 线上支持

在线上支持方面，智利国家电视台（Consejo Nacional de Televisión）与智利美洲大学（Universidad de las Américas）合作制作了一部名为《情绪俱乐部》的动画片。《情绪俱乐部》共有10集，其受众为4岁到8岁的儿童，通过讲述4个朋友不同的经历与故事来展现人的4种基本情绪——恐惧、愤怒、开心与悲伤。智利教育部还将针对低龄学生研发与《情绪俱乐部》相配套的心理健康课堂教学手册，使学生学会标识不同的情绪并识别与之相对应的行为，学会聆听并识别他人的情绪，了解与人交往的社会准则等。

（三）引导辍学学生重返课堂

2016年的一项研究表明，课堂参与率是影响学生辍学的一个重要因素。[①] 长期缺课将导致学生成绩下降并增加学生滥用毒品等违禁品和辍学的风险。2020年智利教育部调查了疫情期间小学六年级到初中四年级学生的辍学情况。结果显示，7.1%的被调查学生完全不参加任何学校活动（如线上课堂、考试、作业和任何形式的娱乐活动），17.3%的被调查学生课堂参与度低，七年级以上的被调查学生中有6.6%的学生不得不通过打工来缓解家庭经济困难情况，城市学校学生的这一比例更是高达8.4%。同时该报告预测，截至2020年底，智利全国辍学人数将会达到267822人，这意味着仅在一年时间里，辍学学生人数就将增加43%。[②]

为此，2020年智利教育部召集各方学术代表召开会议，共同探讨针对辍学问题的解决对策。2021年智利教育部将贯彻落实以下三项措施。

第一，智利教育部在全国范围内推广辍学预警系统（Sistema de Alerta Temprana）。

---

① ŞAHIN Ş, ARSEVEN Z, KILIÇ A. Causes of Student Absenteeism and School Dropouts [J]. International Journal of Instruction, 2016, 9 (1): 195-210.

② Centro de Estudios MINEDUC. Deserción Escolar：Diagnóstico y Proyección en Tiempos de Pandemia [EB/OL]. (2020-10-21) [2021-11-16]. https://centroestudios.mineduc.cl/wp-content/uploads/sites/100/2020/10/DOCUMENTO-DE-TRABAJO-22_2020_f01.pdf.

预警系统可以帮助学校识别存在辍学危险的学生并分析导致其辍学的原因。老师登录辍学预警系统后，可以看到学校内辍学可能性在 10% 以上的学生。根据系统提供的信息，学校可以更快地识别具有辍学风险的学生，并对其进行风险干预。2020 年，全国共有 3490 所学校自愿加入预警系统。2021 年，辍学预警系统对智利所有学校实现了全覆盖。

第二，智利教育部实行短信和 WhatsApp 计划。该计划旨在通过手机短信或者 WhatsApp 与辍学学生的父母保持联系，了解辍学学生及其家庭情况，以便对辍学学生及其家庭进行针对性的帮助和支持，帮助辍学学生早日重返课堂。

第三，智利教育部推行学生情况跟踪工具。学生情况跟踪工具可以记录每个学生在线上课堂、线下课堂和线上线下混合课堂中的学习情况并将其可视化，旨在尽早识别并帮助有辍学风险的学生。学校每月末在教育部的学生信息综合管理系统（Sistema Información General de Estudiantes）中下载学生情况跟踪工具，其形式为一张 Excel 表格，表格内容包括学校编号、学生姓名和年级。除此之外，学校还需要在表格中记录每个学生五个方面的信息：（1）学生线上或线下学校活动的参与程度，包括“完全没有”“低参与度”“中参与度”和“高参与度”四个选项，其中，“完全没有”指学生近一个月内未参加任何学校活动，“高参与度”指学生近一个月内几乎参与全部学校活动，“低参与度”和“中参与度”介于两者之间。（2）如果该学校近一个月内实行线下教学，还应在表格中填写学生的出勤情况。（3）线上学习的技术障碍，包括无法连网或者缺乏合适的电子设备（如电脑、平板或手机）。（4）可能会影响学生学习或生活的经常性的情绪状态，包括焦虑、恐惧、后悔、失落和无聊，学校需要对照教育部提供的情绪术语表进行记录，以便准确识别学生的情绪状态。（5）七年级以上学生的劳动情况。学校需在两周内填写表格并将其重新上传至系统，根据提交的表格，学生综合信息管理系统将会自动生成分析报告，报告将分析并总结学生情况，识别有辍学风险的学生并制订相应的行动计划，并自动发送至学校的官方邮箱和此项目负责人的邮箱。分析报告由四部分组成：一是归纳所有学生情况的图表，以便学校对其各方面的进展有一个整体全面的了解。二是显示各年级学生情况的表格，此表格展示的信息更加详细，使学校快速了解哪个年级面临更加严峻的形势。三是建议与对策，此部分为学校提供简短的改进建议与可能对解决其问题有帮助的文件链接。四是显示近一个月内学校活动参与度为零的学生名单，以便学校对其进行重点关注与帮扶。

总之，学生情况跟踪工具可以总结并分析每个学校中学生的学习参与度、出勤率、在线上课堂中遇到的技术困难、消极情绪和劳动状况，帮助学校快速、准确地确定下一阶段重点努力的方向，制定具体的反辍学行动策略。除此之外，由于表格是按月提交的，学校也可以评估其反辍学策略的阶段性成效并据此对策略进行调整，改善其各方面的治理模式。

三、小结

智利教育部部长劳尔·菲格罗亚（Raúl Figueroa）指出，新冠疫情是智利教育的一次历史性机遇。现阶段，全国教育工作人员应以学习恢复为共同目标，以保障学生的心理健康为核心工作，以引导辍学学生重返课堂为第一要务，抓住机遇，共同提升智利的教育质量。① 这表明，恢复教学秩序、进行心理健康教育和引导辍学学生重返课堂是未来智利教育的三项核心任务。

智利教育恢复一揽子政策和措施实施后，智利教育部的教育质量保障机构分别于实施后的第一学期末（2021 年 8 月）和第二学期末（2021 年 12 月）再次对基础教育阶段学生的语文和数学学习效果与心理健康状态进行评估。全国 5794 所中小学参加了 2021 年 8 月的评估，但是评估结果显示，经历一个学期的教育恢复后学生的语文成绩和数学成绩不升反降。参加评估的小学二年级、五年级、七年级以及初中一年级学生的语文成绩及格率都下降了 5 个百分点以上，小学三年级、五年级、七年级以及初中一年级学生的数学成绩及格率都下降了 9 个百分点以上。政策和措施实施一学期后学生学习成绩的评估结果尚不足以代表最终效果，对效果的评估仍需进行长期的跟踪与调查。根据疫情发展态势和学生的学习需求，有关智利教育恢复的政策仍在不断地更新与补充。智利教育部呼吁全国教育工作者、教育管理人员、教育专家以及学生和家长参与到相关政策的制定与实施过程当中，合力开展全国的教育恢复工作。

第二节 《墨西哥 2021—2022 学年基础教育阶段学生安全返校政策 2.0》

一、政策背景

在新冠疫情背景下，为保障学生的受教育权利，2020—2021 学年墨西哥教育部出台了学前教育、初等教育和中等教育阶段的远程教学计划“在家学习战略”

---

① Ministerio de Educación. Mineduc Presenta Plan “Chile Recupera y Aprende”, para Nivelar Aprendizajes, Dar Apoyo Socioemocional y Recuperar Alumnos Desertores [EB/OL]. (2021-03-10) [2021-11-26]. https: //www.mineduc.cl/chile-recupera-y-aprende/.

（Estrategia Aprende en Casa）。在家长、教师和学生的共同努力下，“在家学习战略”取得阶段性成果，其中包括：为全国超过三千万名学生提供了教育服务；覆盖了94%的墨西哥家庭；使用22种土著语言为墨西哥印第安人学生提供教育服务；提高了学生的自律和自主学习能力；加强了家长的教育参与；强化了家长与教师的沟通与交流。然而，疫情仍然对学生产生了众多消极影响，加剧了学生辍学、留级和心理健康危机的问题。

随着疫情的好转，2021—2022学年墨西哥教育部重启线下教学，遵循全国防疫规定，有序引导学生重返课堂。墨西哥防疫规定《疫情红绿灯区域风险评估办法》（Lineamiento para la Estimación de Riesgos del Semáforo por Regiones COVID-19）根据各地区的新冠疫情风险，将全国分为红色区、橙色区、黄色区和绿色区，绿色区的疫情风险最小，红色区的疫情风险最大。[①] 其中，绿色区、黄色区和橙色区的学校可有序组织学生返校，红色区的学校仍需通过线上或者线上线下混合模式授课。

为保证学生返校工作的顺利开展，需开发适应当前阶段学生学业情况的教学策略、强化家校联系并激发学校社区的活力。因此，2021年8月，墨西哥教育部发布了《墨西哥2021—2022学年基础教育阶段学生安全返校政策2.0》（Estrategia Nacional para el Regreso Seguro a las Escuelas de Educación Básica：Versión 2：Ciclo Escolar 2021–2022），对返校工作做出整体部署，保证学生返校的安全性和有序性。本政策在制定过程中征询了墨西哥各政府部门的意见，并参考了联合国教科文组织和联合国儿童基金会的建议，以及墨西哥教育部与卫生部发布的文件《2021—2022学年安全返校组织手册》（Guía para el Regreso Responsible y Ordenado a las Escuelas：Ciclo Escolar 2021–2022），构建起了一整套返校流程，包括九项干预措施与五个关键节点。

九项干预措施包括：组建学校健康卫生参与委员会（Comités Participativos de Salud Escolar）、勤洗手、全体教学人员接种疫苗、强制戴口罩、保持安全距离、常通风、取消聚集性仪式活动、及时识别感染者、提供心理健康支持。五个关键节点包括：准备阶段、开学前夕、开学第一天、开学第一周、学年其余时间。[②]

---

① Secretaria de Salud. Lineamiento para la Estimación de Riesgos del Semáforo por Regiones COVID-19［EB/OL］.（2022-01-14）［2022-01-20］. https：//coronavirus.gob.mx/wp-content/uploads/2022/01/Metodo_semaforo_COVID_actualiz_220124-20_19hrs.pdf.

② GÓMEZ ÁLVAREZ D，VELDA HERNÁNDEZ MORENO M. Estrategia Nacional para el Regreso Seguro a las Escuelas de Educación Básica : Versión 2 : Ciclo Escolar 2021–2022［EB/OL］.［2022-02-24］. https：//educacionbasica.sep.gob.mx/multimedia/RSC/BASICA/Documento/202105/202105-RSC-Lz0fiisOtD-Estgia_Nac.pdf.

二、指导原则

2019 年 9 月 30 日修订的墨西哥新教育法（Ley General de Educación）规定了“新墨西哥学校”（Nueva Escuela Mexicana）的目标，在该目标的指导下，教育部出台了《墨西哥 2021—2022 学年基础教育阶段学生安全返校政策 2.0》。根据墨西哥新教育法的第十一项规定，“新墨西哥学校”的目标为：“国家通过新墨西哥学校追求实现教育平等、提升教育质量并改善教育连续性，因此国家将保障儿童和青少年的学习作为一切教育行动的中心，将在学校和社区中促进学生全面发展、重构国家教育体制、改良教育文化和推动社会转型作为主要目标。”①

根据此目标，教育部确定《墨西哥 2021—2022 学年基础教育阶段学生安全返校政策 2.0》的指导原则如下。

（一）教育质量与教育连续性

学校应不断提升教学质量，促进学生认知能力和社会交往能力的发展，并强化学校与社区之间的关系。学校应保证教育连续性，重点关注学生能力的发展，而非知识的灌输。为此，学校应将教师、学校管理人员、学校监督人员的培训作为返校工作的基本任务，增强其培养学生卫生习惯、改善学生心理状态的意识，同时提高其使用线上教学工具的能力。

（二）整体性

新冠疫情影响了全球社会的方方面面，进一步突出了事物之间的联系，这要求政府各部门根据其职能联合行动并出台跨部门的政策。新冠疫情威胁着儿童和青少年的教育、健康、食品和安全等方方面面。为了更好地解决新冠疫情对儿童造成的影响，政府各部门应该贯彻落实国家在经济、健康、食品和社会保护等各方面的政策。返校政策也应将对学生的心理健康支持纳入考虑范围，了解并缓解学生由疫情导致的各类消极情绪，进而改善其学习表现。

（三）协作性

教育各主体的积极参与是迈向教育新常态的重要基础。首先，学校应营造倾听和开放的氛围，在充分听取学生意见、尊重学生情绪的基础上推进教学工作；其次，学校应提高应对突发事件的能力，增强其行动的灵活性以应对疫情的不确定性；最后，学校和教育管理部门应充分考虑家长对学生返校的意愿，学生返校的安全不仅是各教育管理部门的责任，更与父母、学生等教育主体息息相关。

---

① Secretaría de Educación Pública. Ley General de Educación［EB/OL］.（2019-09-30）［2021-11-20］. http：//www.diputados.gob.mx/LeyesBiblio/ref/lge/LGE_orig_30sep19.pdf.

（四）沟通有效性

所有教育主体都应充分了解安全返校的具体措施，因此，学校和教育管理部门应建立广泛的沟通机制，以便及时公布返校政策和返校进程，回应家长的需求。首先，学校和教育管理部门应根据不同的目标群体，选取合适的方式发布信息，保证所有师生和家长都能及时获取返校信息。其次，学校和教育管理部门应与辍学风险较大的学生群体建立专门的信息沟通渠道，尤其是由于社会文化等因素有较高辍学可能性的女性学生。最后，学校和教育管理部门发布的信息要清晰具体，包含各年级学生安全返校的具体措施和规定。

（五）平等性

政府应综合考虑学生的不同处境，消除女性、贫困学生等特定群体在线上课堂中遇到的障碍，保障教育服务的公平性。因此，首先，政府应关注女性学生的特殊需求，如，保证怀孕女学生和年轻妈妈的受教育权利；采取相应措施，避免发生家庭暴力事件；针对女性学生开设线上课程，激发女性学生对 STEM 领域知识的兴趣。其次，不论学生的出身如何，政府都要充分保障学生受教育的权利，反对一切因经济条件、地区差异和性别导致教育不平等现象，以及避免因健康状况对部分学生的歧视，重点帮助和支持印第安人学生、非裔学生和移民学生等弱势学生群体，保障所有学生能够按时升学、毕业和取得学业成绩。再次，线上课程期间，由于网络和设备等原因，部分学生无法获取课程和学习资源，返校之后学生学习水平与疫情前相比更加参差不齐，老师需要针对学生进行个性化、灵活的重点辅导，帮助其查漏补缺。因此，返校政策应该给予教师教学更大的灵活性和自主权，为重点辅导提供便利。最后，学校和教育管理部门应该抓住此次返校机会，努力引导疫情前已辍学的学生重返课堂。

三、政策内容

《墨西哥 2021—2022 学年基础教育阶段学生安全返校政策 2.0》包含四部分内容，分别是前期准备（Medidas Previas）、组织安排（Medidas de Organización）、学习恢复措施（Medidas Académicas）和社会情感关怀措施（Medidas de Atención Socioemocional）。

（一）前期准备

政府安排教师接种疫苗。教师是返校的重要主体，政府应优先安排教师接种疫苗。联合国教科文组织和国际教育联盟（Internacional de la Educción）鼓励各国在国家疫苗接种计划中将教师作为优先接种群体，以有效防控疫情，保障老师和学生的生命健康安全，保证教育连续性以及安全推进返校复课工作。[①] 联合国儿童基金会也曾倡导在一线卫生人员和高危人群疫苗接种完毕后，优先安排教师进行疫苗接种，这不仅能保障教师的生命健康安全，而且将为其线下授课奠定基础，保证返校工作安全开展。[②] 因此，2021年4月16日起，墨西哥政府开始实施教师疫苗接种计划，为有序开展返校工作奠定了基础。[③]

（二）组织安排

学生返校工作涉及众多主体，既包括各级卫生管理部门，也包括各级教育管理部门、学校、家长以及学生等教育主体。因此，学生返校前的组织安排工作必不可少。

1. 构建多部门协调与追踪机制

首先，在联邦制教育体制下，国家需构建联邦教育管理部门与各州教育管理部门间的协调机制。国家教育管理部门委员会（Consejo Nacional de Autoridades Educativas）定期组织墨西哥联邦教育管理部门代表和州立教育管理部门代表举行会议，讨论返校工作的总体安排，在国家层面建立了墨西哥联邦教育管理部门和其他州立教育管理部门间的协调机制。

其次，各州建立专门的返校工作领导小组，由州立教育部部长、副部长或与副部长相同级别的官员领导，国家教育促进中心（Consejo Nacional de Fomento Educativo）[④] 的各州代表，以及其他州立教育管理部门的代表组成，共同商讨制定各州的安全返校政策。在政策制定阶段，返校工作领导小组每星期举行一次会议。进入政策执行阶段之后，每半个月举行一次会议。返校工作领导小组的首要任务就是制订地方性返校计划（El Programa Local de Regreso a la Escuela），结合各地疫情态势、国家教育系统内人员的疫苗接种情况、学校内部的健康卫生条件和基础设施建设、师生沟通情况、课程进度安排等实际条件对地方返校工作做出总体部署，确定安全返校的措施与计划，并对返校情况进行实时跟踪与评估，优先帮扶教育水平落后地区的学校和农村学校。

---

① Organización de las Naciones Unidas para la Educación，la Ciencia y la Cultura. Respuesta del Ámbito Educativo al COVID-19：Preparación para la Reapertura de las Escuelas：Documento de Trabajo［EB/OL］.［2021-11-20］. https：//unesdoc.unesco.org/ark：/48223/pf0000373401_spa.

② Fondo de las Naciones Unidas para la Infancia. Notas de Orientación Sobre la Reapertura de Escuelas en el Contexto de COVID-19 para los Ministerios de Educación en América Latina y el Caribe［EB/OL］.（2021-02-15）［2021-11-20］. http：//www.unicef. org/lac/media/14701/file.

③ Gobierno de México. Conferencia de Prensa del 16 de Abril de 2021［EB/OL］.（2021-04-16）［2021-11-20］. https：//www.youtube.com/watch?v=Aw4E0O_UxrI.

④ 国家教育促进中心旨在为边缘地区的落后学校提供教学帮助。

最后，各州建立返校工作跟踪小组，同样由国家教育促进中心的各州代表和其他州立教育管理部门的代表组成，持续跟踪返校政策，并逐步建立健全跟踪评价指标，及时、全面了解返校政策的执行情况，以便实时对政策执行评估与改进。学校返校工作领导小组和返校政策跟踪小组成员由其上级领导任命，小组成员根据其所属部门的职权行事。

2. 校内组织

学校是返校工作的最终落实者，为保证学生安全有序返校，学校在返校开始前应做好校内的组织安排工作，确定返校工作的具体安排，为返校做出充足准备。

首先，学校在学校参与委员会（Consejos de Participación Escolar）的框架下设立学校健康卫生参与委员会。该委员会由家长、教师和学校行政人员组成，其目的是推进学校消毒与清洁日程的落实，以及组织学校和周边社区的卫生健康活动。每个学校健康卫生参与委员会的成员数量可以视需求而定。根据《2021—2022 学年安全返校组织手册》，学校健康卫生参与委员会有协调学校和当地卫生管理机构、安排学校卫生清洁日与新冠症状筛查三项基本职责（见表 12-1）。①

表 12-1　学校健康卫生参与委员会的主要职责及其内容

主要职责	主要活动
协调学校与当地卫生管理机构	促进学校与当地卫生管理机构和其他政府机构的合作。协调学校与当地卫生管理机构的关系很重要，因为一旦在新冠症状筛查中发现学生、教师或者其他学校工作人员出现与新冠病毒感染类似的症状将会被送往当地的卫生管理机构
学校卫生清洁日	在学生返校前对校园进行消毒与清洁
	对校园进行大规模的定期消毒与清洁
	对校园的日常消毒与清洁
	对教室的日常消毒与清洁
新冠症状筛查	新冠症状筛查是及时识别学生、教师和学校其他人员新冠症状的一套机制，包含在家、进入校园以及进入教室三重新冠症状筛查机制。一旦有人出现与新冠病毒感染类似的症状，将会被送往相应的卫生管理机构

资料来源：Secretaría de Educación Pública，Secretaría de Salud. Guía para el Regreso Responsable y Ordenado a las Escuelas: Ciclo Escolar 2021-2022［EB/OL］.［2021-11-20］. https：//coronavirus.gob.mx/wp-content/uploads/2021/08/GuiaAperturaEscolar-SEP-20agosto202119hrs.pdf.

① Secretaría de Educación Pública，Secretaría de Salud. Guía para el Regreso Responsable y Ordenado a las Escuelas : Ciclo Escolar 2021-2022［EB/OL］.［2021-11-20］. https：//coronavirus.gob.mx/wp-content/uploads/2021/08/GuiaAperturaEscolar-SEP-20agosto202119hrs.pdf.

其次，全国学校统一于 2021 年 8 月 23 日—27 日进入学校教师委员会（Fase Intensiva del Consejo Técnico Escolar）强化阶段，商讨本学年学校的发展目标与发展计划。[①]2021—2022 学年的学校教师委员会强化阶段，学校教师委员会通过会议讨论，对学校情况做出整体评估，确定本学年学校发展目标，制订本学年学校发展计划和跟踪与评价规定。在强化阶段第一天，教师委员会就上一学年学生的学习成果和出勤率、教师的行政负担、教师的教学实践、学生和教师对于学校公共事务的参与水平、学校的基础设施、学校领导的工作表现、学校教学计划的推进程度、教师培训机制等八个方面内容进行评估，以明晰上一学年学校存在的问题与不足。第二天，教师委员会检查学校的卫生设施，保证学校的卫生设施达到返校所需的条件，降低新冠疫情在学校蔓延的风险。第三天，教师委员会重点讨论上一学年学校在教学方面的成果与不足。第四天，教师委员会制订相应的教学恢复计划，补齐学生的学习差距，促进教育公平。第五天，教师委员会确定本学年学校的发展目标。

最后，学校教师委员会、学生家长和校长根据学校实际情况共同商讨返校安排，并为安全返校做准备，保证校园防疫措施的落实。根据《2021—2022 学年安全返校组织手册》，第一，返校前学校应开放所有校门，防止学生出入校时形成聚集。第二，学校重新布置教室，学生座位间应保持 1.5 米的距离，其他办公室也应按照这一原则布置。第三，学校根据班级学生数量，在必要的情况下制定学生轮流到校方案，例如，根据学生的姓氏首字母安排学生每周轮流到校上课，保证每个学生有机会学习全部科目。如果学校的学生人数较少，在保证学生健康的情况下，可以安排全部学生到校，但需在上下学和课间活动时间避免聚集。第四，当学生、教师和学校管理人员中出现发烧、咳嗽、打喷嚏、头疼、呼吸困难等新冠病毒感染症状时，应立刻通知学生父母，由父母带领学生到专业的卫生机构进行核酸检测，并在 48 小时之内将核酸检测结果告知学校，向学校提供住址、手机号码等联系方式。在取得核酸检测报告前，学生需居家隔离，不得到校。学校若无法联系到父母，应该将学生安置在校园里干净整洁的地方，并为其提供生活用品、书本、玩具等物品，直到家长抵达学校。如果学校出现新冠病毒感染确诊学生，应立即通知当地教育管理部门与卫生管理部门。由于全部教师已接种新冠疫苗，确诊学生的老师如没有出现相关症状，无须隔离，只需注意在 14 天内是否出现类似症状，如果出现相关症状，则需要居家隔离。

---

① 学校选举教师代表学校教师委员会。学校教师委员会负责商讨制定学校本学年的发展目标与发展规划，其工作可分为强化阶段和日常阶段。强化阶段为开学前 5 天，日常阶段为学年内任意 8 天。

（三）学习恢复措施

26/12/20 号令（Acuerdo Número 26/12/20）提出了 2020—2021 学年疫情阶段学前、初等和中等教育阶段的教学指导意见，强调教师应通过“在家学习战略”与学生保持密切联系，并以多种方式为学生提供学习帮助。[①]学生的学习参与程度有三个层次。第一，持续性沟通和参与，即学生持续跟随“在家学习战略”进行学习，与各课程教师持续保持联系，参与学校组织的各项活动；第二，间歇性沟通和参与，即学生偶尔跟随“在家学习战略”进行学习，与各课程教师保持间歇联系，偶尔参与学校组织的各项活动；第三，零沟通和参与，即学生无法继续学习，未与各课程教师保持联系，从不参与学校组织的各项活动。划分参与度的模式帮助教师初步筛查线上学习有困难的学生，或者有可能辍学的学生，帮助教师对这类学生进行及时关注和指导。电子设备、网络覆盖、学习空间、空闲时间、家庭关系、父母陪伴等家庭因素影响了学生的学习参与程度。受疫情影响，2021—2022 学年学生返校后，学生之间的学习差距进一步加大，学校对全体学生进行学习质量评估并根据评估结果制订学习恢复计划，重点关注线上授课期间参与程度为间歇性沟通和参与及零沟通和参与的学生。

1. 学习质量评估

为明晰学生的学习成果与漏洞，学校在 2021—2022 学年的前两周进行学习质量检测，小学阶段由教师负责，中学阶段由家长负责。各州的教育管理机构可自行确定学习质量评估的方式和范围。在日常课程之外，学校还需对学生的心理状态进行测试。为了顺利推进学习质量评估，墨西哥教育部推出了一系列语文和数学课程的学习质量评估指导材料，包括测试问卷、指导手册、阅卷系统使用方法与结果分析系统使用方法等。同时，教育部还为教师提供一个 20 小时的网上课程，保证其正确进行学习质量评估。[②]

2. 学习恢复计划

根据学习质量评估结果，各学校需制订学习恢复计划。学习恢复计划不仅关注学生的短期发展，同时关注学生的长期发展，优先发展学生的自主学习能力，提高

---

① Diario Oficial de la Federación. Acuerdo Número 26/12/20［EB/OL］.［2021-11-20］. https: //dof.gob.mx/nota_detalle. php?codigo=5608934&fecha=28/12/2020.

② Secretaría de Educación Pública. Evaluación Diagnóstica para Alumnos de Educación Básica : Taller Autogestivo［EB/OL］.（2020-07-20）［2021-11-20］. https: //365sep-my.sharepoint.com/:b:/g/personal/Formacion_continua_nube_sep_gob_mx/EYjNiXMFafZBm_tTP6RFMF4B62J1_1bguGKa98khLsEMvg?e=0TezfQ.

其阅读、写作、数理逻辑等核心能力。学习恢复计划的制订和实施需要当地教育管理部门、学校和教师的共同努力。

在学校层面，学校可通过多种方式为教师制订和实施学习恢复计划提供支持。第一，学校应关注教师的身体与心理健康状态，减少其行政任务，将教师的精力集中在教学上。第二，学校通过缩短假期时间、延长课堂时间等方式在教育部规定的学习时间范围内适当延长学习时间，为学习恢复计划的实施提供时间保证。[①] 第三，学校还应加强家长会和学生学习共同体的建设，促进教师、家长、学生三者之间的交流互动。第四，学校应完善学生参与的体制、机制建设，给予学生发声的权利和空间，并对全体学生尤其是学生代表进行培训，提高其决策能力和参与能力。[②]

在州级教育管理层面，各州教育管理部门应发挥领导与资源整合的优势，助力学习恢复计划的制订与实施。首先，各州教育管理部门应加强对教师队伍的培训。各州教育管理部门通过组织教师观看线上课程等方式对教师进行专业化培训，并重点关注贫困地区的教师培训，着重提高教师创新性教学能力、信息化教学能力和教学评估能力。同时，各州教育管理部门应加强团队建设，建立学校网络平台，组织教学资源充足地区的教师帮扶教学资源匮乏地区的学校，促进同一学校、不同学校与不同地区的教师之间的专业交流。其次，各州教育管理部门应推广学生辍学预警系统（Sistema de Alerta Temprana），了解辍学学生或处于辍学危险学生的情况，根据各州实际情况制订引导辍学学生返校的行动计划，并与当地社区合作，推进多样化、大规模的反辍学社会运动，降低辍学率。教师是制订与实施学习恢复计划的主力。教师应实行多样化、创新性的教学策略，通过跨学科的项目化教学和小组合作的教学形式，提高学生的团队合作能力、解决问题的能力和创新能力，培养学生之间的相互尊重、归属感和认同感。

（四）心理健康教育

线上学习的社交隔离状态加剧了学生的心理健康危机，学校不应忽视对学生的心理健康教育。为此，墨西哥教育部发布文件《关心别人就是关心自己：疫情期间

---

① Diario Oficial de la Federación. Acuerdo Número 15/06/21［EB/OL］.［2021-11-20］. https://www.dof.gob.mx/nota_detalle.php?codigo=5622116&fecha=24/06/2021.

② Ministerio de Educación. “Juntos Aprendemos y Nos Cuidamos”: Orientaciones para la Preparación del Plan Institucional de Continuidad Educativa, Permanencia Escolar y Uso Progresivo de las Instalaciones Educativas［EB/OL］.［2021-11-20］. https://educacion.gob.ec/wp-content/uploads/downloads/2020/08/Guia-para-la-construccion-del-plan-institucional-de-continuidad-educativa.pdf.

心理健康教育指导手册》（Cuidar de Otros Es Cuidar de Sí Mismo：Herramientas de Soporte Socioemocional para la Educación en Contextos de Emergencia），指导各州教育管理部门、学校和教师对学生进行心理健康教育。[①] 文件指出，第一，学校和教师应保证心理健康教育的全面性、针对性和个体性。全面性指心理健康教育既包括帮助学生疏解已经存在的心理问题，也包括预防学生出现心理问题；既包括课程设计，也包括整个校园的组织安排，例如，返校前重新布置学校以营造热情温馨的氛围，以及学校在进行各项决策时耐心倾听学生的需求等；既要重视心理专题课程的开设，也要将心理健康内容作为隐形课程融入日常其他课程之中。针对性指学校应针对残疾学生群体设计心理健康课程，以减少疫情对其心理状态的影响。个体性指由于学生的心理健康问题各异且较为复杂，应为学生提供个性化的心理疏导。第二，各州教育管理部门推动学校与社会组织合作，共同推进心理健康教育的落实。尤其是在为残疾学生提供特殊的心理健康教育时，教育管理部门应加强学校同特殊教育和全纳教育联盟（Unidad de Educación Especial y Educación Inclusiva）[②] 与普通教育服务联盟（Unidad de Servicios de Apoyo a la Educación Regular）[③] 的合作与交流。第三，各州教育管理部门与学校应尽量避免学生和教师对新冠确诊患者等群体的歧视。教育管理部门与学校应该组织传播反歧视思想的活动，避免对新冠确诊患者和疫情期间学习落后学生的歧视。此外，返校后学校组织学生团体，帮助移民学生和难民学生尽快融入学校生活。

此外，墨西哥教育部和墨西哥劳动安全与社会保障机构（Instituto de Seguridad y Servicios Sociales de los Trabajadores del Estado）联合推出心理健康课程“健康的心灵与健康的身体”（Mente Sana en Cuerpo Sano），指导心理健康课程的落实。此课程配套有三本教学资料：一是《疫情期间心理健康教育指导手册》，向教师全面介绍了各类实用的日常心理健康教学活动；二是学生阅读材料《学生

① Secretaría de Educación Pública. Cuidar de Otros Es Cuidar de Sí Mismo：Herramientas de Soporte Socioemocional para la Educación en Contextos de Emergencia [EB/OL]．(2020-06-01) [2021-12-26]．https：//educacionbasica.sep.gob.mx/multimedia/RSC/BASICA/Documento/202006/202006-RSCWTzeEQBTag-ANEXO4.FicheroHSS.PDF.

② 墨西哥教育部在《2013—2018 年国家教育发展规划》（Programa Sectorial de Educación 2013-2018）中提出了“全纳教育”目标，为此，特殊教育管理局（Dirección de Educación Especial）合并了普通教育服务联盟（Unidad de Servicios de Apoyo a la Educación Regular）和学前教育心理教育服务中心（Centro de Atención Psicopedagógica de Educación Preescolar），并改名为特殊教育与全纳教育联盟，旨在保障残疾学生等社会边缘群体的受教育权。

③ 普通教育服务联盟旨在支持普通教育学校的发展，为其提供资金、资源和教学等帮助。

情绪与自理日记》，以文字和图画的形式生动刻画了学生一天的情绪活动；三是《电子导师：心理健康教育的跟进与监督》，指导各州教育管理部门监督心理健康课程的落实。

四、跟踪与监督机制

墨西哥教育部建立返校电子跟踪与监督系统（Sistema de Monitoreo y Seguimiento），学校需定期登录系统填报返校信息。跟踪与监督的内容包括复课的学校数量、复课的学生数量、学生未参与线下课程的主要原因，以及各校复课的卫生条件和返校的时间进程。其中复课的卫生条件指水资源供应充足，肥皂、纸巾、酒精等消毒剂和垃圾桶等卫生用品供应充足，下水道畅通，教室足够宽敞以保持安全距离。返校的电子跟踪与监督系统可以自动生成国家层面、州层面、市层面和学校层面的返校工作进展报告。此外，学校管理与领土管理总局（Dirección General de Gestión Escolar y Enfoque Territorial）同各州的返校工作领导小组合作，对学校管理人员进行培训，保证学校正确使用返校电子跟踪与监督系统。各地教育管理部门应开辟沟通渠道，持续征求学生和家长的意见，并及时将收集到的关键信息反馈给墨西哥教育部。

五、小结

墨西哥教育部、卫生部等国家机构与联合国教科文组织等国际组织一致认为新冠疫情是当今墨西哥教育以及全球教育面临的最大挑战。疫情加剧了原本存在的教育不平等问题，提升了辍学率和留级率。墨西哥教育部联合各州政府推出的远程教育课程虽然在一定程度上保障了学生的受教育权利，但不能替代教师与线下课堂在教育中的作用。截至 2021 年 12 月，墨西哥全国 10 至 15 岁的学生中，51% 的学生参与线下课堂，35.1% 的学生参与线上课堂，7.5% 的学生参与线下线上混合课堂，6.2% 的学生已辍学。[①]“墨西哥人第一”组织（Organizaicón Mexicanos Primero）分别于 2021 年 5 月、7 月与 12 月跟踪测评了墨西哥 10 至 15 岁学生的语文和数学学习效果。根据 12 月份的评估结果发现，与 5 月份相比，在 2021—2022 学年第一学期，参与线上课堂的学生的语文成绩下降了 8.3%，参与线下课堂的学生的语文成

① Melissa Galván. Sin Clases Presenciales se Tiene un Retroceso de Tres Ciclos Escolares［EB/OL］.（2022-01-26）［2022-02-20］. https：//politica.expansion.mx/mexico/2022/01/26/sin-clases-presenciales-se-tiene-un-retroceso-de-tres-ciclos-escolares.

绩提升了 6.2%，参与线上线下混合课堂的学生的语文成绩提升了 5%。在数学成绩方面，在 2021—2022 学年第一学期，参与线上课堂的学生的数学成绩下降了 6.2%，参与线下课堂的学生的数学成绩提升了 10.7%，参与线上线下混合课堂的学生的数学成绩下降了 8.3%。① 因此，在疫情允许的情况下，墨西哥政府应最大限度地安排学生返校学习，而学生返校政策的顺利推进需要学生、家长、教师和教育管理机构的共同配合。

第三节　巴西职业教育的改革新维度

一、政策出台背景

巴西的职业教育发展根深叶茂，20 世纪 70 年代，职业课程成为普通中等教育必修课程，此后，校外系统逐渐赶超并成为引领职业教育发展的主力军，并形成庞大的机构体系，也成为巴西职业教育的一大特色与优势。然而进入数字时代后，曾声名赫赫为工业产业发展培养无数人才的巴西职业教育却遭遇瓶颈，一方面是高达 14.9% 的失业率，另一方面却是企业单位的“用工荒”，据巴西最大的校外职业教育机构——国家工业培训服务组织（Serviço Nacional de Aprendizagem Industrial，SENAI）统计，到 2023 年，巴西产业发展中高级技术工人的缺口将达到 1050 万人，主要集中于金属力学、工程、物流及交通领域。②

为了突破发展困境，进一步凸显职业教育这一传统优势，巴西以宏观战略牵引行业格局，政策保障推进多方参与，具体项目实现改革成果。从普职融合、数字化以及灵活化三个维度入手，重塑职业教育体系的内核与框架。2021 年度在顶层战略布局、核心政策文件以及落地项目计划方面着手，以实现职业教育的跨越式发展。2021 年，巴西在职业教育领域加强了对中等教育阶段普职融合的师资培养和基础设施建设的支持力度；出台了《教育世界 4.0 战略规划》（Plano Estratégico para Educação para o Mundo 4.0）；以巴西国家技术与职业教育项目（Programa Nacional de Acess ao Ensino Técnico e Emprego，PRONATEC）和国家职业技术教育统一选拔系统（Sistema de Seleção Unificada da Educação Profissional e Tecnológica，

---

① TORIBIO L. Pierden Aprendizajes por Clases a Distancia，Revela Estudio［EB/OL］.（2022-01-27）［2022-02-20］. https：//www.excelsior.com.mx/nacional/pierden-aprendizajes-por-clases-a-distancia-estudio-equidad-y-regreso/1495211.

② CNI.O que é Educação Profissional?［EB/OL］.［2021-10-03］. https：//www.portaldaindustria.com.br/industria-de-a-z/educacao-profissional/.

SISUTEC）为依托，进一步增加校外职业教育的入学灵活性和资助力度。这次巴西教育的改革主要表现在：首先，一直以来，巴西职业教育的发展在校外系统更为完善，为了加强校内职业教育发展，促进普职融合，巴西在中等教育阶段开设职业教育课程作为选修科目。其次，在数字化维度，巴西提出职业教育 4.0 概念，依托数字化战略和重点项目推进转型。最后，在灵活化维度，职业教育的深耕不再局限于中等教育阶段，巴西加强与校外系统的合作，同时以学费全免的资助项目促进职业教育的扩大化。

二、普职融合：加强职业准备，普通高中引入职业教育课程

普职融合改革的一大动因源于中等教育课程固化，与职业实践严重脱节，学生在中学毕业进入社会后，难以胜任一般技术类工作，造成很多中学生学习动力不足，甚至中途辍学。因此，巴西政府出台政策将职业教育课程引入中学常规课程，加强学生的实践能力，不仅可以为更高层次的学习与工作奠定基础，也将显著提高目前巴西劳动力市场的整体水平。

（一）巴西普职融合的发展历史

基于对高水平劳动力的需求与人力资本理论的广泛盛行，巴西从 20 世纪 70 年代开始强制将职业教育课程融入中等教育阶段的普通教育中。但由于许多客观条件的限制，如职业教育师资缺乏，资金保障无法持续等，普通教育与职业教育融合的政策历经多次变革后未能连续实施。1997 年巴西放弃了推行 20 多年的强制普职融合政策，普通教育与职业教育重新回到两轨制并行的模式。但职业教育与普通教育的分离，实质上加剧了社会分化与阶层固化。2003 年工人党领袖卢拉担任总统期间，社会大众对普职融合的呼声高涨，尤其是工会与教育工作者都强烈反对将职业教育脱离普通教育的发展趋势。[①] 因此，联邦政府在 2004 年出台了法令，重新将职业教育引入中等阶段的普通教育中 [②]，从 2021 年开始继续加强职业教育与普通高中教育的融合。高中阶段的学生可以在同一所学校中同时接受普通教育与职业教育，并且在 3 年高中加 1 年的职业教育学习期满后，接受学校颁发的普通教育 / 职业教育双

---

① LIMA COSTA C.A Integração do Ensino Médio à Educação Profissional Técnica no Brasil e os Rebatimentos no Estado do Ceará : da Aparência à Essência［D］.Fortaleza : Universidade Federal do Ceará，2012 : 12.

② Presidência da República. Decreto Nº5.154 de 23 de Julho de 2004［EB/OL］.（2001-07-23）［2021-09-15］. https : //www.planalto.gov.br/ccivil_03/_Ato2004-2006/2004/Decreto/D5154.htm.

重学历证书。[①]

（二）巴西普职融合的改革举措

21 世纪初，巴西虽然重新将职业教育课程引入普通高中，但在实际推行中却存在一定困难。高中生如果想参加职业教育课程，必须先完成累计 2400 学时的常规课程学习，而巴西高中生平均年学时为 800 小时，相当于在高三阶段后期才能开始接受职业教育培训，学生的学习意愿和课程的开展都受到很大限制。

2017 年的《新中等教育改革法》对校内职业教育的发展开辟了新路径，2021 年开始更是加大财政支持，用以培训合格的职业技术教育教师，同时采购大量技术设备、搭建实验室等以丰富职业教育的基础建设。改革的核心为全国通用课程标准的推出和高中学时的增加。新课标将高中阶段原有的 13 门必修课程进行整合，分为 4 大模块，分别是语言、数学、自然科学与应用人文学。选修课程在 4 大模块之外再增加职业教育模块。此前巴西高中生平均每年学时为 800 小时左右，改革要求延长学生的在校时间，将年学时增加至 1000 到 1400 小时。[②] 对于有意愿参加职业教育课程的学生而言，在这四大模块中修够 1800 学时之后，就可以开始选修课的学习，意味着高二阶段就可以直接开始参加职业教育培训。[③] 作为改革后学生个性化课程设置中的重要选择，完成职业教育课程可以使学生毕业时同时获得中等教育的学历证书和职业资格证书或技术等级证书，并且比此前“3+1”的模式缩短 1 年时间。

另外，巴西普职融合改革中培养理念的重大改变，也推动了生涯教育在高中阶段的出现。改革后学校教育的责任不仅在于传授知识，也应重视加强学生对自我的认知，对职业的了解，并且学会做出理性的职业选择。因此，《新中等教育改革法》要求高中阶段开展生涯教育，从高一年级开始，可以是选修课形式也可以是讲座或工作坊。所有高中生都应该在教师或专业人员的指导下进行生涯规划，了解真正的职业领域，制定自己在学术、职业、个人生活与公民身份等多个维度的目标，并为这些目标的达成制定恰当的实施方案，同时在生涯规划过程中加强自我认知，培养

① APARECIDO VIEIRA J，DE SOUZA DEITOS M L M. Educação Profissional e o Desafio da Integração no Ensino Médio［EB/OL］.［2021-07-15］. http：//www.diaadiaeducacao.pr.gov.br/portals/pde/arquivos/2368-8.pdf.

② Presidência da República. Lei Nº 13.415, de 16 de Fevereiro de 2017［EB/OL］.［2021-08-20］. https://www.planalto.gov.br/ccivil_03/_Ato2015-2018/2017/Lei/L13415.htm.

③ MACÉDO E.Ensino Médio Integral se Destaca no Brasil［EB/OL］.［2021-09-11］. https：//www.institutonatura.org/ensino-medio-integral/.

在实现生涯目标的过程中具备决心、毅力与自信的青年人。

（三）巴西普职融合的进展

为了进一步推行高中阶段的普职融合，巴西也出台了相应的保障性措施。在高中阶段增加职业教育课程的比重，是对传统课程师资的一大挑战。因此，巴西教育部（Ministério da Educação，MEC）对教师聘任也进行了相应的改革，允许非师范专业的人员作为教师进入高中课堂。改革前巴西要求中学教师无论教授何种课程，都必须拥有大学本科学历。改革后即使是非本科学历的专业技术人员，也可以在中学担任选修课教师，为学生传授技术实践经验。

普职融合改革伊始，就出现了不少优秀的实践案例。塞阿拉州的 Farias Brito 中学是久负盛名的医学生摇篮，在落实改革方面较为领先，通过校外合作来拓展学生在医学护理领域的理论知识与实践技能。该校在 2021 年与当地致力于改善贫困儿童营养不良状况的公益机构签署合作协议，高一、高二年级的学生每个月有一次前往该公益机构学习的机会，包括两个小时的理论学习和两个小时的实践操作，专业的医生、护士、心理学家和营养学家负责向学生教授理论知识和实操经验。这样的多元化学习模式为有志于从事医疗行业的高中生提供了非常好的理论与实践学习平台，同时也使高中生能够提前接触真实的医疗行业，对未来职业发展的选择更加明晰。

普职融合的实践成果直接体现于高中毕业生就业率的提升与职业收入的增加，里约热内卢天主教大学的一项调查显示，同样完成高中课程的青年中，参加过职业教育课程的人就业率达到 80%，收入比未参加的人高 17.7%。在北部及东北部不发达区域，完成职业教育对改善收入的影响则更大，参加过职业教育课程的年轻人收入比仅有高中文凭的人高 21%。①

但改革同样引发了一些争议，一些教育专家质疑地方政府与学校为了降低普职融合的推行难度，将职业教育课程简化为职业资格课程，降低了高中阶段职业教育课程的含金量。② 也有另一种声音认为，新政的普职融合并不代表普职合作，而变成了零和博弈，职业教育课程在事实上取代了一部分基础学科的课程，进一步降低了中等教育的质量。

---

① Industria de A-Z : Educação Profissional? [EB/OL] . [2021-07-26] . https : //www.portaldaindustria.com.br/industria-de-a-z/educacao-profissional/.

② SALA M. Reforma do Ensino Médio : Reforma do Ensino Médio e a Educação Profissional [EB/OL] . (2016-10-03) [2021-11-20] . https : //www.esquerdadiario.com.br/Reforma-do-Ensino-Medio-e-a-educacao-profissional.

三、数字化：职业教育 4.0，人才升级应对数字未来

以工业 4.0 为代表的第四次工业革命和数字化转型引发经济社会领域的数字化创新，加速工作世界的结构转型和培训职业的变迁，给职业教育的整体目标、教育理念、学习环境和培养方案带来新挑战。[①] 巴西积极谋划职业教育数字化战略，打造职业教育 4.0 概念，依托重点项目推进数字化转型。

（一）战略规划引领发展方向

职业教育的数字化转型需要关注未来技术发展与社会变革，尤其是这些新变化所带来的新问题新挑战，而培养何种人才是应对未来世界的核心问题。人才的培养需要从知识、技能与情感多方面着手，从物联网到人工智能，大量新技术的涌现对人才的职业培养也提出了新需求。巴西于 2021 年发布《教育世界 4.0 战略规划》，涵盖了数字化转型的核心议题、战略目标和应对举措。巴西教育部下设的职业技术教育司（Secretaria de Educação Profissional e Tecnológica，以下简称职教司）是规划、管理和评估巴西各级各类职业教育的机构，统筹规划职业教育 4.0 的一体化建设、标准化制定，以及项目依托。

（二）整合机构课程，提升治理水平

巴西职业教育体系庞大，校内系统有高中阶段的普职融合课程、大学阶段的本科与研究生课程，校外系统有著名的“S 系统”，对职能机构的治理水平提出了一定的挑战。为了更好地协调职业教育 4.0 的统筹推进，职教司在信息、课程和机构三方面进行全面整合，以提升治理效率。在信息整合方面，创立尼洛·佩萨尼亚平台（Plataforma Nilo Peçanha），以巴西职业技术教育的奠基人——20 世纪初巴西首位黑人总统命名，该平台汇集了所有关于联邦职业技术教育系统的统计信息，包括院校的课程信息、教师信息、行政人员信息、项目进展和财务信息等。尼洛·佩萨尼亚平台已成为巴西联邦系统职业教育领域信息透明化的重要窗口，大众可以随时获取他们最关注的职业教育课程注册信息。作为学术研究与信息公开的重要文本，平台定期发布统计年鉴，更新职教领域的新信息与新问题。

在课程整合与学历认证方面，职业教育 4.0 要求加快职业教育的课程标准化建设，职业技术教育国家课程目录（Catálogo Nacional de Cursos Técnicos）和高等职业技术教育国家课程目录（Catálogo Nacional de Cursos Superiores de Tecnologia）的颁布为巴西职业教育的教学工作开展提供了统一、科学、规范的依据。教育部在 2009 年建立的职业技术教育国家信息系统（Sistema Nacional de Informações da

---

① 伍慧萍．当前德国职业教育改革维度及其发展现状［J］．比较教育研究，2021，43（10）：38-46，54.

Educação Profissional e Tecnológica）是职业技术教育领域最重要的信息系统，既承担了学生注册和信息发布的功能，还是学历查询的唯一官方渠道。系统面向学生、校方和企业三方服务，学生可以登录系统进行申请，校方录入学生的出勤率与成绩信息，用人单位可以查询求职者的学历证书。为了提升界面的运行效率与查询便利，教育部在 2022 年 12 月之前完成对系统的全部升级，优化界面、更新信息，从而更好地服务于职能机构或普通大众对职业教育系统的了解、评估与监督。① 从 2016 年起，巴西的私立高等教育机构（Instituições Privadas de Ensino Superior）也被许可开设职业教育课程。但当时由于法律规定的混乱，私立高等教育机构为学生出具的学历证书并未被教育部认可，在职业教育 4.0 战略对学历认证问题的重视下，这一遗留问题从 2021 年开始得到解决。教育部已审核通过了 3200 多份私立高等教育机构发放的学历证书。②

信息与课程的整合都需要职业教育机构的依托才能更好地实现，巴西职业教育机构纷繁庞杂，教育部着力推进校内职业教育系统的合并重组。2008 年，教育部整合创建了联邦技术、科学和职业教育网络（Rede Federal de Educação Profissional, Científica e Tecnológica），包括 38 个联邦职业教育学院、2 个联邦技术教育中心（Centro Federal de Educação Tecnológica）、巴拉那州联邦科技大学、22 所联邦大学附属的技术教育学校和 1 所中学。网络中的许多职业教育机构都设有多个校区，因此整个网络规模相当庞大，共包括 665 个教学点，分布于 582 个城市。③ 除了机构合并，2021 年教育部还出资对联邦职业教育系统进行升级，全面改善院校的基础设施，购买教学相关的先进技术设备与实验装置。2021 年教育部在系统中的院校里搭建了 113 个原型实验室（Laboratórios de Prototipagem），鼓励创客文化，引导学生进行创新实践。④ 在课程方面，联邦职业教育系统出资对师资进行统一培训，要求

---

① MEC. Implementação do Novo Sistema Nacional de Informações da Educação Profissional e Tecnológica（Novo Sistec）[EB/OL] .（2021-02-02）[2021-06-10] . https: //www.gov.br/mec/pt-br/acesso-a-informacao/institucional/estrutura_organizacional/orgaos-especificos-singulares/secretaria-de-educacao-profissional/sistema-nacional-de-informacoes-da-educacao-profissional-e-tecnologica-novo-sistec.

② MEC. Nova Regulamentação da Oferta de Curso Técnicos por Instituições Privadas de Ensino Superior（Ipes）[EB/OL] .[2021-09-12] . http: //novoscaminhos.mec.gov.br/conheca-o-programa/estrategias.

③ MEC. Fortalecimento da Governança da Rede Federal Educação Profissional, Científica e Tecnológica [EB/OL] .（2021-02-02）[2021-05-20] . https: //www.gov.br/mec/pt-br/acesso-a-informacao/institucional/secretarias/secretaria-de-educacao-profissional/governanca-da-rede-federal-educacao-profissional-cientifica-e-tecnologica.

④ 同③.

教师与行政人员重视教学与实践的结合，带领学生开展项目式学习，夯实理论基础的同时启发学生进行实践尝试，思考如何在未来的工作中进行实践。

（三）出台依托项目，落地创新创业

在职业教育 4.0 理念的引领下，教育部进一步设立了战略性项目以推进数字化培养的进展。新道路项目（Programa Novos Caminhos）于 2019 年开始到 2021 年完全成形，汇集了一系列扶持职业教育发展的优惠政策，着重关注职业教育学校培养方案的制定，力求符合市场要求，紧跟科技创新的新趋势。新道路项目主要从三个方面对职业教育的发展做出战略性的布局：规划与治理、协调与强化，以及创新与创业。项目还提出了三个大目标：一是改善职业教育管理模式，二是促进职业教育与普通教育的融合，三是在职业教育中关注创新创业。

在规划与治理方面，新道路项目统一全国职业教育的课程，将课程统一规范化，出台的职业教育国家课程目录是巴西针对中等教育阶段或中级技术职业教育的课程目录，要求所有中学及校外职业教育机构以此进行职业教育课程的开发与设置。该目录既关注教学，也关注就业，紧密结合市场需求与行业发展，是中等职业教育领域重要的规范化文件。该目录共收录 215 门课程，分为 13 个大类，涵盖了录取条件、学时要求以及器械操作等教学要求，也包括了各职业大类的就业指导，以及对相关职业权益保护的法律规定。① 为了确保课程目录对就业形势与行业需求的真实反应，目录会定期更新修订，目前在执行的是国家教育委员会于 2020 年审议通过的第四版课程目录。

在协调强化方面，为了加强信息共享，透明公开，新道路项目还指导发布了《职业技术教育统计年鉴》（Anuário Estatístico da Educação Profissional e Tecnológica）。年鉴覆盖了各个级别的职业教育，包括中等职业教育、高等职业教育、研究生职业教育和职业资格教育。囊括了从招生、教学、师资，到学校发展与就业创业的一系列信息。年鉴于 2021 年 9 月出版第一版，是关于巴西职业教育发展较全面、权威的数据呈现文本。②

在师资培训方面，新道路项目同样重视对职业教育课程师资的培养，为了保障新中等教育改革之后普职融合下的职业教育课程师资充足，项目资助州立与地方职业教育机构中的教师参加为期 12 个月总计 460 个学时的教师培训课程，这些教师

---

① MEC. Novos Caminhos［EB/OL］.（2021-02-01）［2021-08-20］. https://www.gov.br/mec/pt-br/acesso-a-informacao/institucional/secretarias/secretaria-de-educacao-profissional/novos-caminhos.

② 同①.

在培训合格后将会极大地推进中等教育阶段普职融合改革的进程。① 同时也鼓励教师积极了解数字化技术，掌握数字化教学，项目资助教师攻读数字技术教育领域的研究生学位，预计在 2022 年底之前累计资助 5000 名教师。②

在创新创业方面，教育部与巴西产业创新与技术研究协会合作，依托各联邦教育、科学和技术研究院的科研优势设立了一系列创新中心，搭建起职业教育机构与市场企业间的沟通桥梁，一方面积极推进产业创新，另一方面充分调动职业院校师生的技术创新热情。2021 年度共有 9 个创新中心投入运营，预计在 2022 年底之前，将校企创新中心增加至 20 所。校企合作的创新项目达到 113 个，有 129 家企业参与其中。当年产出的研究成果中，包括 16 项大型计算机软件，另有 5 项发明专利，1 项实用新型专利。③

除了校企合作这一模式，项目还支持联邦职业院校中的教师与学生参与自主创新创业项目，预计在 2022 年底之前累计资助 135 个项目，资助金额总计 3000 万雷亚尔，资助项目分为三大类：创新创业、数字化技术和工业 4.0 教学工作坊。④

四、灵活化：扩展非学历职教范围，加强资助保障

巴西职业教育的灵活性体现在两方面，一是与校外职教系统合作紧密，二是加强对短期职业教育的资助保障，主要以 PRONATEC 与 SISUTEC 两大项目为依托。

（一）加强外部合作

除了中学普职融合，巴西继续探索加强与校外职业教育系统之间的合作，为职教打通市场渠道，发展灵活的混合教育形式。巴西校外系统中的职业教育发展市场化程度相当高，尤其是国家工业培训服务组织（SENAI），SENAI 规模庞大，是全球前五、拉美最大的校外职业教育机构。提供的课程分为两大类——职业类和技术类，职业类是针对从事某种具体职业所要求的技能课程，而技术类则门槛更高，对理论知识和技术能力的要求都更高，属于高级专业技术课程。技术课程的学时在 800 至 1200 小时之间，横跨 28 个工业大类，要求学员必须持有高中学历，并必须

① MEC. Novos Caminhos［EB/OL］.（2021-02-01）［2021-08-07］. https://www.gov.br/mec/pt-br/acesso-a-informacao/institucional/secretarias/secretaria-de-educacao-profissional/novos-caminhos.

② MEC. EduCA+［EB/OL］.（2021-02-02）［2021-10-05］. https://www.gov.br/mec/pt-br/acesso-a-informacao/institucional/secretarias/secretaria-de-educacao-profissional/educacao-no-mundo-4-0-edmu4.0.

③ 同①.

④ 同①.

参加实习。[①] 职业课程分为线下和远程两种授课模式，16 岁以上受任何教育程度的年轻人或成年人都可报名，最低学时为 160 小时，学习结束后学员将获得职业资格证书。[②] 同时，面对全球技术革命引发的新趋势，针对更高级别的职业技术需求，SENAI 还与高校合作，培养本科与研究生学历的高级技术人员，推出了 11 门工业 4.0 技术改进课程，如网络安全和物联网等，并与微软和亚马逊合作提供人工智能和云计算课程。

（二）重点项目推进

为了增强职业教育的灵活性，扩大非学历职业教育的覆盖范围，同时也降低低收入人群接受职业教育的门槛，重点推出 PRONATEC 与 SISUTEC 两大项目。

1. PRONATEC——巴西国家技术与职业教育项目

该项目由巴西联邦政府在 2011 年创立，在 2021 年新冠疫情期间为了缓解失业压力、提升青年职业教育完成率，进一步加大了资助力度，不仅学费全免，还提供一定程度的奖学金项目。目的是推动巴西的技术和职业教育扩大化、民主化，同时改善中等教育的水平。

PRONATEC 项目致力于增加青年学生、工人和补助金项目（联邦政府向低收入家庭发放一定数额的家庭补助金）的援助对象参加职业教育的机会。除了加强国内现有的技术和职业教育网络这项工作，PRONATEC 项目还设立了培训补助金计划，为已完成中等教育的学生，或中等教育、初级培训、继续教育培训、职业资格培训课程在读的学生，提供免费的课程。

2021 年度的 PRONATEC 项目课程全部免费，由联邦政府提供资金支持，授课单位为联邦技术、科学和职业教育网络覆盖的学校，州一级、大区一级或市一级的技术和职业教育网络所涵盖的院校，同时还包括全国行业学习系统 S 系统（Sistema S）内的教育机构，如 SENAI、SENAT、SENAC 和 SENAR（分别是工业、交通、贸易和农业行业的教育机构）。获得教育部授权的私立院校，也开始免费提供 PRONATEC 的课程。PRONATEC 2021 项目通过免费的职业教育来推动教育民主化，改善青年群体的就业前景，期望凭借优秀的劳动力资源促进疫情冲击下的巴西经济恢复。

2011 年至 2021 年，通过 PRONATEC 项目，共有 800 万人报名注册了技术课程、

---

① Industria de A-Z: Educação Profissional [EB/OL]. [2021-10-09]. https://www.portaldaindustria.com.br/Industria-de-a-z/educacao-profissional/.

② 同①.

初级培训或继续教育培训。巴西联邦政府大力投入的这一教育项目，培养了大批社会经济发展所需的技术人员。截至 2021 年，巴西教育部已向此项目投入累计超过 18 亿雷亚尔，也充分印证了联邦政府对项目的支持力度和重视程度。PRONATEC 项目的课程分三种类型：

（1）针对已完成中等教育人士的技术课程，最短为一年期；

（2）针对中等教育在读学生的技术课程，最短为一年期；

（3）初级培训、继续教育培训或职业资格培训，主要针对工人、中等教育在读学生和联邦补助金项目的援助对象，最短为 2 个月。

项目在 2011 年的初始阶段包括 646 门职业资格课程和 22 门技术课程，如医疗信息及记录、健康管理、口腔修复、园林绿化、按摩技术、室内设计、物流、信息技术、饮食营养、环境保护、工程建筑、口腔健康、美学、老年人护理、社区健康服务、健康跟踪等。2021 年度对课程领域进行了整合更新，主要包括安全保障、旅游开发、自然保护、文创设计、食品健康、基础设施建设，以及信息与通信工程。

2. SISUTEC——国家职业技术教育统一选拔系统

该项目每年进行两次选拔，选拔时间固定为每学期初。注册全免费，只需一个步骤即可在网上完成注册。SISUTEC 项目和 PRONATEC 项目可以说是在很多领域重叠的联合项目，两个项目都是旨在提高年轻人的职业技术资质，都致力于帮助年轻人在未来求职市场中占据优势位置而做好准备。而 PRONATEC 项目由于更广阔的覆盖率、更丰富的项目内容、更长的课程培训时间，很多接受过 SISUTEC 短期技术培训的年轻人，会申请 PRONATEC 项目，以继续得到更深入的学习和提高。

SISUTEC 的课程主要由以下院校授课：联邦技术、科学和职业教育网络覆盖的学校，市级、大区级和州一级技术和职业教育网络中的院校，全国行业学习系统的合作院校，以及一些著名的私立技术和职业教育院校。如果 SISUTEC 教学计划或所学专业的具体章程中有关于课程实习的硬性要求，那么提供课程的相关院校会为学生免费提供实习机会。

项目课程包括：物流、信息技术、安全生产、护理、环境保护、工程建筑、放射技术、电气工程、化学、药剂、机械、美学、按摩理疗、老年人护理、饮食营养、信息技术、计算机图形技术、社区管理、药物依赖恢复、临床医学、农牧业、机电、导游等。

与烦冗复杂的专业理论相比，SISUTEC 项目课程更加重实践，因此可以帮助学生在最短的时间内快速掌握专业技术能力。项目初期的课程也集中在信息技术、工业和医疗这些大众行业。SISUTEC 项目针对人群较为单一，必须参加过最近一次的全国中等教育考试，而且授学时间为 800 至 1200 小时，属于入门级的短期培训。

五、小结

职业教育作为巴西教育体系中的一大优势，曾为国家工业化发展培养了大量的技术人才，不仅解决了就业问题，也在极大程度上推动了经济可持续发展，为技术部门提供源源不断的优秀人才。面对近年来技术发展的新挑战与新趋势，尤其是新冠疫情对国家经济的冲击和市场信心的挫败，巴西在 2021 年度着重关注职业教育发展，从普职融合、数字化与校外职业教育课程项目的灵活化着手，重新夯实职业教育的基础，为职业教育的未来发展开辟了新道路。

第十三章
大洋洲教育政策与发展趋势

澳大利亚和新西兰是大洋洲国家中的代表。从澳大利亚发布的年度教育报告《国家在教育、技能与就业方面的领导作用》中可以看到，澳大利亚持续推进上一年度的教育举措，进一步巩固了已有的教育成就，将儿童保育、教育（幼儿教育到高等教育）、技能与培训以及就业相结合，并特别关注到了原住民及托雷斯海峡岛民学生，地方、农村和偏远地区学生，以及低社会经济地位学生的教育权益保障的问题。

新西兰教育部在本年度通过加大资金投入、建立健全的保障机制，应对新冠疫情给教育领域带来的危机，帮助社会各界度过这一时期。与此同时，新西兰教育部也密切关注如毛利人和帕斯菲卡族等少数族裔学生的教育问题，以提高其教育水平。

第一节 2020—2021 年度澳大利亚教育政策与发展趋势

2021 年 10 月 19 日，澳大利亚教育、技能与就业部（Department of Education, Skills and Employment）发布了题为《国家在教育、技能与就业方面的领导作用》的年度教育报告。该报告指出，2020—2021 年度的教育目标是通过教育、技能和就业等方面的举措，为人民创造更多的机会并带来更好的结果，为澳大利亚的经济繁荣和社会福祉做出贡献。[①]

---

① Australian Government. Department of Education, Skills and Employment. 2020-21 Annual Report : National Leadership on Education, Skills and Employment [EB/OL] . (2021-10-19) [2022-11-05] . https://www.education.gov.au/download/12705/2020-21-annual-report/24049/2020-21-annual-report-department-education-skills-and-employment/pdf.

在该目标的指引下，2020—2021 年度澳大利亚政府进一步巩固了上一年度的教育成就：高质量的儿童早期学习和学校教育，优质的高等教育、国际教育和国际高质量科研，高质量的技能培训，就业和工作。这些成就主要包括幼儿和儿童保育（Early Childhood and Child Care），学校和青年（Schools and Youth），高等教育、科研和国际教育（Higher Education，Research and International Education），技能和培训（Skills and Training），就业和劳动力（Employment and Workforce）五部分内容。

一、儿童早期学习和学校教育

为了改善儿童早期学习和学校教育的效果，以及学校与学校之间的过渡，澳大利亚政府实施了五个项目：儿童保育支持系统项目（Support for the Child Care System）、儿童保育补贴项目（Child Care Subsidy）、政府学校的国家支持项目（Government Schools National Support）、非政府学校的国家支持项目（Non-government Schools National Support）、早期学习和学校支持项目（Early Learning and Schools Support）。试图提供高质量的儿童保育支持、有效的家长参与、优质的教学和学习环境，以实现这一目标。

（一）签署和审查政策以缩小教育差距

2020 年 7 月，澳大利亚联邦政府与原住民及托雷斯海峡岛民组织（Aboriginal and Torres Strait Islander Peak Organisations）签署了新的《缩小差距协议》（Closing the Gap）。该协议指出，澳大利亚联邦政府需要与原住民及托雷斯海峡岛民建立真正的合作伙伴关系，共同决策以改善原住民及托雷斯海峡岛民的家庭教育和儿童教育成果，并提出了以下 6 项指标。

（1）儿童应接受优质的、与其文化相适应的早期教育。

（2）儿童应获得良好的早期发展。

（3）使学生们充分发挥其学习潜力。

（4）通过继续教育充分发挥其潜力。

（5）使青年就业或接受教育。

（6）使人民和社区参与经济发展。

澳大利亚政府与其他机构、原住民及托雷斯海峡岛民共同决策，为首个年度“消除差距实施计划”做出了主要贡献。

同时，澳大利亚政府重新审查了《2005 年残疾人教育标准》（Disability Standards for Education 2005）[①] 的有效性。通过与残疾学生互动，调查原住民及托雷

① 《2005 年残疾人教育标准》力求确保残疾学生能够与非残疾学生接受同等水平的教育。

斯海峡岛民残疾学生的家庭和教育经历，于 2021 年 3 月 12 日发布了最终报告，并逐步落实相关建议。

（二）幼儿和儿童保育

1. 提供儿童保育服务支持应对新冠疫情

自新冠疫情暴发以来，澳大利亚教育、技能与就业部采取了多项措施保障儿童保育服务。一方面，除了 2020 年开始的儿童早期教育和保育救助计划，还包括为儿童保育服务机构提供了 7.08 亿澳元的转移支付方案（Transition Payment Package），以帮助各地的儿童保育服务机构正常运转。同时，在维多利亚州（Victoria）二次暴发疫情后，提供了 6000 万澳元的援助。2020 年 9 月至 2021 年 1 月，针对维多利亚州再次提出（经济）复苏计划（Recovery Package），并提供了 3.05 亿澳元的援助。此外，在 2021 年上半年为局部地区持续提供支持。

另一方面，则为受疫情影响的家庭保留托儿所名额，并帮助家长重新就业、学习或参与培训。同时，简化了暂时经济困难（Temporary Financial Hardship）家庭的额外儿童保育补贴（Additional Child Care Subsidy，ACCS）的申请流程，让这些家庭更容易获得育儿资助。

在过去的一年里，儿童保育安全网（Child Care Safety Net）继续为家庭的高质量保育和儿童的早期学习提供支持。通过全纳支持计划（Inclusion Support Program）与儿童早期教育和保育救助计划，为所有儿童提供身心健康支持。此外，社区儿童保育基金计划（Community Child Care Fund，CCCF）将在未来 4 年内，向落后及偏远地区提供约 970 项服务的资助，目前已完成第三轮资助项目的遴选和评审工作。

2. 改善原住民及托雷斯海峡岛民的保育服务

2020—2021 年度，“互联互通计划”（Connected Beginnings Program）[①] 从 16 个站点扩展到 22 个站点。通过与社区合作，帮助 5 岁以下儿童获得良好的早期发展。目前雇用了 90 多名当地员工，已为 5000 多名儿童提供了支持。

该计划自 2017 年启动以来，实现了以下成就。

（1）接受免疫接种的儿童（60—72 个月）的数量占比，从 2017 年的 79% 增加到 2020 年的 87%。

（2）原住民及托雷斯海峡岛民的平均育儿时间，从 2018 年的年均 202 小时增加到 2020 年的年均 214 小时。

---

① “互联互通计划”旨在向土著儿童及其家庭提供全面支持，提供妇幼保健及家庭支助等服务。

（3）在互联互通社区，约 45% 的原住民及托雷斯海峡岛民妇女在孕期 13 周时接受了第一次产前护理，而全国数据则为 33%。

3. 实施新政策助力儿童的关键期成长

在 2021—2022 年度预算中，澳大利亚政府宣布了一项新的多子女补贴政策（Multiple Child Subsidy），并取消了基于收入的儿童保育补贴的补贴上限，旨在减少多子女家庭 5 岁以下孩子的保育费用。教育、技能与就业部为实施这项政策做了诸多准备，预计 2022—2023 年，将有 25 万个家庭从儿童保育补贴的变化中受益。

此外，除了继续通过普及幼儿教育全国合作计划（Universal Access National Partnership，UANP）来支持学前教育，教育、技能与就业部还同各州和各地区制定了一项新的学前教育改革协议（Preschool Reform Agreement），为全日制学校入学前一年的早期学习提供支持，提高参与程度，为儿童入学做更充分的准备。

（三）学校和青年

1. 重启国家识字与计算能力评估计划

受新冠疫情的影响，许多学校和教师、家庭和学生都被迫中断学校学习，开展了一段时间的远程学习。

2020 年取消的国家识字和计算能力评估计划（National Assessment Program-Literacy and Numeracy，NAPLAN），于 2021 年重新启动，有近 9000 所学校参加了此次测试，其中三年级、五年级、七年级和九年级的学生共计完成了 350 多万次 NAPLAN 测试。此次测试结果将为 2020 年学习中断对学生成绩的影响的相关研究提供重要的参考。

2. 为政府学校和非政府学校提供资金

2020 年，教育、技能与就业部根据《学校教育资源标准》（Schooling Resource Standard）为州政府和地区政府学校提供了 87 亿澳元的经常性资金，并通过州和地区政府向非政府学校提供了 132 亿澳元的经常性资金。

这些经常性资金用于为每个中小学生提供基本资助，并为优先平等群体（Priority Equity Cohorts）、小型学校（Small Schools）、地方及偏远地区（Regional and Remote Areas）提供额外资助。2020 年，教育、技能与就业部开始实施直接收入衡量方法（Direct Measure of Income），以确定学校所在地区对学校运营的财政支持能力，并相应地调整资金来源。这与以往根据社会经济地位来决定资助的方式有所区别。

3. 持续推进国家改革，审查教师职前培训

2020—2021 年度，教育、技能与就业部同各州和各地区密切合作，在《国家学校改革协定》（National School Reform Agreement），以及 2019 年《艾丽斯斯普林斯教育宣言》［Alice Springs（Mparntwe）Education Declaration］中所阐明的教育目标和共同承诺[①]的基础上，推进国家教育改革。

《国家学校改革协定》开始于 2019 年 1 月，持续到 2023 年 12 月，主要包括三个改革方向：支持学生、学习和学业成就；改进教学、学校和领导能力；加强国家证据科学的相关实践。这些改革方向都是根据八项国家政策举措，以及联邦与各州和各地区之间的协议中概述的一系列具体活动来推进的。

2020—2021 年度取得了 3 项显著成就，具体如下。

（1）2020 年 6 月，高中生就业、继续教育和培训审查（Review of Senior Secondary Pathways）如期完成，并于同年 7 月发布了《展望未来：高中生就业、继续教育和培训审查报告》（Looking to the Future：Report of the Review of Senior Secondary Pathways into Work，Further Education and Training）。

（2）2020 年 12 月，国家证据研究所（National Evidence Institute）成立，并设立了澳大利亚教育研究组织（Australian Education Research Organisation，AERO），旨在通过支持教师在课堂中的有效行动改善学生成绩。同时，实现了 2018 年《从成长到成就：澳大利亚学校卓越教育评估报告》（Through Growth to Achievement：Report of the Review to Achieve Educational Excellence in Australian Schools）中的关键建议。

（3）2021 年 7 月，教育、技能与就业部同意在学校试行“唯一学生认证”（Unique Student Identifier）。该部门将与一系列利益相关方合作，包括州和地区教育部门、非政府机构、学校、家长和团体，以设计和进行试点。

此外，该部门在 2021 年 4 月对教师职前培训进行了审查，以探讨如何吸引高质量人才。教师职前培训质量审查（Quality Initial Teacher Education Review）工作由专家小组主持，于 2021 年 10 月向澳大利亚政府提交报告。

二、高等教育、科研和国际教育

澳大利亚政府希望通过优质的高等教育、国际教育和国际高质量科研实现经济生产力的增长，并保障社会福祉。为此，政府实施了以下七个项目：联邦拨款计划、

---

① 《艾丽斯斯普林斯教育宣言》阐述了澳大利亚的教育愿景，并做出了改善澳大利亚青年人教育成果的承诺。

高等教育退休金项目、高等教育支持、高等教育贷款项目、高等教育研究投资、研究能力、国际教育支持。2020—2021 年度，教育、技能与就业部的工作重点在于保障高等教育和国际教育在疫情期间及后续开展教学和研究。

1. 提供大学科研资助，促进研究成果商业化

教育、技能与就业部在 2020—2021 年度的预算中，承诺为高校研究提供大量资助，包括向研究支持计划（Research Support Program）提供 10 亿澳元的一次性资助，以缓解疫情给大学带来的财政压力。2021 年，澳大利亚大学的研究拨款总额达到了 30 亿澳元。

此外，澳大利亚政府还委托开展了“大学研究成果商品化计划”（University Research Commercialisation Scheme）。该计划将加强澳大利亚大学研究成果的转化和商业化，旨在通过研究成果转化，加强大学与企业之间的伙伴关系，保障澳大利亚在创新和生产力方面保持领先地位。

2. 实施促进应届毕业生就业的一揽子计划

2021 年 1 月 1 日，澳大利亚实施了促进应届毕业生就业的一揽子计划。根据该计划，澳大利亚政府对大学的资助将从 2020 年的 180 亿澳元，增加到 2024 年的 200 亿澳元。同时，为新的大学学额提供资金，为偏远地区的学生提供额外支持，以及于 2021 年提供新的短期课程名额。此外，教育、技能与就业部也在逐步加强学生保护和雇用诚信措施（Student Protection and Provider Integrity Measures），并通过该一揽子计划扩大到所有高等教育学校，以保障澳大利亚高等教育的整体质量。

3. 提供国际教育支持，制定国际教育战略

教育、技能与就业部同各州和各地区以及其他英联邦国家合作，在条件允许的情况下推进了国际学生入境的规划，包括为受疫情影响的国际教育机构提供了一系列支持方案。此外，该部门也暂时取消了监管费用，并为现有的学生及准学生提供的“高等教育学费贷款项目”（FEE-HELP）的宽限期延长至 2021 年 12 月 31 日。

同时，澳大利亚已经开始制定新的《2021—2030 年澳大利亚国际教育战略》。该战略阐述了澳大利亚在未来十年的国际教育方针，旨在引导恢复澳大利亚的国际教育，使其能够把握新机会，并适应学生需求的变化，维系澳大利亚国际教育的声誉。

4. 为弱势群体和偏远地区学生提供更多的机会

2020—2021 年度，澳大利亚落实了《国家地方、农村和偏远地区高等教育战

略》（National Regional，Rural and Remote Tertiary Education Strategy）的措施。例如：提高联邦助学金计划（Commonwealth Grant Scheme）对地方大学的支持，针对偏远地区学生提供非医学学士学位课程。此外，澳大利亚还引入了“第三方支付”（Tertiary Access Payment），为学生搬离原地区求学提供补助。澳大利亚服务局也对车费补贴的管理制度进行了改进。此外，该部门进一步加强了地方大学中心（Regional University Centres）项目的建设，为建立中央支援网络提供资金，在现有的 26 个地方大学中心的基础上，增设 8 个新的地方大学中心。同时，也于 2021 年下半年开展了任命地方教育专员的工作。该专员将协调和监督《国家地方、农村和偏远地区高等教育战略》的实施情况，并为地方、农村和偏远地区的教育提供指导，以期到 2030 年，在高等教育成果方面，将上述地区学生和都市学生的差距缩小一半。

教育、技能与就业部在支援原住民学生、社会经济地位较低的家庭的学生，以及来自偏远地区的学生方面取得了以下进展。

（1）设立原住民、地方和低社会经济地位成就基金（Indigenous，Regional and Low SES Attainment Fund），使各大学能够更灵活地利用其资金，以满足当地需要。

（2）将高等教育参与和合作计划（Higher Education Participation and Partnerships Program，HEPPP）的范围扩大到原住民学生、地方和偏远地区的学生，以及来自社会经济地位较低的家庭的学生。

（3）正在进行地方研究合作计划（Regional Research Collaboration Program）的第一轮项目，旨在为地方大学、其他高等教育机构和当地产业之间建立新的合作关系，创造更多的机会，并加强地区研究。

5. 引入高等教育学生信息收集系统

2020 年 12 月，教育、技能与就业部发布了高等教育学生信息收集（Tertiary Collection of Student Information，TCSI）系统，这一系统主要面向高等教育和职业教育机构。通过使用 TCSI 系统，各教育机构可以通过澳大利亚服务局实时向教育、技能与就业部及澳大利亚税务局（Australian Taxation Office）进行报告。这一系统取代了澳大利亚服务局及教育、技能与就业部的原有系统，于 2021 年底完成全面过渡。

三、技能和培训

为了促进经济生产力的发展和保障社会福祉，澳大利亚政府实施了以下两个项目：培养技能和能力，职业教育和培训学生贷款。2020—2021 年度，职业教育和培训（VET）体系继续为支持澳大利亚的经济增长发挥重要作用。确保 VET 对劳动力市场的动态变化做出及时反应，对于促进经济增长和帮助人民抓住就业机会有着重要意义。

1. 提供资金和培训以减轻疫情影响

作为应对疫情工作的一部分，澳大利亚政府投入了大量资金，开展针对性的技能培训，以培养国家未来所需的技能，重建澳大利亚经济。为此，澳大利亚政府实施了两项重要的补贴措施，以帮助学徒和培训生继续就业和参与培训。

（1）拨款 12 亿澳元用于资助超过 62000 名雇主和团体培训机构，招收超过 168000 名新学徒和培训生。

（2）"支持学徒和培训生"（Supporting Apprentices and Trainees，SAT）工资补贴旨在帮助学徒和培训生减轻疫情带来的经济影响，为超过 68000 名雇主提供了逾 14 亿澳元，并协助 136000 名学徒和培训生继续工作。

此外，澳大利亚政府还与各州和各地区政府合作，于 2020 年 7 月设立了就业培训基金（Job Trainer Fund），共计 10 亿澳元。在设立的第一年就资助了 162000 多名青年和求职者参加免费或低费用的就业培训。同时，为了加强防疫，已有 55000 多名学员开始或报名参加防疫培训，33000 多名学员已完成了该培训。

2. 推进 VET 体系改革

澳大利亚通过以下措施继续推进 VET 体系改革。

（1）成立国家职业研究所（National Careers Institute，NCI），旨在提供准确、公正和权威的就业信息和支持。NCI 上线了"你的职业"（Your Career）网站、离校生资料册（School Leavers Information Kit）和离校生信息服务（School Leavers Information Service），以帮助学生选择职业道路。

（2）实施澳大利亚技能和质量管理局（Australian Skills and Quality Authority，ASQA）于 2020 年 3 月提出的监管实践和流程快速审查的建议，旨在通过监管的必要性和风险管控来指导 ASQA 的监管方法。

（3）通过 VET 数据流线化（VET Data Streamlining）项目对 VET 数据进行收集和转换，该项目正在建设一个灵活、高效和稳定的云信息与通信技术系统（National Cloud-based ICT System）。

这些措施是在《技能改革首脑协议》（Heads of Agreement for Skills Reform）的指导下实施的。所有州和地区政府都承诺立即改革，并制定新的国家技能协议（National Skills Agreement，NSA）。

目前的改革重点包括以下三个。

（1）提供资金以建立和支持一种新的行业参与模式，用于劳动力培训和产品开发，以表现政府和行业在发展技术经济方面的共同责任。

（2）通过技能组织试点（Skills Organisations Pilots）实施的资格改革，旨在为支持强大和适应性强的国家培训体系，提供国家未来培训产品的相关信息。

（3）建立注册培训机构（Registered Training Organisation，RTO），并制定 VET 队伍素质策略（VET Workforce Quality Strategy）。

在 2020—2021 年度，教育、技能与就业部还同各州和各地区就一系列协议开展了合作，具体如下。

（1）澳大利亚 TAFE 校园振兴计划（Revitalising TAFE Campuses Across Australia）于 2020 年 7 月 1 日启动，包括 14 个高质量的基础项目。

（2）“活力塔斯马尼亚州”（Energising Tasmania）项目在重点技能领域开展免费培训。

（3）在澳大利亚国内企业合作伙伴技能培训基金（National Partnership on the Skilling Australians Fund）的支持下，教育、技能与就业部同各州和各地区合作，调整双边日程安排，以适应疫情带来的持续影响。

3. 提高基础能力以促进就业

澳大利亚政府认为语言、读写、数学等能力，有助于进一步获得教育、培训或就业的机会，对于提高个人对经济活动的参与度至关重要，并通过以下项目来实现这一目的。

（1）教育和就业能力（Skills for Education and Employment，SEE）项目为求职者提供就业能力培训。本年度，SEE 项目为 2.5 万多名求职者提供了基础培训，提高了他们的语言、读写和数字能力。

（2）未来基础能力项目通过与用人单位合作，为求职者提供了 58 个培训项目，以提高他们的基础能力。截至 2021 年 6 月 30 日，已有 2000 多名学员接受了相关培训。

（3）远程社区试点项目将持续到 2023 年，提供适合地方求职者的、灵活的评估和培训，以满足地方需求。

此外，教育、技能与就业部正在开发学徒数据管理系统，旨在为所有澳大利亚求职者提供学徒计划，并于 2023 年取代培训及青年互联网管理系统。

四、就业和劳动力

为了打造一个具有强大生产力和竞争性的劳动力市场，澳大利亚政府主要依靠就业服务项目（Employment Services）对求职者进行就业扶持，提供满足雇主需求的政策和计划。澳大利亚政府致力于帮助人们准备就业，寻求和参与就业，或是为自己创造就业机会。2020—2021 年度，教育、技能与就业部持续管理、调整和改进相关项目，并推出新举措，为求职者和参与者提供就业或重新就业的支持。

1. 优化就业服务，应对就业需求

受新冠疫情影响，获取就业服务的求职者人数空前增长。截止到 2020 年 9 月，求职者数量增加了一倍多，达到了 152 万人的峰值。对此，教育、技能与就业部同有关机构密切合作，继续调整和实施各种政策和项目，为求职者、雇员和雇主提供更好的支持。主要包括调整简化澳大利亚服务局的求职者注册和推荐流程，不断调整项目和服务安排。后者涉及以下 6 个措施。

（1）为应对新冠疫情和自然灾害的影响，暂时停止承担相互债务责任的要求。

（2）采用多种就业服务的提供方式，如电话或网络。

（3）改善对求职者质量和雇用者业绩的评估。

（4）通过在线就业服务，为求职者提供额外支持，满足其需求。

（5）扩展数字服务联络中心（Digital Service Contact Centre），以应对日益增长的求职者。

（6）增加职前培训（Transition to Work，TtW）服务的审查频率。

2. 探索在线就业服务模式

教育、技能与就业部为应对疫情带来的激增的就业需求，进一步扩大了在线就业服务（Online Employment Services，OES），并通过 TtW 服务加强对青年的支持，通过 OES 为他们提供专业帮助，具体如下。

（1）2020 年 7 月 1 日起，可参与 18 个月的 TtW 服务（原为 12 个月）。

（2）2021 年 1 月 1 日起，减少无收入的辍学学生参与 TtW 计划的等待时间。

（3）2021 年 3 月 8 日起，为 OES 使用者提供 3 次来自 TtW 的咨询服务。

（4）向青年提供在线学习模块，帮助他们提高就业能力，获取就业机会。

为了进一步支持青年就业，该部门还启动了 PaTH 商业实习伙伴计划（PaTH Business Placement Partnerships），旨在为青年创造更多就业机会。该计划利用青年就业 PaTH（Prepare，Trial，Hire，准备、试用、聘用）项目和其他现有项目以及培训服务，尝试与工业界合作探索出一种联合设计模式。提供者小组由具有全国影响力的行业协会组成，代表对劳动力有强烈需求的企业。

3. 提供地方和农业就业援助

教育、技能与就业部也对地区进行了有针对性的帮扶。当地就业计划已在25个地区开展了第一阶段试点。该计划将现有的就业促进者网络（Employment Facilitator Network）从11个扩大到25个，将更多的利益相关方与现有的项目、服务和资源联系起来。就业促进者会针对地方制订就业计划，确定解决当地劳动力市场就业障碍的项目，地方复苏基金（Local Recovery Fund）为此提供资金。在2021—2022年度预算中，澳大利亚政府宣布在剩余的26个地区扩大当地就业计划，并由国家重点基金（National Priority Fund）提供额外支持。此外，还计划在澳大利亚各地增加招聘会的数量，将求职者与当地雇主、技能和培训服务商以及专业服务联系起来，并提供关于就业的实用建议。

同时，澳大利亚的农业也受到了边境对海外新移民关闭的影响。为了填补空缺，鼓励更多的澳大利亚求职者从事季节性工作，教育、技能与就业部对再就业援助计划（Relocation Assistance to Take Up a Job Program）进行了修改，取消了强制等待期，并扩大了支持人们临时搬迁以获取从事短期农业工作的资格。为了解决农业劳动力短缺的问题，该部门还将“秋收服务”（Harvest Trail Services）项目的数量从11个增加到16个，并提供更多的经济奖励，以激励求职者从事农业工作。2020年8月，该部门重启了因疫情而中止的季节性工人计划（Seasonal Worker Programme），并允许太平洋以及帝汶岛的工人在满足防疫要求下来澳大利亚工作。

4. 提供自主创业支持

为应对疫情对劳动力市场的影响，澳大利亚扩大了新企业激励计划（New Enterprise Incentive Scheme，NEIS）的资格。现在，NEIS面向的对象包括兼职工作者、学生或被照看着的人、退伍军人及其家属，以及现有的小企业主。2020—2021年度，澳大利亚政府还提供了更多的新企业激励计划和“探索自己做老板”工作坊（Exploring Being My Own Boss Workshop），以帮助更多求职者实现创业。

5. 探索未来的就业服务

澳大利亚始终关注着就业服务的未来，包括准备新的就业服务模式，以及扩展TtW服务。澳大利亚通过在南澳大利亚州的阿德莱德市和新南威尔士州的中北部海岸进行的新就业服务试点（New Employment Services Trial，NEST）项目，探索新模式的可能。包括以下两个内容。

（1）试用积分活化系统（Points Based Activation System），让求职人士参与一系列与就业有关的工作及活动。

（2）将参与者介绍给NEST增强服务（NEST Enhanced Services）提供者，以获得更多、更具有针对性的援助，从而降低长期失业的风险。

五、小结

《国家在教育、技能与就业方面的领导作用》将儿童保育、教育（幼儿教育到高等教育）、技能与培训以及就业结合起来，涉及学前教育、基础教育、高等教育、国际教育、科研、技能与培训、就业等方面的内容，特别关注到了原住民及托雷斯海峡岛民学生，地方、农村和偏远地区学生，以及低社会经济地位学生的教育权益保障的问题。在 2020—2021 年度，澳大利亚政府持续推进上一年度的教育举措，同时开展更为积极的应对新冠疫情和自然灾害的政策和项目，取得了多项成就和进展，在其国家经济复苏的过程中发挥了重要作用。

第二节　2020—2021 年度新西兰教育政策与发展趋势

新西兰教育部于 2021 年 10 月发布了《2021 年教育部年度报告》（The Ministry of Education：Annual Report 2021），这是一份关于 2020—2021 年（2020 年 7 月 1 日至 2021 年 6 月 30 日）新西兰教育改革与发展的报告。报告指出，新西兰的教育在 2020—2021 年受到新冠疫情影响，教育部通过加强资金投入、建立健全的保障机制以应对危机，来帮助社会各界度过这一时期。与此同时，新西兰教育部也密切关注如毛利人和帕斯菲卡族等少数族裔学生的教育问题，以提高其教育水平。①

教育部在 2020—2021 年侧重于新西兰政府 2018—2023 年五年计划中的主要框架和重点，集中体现在儿童早期教育、中小学教育、高等教育与职业教育等三大领域，并围绕以下五大目标展开工作。

（1）以学生为中心：学生以及他们所在的社区是教育的中心。

（2）无障碍准入：每一个学生都能获得良好的教育机会和成果。

（3）高质量的教学和教育领导力：高质量的教学和教育领导力对于学生和他们的教师非常重要。

（4）未来学习和工作的展望：当人们面对工作中日新月异的机遇和挑战时，学习与新西兰人的一生息息相关。

---

① New Zealand Government. Ministry of Education. The Ministry of Education：Annual Report 2021［EB/OL］.［2022-06-30］. https：//www.education.govt.nz/our-work/publications/annual-report/annual-report-2021/.

（5）世界一流的全纳公共教育：新西兰需要一个世界一流的全纳公共教育体系，以满足当前和未来多样化人口的需求。

新冠疫情给教育带来的影响是持续性的，并仍将长时间存在，疫情以来教育部已积累相关工作经验，并将更加关注和支持学生实现上述目标并促进新西兰的社会和经济复苏。因此，立足当下，展望未来，教育部围绕以下 3 个重点开展工作。

（1）平等和福祉：通过与教育专业人员合作，为所有学生提供平等的学习机会和学习支持。

（2）早期学习和学校课程：将知识、专长和资源整合在一起，形成具有包容性和全面性的课程，使每一个学生及其家庭都能参与到与其需求、语言和文化相关的学习中，并在学习中取得进步和成就。

（3）将教育和就业联系起来：支持雇主和行业与学校建立系统联系，共同设计工作一体化路径，提供更密集的行业相关学习体验，以帮助学生获得学习或就业机会。

《2021 年教育部年度报告》紧扣五大目标，详细介绍和梳理了新西兰于 2020—2021 年度取得的成就，其具体内容如下。

（1）创造安全、包容和积极的学习环境。

（2）支持学生克服学习障碍。

（3）为需要学习支持的人提供服务。

（4）努力解决教师供给问题。

（5）提高部门员工的文化意识和素质。

（6）加强从教育到就业的路径以及终身学习。

（7）加强中学职业教育培训。

（8）支持国际学生。

（9）管理学校资产组合，推进系统改进。

（10）建立更好的互联教育体系。

以下分别从儿童早期教育、中小学教育、高等教育与职业教育这三大领域陈述新西兰教育部在 2020—2021 年度所采取的具体措施。

一、儿童早期教育

儿童早期教育的目标是为了确保政府的资助以及对家庭式儿童早期教育的监管能够为儿童提供良好的学习成果，并将其作为早期学习策略的一部分。在 2020—

2021年度，教育部围绕儿童早期教育采取了以下相关措施。

1. 提高出勤率和儿童福祉

新冠疫情持续在世界各地造成干扰，并对学生和教师产生影响。2000多所学校和早期教育服务机构的员工被解雇。通过政府紧急应对基金的帮助与扶持，超过2000所学校和早期教育服务机构能够为超过30万名受新冠疫情影响的新西兰儿童和年轻人提供帮助。地方学校校长与社区和早期教育代表机构进行合作，以谋求支持学生学习的最佳途径。政府和学校通过具有文化包容性的办法提供支持，旨在提高出勤率和儿童福祉。

2. 为学生提供学习机会

虽然学校和早期教育服务机构在新冠疫情3级和4级警报下纷纷关闭，但政府为学生提供了8780万纽币的支持，并于2020年12月31日分发。这笔资金为学校提供了3.67万台设备（满足了九年级以上学生的所有需求），并为学生家庭提供了4.5万个互联网连接设备以安装家庭学习电视。同时政府还与内政部和其他机构合作，充分考虑学生的需求，开发了一个长期可持续的解决方案，以帮助新西兰的数字教育发展。

作为新冠疫情应对和恢复基金的一部分，政府还制定了一系列有时限的举措，并提供额外的资源来支持社区项目和社区援助。额外的资金还支持了即时早期教育的提供，使该网络能够应对劳动力市场的改善，并维持供应平衡。

3. 改善学习需求者获得帮助的机会

为拓宽学生的学习路径，增加需求者获得帮助的机会，由家长和社区参与建立了学习社区中心，以提供家长和学生讲习班。通过学习社区中心开展援助方案，包括亲子阅读方案，以帮助儿童提高他们的识字能力；为学生提供学术指导和有关互联网安全的信息；举办家长教育讲习班，通过概述新西兰的教育系统，帮助家长了解他们的孩子的职业道路的选择与发展。从最初的为期10周的试点项目开始，现在已有7个学习社区中心，为来自18个种族的158个家庭提供帮助，其中包括全市的270名幼儿和学龄儿童。该项目将在奥克兰和惠灵顿推出。

为了提高一至十三年级学生的阅读能力，早期教育系统引入了一种早期读写方法，包括发布第一套随时准备阅读的配套语音和书籍资料，以及资助早期读写专业和增强阅读恢复计划。此外，早期教育系统还推出了一个口语工具的硬拷贝资源，用于师生在一起交谈时培养学生语言技能，并支持教师理解双语和多语言途径。这些资源于2021年3月分发给早期教育服务机构和学校。

4. 不断改进教育系统

《国家教育和学习优先事项高等教育战略》于 2020 年 11 月发布。这是第一次制定了一套联合的教育优先事项，适用于早期教育、中小学教育和高等教育。除了关注整个教育系统，该战略更强调公平，反映的是人们的声音，而不是教育政策的制定者。教育部正在与相关部门合作，以实现这些优先事项。

同时，教育部还在优化监管和政策，使学生能够获得更公平的结果。

（1）进行早期教育监管系统审查，其中包括基于服务的临时许可证的历史记录创建一条取消途径的建议，以及更一致和严格的监控和许可计划。

（2）完成入学计划的变更，直接与相关部门沟通这些变化，并与相关部门协商。

（3）负责制定和实施 2023 学年的学校公平指数，目前正在进行关于不利条件的影响和以公平为重点的资金在支持弱势儿童参与高质量的幼儿教育方面的作用的研究。

5. 进行多方合作

新西兰教育部与学前教育项目的提供者、社区、毛利人机构和帕斯菲卡族机构进行密切的合作，以推动儿童接受学前教育。具体包括以下几个方面。

（1）确定没有参加任何形式的学前教育的儿童的数量并为他们提供必要的支持。

（2）与全国的学前教育中心合作，通过提高项目质量来使更多的孩子接受优质的学前教育。

（3）与学校合作，确保招生过程中数据的准确性。

二、中小学教育

在中小学教育方面，教育部注重青少年的学习环境问题，针对少数族裔问题采取了相应措施，继续关注入学率和参与度，加强教育服务等；在应对新冠疫情方面，教育部集中于远程教育方面以及与其他部门联合进行改革。在 2020—2021 年度，新西兰教育部围绕儿童早期教育采取了以下相关措施。

1. 更新课程以改善幸福感和参与度

课程为学生的教学内容和方式设定了方向。新冠疫情暴发以来，学生的健康需求不断增加。学生迫切需要在包容性学习环境中接受与心理健康、健康人际关系和福祉相关的高质量课程。当前的课程更新旨在创建一个多元文化、包容、清晰且易于使用的国家课程。它将支持学校设计高质量的地方课程，同时保障其与国家重点要求学习的内容之间的平衡发展。

新西兰教育部制定了《关系与性教育：教师、领导者和董事会指南》，该指南于2020年9月发布，为新西兰课程提供指导。这反映了社交媒体的影响、社会规范的转变，以及明确地直面在线内容的可用性。该指导方针加强了毛利人和帕斯菲卡族裔对性教育的看法、强化尊重文化和家庭动态的重要性，以及优化对残疾学生的信息收集和管理。

2. 保持入学率和参与度

提高出勤率将是一个持续的挑战，出勤率的提升将大幅提升学生成绩和教育成就。2020年的出勤率数据与前几年不同，因为它是基于疫情封锁后的最后7周（2020年5月18日至7月3日）的统计数据。虽然定期入学的学生比例在2019年的下降后有所恢复，但仍需要对先前存在的、持续的定期入学率下降的趋势进行反思。伴随出勤率数据的有所回升，新西兰教育部也开始按学期公布出勤数据，由此可以看到新冠疫情的中期影响。2020年第4学期和2021年第1学期的出勤率数据显示，定期上学人数下降。这一变化在很大程度上是疫情造成的。

据新西兰教育部统计可知，上学缺勤人群主要来自毛利人和帕斯菲卡族的学生、残疾学生及社会经济地位较低的群体。新冠疫情的许多影响正在加剧那些因教育体系不平等而处于不利地位的人群的教育问题。确保学生入学和上学是必要的教育要求，缺勤则可能是潜在的社会和经济问题的病因，而学校和教育部是无法自行解决这些问题的。新西兰教育部始终致力于提供一种更具有连贯性的方式来解决出勤率和参与度的问题。

为此，新西兰教育部已经制订了一项行动计划来提高学生的出勤率和参与度，其中的具体方法涉及以下方面。

（1）管理新冠疫情带来的关于出勤率和参与度的影响和经验。

（2）学校、家长、社区和教育部的区域工作人员共同努力制定当地的解决方案。

（3）重新设计出勤服务合同，使服务更接近他们所服务的学校和社区。一项对南奥克兰试点计划的调查显示，94%的学校认为该服务符合他们的需求，78%的学校认为它满足了优先群体的需求，包括毛利人学生和帕斯菲卡族学生。

3. 管理学校的资产效益

新西兰教育部2021年通过多个工作项目投入了14.5亿纽币，这些项目也促进了新冠疫情下的经济复苏。资本投入的显著增长反映了新西兰教育部在全国范围内交付的增长项目的增加，2021年完成了113个增长项目（2020年为53个）和26个短期滚动增长项目（2020年为17个）。这为学校增加了10946个学生名额。同时，在2021年的基本工程交付中，新西兰教育部完成了30个重建项目，3所新学校和14个基础项目。截至2021年6月30日，在设计或建设阶段共有271个投资项目。

这些工作刺激了整个地区的经济增长。可以看到，学校在 5 年协议项目上的年度支出上增加了活动经费支出，其中在 2021 财年投资了超过 2.5 亿纽币。此外，还在煤炭锅炉更换计划上花费了 900 多万纽币，这是与能源效率与保护管理局合作的新的跨机构计划。到 2021 年 6 月 30 日，新西兰教育部已经花费了 2.02 亿纽币（2020 年为 1900 万纽币），一次性提供了 3.96 亿纽币的学校投资计划，为 2021 年的资本支出做出了重大贡献。2021 年有 747 所学校通过该项目改善了其设施，自 2019 年 12 月项目启动以来，共有 811 所学校受益。为了帮助学生取得更好的成果，新西兰教育部正在着手准备一项雄心勃勃的国家学校重建计划。第一波重建浪潮包括大约 40 所学校，未来 10 年的预算高达 13 亿纽币。作为国家学校重建计划的一部分，教育部目前已经宣布了 10 个项目，并计划向这些学校投资约 2 亿纽币。

4. 对课程、进度和效果进行审查

教育部一直在重新调整目前的课程，以帮助学校全力专注于学生在整个课程中的进步。目前由专家和从业人员在内的部长级咨询小组与由教师、学校和领导人组成的协商小组合作考虑如何实现这一转变。这项工作旨在加强整个国家课程的进展，包括绘制进度图、学生和家长的学习记录以及更新国家课程。与此同时，新的功能已经添加到现有的进展和成就工具。

5. 建立一个更好的互联互通的教育体系

新西兰教育部正式成立了教育服务机构，随后对教育部进行改革，包括建立了课程中心，以加强对新西兰课程的领导和包容性，以及对专业知识的运用，并为优质教学提供专业知识和资源。它将在为毛利人学生、帕斯菲卡族学生及残疾学生提供包容性学习支持和文化相关内容等方面具有优势。在联通社区与学校方面，紧急响应基金批准了 257 个集群申请，这些申请帮助了 161656 名学生。此外，共有 800 万纽币的资金横跨社区学校和学前教育服务中心。在推进机构联通方面，教育部部长和新西兰慈善组织首席执行官签署了一份协议，以阐明二者关系，并创建一个框架，使双方可以采取创新举措，以改善教育成果和公共收益。

在连接新西兰与其他国家的过程中，教育部部长带领新西兰在线代表团参加了第九届新西兰–中国教育与培训联合工作组，这是促进和指导新西兰与中国教育关系的重要一步。新西兰还主办了亚太经济合作组织（Asia-Pacific Economic Cooperation，APEC）教育网络的两次虚拟会议，该会议试图概述新西兰的优先重点领域，并证明新西兰正在领导改进和提高亚太经合组织网络的有效性。

6. 支持毛利人学生提高学业成就

新西兰教育部将继续实施对毛利人的语言教育。为了提高毛利人学生的表现，教育部使用监管和政策杠杆为学前教育服务机构、中小学校和高等教育机构明确要求。这基于《2020 年教育和培训法》的规定，国家教育和学习优先事项声明，以及与高等教育战略相一致的明确方向。新西兰教育部已经在五个不同的社区测试了社区教育，支持社区测试解决种族主义和不平等的不同方法，以便能够提升毛利人等在教育系统中的教育成就和福祉。此外，新西兰教育部还加强与毛利人教育高峰机构的关系。2019—2020 年度新西兰教育部与政府合作制定结合毛利人社区和雇主视角的高等教育政策，为毛利人学生及其在高等教育中遇到的问题提供指导。

7. 支持帕斯菲卡族学生及其家庭

帕斯菲卡族学前扫盲项目和王国语言组织在线出版了电子双语图画书、音频文件和关于学前教育的家庭教育材料。帕斯菲卡族双语资源是一套在线资源，基于利用儿童的传统语言有助于加强读写能力的原则，以支持帕斯菲卡族儿童的早期语言和读写能力学习。教育部通过空中广播节目吸引了超过 12 万名听众，并制作了相关应用程序以便下载。当前教育部正在努力支持创造性的帕斯菲卡族教育实践，以响应帕斯菲卡族学生的课程和福祉需求。新的帕斯菲卡族教育创新基金将致力于支持这些新做法。

三、高等教育与职业教育

在高等教育与职业教育方面，新西兰教育部致力于最大限度地为公平和卓越的教育成果做出贡献，并强调与其他机构更广泛地合作，使社会服务更加一体化，从而改善新西兰人的福祉。在 2020—2021 年度，新西兰教育部围绕高等教育与职业教育采取了以下相关措施。

1. 努力解决教师的供应问题

面对新冠疫情，教育部必须灵活地应对教师供应面临的新挑战。许多未来从事教师工作的学生的实践经验和实习计划因新冠疫情暴发而中断。新西兰教育部与教学委员会合作，安排了更深入的入职和指导计划，以帮助毕业时实践经验较少的学生。随着新冠疫情边境限制的持续，教育部改变了招聘教师的方式，强化了在 12 个月内让更多新西兰人成为教师的举措。这包括持续跟进培养合格教师的过程，并鼓励那些寻求职业转变的人加入教育行业。奖学金和奖励计划也将激发新西兰人对教学专业的兴趣。

新西兰教育部负责提供学校的工资发放服务，并外包给教育工资发放有限公司（Education Payroll Ltd，EPL）。在过去的一年中，EPL 继续提供薪酬，包括额外的疫情支持费用和为教师助理支付公平索赔。这一具有里程碑意义的索赔要求于 2020

年 11 月开始实施，直接帮助了近 1.8 万名教师助理加薪。EPL 还推进了教育工资发展计划，该计划旨在通过管理技术风险和提高效率，确保学校工资制度的稳定性和可持续性。新的数字服务 Ed Pay 是该计划的重要组成部分。Ed Pay 即将实现完整的功能，并达成使学校更容易履行其工资发放职责的目标。

2. 提高相关部门员工的文化能力和意识

新西兰教育部负责为教师和领导提供课程支持和资源，帮助他们在整个职业生涯中不断发展。教育部在 2020—2021 年度支出 1.04 亿纽币，并确定投资优先事项，以继续加强教育工作者的能力，应对利益相关者不断变化的需求。对文化能力的关注鼓励教师认识到身份的多样性——包括文化、性别和能力——并采取行动，确保所有学生感受到自己的价值，并在包容其文化的环境中获得公平的学习机会。为了提高出勤率和参与度，需要一个学习环境让学生的身份、语言和文化得到尊重和重视。因此，新西兰教育部将文化能力作为国家的优先发展事项，这种系统转变符合教育期望。提高毛利人的知识、文化和语言水平，在改善毛利人参与、领导学前教育和学校设置上有关键意义。

3. 加强从教育到就业和终身学习的途径

近年来，高等教育参与率和达标率基本稳定，新西兰教育部继续完善相关制度以改善公平性，并支持学生应对新冠疫情。在对中学毕业者的关键资格证书——国家教育成就证书（National Certificate of Educational Achievement，NCEA）进行了广泛审查之后，教育部现在正在对需要评估的科目进行改革。这包括在 2020 年 12 月宣布 NCEA 1 级变更，评估科目将减少 10 个，降至 32 个。这些科目的改变是为了给学生在准备取得 NCEA 时提供更广泛的基础和更多的学习途径，同时减少教师和学生的工作量。此外，教育部还对 NCEA 进行了修改，以更好地回应学生的身份、语言和文化，如发布了一个新学科——毛利人表演艺术的成绩标准草案。新西兰教育部还建立了建筑业和初级行业的卓越职业中心，以使新西兰保持在创新的最前沿，并吸引更多的人接受职业教育。这些职业中心在地理上分布广泛，并在职业教育系统和这两个部门之间建立了一种新的伙伴关系。他们的目标是将来自全国各地的不同行业的从业人员、研究人员、高等教育教师、社区成员和其他团体聚集在一起，研究特定部门的问题，并为培训和教育制定解决方案。

4. 新冠疫情的应对措施和工作场所的转型

新西兰教育部当前正在寻求加强中学的职业教育培训的路径。作为职业教育改革的一部分，教育部资助了一系列联通学校、社区和学生的活动。尽管新冠疫情警戒级别的变化对教育政策的实施造成了各种干扰，但仍有 56186 名学生和 3575 名教师参加了这些活动。超过 90% 的参加组织活动的学生认为他们有了更好的准备，并获取了在未来的教育和就业中取得成功的技能。

5. 学徒制

新西兰教育部进一步发展学徒制度，近 2000 名教师得到了 4145 名学徒的选择。由于工人接受了技术培训，仅马努卡理工学院的贸易和工程课程的入学人数就比前一年增加了 59%。2020 年 7 月 1 日引入目标培训和学徒基金以来，80% 的行业培训提供都是免费的，使超过 14 万名学生受益。该基金在 2020 年覆盖了约 14% 副学位奖学金。此外，来自教育部的 40 名领导人指导 600 名 11—13 岁学生参加“女孩老板”（Girl Boss）项目。该项目帮助年轻女性获得激励、感受权责、建立信心，了解政府和政策角色的职业生涯。

6. 支持国际学生

由于旅行限制对国际学生产生了影响，这对州际综合学校产生了流动影响。为了减轻这些学校所面临的挑战，教育部分配了过渡性资金，用于支付员工成本，以为仍在新西兰的国际学生提供持续的教育关怀。2020 年 7 月，政府发布了一项战略性的国际教育复苏计划，以帮助稳定新西兰的国际教育部门。这将有助于该部门复苏，同时也将其转变为一个更多样化、更有弹性和具有更高价值的部门，并加速国际教育战略的转变。该计划旨在让国际学生尽快安全返回校园。

通过应对新冠疫情的持续行动，新西兰教育部将拨出资金维持私人培训机构的稳定，这些机构有助于区域技能发展，并帮助满足对于英语培训的需求。教育部设立了一个新的边境豁免类别，即允许 250 名国际博士生和硕士生进入新西兰继续他们的学习。从 2020 年 11 月开始，大量临近国家的博士生和硕士生得以进入新西兰高校，以完成他们的学业和开展他们的工作。随后，新西兰教育部为学士学位级别及以上的学生设立了第二类边境豁免资格，即 1000 名国际学生得以允许返校，从 2021 年 4 月开始分阶段返回新西兰。这 1000 名攻读学士学位的国际学生将为新西兰带来估计约 4900 万纽币甚至更多的经济贡献，其中包括约 2700 万纽币的学费。

四、小结

新西兰《2021 年教育部年度报告》是对新西兰 2020—2021 年（2020 年 7 月 1 日至 2021 年 6 月 30 日）开展的各项教育实践活动的详细梳理，主要从儿童早期教育、中小学教育、高等教育和职业教育三大方面进行阐述和介绍。新冠疫情的暴发，给新西兰的儿童早期教育、中小学教育、高等教育和职业教育的各个方面都造成了巨大冲击，新西兰教育部在投入大量经费的同时，致力于为每一个新西兰人提供高质量的儿童早期教育，培养中小学生的阅读、写作和算数能力，并在高等教育或职业教育阶段为学生提供合适的发展路径。通过政府紧急应对基金的帮助与扶持，政府和学校以具有文化包容性的办法提供援助，旨在提高儿童福祉，并保障海外学生因新冠疫情而受到影响的学习能够回到正轨。新西兰教育致力于培养能在不断变化的国际形势中具有胜任力的公民，保持文化上的自信，并在国际竞争和合作中脱颖而出。为了实现这一目标，新西兰政府将儿童早期教育和中小学教育纳入优先发展的事项，并与社区、家庭和其他机构合作，努力提高其质量，为新西兰的经济发展和社会进步创造价值。同时，关注毛利人和帕斯菲卡族学生的受教育及教育质量问题，对少数族裔的教育发展采取了一系列重要且有针对性的改进措施，但是少数族裔与新西兰平均水平之间的差距仍然存在。新西兰教育在2020—2021年度取得巨大进步的同时，受新冠疫情的影响，依旧面临相当大的挑战，有待进一步的教育改革去解决当前存在的教育问题。

第十四章
非洲教育政策与发展趋势

2021年，在人口快速增长、成人文盲率高、儿童入学受阻等背景下，非洲各国仍在努力推进教育的各个方面向前发展。本章第一节主要分析非洲近年来的教育现状，刚果民主共和国、塞内加尔、刚果共和国等主要法语国家的教育政策，以及非洲教育发展趋势。第二节和第三节着重关注南非的教育政策与发展趋势。2021年，南非基础教育部（Department of Basic Education，DBE）发布了《在校生怀孕预防与管理政策》（Policy on the Prevention and Management of Learner Pregnancy in Schools），旨在管理和减少在校生的怀孕问题并降低其对学生的负面影响。南非高等教育与培训部（Department of Higher Education and Training，DHET）发布了《国家职业技术教育和培训院校学术支持指南》（National Academic Support Guidelines for Technical and Vocational Education and Training Colleges），以支持职业技术学校学生的学术发展。

第一节　非洲教育现状、教育政策与发展趋势

一、非洲近年来的教育现状

教育是使非洲摆脱现下贫困或长期贫困的主要手段之一。对教育的投资有助于打破贫困代际循环，培养具备满足市场需求技能的人才。教育还可以增加人民权益，促进社区和谐，提高公民的社会生活参与度，加强社会民主建设。

（一）快速增长的年轻人口

非洲有五分之三的人口在25岁以下，其中一半的人口在3—24岁，是人口最年轻的大陆。2020年，非洲25岁以下的人口接近8亿，3—24岁的人口为6.77亿。非洲的人口不仅年轻，而且增长迅速。与2000年相比，3—24岁的人口增加了58%，预计在

未来十年将增加 22%。非洲（+21%）和大洋洲（+9%）是世界上唯二的年轻（25 岁以下）人口在未来十年内预计会增长的地区。联合国的人口预测显示，2030 年，非洲将拥有世界上 28% 的 3—24 岁的人口，这一数字在 2000 年时为 17%，2020 年时为 25%。

放眼整个非洲大陆，中部非洲和西部非洲的青年人口增长最多。2000 年至 2020 年，中部非洲 25 岁以下人口增加了 82%，西部非洲增加了 68%，而北部非洲只增加了 18%。中部非洲和西部非洲青年人口预计在未来十年内还将增加 25%。

非洲大量的年轻人口及其高增长率，既是风险也是机遇。它给教育和培训系统带来了巨大压力。一些非洲国家的失学率位居世界前列，这些国家的教学成果也较差。此外，它们还必须应对不断增长的教育需求。

然而，如果年轻人能够获得他们所需的技能，就有望成为经济增长和发展的引擎。教育的变革力量是世界公认的。优质教育提供的知识和技能有助于发展人力资本，不仅提高个人的生产力和就业能力，还能促进他们所在国家的整体发展。同样关键的是，从健康水平和妇女赋权，到公民参与和社会凝聚力，教育在人类发展的诸多领域影响深远。因此，非洲必须通过加大加快对教育和培训的投资，以满足持续增长的年轻人口的需求，并充分利用人口红利加速发展。

据估计，如果非洲的人力资源投资保持现状不变，到 2050 年非洲人均 GDP 将增加 39%；如果非洲国家增加对年轻人的健康和教育投资，到 2050 年或使非洲人均 GDP 增加 88%。

（二）成人文盲率高，儿童入学受阻

尽管非洲大陆在扫盲方面取得了重大进展，但很大一部分非洲人口仍然是文盲。2018 年，非洲 37% 的 25—64 岁年龄段的人和 22% 的 15—24 岁年龄段的人是文盲（见图 14-1）。

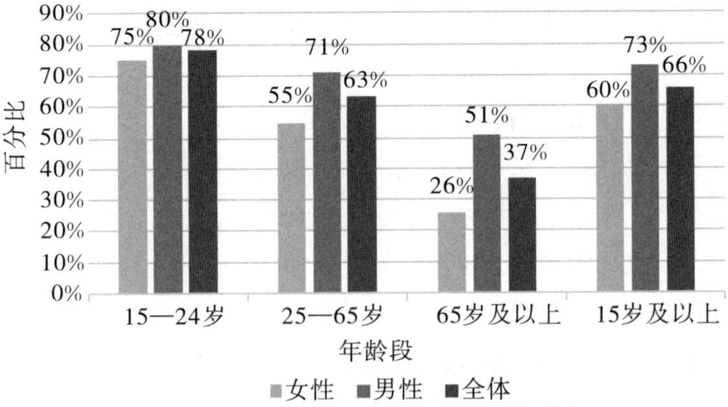

图 14-1　非洲按年龄段和性别划分的识字率（2018 年）

资料来源：根据联合国教科文组织统计研究所的数据计算得出。

在整个非洲大陆，成年人平均识字率从西部非洲的 51.5% 到南部非洲的 78.7% 不等（见表 14-1）。西非的成年文盲人口几乎占非洲总人口的三分之一，中部非洲的成年人文盲现象也很严重，平均每三个成年人中就有一个是文盲。

父母或监护人的识字水平或受教育水平是预测儿童入学及学习轨迹的重要指标。尤其是在最边缘的群体中，父母是文盲既是阻碍儿童入学的因素之一，也是限制其支持儿童提高学习质量的因素之一。在世界范围内的观察结果表明：父母或监护人的受教育程度与儿童的学校教育呈正相关关系。在撒哈拉以南非洲进行的大多数研究表明，儿童的父母或监护人的受教育水平越高，儿童失学的风险越低。受过教育的父母在指导孩子学习方面更有能力，他们对孩子的学习和职业抱有更高的期望。在了解各国在发展教育系统方面所面临的挑战和规划教育以减少不平等和惠及最边缘化人群时，这是一个需要考虑的因素。

在这方面需要考虑的另一个关键因素是快速城市化对教育系统的压力。生活在农村地区的人口比例已经从 2000 年按国家划分的平均 62% 逐渐下降到 2019 年的 53.6%。如表 14-1 所示，在整个非洲大陆，农村地区的人口比例从东部非洲的 64% 到北部非洲的 36.2% 不等。为了制定更加包容和公平的教育政策，这种城市化的动态必须被纳入考虑的范围。以城市和郊区被排斥和处于不利地位的儿童为目标并为其服务，意味着要改变长期以来的规划方法。同时，非洲国家面临的挑战是如何确保当前仍以农村为主的人口能够获得教育机会。

表 14-1　非洲各地区的识字率和农村人口占比情况

地区	2019 年农村人口占比 /%	2018 年成年人口识字率 /%
中部非洲	46.2	67.5
东部非洲	64.0	71.1
北部非洲	36.2	71.8
南部非洲	56.3	78.7
西部非洲	54.1	51.5
非洲	53.6	66.0

资料来源：根据联合国教科文组织统计研究所的数据计算得出。

（三）非洲在儿童入学方面已取得了实质性进展

在过去的二十年里，非洲在提高儿童入学率方面取得了重要成效（见图 14-2）。2000 年，近三分之一的小学适龄儿童、五分之二的初中适龄儿童和五分之三的高中适龄儿童没有上学，但这些比例在逐年下降：2019 年，新的预计比例分别为 17%、33% 和 53%。

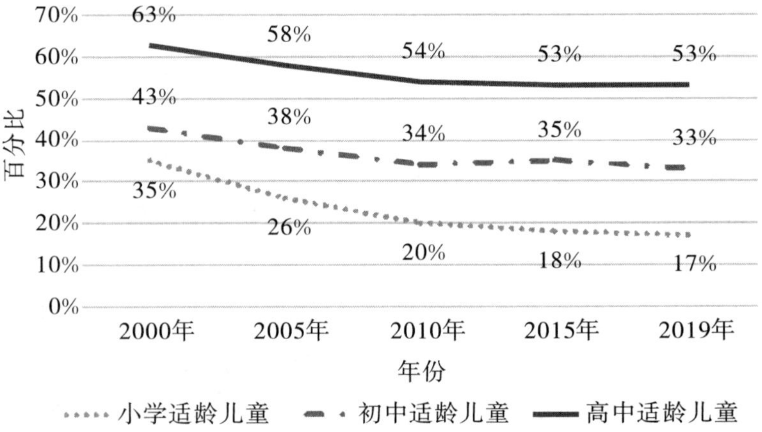

图 14-2　按学段划分的非洲失学儿童比例

资料来源：根据联合国教科文组织统计研究所的数据计算得出。

（四）非洲失学儿童的比例较高

尽管在儿童入学方面取得了实质性进展，但非洲失学儿童的比例仍然较高。鉴于人口的高增长率，失学儿童人数仍是一个相当大的数值。据估计，2010 年以来，失学儿童的数量一直在增加。2019 年，有 1.05 亿名小学和中学年龄段的儿童没有入学，比 2000 年还多。这种增长趋势主要是由于青少年和中学年龄段的失学人数不断增加，在过去 20 年里增加了 1200 万，而同期小学年龄段的失学儿童人数实际上减少了 1100 万。

降低非洲教育边缘化儿童的数量和比例的任务依然十分艰巨。假如失学率下降趋势保持不变，则需要 100 年才能实现所有小学适龄儿童全员入学的目标，并分别需要 235 年和 280 年才能实现初中和高中适龄儿童的零失学率。

在非洲，不同地区的儿童失学情况有很大差异。2019 年非洲有近 4200 万名小学和中学学龄儿童没有入学，而西非是非洲失学儿童人数最多的地区：每五个失学儿童中就有两个生活在西非地区。紧随其后的是东非，非洲三分之一的小学和中学年龄段的失学儿童生活在该地区。在西非，27% 的小学适龄儿童和 37% 的初中适龄儿童，以及 56% 的高中适龄儿童在 2019 年没有按时入学。在东非，这一比例分别为 15%、42% 和 61%。在整个非洲大陆，有相当一部分高中适龄儿童或成人无法入学。虽然这些人中的一部分（15 岁或以上）可能已工作、当学徒或参加了职业培训，但许多人是“尼特族”（NEET）①，即既不上学、不工作，也不参加职业培训的人。根据国际劳工组织的统计数据，2019 年非洲 15—24 岁的年轻人中有 20.7% 是“尼特族”。

（五）完成学业仍是一项重大挑战

非洲国家的教育系统需要为尽可能多的儿童提供受教育的机会，特别是基础教育阶段的小学和初中教育。

国际社会普遍认为国家必须保证所有儿童接受至少 9—10 年的义务教育，并将全世界所有儿童完成高质量中学教育作为应在 2030 年之前实现的一项可持续发展目标。2015 年 5 月，联合国教科文组织在韩国仁川举办世界教育论坛，论坛充分讨论了“教育 2030 行动框架”，以落实 17 个可持续发展目标中的目标 4（SDG4）②，并确保世界上所有儿童能够完成 12 年受公共资助、免费、包容和公平的优质初等和中等教育，且其中至少有 9 年的义务教育。非洲国家已经承诺为至少 9 年的义务基础教育和全民完成中等教育创造有利环境和制定法律框架，从而实现从幼儿到基础教育周期结束不间断的学习。

目前，53% 的非洲国家已通过法律规定义务教育至少为 9 年（见图 14-3）。同时，57% 的非洲国家将为期至少 9 年的免费教育纳入其法律框架（见图 14-4）。尽管如此，基础教育完成率仍难以达到预期水平。经粗略统计，整个非洲大陆的小学和初中最后几个年级的毛入学率还远远达不到 100%。2000 年至 2010 年，这一比例稳步增长，平均每年增加 1 个百分点，增长速度非常缓慢。2019 年，非洲大陆小学最高年级的毛入学率为 73%，比 2010 年高出 2 个百分点。2019 年，非洲大陆初中最高年级的毛入学率为 48%，比 2010 年高出 4 个百分点。初中最高年级的毛入学率为 48%，意味着实际进入该年级的人数只占该年级法定人数的一半左右。

---

① NEET 是 Not in Education，Employment or Training 的简称。NEET 一族最早产生于英国，专指那些在义务教育结束以后，既不升学也不工作，也不参加职业培训的年轻人。尼特族是世界性的社会问题，主要在发达国家和经济高增长、生活水平高的国家和地区的青年阶层中产生。

② 《2030 年可持续发展议程》是一项全球议程，旨在到 2030 年通过可持续发展消除贫困。国际社会在 2015 年 9 月通过新议程时认识到，教育是其能否成功实现 17 个可持续发展目标的关键。可持续发展目标 4 的基本目标是“确保包容和公平的优质教育，促进全民终身享有学习机会”。

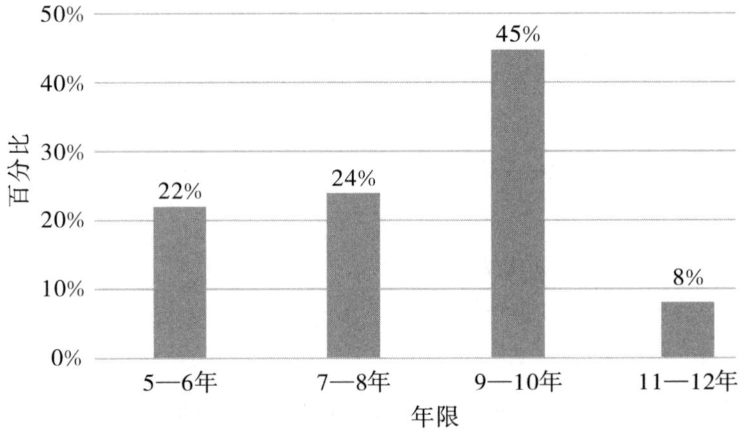

图 14-3 2019 年非洲国家法律框架保障的初等和中等义务教育年限的比例

资料来源：根据联合国教科文组织统计研究所的数据计算得出。

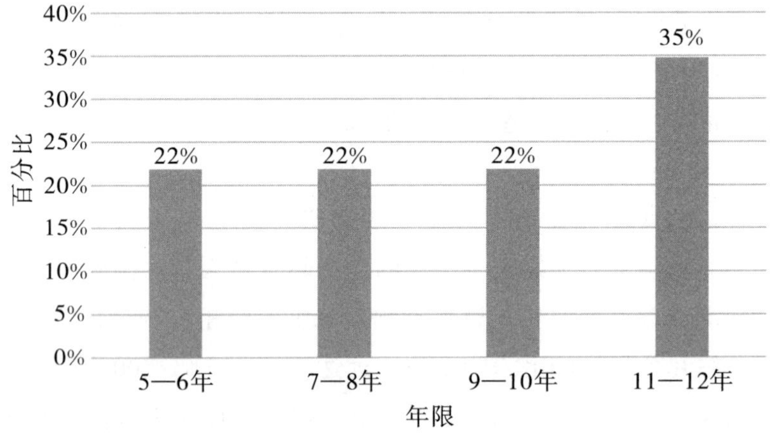

图 14-4 2019 年非洲国家法律框架中保障的免费初等和中等教育年限的比例

资料来源：根据联合国教科文组织统计研究所的数据计算得出。

联合国教科文组织对非洲家庭进行调查，对一组儿童中完成小学和中学教育的比例进行了更精确的衡量，其结果反映出的情况更令人担忧。非洲各国各学段教育的平均完成率分别为：小学教育 65%，初中教育 41%，高中教育 23%。各国和各地区的情况差异很大。南部非洲表现突出，其比例高得多，北部非洲紧随其后，而西部非洲最落后。西部非洲的平均初等教育完成率只有 53%，而北部非洲则为 83%。

（六）获得和参与职业技术教育和培训的机会有限

根据可持续发展目标 4.3（到 2030 年，确保所有女性和男性都能平等地获得力所能及的优质技术、职业和高等教育，包括大学教育）和 4.4（到 2030 年，大幅增加拥有相关技能，包括技术和职业技能的青少年和成年人的数量，以促进就业、体面工作和创业），各国将扩大优质职业技术教育和培训列为优先事项。

非洲联盟的《2016—2025 年非洲大陆教育战略》将扩大职业技术教育和培训作为其第八个战略目标，即通过加强工作领域与教育和培训系统之间的有益联系，挖掘中等和高等教育的职业技术教育和培训的潜力。

尽管做出了这些承诺，非洲各国也意识到职业技术教育和培训对非洲具有重要的意义，但职业技术教育和培训在非洲的覆盖率仍然很低。2019 年，在非洲约有 1000 万青少年接受职业技术中等教育，即每 10 万居民中有 762 名学员，而全球平均水平为每 10 万居民中有 801 名学员。非洲 15 至 24 岁的年轻人中，接受职业技术教育的平均比例仅为 3%。

在初中阶段，几乎不存在职业技术教育和培训。初中职业技术教育的平均入学率只占初中总入学率的 1.6%。在高中阶段，这一比例为 15%。

在整个非洲大陆，各国的情况各不相同，但平均而言，各地区的情况却相似。2019 年，非洲的职业技术教育和培训在整个高中教育中的平均份额从西部非洲的 13% 到中部非洲的 18% 不等。

不同国家的职业技术教育和培训在高中教育中的所占份额差异很大。例如，科摩罗的份额不到 1%，而乌干达则为 53%。在高中阶段职业技术教育方面领先的国家有安哥拉（53%）、埃及（47%）、埃塞俄比亚（44%）、马里（37%）、卢旺达（37%）、刚果民主共和国（33%）和尼日尔（32%）。

非洲职业技术教育和培训发展水平低下的主要因素包括缺乏足够的资金和教学管理能力。因为职业技术教育不隶属于任何一个政府部门，需跨部门协调运作。

（七）学习成果令人担忧

探讨非洲青少年的学习质量本身就是一项挑战，因为学生学习成果的相关信息的搜集难度较大。由于存在区域差异，从可比性和全面性角度来看，即使研究者能在少数地区获取学习成果数据，也不足以描绘出整个非洲大陆的清晰图景。

世界银行指出，全球在减少学习贫困方面进展缓慢，或将无法实现可持续发展目标。据其估算，按照目前的进度，到 2030 年，全世界仍将有约 43% 的儿童处于学习贫困状态，相当于撒哈拉以南非洲儿童人数的 78%。在《2018 年世界发展报告》中，世界银行描述了非洲的学习危机："3700 万非洲儿童在学校学到的东西太少，他们的情况并不比从未上过学的孩子好多少。"各国即使保持以近几十年来观察到的最快速度发展，到 2030 年也不能完全消除学习贫困。这需要各国教育部门反思，以确保其实际教育状况跟上之前拟议的《2063 年议程》目标实现的步伐。

在非洲小学低年级学生中，数学达到最低要求水平的平均比例为 47%，阅读为 36%。到小学毕业时，形势变得更加严峻，平均只有 22% 的学生数学能达到最低要求水平，只有 35% 的学生能达到阅读的最低要求水平。

非洲各国之间在学习成果方面也存在着巨大差异。例如，在小学低年级，阅读能力达到最低要求水平的儿童比例从冈比亚的 5% 到布隆迪的 79% 不等，而数学能力达到最低水平的比例从莱索托的 1% 到布隆迪的 99% 不等。布隆迪的情况比较特殊，在小学低年级使用母语作为教学语言，然后在小学毕业时转向以法语作为教学语言。在小学毕业时，阅读能力达到最低要求水平的儿童比例从布隆迪的 5% 到毛里求斯的 88% 不等，数学能力达到最低要求水平的比例从乍得的 2% 到毛里求斯的 78% 不等。

在非洲，学生小学毕业后学习质量的信息难以获取，即使有也是零散或过时的信息。少数能获得相关信息的国家的数据显示，其情况并不比初等教育的情况更好。在这些国家，最多只有一半的学生在初中毕业时，数学或阅读方面能达到最低要求水平。在大多数非洲国家，只有不到四分之一的学生在初中毕业时数学能达到最低要求水平。

学习成果不理想的因素有很多，既有学生自身的原因（包括学生家庭和社区环境等），也有教育系统方面的原因（组织和教学实践影响，缺乏人力物力资源，行政和教学管理不善等）。根据非洲联盟 2019 教育体系分析计划（PASEC 2019）报告，在除布隆迪和加蓬以外的所有参与评估的非洲国家中，50% 以上的语文成绩差异是校际差异所能解释的。这些差异包括学校基础设施和教室设备等。非洲联盟 2019 教育体系分析计划报告还指出，决定学习成果的其他因素包含学前教育出勤率、父母识字率和家中阅读材料的可获得性等。

（八）教师短缺及管理不力

1. 合格教师的短缺

教师在儿童的学习和能力培养中起着至关重要的作用，尤其是低年级儿童。根据史蒂夫 · 比索内特（Steve Bissonnette）等人的观点，在学生的学习过程中，教师是极具影响力的角色。联合国教科文组织下属的国际教育学院称:“受质疑的往往是培训的类型和内容，而不是培训的原则本身。”供应数量充足、训练有素的合格教师是非洲普及义务教育的必要条件，已被写入“教育 2030 行动框架”可持续发展目标 4.c 中，即到 2030 年，要大幅增加合格教师的供应，包括通过国际合作实现在发展中国家，特别是最不发达国家和小岛屿发展中国家的教师培训。

非洲国家师资不足的问题并没有完全反映在非洲各地区的平均生师比上。非洲各地区学前教育阶段、小学教育阶段和中学教育阶段的平均生师比分别为 29：1，37：1 和 24：1（见表 14-2）。在学前教育阶段和中学教育阶段，只有少数非洲国家的平均生师比超过了 35：1（学前教育阶段为 19%，中学教育阶段为 12%），但在小学阶段，55% 的非洲国家生师比能超过 35：1。

非洲国家采用了各种应对策略，包括借助公务员（社区教师等）、合同工、志愿者的力量，或由家长支付教师工资以减轻资金压力，以及录用未经培训或不符合资质的教师来补充教师数量缺口，同时控制相应的工资支出。例如，在中非共和国，公立小学多达五分之三的教师工资由家长支付。在乍得，社区教师的比例在小学教育中高达 76%，在初中教育中为 44%，在高中教育中为 22%。

表 14-2　2019 年前后非洲各地区中小学的学生与合格教师之比、学生与教师之比、合格教师比例

项目	阶段	中部非洲	东部非洲	北部非洲	南部非洲	西部非洲	非洲	世界其他地区
中小学生与合格教师之比	学前教育	35：1	44：1	20：1	58：1	41：1	43：1	23：1
	初等教育	54：1	39：1	22：1	41：1	46：1	42：1	21：1
	中等教育	41：1	28：1	17：1	49：1	29：1	34：1	16：1
中小学生与所有教师之比	学前教育	29：1	32：1	20：1	32：1	26：1	29：1	17：1
	初等教育	47：1	37：1	22：1	38：1	36：1	37：1	18：1
	中等教育	21：1	23：1	17：1	33：1	20：1	24：1	15：1
合格教师比例	学前教育	87%	81%	100%	71%	72%	78%	85%
	初等教育	86%	94%	100%	89%	84%	89%	92%
	中等教育	66%	87%	100%	72%	81%	80%	92%

资料来源：联合国教科文组织统计研究所提供的数据。

在合格教师人数方面，非洲国家合格教师的平均比例为：学前教育 78%，初等教育 89%，中等教育 80%。国家之间的差距可能很大。例如，在小学阶段，合格教师比例在多哥只有 43%，但在安哥拉、赤道几内亚、加纳和塞拉利昂约为 60%。在佛得角（30%）、科摩罗（44%）、多哥（39%）、乌干达（40%）和津巴布韦（25%），

超过一半的学前教育教师是不合格的。

如果将不合格教师也考虑在内，得出的数据差异可能会很大。例如，在多哥，不合格教师的加入大大降低了小学阶段的生师比。这一比例从只包含合格教师的91∶1降至43∶1。

在整个非洲大陆，平均每一名合格小学教师负责的学生数量从毛里求斯的15人到多哥的91人不等。北部非洲国家的中小学生与合格教师之比最低，为22∶1；而中部非洲国家的中小学生与合格教师之比最高，为54∶1。

根据联合国教科文组织统计研究所的数据，世界其他地区学生与合格教师之比在学前教育阶段平均为23∶1，初等教育阶段为21∶1，中等教育阶段为16∶1（见表14-2）。

所有这些都表明，无论生师比如何变化，非洲学校都迫切需要更多的合格教师。教科文组织统计研究所在2016年已经指出了撒哈拉以南非洲教师严重短缺的问题。据研究所估计，到2030年实现中小学教育普及的教师需求量约为1700万，其中小学约630万（填补新职位和替代预计离开的教师），中学约为1080万。

2. 教师管理不力

非洲教育除了面临教师数量、资质和岗前培训的巨大困境，还存在教师管理方面的问题。各种研究表明，在一些非洲国家，学校的行政和教学管理都存在着严重缺陷。管理不到位会使教师和教师管理人员的行为对教育成果和教育质量产生负面影响。教师管理包括教师部署、职业管理、教师培训、专业发展（包括教学支持和监督）、薪酬和其他激励措施以及问责等。联合国教科文组织的达喀尔国际教育规划研究所在非洲国家进行的各种部门分析报告指出，公立学校教师的配置通常并不以学生人数的多少决定。通过估算不以学生人数为决定因素的学校教师配置比例，可以评估教师部署的合理性程度。在实行2010年及之后小学教育衡量标准的22个国家里，这一比例从津巴布韦的8%到贝宁的73%不等，平均为33%。

这些缺陷对教育公共支出的有效性产生了负面影响，并在一定程度上浪费了国家为解决师资不足问题所做的努力。

（九）公共教育支出：急需加大资金投入

1. 教育要成为政府的首要任务

非洲国家要实现可持续发展目标4，就必须大幅增加教育资金投入。可持续发展目标4承认各国教育情况的差异性，但建议国家为教育筹资制定以下基准。

第一，将至少4%的国内生产总值（GDP）用于教育。

第二，将至少 15% 至 20% 的公共支出分配给教育。①

非洲国家若想改变教育现状，应将这些基准与本国具体情况相结合，并做出相应承诺。具体实施过程中应考虑到本国的财富水平以及年轻人口占比较高的事实。

非洲各国的平均教育公共支出仅占国内生产总值的 4.1%，略高于上述基准，但仍低于全球平均值（4.3%）。非洲大陆的各个地区、各国教育支出占地区、国内生产总值的比例差异巨大，从中部非洲的 3.1% 到南部非洲的 5.9%，从中非共和国的约 1% 到塞拉利昂的 8% 不等。超过 50% 的非洲国家的这一比例都低于 4%。

必须指出的是，即使是那些教育支出占比已经达到 4% 这一基准的国家，公共教育资金总额仍然相当低。事实上，由于学龄人口比例大，以及在获得包容性优质教育方面的问题积重难返，非洲国家仍需对教育进行大量投资：不仅要改善已入学儿童的学习条件，还要满足不断增长的学习需求。除此之外，由于非洲国家的国内生产总值体量相对较小，相应的资金量也普遍较低。具体来看，2019 年非洲国家的平均 GDP 相当于 1230 亿美元的购买力平价，而世界其他地区的购买力平价为 9150 亿美元。从这一角度看，平均每个非洲学生所得到的政府教育支出金额是世界上最低的。② 根据非洲发展银行统计，在小学阶段，非洲国家平均为每个学生投入的资源是拉丁美洲国家的四分之一、亚洲国家的五分之一。在中学阶段，非洲国家平均为每个学生投入的资源还不到拉丁美洲国家的二分之一、亚洲国家的约五分之一。

政府的教育公共支出占国内生产总值的比例是两个要素的产物：第一，政府调动国内资源的能力；第二，政府对教育部门的预算优先级。

对利比里亚等一些非洲国家来说，国民财富用于教育公共支出的比例较低，原因是内部资源调动能力较低，体现为财政压力小；对马达加斯加等国家来说，这与政府预算中给予教育的优先级较低有关。事实上，在许多国家，这两种要素皆有。

就公共支出中给予教育的优先权而言，非洲各国的差异也很大。中部非洲的国家在教育方面的公共支出占其总公共支出的比例最低（15%），而西部和南部非洲的

---

① UNESCO，UNICEF，The World Bank，et al. Education 2030：Incheon Declaration and Framework for Action for the implementation of Sustainable Development Goal 4：Ensure Inclusive and Equitable Quality Education and Promote Lifelong Learning Opportunities for All［EB/OL］.［2022-01-17］. https：//unesdoc.unesco.org/ark:/48223/pf0000245656.

② African Development Bank. African Economic Outlook 2021［EB/OL］.［2022-01-17］. https：//www.afdb.org/en/documents/african-economic-outlook-2021.

国家支出最高（平均 18%）。许多非洲国家尽管增加了教育公共支出，但资金投入仍然不足。非洲各国的家庭也在很大程度上参与了教育投资，平均承担了约三分之一的支出。

根据联合国教科文组织统计研究所和国际货币基金组织提供的数据，可以依据公共支出中教育所占的份额和公共支出占国内生产总值的百分比将非洲国家进行分类，以便分析适于这些国家的对策。

埃塞俄比亚、多哥和坦桑尼亚三国将超过 20% 的公共支出用于教育，但政府支出却不到国内生产总值的 20%。对这些国家来说，增加公共教育资源的空间在于改善政府对国内资源的调配。

利比里亚、莱索托、南苏丹、塞舌尔和津巴布韦的公共支出已经占了国内生产总值的 30% 以上，而教育在公共支出中的比例还不到 15%。因此，这些国家更有可能在部门之间的权衡中找到出路。

其他非洲国家的情况介于前面两类国家之间。中非共和国、刚果民主共和国、科摩罗、几内亚、毛里塔尼亚和乌干达的内部资源调动能力薄弱，公共支出占国内生产总值的份额不到 20%；同时，教育公共支出水平也很低，不超过国内生产总值的 3%。这些国家可以通过提高税收效率来增加政府预算，同时增加国家预算中用于教育的份额。

2. 教育支出结构有待改善

联合国教科文组织统计研究所的数据显示，非洲各国的教育公共支出仍然是公共支出的重头，教育公共支出中平均 43% 用于初等教育，20% 用于高等教育，但用于学前教育的只占 3%。

显然，许多非洲国家政府没有将资源优先分配给学前教育。在有数据的 17 个国家中，只有科摩罗（7%）和塞舌尔（10%）将超过 5% 的教育公共支出用于学前教育。很多非洲国家将教育经费不成比例地分配给高级教育而非基础教育。而由于出身贫困的儿童更有可能被排除在较高等级的教育系统之外，所以目前的资助机制仅有利于已经享有特权的富裕家庭的孩子。

从教育公共支出的性质来看，绝大部分的教育支出被经常性支出所占据，如支付工资。各国平均仅将不到 13% 的教育支出用于资本支出[①]。在学前教育、小学和

---

① 资本支出是指企业为取得长期资产而发生的支出；或为了取得为一个以上会计期间提供效益的财产或劳务所发生的支出。资本支出可进一步细分为“维护性资本支出”和“增长性资本支出”。前者是指使得现有资产能够维持企业当前生产经营水平所需要的资本支出，后者主要用于购买新的资产或扩大现有资产的规模。

中学阶段，这一数值往往不到 10%。

在科摩罗、南苏丹、莱索托、多哥、纳米比亚、佛得角、刚果民主共和国和科特迪瓦等非洲国家，公共教育机构 80% 以上的支出用于支付工作人员的报酬。

为了应对大量失学儿童、学龄人口持续增长所带来的挑战，以及顺应后疫情时代重新定义和规划教育的需求，非洲目前的教育支出结构亟待改变。

在尼日尔、马里、塞内加尔、几内亚、贝宁和乍得等国家，超过 30% 的小学学龄儿童失学，同时只有不到 10% 的教育公共支出用于建造教室和其他教育基础设施。不仅如此，除马达加斯加和科特迪瓦以外，其他国家还有 30% 以上的初中学龄儿童失学，且只有不到 10% 的中等教育预算用于教育资本支出。

3. 政府教育支出低效

非洲教育支出效率较低，初等教育阶段的支出效率是 58%，这意味着非洲国家通过提高教育经费的支出效率，仅凭目前的支出水平就可以在不增加支出的情况下将其初等教育提高 42%。此外，中等教育可以提高 41%。①

造成这种效率低下的主要原因是许多非洲国家的高留级率和高辍学率。在整个非洲，小学的平均复读率为 10%，初中的平均复读率为 13%，而世界其他地区这两项平均值分别为 2% 和 3%。其中中部非洲的留级率最高，小学和初中阶段平均为 18%。

留级导致留级学生必须支付额外的开支，从而进一步降低了教育效率。教师缺勤也是导致教育支出利用效率低下的另一个关键原因。联合国教科文组织在非洲进行的一项名为“教育时刻：让西部非洲和中部非洲的教师回到课堂上”的研究表明，西部非洲和中部非洲的国家每年因教师缺勤损失约 1.5% 的 GDP。

根据非洲开发银行的分析，如果非洲的教育支出效率水平达到亚洲或拉丁美洲的水平，初等教育的完成率可以从 2016 年的 79% 上升到 98%，这表明许多非洲国家可以通过提高教育支出效率来实现普及初等教育的目标。

（十）政策和法律框架薄弱

目前整个非洲的基础教育都是强制性的，但却缺乏能保证其有效实施的法律框架。在全球 9.6 年义务教育的平均水平下，非洲国家在其法律框架下能保证 8.3 年的义务教育。非洲通过制定和实施全纳教育政策，在促进所有学龄儿童和青少年获得平等学习机会方面取得了进展。这些政策的目的是通过对那些被排除在教育资源

① African Development Bank. African Economic Outlook 2020［EB/OL］.［2022-01-20］. https://www.afdb.org/en/documents/african-economic-outlook-2020.

外的最弱势儿童进行分析，提高教育公平和效率，减少差距。

然而，在一些非洲国家，仍需要通过改善现有教育法律和政策框架来改善教育公平。以加纳为例，尽管实行了免费和义务普及基础教育的政策，但事实表明，由于上学需要应对间接成本、费用和机会成本等问题，最弱势最边缘的儿童反而从中受益最少。

除此以外，体制框架薄弱和具有可替代途径的信息共享渠道缺失、教育规划过程效率低下也是近期虽有改善但仍将继续长期存在的问题。这些问题与预期学习成果和有效实施具有成本效益的干预措施之间的脱节有关。

（十一）社会安全问题影响教育发展

在武装冲突侵袭下的战乱地区，对学生、教师和教育设施的蓄意攻击和威胁既是教育的障碍，也是严重的安全问题。非洲大陆目前仍面临着冲突、政治不稳定等问题，这导致一些国家的安全形势愈发严峻。

冲突和暴力环境对儿童受教育机会的影响是毋庸置疑的。此外，冲突对教育基础设施的破坏，以及普遍存在的暴力和儿童的不安全感成为教育的系统性障碍。例如在刚果民主共和国，孩子们经常看到士兵将学校的长凳和其他设施当作柴火焚烧。常年冲突和不安全导致新教师缺乏接受培训的机会，学生和家长缺乏受教育的机会。2020 年，在西部非洲和中部非洲，由于针对学生、教师和学校的蓄意攻击激增，2020 年 12 月底关闭的学校数量比 2019 年增加近两倍，近 9600 所学校受影响，导致 200 万名学生无法接受教育。

建设具有防御力的教育系统仍然是整个非洲大陆的重中之重，这已纳入《2016—2025 年非洲大陆教育战略》的第十个战略目标：在非洲共同价值观的基础上，在各等级教育和所有年龄段的教育中促进和平，预防和解决冲突。

二、非洲几个主要法语国家的教育政策

教育政策的制定对一个国家而言事关重大，它关系到每一位公民受教育的机会和质量。近年来，非洲各个主要法语国家都在不断摸索并适时地调整教育政策，以支持国家未来的发展。非洲目前有 23 个以法语作为官方语言或通用语言的国家和地区，现将刚果民主共和国［简称刚果（金）］、塞内加尔和刚果共和国［简称刚果（布）］这 3 个非洲的主要法语国家近年来的教育政策展开介绍。

（一）刚果（金）教育政策

刚果（金）大部分人口是年轻人，其中 65.5% 的人口低于 24 岁，并且生育率常年居高不下，使得教育系统背负了巨大的压力。刚果（金）政府非常重视教育事

业的发展，认为教育改革是国家发展的基础，是社会进步的关键。整个刚果（金）的未来都取决于当前为孩子们提供的教育。教育改革的目标首先是使受教育阶段的公民能够获得足够的知识和技能，并能够掌握本国和外国语言，打开融入社会的大门。

1. 教育战略与主要政策

刚果（金）政府于2016年正式发布并实施了《2016—2025年教育和培训部门战略》。这一覆盖了整个教育部门的战略得到了各种国际议程的支持，包括专门针对教育的可持续发展目标(《2030年可持续发展议程》)和非洲联盟的《2063年议程》。该战略制订了教育部门未来十年的行动计划。刚果（金）政府对教育的愿景是建立一个包容性和高质量的优质教育体系，从而有效地促进国家发展、促进培养和平和积极的公民民主意识。《2016—2025年教育和培训部门战略》的核心内容分为三大战略重点：一是推进公平的教育系统，为经济增长和就业服务；二是为优质教育创造条件；三是建立透明和高效的教育治理系统。

（1）推进公平的教育系统，为经济增长和就业服务。

学前教育方面，该战略提出要改善3—5岁儿童受教育的情况，提高入学率，为小学阶段的教育做准备。同时重点关注农村和城郊地区，减少教育资源的不平衡现象。2014年学前教育的毛入学率仅有4.7%，战略提出，到2025年学前教育的毛入学率应达到15%。而农村地区的毛入学率远低于城市地区，农村地区学前教育的发展要建立在与社区合作的基础上，并在小学设立预备班或学前班。

小学教育方面，为所有儿童提供完整和免费的初级教育仍然是《2016—2025年教育和培训部门战略》的首要任务。实现全民的初级教育旨在减少区域差异性，让最贫困地区的儿童顺利入学。过去十年来采取的提高小学接收能力的各项措施依然是有必要的，为减少教育资源的差异性，需要提高偏远地区的教学质量，提高教师的待遇，以及增加相关教育治理部门的运营费用，以促进教育资源的公平分配。

中学教育一共包含两个周期，第一个周期为两年，第二个周期为四年。《2016—2025年教育和培训部门战略》将基础教育的周期延长至八年，除了小学教育，中学阶段的第一个周期也被划入了基础教育。因此，中学阶段不同周期相应的入学政策也有所差异。小学毕业会考还将继续存在，但会面临相应改革。85%的小学生将进入中学阶段的第一周期学习，66%的中学阶段第一周期的学生将继续进入第二周期学习。

职业技术教育的目标首先是扩大规模，增加对初中学生的吸引力。政府将吸引中学阶段第二周期 40% 的学生进入职业技术学校就读定为长期目标。具体措施包括：建设一批新的职业技术学校，扩大招生规模；改革课程设置以适应经济的发展和就业的需求，根据改进的课程情况为具体教学机构更新教学设备、划拨年度资金；引入信息与通信技术，特别是使用网络和数字图书馆；给学校配备充足的教学材料等。

高等教育的学生人数增长逐渐趋缓，人们更倾向于选择能够迎合市场就业需求的职业技能培训。教育部门意识到高等教育毕业生面临就业难的问题，于是鼓励社会各方共同帮助学生了解各种职业的优势和劣势，举行大学所开设专业的宣传活动，让学生对专业有更多了解。为了使刚果（金）文凭在全球更具认可度，在高等教育逐步实行学士—硕士—博士制度。这一制度能使刚果（金）大学生更具国际流动性。

非正规教育方面，9—14 岁人群中，补习教育的人数将由目前的 12 万人增加至 2025 年的 17.5 万人，主要通过增加培训场地和相应的教师数量来扩大补习教育规模。而扫盲教育也将围绕增加学生人数、提升教育质量和提高教育效率这三方面展开。

（2）为优质教育创造条件。

对一个把普及基础教育作为目标的国家来说，62.4% 的小学毕业率是远远不达标的，这反映出教育质量较低的问题。小学、中学和大学的前两年不仅留级生数量占了一半，辍学问题也是最严重的。因此，提高教育质量是刚果（金）教育战略的主要目标之一。为此，刚果（金）教育部门为各级教育出台了相应政策。

学前教育阶段，主要任务在于改进学前教育教师的培训。具体而言，需要在社区中心组织的培训中引进照顾幼儿的模块，同时开发有利于幼儿启蒙和发展的教具。

为了减少小学阶段留级的情况，刚果（金）政府出台了专门措施，包括重新调整教学大纲，明确每个年级的培养目标；制订提高小学生阅读能力的计划，在小学建立阅读角；为小学教师组织教学方面的培训，提高教学水平；加强地方教学监督、改善地方和学校的管理，减少留级和辍学现象。

提高中学教学质量的政策涉及人文学科的改革，包括重新整理教学课程，优化和更新学习计划。此外，优先考虑数学、科学和技术课程，确保将跨课程主题（如管理、和平和人权教育、艾滋病、性别、环境等）系统地纳入课程。另外还涉及在初中建设图书馆及配套设施，建立中等规模的实验室，提供教学材料等。

职业技术教育方面，加强教育机构与国民经济各合作伙伴之间的合作，改进相关课程以适应经济发展需求，提高所提供的职业技术培训与就业之间的匹配度。鼓励职业技术教育和培训的专业化，引进经验丰富的专业人士参与课程教学，提供相应实习岗位，以提高年轻人的就业能力。

高等教育方面，主要是逐步实行学士—硕士—博士制度，以实现高等教育的国际化。加强高等教育国际合作，积极引导毕业生就业。加强大学和研究中心之间的联系，招聘一批年轻优秀的新一代教授，减少人员的流失，同时要向学者和科研人员发放研究基金。

非正规教育方面的改进主要是通过提高扫盲和社会教育工作者的地位、改善扫盲和社会教育工作者的工作条件、协调教学材料的生产和分配、为扫盲和非正规教育制定拨款方案、制定一个更具协调性的教育方法来实现。另外，还要为扫盲教师提供专业培训，筛选合格的教师，建立对教学人员的监督和评估系统，并加强对工作人员的教学监督，以此来提高教学质量。

（3）建立透明和高效的教育治理系统。

刚果（金）教育系统在改善各级教育环境的过程中，必然要广泛协调各方关系，包括地方政府、地方社区、宗教教派、私营部门、非政府组织和各种技术合作公司。在对分配给教育系统的资源进行透明、有效和公平的管理的基础上建立明确的问责制度是很有必要的。在不同的等级层次上，中央、地方和非集中的行政部门与学校的管理者都要承担相应责任。

教育系统的权力下放和权力分散在教育政策实施过程中是必不可少的。教育系统各部门必须凭借移交给它们的权力，适当承担起相应的责任。建立透明的资源管理标准和机制，例如：私营部门参与机构的管理委员会，加强系统的管理；改善管理教育系统运作的部门准则和条例；加强教育机构的自主权，管理人员将通过建立问责制度来承担责任。

《2016—2025 年教育和培训部门战略》为 2025 年制定了学生流动的主要目标：所有学龄儿童都能进入小学，辍学率控制在 3% 及以下，辍学的学生被纳入补习教育计划；15% 的 3—5 岁儿童将受益于学前教育；作为实行 8 年基础教育的一部分，90% 的小学六年级学生能进入中学阶段第一周期继续学习；66% 的中学阶段第一周期的学生能进入第二周期；40% 的中学阶段第二周期学生参加职业技术培训课程；18—22 岁学生的高等教育入学率将提高，但到 2025 年可能仍将低于 10%。

2. 政策实施与监测

2021 年，刚果（金）政府对《2016—2025 年教育和培训部门战略》进行了部门联合审查，发现部分政策建议尚未实施或只是部分实施。造成这种情况的原因主要有：新冠疫情对教育部门的影响；一些政策建议的制定不具备操作性；负责执行和监测政策建议的部门责任不明确；没有通过正式信函将建议传达给各部门；没有足够的资源来执行建议；缺少执行和监测政策建议的计划。[①]

2021 年的联合审查主要报告了优先改革重点的进展情况。主要包括：基础教育的普及；小学教师初始培训的专业化；与学士—硕士—博士制度的连接；职业培训和公私合作；扫盲计划受益者的学习措施研究行动。

首先是基础教育方面，根据刚果（金）2014 年教育框架法的规定，基础教育包括小学教育和中学教育的前两年，旨在确保每个儿童都能获得生活所需的最基础的一系列知识和技能（阅读、写作、算术、口头和书面表达能力），并使他们能够有效地进入适合自己的教育分流（普通教育、技术教育或职业培训）。为了实施这项改革，政府在监管和教学层面都开展了一些活动。然而，在推行七年后，以上措施在实施方面没有取得任何重大进展，并且还有很长的路要走。为了支持基础教育，政府主张进行改革，包括对小学教师进行专业化的初始培训，这涉及人文科学的合理化和教师培训机构的建立。为实施这项改革，教育部门已经开展了一些活动，特别是在 2019 年实现了一项关于教学人文科学合理化的研究，即赴蒙彼利埃大学进行了关于教师培训的考察，确定要建立教师培训机构。尽管如此，基础教育教师初始培训的改革仍有很长的路要走。

其次是高等教育方面，高等教育实行学士—硕士—博士制度是《2016—2025 年教育和培训部门战略》的另一项重点改革。这项改革的挑战包括：促进教学人员和学生在全球范围内的流动；使刚果（金）颁发的文凭具有国际认可性；促进毕业生的职业化，使其顺利进入劳动力市场。在经历了反思（从 2007 年到 2011 年）和试点（从 2012 年到 2017 年）阶段后，与学士—硕士—博士制度的连接目前正处于普及阶段。根据 2021 年 9 月 6 日至 14 日在卢本巴希举行的 ESU（Enseignement Supérieur et Universitaire，高等教育与高校）国家会议，所有 ESU 机构应在 2021—2022 学年转为学士—硕士—博士制度。尽管面对各种挑战，包括对学士—硕士—博士制度的基本原则的反对，或是对变革的抵制，但必须承认的是，与学士—硕士—博士制度的联系对刚果（金）和非洲其他国家来说是至关重要的。这是一个国家必须利用的机会，既要提高 ESU 机构提供的培训质量，又要更有效地应对就

① République Démocratique du Congo. Revue Sectorielle Conjointe 2021 : Rapport Préparatoire [EB/OL] . [2022-01-22] . https: //varlyproject.blog/wp-content/uploads/2021/12/Rapport_02_-Synthesefinal_-preparation_revue-2021.pdf.

业市场的需求。

公私合作的职业培训是《2016—2025 年教育和培训部门战略》倡导的另一项改革重点。它促进了政府、企业和劳工之间的合作关系，目的是使教育和培训专业化，提高成年人特别是年轻人和弱势人群的就业能力。到目前为止，已经开展了与这项改革有关的两项主要活动：政府和雇主协会之间签署公约；拟订在各省和分散的一级实体执行公约的业务和职能框架。尽管存在建立公私伙伴关系的法律框架，但由于公约签署方（企业、雇主组织、社会职业组织、民间组织）的不情愿，其有效性并没有达到预期水平。

关于衡量扫盲计划受益者学习情况的行动研究（Recherche-action sur la Mesure des Apprentissages des Bénéficiaires des Programmes d'Alphabétisation，RAMAA）也是一项优先改革，这项改革旨在建立一个用于提供关于学习者实际获得的识字水平相关信息测量的系统。通过把握年轻人和成年人的学习情况，RAMAA 可以尽可能准确地向政策制定者和发展伙伴通报扫盲计划的质量。虽然测量学习的工具和实施 RAMAA 的数据处理技术已经开发出来，但试点调查和调查本身还没有组织起来。此外，RAMAA 的实施也受到了内部和外部财政资源调动不足的影响。

关于学校基础设施的质量，2019—2020 年的学校普查显示，只有 50% 的教室处于良好状态，其余的教室都需要重建或修复。关于环境和教学环境，平均只有 80% 的小学有厕所，其中一半是由不合格的材料建成的。只有 37% 的学校有自来水，9% 的学校有电。

从 2020 年开始，一些政策的实施情况或多或少受到了新冠疫情的影响。新冠疫情造成的学校关闭，不仅影响了儿童，也影响了家长、教师、教育部门和发展伙伴。剑桥教育受联合国儿童基金会委托进行的研究结果显示，对学生最大的影响是学习的中断。为了确保学校停课期间教育的连续性，家庭、教师和学校都采取了一些举措（辅导、由家庭成员监督、教师到学生家中访问等），政府、发展伙伴和非政府组织也采取了一些举措（广播教学、电视授课、发放练习册、搭建互联网平台等）。剑桥教育为加快刚果（金）教育系统的复原提出了几项建议，其中最主要的是按照《2016—2025 年教育和培训部门战略》的计划，制定国家应急教育战略。国家应急教育战略将明确教育系统内各行为主体在应对规划、监测和评估、沟通和协作方面的作用和责任。

对《2016—2025 年教育和培训部门战略》监测指标框架的分析表明，由于新冠疫情对教育和培训部门产生的负面影响，刚果（金）开展的招生工作在 2019—2020 年放缓了。在 2017—2018 年和 2019—2020 年，招生指标已经出现了下降趋势。在小学阶段，几乎所有的入学指标都有所下降，毛入学率下降了 12.05%，小学毕业率也下降了 15.23%（见表 14-3）。事实上，没有哪一级教育能够幸免于新冠疫情的侵袭，中等教育受的影响更大，其毛入学率和毕业率都有大幅下降。

表 14-3 2017—2018 年和 2019—2020 年初等教育入学指标

指标	2017—2018 年	2019—2020 年	差距
毛入学率	122%	107.3%	-12.05%
毛入学率的性别均等指数	0.93	0.9	-3.23%
小学毕业率	83.4%	70.7%	-15.23%
女孩毕业率	71.6%	67.2%	-6.15%

资料来源：刚果（金）负责教育的各部门联合审查筹备报告。

3. 政策风险与挑战

免费初等教育政策是刚果（金）社会保障基金的优先改革之一，也是刚果（金）教育系统面临的严峻挑战之一，刚果（金）有相对较高的辍学率，有几个省的毕业率低于全国平均水平（约 31.1%）。

现有数据显示，在实行免费教育政策之前，61.9% 的小学辍学案例是高额学费造成的。在中学阶段，这一情况也并没有改善：大约一半的辍学案例（48.5%）是高额学费造成的。不过，引发辍学最主要的原因还是家庭的极端贫困状况，如果需要支付学费，大多数家庭就会让儿童放弃上学。因此，刚果（金）推行的免费初等教育改革无疑对于许多儿童来说至关重要。

然而，免费教育政策在实际执行中面临许多挑战，特别是入学人数大幅增加，班级数量也要相应增加，而学校又缺乏相应的硬件设备和教学材料。另外，学生人数增加就要扩大教师的招聘规模，组织更多的教师培训，教师工资的预算也会相应增加，学校和管理办公室的运营成本也将增加。免费教育的可持续性要求重组部门管理，使管理该系统的专项费用的使用合理化，制定关于免费教育的国家政策文件作为规范性框架，监测所有干预措施的实施。

刚果（金）的教育经费问题是提供包容、公平和优质教育的核心问题。通过 2019—2020 年开始实施的免费基础教育，所有人都能享有受教育的权利。虽然 2021 年教育总预算约为 64 亿美元，但实施免费基础教育每年需要约 24 亿美元。

如今，刚果（金）教育经常性支出在国家预算中的比例已经发生了积极的变化，从 2014 年的 18% 上升到 2020 年的 24.5%，已经超过了国际指标，国际指标为 20% 用于教育。如果这一举措得以持续，将有助于受教育权的完善。然而，为了实现《2016—2025 年教育和培训部门战略》的目标，政府有必要继续增加教育预算的份额，同时参与资本支出以支持优质、包容和公平的教育，此外，还需要让各省从自己的资源中增补教育经费。

《2016—2025 年教育和培训部门战略》在各省的实施需要通过省级战略将政策转化为行动计划并监测实施。但在省级层面上，《2016—2025 年教育和培训部门战略》的实施面临着巨大的困难，大多数省级和省级以下官员起草、实施、监测和评估行动计划的能力不高；在规划方面的能力也有所欠缺，特别是在计算和解释统计指标以及制定管理图表方面的能力需要改进。

《2016—2025 年教育和培训部门战略》涵盖了 10 年的时间。在已经过去的几年中，民主体制得到加强，和平得到巩固，宏观经济也得到了一定发展。未来几年的政治发展对保持这些改革成果至关重要。正在进行的和计划中的改革是以长远的眼光来构思的。因此，有必要保证战略中的优先改革政策能够维持实行。

此外，与国家规模、人口压力、通信和运输困难有关的一些挑战仍将长期存在，特别是刚果（金）东部的不安全和紧张局势问题。这些挑战影响了国家预算的权衡，使政府几乎没有空间分配资源以履行其对教育部门的承诺。在财政收入大幅下降和紧张局势进一步恶化的情况下，资源从教育部门被转移的风险将一直存在。

刚果（金）政府于 2021 年完成了对教育部门的联合审查，其目的是与所有合作伙伴协商，共同审查教育部门计划的实施进展情况，包括承诺的支出、取得的进展和记录的结果，并基于此对战略实施情况进行阶段性总结。这个过程使得关于部门进展的经验数据得以整合。审查还试图对过去所取得的成绩和执行计划中遇到的障碍进行总结，并提出改进措施。

《2016—2025 年教育和培训部门战略》的截止时间即将到来。2020 年突如其来的新冠疫情对刚果（金）各个领域都有一定的影响，刚果（金）教育系统的各项改革工作必然受阻，教育战略目标是否能够如期完成，这需要刚果（金）政府坚定教育改革的决心和付出加倍的努力。

（二）塞内加尔的教育政策

塞内加尔政府十分重视教育事业的发展，希望通过改革教育计划，努力改变国家的形象。塞内加尔自独立后先后颁布了一系列涉及教育的法律法规和政策措施，希望使本国教育逐步走上现代化的道路。

对塞内加尔教育事业有较大影响的教育政策有三项：《全民教育计划》《教育培

训十年计划》《教育质量、公平及透明度计划》。其中,《全民教育计划》出台于 20 世纪末期,是塞内加尔最早出台的一项教育计划。这项协议由联合国教科文组织发起,有来自世界上 155 个国家、地区的代表共同参加并签署。《全民教育计划》提出要于 20 世纪末在全球范围内普及基础教育并降低成人文盲率。2000 年,在塞内加尔首都达喀尔举办了影响深远的世界教育论坛,其间 164 个国家和地区一致通过了《达喀尔行动纲领》,制定了为每个公民和每个社会实现公平教育的各项目标。由于《全民教育计划》并没有获得社会支持,塞内加尔在达喀尔世界教育论坛后又重新制定了一份教育发展战略规划,即《教育培训十年计划》。该计划可视为实现《全民教育计划》目标的行动指南,因为它或多或少借鉴并整合了《全民教育计划》中的内容。塞内加尔总统萨勒上台后,对《教育培训十年计划》进行了评估,发现该计划存在教育资源供应不足和性别不平等等一系列问题。因此,塞内加尔与联合国教科文组织于 2013 年共同发起了《教育质量、公平及透明度计划》。该计划旨在提高教育和培训的质量及透明度,扩大受众群体。《教育质量、公平及透明度计划》分为两个阶段,分别为 2013—2025 年和 2018—2030 年,后者是对前者的更新。

之所以更新《教育质量、公平及透明度计划(2013—2025 年)》,是因为需要重新调整教育政策的发展方向。首先,2013 年,塞内加尔政府启动了“塞内加尔新兴计划”(le Plan Sénégal Emergent,PSE),该计划的目标是建立一个 2035 年的新兴塞内加尔,建立一个基于团结和法治的社会。教育系统也应做出一定的贡献,确保国家有受过良好教育、训练有素和致力于国家发展的人才,使全民有更好的生活质量。根据这一目标,全国高等教育前景协调会与教育和培训协会就相关教育和培训政策在全国组织了广泛的协商,所得出的结论可总结为三个要素:所有人的学校、高质量的学校,以及可行、可靠与和平的学校。更新《教育质量、公平及透明度计划(2013—2025 年)》的原因还在于需要考虑塞内加尔政府在国际层面做出的承诺,特别是在以下方面的承诺:(1)西非经济货币联盟的改革;(2)非洲联盟的《2063 年议程》;(3)2024 年非洲科学、技术和创新战略;(4)联合国《2030 年可持续发展议程》。

1. 战略目标和主要政策

更新后的计划名为《教育质量、公平及透明度计划(2018—2030 年)》[①],该计划

① Programme d'Amelioration de la Qualite, de l'Equite et de la Transparence–Education/Formation(PAQUET–EF)2018-2030 [EB/OL]. [2022-01-23]. https://planipolis.iiep.unesco.org/sites/default/files/ressources/paquetvf_senegal.pdf.

致力于打造高水准、普惠性、可信赖、多样化的学校。

《教育质量、公平及透明度计划（2018—2030年）》的战略目标主要有三个。第一是建设优质学校，从各方面提升教育和培训的质量，使儿童、青少年和成人掌握各级教育和培训所规定的能力；还要提高教师、培训人员、教育工作者和研究人员的专业能力，以提供高质量的教学。第二是人人有学上，加强教育和培训的覆盖面，减少城市和农村教育的差异性，为所有受教育者提供良好的教学环境。使受教育者更加多样化，从而提高教育的公平性。在公平接受教育和培训方面实现机会平等，特别是减少男孩和女孩之间受教育机会的差异性；减少针对残疾人等弱势群体的教育歧视；提供更具多样性且符合学习者需求的就业能力培养。第三是建设可行的、可靠的、和平的学校，促进开展综合的、透明的和有效的教育部门治理。加强宣传与沟通，确保教育和培训政策被广泛了解，并获得大量的社会支持；以有针对性和公平的方式分配资源，以减少差异性；促进开展现代化的部门治理，特别是建设基于智能互联网设施和优质网络设备的高效信息系统。

《教育质量、公平及透明度计划（2018—2030年）》的政策主要涉及基础教育，促进性别平等，发展科学、技术和创新教育，以及发展信息系统。

基础教育体系旨在整合各种正规和非正规教育模式，从而为每个人提供适应其需求和条件的学习机会，使所有人最终都能成功习得核心基本技能。基础教育包括学前教育、基本周期、现代达拉（Daara，塞内加尔的伊斯兰学校被称为达拉）、文盲青少年和成年人的基础教育、改革后的传统学徒制。

学前教育的对象是3—5岁的儿童，他们需要为进入基本周期做好准备。从总体目标来看，主要是扩大教学对象，这需要通过扩大社区模式去实现。比如由社区招聘学前教育工作人员，组织培训、定期监测和监督。社区学校的儿童比例在2017年为16%，预计2030年将增加到40%。另外，学前教育有必要调整课程设置，为5岁儿童的进一步学习打好基础。此外，还要将学前教育的课程与小学课程联系起来，以确保学前教育和小学教育之间的连续性。

基本周期阶段由小学教育和普通中等教育组成，对象是6—16岁的儿童。该阶段是塞内加尔在法律中规定的10年学校义务教育阶段。基本周期的目标是确保从小学一年级到普通中学最后一年的教育连续性，并确保所有人获得生活和工作中不可或缺的基本技能。具体而言，实施战略包括以下几点：在义务教育阶段制定和实施统一的综合课程；招聘和培训足够数量的优秀教师，以保证所有学生都能享受到优质教育；加强对5个教育落后地区的干预，缩小地区差异；在基础教育阶段，特别是在小学，发展宗教教育，使公共教育更具吸引力；加强贫困地区的学校食堂建设，鼓励儿童在校用餐，改善他们的营养和健康状况，从而提高其学习成绩；通过更换和建造辅助工程（厕所、围墙、供水点、行政楼等），改善贫困地区儿童和青少年的学习条件。

基础教育还包括现代达拉，达拉是为3—13岁的儿童提供的综合教育机构，目的是为他们提供特定的学前和小学教育，从而减少失学儿童的人数。现代达拉为学习者提供高质量的宗教教育，并确保他们在健康的环境中学习基本技能。小学阶段的课程包括三个阶段：第一阶段为期四年（5—8岁），以当地语言为教学媒介，主要背诵《古兰经》的第一部分，学会阅读和书写阿拉伯语，学习文化习俗和日常生活技能。第二阶段为期两年（9—10岁），主要学习《古兰经》的第二部分。第三阶段为期三年（11—13岁）。在最后两个阶段，法语和阿拉伯语是主要教学语言。

在这个课程结束后，学习者可以参加入学考试，然后进入古典学院或法国-阿拉伯学院接受职业培训，还可能进入宗教学的特殊学院学习。2017年至2030年，现代达拉的学生人数预计将从18028人增加到173872人。

具体实施战略包括：确定并通过相关法律和监管框架；通过继续创建现代化的公立学校，推进高质量基础设施建设，改善传统达拉的学习环境，普遍实现达拉的现代化；招聘合格的教学人员，提升教师的专业能力并调动教师积极性；通过教育管理委员会加强社区的黏性和参与度；通过协商和对话的框架加强与《古兰经》大师协会的伙伴关系。

文盲青少年和成年人的基础教育是一种非正规教育，主要是照顾8—15岁的失学和辍学的青少年，同时也会照顾其他15岁及以上的学习者。其目的是建设足够多样且适应需求的基础教育，以帮助未能完成正规基础教育的青少年或成年人，提高人口总体的识字率。

为此，实施战略提出要通过为有特殊需求的目标人群开设专门的班级，加强青少年和成年人基础教育中的包容性；建立一个实用的伙伴关系框架，以调动地方政府、民间组织和私营机构的力量，使青少年和成年人的基础教育更加多样化。

基础教育系统还包括改革后的传统学徒制，它是一种通过行业推荐在车间和试点学徒中心进行的培训。改革后的传统学徒制的目的是为失学儿童和16岁的学徒提供有用的技能，以提高其职业技术水平，从而帮助其获得一份体面的工作。

针对学徒制的具体战略包括：建立适应经济发展的学徒培训方案；通过升级工具房，改善学徒培训的硬件设施；对残疾人和生活在贫困地区的学徒，要加强相关基础设施的建设、完善相关培训方案；通过建立各种类型的学徒培训制度，制定和实施适应辍学人员的相关方案。

简而言之，在基础教育框架内（学前教育、基本周期、现代达拉、文盲青少年和成年人的基础教育、改革后的传统学徒制），不同的子部门之间存在着密切的联系。应致力于使统一的、综合的和有衔接性的课程发挥桥梁作用，从而通过不同类型战略的实施调动更多的资源，减少失学儿童和失业青年的人数。

2. 资助机制与资源调配

塞内加尔的教育战略主要由全球教育伙伴关系资助，2019—2022 年的教育发展支持计划预算金额为 6088.56 万欧元。《教育质量、公平及透明度计划（2018—2030 年）》的资金分为以下几个来源：国家预算（不包括偿债）、地方政府预算、家庭捐款、私营公司融资、技术和金融合作伙伴融资以及机构产生的融资。

2018—2022 年的教育支出由国家预算（不包括偿债）提供 88%、地方政府提供 3.9%，家庭提供 1.5%，私营公司提供 0.8%，技术和金融合作伙伴提供 6.1%，机构产生的融资提供 0.7%。

教育和培训系统的透明管理战略主要考虑到了指导、协调、权力下放、分散、人力资源管理、财务和物资管理等。这一战略轴心是基于参与和问责的原则，在中央和非中央层面建立动态的协商和对话结构。教育和培训部门的战略指导取决于其在地方和国家两级有效调动所需资源的能力，教育部门要向国家和国际社会报告战略实施的结果，以便上层决策者根据报告进行相应的调整并做出明确的决策。

3. 监测与评估

对教育政策执行情况的定期监测和评估作为相互问责和管理对话的框架，能有效改进部门政策和战略，提高规划能力，并监测和评估资源管理方面的绩效。进行监测与评估需要一个高质量的信息系统，确保及时提供相关的、可靠的和全面的数据。

《教育质量、公平及透明度计划（2018—2030 年）》的监测与评估任务强调通过边做边学来提高绩效，并在所有部门管理人员中发展监测和评估文化，以实现各级的问责制。这点在以下目标中有充分的体现：建立一个功能性的监测和评估系统，将所有中央和非中央层面的工作结合起来；确保各级部门及时提供基本的监测和评估数据；为该部门开发一个综合的交流和信息系统；在所有级别中建立问责制；加强各级（中央、地区和地方）监测和评估该部门绩效的能力。

监测和评估框架包括计划管理者和所有参与实施的机构，每个机构在其职责范围内对已实现或未实现的既定成果负责。主要的监测工具是项目管理框架、绩效合同、年度绩效报告、绩效框架和模拟模型。这些工具可以在成果管理制框架内衡量每个结构对实现计划目标的贡献。《教育质量、公平及透明度计划（2018—2030 年）》每年都有年度审查会议，上级主管部门将依据当年的监测和评估报告，决定下一年的新方向。

（三）刚果（布）教育政策

刚果（布）自独立后先后颁布了一系列涉及教育的法律法规和政策措施，以期本国教育逐步走上现代化的道路。现行法律主要涉及教育系统的重组与改革、教学人员、私立教育、教学语言、儿童教育权等方面。

刚果（布）在法国“重振小学和扫盲教育扶助计划”、世界银行和联合国教科文组织的支持下，于 2007 年完成了《国民教育体制国家报告》，并在此报告的基础上编制了《2012—2020 年教育发展战略》，并于 2010 年 12 月由中央政府通过。之后，中央政府相关各部门又对《2012—2020 年教育发展战略》进行修订，并在此基础上编制了《2015—2025 年教育发展战略》，于 2015 年 5 月正式发布实施。① 2020 年 12 月，联合国教科文组织与刚果（布）初中等教育和扫盲部合作，在布拉柴维尔启动了支持教育部门战略计划，也就是《2021—2030 年教育战略计划》。

1. 教育战略目标

《2021—2030 年教育战略计划》由刚果（布）中央政府在 2020 年 12 月正式发布。该战略计划旨在面向全民提供高质量的基础教育，确保 2030 年前所有男孩和女孩都能接受完整的免费和优质的初等和中等教育，学到真正有用的知识。此外，所有刚果（布）青年都将获得经济发展所需的职业技能培训。

该战略计划将作为未来十年教育系统管理和指导的基准，它与《2015—2025 年教育发展战略》不同，《2015—2025 年教育发展战略》给人的印象是只注重基础教育，而《2021—2030 年教育战略计划》除了重视高质量的基础教育，还提出应向所有刚果（布）青年，无论地区、社会背景、种族和性别，提供共同的基本技能，并向他们提供国家经济发展所需的职业技能培训，从而推进职业技术教育的进一步发展。

初中等教育和扫盲部向培训学校毕业的社区教师保证，政府将致力于为教师提供专业化的培训。该部门制定了支持《2021—2030 年教育战略计划》的方案，该方案将得到中小企业的资金支持，并将在联合国教科文组织的协调下进行。为 2030 年设定的教育战略目标预示着所有刚果（布）的小学生都将完成小学教育并顺利升

---

① République du Congo. Strategie Sectorielle de l’ Education 2015-2025［EB/OL］.［2022-01-27］. https://www.unicef.org/congo/media/606/file/Strategie%20sectorielle%20de%20l'education%202015-2025.pdf.

入中学。到 2030 年，70% 的普通和技术学士学位持有者将继续接受高等教育。在小学、普通中学和技术中学教育中实现零辍学，保证最高只有 10% 的留级率。另外，50% 的 5 岁儿童和 20% 的 3—4 岁儿童将从学前教育中受益。2032 年，这一代人中有 20% 的人将进入技术学院学习。2035 年，50% 的青少年将升入中学二年级，25% 的中学三年级学生将升入技术高中。

联合国儿童基金会驻刚果（布）代表米凯拉·马克斯·索萨认为，在政府的领导下，调动国家人力和财力资源，《2021—2030 年教育战略计划》的实现是很有希望的。她希望这一战略在各部门和学校都能得到支持和推进。米凯拉·马克斯·索萨认为，本着权力下放的精神，各部门最好能有自己单独的计划。

2. 资金支持

《2021—2030 年教育战略计划》是在经济困难的大背景下制定的。近年来作为刚果（布）重点支柱产业的石油价格连续下跌，刚果（布）政府资金紧张，再加上新冠疫情使刚果（布）的经济雪上加霜。因此，刚果（布）教育部门在财政部门的支持下，制定了一份资金申请，以寻求全球教育伙伴关系的援助。联合国教科文组织被指定为伙伴机构，负责为制定《2021—2030 年教育战略计划》提供技术支持，并在作为协调机构的联合国儿童基金会的领导下，提交申请给全球环境基金会。

《2021—2030 年教育战略计划》由全球教育伙伴计划资助 1070 万美元，为期 3 年，将促进包容性、可持续和优质教育发展。这笔资金将使支持教育部门战略计划框架内的资源转型行动得到实施。《2021—2030 年教育战略计划》主要战略结构分为三个方面，即改善教育系统的公平性、提高教育系统的效率和改善学生的学习成果。通过一个名为“支持教育部门战略方案”的计划，全球教育伙伴将划拨一笔资金确保《2021—2030 年教育战略计划》的前三年行动计划的实施。政府的战略目标旨在促进发展高质量的终身教育。

联合国教科文组织多年来一直基于可持续发展目标的要求，支持刚果（布）实现其教育目标，该目标旨在确保所有男孩和女孩在 2030 年前都能接受完整、免费、优质的初等和中等教育，学到真正有用的知识。全球教育伙伴计划资助的这笔资金将用于建造新的学校，以解决教育设施的缺乏和教室过度拥挤的问题。这笔资金还将用于提高教学人员的专业能力，为贫困学生提供学习用品，为学校提供教学所需的材料等。

3. 实施与监测

为了促进《2021—2030 年教育战略计划》的实施，刚果（布）政府设立了教育部门指导委员会，划分具体的职责范围，以明确相应的责任。因为存在五个负责教育和培训的部门，包括负责经济、财政、公共服务、规划的部门，以及负责预算和教育的议会委员会，他们对计划的实施起到至关重要的作用，所以需要建立一个强有力的协调机制，教育部门指导委员会应运而生。教育部门指导委员会是指导、协调和评估教育部门战略实施进展的机构，将在政策措施、预算分配和人力资源管理等方面促进资源的合理利用和管理。教育部门指导委员会将由高级别代表组成，包括部长、共和国总统办公室教育部门负责人、议会委员会主席、议会主席、地方教育小组代表等。该委员会将根据总统令成立，由经济、财政、计划和公共事务部门的部长主持，并将在每年 4 月召开一次会议（在年度国家预算最终确定之前）。

临时秘书处是负责领导《2021—2030 年教育战略计划》指导系统的行政和技术机构。它将代表负责教育的各部门协调、监测和评估《2021—2030 年教育战略计划》的实施情况。临时秘书处将每三年对整个教育系统的部门进行一次诊断，特别是对国家在教育方面的财政支出、教育分部门之间的资源分配、教育系统成本的分析和人力资源的管理等方面。除此之外，临时秘书处还将编制预算方案，在预先确定的绩效指标的基础上，对计划的执行进行监测和评估。

临时秘书处将监测或委托相关部门对小学阶段的学生成绩进行标准化评估，并监测普通高中教育、技术教育、职业培训和高等教育的教学情况。它还将评估关于减少小学留级情况和原住民入学障碍的措施的影响。临时秘书处将与国家统计局合作，并支持负责教育系统的技术局统计资料和信息、改善部门管理和学校规划等方面的工作。临时秘书处还将负责集中各部门监测信息，总体协调各技术联络点的行动，并每年更新外部融资表，向负责财政和规划的各部门传达与部门有关的信息，以及组织年度部门审查。

部长级协调和监督委员会将在负责教育的不同部门间协调实施《2021—2030 年教育战略计划》。它主要负责以下方面：编制各部门的初步预算草案；与临时秘书处合作，设计数据收集工具和计算指标，以便由教育部门负责监测《2021—2030 年教育战略计划》的实施情况；编写和分发关于《2021—2030 年教育战略计划》的报告；收集和分析职业技术教育和培训与高等教育机构的数据；编写六个月一次的执行报告（与临时秘书处和执行小组分享和讨论）。在主管部长的召集下，部长级协调和监督委员会将至少每三个月召开一次会议。委员会在临时秘书处的支持下，将制订与《2021—2030 年教育战略计划》相协调的部门教育发展计划，并确保对《2021—2030 年教育战略计划》的实施进行监督和内部评估。地方教育小组则重点关注

《2021—2030年教育战略计划》的协调、监测和可能的调整。地方教育小组将定期组织协调会议，这些会议的讨论和结论将记录在一份报告中，该报告在审定后将发放给参与者。

4. 风险与挑战

阻碍《2021—2030年教育战略计划》成功实施的主要风险是刚果（布）经济对石油的高度依赖。该战略的资金几乎完全依赖国家的预算收入。因此，教育部门战略的实施可能会因石油价格的急剧下跌而受挫。为了降低这种情况可能带来的影响，必须努力实现教育资金来源的多样化，特别是中学和大学的资金来源。负责教育的三个部门将在国家最高层进行宣传，确保教育经费的稳定增长。此外，公共所有权是成功实施《2021—2030年教育战略计划》的关键。实施《2021—2030年教育战略计划》需要采取一些结构性和非结构性的改革措施，这些改革成功与否取决于教育部门官员和政府官员之间的协商结果。实施《2021—2030年教育战略计划》还涉及重大建筑项目和设备的修复，以便为学生提供学习所需的基础设施。

在最初的几年，管理和执行的挑战是巨大的。如果负责执行和监督的机构能力不足或者监督项目执行的合格人员缺乏，战略可能无法成功实施。

三、非洲教育发展趋势

大多数观察者和学者认为，非洲正在进入一个命运转折点，而改善教育是使非洲大陆走向光明未来的必经之路。非洲仍背负着殖民时期遗留下来的沉重负担，同时还经历着作为新的政治和经济实体角色登上全球舞台的试炼。为了“创造”新的非洲公民，使其成为非洲联盟《2063年议程》所设想的非洲大陆可持续发展的有效变革力量，非洲联盟委员会制定了《2016—2025年非洲大陆教育战略》。

非洲联盟制定这一战略的初心是希望建立一个高质量的教育和培训系统。这一战略的目标是为非洲大陆提供拥有非洲共同价值观的有效人力资源，从而实现非洲联盟的愿景与雄心；任务是调整非洲的教育和培训系统，以在国家、区域和非洲大陆各级提供实现可持续发展所需的知识、技能以及创新和创造能力。

以下为《2016—2025年非洲大陆教育战略》的指导原则、主要内容和战略目标。

1. 指导原则

（1）实现《2063年议程》的知识型社会必须以高素质的人力资本为基础。

（2）在支持终身学习的前提下，全面、包容、公平的教育是可持续发展的必要条件。

（3）良好的治理、领导和相互问责对于教育系统的管理和行政工作至关重要。非洲各国之间需要教育和培训系统参与，促进交流和学术一体化以及区域间合作。

（4）在创造力和创业精神的推动下，科学、技术和创新能力的发展以教学、教学法和相关研究为基础。

（5）保障有利于学习者身心健康的良好环境，以优良的营养供给与健康的身体和社会心理状况为基础。

2. 主要内容

（1）振兴教育和培训部门。

（2）创造和平与安全的教育环境。

（3）促进性别、文化平等。

（4）调动各种资源，特别是国家资源。

（5）促进教育和培训机构的能力建设。

（6）善治和透明。

（7）建立行动者联盟，以切实可靠地推进改革，并使政府、民间组织和私营机构之间建立强有力的伙伴合作关系。

（8）为各等级和不同类型的学习者提供指导和支持。

（9）创造并不断发展有利的学习环境。

3. 战略目标

战略目标 1：振兴教师职业，确保其在各级教育中的质量、相关性和适当性。

战略目标 2：建设、恢复和保护学校基础设施，并制定政策，确保为所有人提供安全、可持续的学习环境，以增加各等级教育中的优质教育机会。

战略目标 3：利用信息和通信技术的力量，增加教育和培训的机会，提高教育和培训的质量，以及教育系统的管理水平。

战略目标 4：通过区域和大陆的国家协调进程，确保所有级别和所有群体都能获得所需的知识和技能，并提高完成率。

战略目标 5：加快实现性别平等和公平的进程。

战略目标 6：启动有效的全面扫盲计划，以消除文盲带来的负面影响。

战略目标 7：加强针对年轻人的科学和数学培训，并在社会中促进科学普及。

战略目标 8：通过加强工作领域与教育和培训系统之间的有益联系，挖掘中等和高等教育中技术和职业培训的潜力。

战略目标 9：振兴和增加获得高等教育、研究和创新的机会，以应对非洲大陆的挑战和提高非洲全球竞争力。

战略目标 10：在非洲共同价值观的基础上，在各级教育中和所有年龄段的教育中促进和平，预防和解决冲突。

战略目标 11：通过加强数据搜集、管理、分析、交流和使用方面的能力，改善教育系统的管理和统计工具。

战略目标 12：组织一个由所有教育利益相关者组成的教育联盟，以管理和支持在实施《2016—2025 年非洲大陆教育战略》过程中产生的提议。

结合后疫情时代非洲的教育现状和政策，从以上内容和目标中我们可以预见未来非洲教育的八个发展趋势：

（1）在新冠病毒流行的时代，学校应该为少年儿童建立起健康、安全的避风港。此外，学校作为学生们安全的学习场所还应提供关键服务，如心理辅导和校餐计划。（2）建立更具包容性的学校，解决中学低入学率的问题，特别要关注那些容易辍学的群体，不让任何人掉队。（3）从早期阶段关注基础教学，提高学习效果。非洲教育部门需要加强学生识字和识数的基础技能：通过在学前和小学阶段强调以基础阅读和数学为重点的教学，可以最大限度地提高学生的学习效果，提高整体教育质量。政府可以推动识字和算术的普及，鼓励学校探索新方法提高学生的基础学习技能。（4）着眼未来，优先在学校推广数字技术。非洲的教育系统目前仍未在课堂上教授核心数字技术，也没有为年轻人提供足够的培训，严重限制了年轻人的发展。政府需要增加预算以支持课程改革，使年轻人能适应日益被数字技术主导的时代发展。（5）优先考虑学校的教师培训和教师发展，包括提高教师的在线教学水平。在疫情开始之前，整个非洲就已面临合格教师长期短缺的问题。此外，目前只有一半的北非国家、27% 的撒哈拉以南非洲国家为教师提供了在线教学培训。（6）着力建设既能保证受教育的机会，保障教育质量和公平，也能确保教育系统在任何情况下都能不间断地运作的具有更强防御力的教育体系。这意味着各国政府必须在一个强有力的政策框架支持下，将教学、管理、监测和评估等因素进行综合考量，制订发展性的国家教育计划和开支预算。（7）强化教育筹资机制。由于疫情和随之而来的世界范围内的经济衰退，世界上大多数国家的教育支出预计将不会增加。非洲也不例外。在许多非洲国家，实际教育支出和教育占总公共支出的比例预计都将大幅下降。在这种情况下，仅仅寄希望于教育部门分配更多资源是不现实的。为了避免因政府缩减开支而对教育产生不利影响，非洲各国政府应积极审查其财政政策，提高财政使用效率，对教育资源进行战略性的重新优化分配。(8) 对教育数据的改善和教育管理信息系统进行投资。由于缺乏关键数据，如学习成果指标等，很难衡量非洲教育的实质进展。高质量的数据记录将为决策者制定政策提供依据，为不同国家和区域之间的比较提供参照，并根据前期目标监测一个国家的教育发展进程。

第二节 南非《在校生怀孕预防与管理政策》

《在校生怀孕预防与管理政策》(本节简称《政策》) 指出，南非的在校生怀孕率已经对成千上万年轻人的生活造成了影响，并限制了他们的个人成长，阻碍了他们的职业追求，成为国家发展和基础教育系统面临的一项重大挑战，因此，社会各部门应当共同应对这一挑战。《政策》明确了该政策的目的、指导原则和主题，在降低在校生的意外怀孕率、处理其产前和产后状况、减少对怀孕学生的歧视等方面提供了指导。更重要的是，它还在为受到影响的学生保留学籍和重新入学等方面提出了相关指导意见。此外，《政策》还包含消除教育中的性别不平等议题。①

《政策》旨在确保提供有关预防、护理、咨询和支持的信息，以减轻怀孕对学生的影响，同时还为学生提供了终止妊娠的选择 (Choice of Termination of Pregnancy，CToP)，并且对在校生的怀孕进行系统管理。特别是，它要求教育部和其他社会成员合作提供全面的性教育 (Comprehensive Sexuality Education，CSE)，以确保学生能够在关系和性方面做出有意识的、健康和互相尊重的选择。它提供了一种符合年龄特征、文化背景和权利问题的处理关系和性问题的方法，这种方法旨在针对性地解决性别和权利的问题，并以一种非评判的视角提供科学、准确且实用的信息。

一、相关政策体系

《政策》指出，延迟初次性行为、禁欲、获得并有效使用避孕套有助于减少意外怀孕的发生和性传播感染 (Sexually Transmitted Infections，STIs)。然而，许多怀

① Department of Basic Education. Policy on the Prevention and Management of Learner Pregnancy in Schools[EB/OL].[2022-01-04] https://www.kzneducation.gov.za/images/documents/GeneralNotices/APPROVED_DEPARTMENT_OF_BASIC_EDUCATION_POLICY_ON_THE_PREVENTION_AND_MANAGEMENT_OF_LEARNER_PREGNANCY_IN_SCHOOLS_draft_4.pdf.

孕学生声称，在怀孕之前有限或者不规律地使用避孕药对于避免意外怀孕和性传播感染并不完全有效。因此，这一政策应当与基础教育部发布的《为基础教育部门所有中小学的学习者、教育工作者、学校支持人员和官员制定的关于艾滋病病毒、性传播感染和结核病的国家政策》（National Policy on HIV，STIs and TB for Learners，Educators，School Support Staff and Officials in All Primary and Secondary Schools in the Basic Education Sector）[①] 配套使用。

此外，《南非共和国宪法》[②] 也可为《政策》提供理论支撑。《南非共和国宪法》申明，儿童享有不可剥夺的接受基础教育的权利。因此，怀孕的学生和已经生育孩子的学生有权继续参与并完成她们的基础教育。《政策》对怀孕的学生在怀孕期间继续留在学校的权利持肯定意见，并确认了她们在分娩后，在确保她们自身和孩子的身体状况都允许的情况下，具备尽快返回学校的权利。就学校而言，学校必须合理地为学生提供便利，以确保学生的受教育权不会因怀孕或分娩而受到干扰或终止。此外，《政策》还规定了严禁开除或孤立怀孕的学生。具体而言，这些怀孕的学生可能会缺课一段时间，而学校则应当承诺在系统中保留她们的位置，以使学生能顺利返回学校并完成基础教育。为此，各方应当达成合作，共同确保受到怀孕或分娩影响的学生的受教育权利，基础教育部官员、校长、学校管理团队（School Management Team，SMT）、学校管理机构（School Governing Body，SGB）和学校支持团队（School Based Support Team，SBST）应适当地为这些学生提供住宿，家庭和社区也有义务为受影响的学生提供支持。在确保她们能够顺利返回学校继续接受教育这一方面，家庭和社区的参与也是关键。《政策》可以通过权利和义务的平衡来减少怀孕对学生本身和教育系统的影响，从而保障学生获得完整教育的权利。

虽然《政策》承认许多在校生怀孕行为发生在双方同意的情况下，但同样也有许多在校生怀孕行为的发生并未经过双方的同意。根据相关法规，《管理和报告学校性虐待和骚扰的议定书》（Protocol for the Management and Reporting of Sexual

① Department of Basic Education. National Policy on HIV，STIs and TB for Learners，Educators，School Support Staff and Officials in All Primary and Secondary Schools in the Basic Education Sector [EB/OL]. [2022-01-04]. https://healtheducationresources.unesco.org/library/documents/national-policy-hiv-stis-and-tb-learners-educators-school-support-staff-and.

② Constitution of the Republic of South Africa，1996 [EB/OL]. [2022-01-04]. https://www.gov.za/Documents/constitution-republic-south-africa-1996.

Abuse and Harassment in Schools)[①]对双方同意的和非双方同意的性行为进行了界定。特别说明，双方同意的性行为指的是一种自愿或非强制的协定，这种协定可以通过言语或行动来达成，而不能发生在强迫或胁迫的情况下。另外，根据《南非共和国宪法》和《刑法（性犯罪和相关事项）修正案》第 32 号法案[②]规定，12 岁以下的儿童没有性同意能力，因此，即使 12 岁以下的儿童同意，与其发生性关系也会被法律视为强奸。虽然年龄为 12—16 岁的儿童具有性同意的权利，但是如果另一方的年龄在 18 岁以上，那么 18 岁以上的一方就犯了强奸罪。而对 16 岁以上的学生而言，无论其是否同意，教师都不能与其发生性行为，因为师生间的性关系是被严格禁止的。

根据《1966 年国家教育政策法案》（National Education Policy Act，1966）的要求，《政策》符合南非议会批准的相关区域和国际公约。这些公约包括《非洲儿童权利和福利宪章》（African Charter on the Rights and Welfare of the Child）[③]、《关于向东部和南部非洲青少年提供全面性教育和生殖健康服务的部长承诺》[Ministerial Commitment on Comprehensive Sexuality Education and Sexual and Reproductive Health Services for Adolescents and Young People in Eastern and Southern African（ESA）][④]。为了说明这一点，东部和南部非洲承诺要求南非提供更多优质的全面性教育和对青少年友好的性健康和生殖健康服务，以消除学生和其他青年中的艾滋病毒感染、性别暴力和童婚现象，并减少意外怀孕。关于人口发展的亚的斯亚贝巴宣言（The Addis Ababa Declaration on Population Development）、马普托协议（Maputo Protocol）、《2016—2030 年马普托行动计划》（Maputo Plan of Action 2016-2030）和“南共体 2030 年可持续发展战略”都强调成员国应当完善为青少年提供的获得性健康和生殖健康服务的机会，以实现发展议程。并且，联合国的可

① Department of Basic Education. Protocol for the Management and Reporting of Sexual Abuse and Harassment in Schools [EB/OL]. [2022-01-08]. https: //healtheducationresources.unesco.org/library/documents/protocol-management-and-reporting-sexual-abuse-and-harassment-schools.

② Criminal Law（Sexual Offences and Related Matters）Amendment Act 32 of 2007 [EB/OL]. [2022-01-08]. https: //www.gov.za/documents/criminal-law-sexual-offences-and-related-matters-amendment-act.

③ African Union. African Charter on the Rights and Welfare of the Child [EB/OL]. [2022-01-08]. https://au.int/en/treaties/african-charter-rights-and-welfare-child.

④ UNESCO. Ministerial Commitment on Comprehensive Sexuality Education and Sexual and Reproductive Health Services for Adolescents and Young People in Eastern and Southern African（ESA）[EB/OL]. [2022-01-08]. https: //healtheducationresources.unesco.org/library/documents/ministerial-commitment-comprehensive-sexuality-education-and-sexual-and.

持续发展目标 3（涉及享有良好健康和福祉的权利的目标）、目标 4（确保包容和公平的优质教育的目标）和目标 5（性别平等的目标），以及联合国《儿童权利公约》和 2016—2030 年国际人口发展大会都为《政策》提供了支撑。

最后，《政策》的颁布是为了指导实现目标所需的战略，因此，它只指明了需要什么，而没有提及如何实现。如何实现这些目标在《预防和管理学校在校生怀孕政策实施计划》（Implementation Plan for the Policy on the Prevention and Management of Learner Pregnancy in Schools，以下简称《实施计划》）中已做出了详细规定。

二、目标

《政策》的目标是通过提供高质量的全面性教育和对青少年友好的性健康和生殖健康服务，来减少在校生怀孕的发生率。它力求通过确保学生不会因怀孕和分娩而被学校拒之门外，保障她们接受基础教育的宪法权利，并为她们继续和完成基础教育提供支持。为了实现这一目标，《政策》将其细化为四个实施计划的重点。这四个重点是：

（1）提供性健康和生殖健康服务，包括与社会合作伙伴合作提供有效的避孕技术，使学生能够做出明智的选择，避免意外怀孕，或者在有必要时选择终止妊娠。

（2）确保学生在分娩后能返回学校，保留她们在学校的学籍，使她们在返校后进入相应的年级。

（3）通过与社会合作伙伴和非政府组织的合作，确保怀孕学生获得产前护理。

（4）确保学校为怀孕的学生和已经分娩的学生提供无污名化、无歧视和无评判的环境，以保护她们的身心健康和尊严。

三、原则

《南非共和国宪法》、国家立法以及相关区域和国际公约规定了《政策》的原则。

（一）获得教育

每一位学龄女性学生都享有宪法赋予的接受基本教育的权利，不得因其怀孕、终止妊娠或成为母亲而剥夺该权利。

（二）性别平等

每一个学生都享有性别平等的权利，不应因性别原因而受到歧视或被拒绝接受基础教育。《政策》认识到了女性学生更容易受到性别暴力和虐待的事实，并特别关照了她们的需要。

（三）获得全面的避孕服务

根据《儿童法案（2005 年第 38 号）》（Children's Act 38 of 2005）和 1996 年的《终止妊娠的选择法案（1996 年第 92 号）》（Choice on Termination of Pregnancy Act 92 of 1996）①，每一个学生都有权在怀孕前后保护自己免受意外怀孕、性传播感染特别是艾滋病病毒的伤害。

（四）获得全面的性教育

在基础教育系统中，每一个学生都有权获得高质量、适龄且全面的性知识，以便对自己的性健康、性取向和性安全做出明智的选择。

（五）获得性健康和生殖健康服务

2005 年的《儿童法案》规定，基础教育系统中的每一个学生都有权获得性健康和生殖健康服务。

（六）咨询、关心和支持

在基础教育系统中，所有怀孕的学生和已经分娩的学生都有权获得学校提供的保健和社会服务，或转诊至基础教育部的社会合作伙伴。这将包括提供适当的咨询、照顾和支持，或积极为学生提供转诊服务。访问权和相关的转诊权在实施计划中有详细说明。

（七）耻辱和歧视

每一个怀孕的学生和那些已经分娩的学生都将得到公平公正的帮助，并将受到保护，免受任何形式的侮辱和歧视。

（八）尊严、隐私和保密

《政策》的实施将在基础教育系统中保障每一个怀孕学生的权利，保护她们的尊严、隐私，并对她们的怀孕和相关健康状况保密。基础教育体系内的任何人，无论其职位或角色，在未得到怀孕学生书面同意的情况下，或未经 12 岁以下学生的父母或监护人书面同意的情况下，不得披露与怀孕学生相关的信息。

（九）合理的住宿

学校将确保怀孕的学生在怀孕期间留校，并为她们在怀孕期间的缺课做准备。学生分娩以后，可以回到学校和合适的年级，继续她们的基础教育。学校、校长、教师和相关工作人员将采取一切合理措施，满足学生基本的教育、保健和生产需求。

---

① Choice on Termination of Pregnancy Act 92 of 1996［EB/OL］.［2022-01-12］. https://www.gov.za/documents/choice-termination-pregnancy-act.

（十）关键合作伙伴

《实施计划》将确保基础教育部与关键社会部门利益相关方的伙伴关系的建立，从而充分保护、支持和促进怀孕学生在基础教育系统中的利益。这些关键合作伙伴包括国家、省和区教育部门内的所有理事会和单位，以及其他政府部门，如卫生部（Department of Health，DOH）和社会发展部（Department of Social Development，DSD）、司法和狱政部（Department of Justice and Correctional Services）、南非警察部（South African Police Services）、教师工会、学校和学校管理团队、学校管理机构、学校支持团队，以及家长社区、学生组织、非政府组织、基于社区的文化和信仰的组织、发展伙伴、学术和研究机构。这些至关重要的合作伙伴旨在与基础教育部共同努力，为怀孕学生提供一个支持性的环境，并在学校和更广泛的社区内消除学生之间有害的文化和社会习俗，因为这些文化可能增加学生过早怀孕和意外怀孕的风险。

四、政策规定

（一）支持性环境

1. 政策目标

《政策》提出要创造一种有利和支持性的环境，也就是让学校成为一个安全的、远离侮辱和污名化的、令怀孕学生不受歧视的环境，同时可以保障她们在怀孕期间和分娩后受教育的权利，并为她们重返学校提供便利。

2. 宣传和领导

《政策》鼓励各级基础教育系统的官员、校长、学校管理团队、学校管理机构和学校支持团队给予怀孕学生充分的支持，并积极倡导他们在任何时候都能采取支持性行动，以促进构建一个非歧视性的环境，使得怀孕的学生能够继续接受基础教育，直到她分娩。在分娩后还需确保她能够尽早返回学校继续完成她的基础教育。特别需要强调的是，这项政策还要求基础教育部的一些组织建立关键的伙伴关系，这些组织将进一步确保女性学生能获得性健康和生殖健康服务，并根据南非共和国宪法和相关法律的规定保障她们的权利。

3. 政策实施和审查

该政策将在国家、省、区各级以及体制一级实施，必要时每五年或在该政策实施过程中会审查其既定目标的进展情况，以确保其始终符合国家和部门的要求。

4. 管理和协调

教育部将成立一个预防和管理在校生怀孕现象的小组委员会（下文简称小组委

员会），来指导和协调该政策的实施和目标的进展和报告。为确保目标的实现，小组委员会必须包括其他部门代表和非政府组织，负责与基础教育部的社会部门和其他合作伙伴的联络和协调。《实施计划》列出了成立小组委员会应采取的步骤。

5. 角色和职责

教育部将明确相关人员在基础教育系统各个层次的角色、责任和贡献。学校管理机构、社会部门和其他利益相关方应自觉遵守并支持该政策的目标及其实施。这些关系将涉及与学校的直接伙伴关系、转诊治疗和支持，以及为在基础教育系统中保障所有怀孕学生的教育和生殖健康权利而不断做出的努力。学校管理机构的作用主要基于《南非学校法（1996 年第 84 号）》（South African Schools Act 84 of 1996）① 的规定，根据其特定的、现有的条件和情况，制定相关的政策和法规。

6. 消除歧视和虐待

任何教育工作者、学校工作人员或其他学生不得对怀孕学生进行身体上、情感上或心理上的歧视、羞辱或虐待。无论是否怀孕，每个学生的尊严和宪法规定的受教育权、平等权、尊严权和隐私权都不会受到损害。

7. 伙伴关系和政策调整

基础教育部是负责怀孕学生的心理支持和物质保障的角色之一，主要发挥领导作用，来协调基础教育系统内外的政策，同时还与一些社会部门建立了关键的伙伴关系，以保障对怀孕学生的心理和物质两方面的支持。

（二）预防

1. 目标

基础教育系统中的学生必须获得性健康和生殖健康方面的信息和技能，掌握有关推迟初次性行为、禁欲和避孕的准确知识，了解性别和权利在两性关系中的作用，以便做出明智的人生选择，避免意外怀孕。

2. 学生避孕

学生将获得适龄的、以权利为基础的性健康和生殖健康信息。根据《学校综合卫生政策》（Integrated School Health Policy，ISHP）的规定，学校应通过基础教育部和卫生部之间的密切合作，与社会合作伙伴共同努力，加强宣传，重点提高所有学生对避孕手段的认识，加深其对性健康和生殖健康的了解，使他们能够辨别所生

---

① Republic of South Africa. South African Schools Act 84 of 1996［EB/OL］.［2022-01-12］. https：//www.gov.za/documents/south-african-schools-act.

活的环境中可能存在的有害的文化和社会习俗。

3. 信息和访问

第一，学校应为学生提供科学准确、适龄的和全面的性健康和生殖健康信息和资料，如果学校不能保证这一服务，基础教育部将依靠卫生部或与卫生部合作，在教育不中断的情况下为学生提供上述服务。卫生部还将努力通过与 ISHP 或地方诊所的直接联系，提供避孕服务。卫生部还将提供关于紧急避孕、终止妊娠的信息。基础教育部及其社会合作伙伴应以专业和支持性的方式发挥作用，向意外怀孕的学生提供支持和保障。

第二，将根据具体需要向所有 12 岁及以上的学生提供适宜的男用和女用避孕套（避孕屏障和性传播疾病预防方法）以及使用方法方面的指导。在学校无法提供避孕套及其使用方法指导的情况下，ISHP 的护士将确保学生能够在青少年友好环境中获得避孕套以及必要的知识和服务。

4. 支持性教育环境

基础教育部要求确保延迟初次性行为或禁欲成为一种社会共识，并提供批判性思维信息和技能来帮助女性学生做出这一选择，这可以通过创设支持性的教育环境来实现。在这个环境中，学生的心理和身体状况会得到相应的理解和支持。为此，教师、校长、学校管理机构和其他社会合作伙伴将合作提供一个支持性的教育环境，并在父母或监护人职责缺席的情况下代替他们承担责任。

（三）保健、咨询和支持

1. 目标

学校将提供一个积极和支持性的环境，让所有怀孕的学生都能获得专业的建议、信息、转诊、治疗、护理、咨询和支持。

2. 对怀孕学生的照顾、咨询和支持

学校将成为促进健康和权利的机构，并作为包容性的学习、照料和支持中心，教育工作者和其他指定的学校工作人员将接受培训，以向学生提供有关怀孕和生育的知识，创造支持性、去污名化和对青少年友好的环境。

3. 性别

《政策》考虑到女性学生的生理、社会、宗教和文化需要，并承认性别平等。在政策的实施中将认识到，女性学生无论是否怀孕都处于弱势地位。性别问题将成为关于学生权利、性健康和生殖健康、避孕教育的核心部分。通过提供性别教育课程，受过培训的教师和学校辅导员将向学生讲授性别角色和取向、权利在性关系中的影响，以及负责任和保护措施的必要性。

4. 在校生怀孕事件处理流程

该政策成功的核心在于提供处理在校生怀孕事件的程序指导，学校首先会为怀孕学生提供住宿，支持她们接受教育，并提供保健、咨询和支持。随后将确认生父的身份，并根据他的身份采取相应措施。如果他是学生，应向他提供咨询和指导，使他了解自身的权利，承担相应责任。然而，如果他是一个教育工作者或其他基础教育系统内的工作人员，应该暂停他的工作并按照规定给予纪律和法律处分。如果他是基础教育系统之外的人，若存在强迫、性暴力和强奸的嫌疑，他也应接受司法调查，所有这些程序必须符合《管理和报告学校性虐待和骚扰的议定书》的规定。

5. 处理性侵犯、虐待和忽视儿童的措施

在某些情况下，学校指定的提供咨询、支持和建议的教育工作者会强制或自愿报告有关在校生怀孕的信息。具体来说，不满 16 岁的学生怀孕需要强制性地向社会福利机构报告，如果男性伴侣超过 16 岁，则需要对其提起民事和刑事诉讼。基础教育部的《管理和报告学校性虐待和骚扰的议定书》以及 2005 年《儿童法案》相关条例的要求将这些信息报告给指定的儿童保护组织，即社会发展部或南非警察部的省级主管。

6. 转诊和战略伙伴关系

根据《政策》规定，政府将需要与社会部门和其他支援机构建立并协调伙伴关系，以协助学生获得适当的支援及转诊服务。不仅如此，这些关系还将确保怀孕的学生能够获得她们所需的生理、心理和物质方面的支持，这些支持服务将包括提供关于怀孕、孕妇、性健康和生殖健康的信息、终止妊娠的知识，以便学生做出选择；报告和管理校内外的虐待、歧视、胁迫、骚扰和暴力问题；提供保健、医疗、咨询和支持。

（四）减轻影响

1. 目标

通过提供一个系统的、可持续的、有组织的、安全的环境来减轻怀孕对学生的影响。

2. 留校

《南非共和国宪法》和《非洲儿童权利和福利宪章》规定，在怀孕期间和分娩之后，学生受教育的权利受到保障，《非洲儿童权利和福利宪章》缔约国应采取一切适当措施，确保在完成教育之前怀孕的儿童有机会视情况继续接受教育。

因此，《政策》明确规定，学校将允许怀孕学生在怀孕期间和之后留在学校。为便于政策实施，怀孕 6 个月以上的学生需要提交一份医疗证明，说明其怀孕状况和预产期；如果怀孕的学生希望在怀孕 32 周（8 个月）后继续上学，则需要向其指定的教师或校长提供医疗报告，证明她的身体状况允许其继续上学。如果学生没有提供这些信息或相关证明，她可能会被要求休假，直到能提供相应的医疗证明。为保护学生的隐私权，学生向教师或校长提供的医疗信息会得到严格的保密。怀孕的学生在分娩后返校继续学业的时间将取决于医疗建议和她离开学校分娩的学年中的时间点。

3. 学校的支持和灵活性

基础教育系统中的学校将协助学生在怀孕期间和怀孕后继续接受教育，并将采取一切合理举措保证这一点。校长将鼓励学生在分娩前后继续她们的教育，并在可能的情况下提供适当的教育支持。而对于怀孕学生在怀孕期间的课程缺勤，学校校长将与学生和她的父母或其他监护人会面，以同意学生请假，只要缺勤时间不超过一定比例，学校都会接受并灵活处理。无论何时，学校和教育工作者都会支持每一个怀孕的学生。

（五）政策管理与实施

1. 目标

在各级基础教育系统建立可持续的管理结构和战略，以确保政策的落实，并监测和报告政策在整个实施过程中的进展和成果。

2. 管理和协调

基础教育系统内学生意外怀孕的发生率使现有的系统性问题更加严重，影响了战略的实施。为此，必须将这些对策纳入各级常规教育管理的主流。基础教育部的小组委员会将会指导政策实施和监督其他部门管理意外怀孕的流程，还将负责协调多部门的合作，确保每个合作伙伴都能了解并履行其义务。

3. 结构安排

为了减少和管理意外怀孕的发生，结构安排显得尤为重要。小组委员会的任务是确定、协调、加强和报告有关机构和部门。具体而言，这将包括在政策的实施周期内监测政策的执行情况。小组委员会还将负责监督政策的协调、执行，业务活动、预算优先事项的协调，以及教育工作者和工作人员的培训。这些系统化的安排可以方便 9 个省教育厅定期向教育部高级管理人员以及区和学校一级提供信息。

4. 角色、权利和义务

为达成目标，基础教育部及其小组委员会将负责为政策的实施提供资源。但这可能只能在基础教育部和伙伴组织的现有预算范围内处理，在需要额外的资金支持时，小组委员会就需要为这些活动提供持续性的资源。

虽然宪法规定了怀孕学生的权利，但基础教育部、学校、校长、教师、家庭和社区的权利也很重要。特别是学校将在负责应用和执行政策的原则和规定中起主要作用。考虑到某些农村地区学校资源有限的情况，家长和社区也将被要求尽可能支持学校的应对措施。

5. 战略合作伙伴关系

基础教育部将与主要利益相关团体和组织建立战略伙伴关系，如其他社会部门、非政府组织、工会、学术和研究机构、学校管理机构、家长和学生组织。这些伙伴关系将被用来支持该政策，为怀孕学生提供战略信息、预防方法、转诊、咨询、照顾和支持。

6. 教师发展和培训

在性健康和生殖健康方面，基础教育部将与高等教育和培训部合作，扩大教师初级专业教育的教学方法。此外，基础教育部还将提供经常性的教师专业培训，涵盖青少年性健康和生殖健康教育。ISHP 的工作人员也将提供额外的健康教育课程，以加强教师培训。

7. 监测、评估和报告

有效执行政策的关键是监测和评估该政策的执行情况和定期准确报告。该政策的有效性将取决于多部门合作是否能科学、准确地评估其进展和成果。

基础教育部及其小组委员会将调动现有资源以支持该政策的评估和报告。基础教育部的报告将基于教育管理信息系统（Education Management Information System，EMIS）及其战略伙伴的年度报告，以确定该政策是否在实现其减少学生意外怀孕发生率的总体目标方面处于正轨。这些数据收集过程应密切注意指标的质量以及如何由学校校长和其他数据收集者核实这些指标的真实性。

为了促进这一工作的开展，基础教育部及其战略性和代表性的伙伴将报告其基于地理分类观察到的统计信息，这些成果将作为年度报告的内容向有关各方汇报，并定期向公众公布。在适当的情况下，小组委员会还可聘请独立研究人员和人口统计学家在必要时跟踪和报告进展。

第三节　南非《国家职业技术教育和培训院校学术支持指南》

南非政府于 2017 年 12 月宣布为低收入群体和工人阶级的学生提供免费的教育之后，全国学生财政援助计划（National Student Financial Aid Scheme，NSFAS）为职业技术教育和培训（TVET）院校分配的资金从 2017 年的 23470 亿兰特增长到 2018 年的 51640 亿兰特，增长了 120%。尽管在过去的几年里，南非职业教育的毕业率有所提高，但办学成效仍有很大的提升空间。为了支持职业教育学生的学术发展，南非高等教育与培训部于 2021 年发布了《国家职业技术教育和培训院校学术支持指南》①。

一、背景

在南非，大学仍然优先考虑在经济方面援助学生，而忽略了其他领域的支持。学生支持服务（Student Support Services，SSS）被认为只是学生支持服务单位的责任，而不是学院价值链中每一个人的责任。如果 TVET 院校想要提高学生的通过率，就必须专注于持续改善学生支持服务，以消除学生学习障碍，促进学生成功。为了达成这一目标，学院内各主要利益相关者，如学院理事会、学院管理部门、学术委员会、课程及学生支持服务单位，需要调动学生的积极性，齐心协力，共同奋斗。

《学生支持服务准则》力图从学生入学到毕业持续为学生提供学术支持。学术支持旨在提高 TVET 院校提供的课程中表现不佳的学生的表现，使其达到毕业标准，这些课程包括职前教育学习课程（Pre-vocational Learning Programme，PLP）、国家证书（职业）课程、191 号报告课程、职业课程和短期课程。学术支持将会贯穿入学到毕业的全过程，在入学前，学术支持可以确保学生通过有效的职业指导被安排到适合的课程中，并通过甄选和分班测试确定学生所需要的基础学习学术支持程度。而在课程学习中，学生也可以从课堂内外获得学术支持。

TVET 院校为了改善学生表现，必须解决学生们所面临的各种挑战，如情绪低落、学习和生活技能差，而这些挑战又因贫困、犯罪和药物滥用等社会问题而难度翻倍。

另外，信息技术、自然灾害和流行病方面的最新进展改变了传统的教与学模式，迫使教育部门探索并采用线上教学和远程教学等现代教与学方式。因此，院校也被敦促利用现代技术来投资和改进他们的教学策略。

二、目标

《国家职业技术教育和培训院校学术支持指南》的目标主要由以下几点组成：

第一，指导 TVET 院校如何应对新生入学时未做好准备的问题。

---

① Department of Higher Education and Training. National Academic Support Guidelines for Technical and Vocational Education and Training Colleges [EB/OL]. https://www.dhet.gov.za/SiteAssets/Academic%20Support%20Guidelines%202021%20Approvedd%20(1).pdf.

第二，为 TVET 院校提供关于学生档案重要性的指导，以便生成数据，为有需要的学生提供相应的学术支持。

第三，为 TVET 院校提供制订学术支持计划和干预措施的指导，用来服务表现不佳的学生和那些需要超前学术支持的成绩优异的学生。

第四，使 TVET 院校从提供非文本化和泛化的学术支持转向数据驱动的、有针对性的干预，以提高学生的参与度和留校率，帮助学生实现学业上的成功。

三、学术支持

（一）基本原理

现有的证据表明，学生支持服务，特别是学术支持，可以提高学生成绩和结业率，这为《国家职业技术教育和培训院校学术支持指南》的制定提供了依据。因此，对学生的教育必须以整体的方式进行，把学生作为一个完整的人来对待，并能认识到拥有不同学习背景的学生有着不同的学习障碍和学习差距的事实。这符合教育的目的是提高公民的生活质量和确保公民更多地参与社会经济这一理念。

（二）进入大学之前的学术支持

职业指导和课程选择应与就业前景挂钩。安置工作应根据职业兴趣评估、认知能力和其他入学测试来选择学生。而学生的入门能力、知识和语言能力测试结果将会作为课程教学参考。

测试工具或仪器的选择和使用必须基于良好的开发和适当的研究，该工具或仪器必须能准确地测量和预测学生的学习差距，测试人员也必须经过适当的培训或认证。收集信息后，有必要创建一份学生档案，该档案将进一步明确对学生的学术支持策略或干预措施，必要时还应告知家长或其他监护人。

那些在学业上有困难的学生需要暂时或持续的干预才能取得学业上的成功。如果没有得到支持，学生成绩不及格或退学的情况很有可能发生。不过造成学生学业困难的因素有很多，包括家庭社会经济地位较低、健康问题、学习能力、习惯性逃学等。

（三）确认学生的学术挑战

学校应尽早识别在学术上存在困难的学生，以便向该学生提供尽可能的支持，帮助其取得最大程度的学术成就。识别学术困难学生的方法包括文件筛选、观察、面试和动机评测，主要针对学生的基本信息、行为表现、思维和行为进行考查。

在入学前支持阶段，学校还应当消除员工相关的风险、信息或活动相关的风险、时间相关的风险、学生相关的风险，考察学术背景，以确保学生的学业成绩合格。

（四）课程学术支持

政策鼓励 TVET 院校探索发展并使用特色的干预措施和经过研究的干预模式，以尽量避免“一刀切”，并在实施大学改善计划时采取增值性的干预策略。

教师不仅要提供优质的教学，还要在课堂上创造有益和包容的学习环境。他们必须专注于提供一个支持性的学习环境确保学生按时出勤，使用不同的教学方法来促成积极的课堂参与，使用不同的课堂评估方法评估、诊断和监测学生在课程中的表现。

在提供课程上的学术支持时，学校会分析评估后的结果，找出在某些基础及职业科目表现欠佳的学生。结果的分析可以帮助学校追踪学生的学习情况从而为学生提供学业上的支持。学校有义务为所有学生提供学术支持，也包括表现最好的学生。同时，有必要通过倡导学校提供更具挑战性的任务或活动，不断地激励表现最好的学生。

而被认为表现差的学生必须参加强制性的学术支持干预计划，并签署一份参与学术支持干预计划的承诺信，直到他们达到要求的标准，顺利进入下一阶段的学习。学校必须起草文件规定学生的责任以及当学生不履行自身责任时需接受的处罚。

（五）学术支持项目

（1）学术入门——无论学生报名什么课程，TVET 院校必须在其章程中向学生说明学校将在何时以及如何指导和引导学生参加学术课程。学术入门应该是有组织的课堂活动，并提供有价值的信息，同时必须向学生充分说明考试要求。作为学科专家的教师还应进行重点围绕本学科的、明确了评估要求和评估日期的学术引入，这个过程有助于教师理解可能会阻碍学生成功的社会心理和经济因素，建立师生间的融洽关系，并促进相关的现有学术支持项目信息的分享。

（2）课堂学术支持——建立良好的师生关系对于加强学生和教师之间的信任关系至关重要。这一基础将使教师能够及时诊断学习困难者并采取早期干预措施。

（3）跟进支持——为了改善高风险学生的表现，对高风险学生的跟进支持必须伴随着持续的检测和评估，报告学生出勤情况，记录实际干预措施（与学生沟通、笔记等）。

（4）慢速学习模式——学生会在较长的一段时间内以较慢的速度学习课程。

（5）掌握学习技能——帮助学生掌握组织新旧信息、记忆信息、有效阅读、记笔记和激励自身的技能，这些技能可以帮助他们组织和计划他们的大学任务、作业和考试。教师、生活导师、学科专家和学生支持服务机构必须协调有组织的研讨会，以帮助学生掌握不同学科的有效学习技巧和方法。

（6）导师计划——一个重点放在协调学术和社会心理的计划，并且强调学生导师的不同角色。导师计划应包括了解学生融入学习和发展的过程。

（7）同伴辅导——同伴辅导是一种备受推崇的干预方式，它可以让学生获得一对一的帮助，从而有更多的机会在更小的群体中得到回应，这促进了导师、被指导的学生和社会的发展。在此基础上，学生在任务上的投入和时间也会增加，有助于提高自信心和自我效能感。同伴辅导有着不同的类型，如班级范围的同伴辅导（Class Wide Peer Tutoring，CWPT）、同伴辅助学习策略（Peer Assisted Learning Strategy，PALS）、同一课程或同一水平的同伴辅导、同龄同伴教导、互惠同伴辅导（Reciprocal Peer Tutoring，RPT）等。

（8）电子学术支持项目（E-academic Support Programme）——学生可以在空闲时间利用计算机程序补习有困难的科目。在线课程必须让学生能够学习所教授的课程、完成额外任务等，在线学习和多设备的使用还可以确保学生的学习以符合自身节奏且有趣的方式推进。大学必须不断通过研究来提高本项目的有效性，还必须投资学生中心、计算机实验室、图书馆或电子书等资源，以支持分配给学生的研究和探索任务。

（9）课外活动——课外活动被视为培养学生自尊心和自信心的有效策略，因此，课外活动的发展和制度化对于提高学生在课堂上的参与度至关重要。这些课外活动可以结合学科课程进行，也可以在比赛期间和课余时间单独进行，活动形式包括但不限于科学博览会、数学奥林匹克竞赛、辩论赛等。

（六）课堂转介系统

转介是一个由教师承担以使学生获得额外支持的过程。在这一过程中，教师必须定期记录下帮助学生提高学习成绩的所有措施，这些记录可以证明转介的必要性，它们也可以帮助那些在转介系统中的人完善计划以进一步帮助学生。

转介有正式和非正式的，此外还有三种不同的类型，即纪律问题的转介、特别教育评价的转介和接受内外部咨询服务的转介。根据学院政策，每一种转介都有特定的程序，但是在这之前，教师必须优先尝试找到相应的程序。

为了维护课堂转介系统，教师、学生支持官员、大学心理学家或社会工作者必须首先让学生意识到他们可以获得学校和外部的支持，然后再由学校设计课堂转介表格，以便转介系统能够准确地提供证据和报告。转介系统应包括学生的个人资料、课程及学习水平、转介日期、转介学生的校方官员姓名、转介的详细资料、采取的步骤及所附的证明文件。

如果内部转介（各种学术支持干预措施）不能帮助学生，学校必须建议学生或其家长和其他监护人考虑适当的外部专业援助，如来自卫生部的医疗保健、社会心理支持和由相关委员会注册的合格人员提供的咨询服务。

（七）毕业学术支持

基于工作的经验（Work Based Experience，WBE）是一种为学生提供探索职业选择的环境教育策略，能够让学生在真实的工作环境中展示他们的学术水平、技术和职业准备技能。这可以避免学生只是被动地接受教师教授的或课本上的信息。学校不能与社会上的工作隔绝，而学生在学校以外的经验可以用来激励他们的学习，也能促进学生的成熟和成长，帮助学生理解学习到的基本技能的实际应用。

（八）残障学生的学术支持

2001 年《教育白皮书 6——特殊需求教育：建立包容性的教育和培训体系》[①] 提供了一个指导有关教与学实践的全纳教育框架。白皮书还强调，在处理残障问题时，需要采取整体的方法，包括为残障学生和残障教职工提供专业技术、辅助设备、合理的住宿等。因此，学校需要充分接纳残障学生，并不断培训教职工和学生，提高他们对残障问题的认识。

为满足残障学生的需求，TVET 院校提供的合理支持至关重要。《年度学生支持服务计划》（Annual Student Support Services Plans）规定，残障学生从入学前到毕业的资助必须由指定的学生支持服务机构内的全纳教育机构、残障支持机构、保健专业人员提供。其次，与关键利益相关方的合作和伙伴关系对专业转诊、能力建设和购买合适的辅助设备也很重要。

（九）自学支持

（1）学习技能——学生必须注意，学习是一种技能，学生要想在学校中取得成功，就需要高水平的、有效的自学技能。为了成功，学生必须学习并练习这些技能，养成良好的学习习惯。在高中培养和使用的学习习惯和实践对在 TVET 院校里的学习作用甚微，这意味着学生必须重新审视并适应新的学习技能。每个学生都是不同的，这意味着适合他们的学习方式也不同。学生需要创建自己的学习环境，设计自己的学习时间表，并将教师和出版商的网站、教科书、学习指南和过去的试卷作为资源。这种支持、资源和能力建设应作为学术支持的一部分，由学院负责提供。

（2）在线教学和远程学习——在线教学和远程学习可以和面对面的课堂教学一样有效。在为学生提供数字化学习指南、过往试卷和评分指南等方面，网络教与学平台发挥着至关重要的作用。作为一名在线或远程学习的学生，可以

---

① Department of Education. Education White Paper 6: Special Needs Education: Building an Inclusive Education and Training System [EB/OL]. [2022-01-15]. https://www.gov.za/sites/default/files/gcis_document/201409/educ61.pdf.

拥有的较有价值的技能之一就是有效的时间管理能力。有效的时间管理是帮助学生保持专注的关键。这包括拥有稳定的学习时间和空间，以及排除网络和社交媒体的干扰。

（3）考试准备技巧——考试是学习的重要组成部分，也可能会引起许多学生的焦虑。为了降低焦虑的程度，应当鼓励学生提前准备考试。过去的试题、笔记、教科书和学习指南都可以为学生的备考提供一定的帮助。

四、监测和评价工具

职业技术教育部门必须对学生的学术支持计划进行监督，并向院校提供支持。

为了使《国家职业技术教育和培训院校学术支持指南》有效实施，必须有一系列监测和评估工具作为支持，包括学生问卷、学生影响表和学生满意度调查，月度、季度、年度报告，干预策略清单，诊断分析检查表，学科诊断分析表格，辅导跟踪工具，辅导行动和反馈表格，干预实施方案，学术支持年度活动计划，年度调查，教与学计划监测工具，学生支持服务计划监测工具等，有时也需要其他文书。

第十五章
国际组织教育政策与发展趋势

新冠疫情使全球教育领域出现前所未有的共性危机，全球教育治理顺势成为当前国际社会关注的焦点。以联合国教科文组织（UNESCO）、世界银行（The World Bank）、经济合作与发展组织（OECD）等拥有全球话语权的重要正式国际政府组织针对全球教育系统出现的危机而采取了一系列行动。在本章中，我们将关注联合国教科文组织、世界银行、经合组织、欧盟（EU）和联合国儿童基金会（UNICEF）等国际组织在教育领域的重要政策和研究报告，包括但不限于应对新冠疫情的教育行动、全球教育监测、全民学习、高等教育、教师教育、远程教育和全纳教育等主题。各个国际组织关于世界教育形势的研判和建议存在诸多交集，均对教育信息化发展寄予无限希望，由此也反映出当前和今后世界教育的发展形势：提升教育信息化水平已是所有国家应对疫情的必选项。对这些主题的研究与探讨不仅可以了解新冠疫情背景下国际组织在教育领域的核心关切和全球教育发展的基本动向，也为我们未来教育的改革和发展提供有益的借鉴和启示。

第一节　联合国教科文组织教育政策与发展趋势

2021 年，新冠疫情对全球的影响进入第二年。在这一年中，联合国教科文组织积极探讨全球方案，减少疫情对教育的影响。同时，联合国教科文组织继续贯彻落实《仁川宣言》和“教育 2030 行动框架”精神，持续高度关注《2030 年教育议程》在全球实施的进展情况，围绕可持续发展目标 4，以“教育领域的非国家行为体：谁能主动选择？谁将错失机会？”为主题发布了 2021—2022 年的《全球教育监测报告》。此外，联合国教科文组织在 2021 年底发布了继《学会生存——教育世界的今天和明天》《教育——财富蕴藏其中》《反思教育：向“全球共同利益”的理念转变？》后的第四份前瞻性的教育报告《一起重新构想我们的未来：为教育打造新的社会契约》。在新兴领域，联合国教科文组织着重关注人工智能在教育领域的新发展。

一、联合国教科文组织应对新冠疫情的教育行动

2021年，人类与新冠病毒共存已经一年有余。疫情对各国教育系统都造成了巨大影响，危及教育事业的发展，特别是少数群体接受教育的权利。在过去的一年，联合国教科文组织在疫情应对方面的工作主要围绕五个方面开展：加强国际协商合作，明确疫情下教育工作重心；促进教育恢复，呼吁增加教育投资；推动学校开放，重视教师作用；注重教育公平，关注边缘群体；聚焦教育未来，关注数字技能。

（一）加强国际协商合作，明确疫情下教育工作重心

2021年3月29日，联合国教科文组织召开各国教育部长会议，85位部长在会上着重讨论了保持学校开放、应对学习损失和调整教育系统的有关措施。受疫情影响，全球仍有近一半学生处于学校全面或部分停课状态，阅读能力不及格的儿童数量增加1亿。联合国教科文组织总干事奥德蕾·阿祖莱（Audrey Azoulay）指出了疫情之下教育恢复的三个工作重心：第一，正如疫情所表明的，学校是不可替代的；第二，我们比以往任何时候都更需要具有韧性和创新性的学校系统，来面对现在和未来的冲击；第三，任何屏幕都无法取代教师。本次大会同时设置了三场专题圆桌会议，第一场圆桌会议聚焦保持学校开放和支持教师，第二场圆桌会议的讨论重心是减少中小学和大学辍学率以及减轻学习损失，第三场圆桌会议的主题是数字转型和教育未来。部长们强调了教师培训和专业发展、公私伙伴关系和社会参与的重要性，以提升面向21世纪的技能和增强青年就业能力。

为支持各国战略，联合国教科文组织、联合国儿童基金会与世界银行还宣布了一项联合行动——“教育恢复2021”（Recovering Education 2021），重点关注三个优先事项：确保所有儿童和青少年重返校园，并获得包括健康、营养和社会心理支持在内的全方位支持；加快学习进度，打破数字学习鸿沟；为所有教师做好上岗教学准备并提高其专业能力。

（二）促进教育恢复，呼吁增加教育投资

新冠疫情影响了190多个国家的近16亿名学龄儿童，加剧了教育危机和不平等问题，威胁着在实现《2030年可持续发展议程》方面来之不易的进展，受影响最深的是边缘化和处境不利的群体及学习者，特别是贫困者、偏远和农村地区人口、

妇女、女童以及残障人士。为此，联合国教科文组织在 2021 年 11 月 10 日召开全球教育大会高级别会议，并通过了《巴黎宣言：关于投资于教育的未来的全球呼吁》①，敦促会员国遵守承诺，增加教育投入；在国家恢复计划中重视教育，尤其是对边缘群体的支持；提高国际教育援助的额度、可预测性和实效性。此外，联合国教科文组织呼吁各国政府制定增加并有效利用教育资源的战略，确保包容和公平的优质教育，促进全民终身享有学习机会。

面对疫情，联合国教科文组织突出强调了对儿童福祉的投资，包括对医疗和营养服务的投资。2021 年 2 月 22 日，联合国教科文组织会同世界粮食计划署、联合国儿童基金会和世界卫生组织基于白皮书《拯救我们的未来：为世界儿童避免教育灾难》② 和联合立场文件《投资儿童福祉以避免学习危机的重要性》③，再次呼吁全球领导人立即采取行动，对儿童的健康和营养进行不遗余力的投资，以应对当前的学习危机。白皮书强调，为了避免学习危机，世界各国需要重新构想如何为儿童提供高质量和包容性的教育，将教育概念扩大到包括儿童的福祉。这就要求国家元首和政府首脑、高层领导人、政策制定者、发展伙伴和全球教育行动者恪守在教育领域做出的承诺，将儿童的健康和营养服务视为国家应对和恢复计划以及全球恢复议程的重要组成部分，采取公平、包容和渐进的教育方法，以确保所有儿童和年轻人都有学习和成长的必要条件。

（三）推动学校开放，重视教师作用

疫情中的种种问题表明，学校在教育中有着不可替代的作用，而保障教师的安全健康是学校重新开放的必要工作。为此，联合国教科文组织呼吁在新冠病毒疫苗分配中优先考虑教师，以确保教育工作的安全持续开展。

2021 年 7 月 1 日，联合国教科文组织联合其下属的教育 2030 年国际教师工作小组根据联合国教科文组织、联合国儿童基金会、世界银行、经合组织等国际组织的数据库，发布了各国新冠病毒疫苗部署中教师的优先级情况。调查表明，在 197 个国家中，只有 21 个国家在疫苗接种工作的第一阶段将教师作为优先接种人群；37 个国家将教师列为第二阶段优先接种人群；57 个国家明确没有将教师列为优先群体，这些国家共有 1900 万名中小学教师。

---

① Paris Declaration: a Global Call for Investing in the Futures of Education [EB/OL] . [2022-01-14] . https: //unesdoc.unesco.org/ark:/48223/pf0000380116.

② Save Our Future: Averting an Education Catastrophe for the World's Children [EB/OL] . [2022-01-14] . https: //saveourfuture.world/wp-content/uploads/2020/10/SOF_White-Paper_Executive-Summary.pdf.

③ UNESCO, WEP, UNICEF, et al. The Importance of Investing in the Wellbeing of Children to Avert the Learning Crisis [EB/OL] . [2022-01-15] . https: //www.unicef.org/documents/importance-investing-wellbeing-children-avert-learning-crisis.

通过与全球教育联盟成员社区系统基金会的合作，联合国教科文组织推出了一个新的健康和疫苗管理工具“疫苗接种开放资源数据库”（OpenEMIS Vaccinations）。“疫苗接种开放资源数据库”免费向所有人开放，可以帮助各国跟踪谁接种了疫苗，以促进师生安全返回学校。该数据库有助于为学校人员记录健康信息，还可以生成报告，以跟踪学校新冠病毒检测和疫苗接种活动的开展情况。

（四）注重教育公平，关注边缘群体

新冠疫情给全球190多个国家的近16亿名学龄儿童都带来了挑战，但受影响最大的学习群体主要集中在低收入家庭、少数民族、原住民、难民、战争冲突地区学生、残疾人等弱势群体。此外，在低收入和中低收入国家，12—17岁的女孩有辍学的特殊风险，而在中高收入和高收入国家，男孩面临的风险更大。正如《全球教育监测报告》主任马诺斯·安东尼尼斯（Manos Antoninis）所说，新冠疫情导致教育包容性倒退，如果政府不紧急考虑优先重建一个重视学习者多样性的更具包容性的教育体系，那么这种进步势头将会丧失。

2021年6月22日，联合国教科文组织组织了主题为“确保教育恢复的包容性教与学：前进的实际方法”（Ensuring Inclusive Teaching and Learning for Educational Recovery：Practical Ways Forward）的网络研讨会，探讨如何基于此前发布的《确保教育包容性和公平性指南》，将“每个学习者都同等重要”的原则落实到具体的教学和学习实践中。网络研讨会的话题包括：教师的实践；对教师的支持；确保边缘化和弱势学习者被纳入学校；如何调整内容、教学和评估，使之真正具有包容性。会上展示了世界各地的创新方案。

2021年6月，联合国教科文组织发布了2021—2022年《全球教育检测报告》的一份区域报告，涵盖了中欧、东欧、高加索和中亚地区的30个国家和地区的教育状况。报告表明，尽管过去20年这些国家和地区在儿童受教育上取得了总体进步，但仍有许多儿童无法接受教育，特别是残疾儿童和少数族裔儿童。新冠疫情的暴发可能破坏已取得的进步，并增加对处境最不利学生的排斥。尽管在这些国家和地区，教育系统已经更具包容性。但是，隔离教育的影响仍然存在，其中包括对不同民族、不同族裔、残疾儿童等群体的隔离。为避免教育系统包容性的恶化，联合国教科文组织提出如下建议：增强对包容性教育的理解；以学生为中心，注重包容性教育的过程体验；加强与家长和社区的沟通，让包容性教育不仅仅通过自上而下来实现；充分调动非政府资源；加强政府部门间沟通，将包容性教育纳入包容性社会的工作范畴；灵活调动人力和物力资源；加强课程设计的灵活性和通用性；增强对教职工的培训和激励；在收集边缘群体数据时避免污名化、标签化；强化国家间的政策交流与互鉴。

（五）聚焦教育未来，关注数字技能

疫情加剧了社会的教育鸿沟，混合学习、远程学习成为弥合鸿沟的重要手段。2021 年 4 月 6 日，联合国教科文组织在线上组织开展了 E-9 国家（孟加拉、中国、巴西、埃及、印度、印度尼西亚、墨西哥、尼日利亚、巴基斯坦）有关推动数字学习、弥合数字鸿沟的线上磋商会议，各国介绍了疫情期间线上教育的应对经验和未来工作方向。E-9 国家拥有世界上超过半数的学生，联合国教科文组织教育助理总干事斯蒂芬妮亚·贾尼尼（Stefania Giannini）强调，E-9 国家之间要加强南南合作，共享解决方案，从而缩小数字鸿沟。

2021 年 9 月，联合国教科文组织举办“以人为本的扫盲复苏：缩小数字鸿沟”（Literacy for a Human-centered Recovery：Narrowing the Digital Divide）在线国际会议，将数字扫盲也归类为扫盲的一项重要任务。一些与会者指出，数字鸿沟持续存在，因此需要缩小技能差距，同时需要进一步改善基础设施、数字设备、应用程序和网络的可负担性以及网络安全保障措施。

在线学习的开展离不开具备专业素养的教师团队。联合国教科文组织与津巴布韦的初等和中等教育部合作制订了教师专业发展计划，以支持疫情期间教育的不间断进行。该计划将构建和提高教师的技术水平和适应能力，以利用远程教学方法支持儿童的学习作为主要考量方面。具体分为三个模块，分别针对高科技、低端技术和无技术工具，通过探索各种远程教学方法，为津巴布韦的教师提供技能培训和资源，以支持不同形式的远程学习。该计划将在两个月内完成面向大约 1500 名教师的培训。联合国教科文组织还将进一步建立可持续的培训结构，建设在线教育资源库，为教师在新冠疫情期间和之后提供远程教育和在教育中使用的信息与通信技术。

二、联合国教科文组织发布 2021—2022 年《全球教育监测报告》

为了监测和报告可持续发展目标 4 以及其他可持续发展目标中的教育事宜，联合国教科文组织设立了单独的团队每年编写《全球教育监测报告》，跟进各类国家和国际策略的实施情况。

（一）非国家行为体在教育领域中扮演的角色

2021—2022 年的报告主题为“教育领域的非国家行为体：谁能主动选择？谁将错失机会？”[①] 聚焦非国家行为体在教育领域中扮演的角色，同时对可持续发展目标的实现进度进行监测。报告得出以下重要结论。

---

① UNESCO. Global Education Monitoring Report 2021/2：Non-state Actors in Education：Who Chooses? Who Loses?［EB/OL］.［2022-01-14］. https：//unesdoc.unesco.org/ark:/48223/pf0000379875.

（1）教育的任何领域都有非国家行为体参与其中，减轻了国家的压力。

（2）大多数人支持公共教育，国家越不平等，支持率越高。

（3）对公立学校的支持在一些中低收入国家已经逐渐减弱。在公立学校供不应求、质量下降的地方，许多家庭用脚投票。全球私立学校的比例在大约 10 年内增加了 7 个百分点。

（4）公共教育不是免费的，许多低收入国家的家庭难以负担这笔开支。

（5）公共教育往往缺乏包容性，许多公共教育系统未能防止社会分层和隔离。

（6）没有证据表明私立教育质量优于公共教育。

（7）在需求较高的地方，监管、监测和执法能力往往较低。监管往往侧重于注册、批准、教师认证、基础设施、师生比等，很少关注质量或公平。

（8）非国家行为体更多地存在于儿童早期教育、技术教育、高等教育和成人教育中。这有时是以牺牲公平和质量为代价的。

（9）政府需要将所有教育机构、学生和教师视为一个系统的一部分。

在报告中，联合国教科文组织还对 10 个常见的与非国家行为体有关的谬误进行了纠正。常见谬误包括：国家和非国家行为体可以明确区分开；私有化程度是众所周知的；教育领域的私有化应归咎于私营机构；公共教育是完全公平的；家长择校依据的都是有关质量的可靠信息；竞争促使学校改进；私立学校更好；私营机构是解决辍学问题的一个办法；私营机构是解决教育资金缺口的一个办法；法规可以解决所有民办教育的问题。

（二）评估疫情对可持续发展目标实现的影响

随着实现《2030 年可持续发展议程》的截止日期越来越近，各国在制定监测框架和设定目标方面取得了重要进展。然而，这两方面都因新冠疫情而遭遇了重大挫折。联合国教科文组织在报告中指出，不仅用于监测教育进展的标准工具受到影响，而且目标本身可能也要重新考虑。

疫情对教育的影响突出体现在四个方面：第一，学校大量关闭。2020 年 3 月至 2021 年 10 月，学校在 28% 的教学日关闭，在 26% 的教学日部分关闭。第二，教育规划受阻。联合国教科文组织评估了 129 个教育单位后发现，三分之二的单位不得不推迟数据收集，因为它们在满足报告要求的能力方面受到了中度或重度影响。第三，疫情对学习的差异化影响。对学习的影响取决于学校关闭的持续时间、远程学习模式、对学生的支持程度和学生的社会经济地位。第四，疫情给教师带来了挑战。学校关闭后，许多教师对远程学习毫无准备，不清楚自己的角色，也不熟悉相关技术。接近四成的受访教师表示，他们的身体、精神和情感健康在疫情期间受到了影响。

基于以上问题，联合国教科文组织指出，在这个日益相互关联但未来岌岌可危的星球所面临的各种挑战面前，可持续发展教育和全球公民教育才是有效的解决之道。为此，联合国教科文组织提出了以下五条建议，以期帮助完善教育规则，确保教育公平在资金、质量、治理、创新和政策制定方面得到保障。第一，加大力度保障所有儿童和青少年都能以公共财政支持接受义务教育的 1 年学前教育和 12 年中小学教育。第二，制定适用于所有公立和非公立教育机构的质量标准。第三，加强政府的监管和执行能力，制定一个明确的愿景和框架，并通过法规传达这一愿景。第四，鼓励为公益而创新，并凝聚发展创新的各方力量。第五，保持公共教育政策过程的透明度和完整性，保护教育免受狭隘的既得利益影响。

（三）监测可持续发展目标中的教育事宜

在报告中，联合国教科文组织还对可持续发展目标 4 中的具体目标和其他可持续发展目标中的教育事宜进行了进度监测，以评估国际社会在实现教育目标方面取得的量化进展。

1. 中小学教育

近十年来，全球失学的中小学适龄儿童和青少年人数一直稳定在 2.6 亿左右，没有显著变化。全球所有地区的小学毕业率都接近或超过 90%，除了撒哈拉以南非洲地区，该地区小学毕业率在 65% 左右，23% 的小学儿童和 31% 的初中青少年显著超龄，按时毕业率和最终毕业率之间存在巨大差距。

在国际数学与科学趋势研究（TIMSS）所涵盖的全球国家中，2015 年至 2019 年，达到最低能力水平的四年级和八年级学生比例的平均年增长率分别为 0.3 个百分点和 0.5 个百分点。但是在部分国家，如约旦和罗马尼亚，增长很少或没有增长。

2. 幼儿教育

有关 36 至 59 个月龄儿童的早期发展指数的数据表明，贫富差距大多没有缩小或有所扩大。参与儿童早期保育和教育计划的 3 岁以下儿童很少，即使是在一些中等收入和高收入国家，1 岁以下儿童的参与率也只超过 20%，2 岁儿童的参与率超过 60%，儿童能否获得保育和教育的机会在很大程度上仍然取决于社会经济背景。在法国和爱尔兰，来自贫困家庭和富裕家庭的 0—2 岁儿童的教育参与率的差异超过 50 个百分点。在全球范围内，2019—2020 学年，75% 的儿童小学入学前一年接受了学前教育。低收入国家的净入学率（45%）只达到高收入国家（91%）的一半。

3. 技术教育、职业教育、高等教育和成人教育

许多国家的职业技术教育和培训仍然面临资金不足且常常被忽视的问题。在 25% 的国家，中等职业教育文凭与普通中等教育证书不同，无法让学生直接进入高

等院校，导致中等职业教育缺乏吸引力。而在 30% 的国家，所有的职业中学毕业生都拥有直接接受高等教育的机会。

全球高等教育的毛入学率为 39%，2000 年以来以每年约 1 个百分点的速度稳步增长。高等教育经济负担是一个突出问题。全球 70 多个国家都有各种各样的学生贷款，并且学生贷款已发展成为一个价值万亿美元的市场。在许多国家，借款人所需偿还的贷款占收入比重过高，对最不富裕的毕业生而言尤为明显。一个改革方向是将按时间还款的贷款转向按收入比例还款的贷款。

4. 工作技能

在 91 个有数据的国家中，只有 10 个国家的大多数成年人报告说他们掌握联合国教科文组织调研的 9 种信息与通信技术技能中的 5 种及以上。在大约一半的国家，大多数成年人不具备任何调查范围内的技能。在大多数中低收入国家，没有初中文凭的年轻人很少拥有任何信息与通信技术技能。在伊拉克、老挝和塞拉利昂，即使是受教育程度最高的人，平均也才拥有 9 种技能中的不到 2 种。使用电子设备和互联网是另一个障碍：即使在 20—24 岁的人群中，乍得也有 98% 的女性和 90% 的男性报告说从未使用过互联网；老挝的这一比例分别为 61% 和 63%，突尼斯分别为 36% 和 31%。

5. 教育公平

性别不平等仍然是一个关键问题。高中教育中女童是可能处于严重劣势的群体（例如在贝宁、乍得和尼日尔），但是当前，在包括柬埔寨、冈比亚、加纳、马拉维和卢旺达在内的许多国家，政策条件正在迅速向她们倾斜。

财富往往是从家庭层面上衡量的，并不总是能反映出特定儿童的贫困状况。就儿童自身而言，在一些国家，10% 的贫困儿童生活在最富裕的家庭，30% 以上生活在最贫困家庭的儿童并不贫困。

大量儿童从非国家武装团体控制的学校上学，有的团体是直接控制，有的则是有选择地干预。教育是平民最看重的服务之一，不提供教育会导致民怨。

教育中存在语言多样性的挑战。在西部和中部非洲国家，在家里使用学校教学语言的 7—14 岁学生的比例不超过 5%。一种将教学语言政策与语言数据来源、学龄人口预测和入学率相结合的方法表明，在中低收入国家，37% 的儿童用母语以外的语言学习。

6. 成人扫盲

全球范围内 15 岁及以上的人群中，女性和男性的识字率分别为 83% 和 90%，相差 7 个百分点。在撒哈拉以南非洲地区，超过 25% 的年轻女性是文盲，年轻女性识字率每年增长不到 1 个百分点。此外，由于假设所有中学毕业生都有基本的识字能力，中学毕业生真正的识字水平在以前被高估了。在有最近调查数据的 18 个国家中，几乎一半的初中毕业生没有达到基本的识字水平。此外，没有接受学校教育并不等于文盲，这突出了在校外获得识字能力的重要性。

基本算术能力的代用衡量标准是能正确说出自己年龄的人所占总人口的百分比，这反映了处理简单整数的能力。虽然大多数人，甚至是最贫穷的人，都跨越了这一门槛，但这一衡量标准还不够准确。据统计，42 个撒哈拉以南非洲国家在 20 世纪 60 年代至 21 世纪第二个十年之间出生的人口群体的算术能力没有得到显著改善，非洲人口算术能力的提高几乎完全得益于入学率的提高。

7. 可持续发展和全球公民意识

修订后的《国际性教育技术指导纲要》建议，在学生经历青春期和月经之前，即在 9—12 岁，学校就应该讲授青春期和月经知识，然而，提供以生活技能为基础的防艾教育和性教育的学校比例通常很低，特别是在小学阶段。根据 2016 年在 23 个中高收入国家和高收入国家进行的国际公民及素养调查，对全球公民相关问题有充分了解的学生的比例不等，从拉脱维亚、荷兰的 40% 左右到克罗地亚、韩国和瑞典的近 70%。2019 年 TIMSS 显示，只有约 30% 的学生在环境科学知识方面达到熟练程度。初步分析表明，只有 40% 的国家教育法和 45% 的政府教育部门计划或战略关注气候变化问题。

8. 教育设施和学习环境

学习环境方面，现已有 112 个国家认可《安全学校宣言》，保护学生、教师和学校在武装冲突期间免遭攻击。此外，156 个国家在学校里全面禁止体罚，从而保障儿童的基本权利。在部分国家，学校是一些儿童接触水、卫生环境和个人卫生设施的唯一场所。然而，偏远地区和农村地区的小型学校的基础设施难以达到质量标准。教学的持续时间和组织安排也会对教育系统的质量和公平产生重要影响。许多国家的校历结构更多受到殖民历史的影响，而不是季节的影响，与当地的农业周期很不一致。此外，学校的上课时间也很重要。晚一点上课有利于青少年获得更多睡眠时间，也更符合青少年的生理节奏。

9. 奖学金

2015—2019 年，支持学生流动的奖学金总额增加了 30%，低收入国家受到的奖学金援助总额翻了一番。然而从全球来看，留学生数量的增长远超奖学金援助的增长。但与 2015 年相比，捐助者现在可能会向更多的发展中国家提供奖学金，更重要的是，受援国已经不仅仅依靠一两个关键捐助国。

“人才外流”正在被“人才循环”这个更复杂的概念所取代。最近的预测表明，回流移民中，有很大一部分返回了撒哈拉以南非洲地区和拉丁美洲地区，而且这些移民平均受教育程度更高。在分析移民政策指数的 22 个拉丁美洲和加勒比国家中，有 8 个国家保持着正式的人才循环网络。更早的调查发现，三分之二的国家维持着某种科学网络，一半的国家规定了公费留学生的回报义务。

10. 教师

教师质量方面，撒哈拉以南非洲地区学生与合格教师之比几乎是全球平均水平的两倍，是当前教师质量最低的地区。另一方面，即使是合格的教师也可能不具备教授当前科目的资格，专业与教学不对口的现象在世界上很多地方都会出现。在 2018 年的一项调查中，超过 10% 的初中数学和科学教师没有接受过正式学科教育或培训。薪资方面，与国家之间的差异相比，同一国家不同教育水平的教师之间的差异通常很小；在有数据支持的一些高收入国家，教师的工资往往低于其他行业的同水平专业人员。

三、联合国教科文组织发布第四份全球教育报告

联合国教科文组织一直有编写全球教育报告的传统。1972 年的第一份报告《学会生存——教育世界的今天和明天》预警了不平等、贫困和苦难的风险，并强调了教育的普遍性。1996 年的第二份报告《教育——财富蕴藏其中》进一步强调了人文主义教育的重要性，确立了教育的“四大支柱”。2015 年的第三份报告《反思教育：向“全球共同利益”的理念转变？》提出了将教育和知识重新思考为全球共同产品的问题。2021 年 11 月 10 日，联合国教科文组织发布了第四份重要报告，题为《一起重新构想我们的未来：为教育打造新的社会契约》[①]。

（一）面向 2050 年的教育社会契约

报告从社会契约的角度来审视教育。所谓社会契约，是社会成员之间为谋求共同利益而合作的一种默示协议。今天，人类及其居住的星球都面临严重危机，人类必须紧急重塑教育以应对共同的挑战，维护人类的共同利益，这就需要新的教育社会契约将人类联合起来，通过知识与创新塑造面向所有人的可持续与和平的未来，维护社会、经济和环境正义。基于此，联合国教科文组织提出了三个根本问题：当我们展望 2050 年，我们应继续做什么？我们应该抛弃什么？我们需要创新什么？

任何新的社会契约都必须立足于人权所基于的包容、公平、合作、团结以及集

① UNESCO. Reimagining Our Futures Together: a New Social Contract for Education [R/OL] . [2022-01-10] . https: //unesdoc.unesco.org/ark:/48223/pf0000379707.locale=en.

体责任和相互关联等广泛原则。联合国教科文组织指出，新的教育社会契约需要遵循以下两项基本原则：第一，确保终身接受优质教育的权利，以《世界人权宣言》第二十六条规定的受教育权为基础，且将其拓展为涵盖终身接受优质教育的权利。此外，还应涵盖信息权、文化权、科学权以及获取人类集体知识并为之做贡献的权利。第二，加强作为一项公共事业和共同利益的教育。面向新的教育社会契约，不仅要确保公共教育资金到位，还要支持全社会对于人人参与教育的公开讨论。

此外，实现新的教育社会契约离不开社会对话、共同思考和共同行动。为此，联合国教科文组织呼吁研究创新。研究创新应在世界范围内围绕终身受教育权展开，兼容不同的研究方法，兼顾横向学习和跨界知识交流，并且吸纳从教师到学生、从学术界和研究中心到政府和民间组织贡献的智慧。另一方面，还需要推进全球团结与国际合作，鼓励地方、国家和区域层面的合作，并通过国际合作和跨国机构，满足寻求庇护者、难民、无国籍者和移民的教育需求。

（二）直面未来的不确定性

尽管未来有众多不确定性，但报告归纳了几个清晰可见的发展趋势：第一，地球环境不容乐观，但脱碳和经济绿色转型正在推进当中。第二，过去十年中，民主治理出现倒退，民粹主义抬头，但世界各地对抗歧视和不公正的运动日益活跃。第三，数字技术蕴含巨大的变革潜能，但还没有找到将技术潜力化为现实的路径。第四，随着人工智能、自动化和结构转型重塑全球就业格局，以人为本的体面就业将成为更加艰巨的挑战。

面对未来趋势，联合国教科文组织提出如下建议：第一，围绕合作、协作和团结等原则组织教学。第二，课程应注重生态、跨文化和跨学科学习，帮助学生获取和创造知识，同时培养其批判性思维和应用知识的能力。第三，教学应进一步专业化，教师作为知识生产者与教育和社会变革关键人物的工作应得到认可。第四，学校承担着支持包容、公平与个人和集体健康的职责，应成为受保护的教育场所，同时还应重新规划学校建设，以便更好地推动世界向更加公正、公平和可持续的未来转变。第五，保障和扩大个体在不同文化和社会中接受教育的机会，发展高质量的终身学习。

四、持续关注新兴领域，推动教育发展

2021 年 9 月 14 日，联合国教科文组织正式投入使用人工智能全球政策门户网站，该门户网站由联合国、欧盟、经合组织等 7 个重要国际组织共同开发，目的是为公共政策和决策者提供数据、研究、使用案例和最佳做法，让合作伙伴展示相关

资源。联合国教科文组织信息传播助理总干事陶菲克·杰拉西（Tawfik Jelassi）表示，门户网站支持会员国在人工智能治理方面的工作，以确保这一领域的快速发展有助于保障人权和可持续发展。

联合国教科文组织还关注人工智能领域的标准制定、能力建设和政策建议。2021 年 11 月 25 日，联合国教科文组织通过了有史以来首个关于人工智能伦理的全球协议《人工智能伦理建议书》。① 这一协议确定了共同的价值观和原则，将指导必要的法律基础设施建设，以确保人工智能的健康发展。另一个里程碑式的文本《开放科学协议》② 也在联合国教科文组织大会期间获得通过。该协议与围绕新冠病毒开展的全球科学合作密切相关，将促进科学家之间的平等交流，使民众和决策者享受科学进步带来的好处。

2021 年 12 月 7 日—8 日，联合国教科文组织于线上举办主题为“确保人工智能服务共同利益　促进教育变革”的国际人工智能与教育会议，38 个联合国实体参加本次会议。会议围绕“人工智能与教育的全球治理和国家政策”“确保人工智能服务于教育共同利益和推动实现 2030 年教育可持续发展议程”“挖掘数据以加强教育管理和学习评估”“引导人工智能创新，支持教育的包容性、公平性和性别平等”“促进人工智能在非洲的应用：奠定教育基础”等议题展开，深入探讨如何加强人工智能治理及与之相关的网络创新，从而运用人工智能在教育和人文领域造福大众。

五、发布《全球教育危机状况：复苏之路》，促进教育重建

（一）背景

新冠疫情对全球教育造成的破坏构成了有史以来最严重的教育危机。世界上大多数国家暂停了学校和教育机构线下教学活动，以减少病毒在师生之间的传播。毫无疑问，此次疫情带来的影响是巨大的。2021 年 12 月，联合国教科文组织、联合国儿童基金会和世界银行联合发布《全球教育危机状况：复苏之路》③，评估了学校长期停课后世界各地的教育状况，并为复苏提供了一套建议。该文件介绍了新的全球“学习损失”模拟情况，并回顾了判断新冠疫情导致学习损失的实际衡量标准的

---

① UNESCO. Draft Text of the Recommendation on the Ethics of Artificial Intelligence [EB/OL] . [2022-01-14] . https: //unesdoc.unesco.org/ark:/48223/pf0000377897.

② UNESCO. Recommendation on Open Science [EB/OL] . [2022-01-13] . https: //en.unesco.org/science-sustainable-future/open-science/recommendation.

③ UNESCO, UNICEF, The World Bank. The State of the Global Education Crisis: a Path to Recovery [EB/OL] . [2022-02-26] . https: //documents1.worldbank.org/curated/en/416991638768297704/pdf/The-State-of-the-Global-Education-Crisis-A-Path-to-Recovery.pdf.

证据。这些证据显示，在高收入、中等收入和低收入国家，学生的数学和阅读能力都遭受了巨大的损失，这对最边缘化的学生产生了极大的影响。随着教育系统在2020年转向远程学习，许多国家和地区迅速采取行动，部署在线、电视和广播教育等多模式战略，以及分发印刷资料和加强即时通讯，以促进学习的连续性。然而，远程学习计划的质量差异很大，边缘化学生通常难以获得远程学习机会。这场危机在很多方面加剧了教育方面现有的不平等现象，这就是在学生重返学校时需要我们关注公平和学习恢复的至关重要的原因。

解决学生目前的学习状态是至关重要的。引入由循证策略组成的学习恢复计划可以帮助学生快速恢复学习状态。学习能否恢复将在很大程度上取决于提供学习恢复计划和支持学生福祉的一线教师，并且这些教师需要国际组织的支持。实施这些计划需要更重大的政策和财政支持，以提高教育系统的能力，并对教育系统的未来进行良好的投资。迄今为止，只有不到百分之三的政府激励计划用于教育，然而在低收入和中低收入国家，这一比例不到百分之一。《全球教育危机状况：复苏之路》为全球教育系统提供了实际的结果支撑，并提出了一系列政策行动，以恢复学习并利用这场危机作为重塑教育的机会，使其更具弹性、更公平、更有效地为所有人提供学习平台。我们必须抓住这一机会，立足当下，防止这一代学生在学习和未来生产力方面遭受永久性损失，并保护他们充分参与社会活动的能力。

（二）主要内容

该报告主要包括四部分的内容：第一部分说明新冠疫情对学习的冲击，第二部分讨论新冠疫情加剧学习的不公平现象，第三部分讨论减轻学校停课影响的政策及应对措施，第四部分介绍一个更具弹性的系统。

在第一部分中，为了评估新冠疫情对学习的影响，报告借助“学习损失”这一概念进行模拟，最终详尽地解释新冠疫情对学习带来何种冲击。这份报告将术语“学习损失”定义为任何知识或技能的损失或学习进步的减速或中断，最常见的是由于教育的长期差距难以弥补或者是由于主客观原因，学生长期中断学习。根据报告中最新的全球模拟显示数据，学习损失远远大于预期值。首先，学习损失表现为学生失去了大量在校的时间。据悉，学校停课影响了188个国家的约16亿名儿童，其中超过10亿名儿童生活在低收入和中等收入国家。在全球范围内，从2020年2月至2021年8月初，教育系统平均关闭121个教学日，世界上最贫穷的儿童受到不同程度的影响。例如，虽然一些教育系统重新开放，但只局限于某些地区、某些年级，采用混合模式（远程学习和线下学习），学生轮流接受面对面的教学。其次，学习损失表现为低收入和中等收入国家的学习贫困率预计将增加到70%。学习贫困可能在中等收入和高收入国家受影响最深，学习贫困率可能分别增加 23 个和 10 个百分点。相比之下，在低收入国家，学习贫困率可能只会增加 1 个百分点。最后，在印度卡纳塔克邦农村地区，数学和阅读方面的学习损失很大。具体表现为公立学校中能够进行简单减法的三年级学生比例从 2018 年的 24% 下降到 2020 年的 16%。

报告的第二部分包含三个内容:（1）新冠疫情加剧了教育不平等;（2）家庭抵御冲击的能力差异很大;（3）学校关闭对儿童和青少年的负面影响超出了学习范围。具体表现为，在低收入和中等收入国家，学校关闭的时间往往比高收入国家更长，而且应对措施通常效果较差。许多低收入和中等收入国家的教师在过渡到远程教学方面得到的专业发展支持有限，使他们没有准备好应对突如其来的疫情。在家庭中，家庭应对冲击的能力因收入水平而异。来自弱势家庭的儿童比同龄人更难从远程学习中受益，这通常是由于缺乏电力、连接设备和移动网络等的支持。在学校关闭的情况下，女童面临着复杂的学习障碍，社会规范、有限的数字技能和缺乏对设备的应用限制了她们继续学习的能力；儿童和青少年在其他领域取得的进展停滞不前或出现倒退。在学校关闭期间，儿童的健康和安全受到威胁，家庭暴力和童工现象增加。全球有超过 3.7 亿名儿童在学校停课期间错过了学校的膳食，失去了一些可靠的食物和日常营养来源。年轻人的精神健康危机达到了前所未有的程度。性别平等进一步受到威胁，学校关闭估计导致未来十年将有一千多万名女童面临早婚的风险，且其面临辍学的风险增加。

报告的第三部分主要讨论减轻学校停课影响的政策及应对措施。为了减小新冠疫情的影响，许多地区和国家部署了多项政策措施，以尽量减少学校中的感染传播，但并非所有国家和地区都能够使用相同的策略。（1）一些国家在其政策中强调了性别层面。卢旺达实行一项措施，以确保怀孕或已生育的未成年女性重新融入国家教育系统。南苏丹要求建立基于性别的转诊系统，将学校与卫生和其他社会服务联系起来。（2）各国为应对卫生危机部署了大规模的一揽子刺激计划。例如在英格兰，对教育恢复的支持包括灵活的资金和具体的干预措施，如 6.5 亿英镑的普遍追赶保险和针对弱势学生的 3.02 亿英镑的恢复保险，它们可以用来支持学生的心理健康和福祉以及学业恢复。作为教育恢复投资的一部分，政府已拨出超过 10 亿英镑用于辅导干预。但从总体来看，分配给教育和培训部门的资源仍然有限。（3）一些国家和地区提出了创新的远程学习倡议，可供教育系统借鉴。在塞拉利昂，互联网和电视的普及率较低，政策制定者优先考虑通过印刷资料和广播授课提供远程学习。在埃博拉危机期间已经开设的广播节目的基础上，在教师的支持下创建了新的学习课程，并通过 12 个社区广播电台提供，以最大限度地扩大覆盖范围，特别是偏远社区。

支持双向互动，实时电话设备允许孩子们免费打电话提出问题，并创建双向互动。重新开放学校应该是各国的最高优先事项。如果继续关闭学校，成本很高，并有可能阻碍一代人的成长与发展。

报告的第四部分主要介绍一个更具弹性的系统。为了应对学习危机，各国必须首先通过评估学生的学习水平来解决学习数据危机。虽然现在有几个国家已经记录了阅读和数学方面的重大学习损失，但在不同国家、不同年级、不同科目和不同学生的特征之间存在差异，关于学习损失的证据仍然很少。对于政策制定者、学校管理人员和教师来说，获得反映学生背景的学习数据以及按学生群体分类的学习数据至关重要，以便他们能够有针对性地进行教学并加速学生的学习恢复。为防止学生重返学校后累积学习损失，各国应采取由循证战略组成的学习恢复计划。证据表明，过去对教育的干扰，如 2005 年巴基斯坦地震，如果不采取补救措施，课程和教学不进行调整以满足学生的学习需求，即使学生重返学校，学习损失也可能增加。学习恢复计划可以防止这种情况发生，并通过适当的成熟技术组合来弥补损失，以促进基础学习、巩固课程、延长教学时间，并通过有针对性的教学法、结构化教学法、小组辅导和自我指导的学习计划使学习更有效率。除了恢复失去的学习积累外，这些措施还可以在很长一段时间内改善学习成果。

第二节　世界银行教育政策与发展趋势

2021 年，新冠疫情影响下，学校封闭和远程教育持续对学校、教师与学生提出挑战。为此，世界银行广泛总结、推广疫情期间的教育经验，助力各国教育秩序的恢复。与此同时，世界银行持续关注信息技术应用、全民学习、全纳教育等议题，构想更公平、更创新、更高质量的未来教育。

一、发布《重新构想人与人之间的联系：世界银行教育领域的技术与创新》报告，以期改革教学模式、推动全民学习

（一）背景

技术革命方兴未艾。由于新技术及其所支持的商业模式和社会实践的出现，一个又一个行业正在被改变和颠覆，连接在一起的人比以往任何时候都多。当前，世界上一半以上的人口可以上网，世界上最贫困的家庭中，近四分之三拥有手机。与此同时，在获得新技术方面仍然存在着严重的不平等现象，新技术使用所带来的利益分配亦存在不均。

对于如何在这个瞬息万变的世界中成长和发展，太多学生尚未做好充分准备。即使是在2020年新冠疫情导致180多个国家的学校普遍关闭之前，全世界也在急于应对学习危机。世界银行通过统计无法阅读理解一个简单故事的10岁儿童数量，对全球学习贫困程度进行了估计。在低收入和中等收入国家，这一比例为53%；而在最贫穷国家，这一比例达到80%以上。2.58亿名学生失学，其中包括5900万名小学适龄儿童。在受冲突和暴力影响的社区情况更糟，女童和有特殊教育需要的儿童尤其落在后面。

由于新冠疫情的影响，全世界85%的儿童（总共超过16亿名学生）遭遇教育中断。从短期看，教育中断造成了学力退步；从长期看，则将导致人力资本开发受阻和经济机会减少。大量学校关闭，许多教育系统因此转向利用广播、电视、网络及移动设备开展远程学习，大大加快了数十年来一直在发展的大规模使用教育技术的速度。

教育技术提供了重新构想教育的机会。教育技术，即教育中所采用的硬件、软件、数字内容、数据及信息系统，本身并不是万能的。到目前为止，中低收入国家对教育技术的大部分投资都与改善设备和互联网普及有关，对于这些设备的使用及相关的教学方法如何对教和学的过程产生积极、有意义的影响却关注甚少。因此，教育技术对学生成绩的影响好坏参半。

今天，教育技术的使用不再是“如果”的问题，而是“如何”的问题。除了立即采取紧急应对措施向停学在家的学生提供教育，新冠疫情还迫使各国重新审视其教育模式，以解决教育技术的韧性、质量、普及面及相关性等问题。

世界银行支持在各级教育中适当地、经济高效地使用教育技术，支持各国扩大教育机会、提高教育质量，兼顾课堂内外，从而使教育惠及所有学生。世界银行为了实现这一目标，致力于发现有实证研究支持的教育技术解决方案；在试点级别和大规模级别上部署解决方案；在决策者中广泛传播这些知识，并支持能力建设，以便更好地利用这些新知识。

（二）主要内容

首先，世界银行主张在教育系统投资教育技术时注意以下五项关键原则。

（1）问为什么：制定教育技术政策和规划项目时，要明确教育变革的目标、战略和愿景。

（2）设计和实施应着眼于规模化，以期覆盖所有学习者：教育技术相关举措的设计应灵活且以用户为中心，强调公平和包容，以期实现覆盖所有学习者所需的规模化和可持续性。

（3）增强教师能力：技术应该通过改善对内容、数据和网络的获得来加强教师与学生的互动，帮助教师更好地支持学生的学习。

（4）调动利益相关者的生态系统：教育系统应采取政府一盘棋和多方利益相关者共同参与的做法，广泛调动各类行为主体参与支持学生学习。

（5）依托数据做出决策：借助教育技术提供的大量数据，在尊重改进、鼓励试验的文化下，基于实证研究做出决策，使数据使用更为有效、负责和公平。

其次，为了遵守这些原则，世界银行将重点放在新技术的发现、部署和传播上。

（1）发现：世界银行支持世界各地的教育界发现创新举措，建立实证研究数据库，促进教育部向学习型组织转变。世界银行支持决策者从整体上分析各自的教育系统，但行动上要像创业者一样敢想敢为、勇于实践。这一目标的实现，是通过对教育技术项目的监测和评估提供机构支持，与志同道合的组织建立伙伴关系，以及开发可在多个国家使用的数字全球公共产品完成的。

（2）部署：世界银行支持各国利用新技术加强和扩大当前的教育实践和方法，并对其进行改革。世界银行与合作伙伴共同开发符合教育技术五项原则的数字全球公共产品，包括研究、数字资源和应用、数据库和资源库、标准、算法和平台。各国可以根据自己的情况，在数字全球公共产品的基础上进行适当调整。世界银行通过 170 亿美元的教育项目组合（2020 年），支持教育技术计划，响应世界各地数十个国家的需求。

（3）传播：世界银行与世界各地的政府、学术机构、非政府组织、私营部门、民间组织和社区合作，支持有关教育技术的创新项目、及时研究和知识共享，最终目标是改善教学。世界银行认识到私营部门所发挥的作用，并寻求利用其独创力和灵活性提高公共部门的效率。这种建立专业支持网络的方法对于确保跨地区和跨国界有效分享教育技术经验，以及为教育机构提供“最后一公里”支持以促进政府项目的实施至关重要。此外，世界银行还定期为客户举办一系列及时和结构化的学习活动，分享最先进的知识、有前景的实践和“如何做”的成功经验，为各国项目提供支持。

最后，世界银行制定了指导执行五项关键原则的路线图。

（1）整体愿景：制定教育技术政策，需要先了解为解决学习危机需要采取何种教育变革。政策制定者应该优先考虑想要发展的教学方式，以及学生应该掌握的知识和技能。

（2）个性化学习：教育技术需要根据学生个体的需求进行设计，从而在学校和家庭中提供高质量的学习机会。

（3）覆盖所有学习者：通过让终端用户参与进来，并使设计具有包容性，教育技术可支持教育创新在课堂和系统层面的快速扩展。

（4）多渠道远程学习：为了让所有学习者均能接受教育，政府应该利用一系列传播渠道，包括广播、电视、移动设备和网络。

（5）数字素养：教育中的数字鸿沟不仅仅是技术普及的问题，另一个更难弥合的数字鸿沟是能从使用技术中获益的人与无此能力的人之间的差距。教师和学生关注的重点应该是使用有效的数字教学法，而不仅仅是使用技术。

（6）更多的人机互动：新技术将取代教师目前所做的一些工作，从而使他们腾出时间来承担对学生学习有更大影响的职责。虽然技术不会取代今天的教师，但有效使用技术的教师会重塑教师的角色。

（7）政府一盘棋方法：教育技术的部署需要教育部门与其他政府部门（特别是与电信部门和财政部门）合作，共同审议制定降低连接成本和促进学校教育技术普及的政策。

（8）不做无谓重复：教育系统应从其他系统错误中吸取教训，而不是重蹈覆辙。教育部应设法广泛调动、激励、整合和维持各类行动主体对教育技术生态系统的贡献，以支持教学和学习的改善。

（9）开源标准和架构互操作性：推广开源技术标准，重视互操作性，使数据能够在应用程序、系统和组织之间得到高效、适当和安全的共享，有助于避免技术和供应商的绑定，帮助决策者实施更好的决策。

（10）教育部门成为学习型组织：教育部门及其合作伙伴必须成为学习型组织，在反复试验的基础上不断探索、改进、实施和评估解决方案。

（11）开始行动：接受变化不可避免这一观念。必须在实践中学习，并根据所学进行修正。没有一个计划是完美的，但是不作为的风险比行动的风险更大，所以要开始行动。①

二、发布《引导高等教育：迈向为所有人提供服务的弹性系统》，支持有效、公平、高效和有弹性的高等教育系统

（一）背景

世界正寻求更好的重建绿色和公平经济增长的新时代，高等教育系统是整个经

---

① HAWKINS R，TRUCANO M，COBO C，et al. Reimagining Human Connections：Technology and Innovation in Education at the World Bank［EB/OL］.（2021-03-31）［2022-02-26］. http：//documents.worldbank.org/curated/en/829491606860379513/Reimagining-Human-Connections-Technology-and-Innovation-in-Education-at-the-World-Bank.

济和社会所需的重大变革的核心。高等教育对于人力资本和创新发展至关重要。对高等教育的战略和有效投资可以通过发展其人才和领导人才库，创造知识并将其应用于地方和全球挑战，以及参与全球知识经济，为每个国家（从最贫穷到最富有的国家）服务实现。有效的高等教育系统确保各国拥有训练有素的医生、护士、教师、管理人员、工程师和技术人员，他们是有效教育、卫生服务提供与公共和私营部门发展的主要参与者。几十年来，对高等教育的不充分和无效的投资与通过高等教育机会发展的高级技能只会扩大全球公平差距。为了指导世界银行对各国的政策咨询和业务支持，新报告《引导高等教育：迈向为所有人提供服务的弹性系统》[①] 提出了一个框架，以应对高等教育当前和未来的需求。

（二）主要内容

新报告强调，每个国家都必须通过审查新冠疫情对高等教育的影响，并确定能够推动高等教育系统恢复弹性的政策，明确对多元化、明确性和包容性的高等教育进行深思熟虑和战略性投资的必要性。

该报告介绍了世界银行支持发展有效、公平、高效和有弹性的高等教育系统和机构的做法，讨论并阐述了指导世界银行为高等教育系统提供财政和政策咨询支持的五项原则，以优化其对公平和绿色增长的贡献。

（1）建立多元化的系统，制定面向未来的战略，其核心是使高等教育不仅对经济增长和竞争力，而且对社会凝聚力和人类发展做出更广泛的贡献。将高等教育定位为一个整体的、综合的生态系统，通过促进灵活的途径、第二次机会的选择，以及对雇主、社会和政府提供的需求和机会的更大适应性，支持终身学习。

（2）明智地投资新技术。通过提高教学和研究能力，提高创新和服务交付的敏捷性，以及建立数字生态系统，利用高等教育机构的技术力量，从数字化中获利，总体而言，使高等教育系统更具弹性。

（3）确保获得融资的公平性。采取行动确保公平、包容、获取和成功，是有效和与高等教育系统相关的驱动力。

（4）提高资源利用效率。利用证据和可靠信息加强监督和管理，改善信息系统；设计和部署治理、融资和质量保证工具，为高等教育投资提供更多价值，使其度过当前和潜在的危机。

（5）在服务提供中获得弹性，以便继续学习。承认从新冠疫情中恢复时做规划

---

① ARNHOLD N，BASSETT R M. Steering Tertiary Education：toward Resilient Systems that Deliver for All［EB/OL］.（2021-09-27）［2022-02-26］. https：//openknowledge.worldbank.org/handle/10986/36328.

的必要性，在系统和机构层面总结新冠疫情应对措施的成功和失败之处，分析可以减少失败的方案，将灵活性和准备工作纳入部门的治理和运作模式；利用适应性治理框架嵌入弹性干预措施，并适当利用数字技术。

这份世界银行关于高等教育的政策方法文件还给出了未来的研究方向：（1）加强每个国家对多元化和可持续的高等教育系统进行战略性投资的必要性；（2）为决策者和其他高等教育利益相关者提供一个框架，以研究在未来几十年里，对支持增长和发展的高级技能和终身学习需求做出回应的关键特征，以及对高等教育系统的主要干预措施；（3）研究新冠疫情对全球高等教育部门的影响，并分享促进危机弹性恢复的理念；（4）提供关于世界银行在高等教育方面的业务和分析工作的内容、背景和规模的信息。

三、发布《成功的教师，成功的学生：招募和支持社会最重要的职业》，促进教育系统尽最大努力支持教师

（一）背景

对于许多学生来说，教师是与他们互动极多的成年人。成功的教师很可能是学生在家庭之外遇到的第一个榜样。他们教授内容，使学习变得有趣，塑造学生的态度，体现同理心，教授团队合作和尊重，并以多种方式建立学生的信心。有能力的教师应该让学生为一个必须与他人互动、快速变化的世界做好准备，这需要知识、态度和行为的综合支持。学生的成功取决于这三个方面的有机结合。帮助年轻人发展这些技能是一项复杂的任务，特别是当许多人来自贫困家庭时。学生需要与那些拥有深厚知识，以及相信所有学生都能成功的信念和同理心的人进行一般的人际交往。成功的教师在这项任务中是不可替代的，并且在将来仍是不可替代的。当教师政策的设计和实施能够吸引高能力个人，并支持和激励他们成为高水平教师时，这些教师就能获得成功。世界银行的愿景是确保所有儿童都能够从有能力的教师处接受教育，教育系统能够为教师提供必要支持，使他们能够充分发挥自己的能力。

（二）主要内容

世界银行认为，在中低收入国家培养有能力的教师队伍必须遵守以下原则。

原则1：改善教师的地位、薪酬政策和职业发展结构，使教师成为一个有吸引力的职业。如今，教师并不是最热门的职业。全球教师状况指数调查采访了35个国家（包括中等收入和低收入国家）的1000人，结果显示教师在社会地位方面领先于网页设计师。在像芬兰和新加坡这类学生能接受高水平教育的国家中，教师享有很高的声誉和评价。研究人员发现一系列降低教师专业地位的因素，如教师工资

低，资格降低，工作条件差，教学队伍扩大，以及学习和职业发展机会有限等。在某些情况下，这些情况与教师行为形成恶性循环，例如高缺勤率或作为私人导师花费更多精力。

原则 2：确保教师职前教育包括全面的实习内容，以确保实习教师具备良好的向正式教师过渡的能力，并在课堂上有效表现出来。对不同职前教育模式的评估证据不那么严格，但拥有高水平教育体系的国家（如芬兰和新加坡），教师在进入课堂之前就接受了培训。在教师是一种备受追捧的职业的国家，参加职前培训是有选择性的。有效的职前教育课程包含广泛的实践教学内容，与学校的情况密切相关。

原则 3：推行以任人唯贤的原则聘用教员，后接试用期，提高教师队伍素质。政策制定者经常抱怨他们无法雇用最优秀的学生成为教师。这从能否吸引到优秀的候选人开始，但同时也意味着能否选择到优秀的候选人。良好的工作条件不仅吸引高效的教师，而且吸引效率低下的教师。在许多国家，教师的选拔是出于政治原因，或者仅仅是基于认证，而不是通过实际的技能测试或示范课（或两者组合）。在墨西哥，教师选拔过程从政治原因转向以测试为主，与学生学习能力的提高有关。这里引人注目的因素是，测试本身在预测教师效率方面并不好，但是，仅仅需进行测试就阻止了许多低效候选人的申请。

一旦教师开始工作，利用试用期让他们提高自身能力，同时结合健全的评估程序来验证他们是否适合这项工作，可以确保只有优秀的教师才能被保留。学校能给予教师支持，但最终也有可能解雇其中表现不佳、没有进步的人。

原则 4：提供持续的支持和激励，以高质量的在职专业发展和强大的学校领导能力让教师不断进步。有证据表明，实践的、反复的学习机会可以帮助教师提高自身能力。辅导和指导是其中的重要组成部分。对于在课堂上没有强大技能的教师，详细的教师指南可以帮助他们提高技能，特别是识字和算术等基本技能。

管理也很重要。管理得更好的学校会带来更好的结果，越来越多的证据表明，良好的管理有可能帮助学校领导提高工作效率。

问责制是教师的工作动力之一。教师问责制包括各种各样的手段，如同伴观察、认可成功和辅导，而不仅仅是扣减绩效工资或解雇表现不佳的教师。

原则 5：鼓励教师使用技术来增强教学能力，并找到学生的优势和发展领域。初步证据表明，技术可以让南非实现远程教师辅导，可以提供针对印度儿童水平的学习，并且可以使肯尼亚的学校检查员更有效率。但要负责任地做到这一点，政策制定者必须记住，当技术辅助教师而不是试图取代他们时，技术的效果最好，并且在推广之前需要进行本地测试。[①]

四、发布《新冠疫情期间的远程学习：今天的经验教训，明天的原则》，总结从低收入和中等收入国家在疫情期间远程学习的经验教训

（一）背景

为应对新冠疫情，许多国家实施了各种形式的远程学习。疫情早期阶段的教育应对工作侧重于实施远程学习模式，一些措施旨在覆盖所有学生，但这并不总是成功的。随着疫情的发展，教育应对措施也在不断发展。在许多司法管辖区，学校已经部分或全部开放。

对这场危机的短期、中期和长期影响的全面理解仍在形成之中。2021 年 11 月，世界银行发布两份报告《全球学校封锁期间的远程学习：多国课程》（详见后文）和《新冠疫情期间的远程学习：今天的经验教训，明天的原则》[②]。这两份报告分析了这场危机如何加剧教育不平等，并记录了重新构想传统学校学习模式的独特机会。这两份报告是在疫情期间的不同时间编写的，是互补的。第一份报告采用定性研究方法，以了解来自 17 个国家的教育专家对疫情期间学校关闭时期实施的远程和补救学习计划的有效性的看法。第二份报告使用混合方法审查各国如何采用不同的远程学习策略，分析采用情况，并在可能的情况下记录疫情期间远程学习的有效性。报告不仅记录了经验教训，而且还为各国提供了重新构想未来学习的原则。

世界银行在报告发布前组织不同区域的决策者和非政府组织之间的高级别圆桌讨论。活动参与方为世界银行全球教育局局长杰米·萨维德拉（Jaime Saavedra）和一个国际专家小组，他们研究这些报告中提供的证据，以及探讨如何利用这些报告所包含的经验教训来恢复教学。

（二）主要内容

《新冠疫情期间的远程学习：今天的经验教训，明天的原则》强调，有三个组成部分对于远程学习的有效性至关重要。（1）优先考虑有能力的教师。具有丰富的

---

① BÉTEILLE T，EVANS D K. Successful Teachers，Successful Students：Recruiting and Supporting Society's Most Crucial Profession［EB/OL］.（2021-10-05）［2022-02-26］. http：//documents.worldbank.org/curated/en/874821633446669472/Successful-Teachers-Successful-Students-Recruiting-and-Supporting-Society-s-Most-Crucial-Profession-Update.

② MUÑOZ-NAJAR A，GILBERTO A，HASAN A，et al. Remote Learning during COVID-19：Lessons from Today，Principles for Tomorrow［EB/OL］.（2021-11-30）［2022-02-26］. https：//openknowledge.worldbank.org/handle/10986/36665.

学科内容知识、能使用技术和适当教学工具的教师更有可能适应远程教学。（2）采用合适的技术。技术的可用性是有效远程学习的必要条件，但不是充分条件。（3）确保学生参与其中。为了让学生参与其中，家庭环境、家庭支持和学习动机等背景因素必须很好地保持一致。报告发现，许多国家都在努力确保学生接受远程学习，但有些国家发现自己陷入了远程学习的悖论：选择的远程学习方法不适合大多数教师和学生的能力。

报告解决了以下关键问题：（1）疫情期间是否进行了远程学习，如果是，它是否有效？也就是说，孩子们是否像疫情前的面对面学习一样学到了很多东西？（2）政府可以从这一广泛传播的经验中吸取哪些教训？（3）随着学校开始重新开放，政策制定者如何利用这些经验教训来重新构想学习？

报告提出了五大原则。

（1）确保远程学习适合实际使用。各国应选择适合教师和学生获取和利用技术的远程学习模式，包括数字技能，并确保教师有机会发展有效远程教学所需的技术和教学能力。

（2）利用技术提高教师的效率。教师专业发展应培养在远程环境中成为高效教师所需的技能。

（3）确保进行有意义的交流。必须利用最适合当地情况的技术，使学生和教师有机会相互交流，并适当调整课程的提供。

（4）在教学和学习过程中，让家长作为合作伙伴参与进来，并为他们提供支持。家长（家庭）必须参与和支持，以帮助学生获得远程学习，确保学习的连续性并保护孩子的社会情感福祉。

（5）团结所有参与者，围绕学习进行合作。各级政府之间的合作、公共和私营部门之间的合作，以及教师和校长群体之间的伙伴关系，对于远程学习的有效性至关重要，并且对于确保系统在不断变化的远程学习环境中继续适应和改进至关重要。

报告还提出了五条经验教训。

（1）技术的可用性是有效远程学习的必要条件，但不是充分条件。尽管学校被封锁，但教育技术一直是继续学习的关键，为大规模开展教育提供了新的机会。然而，技术对教育的影响仍然是一个挑战。

（2）教师比以往任何时候都更加重要。无论学习方式和可用技术如何，教师都发挥着关键作用。定期、有效的职前和长期的教师专业发展是关键。支持开发数字教学工具，以便在远程和面对面环境中进行有效教学。

（3）教育是一项积极的人际互动工作。为了使远程学习取得成功，需要学生和老师之间进行有意义的双向互动，这种互动可以通过使用最适合当地环境的技术来实现。

（4）家长是教师的重要合作伙伴。家长的参与发挥了平等的作用，降低了远程学习的局限性。随着教育向更加一致的混合学习模式过渡，各国有必要优先考虑为家长提供指导的战略，并为他们提供帮助他们支持学生所需的工具。

（5）利用动态的协作生态系统。教育部门需要与从事教育工作的其他实体密切协调，以有效地协调不同的参与者，并确保整体学习体验的质量。

五、发布《全球学校封锁期间的远程学习：多国课程》，保证学习的连续性

（一）背景

新冠疫情正严重影响着世界各地的教育系统。学校关闭（或部分关闭），不同国家的情况表明，学生以前取得的学习成果将部分丢失。来自弱势背景的儿童遭受的冲击更大，辍学的风险更高。为了更好地了解这些冲击的影响，以及分析远程学习解决方案的预期效果，世界银行的教育技术与创新团队进行了一项定性探索性研究，综合了一些选定国家为减少学习损失而采取的主要国家教育行动。①

（二）主要内容

研究包括三个主要部分：第一部分“我们能从低收入和中等收入国家的教育应急反应中学到什么？”分析了 2020 年 4 月至 5 月 120 多个国家政府对新冠疫情的紧急教育响应。第二部分“远程学习被认为是有效的吗？对 5 个国家的深入分析”讨论了巴西、肯尼亚、尼日利亚、塞拉利昂和秘鲁部署的主要国家教育应对措施，以及 2020 年 5 月至 8 月实施这些措施的预期效果。第三部分“远程和补救策略的工作原理是什么？”对 13 个国家进行分析，借鉴了在分析 5 个多国经验过程中吸取的关键经验教训，并介绍了在学校关闭期间实施的远程学习的全球趋势，以及政府为补救学习而采取的行动。总体研究遵循定性研究方法，目的是了解教育专家对各自国家实施的远程和补救学习计划的有效性的看法。

报告将主要趋势分为五个主题来讨论，分别是：（1）采用多模式的交付系统。

① RODRIGUEZ M B，COBO C，MUÑOZ-NAJAR A，et al. Remote Learning during the Global School Lockdown：Multi-country Lessons［EB/OL］.（2021-08-05）［2022-02-26］. https：//openknowledge.worldbank.org/handle/10986/36141.

多模式交付系统对于扩大教育覆盖面是有效的，但需要辅之以明确的沟通策略，并根据当地需求整合调整交付系统，以确保目标人群的有效利用。（2）调整课程以确保有效性。调整课程和内容管理可以有效地降低成本，更有效地利用时间，特别是对于第一次开展远程教育，缺乏内容库、电视，或广播时间有限的国家。课程调整不仅应关注学生需考试的学习能力，还应关注与疫情相关的能力，例如，自我导向学习、关心自己和他人、社会情感能力等，这些是确保学生社会情感发展和福祉的关键非认知能力。（3）确保持续的教师培训和在职支持。通过职前和在职教师培训与远程辅导计划实现的持续专业发展，可以有效地为教师提供远程和补救性教学所需的工具。在疫情期间，远程教育指导方针有助于澄清教师的“强化角色”，但过度的行政工作量可能会使教师产生倦怠并降低教学效果。各国注意到了这些问题，并重新设计了报告系统，以减少倦怠问题。（4）利用机构能力，同时确保持续的监测和评价。虽然利用在疫情之前和期间获得的机构能力对于确保学习的连续性至关重要，但同样重要的是不断监测和评估教育过程和结果，以了解整个远程教育战略是否有效地覆盖所有学生，保持学习参与，并提高学习成果。（5）巩固补救学习损失的国家战略。随着学校重新开学，一些国家计划实施或正在实施额外的支持项目来弥补学习损失。一些国家对补救学习采取了“事后”方法，将这些项目推迟到学校重新开学后，并对学生进行评估，以确定学习损失的严重程度。部分国家采取了“事前”方法，即假定大批学生受到学校关闭的影响，通过引入补救学习或加速学习计划，支持第一批学生赶上进度并避免辍学。

由报告的第一部分内容可知，大多数国家通过设计和实施面向所有学生和教师的远程学习计划来应对紧急情况，但较少关注进度监控和补救学习计划的设计。报告遵循框架由世界银行通过三个相互重叠的阶段来帮助各国减轻短期和长期教育成本：应对、管理连续性和初步政策措施。报告还借鉴了世界银行的指导原则，通过不同渠道设计和实施远程学习战略：离线、广播和在线教育。报告的第一部分内容同时旨在回答以下问题：（1）在疫情的紧急阶段，低收入国家的政策建议是否得到有效执行？（2）远程学习策略应对新冠疫情是否有效？非洲和中东的政策制定者需要考虑缺乏相应技术基础设施的很大一部分人口，评估其基础设施资源，利用过去的经验，并加强可用的内容，以快速扩展这些解决方案。亚洲各国政府努力确保边缘化社区的儿童获得应有的教育资源。亚洲和东欧国家使用的远程学习渠道各不相同，这反映出世界不同地区的国家拥有不同的资源。父母的支持同样也很重要，政府需要向父母提供指导，以便他们能够支持孩子在家学习；需要特别关注那些缺乏远程学习所需设备的孩子。拉丁美洲和加勒比地区各国政府灵活创新地设计和实施了远程教育模式，所有国家都开发或加强了某种类型的学习平台，各国还需要确保内容可以离线使用，如为无法访问互联网的家长提供硬拷贝资源。教师需要用正确的指导来补充通过这些渠道提供的内容，因此，通过培训为教师提供支持至关重要。

由报告的第二部分内容可知，教育系统的分权程度、私营部门的作用和之前远程学习的经验在一定程度上影响了新冠疫情的教育对策。权力下放的程度以不同的方式影响了教育系统，私营部门和第三部门也影响了教育系统对新冠疫情的反应。有效远程学习策略的渠道很多，大多数选定国家都设计并实施了多渠道战略，因为这样更有效。课程的优先顺序和内容的选择侧重于基础知识和多年级内容，互动教育平台比单向教育方法（如发送印刷资料、广播或电视教学）更有效。然而，在连通性差的情况下，数字互动平台面临着接触到的学生人数较少的挑战。单向、低技术教育方法有效地提高了低连通性地区的覆盖率，但在学习过程中跟踪参与度是一个挑战。无论是单向教育方法还是数字平台，教师在支持学生学习过程中的作用都至关重要。相当多的教师参加了应急培训课程，然而课程的有效性尚未得知，且由于课程在大多数情况下是可选的，政府缺乏了解其有效性的信息。很少有政府开发和维持专业发展课程或远程辅导计划来加强教师的教学和数字技能。监测和评价同样重要，实施监测和评估过程以跟踪上述结果的教育系统，以及反馈接受程度，在根据学生和教师的具体需求调整远程学习计划方面是有效的。大多数国家能够评估新冠疫情期间实施的远程教育计划覆盖的学生人口比例。

从报告的第三部分内容可以知道远程和补救策略的工作原理。远程教育交付系统有效地提高了远程教育在城市和农村地区的覆盖率，在城市地区扩大远程教育覆盖面比在农村地区更有效。在课程调整上，政府为确定课程的优先顺序所做的努力（如能力、科目和内容的优先顺序与其他调整），可以有效地扩大远程教育覆盖面，快速实施远程学习计划，并以较低的成本提供远程学习计划。在教师的培训和支持上，持续的专业发展和远程辅导计划被认为是有效地为教师配备了在虚拟教室中使用数字技术的工具。在大多数情况下，教育系统在实施这些远程教师支持计划时遇到了挑战：大多数教师不熟悉远程教学平台和工具，一些教师由于缺乏适当的设备和内容、互联网连接不畅等困难而对培训不感兴趣。因此，教育部门必须提供关于如何使用特定平台的远程教学指南，以及如何向学生提供反馈和支持家长。与此同时，政府应该向学校提供监测福祉的工具，因为教师必须投入大量时间保持学生的心理健康，同时保持自己的积极性。大多数政府都计划并实施了加强教师作用的指导方针，监测教师的社会情绪健康以避免教师倦怠，并在需要时采取行动。监测和评估流程是了解计划实施进度并加以调整、改进和排除故障所需的指南针，另外，从需求方面评估远程学习计划的有效性也很重要，即跟踪学生的参与情况和学习成果。在补救学习上大多数国家设计了自上而下的中央统一计划，而少数国家则赋予学校或地方教育机构设计和实施补救计划的自主权。一些国家采取"事后"方法，而另一些国家则倾向于采取"事前"策略进行补救学习。

结尾部分介绍了结论和其他研究。在疫情之前，并非所有国家都处于同样的水平。那些先前投资了技术和能力的国家能够更好地实施全面有效的交付系统，快速过渡到在线教师培训或辅导计划，建立监测系统跟踪进展，并部署大规模的数字形成性和总结性评估。但是，进一步定性和定量研究仍然存在很多问题。

六、发布《全球教育政策仪表板技术说明》，为学习危机提供指导

（一）背景

尽管许多国家努力增加了儿童和青年受教育的机会，但现在他们仍然面临着学习危机。尽管低收入和中等收入国家的小学教育几乎已经普及，但在新冠疫情暴发之前，仍有 53% 的儿童存在学习困难——这意味着他们在 10 岁时不能阅读和理解适合年龄的短篇故事。随着学校长期关闭和疫情造成的各方面衰退，学习危机进一步加深。为了应对危机并改善所有学生的学习，各国需要知道它们在这三个关键维度上的立场——实践（或服务提供）、政策和政治。尽管新的测量工具很好地捕捉到了其中的一些驱动因素，但没有一种工具能够收集所有这些方面的数据。为了填补这一缺口，世界银行在比尔及梅琳达·盖茨基金会、英国国际发展部和日本政府的支持下，推出了全球教育政策仪表板（Global Education Policy Dashboard，GEPD），衡量全球基础教育学习成果的关键驱动因素。全球教育政策仪表板强调了系统在为所有儿童提供优质教育方面的不足，表明在促进全民学习方面现行做法与最有效的做法之间的差距，并帮助各国政府在努力缩小这些差距时确定优先事项和跟踪进展。

2021 年 4 月，世界银行发布《全球教育政策仪表板技术说明》，概述了整个项目的技术方面的内容，以及它的实地工作、仪器、指标和分数，目的是为收集数据和制定全球教育政策仪表板的指标方面提供技术决策帮助。[①]

---

① STACY B W，ROGERS F H，VENEGAS MARIN S. Global Education Policy Dashboard：Technical Note［EB/OL］.（2021-04-19）［2022-02-26］. https：//documents.worldbank.org/en/publication/documents-reports/documentdetail/724741621218191454/global-education-policy-dashboard-technical-note.

（二）主要内容

首先，文件介绍了全球教育政策仪表板这一调查工具的开发。全球教育政策仪表板项目的一个主要目标是开发有重点的、成本效益高的工具和数据收集程序，以便仪表板能够便宜到足以在许多国家实施（和重新实施）。仪表板项目使用三种新工具在每个国家收集新数据：学校调查、政策调查和公职人员调查。数据收集包括学校访问、课堂观察、立法审查、教师和学生评估，以及与教师、校长和政府官员的访谈。并且，该项目利用一些现有的数据源来补充它收集的新数据。为了指导简化过程和三个工具的开发，该项目包括严格的定性研究，以确定作为指标基础的最相关的问题。此外，对于学校调查的一些模块，该项目对现有数据进行了广泛的心理测量分析，以便为简化过程提供信息。这些模块主要涉及一年级评估、四年级评估和教师评估。

其次，文件介绍了全球教育政策仪表板现场工作的技术规范。数据收集的目的是产生高质量的数据，以便能够构建具有全国代表性的指标，这些指标足够精确，能够发现不同时间、地区和性别之间的差异。全球教育政策仪表板通过使用面对面数据收集、自动化数据收集和质量检查来做到这一点。文件接下来详细描述了数据收集协议和流程的采样策略和技术规范，从抽样、测量权重、能源考虑、自动化数据收集、匿名化过程、数据质量检测方面进行了详细介绍。

在抽样阶段，全球教育政策仪表板调查的目的是得出具有全国代表性的估计数。对学校和公职人员的调查，全球教育政策仪表板制定了不同的抽样策略。团队对学校的抽样采用了分层抽样的办法，在使用分层方法生成样本之前，先定义抽样框架。抽样框架包括公立学校、私立学校还是公私兼有，要根据国家和学校性质做出选择。测量权重是使用每个国家的原始抽样框架构建的，确切的公式取决于选择学校的程序。在能源考虑上，所有调查都必须在调查的成本和最终的估计精度之间进行平衡。全球教育政策仪表板调查的一个目标是以低成本提供一套综合指标，并能够跟踪一段时间的进展情况。全球教育政策仪表板小组为数据收集设定了大约 15 万美元的总成本，其中包括完成调查所需的培训、清点、差旅和数据清理。虽然调查成本是一个重要的考虑因素，但可检测效应的最小值对于理解预算和精度之间的权衡也很重要。采用与全球教育政策仪表板方法类似的现有调查数据被纳入其中，以评估一些全球教育政策仪表板关键指标可能检测到的影响大小。关键指标包括教师出勤、课程内容知识、学科教学知识、管理技巧、学生出勤等。全球教育政策仪表板项目的一个重要因素是追求数据处理的自动化和效率，以节省时间和成本。全球教育政策仪表板项目数据的存储和处理几乎完全自动化，集成了多种支持该功能的世界银行产品。作为数据收集平台，全球教育政策仪表板使用了“调查解决”（Survey Solutions），这是世界银行设计的基于电脑的免费开源调查工具。平台从“调查解决”下载数据后，会立即执行一个流程，将数据保存为匿名版本，并且一些变量得以删除。在收集调查数据的同时，该小组每天进行质量检查，以确保数据的高质量，其中包括通过“调查解决”总部应用程序提供的内置检查和定制设计的数据质量检查工具。此外，该小组还为全球教育政策仪表板的公职人员调查和学校调查设计了一套定制工具。

最后，文件详细列出了 39 个指标，可以分为 4 大类：结果、实践、政策和政治。这些指标是根据使用 3 种调查工具收集的数据建立的，以 1 至 5 的等级或百分比表示。在全球教育政策仪表板，将使用交通灯系统来显示指标：绿色表示指标符合目标，黄色表示警告，红色表示需要改进。之后讨论具体指标的熟练程度临界值，以及如何构建更广泛的指标集。对于问题评分和指标计算也进行了详细的讨论，罗列出全球教育政策仪表板成果指标的得分明细、全球教育政策仪表板实践指标的评分信息、18 项全球教育政策仪表板政策指标得分信息，以及最后的政治能力指标得分信息。

七、发布《下一步会是什么？关于教育复苏的经验教训：新冠疫情期间对教育部门调查的结果》，致力于疫情期间的教育重建

（一）背景

新冠疫情导致许多人的身体受损，并给卫生系统带来了巨大的压力。2020 年 3 月以来，世界上大多数政府都实施了遏制疾病传播的政策。关闭学校以及随后向远程学习方法的过渡成为新冠疫情期间的有效应对方法。虽然新冠疫情造成了有史以来规模最大、影响程度最深远的全球学习中断，但它也揭示了教育创新和教育系统改革的巨大潜力。在新冠疫情导致的教育中断之后，各国比以往任何时候都更迫切需要数据来计划和监测应急工作，并为中长期缓解和恢复战略做好准备。

（二）主要内容

《下一步会是什么？关于教育复苏的经验教训：新冠疫情期间对教育部门调查的结果》于 2021 年 6 月发布，介绍了联合国教科文组织、联合国儿童基金会、世界银行、经合组织第三轮调查的主要结果，同时，在一定程度上也使用了前两轮调

查的数据和其他一些来源。[①] 报告共分六个部分。

第一部分显示，2020 年全球所有学校完全关闭的时间平均为 79 个教学日，高收入国家为 53 个教学日，中低收入国家为 115 个教学日。截至 2021 年 2 月 1 日，21% 的受访国家报告称，学校因新冠疫情完全关闭，这部分受访国均为中高收入国家。各国针对学校关闭采取了各种学习模式，包括完全远程学习、混合学习、其他学习模式，以减轻学习损失。例如，41% 的国家报告延长教学学年，42% 的国家报告优先考虑教授某些课程或技能。但是，半数以上的国家报告说，在所有教育阶段上都没有或将不会做出任何调整。

第二部分显示，受学校停课影响的学生在正常年份的学习水平绝对下降或进步比预期的要慢。获得远程学习的机会分配不均，可能会对弱势儿童产生不成比例的影响。调查结果显示：学习损失的程度往往无法衡量，只有略多于三分之一的国家报告已采取措施，在 2020 年通过标准化评估来衡量小学或初中教育的学习水平，而 58% 的国家报告在课堂一级进行了形成性评估。衡量学习损失是减轻其后果的关键的第一步。各国必须评估这种损失的规模，以执行适当的补救措施。

第三部分显示，在全球范围内，新冠疫情对各级考试产生了重大影响。在低收入和中低收入国家中，三分之二的小学学生和四分之三的初中学生被重新安排或推迟了考试。在全球范围内，28% 的国家取消了初中考试，18% 的国家取消了高中考试。70% 的国家侧重于提高高中一级考试中心的健康和安全标准。四分之一的国家在小学和初中阶段，三分之一的国家在高中阶段调整了考试内容，改变了以往考试的科目。在高收入国家中，35% 的国家调整了初中和高中教育的管理模式，然而低收入国家对此没有做出改变。

第四部分显示，由于在学校停课期间学习效率较低，许多儿童在返回学校时没有适当吸收他们年级要求的课程内容。在这种情况下，需要进行补救指导，使儿童回到正轨。在全球范围内，超过三分之二的国家报告说，当学校重新开放时，对中小学学生广泛实行了弥补学习差距的措施，这比前一轮调查有所增加。前一轮没有执行补救方案的国家中，近三分之二报告在这一轮中有一个补救方案。大多数高收入或中高收入国家在疫情早期不太可能报告实行补救措施的情况。在中高收入国家中，小学前补救措施的实行率是最低的（只有三分之一的国家报告了这一点）。

---

① UNESCO，UNICEF，The World Bank，et al . What' s Next?Lessons on Education Recovery：Findings from a Survey of Ministries of Education amid the COVID-19 Pandemic［EB/OL］.［2022-02-26］. https：//openknowledge.worldbank.org/handle/10986/36393.

第五部分显示，在学校中尽量减少疾病传播需要采取一系列措施。少部分学校可以利用现有手段和资源实行部分的措施，而其他学校需要更多的投资和协调，包括与其他部门的协调。减少疾病传播的主要做法有保持安全距离、注意手部清洁和呼吸道的卫生。国家实施的健康和卫生措施有所增加，特别是自我隔离和追踪密切接触感染新冠病毒的员工或学生。国家仍需要额外投资或增强协调的活动，追踪密切接触人员和在学校开展核酸检测的项目，而目前其采用率较低。低收入国家甚至在执行最基本的措施方面也落后。例如，只有不到 10% 的低收入国家报告拥有足够的肥皂、干净水、环境卫生和个人卫生设施与口罩，而高收入国家的这一比例为 96%。

第六部分显示，新冠疫情给教育筹资带来挑战，教育对资金的需求正在上升，而政府收入却在持续下降。与 2019 年相比，49% 的国家在 2020 年增加了教育预算，而 43% 的国家维持了现有预算。2021 年的投资将增加，这些投资对于确保混合学习模式、支持弱势学生、对教师进行数字学习培训和确保学校安全复课至关重要。低收入和中低收入国家更有可能为学生提供财政支持，而高收入国家更有可能提高教师薪酬。来自政府的额外拨款是各国（尤其是高收入国家）最常提到的额外教育资金来源，其中 86% 的国家属于这种情况。大多数国家在分配额外的教育资金时考虑了学生或班级的数量。

八、发布《信息与通信技术在教育中的应用：在资源不足的教育系统中有效整合技术》，强调技术创新对教育的重要意义

（一）背景

在过去 20 年里，在世界各地的公立学校教育系统中引入各种形式的信息与通信技术的投资迅速增加，并在新冠疫情期间显著扩大。这类投资的分类和规模根据选择阅读的报告而有所不同。尽管如此，这些投资中的大多数都试图复制一个以电子为中心的教育技术项目，这些项目是在资源丰富的环境中构想出来的，所以更适合资源丰富的环境。有关其有效性的证据要么有所不足，要么在很大程度上是比较混乱的。因此，考虑教育的持续性时应该注意哪些点是该报告的研究内容。强调技术创新是塑造世界各地教育体系的一个关键因素。使用技术解决现实世界问题的基本方法需要从最终用户的角度来定义问题，阐明问题的重要性，以及发展想法和重新想象的过程，这些想法和过程可通过使用技术工具来实现或扩展，并确保最终用户是解决方案的一部分。桑代克和凯蒂的思想确定了如何在正确的层面上进行教学，以及如何鼓励以个人探索作为导向，并提供了个性化工具作为解决方案。

（二）主要内容

《信息与通信技术在教育中的应用：在资源不足的教育系统中有效整合技术》的主要观点为：技术是应对资源贫乏环境中的教育挑战的有力工具。技术的主要作用可以具体为三个部分：（1）评估学习以了解系统的当前状态和改革议程的设定方向；（2）解决学习障碍；（3）调整所有参与者，使整个教育系统为学习运转。[①]

首先，在过去的15年里，评估一直是世界各地教育改革讨论的中心，世界银行2012年的一份报告强调了评估系统产生的信息质量的三个主要驱动因素：有利环境、系统一致性和评估质量。其他情况下，国家大规模评估与它们打算衡量的结构、内容的一致性存在问题。不同地区和年份的测试项目和质量也可能不同，这就造成了其结果难以比较的现象。管理评估与收集和整理数据的过程也可能在不同阶段出错，导致数据不可靠；分析耗时，从评估到行动的循环缓慢而无效。一些改进评估系统努力利用信息与通信技术工具提高数据的保真度，包括将手机和平板电脑等便携式设备纳入数据收集程序，并利用下游分析工具缩短从评估到行动的周期。针对全系统变革的干预措施的一个例子是2010年格鲁吉亚国家的“大爆炸”评估改革，即学校毕业考试转向计算机自适应测试，这是一种适应考试者的能力水平的测试。该测试从减少作弊和提供更精确的考生能力评估，到开发与国家标准完全一致的广泛项目库，均可以在多年内获得更可靠和可比较的数据结果。格鲁吉亚教育和科学部的一项评估认为，与使用纸笔技术进行的相同测试相比，计算机自适应测试更具成本效益，其引入达到了启动一个有效、公平和客观的学生评估方法的目标。

其次，世界银行制定了一项三管齐下的战略，以加快实现确保所有儿童都有机会充分发挥其潜力的目标：确保方案组合涵盖医疗保健、营养、儿童保护、社会保护和早期学习，并且，通过遵守质量标准和数据可用性来监控和确保质量。在分析一个国家的儿童发展系统时使用这样一个框架，可以确保所有利益相关者在设计和提供解决方案时的需求和愿望处于首要地位，并发现差距，从而深入了解信息与通信技术是否以及如何在解决已确定的挑战方面发挥作用。例如，由于缺乏设计、提供和监测服务，以及缺少成果的跨部门协调机制，提供类似服务的政府部门范围太广，这可能会制约有利环境的形成。缺乏质量保证机制可能会导致低质量的课程和学习资源、未经培训的专业人员与设备不良的托儿中心激增，从而对儿童的成长和

---

① VIVEK K，BHATTACHARJEE P. Use of Information and Communication Technologies in Education: Effectively Integrating Technology in Under-resourced Education Systems［EB/OL］.［2022-02-26］. https://openknowledge.worldbank.org/handle/10986/35423.

学习产生不利影响。

信息与通信技术及适当开发的多媒体材料还可以通过提供良好的培训材料，促进模拟、捕捉和分析实践教学，将世界经验带入培训机构，培训潜在的教师在技术使用中进行逐步学习，从而加强教师的初步准备。例如，印度卡纳塔克邦的教师在主题教师论坛的框架下召开会议，在线上社区参加与他们的主题相关的讨论，并创建和共享开放的数字教育内容。

最后，诸如评估学习情况和根据现有证据采取行动等改革内容本身并不有效。任何改革举措都需要在系统内获得牵引力并维持实施。重要的是要识别和培养不同的参与者，并使他们具有必要的技能和方向，以将所有投入导向良好的结果。然而，调整行动者从而调整系统，以推广一套新的改革，是一项具有挑战性的任务。主要有两种情况可能使调整失败。当不同的行为者要求系统对不同的目标负责时，问责制就会失败。例如，虽然学生和家长可能重视学习，但政府和学校机构可能只重视适当的预算拨款。虽然政府可能会要求学校和教育部门规定学习的目标，但系统中的资金、信息和激励措施可能与学习目标不一致。例如，虽然学校或教育部门可能很容易获取入学数据，但他们不会建立信息系统来获取高质量的可靠学习数据。同样，工作人员的薪资或留用可能与绩效无关，而与其他参数挂钩，因此不能激励学习。

综上，使用关键的变革杠杆，即目标、资金和激励措施，是建立在容易获得高质量信息的基础上的。技术在以教育管理信息系统的形式建立基础设施方面发挥着重要作用。有几个成功建立或整合教育管理信息系统的例子，例如在洪都拉斯，除了公开获取数据，利益攸关方还接受了使用数据的培训；在立陶宛，市政府和学校代表对此产生了兴趣，从而创建了地方和学校级别的教育管理信息系统，并创建了年度教育报告来衡量学生的成绩。这些地区很容易与表现不佳的国家形成对比，比如缺乏明确目标的阿尔巴尼亚、越南、印度，缺乏政治意愿的保加利亚、拉脱维亚，没有为关键参与者提供装备或让他们参与数据的设计和传播的保加利亚、越南、巴基斯坦、乍得、加纳，缺乏支持教育管理信息系统的法律框架的玻利维亚和阿根廷。这些例子说明了改革进程的重要性、调整问责制的重要性，甚至在建立加强问责制的驱动因素方面也很重要。

九、发布《难民全纳教育的全球成本》，促进全纳教育的发展

（一）背景

难民获得优质教育不仅是一项基本人权，而且对安全、社会团结、和平和稳定

至关重要。难民获得优质教育可以帮助他们应对和克服他们可能因流离失所和暴力而经历的创伤。此外，教育对技能发展、未来就业和自给自足也至关重要。要加快和简化难民融入新社会的途径，教育在这一进程中起着关键作用。受过高等教育的难民也可以为其家园的可持续发展和重建做出贡献。

难民儿童接受教育的机会仍然远远低于那些没有被迫流离失所的儿童。据估计，77% 的难民儿童能上小学，只有 31% 的难民青年能接受中等教育，只有 3% 的难民能接受高等教育。受教育机会受到以下因素的影响：入学方面的财政和法律障碍、额外教育空间有限与训练有素的教师无法满足过多的难民学生，传统上对难民教育的投资不足，以及个别家庭面临的一系列社会、文化和经济制约因素。即使在进入学校后，难民学生辍学的可能性也要大得多。一旦难民学生辍学，他们就很难重新进入学校并赶上进度。在全球范围内，只有 34% 的失学儿童可能重新接受教育。由于新冠疫情和迫在眉睫的经济危机，难民获得教育的挑战进一步加剧。

教育流离失所的儿童和青年是一个独特的挑战。联合国难民事务高级专员办事处估计，难民儿童和青年由于被迫流离失所而平均错过三至四年的学校教育。如果他们根据自己的年龄入学，受学校教育中断影响，他们将面临学业困难。他们可能因暴力和冲突而遭受心理创伤，这会抑制他们在课堂上参与和学习的能力。他们可能从出生起或因暴力而有身体残疾。他们家里通常只有一个或者没有成年看护人，他们往往被迫工作和从事创收活动，这意味着他们接受教育的机会成本非常高。如果难民接收国的教学语言与难民原籍国的教学语言不同，他们的学习将受到进一步的影响。除了这些挑战，他们还面临着进入和留在学校的一些限制。这些限制包括与教育有关的高昂费用（如交通和材料）、长期中断他们的学习、学校拒绝招收难民、上学途中遭受基于性别的暴力风险、贫困、工作压力（在年龄较大的儿童，特别是男孩中普遍存在）、对现有教育方案缺乏认识、为他们登记的复杂性。①

（二）主要内容

（1）加速教育计划（Accelerated Education Programme，AEP）：AEP 是一个灵活的计划，旨在为弱势、超龄、失学的儿童和青年提供接受教育的机会。这可能包括那些因贫困、边缘化、冲突和危机而错过或中断教育的人。AEP 的目标是使用与学习者认知成熟度相匹配的有效教学和学习方法，为其提供同等的、经过认证的基础教育资源。联合国难民署在埃塞俄比亚、黎巴嫩、肯尼亚、叙利亚、南苏丹、苏

① The World Bank. The Global Cost of Inclusive Refugee Education [EB/OL] . [2022-02-26] . https: // documents1.worldbank.org/curated/en/159281614191477048/pdf/The-Global-Cost-of-Inclusive-Refugee-Education.pdf.

丹等国家根据国家加速教育系统实施此类计划。在乌干达，23000 名以前失学的超龄学习者现在通过速成学习方案过渡到小学。在约旦，如果学生比同龄人年龄大 3 岁以上，则不允许他们入学，而 AEP 可以帮助儿童重新入学并赶上进度。

（2）心理社会支持：许多流离失所的儿童可能已经与家人失散，或目睹了危险、暴力、重大损失和危及生命的事件。他们在学校的参与度和学习能力可能受到这些经历的抑制，但他们的应对能力可以通过定期、专门的心理社会支持得到提高。对将心理社会支持与课堂教学相结合的"更好的学习计划"（由挪威难民理事会资助）的评估发现，参加该计划的儿童噩梦、痛苦情绪和身体疾病减少，上学和完成家庭作业的兴趣增加，安全感增加。

（3）语言支持：如果提供语言课程，通常是在难民营或通过浸入式课程，而不是在正规教育的框架内。这通常属于非政府组织和国际组织的职权范围。即使在以阿拉伯语为主要教学语言的黎巴嫩，数学和科学等核心科目也是用英语或法语授课。在乌干达，难民主要来自南苏丹、布隆迪、刚果民主共和国和卢旺达。除了那些来自南苏丹的难民，其他难民学生讲法语，很难融入乌干达的体系。《乌干达 2019—2020 年难民应对计划》认识到，为了在这些多语言环境中提供教育，必须支持母语扫盲、语言衔接课程、社区参与学校活动和让双语教学助理参与课堂。土耳其政府实施了一项土耳其语项目，为难民儿童从非公立学校过渡到公立学校做准备。

（4）现金转移支付：难民儿童更有可能要为家庭收入做出贡献，因工作压力而失学。联合国难民署和救助儿童会发现，2013 年，约旦几乎有一半的难民儿童在工作。此外，交通、学校材料和制服的费用可能令许多家庭望而却步。虽然这些需求方面的制约因素并非难民儿童所特有，但在不允许难民进入正规就业和贫困程度很高的社区，这些制约因素更加严重。在这种情况下，向以上学为基本条件的家庭提供现金转移支付，有助于减少教育机会的高成本。在土耳其，有条件的现金转移支付用于教育方案显示，叙利亚儿童和其他难民儿童的入学率有所提高。

（5）为难民提供全纳教师培训：收容社区的教师在提供优质教育方面面临前所未有的挑战，他们面临着教室过度拥挤、超龄儿童和遭受心理创伤或身体残疾的难民儿童增加，而有限的教学资源、监测和领导力使这种情况更加恶化。至关重要的是，他们要能够营造一个有利于学习的安全和包容的环境。因此，必须对教师进行培训，使当地学生认识到难民学生的需求，以防止污名化和欺凌，并提高社会凝聚力。这些技能必须通过持续的专业支持来发展。此外，难民社区的教师可以提高技能，获得认证并融入正规教育，以克服许多难民接收国教师短缺的问题。危机背景下的教师小组正在努力开发持续的教师支持模式，并提供机构间的开源解决方案。

《难民教育的有希望的做法》的总结报告总结了支持教师、帮助提供优质教育服务的现有项目。

十、发布《迈向社会、情感和行为技能的综合模型和议程：提交给世界银行的技术报告》，提升全球对社会、情感和行为技能的认识

（一）背景

人生的成功不仅仅受到认知能力和机会的影响，还受到社会（Social）、情感（Emotional）和行为（Behavioral）技能（SEB 技能）的影响，即一个人维持社会关系、调节情绪、管理目标和学习导向行为的能力。《迈向社会、情感和行为技能的综合模型和议程：提交给世界银行的技术报告》提出了一个综合模型，将 SEB 技能定义为能力而不是个性特征，并确定了五个主要技能领域：社会参与、合作、自我管理、情绪弹性和创新技能。然后，报告指出 SEB 技能的操作度量应该明确，而不是模糊处理技能和特征之间的区别。[①]

在发展心理学、社会心理学和人格心理学，以及经济学、教育学和社会学等领域，越来越多的科学文献表明，人生的成功不仅仅受到智力和机遇的影响，也受到人们维持社会关系、调节情绪、管理目标和学习导向行为的能力的影响，这些个人能力可以从智力测试测量的认知能力中区分出来。学界普遍将这些能力称为 SEB 技能。一方面，新兴的 SEB 技能相关文献提出了促进学校、工作、社会关系、健康和幸福的积极结果的途径。另一方面，这一多学科文献充斥着一大堆令人困惑的术语、定义和分类，例如 21 世纪的能力、性格优势、非认知技能、个性特征、社交和情感学习、软技能。

（二）主要内容

这份报告的首要目标是提出一个 SEB 技能的综合模型，该模型基于发展心理学家先前的研究成果，推出可以对任何学科的研究人员和实践者有用的模型。为了支持这个模型，报告将论证三个关键点。第一，许多 SEB 技能可以组织在五个主要技能领域的分类中，即应该就 SEB 技能的分类达成一致。第二，技能可以从概念上区分个性特征，明确 SEB 技能不是人格特质。第三，操作性指标应明确反映技能与特质之间的区别。

---

① ROBERTS B W，SOTO C J，NAPOLITANO C M. Toward an Integrative Model and Agenda for Social，Emotional，and Behavioral Skills：Technical Report for the World Bank［EB/OL］.（2021-03-31）［2022-02-26］. http：//documents.worldbank.org/curated/en/829491606860379513/Reimagining-Human-Connections-Technology-and-Innovation-in-Education-at-the-World-Bank.

首先，SEB 的重要技能是什么？它们之间是如何相互联系的？越来越多的人认识到技能对生活的影响，这促使人们努力识别重要的技能，并将其置于结构模型或分类中。很多分类是由社会和情绪学习、经济学和心理学研究团体归纳的。然而，不同的学者依赖于不同的概念和经验基础，因此得出了许多不同的分类，这反映了这项任务的困难。事实上，最近的一份报告确定了 136 个技能和能力框架，在表中列出了几个重要的模型。然而，仔细观察就会发现一些关键的共同点。第一，每种分类法包括三至五个领域，明确了构建 SEB 技能模型所需的广泛维度的数量界限，该模型既要合理全面，又要让从业者满意。第二，尽管每种分类法对其领域的标记不同，但在不同的分类法中，领域的内容通常是相似的。例如，心理学和教育研究人员小组对知识和技能构建的概念回顾和基于经验推导的性格优势分类，包括三个主要类别，分别代表人际技能、内心技能和智力技能。而两个突出的五维分类法将人际关系细分为两个领域：一个专注于积极主动的社会参与，另一个专注于保持和谐的公共关系。这两种模型也将内部人格细分为两个领域：一个专注于追求目标和完成任务，另一个专注于准确识别和调节与自我相关的情绪、态度和信念。

其次，为了反映这些关系，以及反映技能和特质之间的区别，综合模型应该在与五大特质相对应的五个主要领域内组织 SEB 技能，应该明确的是将每个领域定义为一组功能相关的能力。该报告将五个领域定义为：（1）社会参与技能，用于与他人积极互动的能力；（2）合作技能，用于维持积极社会关系的能力；（3）自我管理技能，用于有效追求目标和完成任务的能力；（4）情绪弹性技能，用于调节情绪的能力；（5）创新技能，用于参与新想法和新体验的能力。

最后，研究人员和受访者如何操作这个模型？许多 SEB 技能的测量使用标准人格量表的形式，其中测试项目是描述性形容词、短语或陈述，受访者对每个项目如何描述他们的典型行为模式进行打分。然而，这种对典型行为的关注掩盖了技能和特征之间的区别。SEB 技能量表可以更好地体现这种区别。例如，研究人员对 SEB 技能量表的研究采用了一种格式，即每个项目代表一种 SEB 技能（例如，“开始工作”“当我感到焦虑时冷静下来”“开始对话”），并提示受访者评估他们执行这项技能的能力。经典和当代心理测量学研究已经证明了能力导向的量表大有可为。在此基础上，研究人员对青少年和成年人的独立样本的研究表明，SEB 技能量表的自我报告和观察者报告能可靠地评估特定技能和更广泛的领域，具有高度的内部一致性和重测可靠性。因此，SEB 技能量表为研究人员和从业人员提供了一个全面和灵活的工具来评估 SEB 技能。

第三节 经济合作与发展组织教育政策与发展趋势

新冠疫情给全世界教育事业的发展带来了不小的挑战，经合组织作为参与全球教育治理的重要国际组织之一，在2021年照例发布教育概览，公布具有国际可比性的定量指标与全球教育发展的监测和比较数据，以了解全球教育发展概况；发布《2021年教育概览：经合组织指标》《2021年教育政策概览：在瞬息万变的世界里塑造反应迅速且适应力强的教育》《2021年经合组织数字教育展望：用人工智能、区块链和机器人推动前沿技术发展》《2021年经合组织技能展望：终身学习》《强势开端Ⅵ：支持儿童早期教育和保育中的有意义互动》等周期出版物，回顾2021年全球教育重点关注议题；同时依据其开展的国际学生评估项目（PISA）、教师教学国际调查（TALIS）测评发布相关数据报告；在全球课程改革热潮的背景下发布《消除公平性差距的课程内容调整：使课程内容具有包容性》和《在课程中融入价值观和态度：创造更美好的未来》两大课程相关报告，为各国课程改革提供参考依据。

一、发布《2021年教育概览：经合组织指标》，供各国了解全球教育发展概况

新冠疫情在全球范围内的大流行不仅给我们的健康带来了巨大的威胁，也严重影响了经济社会的发展，同时也曝光了一些阻碍社会流动的系统性弱点，社会不平等的问题越来越突出。而教育通过为所有年龄段的人创造更公平的竞争环境，帮助他们获得更好的工作和生活所需的技能，可以从根源上解决机会不平等的问题。在如今这样的大环境下，弱势群体较难有接受良好教育、找到合适的工作或是追求终身学习的机会。因此，《2021年教育概览：经合组织指标》[①] 重点关注了教育参与、教育投资、教师培训等与教育公平密切相关的问题。结合相关数据统计，报告主要内容如下。

（一）教育参与率高，教育领域性别不平等现象仍然存在

经合组织数据统计显示，目前全球平均教育规模扩大，基础教育入学率较高，接受幼儿教育的儿童增加，教师数量也大幅度增加，但由于性别差异引起的不平等现象仍然存在。如高中职业课程中男性毕业生获得工程、制造和建筑领域资格的比

① OECD. Education at a Glance 2021 : OECD Indicators [EB/OL] . (2021-09-16) [2022-03-10] . https: //www.oecd-ilibrary.org/docserver/b35a14e5-en.pdf?expires=1701826364&id=id&accname=guest&checksum=5503B7D5FB65669799AB4135A8C11D81.

例远高于女性，并且在信息与通信技术、工程、建筑、制造等领域，男性仍然占据主导地位，而在教育、卫生、福利等领域则以女性为主导。

在所有拥有数据的国家中，30 岁以下的本国男性学生毕业率大幅低于女性，首次接受高等教育的性别比例差异随着高等教育层次的提高而缩小，而在博士阶段几乎消失。除国际学生外，经合组织成员国的首次高等教育毕业率的性别比例平均相差 15 个百分点，从瑞士的 6 个百分点到拉脱维亚的 25 个百分点不等。国际学生更多地来自发展中国家，与男性相比，女性在工程、制造和建筑领域出国留学的可能性较小，而在艺术和人文学科、健康和福利领域出国留学的可能性更大。

在劳动力市场中持续存在性别差异，尽管男女教师的工资水平相当，但与其他职业相比，教师职业对女性的吸引力可能高于男性。

（二）各国仍然重视教育投资，但其投资构成差异较大

经合组织成员国平均每个学生在初等到高等教育机构上的支出为 11700 美元，其中，小学、中学等非高等教育阶段约支出 10500 美元，高等教育阶段约支出 17100 美元。在非高等教育阶段，各机构每名学生 96% 的支出用于核心教育服务，剩下的用于辅助服务；在高等教育阶段，各机构核心服务所占的支出比例要低得多，每个学生的教育总支出中约有 32% 用于辅助和研发。在经合组织成员国，6—15 岁的中小学学生的累计总支出约为每个学生 102200 美元，各国的累计支出总额差别很大。2018 年，经合组织成员国平均将 GDP 的 4.9% 用于从小学到大学的教育机构，各教育阶段差异很大。平均而言，用于非高等教育的国家资源份额远高于用于高等教育的份额；公共支出仍然是经合组织成员国教育资金的主要来源，然而各国之间存在巨大差异；2012—2018 年，经合组织成员国初等至高等教育机构的公共支出和总支出的平均增长率低于 GDP 的平均增长率。家庭在大专教育机构的私人支出中所占比例最大，高等教育的公私转移支付为私营部门提供了财政支持，在非高等教育和高等教育阶段中，从初等到高等教育阶段的教育机构私人支出份额适度增加。经合组织成员国和经济体有三种不同的方法来设定学费，并向高等教育学生提供直接的经济支持：不收取学费，向学生提供高额的经济支持；高学费和高财政支持；适度收取学费，并有针对性地向比例较小的学生提供经济支持。从初等到高等教育，教育机构的大部分支出都用于经常性支出。平均而言，员工薪酬在各级教育的经常性支出中所占比例最大，在非高等教育中所占比例高于高等教育。无论是在非高等院校还是高等院校，员工薪酬占公立院校经常性支出的比例都高于私立院校。在经合组织成员国，平均每个学生的教师工资成本从小学教育的 3196 美元上升到初中教育的 3680 美元。影响教师工资成本水平的两个主要因素是教师工资和理论班级规模。有数据显示，2005—2019 年，约三分之二的经合组织成员国小学教师的工资有所增加，而这一额外成本往往因这一时期平均班级人数的下降而增加。

（三）教师、学习环境和学校组织

经合组织成员国和经济体的学生在小学和初中教育期间平均接受了 7638 小时的义务教育。小学生接受义务教育时间平均每年 807 小时，而初中生接受义务教育时间平均每年比小学生多 116 小时；阅读、写作、文学和数学平均占小学生必修课时间的 42%，但仅占初中生必修课时间的 27%。在经合组织成员国，2013—2019 年，公立和私立小学的班级规模差异很大，公立和私立院校的初中平均班级规模保持不变。在 31 个拥有可用数据的国家中，有 8 个国家公立初中的平均班级人数减少了至少 5%；在拥有私立初中可用数据的 29 个国家中，有 6 个国家的情况如此。学前教育、小学教育和普通中学教育的教师实际工资平均占受过高等教育的工人收入的 81%—96%，男女教师的实际工资非常相似，但与其他职业相比，教师职业对女性的吸引力可能高于男性，劳动力市场中持续存在性别收入差距；中小学校长的实际工资至少比受过高等教育的工人的收入高 28%。经合组织成员国和经济体的公立学校中，学前教育阶段的教师每年平均需要授课 989 小时，小学阶段为 791 小时，初中阶段（普通课程）为 723 小时，高中阶段（普通课程）为 685 小时。教师的总工作时间在教学和非教学活动之间的分配，以及在学校内部或其他地方的工作时间分配，在各国之间差异很大。经合组织成员国和经济体的学前教育、小学教育和普通中学教育阶段的校长平均每年工作 44 周，他们每年的法定工作时间，学前教育平均为 1656 小时，小学为 1627 小时，初中为 1626 小时，高中为 1627 小时。在大约三分之二的经合组织成员国中，校长必须在学生放假期间工作。在有数据的绝大多数国家，中小学教师中的女性比例过高，而高等教育教师中的女性比例偏低；2005—2019 年，从经合组织成员国的平均水平来看，从小学到高中，有利于女性的性别差距逐渐增大，但在高等教育阶段，有利于男性的性别差距有所减小；年轻教师相对较少，且这一比例随着教育水平的提高而降低。根据统计数据显示，在一些国家里男教师的平均流失率往往高于女教师；中老年教师的自然减员率高于中青年教师；相反在另一些国家，青年教师的流失率高于中年教师，这表明教师作为初级专业人员的地位存在一些差异。

二、发布《2021 年教育政策概览：在瞬息万变的世界里塑造反应迅速且适应力强的教育》

教育系统在一个不断向新均衡发展的世界中运作，但短期危机可能会破坏、加速或分散长期发展。因此，平衡重要性和紧迫性成为当今教育系统的关键任务。要做到这一点，成功的教育系统必须利用所处的不断变化的世界的动能，让自身变得更加动态和灵活，以满足日益多样化的学习者的需求。面对当今世界百年未有之大变局，经合组织制定了教育政策响应能力和复原框架，旨在帮助政策制定者们更好地应对变化带来的挑战，促进全球教育发展。①

（一）通过持续性支持和适应性教学法，培养弹性学习者

培养弹性学习者，是因为弹性学习者可以适应各种任务和环境，利用机会发挥他们的个人潜力。这些学习者有能力来识别和利用系统为他们提供的机会，并创造自己的机会。政策制定者可以为弹性学习者的培养提供政策支持，使学习者能够自信地驾驭他们的世界，同时为他们提供面向所有人的综合适应性教学法，并为最弱势的学生提供持续的支持。为了提供最有效的政策支持，这些政策需要有利于促进学习者的能动性和共同代理性，鼓励学习者的参与和发言行为，并为学习培养积极的氛围。此外，要以一种使所有学习者都能获得个性化和灵活学习的方式执行这些政策，同时加强对弱势群体学习者的有针对性的支持。这可能是通过多维支持来实现的，这种支持对不同弱势群体的特点持开放态度，并且遵循国家超越政府管理的长期愿景。

（二）塑造有弹性的更广泛的学习环境

有弹性的更广泛的学习环境超越了教育机构，塑造了一个充满活力和协作性的本地教育网络。虽然教育机构仍然是教育系统的核心，但这些更广泛的学习环境促成所有人更丰富、更有意义的学习。在这样做的过程中，他们将人员和流程置于教室和设备之上，建立并实现了整体、深入和持久的协作。推动这一点的是一种强烈的领导意识，通过这种领导意识，机构行为者有权以符合当地情况的方式在其环境中执行政策。政策制定者可以通过优先考虑响应性的政策组成部分来增强这一层面的弹性，这些组成部分将教育机构置于行为主体和服务的战略网络的核心，并引导教师和其他教育人员跨环境组织更丰富的学习活动。为了增强弹性，这些组成部分需要召集更广泛的参与者加以应用，以推进教育机构的工作，并加强各种服务之间的联系，更全面地满足学习者的需求。同样，它们需要并鼓励教育机构的工作人员能够根据自己的情况调整政策和做法。此外，它们可以通过支持教育人员的专业学习、协作和领导力来提高教育人员的复原力。

---

① OECD. Education Policy Outlook 2021: Shaping Responsive and Resilient Education in a Changing World［EB/OL］.（2021-11-22）［2022-10-22］. https://www.oecd-ilibrary.org/education/education-policy-outlook-2021_75e40a16-en.

（三）通过智能信息基础设施的建设和动态路径的加强，建立有弹性的系统

建立有弹性的系统，是因为系统层面的弹性能够实现社会和经济繁荣的战略愿景。它通过信息基础架构和途径使这成为可能。首先，智能信息基础设施使整个系统的行为者能够以一种优先的方式收集、传播和使用信息，并有能力识别停滞或进步。其次，明确界定可塑的学习途径，将学习者的潜力和愿望与教育、培训和不断发展的劳动力市场联系起来。政策制定者可以通过优先考虑响应性的政策组成部分来增强这一层面的弹性，这些组成部分应注意收集、传播学生信息和改善学生信息的使用，以及培养随着学生和时代变化而演变的动态教育途径。

三、发布《2021年经合组织数字教育展望：用人工智能、区块链和机器人推动前沿技术发展》

数字化为教育开辟了新的可能性。虽然教育一直包含丰富的数据，例如学生的成绩或行政信息，但使用数据帮助学生更好地学习、教师更好地教学，并为教育行政部门的决策提供信息，是最近的事情。教育的利益相关者与技术有着微妙的关系，在强烈的热情和怀疑之间交替。数字技术，特别是基于人工智能、学习分析、机器人技术等的智能技术，是否会像改变社会其他领域一样改变教育？如果是这样，这看起来如何？因此，经合组织发布该报告，在概述数字技术和先进智能技术解决方案为教育发展带来的机遇和挑战之后，重点介绍智能技术如何改变课堂教育并支持教育组织和系统的管理。①

（一）不断提供数据流的软件和社交机器人在教学和学习方面有巨大的颠覆潜力

不断提供数据流的软件和社交机器人在教学和学习方面为我们带来的，不仅是技术变革，还有教学方式的革新。当我们在计算机上学习数学时，计算机可以研究我们如何学习，然后使我们的学习体验更加精细、自适应和有互动感。与传感器和学习管理系统一起，人工智能可以让教师真正了解不同学生的学习方式有何不同，学生对哪里感兴趣，对哪里感到无聊，在哪里进步，在哪里卡住。教学可以帮助学生适应不同的学习要求，并让学生对他们的学习内容、学习方式、学习地点和学习时间拥有更大的自主权。

（二）人工智能可以帮助教师教得更好，学生学得更好，使教育系统变得更有效

一方面，人工智能可以帮助教师，尤其是新手教师，更好地熟悉环境，更好

---

① OECD. OECD Digital Education Outlook 2021: Pushing the Frontiers with AI, Blockchain, and Robots [EB/OL]. [2022-10-22]. https://read.oecd-ilibrary.org/view/?ref=1096_1096627-o5c9ri4fgq&title=Highlights-OECD-Digital-Education-Outlook-2021.

地把握教学节奏，明确何时应该放慢速度、何时应该加快速度，或是抛出一个问题。与此同时，学习分析可以帮助教师更好地了解学生的学习状况，如谁在某个模块取得了优异的成绩，谁还需要复习等，以便教师能更有针对性地制订教学计划。当然，人工智能也能从其他方面帮助学校和教师，它通常先让学生积累大量的知识，一段时间后（几个月甚至几年）便开始测试他们是否可以在很短的时间内重现这些知识的生僻部分。现如今的技术则可以重新整合学习和评估，开展及时的测评，获取实时数据来反馈学生学习情况，帮助学生更好地学习，教师教得更好，教育系统变得更有效。

（三）人工智能仍然存在弊端，需重塑教师角色

虽然人工智能在教育领域的推广可在一定程度上提高教学效率和质量，但我们必须明确的是，人工智能不是神奇的力量，它们只是非凡的放大器和加速器。人工智能将会放大好的教育理念和好的实践，就像它会放大坏的想法和坏的做法一样。人工智能可以帮助消除教育实践中的偏见和歧视，就像它可以在教育实践中传播和扩大偏见一样。在学生情感态度培养、价值观塑造等方面，人工智能仍然存在许多弊端，因此，要想充分发挥人工智能的优势，促进教育质量提升，必须重塑教师的角色。一方面，应明确人工智能不能替代教师，而只能作为教师的助手，将教师从一些机械、重复的工作中解放出来，更多地投身于针对性、个性化的教学活动；另一方面，教师应该保持终身学习的态度和习惯，能够积极学习数字时代的新技术、新发明，在给学生做好榜样的同时，也能更好地利用数字时代的红利推动教育发展，真正实现教师教得更好，学生学得更好。

四、发布《2021年经合组织技能展望：终身学习》

至少十年来，终身学习一直被认为是个人和社会在全球化、技术和环境变化以及人口变化所动摇的快速变化的工作世界中必不可少的。新冠疫情进一步加速了我们的经济和技能需求的转型，因此，终身学习对所有人来说都至关重要。个人在快速变化的世界中适应和变化的能力取决于他们是否拥有强大的基础技能、学习意愿和学习习惯（终身学习态度）。这些技能和态度对于他们吸收和驾驭新的劳动力市场和生活环境所需的知识和技能至关重要。

（一）蓬勃发展的终身学习系统需要强有力的问责制和监测以促进包容性

践行终身学习理念需要改变思维方式，认为学习只与年轻人有关的想法已经过时，无法满足社会和劳动力市场在不断变化的状态下的需求。终身学习应从童年和青年时期开始，必须在整个成年期和老年期持续进行。它应该包括在学校或培训中

心等正规环境中的正式学习，也应包括非正式和非正规学习（如向同事学习和在工作场所培训），以及来自自发社会互动的无意学习。然而，现在许多成年人没有参加或不希望参加工作场所的学习。蓬勃发展的终身学习系统将学习者置于中心位置，结合了大量的学习方法和学习提供者，这需要强有力的问责制和监测以促进包容性。多样化的学习机会不仅能确保质量，还能帮助个人做出选择，从而增强他们参与终身学习的动力。多样化的学习系统可以刺激创新，从而创建成功的学习计划，只有通过强有力的协调、知识管理和信息共享，才能扩大这些举措的规模。

《2021 年经合组织技能展望：终身学习》表明，公共政策可以而且应该在促进有效和包容的终身学习方面发挥关键作用，但目前仍有许多工作要做。促进高质量教育、有效职业教育和培训与持续以工作为基础的培训的政策为日常生活中的技能发展创造了机会。最重要的是，它们有助于创造一种文化。在这种文化中学习是一种习惯，无论当前情况如何，所有人都有动力继续学习。①

（二）态度和性格是终身学习的基础，重视早期教育阶段终身学习态度的培养

鼓励个人成为终身学习者是一项复杂的任务，政府可以通过短期措施解决一些障碍，例如时间或财务限制。然而，只有接受终身学习的观点才能使他们克服与学习倾向相关的其他障碍，以及培养在个人教育的先前阶段缺乏的基础技能。成为有效的终身学习者是一个累积过程，该过程从婴儿期开始，一直延续到成人时期。而生命周期任何阶段的学习都建立在先前阶段获得的知识和技能的基础上，因此，在生命早期奠定坚实的基础对于培养终身学习态度至关重要。与此同时，虽然培养强大的认知技能（如识字或算术）很重要，但经合组织先前的工作表明，非认知技能与强烈的学习态度和倾向构成了未来学习的必要基础，一些情感技能和性格特征，如认真和开放，可以为以后的生活创造有利的学习倾向。同样，一些态度，如自我效能和内在动机，可以帮助个人为他们的学习设定目标，促进终身学习态度的形成。因此，应重视早期教育和义务教育阶段学生的终身学习态度和性格的培养，并对个人发展进行监测，及时弥补出现的差距。

（三）促进成人对学习的兴趣和参与

新冠疫情对劳动力市场技能需求的影响与早期某些全球趋势相互关联，例如全球化。扩大全球价值链可能会导致某些任务和活动被外包，企业对某些技能的需求减少，使工人面临工资在短期内放缓或减少——甚至失业。另一方面，由于全球价

① OECD. OECD Skills Outlook 2021: Learning for Life［EB/OL］.［2022-10-22］. https://www.oecd-ilibrary.org/sites/0ae365b4-en/index.html?itemId=/content/publication/0ae365b4-en.

值链的出现，企业可以参与它们自己可能无法承担的生产过程。从长远来看，离岸外包使公司能够重组生产并实现生产率提高，从而创造总体就业机会。证据表明，升级全球价值链会增加对高水平技能的需求，这对于希望专注于技术最先进的行业和复杂商业服务的国家来说至关重要，但对劳动力市场的参与和低技能的回报产生负面影响。这给劳动力市场的主要构成者——成年人，带来了严重的危机。

在这样的背景下，人们必须意识到终身学习的重要性。促进成人教育和继续教育作为终身教育理念的重要组成部分，更是需要我们给予更多的关注和支持，应集合各方力量，利用技术创新来搭建完善的成人学习系统，开展多种形式的教育，为成人提供具有包容性的技能发展计划，并针对不同社会经济群体（尤其是面临技能过时风险的个人）开展针对性的培训，促进成人的学习兴趣，帮助他们应对经济和社会的变化。

五、发布《强势开端Ⅵ：支持儿童早期教育和保育中的有意义互动》

《强势开端Ⅵ：支持儿童早期教育和保育中的有意义互动》[①] 于2021年6月发布，属于经合组织“强势开端”系列报告。高质量的儿童早期教育和保育（ECEC）对儿童、家庭和社会具有巨大的潜在作用，为子孙后代的成功奠定了基础。该报告探讨了有意义的互动对于儿童早期教育的重要性，也探讨了政策如何创造建设性条件，确保所有儿童都能从丰富的互动中受益，并概述了教学人员如何在特定的社会和物质背景下为儿童发展提供机会而实施的战略和技术，全方位支持儿童早期教育中的有意义互动。

（一）有意义互动对于高质量儿童早期教育和保育的重要性

经合组织开展的众多研究一直在强调确保高质量儿童早期教育和保育对人一生成长发展的众多好处。尽管“高质量”这一概念是多维的，但来自多个国家的研究结果均表明了儿童早期日常互动与其发展、学习和幸福感直接相关，而这些互动通常包括与其他儿童、工作人员和教师、空间和材料、儿童所在的家庭，以及更广泛的社区的互动，这些互动充分反映了他们所接受的教育和保育的质量。然而，互动过程的质量取决于多种因素，对监管和政策解决方案提出了挑战。从传统政策层面考虑，例如儿童与员工的比例、小组规模、环境的物理规模、课程框架和最低员工

---

① OECD. Starting Strong VI: Supporting Meaningful Interactions in Early Childhood Education and Care [EB/OL].（2021-06-28）[2022-10-25]. https://www.oecd.org/switzerland/starting-strong-vi-f47a06ae-en.htm.

资格等基础政策，为支持良好的流程质量创造了条件。另一方面，影响儿童在教育和保育环境中互动的因素还包括工作人员适应个别儿童需求和兴趣的能力、全天参与不同类型的活动、工作人员的连续性，以及儿童本身的特征（例如气质），这对每个儿童如何体验同一个教室或游戏小组很重要。

（二）政策需侧重课程和教学法与劳动力发展，为教学人员提供指南

该报告概念化了这些政策杠杆与过程质量之间的联系，特别侧重于课程和教学法与劳动力发展，同时指出其余杠杆的交叉性质，主要是家庭和社区参与。课程和教学法框架规定了工作人员可用于促进儿童发展、学习和福祉的原则、标准和方法。3—5 岁儿童的课程框架比 0—2 岁儿童的更具强制性。在近 25% 的参与调查的国家和管辖区中，每个年龄组都有不止一个课程；然而，在 14% 的参与调查的国家和管辖区中，有 16 个具体课程框架没有针对 0—2 岁最小年龄组的部分。课程是建立一致性并鼓励跨教育阶段协调的有力工具。因此，如果同一年龄组缺乏具体课程或多门课程，则可能导致教育和保育质量因年龄和环境而异，并可能使学前教育和初等教育的过渡更具挑战性。课程框架的实施与教学法密切相关，教学法是课程框架的基础。

此外，报告还概述了工作人员在特定的社会和物质背景下为儿童发展提供机会而实施的战略和技术。研究中跨年龄组的大多数课程都建议使用多种教学方法，并附有实施指南，为工作人员提供实践实例，并强调与家庭合作的重要性，作为儿童在社区背景下教育和保育环境之外更广泛发展的支柱。

（三）加强对课程和教学实施的监测

在大多数参与调查的国家和管辖区，对课程实施情况的监测是强制性的。检查是最常见的外部监测方法，同时还有工作人员的自我评估。超过三分之一的参与调查的国家和管辖区每年至少对所有年龄组的课程实施情况进行一次外部监测，其中 23% 的参与调查的国家和管辖区决定根据前一年的结果进行监测。参与调查的国家和管辖区监测流程质量，但它们通常只关注某些特定类型的互动。例如，只有不到 40% 的参与调查的国家和管辖区监测教育和保育工作人员与家长之间的互动。课程和教学法都是提高互动质量的重要驱动因素，需要将其融入员工的职前教育和培训与职业发展中。劳动力发展方面，儿童早期教育和保育工作人员需要全面的职前教育计划、就业期间的持续专业发展和支持性的工作条件，以有效地参与高质量的互动，并有信心在他们的部门进行创新。

六、发布基于国际学生评估项目（PISA）、教师教学国际调查（TALIS）测评等国际测试相关报告

经合组织基于国际学生评估项目（PISA）调查结果，发布《21世纪阅读者：培养学生在数字时代的阅读能力》《超越学习：社会和情感技能调查首期结果》《为所有人提供优质教育和医疗保健：为人口变化做好准备》；基于教师教学国际调查（TALIS）测评，发布《积极向上、成就斐然的学生？学校和老师能做些什么》《教师让学生发挥最大潜能：从小学到高中》《作为知识职业的教学：跨越教育系统学习教学知识》。

（一）《21世纪阅读者：培养学生在数字时代的阅读能力》①

数字时代使信息的传播速度暴增，读者接触到的信息参差不齐；媒体算法会产生数据偏好推送，强化读者认知；人们对他们所阅读的内容更有选择性，阅读越来越融入快节奏的数字和屏幕文化；虚假信息和新闻的危害也被互联网扩大。由此，发展阅读的批判性思维能力和元认知技能迫在眉睫。

PISA调查结果显示，高收入国家往往更有能力在教育上花费更多，而较低的国民收入限制了其他国家。与此同时，更多的教育支出并不总是意味着更好的表现。学生支出较高的国家往往在PISA中得分较高，但在一定节点之后，支出与效果的关系要小得多。然而，同一国家内学生之间的表现差异大于国家间的表现差异。数字鸿沟带来的阅读能力差距十分明显，由此强调了为学校和家庭提供数字资源对培养学生阅读能力的重要性，显示了提供平等机会对学生学习数字技能的关键作用，以及它与学生在紧急阅读方面的表现的密切关联。

数字时代的读者也需要新型的阅读技能，其中，导航被认为是数字环境中阅读的关键组成部分，因为在信息复杂的多源阅读场景中，读者通过导航“构建”他们的文本，并花时间从最终目标文本中检索信息。学生导航活动的第一个衡量标准是导航序列的长度，第二个衡量标准侧重于学生的导航质量和策略，第三个衡量标准侧重于检查从导航过程中提取的时间信息。PISA以此为标准，设计测试来评估各国学生的阅读导航能力，并与阅读能力联系，表明学生的导航量和阅读成绩在每个国家内显示出正相关。

PISA还设计量表测试学生的阅读享受指数，排除性别、社会经济状况等影响后，显示出阅读享受指数与阅读成绩呈正相关。然而，量表显示，在过去十年中，

---

① OECD. 21st-century Readers: Developing Literacy Skills in a Digital World [EB/OL]. (2021-05-04) [2022-07-20]. https: //www.oecd-ilibrary.org/education/21st-century-readers_a83d84cb-en.

经合组织成员国的平均阅读享受指数显著下降。但深入研究发现，学生喜欢阅读的程度比学生为享受阅读而花费的时间更重要。另外，在过去十几年中，由于通信数字化的变化，学生的阅读习惯和偏好发生了变化。越来越多的青少年偏向于使用数字设备阅读，不过，纸制书籍仍然有受众。说到数字技术，它对学生的影响仍然在争论中。另一个具体的相关问题是数字技术是否有助于改善阅读体验。研究发现，与学生更频繁地使用数字设备阅读书籍的教育系统相比，有较高比例的学生更频繁地阅读纸制书籍的教育系统在阅读方面表现更好。因此，使用技术提升学生阅读体验的潜在好处似乎更多的在于阅读信息而不是阅读书籍。

PISA 还对各国学生的阅读自我效能感和阅读策略进行检测，结果一致表明，学生的社会经济地位和性别与其阅读表现密切相关。在分析所包含的指标中，除去这些和其他变量后，学生对评估来源可信度的有效策略的知识与阅读效果的独特关联最强，其次是总结信息、阅读自我效能感和阅读策略。这些发现对制定教育政策有所启发：学生的社会经济地位难以改变，但可以教授他们有效阅读策略的知识。

PISA 还研究了教师对学生阅读投入的激励情况，结果显示，在所有参与测试的国家和经济体中，教师对阅读参与度的刺激与学生的阅读享受之间的关联都是正向的。另外，PISA 对在教学实践中使用的文本类型和篇幅方面进行研究，阅读小说的频率与阅读成绩呈正相关；在文本篇幅方面，大多数阅读能力高的人在学校阅读较长的文本。同时，学生阅读能力强的学校可能会比学生阅读能力较差的学校分配更长的阅读时间。并且，PISA 在研究教学实践的数字设备时发现，大部分地区教师在教学活动中使用数字设备的时间通常与阅读成绩呈负相关。

（二）《超越学习：社会和情感技能调查首期结果》①

社会和情感技能与学生认知能力、学校表现、就业成果、健康成果和幸福感密切相关，并且社会和情感技能还有利于社会调节行为问题，增强社会凝聚力。此项技能也是通过环境影响和学习行为塑造的，经合组织开展社会和情感技能调查（Survey on Social and Emotional Skills，SSES），对此项技能进行多种方式评估，使之具体、可观。

SSES 根据年龄、性别、社会经济地位和移民背景等特征，研究学生之间社会和情感技能的差异。研究发现，进入青春期，年轻人的社会和情感技能会下降，这

① OECD. Beyond Academic Learning: First Results from the Survey of Social and Emotional Skills [EB/OL] .（2021-09-07）[2022-08-20] . https: //www.oecd-ilibrary.org/education/beyond-academic-learning_92a11084-en.

种下降明显体现在 15 岁和 10 岁孩子的对比上，并且，女孩比男孩的下降幅度更大。具体而言，男孩的情绪调节能力、社会能力和精力水平更高，而女孩的责任感、同理心和与他人合作的水平更高。另外，在参与调查的所有城市中，社会经济条件优越的学生比社会经济条件不佳的同龄人报告了更优秀的社会和情感技能。

学生的社会和情感技能可以预测学生成绩、教育期望和就业期望。一些技能与学校表现基本上不相关，但其他技能，尤其是坚持和好奇心，与学业表现密切相关。还有一些技能，如抗压能力、创造力和社会能力，如果表现不佳，就可能导致较差的学业表现。在社会经济背景相似的学生群体中，完成高等教育的期望差异与社会和情感技能的差异有关。平均而言，报告希望成为卫生专业人员的学生更加有好奇心和乐于合作，而希望在武装部队、警察部队或安全部门工作的学生更有活力。

学生的社会和情感技能还与学生的心理健康密切相关。研究发现，从童年到青春期，学生的生活满意度和当前心理幸福感下降，而考试焦虑感不断提升，尤其是女孩。与社会经济条件不佳的学生相比，社会经济条件优越的学生具有更高水平的生活满意度和更良好的心理健康状况。

教育工作者和政策制定者对创造力和好奇心的个体差异很感兴趣，一方面是人们对创新型人才的期望，另一方面是它们与其他学习成果、幸福感和终身学习的关系。研究发现，随着儿童进入青春期，创造力会下降。家长和教育工作者的评分证实了随着学生年龄的增长，社会和情感技能随之下降。然而，在两个年龄组中，父母和教育工作者的评分在不同性别之间是相似的。参加课后艺术活动的学生报告了更高水平的创造力，尤其是在 15 岁的孩子中。15 岁的孩子如何描绘他们的社会和情感技能优势与他们的职业期望密切相关。自称更有创造力的学生更有可能期望从事创造性的职业（例如演员、记者、广告行业人士）。

SSES 还考察了学生在学校的社会关系（学生在学校的归属感、他们遭受的欺凌和他们与教师的关系）、社会关系与学生人口统计数据以及社会和情感技能的关系。调查显示，校园欺凌形势严峻，男孩比女孩更容易受到欺凌，但男孩普遍比女孩更有归属感，尤其是 15 岁的孩子。与社会经济背景较差的学生相比，社会经济背景较好的学生表现出更强的融入学校的感觉，并且与教师的关系更好。适应学校与合作、乐观和社会技能密切相关。学生遭受欺凌几乎与所有社会和情感技能呈负相关。此外，师生关系与所有社会和情感技能呈正相关，某些社会和情感技能（乐观、好奇心和成就动机）与师生关系有更密切的联系。该部分的研究结果表明，提高社会和情感技能可以帮助学生在学校享受更好的社会关系，反之亦然。报告结果有助于细化对抗校园欺凌的策略。例如，男孩表示比女孩更容易受到欺凌，而言语欺凌是最常发生的欺凌类型。另一方面，女孩和弱势学生在学校的适应感较弱，了解更多关于两者之间的关联很重要。

（三）《为所有人提供优质教育和医疗保健：为人口变化做好准备》[①]

新冠疫情加剧了对各国的卫生挑战，特别是在农村地区，因为农村地区位置偏远，人口老龄化严重并且财政紧缩，这些都需要政府政策的有效应对。经合组织对此提出建议：提高服务提供的地点敏感性，充分考虑每个社区的经济和社会福祉、人口统计、数字基础设施的获取与数字技能；通过创新应对人口挑战，例如跨部门和各级政府的协同定位和协作，以提高效率并利用最新的数字技术来扩大访问范围。

教育是解决城乡技能差距问题的关键，但农村学校缺乏资源，并且在新冠疫情后，学生被迫转向在线学习，数字服务差距进一步扩大了农村学生与城市学生之间的差距。经合组织建议：在考虑班级规模和监管事项时采取灵活的方法，政府可以激励农村学校积极参与学校网络重组，并采用创新方法扩大农村学校的规模。将吸引和留住教师与赋予教师权利置于农村服务改革的核心。城乡教师之间的交流项目可以为农村教师提供更广泛的专业网络，有助于弥合城乡文化鸿沟。通过发展学校集群来扩大规模；通过重新设计教育提供方式，为农村学校的未来做好准备；通过针对特定地点的综合方法扩展数字教育。

农村居民的健康状况较差，需要更多样的卫生健康服务，但居民的贫困和农村地区卫生资源的贫乏难以满足农村的卫生服务需要。因此，加强农村地区的基础保健和综合保健服务势在必行。具体措施如为建立多学科卫生中心提供激励措施，扩大远程医疗的使用，以提高农村医疗保健服务的可持续性。

宽带技术和升级在城市地区更为普遍，而旧技术在低密度地区仍占主导地位，数字技术的差距影响到农村居民的生活质量。各国政府采用了多种方法解决这一问题，如国家通过补贴计划支持网络发展，赋权社区解决地方连接挑战，使财政支持与长期解决方案的发展保持一致。

近几十年来，许多经合组织成员国出现了明显的权力下放趋势，地方政府在提供许多基本公共服务方面发挥着越来越重要的作用。这影响了不同地区提供公共服务的方式。对于治理方式的变化，经合组织建议：使财政资源与下放责任保持一致；

① OECD. Delivering Quality Education and Health Care to All: Preparing Regions for Demographic Change [EB/OL].(2021-03-05)[2022-09-19]. https://www.oecd.org/regional/delivering-quality-education-and-health-care-to-all-83025c02-en.htm.

确保财政转移系统反映当地税基和交付成本；通过探索创新结构来提供跨国家边界的卫生和教育服务，最大限度地提高效率。

经合组织预测，未来人口老龄化加剧，人口减少，人口结构发生变化；新冠疫情将严重影响未来几年用于社会支出的公共资源的可用性，新冠疫情的长期医疗保健可能会增加人口老龄化对某些类型服务的需求，例如长期护理；农村经济转型中，传统职业教师和护理人员短缺问题加剧；数字技能和网络连通性差距限制了数字技术的广泛应用，数字鸿沟加剧。

在对农村地区教育状况的进一步研究中，经合组织认为农村优质教育缺失问题与学校规模缩小和学生入学率下降的趋势相关。另外，旨在提高规模经济的集中教育带来了更长的交通时间，可能对学生出勤率和学业表现产生影响。对此，经合组织提出了两个主要政策来解决农村教育的潜在问题：其一，重组学校和在必要时努力整合学校，以及采用综合和数字化方法为农村和偏远地区的学校增强灵活性。其二，努力通过各种方式扩大规模。这可能涉及拥有更少但更大的机构，也可能意味着开放网络，允许学校、校长、教师甚至学生跨机构合作。寻找建立和支持这些网络和合作的方法将在未来学校提供的公平和效率方面得到回报。最重要的是，报告明确指出，鉴于当前和未来的受教育机会方面的不平等程度，需要制定并实行符合地方实际情况的政策。

另外，在数字技术方面，经合组织也对教育进行了调查研究，特别是在新冠疫情之后，针对农村数字技术落后的问题后，提出了相关建议：确定与危机相关的关键背景因素——远程或混合学习方法过渡所需的资源，学校与潜在合作伙伴之间的合作。将利益相关者（如工会和家庭协会）视为变革的主要驱动力，形成良好的反馈循环。设计根据危机影响来反映学校缺漏的教育政策，例如在吸取新冠疫情应对经验的基础上改造学校。制定清晰连贯的实施战略：将不同的相关维度结合起来，建立可以覆盖不同受众的传播策略，并制定监测方法来了解进展并避免潜在的陷阱。

（四）《积极向上、成就斐然的学生？学校和老师能做些什么》①

该报告主要探索教师在课堂上帮助学生在学业、社交和情感上取得更好结果的做法。

PISA 调查结果显示，自 2015 年以来教育支出稳步攀升，然而三年后西方国家的学生在阅读、数学和科学方面的成绩仍在原地踏步。随着国家不得不应对新冠疫

① OECD. Positive, High-achieving Students？ What Schools and Teachers Can Do［EB/OL］.（2021-02-02）［2022-08-25］. https：//www.oecd-ilibrary.org/education/positive-high-achieving-students_3b9551db-en.

情的影响，这种情况变得更加严重。甚至随着公共收入的下降，教育支出也面临着停滞甚至下降的危险。因而如果必须做出预算选择与分配，就有必要知道什么有助于学生学习，什么无助于学生学习。

报告提出了一些关于什么方法最有效的见解。这些数据来自 PISA 2018，以及 2018 年教师和学校领导关于学校环境的 TALIS 测评结果。人工智能驱动的监督统计学习被用来精细地梳理这些组合数据集，以寻找线索——教师的某些特点，学校和教室的条件与学生的 PISA 成绩之间的显著联系，学生如何看待老师、父母、同学、自己的学术能力和未来计划。这些发现加上现有的研究文献，证实了一个长期以来的怀疑：教师和学校对学生的表现和感受有着重要的影响。更具体地说，教师在课堂上实际教学的时间（不包括维持纪律、处理行政工作的时间），批改作业的时间，以及与学生一起讨论这些反馈的时间，都会与学生的学业表现以及他们对自己的学习和前途的积极和乐观程度有关。

但问题不只是教师和学校能做什么来帮助学生发展，而是他们能做什么来帮助最大数量的学生发展。在某种程度上，教育体系在与影响每个学生的学业成绩，最终影响其人生轨迹的不平等现象作斗争。其中一些不平等源于性别差异。该报告显示，当课堂上出现纪律问题时，15 岁的男孩在 PISA 上的表现明显比同龄女孩差。但研究也表明，男孩在定期测试和参与学校生活方面表现良好。当他们的老师接受定期的绩效评估时，他们在学业上也比女孩表现得更好。

社会经济不平等导致了学生之间的另一个隔阂，新冠疫情加深了这种隔阂。在 2020 年一整年甚至更长的时间里，“走走停停”的学校教育已经彻底改变了大多数学生的生活。临时关闭的学校使弱势学生的学习变得特别困难，他们无法使用互联网、电脑，也没有安静的地方做作业。一些学生可能干脆辍学。所有这些都使得学校和教育系统能正确面对学生的社会经济背景差异变得至关重要。该报告发现，课堂教学、教师的反馈和评估对帮助所有学生大有帮助，无论他们是谁或他们的背景是什么。社会经济背景较好的学生和社会经济背景较差的学生混在一起的课堂也是如此，因为前者的存在提高了后者的成就感、能力感和抱负。还有最后一件事：当家长、监护人和当地社区参与学校活动时，学生表现得更好。

科学安排教师的工作量和时间，这样他们就可以把更多的时间放在实际教学上，把不同社会经济背景的学生聚集在一起，这些都是基本的教育政策。虽然教师们缺乏随时随地的在线协作学习和其他一些技术工具，但对于那些肯定会陷入预算困境的政府来说，该报告中的这些建议和其他建议实施起来并不特别困难，也不是特别昂贵。

尽管 TALIS 测评和 PISA 早在新冠疫情之前就已开展，但它们的数据确切展现出在此次疫情期间人们对远程学习的了解：教师和学校确实对学生很重要。大多数家长都对教师在课堂上的所作所为产生了新的敬意。而且，即便学生们喜欢学校的灵活性，他们也意识到他们仍想念与同学交流和在学校学习的时光。

中断的学校教育使得今天的学生准备不足，无法在日益增长的知识经济中找到好工作。为了让他们在认知与社会和情感技能方面赶上来，必须动用一切关于学生如何高效学习的知识。该报告告诉我们对每个学生最好的方法一直是我们可见而可行的，为教学上有利于学生的改革提供了参考。

（五）《教师让学生发挥最大潜能：从小学到高中》①

延续 TALIS 的传统，这份报告首先以世界各地教师和学校领导的工作条件、学习环境和专业水平为目标，并将教师专业素养的数据扩展到小学和高中教育，同时深化对教育水平的分析。在参加 TALIS 2018 的 48 个国家和经济体中，15 个国家选择在小学教育领域开展调查，11 个国家选择在高中教育领域开展调查。它们的主要目标是了解在小学、高中教育中发现的专业程度是否与在初中教育中发现的相似。

在初级教育阶段，女性教师远远多于男性教师。在小学教育中，几乎四分之三的教师是女性。教师是性别角色和刻板印象的重要参考，尤其是对年轻学生而言。

在小学阶段，很高比例的教师认为自己没有做好充分准备去教有特殊教育需要的学生，在为这些学生准备课程方面感到压力，并认为支持这些学生应该是教育支出的优先事项。早期诊断和干预对儿童的发展至关重要，但教育系统不能只向教师提供足够的培训，还必须为学校提供所需的支持工作人员，以帮助学生的学习进步。

很多教师觉得自己在课堂管理方面没有做好准备，而且耗费大量精力维持课堂秩序。培训和支持能够有效建立教师信心，但是入职培训目前只惠及少数教师，指导机会也同样稀缺。

小学教师在参与帮助学生从学前班过渡到小学以及娱乐学习方面受过培训的只有不足一半，这不利于孩子们学习的平稳过渡。娱乐学习是实现这一目标的一种机制，在这一领域受过培训的教师更能刺激儿童认知能力成长。

高中教育受益于拥有教育领域以外经验的教师，这些教师与劳动力市场上的特定职业有关。也就是说，背景的多样性不应成为缺乏准备的理由。与初中教育相

---

① OECD. Teachers Getting the Best out of Their Students: from Primary to Upper Secondary Education［EB/OL］.（2021-09-28）［2022-08-26］. https://www.oecd.org/education/teachers-getting-the-best-out-of-their-students-5bc5cd4e-en.htm.

比，高中教育教师的培训内容和教学方法所占比例较低。至关重要的是要监测这些情况，以确保这些教师具备必要的技能，如果没有就提供补充方案，帮助他们应对工作的要求。职业教育和培训领域的教师更经常参与认知激励实践。因此，非职业教育和培训领域的教师可通过导师计划和同行合作向职业教育和培训领域的同事学习。然而，在高中从事专业合作的教师比例低于其他教育阶段。教师可以从同事的经验中学到很多东西，因此有必要建立机制来刺激这一层次的参与。

除了小学和高中教育的具体问题，各阶段教育有着一些共通问题。其一是需要提供有吸引力的工作条件和安排，以吸引最优秀的候选人从事这一职业。兼职合同可以让学校拥有必要的灵活性，以应对新出现的问题。然而，在所有级别上，非全日制工作安排仍然相对少见。报告仍需解释为何兼职教师的比例仍然很低，以及兼职教师怎么样才能够为教师队伍注入活力。

另一问题是，尽管一些学校正在实施政策，以回应学生的性别、社会经济背景和种族差异，但许多人认为，教师需要培训，以便与有特殊教育需要的学生合作，能在多元文化或多语言环境中工作，并培养个性化学习的技能。这方面的培训很重要，但对于建立更加多样化的教师队伍以满足这些需求也至关重要。

在新冠疫情中尤为突出的各级教育的共有关键问题是学校尚未为使用数字技术做好准备。混合式学习可能在重新开学后进入万千课堂。这要求教师不仅能够较好地运用这些技术，而且还必须有明确的教学目的。学校内的同伴合作和指导能为之提供一定的帮助。

最后，教师的福祉是最重要的。如果教师被以专业人士来要求，他们也理当获得相应的待遇。对大多教师来说，新冠疫情导致了巨大的变化，包括工作时间延长和工作量增加。我们应该注意教师的工作和生活平衡，教师的主要压力来源包括行政工作、跟上政府要求、对学生的成绩负责。而在困难时期，所有这些压力来源可能带来更大的影响。此外，随着压力的增加，教师更有概率会希望在未来五年内离开教师岗位，支持性的学校环境和良好的就业条件等或许可以减少压力和教师流失的风险。

（六）《作为知识职业的教学：跨越教育系统学习教学知识》①

新冠疫情让我们再次认识到强大且时常更新的知识库对于应对转型挑战的重要

① OECD. Teaching as a Knowledge Profession: Studying Pedagogical Knowledge across Education Systems [EB/OL]. (2021-10-14) [2022-09-10]. https://www.oecd-ilibrary.org/education/teaching-as-a-knowledge-profession_e823ef6e-en.

性。突如其来或连续不断的变化在未来教育中可能成为常态。随着社会和技术的发展，教师必须创新教学方法。需要赋予教师权利，让他们跟上这些变化，并利用教育变革创新教学。为此，教师需要拥有深厚的专业知识，并不断更新自己的知识和技能。

该报告旨在探索专业知识，特别是教师的一般教学知识，来帮助应对 21 世纪的教学挑战。它还讨论了旨在改善教师队伍知识库的政策和实践，并强调了使用数据来指导改进工作的重要性和国际教师知识调查的特殊价值。经合组织教师知识调查（Teacher Knowledge Survey，TKS）评估模块将重点关注教师知识，为下一轮的 TALIS 提供一个创新主题和一套指标。为支持这一努力，该报告还提出了使用先进方法在各国衡量教师知识的建议。

长期以来，教师这一职业的地位一直受到密切关注。有令人信服的论点认为，教学知识是教师这一职业的主要支柱。事实上，教师是所有职业之母。它是成功的专业人士、积极参与的公民和有影响力的领导人的起点。教师也是教育公平和包容的关键推动者。为了履行好这些角色，教师需要成为学习的专家，要将自己的日常实践建立在定期更新和综合的知识库之上，并通过研究和实践获得信息。

教育系统制定了各种政策和改革方案，但确保整个行业的稳定和时常更新的知识基础仍然是许多教育系统关注的问题。新的 TKS 评估模块将在下一个 TALIS 周期中收集关于教师知识的国际比较数据，为政策制定者、实践者和研究人员提供有价值的见解。

疫情导致的封校不仅再次突出了教师在教育中的关键性和不可替代性，而且也突出了与 21 世纪的教学有关的特殊挑战：如何有效使用数字技术，并确保为日益多样化的学生群体提供包容和公平的学习经验。毫无疑问，应对这些挑战，需要从教师专业化，特别是从日常实践中汲取知识的强大知识库来着手。

不同的教师技术知识和多样性知识技能的衡量方法有不同的优势和局限性，尤其是国际教师知识研究。这些知识和技能需要在更广泛的背景下与教师的态度和教学实践中加以探讨。将 TKS 评估模块融入成熟的 TALIS 研究的更广泛的背景，有利于这一方面的发展。

教学知识与实践之间的一个主要障碍是教师，尤其是新教师，他们很难将在培训中获得的理论、教学方法和学习方法应用到课堂上。为了在实践中利用研究和知识，教师需要具备基于实践的知识和应对具体情况的技能，情境化地衡量这些知识和技能。为了让新教师掌握知识在适当情境下的使用，教育系统为他们提供了在实践中探索知识的机会。要了解教师实践知识和技能的差异，需比较不同制度下教师获得和增加教学知识的机会。

随着对循证教育政策和实践的推动，研究教师的热度增加了。由于调查负担的增加和教师额外任务时间的限制，多维自适应测试（Multidimensional Adaptive Testing，MAT）等创新测试设计变得更加重要。这种设计有助于减少教师调查的内容，优化评估的精度和难度。这是保持教师参与测试积极性的关键。将这种设计用于 TKS 评估模块，可以大幅提高测试效率。将教师作为一种知识职业来研究，尤其是在国际调查中，不仅具有挑战性，而且很重要。该报告总结了与教师知识研究相关的关键课题的现有研究成果，并提供了许多建议和想法，以使这些努力取得成功。此外，在全球教育系统上还需要更多的研究去进一步剖析 21 世纪教师知识的复杂性。任何研究的成功还取决于对改善政策和实践的贡献。对教师知识的研究可以用于教师政策的制定，加强学校的专业交流和知识实践。解决这些问题需要每个人的巨大努力，包括研究人员、决策者和实践者。考虑到强大的教师知识基础对学生福祉和社会繁荣的重要性，这一努力是值得的。

七、发布《消除公平性差距的课程内容调整：使课程内容具有包容性》和《在课程中融入价值观和态度：创造更美好的未来》两大课程相关报告

为提高教育质量，培养更能适应全球发展变化的新世纪人才，各国都热火朝天地开展了课程改革。2021 年经合组织发布了《消除公平性差距的课程内容调整：使课程内容具有包容性》《在课程中融入价值观和态度：创造更美好的未来》两份与课程相关的报告，为各国强调在课程改革中需要重视的关键问题。

（一）《消除公平性差距的课程内容调整：使课程内容具有包容性》[①]

在课程内容的创新设计中，越来越多的学校使用数字课程、个性化课程、跨学科能力本位课程和灵活课程这四种创新模式，但这样的创新从目前来看也许会扩大不同学生之间的公平性差距。因此，为了在课程设计与实行中融入更多有关平等、公正和包容的思考机会，这篇报告聚焦于如何调整课程内容以确保所有学习者的跟进，尤其是弱势群体。

基于科学研究和国际数据，报告定义了课程设计背景下的平等、公正和包容，并提出了有关四种课程创新的普适性设计思考。此外，报告也提出了面对课程创新

① OECD. Adapting Curriculum to Bridge Equity Gaps: towards an Inclusive Curriculum [EB/OL]. (2021-05-11) [2022-09-06]. https://www.oecd-ilibrary.org/education/adapting-curriculum-to-bridge-equity-gaps_6b49e118-en.

的一系列的挑战和对策。报告在最后也呈现了在课程创新的设计和实行过程中得到的意想不到的结果以及吸取的教训。

报告指出，在课程的设计和实行阶段，平等、公正和包容应该被更加明确地强调。21 世纪的课程应该让每一位学生都能够真正地受益。具体来说，平等也就是向每个学生提供平等的机会，如最低课程标准或者核心课程的设计实施；公正即根据每个学生不同的个人需求提供有差别的支持，如指导有问题的学生进行旨在解决问题的学习模式；包容是指在课程的设计和实行中融入多样性的理念，如消除系统性的学习障碍，使学生可以在无差别支持的情况下学习。同时，课程的设计和实行的过程中应该倾听学生的声音并保证其学习和健康，这才与联合国《儿童权利公约》第 12 条（尊重儿童的意见）、第 24 条（保健和保健服务）和第 28 条（受教育权）相符。所以，政策制定者、课程设计者和教师可以思考使课程适合所有类型学生（包括最弱势的学生）的可行方案。

1. 数字课程

数字课程指适用数字化内容和方法以支持学生达到教育目标的课程。其课程内容包括电子课本、网页材料和技术工具等，这些都运用了如人工智能工具和在线平台等硬件设备和应用程序。

数字课程提供了更多的新的机会，这在一定程度上可以减少公平性差距。由于疾病、灾难、战争等原因需在校外学习的学生在设备和网络允许的情况下可以继续学习；辅助技术可以消除残疾学生学习的障碍；游戏和互动工具可激励在学习中参与感不强的学生积极投入学习；移民学生可以利用电子词典和翻译过的学习资料进行学习；对于有学业困难的学生，除了教师，人工智能辅导员也可以给他们实时的学习反馈，让他们在之前的知识、能力等级和学习需要的基础上按照适合自己的进度提升。

但与此同时，数字课程也涉及一些对公平性的潜在威胁。人工智能的利用和人类本身价值两者之间容易失衡；其他需求，如与教师、同龄人之间充足的面对面交流，隐私的保护，屏幕使用时间的限制，生物钟的协调，应有的体育锻炼，健康的心理状态，也难以协调。硬件、软件、网络，以及教师和学生本身的数字能力存在差异；由于家庭学习和健康环境的差距，学生的学业和幸福感也存在差距。

面对这样的挑战，各个国家应在各领域加大投入以缩小差距。例如，使教师和学生认识到人的价值和数字化转型带来的新机遇，确保公平获得基础设施（如数字设备、电子教科书、印刷资料、在线平台），确保父母能提供良好的学习环境和幸福的家庭环境。同时，不仅应该注意到可观察的差距，也应该注意弥补那些隐性的、难以观测的差距。

采用数字课程也可能为公私伙伴关系带来新的机遇和挑战。例如，一些政府为教育技术等新的教育服务制定标准，或在适当的情况下放松对现有行业的监管。典型的趋势包括出版商开发教科书，软件公司开发新的学习管理系统和应用程序等。但在课程实施过程中，引入私人合作伙伴可能会引发如对特定数字服务提供商的依赖或在试用版服务过期后成本上升等其他困境。

2. 个性化课程

个性化课程依据学生个人需求、技能和业余爱好给予专门的指导。实行得当的个性化课程有将课程结构从通用普适的、直线型学习轨迹的模型转化为区分化的、非直线型学习轨迹的模型的潜力，它允许学生在内容、进度、活动和评估方面有一定的选择性。例如，评估可作为学生设置个人学习目标的参考，同时可就进步给予实效性的、实质性的反馈并诊断出潜在的学习问题。这种方法使学生意识到自己的个人爱好和天赋、理解学习的本质原因、连接他们的学校生活和社会文化环境。

个性化课程也面临诸多挑战。例如，由于家长的较低期望和教师的偏见，只有保持严谨性和连贯性，个性化课程才能避免沦为二等课程；另外，如今还缺乏国家或地区标准的问责制，以及结合适合不同学生群体（有特殊教育需要的学生、移民学生、有辍学风险的学生）的情况制定个性化课程内容、教学方法和评估；最后是管理成本的问题。

面对挑战，政策制定者的行动尤为重要：应加强有关国家或地区标准的问责制的立法，对学校的资金和技术提供支持，出版多种语言的课程学习材料，支持教师和学校制定个性化课程教学计划和大纲，引入其他利益相关者，利用课外活动支持有学习风险的学生。

3. 跨学科能力本位课程

跨学科能力本位课程指跨越了不同学科边界的课程，强调多学科的知识并提供跨学科课程以联结不同学科的知识。在一个技术驱动的全球化世界中，跨学科课程可以培养批判性思维和创造力等通用能力，以满足学生的兴趣和需求。

这种类型的课程可以为所有学生提供更吸引人、更实用、更高要求的学习体验，从而增强他们的能力，促进公平。它可以帮助学生为公民生活、健康和就业做好准备。弱势学生，特别是低收入和少数民族学生，很可能从综合学习和探究式学习中受益。重要的是，不同的教学方法，适用于不同的学生；分析表明，对于批判性思维技能，显性教学是一种有效的教学策略。

跨学科课程内容和能力本位课程不应该意味着内容知识和能力之间分离，而是应该重视跨学科领域的广义上的能力发展（知识、技能、态度和价值观）。同样，它也不应被视为一项只针对特定学生群体的公平措施。除非设计得当，否则它会给课程带来更大的压力。

这种课程类型需要教师的专业判断和专业知识，以确定哪种教学策略最适合哪种学生。将与公平有关的价值观融入课程也可以成为在学校推进包容价值观的有力工具，并使教师和学生有机会在上学期间实践这些价值观。

4. 灵活课程

灵活课程指学校和教师对课程制定局部决策的能力。它给予学校和教师一定的空间来做出课程特定节点的决定，如学习内容、教学法、评估与学习时间和地点，它鼓励将事件置于背景中考虑的学习。在允许学生以不同方式学习这一方面，灵活课程与个性化课程相似。然而，不同地区在如何使用灵活课程的差异，以及在教学和教师方面的投资差异，都可能在不经意间增加公平差距。

为了控制这种风险，一些国家试图为特定的学生群体保留灵活课程，如少数民族和成绩落后的学生；一些国家鼓励学校灵活和积极地支持来自弱势背景的学生，例如采用个人教育计划。因此，灵活课程基于课程自主的背景下进行讨论，将责任下放给地方实体来做出明智的决定，并了解学生的现实情况。

（二）《在课程中融入价值观和态度：创造更美好的未来》①

在一个不确定性和复杂性日益增加的世界里，我们需要敏捷地抓住机遇，并迅速地制定出解决困难与挑战的方案。在这种情况下，我们应更加努力地思考作为人类意味着什么，支持学生培养人类固有的态度和价值观，让他们通过自己的道德方向找到使命感。学生将不需要急于找到一个单一的答案，而是在将看似矛盾或不相容的目标整合为同一个的过程中调节紧张、走出困境并加以权衡。

课程可以为学生提供发展知识、技能、价值观和态度的机会，支持他们茁壮成长，塑造一个更美好的未来，在个人、社会和环境层面提高福祉。《经合组织学习指南 2030》为这些能力制定了一个全球共享的愿景，学生可以在学校内外学习。但在许多国家，人们通常认为学生是通过非正式的方式发展价值观和态度，例如通过在学校与同龄人和教师的互动，在家里与兄弟姐妹和父母的互动，以及在社区中与其他人的互动。在学校里，“隐性课程”对于培养学生的态度与价值观也很重要。

---

① OECD. Embedding Values and Attitudes in Curriculum: Shaping a Better Future [EB/OL]. (2021-12-15) [2022-09-15] . https: //www.oecd.org/education/embedding-values-and-attitudes-in-curriculum-aee2adcd-en.htm.

然而，国际机构的社会团结和可持续发展目标日益明确了与课程关联的态度和价值观，反映在关键的政策文件、教育目标和课程设计中。

价值观是在人们私人和公共生活的所有领域中做决定时支持他们判定事物重要性的指导原则；态度由价值观和信念支撑，并对行为产生影响。《经合组织学习指南 2030》进一步将态度和价值观分为四大类：个人的——那些与定义个人生活目标有关的；交际的——那些与他人积极互动和关系相关的；社会的——与促进社会和制度凝聚力有关的；全人类的——那些与促进文化发展和增进全球福祉有关的。课程中所表达的态度和价值观因国家和地区的不同而不同，然而，它们都支持和促进一个公平、人道、公正和多样化的社会。它们被整合到课程中，或者作为一般目标的一部分，或者作为学科特定目标和内容的一部分。在特定的一组学科中，各国对于将哪些态度和价值观联系起来有不同的选择。

1. 创造美好未来

首先我们要明确态度和价值观对于创造美好未来的重要性。态度和价值观是影响未来做决定时的内在因素，我们要理解它们在发展能力的过程中所扮演的角色。引导可以帮助形成整体的、综合的和有远见的视角的态度和价值观尤为重要。

为了实现 2030 年的愿景，全球共同的未来目标的态度和价值观对在国家课程中明确的态度和价值观可能会有极大的影响。跨文化意识、道德伦理判断和媒体素养是与关键能力培养结合的态度和价值观。

2. 特定学科的态度和价值观

报告指出了如何定义、测量并连接特定学科技能与态度和价值观，同时提出了九个特别的要求：反思、合作、学会学习、尊重、责任、同理心、自律、毅力和信任。

3. 在学习生态系统中逐渐形成积极的态度和价值观

儿童和青年的态度和价值观的形成始于上学之前，并在上学之后继续发展。在一个学习的生态系统中，每个人都能成为推动变革的人。他们通过相互作用，有意或无意地相互影响彼此。这个生态系统包括他们的直接和更广泛的环境，包括父母、社区、同伴和政府机构，也包括教师、学校和学习环境中的其他人。

报告提出了课程改革中学习生态系统的多个层次：微观的、宏观的，内部的、外部的和以时间为线索的。调查发现，从学生的角度而言，学生所渴望发展的态度和价值观更多与更好的学业和福祉有关。从教师的角度而言，教师的自我效能、热情会激发学生获得更好的学习成效、成就感和社会关系；教师对学科边界的洞察有助于使学生激发好奇心、学习更多的知识、形成谦虚的心态和学会学习的态度；教师的作用也建立在与学生和家长的彼此信任上，这有助于形成更好的社会关系、学校氛围、观念模式和班级文化。从家长的角度来说，家长关心孩子的学业和福祉，与之相关的态度和价值观会潜移默化地形成。但家长过高的期望和过分的保护对学生的学业和福祉都有不利的影响。从社会的角度而言，为了将态度和价值观的形成与更广阔的社会联系起来，我们要明确：终身学习从孩童教育便开始了；局部社区的态度和价值观的形成和传递与本地学校的理念和愿望密切相关；在社区和冲突管理方面需要更多的投入。政府也应让学习生态系统在各种层次上更具适应性和复原力。

4. 挑战和策略

将价值观融入课程有以下三个方面的复杂性。

在课程重新设计方面，各国报告了面临的挑战：就是否应将价值观作为课程重新设计的一部分达成一致意见；就课程中应包括的哪些价值观和态度建立共识；即使达成了融入这些价值观的一致意见，但通过媒体灌输的价值观与通过课程培养的价值观之间存在不一致；协调融入课程的价值观与根据社会和经济的变化而改变的价值观。协调是成功战略的关键：协调地方、国家和国际优先事项；与主要利益相关者的观点保持一致，建立共识；将价值观融入特定学科的内容或创建特定学科来传授价值观；利用学生与社区和学生的社会背景的联系。

在学校及其环境方面，各国报告了以下方面的挑战：各学校在设计和管理有关价值观的课程内容方面的参与程度相异；教师自身的价值观和信念与课程中的价值观不一致。各国也报告了一些有希望的战略：向学校提供一些一般指导方针，说明应融入何种价值观以及如何纳入教育立法或国家课程；在主题特定内容中融入价值观；奖励优秀的设计和实施实践，促进不同学校之间的价值观融入的经验交流。

关于与其他政策的协调方面，各国面临的挑战是：与教学法、教科书和学习材料中的价值观不一致；与评估政策和实践中的价值观不一致。各国同时报告了一系列战略：在教师教育和专业发展中提出价值观教育，以增强教师的信心和能力；检查教材内容，使之与课程所提倡的价值观相一致；鼓励国家和地方支持教师学习适合灌输价值观的教学方法；确定评估价值观的目的，并审慎考虑适合目的的评估方法，从而设计一套战略方案或措施来支持价值观的发展。

在报告中，各国分享了在课程设计中融入价值观教育的经验教训和一些意想不到的后果：应明白一些价值观是需主动追求才能获得的，而非被动灌输和接受；要准备好支持学校和教师能够解决与价值观和态度相关的紧张和困境；确保教师在保持学科领域内容完整性的前提下，在其学习环境中适当地强调价值观；意识到通过社交媒体传递信息的风险和机遇；有意识地倾听并思考学生的心声；在评估态度和价值观时，不仅要考虑有效性和可靠性，还要考虑真实性、可行性、可持续性、灵活性和成本。

第四节 欧盟教育政策与发展趋势

2021 年，欧盟发布了一系列教育政策报告，内容主要聚焦于数字教育、职业教育与培训、早期教育、心理健康与福祉、包容性与公民教育等方面。

一、欧洲职业培训发展中心（Cedefop）发布《终身指导的数字化转型：对职业从业者专业化的再思考》（Digital Transitions in Lifelong Guidance：Rethinking Careers Practitioner Professionalism）

欧盟成员国渴望开发更全面的终身指导系统，但在如何实现专业化方面往往受到背景和其他问题的阻碍。在欧洲一级和各国内部，信息与通信技术驱动的生态系统发展的新动力在制定培训政策和能力概况方面发挥了更大的作用。专业化职业指导被视为确保指导服务质量的关键原则之一。不断专业化的劳动力可以促进教育和培训系统的运作，包括职业教育和培训在内的高质量的服务可以使个人能够根据其能力和优势与其愿望、计划和潜力获得可持续的和相关的就业。对职业和学习的支持和激励可以为职业铺平道路。

这份报告于 2021 年 11 月发布，分为四个部分，第一部分从一篇联合论文开始，确定了职业专业性的标准，介绍了五个不同的相关元素，这有助于促进职业的专业性，并确保指导服务的质量。Cedefop 的终身指导系统和实践清单中的证据被用来说明指导系统的这些方面在过去几年内是如何发展起来的。第二部分讨论了在技术的迅速发展以及信息与通信技术在职业指导的整合方面的专业性。第三部分探讨了从业者能力发展的其他领域，但由于目前对数字技能和指导技术的研究更多，所以对从业者能力发展的其他领域的研究可能会被掩盖。第四部分介绍了在数字背景下对从业者进行培训的内容。这四个部分一方面围绕着职业指导队伍职业化的大主题，另一方面围绕着适合数字化和更广泛社会背景的特殊能力。此外，并非所有的内容都是直接与技术相关的主题，人们还关注围绕新冠疫情或由其引发的其他变化，其中包括理论（概念）和综述论文。还有几篇论文介绍了国家或区域系统或特定服务发展的最新动态。[①]

---

① Cedefop. Digital Transitions in Lifelong Guidance：Rethinking Careers Practitioner Professionalism［EB/OL］.［2022-03-02］. https：//op.europa.eu/en/publication-detail/-/publication/5d0c8f46-4b4a-11ec-91ac-01aa75ed71a1/language-en.

二、欧盟委员会发布《2030 数字指南针：数字十年的欧洲之路》（2030 Digital Compass：the European Way for the Digital Decade）

2021 年 3 月，欧盟委员会提议建立一个数字指南针，将欧盟 2030 年的数字雄心转化为具体目标，具体主要涉及 11 个目标，涵盖数字化教育和人才建设、数字基础设施、企业数字化与公共服务数字化 4 个方面。（1）拥有大量能熟练使用数字技术的公民和高度专业的数字人才队伍。到 2030 年，拥有 2000 万信息技术领域的专业工作人员，其中男女比例需要保持平衡（意味着女性的比例要大幅提高）。（2）构建安全、高性能和可持续的数字基础设施。到 2030 年，欧洲所有家庭应实现千兆网络连接，所有人口密集地区实现 5G 网络覆盖，并在此基础上发展 6G；欧盟的尖端、可持续的半导体产业的产量至少占全球总产值的 20%（产能效率将是目前的 10 倍）；应建成 1 万个碳中和的互联网节点。到 2025 年，欧洲将拥有第一台具有量子加速功能的量子计算机，到 2030 年，欧洲处于量子领域前沿。（3）致力于企业数字化转型。到 2030 年，75% 的欧盟企业应使用云计算服务、大数据和人工智能；90% 以上的中小企业应至少达到基本的数字化水平；欧盟在扩大创新规模、改善融资渠道的基础上使独角兽企业数量翻一番。（4）大力推进公共服务的数字化。到 2030 年，所有关键公共服务都应提供在线服务；所有公民都将能访问自己的电子医疗记录（即在网上查阅自己的就诊档案）；80% 的公民应使用数字身份证解决方案。[①]

为了实现欧盟数字化的新目标，需要一个强有力的框架，它应该包含四个基本方面的目标、数字原则，并解决关键能力差距。在管理方面，欧盟提出以数字政策计划的形式提出数字指南针，该方案将由欧洲议会和欧洲理事会共同决定采用，将重点放在交付和对共同数字目标的持续承诺上。在多国项目方面，为了实现欧洲“数字十年”的愿景，2030 数字指南针的四个基本方面都需要数字能力，这只有在欧盟及其成员国的共同努力下才能实现。欧洲理事会呼吁在关键技术项目方面进一步加强利用欧盟和各国之间的协同作用，发展多国项目。

---

① European Commission. 2030 Digital Compass：the European Way for the Digital Decade［EB/OL］.［2022-03-02］. https：//eur-lex.europa.eu/legal-content/en/TXT/?uri=CELEX%3A52021DC0118.

三、欧盟委员会发布《关于欧洲终身学习和就业能力微证书方法的理事会建议提案》（Proposal for a Council Recommendation on a European Approach to Micro-credentials for Lifelong Learning and Employability）

在欧盟委员会的政治指导方针下，委员会主席乌尔苏拉·冯德莱恩表示将消除学习障碍，增加获得优质教育的机会，这强调了欧洲社会权利支柱所述的包容性和高质量在终身学习中的相关性。2020 年 7 月 1 日通过的《欧洲技能议程》在其十二项旗舰行动中宣布了一项关于欧洲微证书办法的新倡议，目的是支持整个欧洲微证书的质量、透明度和接受度，鼓励人们根据劳动力市场和快速变化的社会需要，以快速有效的方式提高技能和更新技能。同样，委员会于 2020 年 9 月 30 日通过的《关于到 2025 年实现欧洲教育区的信息通报》宣布，委员会将努力制定欧洲微证书办法，通过提供更灵活和模块化的学习机会，帮助扩大学习机会，并加强高等教育与职业教育和培训机构在终身学习中的作用。作为这些行动的后续行动，2021 年欧盟委员会工作方案承诺在“促进我们的欧洲生活方式”的总体抱负下，提出一种针对欧洲微证书的方法。因此，欧盟委员会发布一个提案，建议理事会提出一项关于终身学习和就业能力的微证书的建议，尽可能在现有工具的基础上，对微证书的质量、透明度和接受采用共同的定义和方法。

该提案于 2021 年 10 月发布，旨在：（1）使个人能够获得在不断发展的劳动力市场和社会中茁壮成长所需的知识、技能和能力，充分受益于社会公平的复苏和向绿色和数字经济的公正过渡；（2）支持微证书提供者做好准备，以提高学习机会的透明度和灵活性，从而使个人能够打造个性化的学习和职业道路；（3）在人口变化的背景下和所有经济周期中，促进包容性和机会均等，为所有人的复原力、社会的公平和繁荣做出贡献。为了实现这些目标，该提案建立了一种欧洲方法，建议成员国：（1）采用欧盟共同定义、标准和关键原则；（2）颁发微证书；（3）开发微证书的生态系统，以及提供潜在的微证书以支持提高就业能力和终身学习。①

---

① European Commission. Proposal for a Council Recommendation on a European Approach to Micro-credentials for Lifelong Learning and Employability [EB/OL]. [2022-03-02]. https: //eur-lex.europa.eu/legal-content/EN/TXT/?uri=CELEX%3A52021SC0367&qid=1639417448217.

四、欧盟委员会发布《在全球危机中管理优质的儿童早期教育和保育：从新冠疫情中吸取的第一个教训》（Governing Quality Early Childhood Education and Care in a Global Crisis：First Lessons Learned from the COVID-19 Pandemic）

该报告于2021年7月发布，其目的是调查选定的欧盟成员国和地区——两个国家（瑞典和克罗地亚）和三个地区（比利时佛兰德斯、德国柏林和意大利艾米利亚-罗马涅）——在2020年3月至12月为应对新冠疫情采取了哪些措施，以确保儿童和家庭获得高质量的儿童早期教育和保育。预计对应对战略和经验教训的这一分析将适用于其他欧盟成员国和地区。

此报告主要包括以下几部分。第一部分分析了新冠疫情对儿童和家庭的影响。第二部分分析了儿童早期教育和保育在新冠疫情时期的初步政策和应对措施。第三部分更深入地探讨了在疫情中可能受到影响的质量的各个方面。第四部分则说明了相关的经验教训和政策指导方针。①

五、欧盟委员会发布《学前阶段的语言学习：使其有效和可持续的政策手册》（Language Learning at Pre-primary School Level：Making It Efficient and Sustainable：a Policy Handbook）

该手册主要面向负责儿童早期教育和保育与语言教育的成员国政府和行政部门。它还针对那些专门从事语言教育发展的人，例如课程开发人员、教师教育和研究机构，也适用于参与提供和支持早期语言学习的一线工作人员，例如学前管理人员、教师和儿童保育人员。它还可以为家长和社区利益相关者提供指导。②

该手册于2021年12月发布，是基于欧盟委员会召集的一个国家专家小组的工作成果形成的，该小组讨论了早期语言意识和习得领域的当前需求和问题。欧盟委员会没有提出新的政策，而是根据国家专家小组的经验交流，提出了一套指导方针和建议。这些指导方针和建议反映了如何确保学前环境中语言学习的质量、有效性

① VAN LAERE K，SHARMAHD N，LAZZARI A，et al. Governing Quality Early Childhood Education and Care in a Global Crisis：First Lessons Learned from the COVID-19 Pandemic [EB/OL]. [2022-03-02]. https：//op.europa.eu/en/publication-detail/-/publication/773a6250-e519-11eb-a1a5-01aa75ed71a1/language-en/format-PDF/source-251233320.

② European Commission. Language Learning at Pre-primary School Level：Making It Efficient and Sustainable：a Policy Handbook [EB/OL]. [2022-03-02]. https：//education.ec.europa.eu/document/commission-staff-working-paper-language-learning-at-pre-primary-level-making-it-efficient-and-sustainable-a-policy-handbook.

和可持续性的良好做法和学术证据。该手册的目的是通过进一步的辩论和提出经过试验和测试的解决方案来引起人们对早期语言学习的成功条件和潜在缺陷的关注。

六、欧盟委员会发布《欧盟学校心理健康和福祉的系统性全校方法》（A Systemic，Whole-school Approach to Mental Health and Well-being in Schools in the EU）

在21世纪，教育需要超越学术成就等狭隘的目标。此外，它还应积极促进儿童和年轻人的心理健康和福祉，因为他们的心理健康需求正变得越来越明显。欧盟委员会发布的关于到2025年实现欧洲教育区目标的信息启动了一个合作进程，以确定学校如何满足学生的学习和社会情感需求，以及如何为学生提供均衡、高质量的教育，使他们走上积极、富有成效和健康的生活轨道。

该报告于2021年9月发布，是对这些倡议的回应，也是在安全和包容的背景下对欧洲各地学校优先考虑和积极促进学生心理健康和福祉的公认需要的回应。更具体地说，它试图回顾关于促进心理健康和福祉以及防止校园欺凌的国际文献。此外，该报告旨在建立一个理论架构，指导如何在不同层面动员全校系统，与社会各界合作，促进心理健康和福祉。该报告提出了有效实施系统的、全校的方法来促进心理健康和福祉，以及在欧盟各地防止校园欺凌的建议。（1）促进心理健康是21世纪教育的必修重点学习目标；（2）将心理健康和福祉纳入正式课程和主流教学方法；（3）调整学校成功的指标，优先考虑心理健康和福祉；（4）采用一种系统的、全校的方法；（5）利用亲缘关系和联系促进心理健康；（6）采用一种自下而上的、参与式的方法，突出有代表性的学生的声音；（7）为欧洲各地的学生制定心理健康和福祉课程；（8）为有心理健康需要的学生提供基于学校的部门间支持；（9）重点关注弱势学生和边缘化学生的心理健康需求；（10）动员整个学校参与干预措施的制定，以防止欺凌行为；（11）优先考虑对教师进行心理健康和福祉方面的教育；（12）解决与儿童一起工作的成年人的心理健康和福祉问题；（13）加强证据和循证实践。①

---

① CEFAI C，SIMÕES C，CARAVITA S C S. A Systemic，Whole-school Approach to Mental Health and Well-being in Schools in the EU [EB/OL]. [2022-03-02]. https://nesetweb.eu/wp-content/uploads/2021/09/NESET-AR2-2021_full_report.pdf.

七、欧盟委员会发布《教育和培训监测 2021：概况介绍》（Education and Training Monitor 2021-Factsheet）

《教育和培训监测》是欧盟委员会关于欧盟教育现状的年度旗舰出版物，报告了欧盟层面的目标，这些目标是欧洲面向欧洲教育领域及以后的教育培训合作战略框架（2021—2030年）的一部分。报告还概述了成员国面临的主要挑战，并以国家概况的形式分析了最近的政策发展。《教育和培训监测》每年都会把重点放在一个主题上，2021年的报告于当年12月发布，讨论了教育福祉这一主题。

大多数成员国在其教育政策和措施中部分地解决了福祉问题。与精神健康有关的能力通常被纳入特定学科的课程或作为交叉问题。大多数成员国实施有针对性的方案，以解决欺凌和暴力问题。一些倡议的重点包括体育活动和健康的生活方式、歧视和种族主义、心理健康、学校氛围和平等机会。几个成员国已对教育福祉采取综合办法，这些办法包括确定与福祉相关的概念和政策目标，监测和收集学生福祉的数据，以及在机构层面实施福祉政策的具体要求和指导。①

八、欧盟委员会、ET 2020 促进共同价值观和包容性教育工作组联合发布了《包容性和公民教育鼓舞人心的实践纲要》（Compendium of Inspiring Practices on Inclusive and Citizenship Education）

该纲要于2021年3月发布，介绍了ET 2020促进共同价值观和包容性教育工作组在2016—2020年汇集的一系列鼓舞人心的做法。该纲要的主要目标是为努力提高整个欧盟教育和培训体系包容性的政策制定者和实践者提供想法和灵感。同时，它可能有助于发展越来越多的关于全纳教育的重要性和附加值的证据。该纲要提出了五大主题及相对应的实践。②

主题一：培养社会、公民和跨文化能力。通过促进民主价值观和基本权利、社会包容和不歧视，以及积极的公民身份，确保儿童和青年获得社会、公民和跨文化能力。相对应的实践包括四点：（1）积极的公民教育。这意味着要采取一种教育方法，让学习者做好准备，成为积极的公民。积极的公民教育要求使用让学生积极参与自主学习的课程方法，这种学习在学校内外同时进行。（2）教师教育。这包括对

---

① European Commission. Education and Training Monitor 2021 - Factsheet [EB/OL] . [2022-03-02] . https: //education.ec.europa.eu/document/education-and-training-monitor-2021-factsheet.

② DONLEVY V, STARING F, BATTAGLINI M, et al. Compendium of Inspiring Practices on Inclusive and Citizenship Education [EB/OL] . [2022-03-02] . https: //op.europa.eu/en/publication-detail/-/publication/2edab132-7fbe-11eb-9ac9-01aa75ed71a1.

职前教师和在职教师进行培训，并帮助现在和未来的教师获得发展民主和跨文化能力的手段。(3)年轻人的民主参与。(4)积极参与教育治理。这指的是一种公民方式，邀请包括学生在内的各种利益相关方在教育机构的治理中发挥积极作用。这些方法建立在参与性公民概念的基础上。

主题二：增强批判性思维和媒体素养，特别是在使用互联网和社交媒体方面，以抵制一切形式的歧视和灌输。涉及的实践包括三点：(1)网络欺凌。年轻人越来越容易受到网络欺凌。该纲要中的实践包含解决网络欺凌的最新和有效方法的多个示例。(2)媒体素养。在整个欧洲，普遍的媒体素养正逐渐融入教学之中。在某些情况下作为单独的主题领域，在其他情况下并入其他主题领域。(3)打击错误信息，有时被称为“假新闻”。错误信息或虚假信息是一种相当新的社会现象，在当今社会无处不在。该纲要中有多个处理正规和非正规教育中媒体错误信息的做法的例子。

主题三：通过教育和培训系统来支持弱势学生以满足他们的需求，促进弱势儿童和青少年的教育。涉及的实践包括六点：(1)消除不同教育层次和部门之间的结构性障碍。(2)促进性别平等。(3)使难民融入教育和培训，并解决移民背景的人群在教育方面的劣势。(4)支持有特殊教育需要的学生。(5)建设安全和支持性的学习环境。(6)创造包容的环境。

主题四：与其他相关政策和利益相关方合作，通过各种形式的学习促进不同的文化对话，发展和加强不同的文化对话。涉及的实践包括三点：(1)处理不同语言的学习环境。(2)促进将代表性不足群体纳入教学的措施。(3)与家长共同营造多样化的学习环境。

主题五：在欧洲层面促进欧洲历史教育。涉及的实践包括两点：(1)了解欧洲历史的基本知识和重要事件背后的来龙去脉，并将它们与当今世界联系起来。(2)了解欧盟的历史和运作。

九、欧盟委员会发布《关于以混合学习促进高质量和包容性中小学教育的理事会建议提案》（Proposal for a Council Recommendation on Blended Learning for High Quality and Inclusive Primary and Secondary Education）①

该提案于 2021 年 5 月发布，提出人人平等、获得高质量教育对于经济和社会进步都至关重要。教育政策应该使所有公民都能够充分发挥他们的潜力，并通过终身学习来发展他们的能力。该提案对成员国有如下建议。

（1）根据在新冠疫情背景下吸取的经验教训，通过解决疫情对学习者、教育工作者和所有教育专业人员的影响，支持教育和培训系统的恢复和准备工作，并制定混合学习的长期战略。

（2）通过以下措施来支持学习者：一是为面临学习困难、有特殊教育需要、来自弱势群体或受到学校中断影响的学习者提供额外的学习机会和有针对性的支持；二是优先考虑学习者及其家人的身心健康。

（3）探索在小学和中学教育中开发混合学习的方法，以造福所有学习者，并确保对适合学习者年龄、能力和学习目标的教学和学习产生持久的积极影响。

（4）考虑到学习者的年龄、能力和特定的学习需求，将混合学习作为支持学习者自主和个性化学习的一种方式，并发展他们的个人、社交和学习能力。

（5）通过考虑以下措施来支持教师：一是支持教师的数字技能提升课程、计划和工具；二是越来越关注教师、学校领导和其他教育工作人员的福祉。

（6）通过以下方式支持学校：一是为混合学习提供工具和资源，并指导学校如何使用这些工具和资源；二是支持不同教育提供者之间建立有效的基础设施和资源合作伙伴关系，包括商业、艺术、文化遗产、体育、自然、高等教育和研究机构、教育资源行业（包括技术、出版和其他课程设备）和教育研究。

---

① European Commission. Proposal for a Council Recommendation on Blended Learning for High Quality and Inclusive Primary and Secondary Education [EB/OL]. [2022-03-21]. https://eur-lex.europa.eu/legal-content/EN/ALL/?uri=COM%3A2021%3A455%3AFIN.

十、欧盟委员会发布《混合学习促进高质量和包容性的中小学教育》（Blended Learning for High Quality and Inclusive Primary and Secondary Education）

该报告于2021年10月发布，为配合和支持《关于以混合学习促进高质量和包容性中小学教育的理事会建议提案》提供了充足的研究证据和其他信息，作为建议提案法律文本及其后续支持行动的基础。在撰写报告时，欧盟委员会尽可能使用实用的指南或手册以帮助利益相关者了解该主题的全部潜力，并支持跨系统和整个欧洲积极的变化。该报告从2021—2027年数字教育行动计划和欧洲教育区的角度描述了学校教育中混合学习的愿景：混合学习是关于高质量和包容性学校教育关键能力发展的关键一步。为支持建议提案的声明并支持通过建议提案后采取的行动，报告与建议提案一起讨论了来自研究的最新证据与欧洲利益相关者的意见和经验，提供了支持混合学习的现有政策和项目的示例。然而，这是学校教育中一个不断发展的领域，尤其是在学校因新冠疫情而关闭的情况下，应该承认，新的证据和观点不断涌现。该报告还概述了立法的考虑因素与可以在学校、地区、国家和欧盟层面激发和支持变革的一些现有欧盟框架和工具，以及监测和评估未来发展的建议。①

第五节　联合国儿童基金会教育政策与发展趋势

2021年度，联合国儿童基金会（UNICEF）发布的教育政策报告主要围绕全球新冠疫情对于教育的影响和促进教育复苏等方面展开，其报告内容主要涉及全球教育复苏、青年的工作技能、儿童体育事业、儿童的数字化学习、教师和校长、人道主义行动、南亚和非洲教育、教育的包容性等。需要注意的是，前文中已出现的与其他组织联合发布的文件不再赘述。

一、发布《重新开放：新冠疫情期间远程学习的经验教训》（Reopening with Resilience：Lessons from Remote Learning during COVID-19）

新冠疫情导致世界各地的学校关闭，影响了世界各地的学生。即使学校教育只

---

① European Commission. Blended Learning for High Quality and Inclusive Primary and Secondary Education［EB/OL］.［2022-03-02］. https://op.europa.eu/en/publication-detail/-/publication/82b511f9-3089-11ec-bd8e-01aa75ed71a1/language-en/format-PDF/source-240857709.

是短暂中断，其对孩子的学习和福祉也造成了严重而持久的影响。各国教育系统通过向儿童和家庭提供远程学习支持以应对危机的能力参差不齐。最弱势的儿童不太可能接受远程教育，并且在学校关闭期间更容易遭受暴力、忽视、童婚和其他风险。

该报告于 2021 年 11 月发布，收集了在新冠疫情期间全球学校关闭时关于远程学习的新信息，以帮助决策者为应对当前和未来的危机建立更有效、可持续和更具弹性的教育体系。

报告对如下几个方面提出建议。（1）增加在远程学习项目的投资。全球需要认识到建设具有抗灾能力的教育体系的重要性，应调动资源以满足这一巨大需求。（2）解决电力、网络连接和数据问题，特别是在撒哈拉以南非洲地区。政府应优先考虑基础设施需求，同时努力降低学生和教师的数据成本。这些行动不能只由教育部门推行，而应由政府机构、私营部门和多边系统协调。（3）利用手机的普及，使远程学习更具互动性。将基于手机的后续支持与较少交互的方式相结合，如将纸质材料和广播媒体相结合。（4）在学校关闭期间，教师和辅导员向家庭和学生提供各种支持，从与家庭联系到通过电话或视频会议进行教学。（5）监测远程学习方案的实施情况，从其使用到对学习的影响，以提供信息和改进交付成果。（6）数字学习。需要在数字化学习的互动性和使用所必需的带宽和设备之间取得平衡。这需要为不同年龄和不同数字技能的儿童制订具体方案。（7）广播媒体。在传播广播媒体时，需要制订互动和反馈计划，例如利用电话号码和手机向学生和家庭报到。（8）手机。手机可以为学生和家庭提供沟通、课堂和心理健康的支持。（9）将纸质材料带回家。在学校被迫关闭时，应当制订学校与家庭之间的沟通协议，包括设立接送点和确定新材料交付的频率等。①

二、发布《及时对早期学习采取行动：新冠疫情期间学前教育关闭的影响及其恢复》（It’s Not Too Late to Act on Early Learning：Understanding and Recovering from the Impact of Pre-primary Education Closures during COVID-19）

在 2020 年 4 月初世界各地封控的高峰期，超过 1.8 亿名儿童的学前教育因新冠疫情而中断。在大多数的中低收入国家，学前教育在重新开放期间不太可能被优先考虑。截至 2021 年 6 月底，有 66 个国家尚未完全恢复面授学前教育。学前教育机

① UNICEF. Reopening with Resilience：Lessons from Remote Learning during COVID-19［EB/OL］.［2022-03-21］. https：//www.unicef-irc.org/publications/1220-reopening-with-resilience-lessons-from-remote-learning-during-covid19.html.

构关闭剥夺了儿童的认知机会和社会情感能力的发展，而学前教育本应从根本上为他们未来的学习课程做好准备。此外，学前教育机构的关闭和与大家庭的有限互动也使儿童在家庭之外得不到社会和认知刺激。

该文件于 2021 年 3 月发布，提出了一个新的设想，即 2020 年学前教育机构的关闭将导致当前学龄前儿童群体的未来收入损失 1.6 万亿美元。中等收入国家的儿童将受到最严重的影响，然而，大多数中低收入国家却将学前教育排除在应对新冠疫情的措施之外。

针对以上出现的问题，该文件给出如下建议。（1）优先考虑在所有国家重新开放学前教育机构。尽管在 2020 年学龄前儿童失去了更多的教学日，但与中小学生相比，中低收入国家的学龄前儿童获得远程学习机会的可能性更小。（2）仅仅重开机构是不够的，还需要恢复教育教学措施。（3）制订过渡方案，确保在 2020 年支持未接受学前教育的儿童过渡到学前教育。越来越多的证据表明，早期的速成、衔接和补救方案，通常由国家实施，以过渡到更广泛的学前教育，可以支持入学准备。这些方案可以快速设计出来，在几周内以低成本交付，对于处境更不利的儿童或一开始能力最差的儿童有积极的效果。①

三、与世界可持续发展工商理事会（WBCSD）联合发布《为未来的员工提供支持：企业在解决青年技能不匹配方面的作用》（Empowering the Workforce of Tomorrow：the Role of Business in Tackling the Skills Mismatch among Youth）

现代社会经济发展、科学技术日益革新、危机不断涌现，调整劳动力技能需求和供应关系势在必行。塑造可持续的未来工作，最关键的是解决年轻人的技能不匹配问题。该报告是由世界可持续发展工商理事会和联合国儿童基金会于 2021 年 7 月为推动解决年轻人技能不匹配这一问题，在未来工作这一项目中联合发布的。

该报告清楚地阐明了技能的不匹配如何影响年轻人的生活，以及如何影响企业的经营、创新和成长的能力。同时，探究与确定企业解决年轻人技能不匹配问题的主要机遇。最后两大组织发声倡导变革。报告做出以下几个方面的贡献。

（1）提供“技能不匹配”的定义，并描述这种不匹配与青年和企业相关的关键原

---

① NUGROHO D，JEON Y K，KAMEI A，et al. It’s Not Too Late to Act on Early Learning：Understanding and Recovering from the Impact of Pre-primary Education Closures during COVID-19［EB/OL］.［2022-03-21］. https：//www.unicef-irc.org/publications/1213-its-not-too-late-to-act-on-early-learning.html.

因和影响，帮助读者理解技能不匹配。报告中描述了技能不匹配的类型，包括技能缺口、技能短缺、技能过时。导致技能不匹配的原因有：技能基础薄弱；获得技能发展和就业机会方面仍然不平等；公共和私营部门对技能发展的投资不足和效率低下；教育和技能发展系统的市场相关性薄弱；对劳动力市场需求认识的不足以及研究选择的错位；人口变化。

（2）探究对帮助年轻人从受教育时期过渡到就业期较为有用的技能，包括基础技能、数字化技能、可迁移技能、特定工作技能和环保技能。

（3）明确企业可以在解决年轻人技能供求之间的不匹配方面发挥有效作用。①制定可持续发展的技能战略。通过评估业务的技能需求，建立鼓励和奖励持续学习的文化基础，明确并传递需求信号，制定和实施以青少年为重点的技能发展计划，最后衡量技能发展计划的成功程度。②与利益相关方合作。③利用企业的宣传和凝聚力。④明确利益相关方的作用，相关方包括维护自身利益的青年和组织、政府与教育制度和技能发展提供者。

报告提出如下几个方面的建议。①对年轻人的建议。年轻人必须对自己的职业发展承担责任，利用现有的支持系统来确定职业道路，并充分释放自身的潜力。②对教育生态系统的建议。为了解决技能不匹配的问题，教育生态系统需要考虑到新涌现的技能和知识要求，以及快速变化延伸的变体。③对政府的建议。保证每个人都有平等、开放和个性化的教育、发展和就业机会是政府的关键职责之一。各国政府需要意识到技能不匹配要付出高昂代价，并应支持和鼓励企业、教育界和学术界之间良好的沟通和交流。此外，这份报告为企业可以采取的行动提供了具体建议，以帮助解决世界各地年轻人遇到的技能不匹配问题。

四、发布《游戏：以儿童为重点的促进体育发展方案的成功框架》（Playing the Game：a Framework for Successful Child Focused Sport for Development Programmes）

体育、娱乐和游戏正在改善世界各地儿童的健康和福祉。体育促进发展（Sport for Development，S4D）组织利用体育的力量帮助儿童改善健康，并在玩耍和娱乐的同时发展社交能力和领导力。20 多年来，联合国儿童基金会一直倡导体育、娱乐和游戏在儿童发展中的作用。2006 年，联合国儿童基金会、巴塞罗那足球俱乐部（FC Barcelona）和巴萨基金会签署了开创性的合作伙伴关系。从那时起，通过体育、游戏和保护，7 个国家的 200 多万儿童的生活得到了改善。2017 年，联合国儿童基金会因诺琴蒂研究中心发起了关于游戏的研究，探讨了有关体育对儿童福祉的影响。

该报告于 2021 年 9 月发布。研究发现，如果体育得到适当落实，可以改善儿童生活的四个关键领域：教育、社会包容、儿童保护和赋权。该研究还强调了加强 S4D 证据基础的必要性，包括哪些干预措施有效、如何工作和它们为谁工作。为此，新的游戏研究借鉴了与不同地区、背景和问题领域（教育、社会包容、健康、赋权和儿童保护）的 S4D 组织进行的十个深入的案例研究。

S4D 编程的指导框架遵循编程周期的三个阶段，从设计到实施，再到扩展和可持续性。（1）热身：计划设计和背景，包括重点目标、伙伴关系和资金来源。（2）玩游戏：实施过程，包括课程、教练，以及监控、评估和学习。（3）连胜：可扩展性和可持续性，包括复制和适应新环境与开发弹性计划的挑战和最佳实践。该研究的目的是制定一个广泛的循证框架，S4D 部门的参与者可以继续在此基础上进行完善，并适应不同的计划目标。该框架突出了为儿童提供高质量 S4D 节目的八个关键要素，这些要素构成了 S4D 组织在启动或扩大现有方案时应考虑的核心部分。其中，保护是确保儿童安全和福祉的所有阶段的关键要素。①

五、发布《每个孩子的数字化学习：为包容和繁荣的未来缩小差距》（Digital Learning for Every Child：Closing the Gaps for an Inclusive and Prosperous Future）

在新冠疫情暴发之前，世界上有一半的儿童在 10 岁时无法阅读简单的文本。基于获得技术方面的不平等，学校的关闭扩大了国家内部和国家之间先前存在的学习差距。该报告于 2021 年 9 月发布，总结了研究结果，就如何公平地扩大数字学习并为儿童和年轻人提供技能给出了可操作的建议，这些技能将有利于人们改善前景和保障福祉。报告指出了教育系统使用数字和混合学习的解决方案，这些学习以合理的教学方法为基础，并敦促 G20 和其他国家克服限制数字学习的障碍。②

新冠疫情暴发之前，世界儿童都存在认知水平普遍偏低的现象，在低收入国家尤为明显。如果对此问题予以忽视，很难保障实现包容而公平的高质量教育，从而引发新问题。而数字学习的主要障碍依旧存在，因此明确特定的背景和学习目标设计至关重要。报告提出了以下针对性建议：（1）扩大公平的数字学习规模，需要政府、

---

① UNICEF. Playing the Game：a Framework for Successful Child Focused Sport for Development Programmes［EB/OL］.［2022-03-21］. https：//www.unicef-irc.org/playing-the-game.

② BROSSARP M，CARNELL M，CHAVDRON S，et al. Digital Learning for Every Child：Closing the Gaps for an Inclusive and Prosperous Future［EB/OL］.［2022-03-21］. https：//www.unicef.org/reports/digital-learning-every-child.

国际组织、民间组织、学术界和企业行动起来。（2）消除电力和数字的鸿沟，为所有儿童提供物美价廉的网络资源。为解决此问题，可以投资于电力与网络连接，重点关注被边缘化的社区和用户；降低互联网与相关设备的成本；设计包容性的数字学习，增加对达到最边缘化学习系统的投资；认识并处理文化和社会规范中阻碍儿童接触网络的因素。（3）确保大规模的数字学习解决方案的有效性。制订清晰的教学方法，培养人们从小开始进行数字化学习；从基本的读写能力和计算能力开始教授，并使用有吸引力的和与年龄相符合的内容，使不同层次的学习者受益；为教师提供他们在课堂上融入数字技术所需的技能；除了教学，教师使用数字技术可以减少完成重复管理任务的负担，使他们更多地关注教学。（4）保障儿童的福祉和安全。为儿童、父母和照顾者提供心理健康援助，并制定具体的指导方针；通过确保数字学习解决方案有内置的保障措施，保障儿童的网络安全，避免产生对弱势群体的偏见；针对在网络上面临暴力、虐待或剥削风险的儿童，实施创新的、有利于儿童的预防机制和应对战略。（5）投资于数据的收集和进一步的研究。更系统地评估学习结果；投资于实施研究，从一开始就与受益者共同创建，以确定最具包容性和最有效的数字学习解决方案，并付诸行动；持续监测有意义上网儿童的比例，对儿童的安全、保护措施、隐私与性剥削和虐待风险进一步研究；投资于对数字教育中儿童数据伦理使用的研究。

六、发布《解锁学习：黎巴嫩的叙利亚难民数字学习的实施和成效》（Unlocking Learning：the Implementation and Effectiveness of Digital Learning for Syrian Refugees in Lebanon）

数字学习有可能为校内外的儿童，包括最边缘化的儿童提供互动和个性化的学习。然而，根据课程的设计、交付和使用，数字学习也会加剧学习的不平等。

该报告于 2021 年 12 月发布，介绍了为改善黎巴嫩边缘化儿童成果，关于实施和使用数字学习的具体发现。该报告重点介绍联合国儿童基金会和阿克柳斯基金会教育创新合作项目的研究成果，以及该项目的参与者在黎巴嫩的平板电脑和手机上使用数字课程的情况。该数字课程主要用于黎巴嫩境内叙利亚难民的语言学习。

该报告提供了三个领域的调查结果：首先，该报告调查了数字课程在混合学习环境中的使用，学生将其用作在平板电脑上与教师进行的传统面对面课堂教学的一部分。其次，该报告检查了远程学习的过渡情况，课程在家庭拥有的设备上使用，并由教师远程支持。最后，该报告评估了 2020 年 8 月至 11 月在远程学习期间使用数字课程的有效性，显示出语言能力方面的积极成果。①

七、发布《教学时间：卢旺达中学的教师出勤率和任务时间》（Time to Teach：Teacher Attendance and Time on Task in Secondary Schools in Rwanda）

教师在学生的成功中扮演着重要的角色，是实现学习目标的关键。损失的教学时间会减少学生的学习，妨碍他们的整体学业成绩，并减少他们在生活中应获得的机会。在新冠疫情后，学生的学习损失是巨大的，并对其获得基础技能有着直接影响。

2020 年，为防止新冠疫情传播，卢旺达关闭所有学校，致使超过 350 万名儿童失学。政府迅速制订了一项应对计划，并开始了招聘教师、建造教室和培训远程学习教师的过程。在疫情之前，学校已经面临包括出勤率低在内的挑战。疫情暴发后，学习损失是巨大的，特别是在获得基础技能方面，疫情阻碍了新课程的学习成果。2020 年在卢旺达进行的一项对教学时间的研究表明，教师出勤率低是小学的常见问题。该研究旨在全面了解该国的中学教师出勤率，它以小学阶段的研究结果为基础，了解不同教育阶段出勤的困难如何相似或不同，从而根据这些困难帮助教师制定政策并予以实施。研究报告于 2021 年 12 月发布。

具体来说，该研究着眼于四种不同的教师出勤形式：（1）在学校；（2）不迟到早退；（3）在课堂上或在校；（4）在课堂上花费足量的时间。该研究还从国家、国家内部各级部门、社区、学校和教师这五个不同的层面中找出与教师缺勤有关的因素。该研究采用混合研究的方法，运用了定性和定量相结合的研究工具。该研究的资料来自全国、整个系统、质性资料搜集和学校观察，以及 20 所特定中学的 268 名教师的数量统计调查。②

① DREESEN T，KAMEI A，KARAMPERIDOU D，et al. Unlocking Learning：the Implementation and Effectiveness of Digital Learning for Syrian Refugees in Lebanon［EB/OL］.［2022-03-21］. https：//www.unicef-irc.org/publications/1315-unlocking-learning-the-implementation-and-effectiveness-of-digital-learning-for-syrian-refugees-in-lebanon.html.

② AKSEER S，JÁTIVA X. Time to Teach：Teacher Attendance and Time on Task in Secondary Schools in Rwanda［EB/OL］.［2022-03-21］. https：//www.unicef-irc.org/publications/1317-time-to-teach-teacher-attendance-and-time-on-task-in-secondary-schools-in-rwanda.html.

八、发布《数据必须说话：老挝的积极偏差研究——政策简介 1：投资教师能力——有效学习的关键》（Data Must Speak：Positive Deviance Research in Lao PDR-Policy Brief 1：Investing in Teacher Capacity-the Key to Effective Learning）

近几十年来，老挝在扩大受教育机会方面取得了稳步进展，但仍有许多儿童在小学毕业后不能读写或进行简单的数字运算。尽管存在学习危机，即使是在最贫困的地区，有些学校的表现还是优于其他学校。通过识别这些积极偏差或高效能学校，以及它们成功背后的良好实践，可以得出重要的经验和教训。虽然老挝政府通过教育体育部及其发展伙伴在扩大获得优质教育的机会方面取得了稳步进展，但许多儿童在离开小学时仍然因与同龄人的阅读和写作差距而陷入困境。尽管如此，仍有积极偏差的学校，其表现优于处于类似背景中的其他学校。

这份政策报告于 2021 年 11 月发布，以教师的能力为重点，旨在为老挝和其他有关国家的政策对话和决策提供信息。[①] 报告表明：（1）教师的内容性知识和教学技巧是提高学生学业成绩的关键，高效能学校的教师在知识方面的得分显著高于低效能或一般效能学校的教师。（2）不少小学教师的内容性知识水平偏低。然而，大部分校长和教师都高估了教师和学生的表现。（3）所有学校的教师都表达了对更多专业发展的深切需求，尽管在高效能学校的教师需求略低。（4）促进教师合作是加强教师能力的重要途径，高效能学校的教师合作较其他学校多。（5）需要对初等教育教师的质量进行可持续的投资，以提高学生的成绩。没有这种投资，老挝的儿童和青年就不可能受益于高质量的教育，也不可能进一步获得在老挝茁壮成长所需的知识和技能。

---

① Lao PDR Ministry of Education and Sports，UNICEF Lao PDR，UNICEF Office of Research-Innocenti. Data Must Speak：Positive Deviance Research in Lao PDR-Policy Brief 1：Investing in Teacher Capacity-the Key to Effective Learning [EB/OL]. [2022-03-21]. https://www.unicef-irc.org/publications/1222-investing-in-teacher-capacity-the-key-to-effective-learning.html.

九、发布《数据必须说话：老挝的积极偏差研究——政策简介 2：高效能学校的校长——他们是谁，他们采用哪些良好做法？》（Data Must Speak：Positive Deviance Research in Lao PDR-Policy Brief 2：School Principals in Highly Effective Schools-Who Are They and Which Good Practices Do They Adopt？）

这份报告于 2021 年 11 月发布，以高效能学校的校长为重点，旨在为老挝和其他有关国家的政策对话和决策提供信息。

该报告的主要结论包括：（1）高效能学校中女校长的占比是一般效能和低效能学校的两倍。教育体育部与各级教育主管部门应提拔合格的妇女担任校长，同时也要考虑到她们在这一职业中的代表性不足。（2）高效能学校的校长强调教师的支持和合作。高效能学校的校长报告称，根据小学的基本质量标准，他们的合作水平较高，并允许教师参与决策过程。教师和学生的反应证实了这些发现。（3）高效能学校的校长和教师会就学生的评估和进度向家长提供更多回馈。如果没有家庭和学校之间的这种合作，孩子们不可能学会知识并充分发挥他们的潜力。（4）高效能学校的校长在校内营造信任、尊重和创新的氛围。如果植根于合作学习文化，这些行为和实践能够提高学校接受创新的能力，如老挝已经开始的小学课程改革。①

十、发布《南亚的非国家教育：了解非国家行为体对提供教育服务的质量、公平和安全的影响》（Non-state Education in South Asia：Understanding the Effect of Non-state Actors on the Quality，Equity and Safety of Education Service Delivery）

在全球范围内，非国家行为者在教育服务提供方面发挥着越来越大的作用。私营部门、国际机构、地方、国家、国际非政府组织和社区都在支持、指导或实施针对儿童和青少年的教育服务。然而，这种增长并没有得到充分证据的支持，以确保所有儿童（尤其是最弱势群体）通过非国家行为体参与教育，获得高质量、公平和安全的教育。南亚的 8 个国家——阿富汗、孟加拉国、不丹、印度、马尔代夫、尼泊尔、巴基斯坦和斯里兰卡——在全球任何地区的私立教育中所占份额最大（32%）。

---

① Lao PDR Ministry of Education and Sports，UNICEF Lao PDR，UNICEF Office of Research-Innocenti. Data Must Speak：Positive Deviance Research in Lao PDR-Policy Brief 2：School Principals in Highly Effective Schools-Who Are They and Which Good Practices Do They Adopt？［EB/OL］.［2022-03-21］. https：//www.unicef-irc.org/publications/1221-school-principals-in-highly-effective-schools-who-are-they-and-which-good-practices-do-they-adopt.html.

这项研究提供了关于非国家行为体参与提供教育服务的现有证据的深刻见解，并强调了非国家行为体在多大程度上参与了南亚不同类型的教育供给。希望这些研究结果能够告知各国政府，非国家行为体在教育领域可以扮演什么样的角色，并有助于确保这些非国家行为体与公立学校达到同样的标准。

该报告于 2021 年 12 月发布，提及非国家行为体在学前、小学和中学各级参与教育服务的调查结果。共分为六部分：第一部分介绍了非国家行为体参与南亚教育的背景。第二部分讨论治理、资金、问责和数据系统的系统级杠杆。这些杠杆有助于我们了解政府和非国家行为体参与的方式，并提出改进的方法，对杠杆的讨论也促进了关于私立教育的辩论。第三至第五部分探讨了评估非国家行为体参与有效性的证据，三个主要评估方面是质量、公平和安全。第六部分关注的是私人辅导，私人辅导是一个与主流教育并行的重要板块，并受主流教育影响。①

十一、发布《非洲教育的变革：基于证据的概述和长期改进的建议》（Transforming Education in Africa : an Evidence-based Overview and Recommendations for Long-term Improvements）

教育具有巨大的变革力量，然而，教育系统在实现性别平等和公平与履行其对所有儿童的承诺方面的功能，却没有在任何一个国家得到充分利用。该报告于 2021 年 9 月发布，从可持续发展目标和非洲大陆教育战略（2016—2025 愿景）的目标出发，强调了过去十年来非洲大陆教育部门取得的进展，并突出了在教育公平领域和其他方面仍然存在的挑战。②到 2050 年，每两个非洲人中就有一个年龄在 25 岁以下，非洲大陆将容纳 10 亿名 0—18 岁的儿童和青少年，抓住机遇，这些年轻且快速增长的人口将可以成为非洲甚至世界增长与进步的强大动力源泉。报告指出，尽管近年来取得了进展，但许多非洲儿童仍然没有上学，一些在校儿童没有获得基本的识字和算术技能，并且最贫穷的儿童被排除在外。该报告向非洲决策者提出了一些建

---

① BORKOWSKI A，SUNNY B，ZAPATA J. Non-state Education in South Asia : Understanding the Effect of Non-state Actors on the Quality，Equity and Safety of Education Service Delivery［EB/OL］.［2022-03-21］. https://www.unicef-irc.org/publications/1305-non-state-education-in-south-asia-understanding-the-effect-of-non-state-actors-on-the-quality-equity-and-safety-of-education.html.

② UNICEF，African Union Commission. Transforming Education in Africa：an Evidence-based Overview and Recommendations for Long-term Improvements［EB/OL］.［2022-03-21］. https：//www.unicef.org/reports/transforming-education-africa.

议，以建立一个符合 21 世纪需求的更公平的教育体系。

该报告的结论包括：（1）学校应该为学生提供安全和健康的生活环境。随着新冠疫情的暴发，制定健康和卫生的指导方针和协议变得比以往任何时候都更加重要。（2）建立更具包容性的学校，特别关注那些倾向于退学的群体。不让一个人掉队是《2016—2025 年非洲大陆教育战略》的核心目标。（3）为了帮助学生提高学习水平，非洲教育系统需要加强识字和算术的基本技能，政府可以推动识字和算术的发展，鼓励学校找到新的方法来提高基础学习技能。（4）优先在学校教授数字技能，非洲的教育系统目前没有在课堂教授核心数字技能，也没有为年轻人提供足够的培训，这给年轻人的未来带来了巨大的制约。（5）优先考虑学校的教师培训和发展，包括数字教学技能。（6）发展更具弹性的教育体系。弹性来自保障获得教育的机会，保障教育的质量和公平，并确保教育体系在任何情况下都能够不间断地持续运作。（7）构建强有力的教育资助机制。由于新冠疫情蔓延和随之而来的经济衰退，预计世界上大多数国家的教育支出或将停滞不前。（8）投资改进教育数据和教育管理信息系统，建立基于证据的信息系统是关键。非洲国家迫切需要对数据管理基础设施的财政和人力资源进行投资，以便获得有力的证据并衡量教育发展情况。

十二、发布《让我们继续学习：马达加斯加在提高弱势儿童中学入学率和保留率方面的经验教训》（Let Us Continue Learning：Lessons from Madagascar for Improving Access and Retention of Vulnerable Children in Secondary School）

马达加斯加青少年在获得和完成基础教育方面面临严峻挑战。在完成小学阶段的学生中，四分之一的学生没有升入初中，家庭经济条件较差和教育质量低下等问题导致普遍辍学和学习成果欠佳。联合国儿童基金会驻马达加斯加办事处认识到这些障碍，利用"让我们学习"计划的资金实施了一项双管齐下的战略，以支持马达加斯加儿童升入初中。辅导班为失学青少年提供了学习途径，以提高他们在正规学校恢复学习所需的基本识字和算术技能，并针对子女在完成小学教育后有辍学风险的家庭提供有条件的现金转移支付。该报告于 2021 年 4 月发布，以方案监测数据、影响评价和实地定性见解为基础，提出了为让弱势儿童获得和继续中学教育而吸取的经验教训和可操作的建议。

建议主要包括：（1）进一步强调学校对毕业生的长期关注和提升，更深入地了解那些最终或再次辍学的孩子的特点（年龄、学习成绩、辍学的时间、辍学的原因等）。（2）进一步提升教学的强度，以及在学年内提供持续的辅导教育，应是教育和支援的两项重点工作。现在以能力为基础的教学比以往任何时候都更加迫切，因为新冠疫情导致了差异化的学习损失和辍学，不成比例地影响了最脆弱的儿童。（3）年轻母亲特别需要额外的专门服务，如社区一级的托儿服务，以便她们能够兼顾家庭义务和学校教育。（4）关于有条件现金转移支付的影响的研究强调，可进一步改进目标定位的范围，将范围扩大到最脆弱的家庭。[①]

十三、发布《教育部门分析方法指南——第三卷》（Education Sector Analysis Methodological Guidelines - Volume 3）

新冠疫情对儿童的学习产生了前所未有的影响，也加剧了现有的贫富差距。能够接触科技和学习工具且父母受过教育的孩子与不能接触科技和学习工具的孩子之间的差距，从未如此明显。全球学习贫困率估计为48%，几乎一半的儿童在10岁时还不能读懂和理解简单的文本。在低收入国家，这种情况尤其严重，有些国家的学习贫困率达到90%。至少有1.75亿名学龄前儿童和2.58亿名小学和中学学龄儿童失学。学习是一项基本人权——普遍的、不可剥夺的和不可分割的。

该卷于2021年5月出版，是继2014年出版的两卷之后，教育部门分析系列指南中的第三卷。该系列提供了诊断教育系统与为国家教育政策和计划提供信息的方法和应用实例。该卷提出了指导方针，以加强国家在四个领域分析教育系统的能力：残疾儿童的全纳教育，教育系统的风险分析，教育管理部门的运作和有效性，以及利益相关方的规划和协调（政治经济学）。[②]

结论主要包括：（1）残疾儿童的全纳教育方面。尽管残疾儿童全纳教育的概念在国际上得到推广已有十多年，但由于缺乏可靠的数据，加上这些政策的有力分析受到了阻碍，制订包容性计划已成为一项主要需求。（2）教育系统的风险分析方面。由于暴力冲突、移民、环境恶化、自然灾害和流行病，教育系统日益处于紧张状态，因而对教育系统进行风险分析的需求日益迫切。（3）教育管理部门的运作和有效性方面。该指南就如何评估教育管理部门的运作和有效性提出了方法论和实践指导，

---

① VALENZA M，CHÁVEZ C，RIGOLE A，et al. Let Us Continue Learning：Lessons from Madagascar for Improving Access and Retention of Vulnerable Children in Secondary School［EB/OL］.［2022-03-21］. https：//www.unicef-irc.org/publications/1216-let-us-continue-learning-lessons-from-madagascar-access-and-retention-of-vulnerable-children.html.

② UNESCO，UNICEF，Global Partnership for Education，et al. Education Sector Analysis Methodological Guidelines - Volume 3［EB/OL］.［2022-03-21］. https：//www.unicef.org/reports/education-sector-analysis.

特别侧重于规划和管理。它包括公共行政、组织单位和个人或者官员，以及国家政府与其合作伙伴之间的关系，分析了战略规划、政策设计和执行、信息系统管理、人力资源管理和财务管理等领域。（4）利益相关方的规划和协调方面。该指南为用户提供所需的关键概念、知识和工具，以分析利益相关方的利益和关系对于尝试解决教育系统中的具体问题的影响。它超越了通常的诊断技术原因的过程，而是研究利益相关方的作用、利益与更深层次的制度、社会和历史动态问题。

十四、发布《性别变革性教育：重新构想教育，建设一个更加公正和包容的世界》（Gender Transformative Education：Reimagining Education for a More Just and Inclusive World）

教育具有巨大的变革力量，然而，其在实现两性平等方面的潜力在任何国家都尚未显现。25 年来，世界各地教育领域更加强调性别平等，并取得了巨大进展。但其衡量标准是表面的，女童仅仅因为是女童而受到排斥和歧视，男童也受到关于男子气概规范的限制。不认同传统性别取向规范的儿童和青年面临着适应的艰巨任务，这就是联合国女童教育倡议（United Nations Girls’ Education Initiative，UNGEI）和联合国儿童基金会教育联合呼吁性别变革性教育的原因。该报告于 2021 年 12 月发布，探讨了如何实施性别变革性教育：它意味着什么，它的重要性，以及如何实现它。①

性别变革性教育力求利用教育系统的政策、教育方法和社区参与，通过挑战权力关系，重新思考性别规范和两性平等问题，以及提高对不平等和压迫制度的根源的批判意识，从而转变陈旧定型的观念、态度、规范和做法。没有近似值，没有口头承诺，没有表象主义，性别变革性教育需要制定战略和方案：（1）政策和政治吸引力或权力结构需要来自上层的领导才能转变。领导人需要将性别平等置于教育部门的计划、预算和政策的核心。（2）转变教师教学方法。教师是教育制度的基石，教师作为教育者，表明他们能够成为孩子们的变革推动者和榜样。（3）改变学校环境。所有性别的儿童和青少年都需要在学校和网上的学习环境中感到安全。（4）转变儿童和青年参与社会活动的方式，倾听儿童和青年的声音，让他们参与地方政府和社区的决策，并确保他们参与决策层面的工作。儿童和青年需要机会来培养自身

---

① Plan Internationl，Transform Education，UNGEI，et al. Gender Transformative Education：Reimagining Education for a More Just and Inclusive World［EB/OL］.［2022-03-21］. https：//www.unicef.org/reports/gender-transformative-education.

的技能和信心，以便在性别不平等、暴力行为和剥削行为发生时能应对这些问题。（5）转变社区领导。学校是变革的关键舞台，但孩子们还是得放学回家，他们也向家里和社会上的人学习。要实现任何真正的转变，社区必须转变有害和带有歧视的性别规范和陈旧定型的观念。（6）加强政府、公民社会、基层青年和妇女运动、私营部门，以及政府内部和各部门之间的机构伙伴关系。结构改革，特别是在机构一级的结构改革，需要建立大胆的伙伴关系来审查和改革导致性别排斥的问题。需要采取行动，将教育与劳动力市场准入联系起来，以解决性别歧视问题，包括为儿童和青年提供心理辅导和角色模拟方案。（7）转换证据生成。性别变革性教育战略和干预方案必须细致入微地理解性别角色和规范，并根据当地具体情况确定潜在的权力关系。

十五、发布《关于混合或远程学习的残疾儿童实用指南》（Practical Guide to Blended/Remote Learning and Children with Disabilities）

为应对新冠疫情所造成的影响，2021 年 5 月，联合国儿童基金会制定了《关于混合或远程学习的残疾儿童实用指南》，指南也适用于可能需要混合或远程学习的紧急情况和特殊情况。[①] 该指南旨在支持学校校长、教师和其他专业人员做出决定，确保弱势群体的儿童（特别是残疾儿童）即使在学校实际关闭的情况下也能继续接受教育和相关服务。

该指南中讨论的问题有：（1）指南的核心是对全纳教育的假设。（2）在实施混合或远程教育之前应该采取什么措施。（3）混合或远程学习背后的基本概念。（4）教师和学校领导在需要混合或远程教育时应该知道并做些什么。（5）正在实施混合或远程学习的教师或学校应该知晓什么并做些什么。（6）校园重新开放后如何建立更具包容性和公平的学校制度。

该指南提出了针对学校、教师和学校重新开放后的建议。对学校来说：（1）建立线上教学平台，征求所有的教师和工作人员的意见，制订学校计划，说明混合或远程学习每天和每周的安排，包括时间表、工具、任务分配等，这个计划将作为教师组织和扩大自己的课堂计划的基础。（2）提供有关远程教育或服务的培训。（3）确保系统的适应性和紧急情况的应对。对教师而言：（1）以学生为中心。（2）以公平和可

---

① UNICEF. Practical Guide to Blended /Remote Learning and Children with Disabilities [EB/OL] . [2022-03-21] . https: //www.unicef.org/reports/practical-guide.

获得的原则设计教学。(3)评估学生学习。学校重新开放后:(1)提供教育服务。使用欧盟的数字能力框架可以帮助评估学校和教师的数字能力水平，并为他们数字能力水平的提高提供一个框架。(2)支持教育服务，促进全纳教育。

十六、发布《资源目录：为照料残疾儿童的专业人员和家长提供教学资源》(Resources Catalogue: Teaching and Learning Resources for Professionals and Parents Working with Children with Disabilities)

这份报告于 2021 年 5 月发布，提出了一份教育和学习资源目录，可以在新冠疫情期间为教育专业人员与残疾儿童的家庭和家长提供支持，这份目录包括 2020 年 6 月至 8 月的在线检索数据。有证据表明，为残疾儿童提供的资源或侧重于全纳教育的资源往往是相互排斥的，这与国际条约相悖。此外，没有发现采取双轨办法兼顾残疾问题和具体残疾问题需求的高质量实例。因此，虽然这个目录最初是为了收集高质量的，特别是残疾儿童的包容性资源，但数据搜索还是往前进了一步。现在，这是一个面向残疾儿童的资源集合，其范围更广，且很容易适配残疾儿童。

目录中针对残疾儿童的资源，除了对需要付款的部分进行标注，其他都是开放资源，并且所有为残疾儿童专设的资源都很有用。虽然该目录已在努力寻找各种语言与代表着各种文化和地理位置的资源，但是大多数资源都是英文的，并侧重于中高收入国家。资源目录分为三个部分:(1)教师和学校校长的资源;(2)家长的资源;(3)包含前面两者的资源。此外，还生成了关键字列表以方便使用。①

① UNICEF. Resources Catalogue: Teaching and Learning Resources for Professionals and Parents Working with Children with Disabilities [EB/OL]. [2022-03-21]. https://www.unicef.org/reports/resources-catalogue.